U0904464

西藏经济金融发展研究

Research on economic and financial development of Tibet

西藏金融学会　编著

责任编辑：陈　翎
责任校对：刘　明
责任印制：丁淮宾

图书在版编目（CIP）数据

西藏经济金融发展研究（Xizang Jingji Jinrong Fazhan Yanjiu）/西藏金融学会编著. —北京：中国金融出版社，2016. 8
ISBN 978 - 7 - 5049 - 8609 - 2

Ⅰ. ①西…　Ⅱ. ①西…　Ⅲ. ①金融业—经济发展—研究—西藏
Ⅳ. ①F832. 775

中国版本图书馆 CIP 数据核字（2016）第 163453 号

出版发行　中国金融出版社
社址　北京市丰台区益泽路 2 号
市场开发部　（010）63266347，63805472，63439533（传真）
网 上 书 店　http://www.chinafph.com
（010）63286832，63365686（传真）
读者服务部　（010）66070833，62568380
邮编　100071
经销　新华书店
印刷　保利达印务有限公司
尺寸　185 毫米×260 毫米
印张　34. 5
字数　582 千
版次　2016 年 8 月第 1 版
印次　2016 年 8 月第 1 次印刷
定价　66. 00 元
ISBN 978　7　5049 - 8609 - 2/F. 8169

西藏金融学会
《西藏经济金融发展研究》编委会

前　言

当前，国际形势复杂多变，国内经济发展步入新常态。在供给侧改革深入推进、经济发展探底前行的新形势下，我国既面临着经济结构转型升级的重大战略机遇，也面临着诸多矛盾相互叠加的严峻挑战。西藏是我国以藏民族为主的少数民族欠发达地区，自治区成立50年来，西藏经济发展取得了举世瞩目的成就。但受限于其特殊的地理、自然条件，经济基础依然薄弱，发展相对滞后。2015年，西藏城镇居民人均可支配收入为全国的81.61%，农村居民人均可支配收入为全国的72.18%，在与全国经济发展有较大差距的情况下，西藏要适应全国经济发展新常态，实现2020年与全国一道全面建成小康社会的宏伟目标，必将面临更多的困难和挑战。如何改变依靠中央投资、全国援助的“输血式”经济增长方式，逐渐向自我发展壮大的“造血式”经济增长方式转变？如何推进西藏产业结构调整、优化和升级？如何进一步支持西藏开发开放？如何实现集中连片贫困区域的精准扶贫？诸多问题关乎西藏经济跨越式发展和社会长治久安，迫切需要我们不断寻找有效的解决途径。

金融是现代经济的核心，金融对欠发达地区经济的发展尤为重要。党的十八届三中全会提出，要深化金融业改革，发挥金融在市场资源配置中的决定性作用。2015年中央第六次西藏工作座谈会的召开，为西藏金融业发展带来了前所未有的发展机遇。在此背景下，进一步健全西藏金融市场体系，发挥“金融撬动”作用，激发市场潜在发展动力，带动经济结构转型升级，对于西藏“十三五”及以后更长时期经济社会发展具有重要的现实意义。

2015年是“十二五”的收官之年，也是谋划“十三五”的关键一年。为延续前两年的研究成果，总结“十二五”的发展经验，厘清“十三五”时期西藏金融发展脉络，西藏金融学会启动了“西藏经济金融发展”系列课题研究，以经济新常态背景下西藏经济金融发展为主线，围绕金融政策与监管、经济金融协调、金融业务、普惠金融与农牧金融、金融创新、对外开放等金融改革重点领域，深入分析西藏金融改革发展中的重点、难点、热点问题，剖析金融与经济变量之间的相互依存关系，揭示西藏经济金融发展的内在规律和薄弱环节，并提出符合西藏实际的措施建议。

此次课题研究打破了传统的研究模式，组建了多个跨区域、跨单位的课题研究小组，并成功邀请到区内经济金融领域的相关专家参与研究成果的评审及修改完善，确保了研究质量。为促进研究成果的进一步转化，西藏金融学会将“西藏经济金融发展”系列课题研究中的优秀研究成果汇编成《西藏经济金融发展研究》一书。本书从多个层面、多个角度把脉西藏经济金融发展，研究领域广泛，研究方法多样，研究内容充实，研究论证缜密，提出了大量前瞻长远或是切实可行的政策建议，可为西藏党委、政府及相关经济职能部门和各金融机构了解最新金融发展情况、推进西藏经济金融协调发展提供参考依据。

精诚所至，金石为开。在学会主管单位人行拉萨中心支行的高度重视下，在学会各会员单位的鼎力支持下，在各课题组踊跃参与、潜心钻研下，《西藏经济金融发展研究》一书终于面世。编撰此书，既是西藏金融学会发挥主观能动性，活跃学术研究氛围，促进研究成果转化，提升内部凝聚力和外部影响力的重要方式，也是西藏各金融机构履行金融服务地方经济发展职能的重要体现。尽管部分研究还在起步阶段，但我们对西藏经济金融发展的探索将不断前行。

站在“十三五”时期新的历史起点上，西藏金融学会将秉承“创新、协调、绿色、开放、共享”五大发展理念，抓住机遇、克难攻坚，继续深化西藏经济金融发展研究，力求研究工作更具前瞻性、针对性和有效性，为西藏经济金融事业的发展提供更有价值的信息支持。

编者

二〇一六年六月

目　录

金融政策与监管篇

经济金融协调篇

金融业务篇

普惠金融与农牧金融篇

金融创新篇

对外开放篇

金融政策与监管篇

Jinrong Zhengce Yu Jianguan Pian

市场化背景下西藏特殊优惠货币政策效应研究

中国人民银行拉萨中心支行课题组
课题组组长：张　伟
课题组成员：吴　玲　何　勇

摘要：多年以来，中央赋予西藏的特殊优惠金融政策极大地促进了西藏金融业的发展壮大，而金融作为现代经济的核心，其快速健康发展又对西藏经济社会跨越式发展产生了重要作用。本文旨在市场化背景下以定性分析和定量分析相结合的方式，从微观和宏观两个层面分析特殊优惠货币政策对西藏经济发展的促进作用，总结当前政策实施中存在的问题，并在依法治藏、富民兴藏、长期建藏的治藏方略前提下，结合市场化改革大背景，就如何用好、用活、用足、用实中央赋予西藏的特殊优惠金融政策，促进西藏经济跨越式发展提出政策建议。

关键词：特殊优惠货币政策　西藏　研究

党中央、国务院历来高度重视西藏的发展。和平解放后，国家根据西藏不同的经济发展时期，分别赋予西藏无息、微息、低息、差别利率、利差返还和以低利率为核心的特殊优惠货币政策。这种以贷款低利率为核心的优惠货币政策的调整过程同时也是西藏经济从落后到逐步发展、不断充实、有所壮大、充满活力的过程。近些年以来，随着西藏市场化水平的提升和国内金融领域市场化改革的逐步深入，如何在市场化背景下更好地发挥西藏特殊优惠货币政策的引导作用、促进金融资源更合理配置是亟需我们探索和研究的重要课题。

一、西藏特殊优惠货币政策效应分析

货币政策是指政府通过中央银行对货币供应量、信贷量、利率等进行调节和控制而采取的政策措施，具体如存款准备金率、利率、汇率、信贷、货币发行等。“结构问题似乎总是比总量问题更有意义”（戈德史密斯，1996），长期以来，我国的宏观调控在注重政策普遍性和一致性的同时，也一直兼顾着地区的特殊性与差别性。中央赋予西藏的特殊优惠货币政策就是典型实践。

自1980年以来，中央先后召开了六次西藏工作座谈会，历次座谈会都赋予西藏特殊优惠货币政策，其中，2010年召开的第五次工作座谈会，赋予了更为宽松、更为优惠的特殊优惠货币政策，极大地促进了新时期西藏经济社会发展[①]。这些特殊优惠货币政策主要有：一是支持金融业发展。继续执行西藏自治区金融机构优惠贷款利率和利差补贴政策。继续执行现行的优惠外汇管理政策和扶贫贴息贷款政策，将农房改造贷款纳入扶贫贴息贷款范围。二是鼓励增加信贷投放。在藏银行业金融机构吸收的存款主要用于服务西藏经济社会发展。对在藏银行业金融机构实行灵活特殊的人民币资金营运规划管理。各商业银行对在藏分支机构实行差异化的信贷管理办法和单独的考核办法，合理扩大授信审批权限等。

特殊优惠货币政策的深入落实，一方面从微观层面直接降低了借款人的融资成本，调动了银行机构信贷投放的积极性；另一方面从宏观上促进了西藏经济快速增长、结构优化和人民生活水平的改善。

（一）微观层面的效应分析

1. 实行优惠贷款利率政策，降低了借款人融资成本

目前，西藏实行的是优惠贷款利率政策，即一般类贷款执行比全国各档次基准利率低2个百分点，扶贫贴息贷款执行1.08%的优惠贷款利率政策。坚持“谁借款、谁受益”的原则，让利于社会。据统计，1994—2014年因西藏银行业金融机构执行优惠贷款利率政策，国家向社会让利90余亿元，直接降低了借款人的融资成本。2013年7月20日，央行全面放开贷款利率管制。由于西藏尚不具备利率市场化的基础，其贷款利率仍实行上限管制，不上浮，保障了优惠利率政策的连续性，切实为西藏借款主体减轻了负担。

2. 实行利差补贴和特殊费用补贴政策，增强了银行业支持地方经济发展能力

为鼓励在藏银行机构积极增加信贷投放、增设农牧区金融服务网点，中央对银行业金融机构在西藏发放并使用的贷款实行差异化的特殊费用补贴政策。

---

① 由于中央第六次西藏工作座谈会于2015年8月24日至25日才召开，因此，本文的政策效应主要针对前五次工作座谈会赋予的优惠政策。

按照经济发展水平和业务开展成本的不同程度，给予了拉萨市区、拉萨市所属县及以下地区、行署所在地、其他县及以下地区不同的补贴标准。经济越不发达的区域，补贴比例越高。据估计，自 1994 年中央落实特殊费用补贴政策以来，中央共给予西藏银行业机构特殊费用补贴约 100 多亿元，极大地增强了银行业机构支持经济社会发展的能力。对在西藏设立的银行业基层分支机构实行特殊费用定额补贴政策，每年给予每个县及以下地区分支机构（不含拉萨市所属县及以下地区，包括县域支行、分理处、营业所和储蓄所，不含邮政代理网点）一定的定额补贴，以鼓励金融机构加大对西藏农牧区和县域的金融支持力度。对商业银行实行优惠贷款利率政策形成的利率损失，中央财政也给予了利差补贴。

3. 实行人民币资金营运规划，确保贷款稳定增长

每年由中国人民银行拉萨中心支行根据国家宏观调控政策和自治区产业政策编制人民币资金营运规划并向人总行报备后，下达辖区银行业金融机构执行，以此向其各总行争取信贷规模，确保了我区贷款合理稳定增长。截至 2015 年 8 月末，西藏金融机构各项贷款余额达 1908. 11 亿元，较 2010 年末增长了 6. 32 倍，2010—2014 年贷款年均增速达 48. 39%。

4. 加强信贷管理，优化信贷资源配置

一直以来，西藏通过强化信贷政策作用、加强财政资金引导与激励等方式，促进信贷结构不断优化，推进经济结构转型发展。一是出台了《西藏自治区金融引导与激励资金管理暂行办法》，设立了金融引导与激励资金。按照“政府引导、市场运作，风险可控、管理到位”的原则，对金融机构上年涉农、六大支柱产业①、中小企业月贷款平均余额同比增长超过 10% 的部分，按 1% 的比例分别给予奖励，以促进金融资源向涉农、重点产业和中小企业发展倾斜。二是在年度信贷指导意见中，明确辖区金融机构的信贷投向重点，定期召开金融形势分析会议，加大窗口指导力度。三是完善涉农贷款、中小微贷款政策导向评估机制，督促辖区金融机构加大对涉农和中小微企业等特定行业、领域的信贷支持力度。四是各商业银行对在藏分支机构实行差异化的信贷管理办法和单独的考核办法，合理扩大授信审批权限。在信贷规模、信贷准入、授权授信、信用评级等方面，部分商业银行总行准予在藏分支机构放宽一定条件。在单独的

① 六大支柱产业，是指我区的旅游业、藏医药业、农畜产品深加工和民族手工业、绿色食品（饮品）加工业、矿产业、建筑建材业。

考核办法方面，各自总行对在藏分支机构采取了差异的、单独的考核办法，加大对在藏分支机构的倾斜力度。差异化信贷管理办法和单独考核办法的有效落实，一定程度上降低了商业银行贷款发放的门槛，为增加信贷投放、支持经济发展创造了条件。在上述政策和措施支持下，西藏信贷投向更为合理，对接产业结构调整更为契合。

（二）宏观层面政策效应的实证分析

1. 贷款与 GDP 的相关性分析

特殊优惠政策的有效落实，促进了信贷投放的快速扩张。而信贷资源的加快投入，极大地促进了西藏经济社会的飞速发展。由图 1 可知，西藏的各项贷款和 GDP 均呈逐年上升趋势，其中，GDP 增速较为平稳，贷款增速在“十二五”时期则显著加快，1996—2009 年贷款年均增速为 12.67%，而 2010—2014 年年均增速达 48.39%。因此，为更好地考察信贷对经济发展的支持作用，我们按 1996—2009 年和 2010—2014 年两个时间段来分析贷款与 GDP 的关联性。

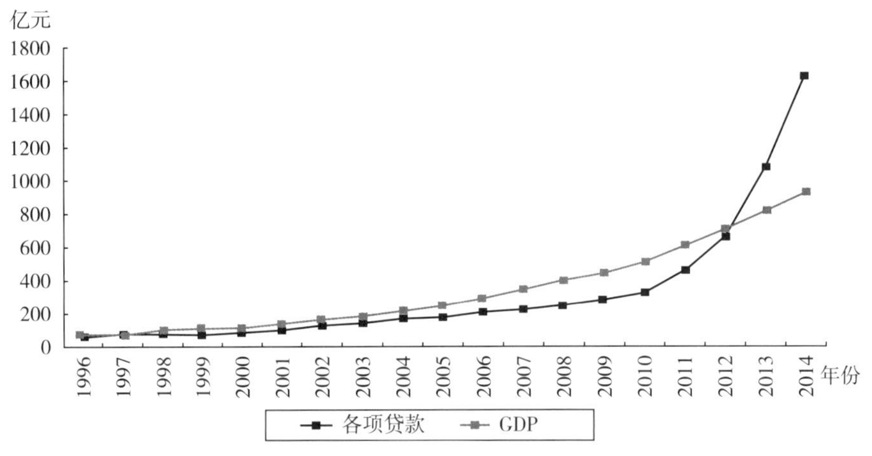

图 1 西藏各项贷款与 GDP 的变化曲线

首先以各项贷款（dk）为自变量，以 GDP 为因变量，构造如下模型：

$$\log(gdp) = c + \beta\log(dk) + \mu$$

式中，β 为各项贷款的贡献系数；μ 为随机扰动项。针对以上情况，通过收集和整理得到样本数据，分别对 1996—2009 年、2010—2014 年各季度的贷款与 GDP 数据取对数进行一元线性回归，并利用 Eviews8.0 的计量经济学回归分析软件，得出相应的回归方程：

（1）1996—2009 年：$\log(gdp) = -0.56 + 118 \times \log(dk)$

$$(-2.13) \quad (21.89)$$

其中括号内是相应系数估计值的t统计量值。

方程中，回归系数的t统计量都很显著，并且相应的概率值 Prob. <0.10，因此，至少在99.9%的置信水平下，可以认为常数项以及 log（*dk*）系数的估计值都显著地不为零。回归方程的 $R^2=0.9755$，$\tilde{R}^2=0.9735$，都很接近于1，回归方程拟合效果较好，经 White 检验，残差项不存在自相关。变量 log（*dk*）系数估计值为1.18，说明当各项贷款增加1个百分点，GDP 增加1.18个百分点，各项贷款对经济增长促进效应较为明显。

（2）2010—2014年：$\log(gdp)=-4.16+0.36\times\log(dk)$

$$(21.43) \quad (12.31)$$

其中括号内是相应系数估计值的t统计量值。

方程中，回归系数的t统计量都很显著，并且相应的概率值 Prob. <0.01，因此，至少在99.99%的置信水平下，可以认为常数项以及 log（*dk*）系数的估计值都显著地不为零。回归方程的 $R^2=0.9806$，$\tilde{R}^2=0.9741$，都很接近于1，回归方程拟合效果较好，经 White 检验，残差项不存在自相关。变量 log（*dk*）系数估计值为0.36，说明当各项贷款增加1个百分点，GDP 增加0.363个百分点，与前一阶段相比，“十二五”期间各项贷款对经济增长促进效应有所减弱。

2. 各项贷款对三次产业的灰色关联分析

随着西藏经济社会发展，各项贷款对三次产业的影响效应也在不断变化。在本部分，我们利用灰色系统论中的关联度分析方法，分析各项贷款对三次产业的关联度，关联度越大，说明贷款对该产业的影响越大，政府应该加大对该产业的信贷支持力度。

利用 Matlab 软件，我们仍按1996—2009年、2010—2014年两个时期段，利用各项贷款和三次产业的数据，研究各项贷款与三次产业产值的灰色关联度。以1996—2009年，2010—2014年各项贷款为参考序列，同一时段三次产业增加值为比较序列，通过无量纲化、计算绝对差、计算关联系数，最后算出灰色关联度为：

1996—2009年：$r_1=0.830172 \quad r_2=0.682251 \quad r_3=0.729401$

其中，r_1、r_2、r_3 分别表示各项贷款对三次产业的灰色关联度。对其结果排序为：$r_1>r_3>r_2$。

2010—2014 年：$r_1 = 0.6738$ $r_2 = 0.737168$ $r_3 = 0.708363$

其中，r_1、r_2、r_3 分别表示为各项贷款对三次产业的灰色关联度。对其结果排序为：$r_2 > r_3 > r_1$。

由上述的关联度排序，我们可以得到以下结论：

1996—2009 年，各项贷款对第一产业的关联度最大，说明各项贷款对第一产业的影响效应最大，其次是第三产业，最后是第二产业。2010—2014 年，各项贷款对第二产业的关联度最大，说明各项贷款对第二产业的影响效应最大，其次是第三产业，最后是第一产业。比较两个阶段的具体数值，信贷对第一产业的影响效应在不断降低，对第二、第三产业的影响效应在不断增大。信贷结构正由最初的重点支持第一产业，不断地向第二、第三产业转移，这与我区产业结构的调整方向是吻合的，信贷资源的合理配置对产业结构的优化发挥着重要的作用。

3. 扶贫贴息贷款与农村居民人均纯收入的相关性分析

作为特殊的集中连片贫困地区，我区的扶贫贴息贷款政策具有不可替代性，惠及的范围不断扩大，效果日益显现，极大地支持了农牧区经济发展和农牧民生活改善。截至 2015 年 8 月末，西藏扶贫贴息贷款余额 287 亿元，较 2010 年末增长了 14.6 倍。扶贫贴息贷款的发放与农牧民脱贫致富息息相关，以 1996—2014 年为样本区间，对扶贫贴息各项贷款与农村居民人均纯收入取对数，得到两者之间的相关系数 $r = 0.9523$，说明两者之间存在高度相关的线性关系。

为量化扶贫贴息贷款对农村居民人均纯收入的影响效应，我们以扶贫贴息各项贷款（fp）为自变量，以农村居民人均纯收入（cs）为因变量，构造如下模型：

$$\log(cs) = c + \beta\log(fp) + \mu$$

式中，β 为扶贫贴息各项贷款的贡献系数；μ 为随机扰动项。通过收集和整理得到 1996—2014 年的样本数据，利用 Eviews8.0 的计量经济学回归分析软件，对扶贫贴息贷款与农村居民人均纯收入取对数进行一元线性回归，得出相应的回归方程：

$$\log(cs) = 0.46 + 6.77 \times \log(fp)$$

$$(-2.13) \quad (21.89)$$

其中括号内是相应系数估计值的 t 统计量值。

方程中，回归系数的 t 统计量都很显著，并且相应的概率值 Prob. < 0.01，

因此，至少在99.99%的置信水平下，可以认为常数项以及 log（fp）系数的估计值都显著地不为零。回归方程的 $R^2=0.907$，$\tilde{R}^2=0.902$，都很接近于1，回归方程拟合效果较好，经 White 检验，残差项不存在自相关。变量 log（fp）系数估计值为6.773，意味着扶贫贴息贷款对农村居民人均纯收入增长促进效应较为明显，当扶贫贴息贷款增加1个百分点，农牧民人均纯收入将增加6.773个百分点。

二、面临的困难与挑战

（一）信贷规模扩张对西藏经济增长的拉动作用有所弱化

随着社会融资结构的多元化和经济增长推动因素构成的变化，我国新增人民币贷款规模和GDP增速之间的相关性在下降；这一方面是因为传统行业资本回报率下滑以及资金周转率的下降，导致每单位信贷所能推动的经济增长动能在下降；另一方面由于信托等影子银行规模的不断扩大，银行贷款不再是企业与地方政府资金的唯一来源，新增贷款的增加对实体经济的影响也在减弱。伴随着国内经济的转型，西藏的信贷规模扩张对其经济增长的拉动作用也在弱化。前文实证结果表明，不同时期西藏信贷对GDP的影响效应存在显著差异，1996—2009年各项贷款对GDP影响效应较大，当各项贷款增加1个百分点，GDP增加1.18个百分点；而“十二五”期间各项贷款对GDP影响效应明显减小，当各项贷款增加1个百分点，GDP增加0.363个百分点。

（二）金融改革市场化与优惠政策扶持存在不一致

党的十八大后，我国金融改革沿着市场化方向，驶入快车道，一系列重大改革举措不断推出，包括利率市场化的重大进展、存款保险制度的推出、人民币汇率市场化形成机制的完善等，其改革重点也正逐步向构建制度、完善市场、提高金融资源配置效率上转移。在全国深化金融改革的背景下，西藏也在探索和实施金融改革。由于西藏经济基础相对薄弱，需要政策的有力扶持，其金融更多地被赋予了政策性功能，金融改革市场化与优惠政策扶持内在的不一致，使得西藏的市场化改革步伐滞后于全国。如全国已于2013年7月20日起，全面放开金融机构贷款利率管制，实现贷款利率市场化，而推进利率市场化需要宏观经济和金融市场的诸多基础条件，西藏目前还不具备这些条件，因此西藏贷款利率上限仍未放开。长远来看，资源配置主要是通过资金价格来实现优化，西藏是市场的一部分，市场化改革乃是大势所趋。

（三）经济发展“新常态”对深化金融改革提出更高要求

当前，我国经济发展进入了新常态，经济增长速度进一步放缓，经济结构处于转型的关键期，西藏也不例外，同样面临着经济下行压力大、结构调整任务艰巨的困难。经济的新常态，对金融服务、金融市场和金融监管提出了更加紧迫的转型要求。一是经济结构转型需要金融服务重心下沉。传统的高投资、重工业化主导下，金融机构更多关注的是工业、建筑业、大企业、大项目，随着经济结构的调整转型，市场需求会更加多元化，中小企业、服务业、新兴产业等更具发展优势，这就迫切需要银行转变观念，调整信贷支持重点。二是企业由规模扩张转向创新取胜，实体经济发展模式的转型，需要金融机构提供更加全面、丰富、跨市场的综合性金融服务，帮助企业更好地应对市场环境的变化和经营风险。而我区现行的政策支持体系，过于侧重机构的发展和市场外在形态的发展，却在建立机制、提升市场效率、发挥市场自身调节功能等方面略显不足。如何应对新常态的挑战，激发金融机构积极创新、转变经营结构，还需进一步摸索。

（四）特殊优惠货币政策落实有待继续加强

由于体制、机制和环境等诸多因素的影响，西藏落实特殊优惠金融政策还有待继续加强，金融供需矛盾依然比较突出，金融服务和支持地方经济发展的作用还有待进一步强化，金融与经济发展的协同性有待进一步加强。扶贫贴息贷款政策与中央把西藏作为特殊集中连片的贫困区域的定位不相匹配，需要进一步丰富和发展。现行的综合补贴政策正向激励作用未充分发挥，对信贷资源向中小微企业、非公经济、特色产业、重点项目建设等经济发展薄弱环节倾斜作用仍不突出。

三、相关建议

中央赋予西藏的特殊优惠货币政策，对促进西藏经济金融发展发挥了重要作用。在市场化改革和经济新常态的背景下，西藏的特殊优惠货币政策既要考虑推进西藏跨越式发展、与全国同步实现小康社会的现实任务，也需应对市场化发展过程中经济结构调整对金融业提出的内在转型要求，稳妥处理优惠利率与市场化利率的关系，逐步将政策扶持重点转移到构建制度、完善市场、提高金融资源配置效率与增强金融服务实体经济的功能上来。

（一）在继续加大政策扶持力度的同时兼顾市场化考量

一方面，目前西藏依然是全国唯一一个省级特殊的集中连片贫困地区，经济发展水平较内地还有很大差距，“三农”问题依然是制约我区 2020 年与全国同步实现小康社会战略目标的瓶颈，2014 年西藏人均 GDP 仅为全国平均水平的 62. 10%。基于我区农牧区自然环境和经济发展现状，我区经济发展仍需中央的特殊关怀和政策扶持。因此，需要深入贯彻中央第六次西藏工作座谈会精神，特别是习近平总书记重要讲话精神，继续用好、用活、用足特殊优惠货币政策，充分发挥金融对经济发展的撬动作用。另一方面，利率作为要素市场的重要价格，是资金有效配置的决定性因素。伴随国内利率市场化的大力推进，西藏也需逐步探索利率市场化改革，稳妥处理优惠利率与市场化利率的关系。待条件成熟时，对有些发展较好的、能够承受市场化融资成本的区域、行业和企业，利率政策取向上可逐步市场化；而对发展较慢的地区、产业和群体，应继续给予政策倾斜和重点支持。可研究和探讨适合西藏特殊区情的定价机制，尝试估算基于市场基准收益率曲线定价的最优惠贷款利率，逐步培育金融机构贷款市场化定价能力。

（二）政策引导重点逐步从鼓励量的扩张转向总量与结构并重

经济新常态，意味着经济面临转型的关键期，也是中国金融改革转型的深水区。实体经济需要转型，金融机构也需随之转型。过去几十年，西藏的特殊优惠货币政策重在推进机构的延伸和信贷规模的扩张，这种扩张性政策促进了其金融业的快速发展，并对西藏经济社会跨越式发展发挥了重要支撑作用。但在新常态下，金融规模的扩张对经济的拉动作用在逐渐减弱，优惠货币政策的发展目标应逐步从总量扩张为主向总量扩张与结构优化、效率提升并重转变，金融业的发展模式要尽快从追求规模扩张转向追求效率提升。更加注重政策对金融市场培育的支持，激活市场活力，让市场在资源配置中发挥更多作用。更加注重政策对金融服务广度和深度的拓展，注重对金融创新、金融与实体经济关系优化的引导，坚持金融服务于实体经济的结构优化调整，通过“定向投放”、降低融资成本等措施，使金融能够更好地服务于大众创新、万众创业，服务于小微企业、民生领域等。灵活运用多种货币政策工具，优化政策组合，相机进行结构性和总量调整。

（三）在实践中不断完善西藏特殊优惠货币政策

深入总结多年来执行西藏特殊优惠货币政策的经验与不足，在实践中不断对其进行丰富和完善。一是对现行特殊费用补贴政策进行适当调整，其核心必须明确界定县及县以下贷款对象的范围以及机构贷款使用严格按受托支付的要求办理，以防止我区信贷资金外流、防止区外市场主体和商业银行机构套取中央财政补贴、防止商业银行机构将通过利差补贴和特殊费用补贴政策获得的过多利润转移分配至银行股东，确保特殊优惠货币政策真正发挥对西藏经济社会发展及维护社会稳定的促进作用。二是采取适当措施，促进西藏银行机构的新增存款主要用于当地发展。三是继续把西藏作为特殊集中连片贫困区域予以大力扶持，不断完善我区扶贫贴息贷款政策。四是继续引导银行业金融机构对在藏分支机构实行差异化信贷管理办法和单独考核办法，合理扩大授信审批权限，降低金融服务实体经济的“门槛”。

（四）推进特殊优惠货币政策的有效落实

首先，要畅通特殊优惠货币政策传导机制，增强政策的执行力。特殊优惠货币政策传导机制不畅就会影响政策的执行效应。因此，一要继续加强政策宣传，扩大政策的知晓面和受益面。二要加强货币政策引导和窗口指导，密切关注信贷投放结构和形势，引导辖区银行业金融机构用好、用足、用活特殊优惠货币政策，促进地方经济结构调整和发展方式转变。制定和实行与差异化信贷管理办法相匹配的特殊监管政策，引导在藏银行业金融机构增加信贷投放，支持地方经济发展。三是加强特殊优惠货币政策与财政政策、产业政策的协调配合。货币政策的制定、实施、传导和作用的发挥必须紧紧依靠产业政策、财政政策等一系列政策的支持和配合。四是推进监管协调机制建设。面对金融创新的挑战和金融开放程度的不断加深，“一行三局”及政府金融职能部门要推进监管协调机制建设，加强沟通交流与合作，提高金融监管效率，形成金融监管合力，构建覆盖全金融系统的风险预警和评估体系，有效防范和化解系统风险。

其次，要转变政府职能，为贯彻落实好特殊优惠货币政策营造良好的外部环境。深化行政体制改革，创新行政管理方式，为金融支持地方经济发展创造良好的环境。创新体制机制，逐步减少对金融发展的行政干预，通过完善利益引导机制，以经济利益引导各金融服务主体的服务方向，使市场机制在金融业发展中发挥决定性作用，促使西藏金融业内生性科学发展。主动打破传统壁垒，简政放权，切实增强准入事项审批透明度，放宽市场准入条件，优质高效完成市场准入工作。优化金融生态环境，增强吸纳资金的能力。推进担保体系建设，积极培育各门类齐全、功能完善、竞争有序的中介服务市场。加快社会信用体系建设，促进金融业健康、稳健运行。

西藏金融消费权益保护工作研究

——基于中外制度的比较

中国人民银行拉萨中心支行课题组
课题组组长：廖凤华
课题组成员：刘伟兵　唐　超

摘要：在金融创新加快、金融消费风险增加和金融消费者群体不断壮大的背景下，如何保护金融消费权益，成为西藏金融业的重要任务之一。本文通过介绍英国、美国、加拿大等域外发达国家在金融消费权益保护方面的成熟经验，尝试探索西藏在金融消费权益保护领域的发展路径。

关键词：域外经验　制度比较　消保工作

金融消费权益保护工作（简称“消保工作”）属于金融监管改革领域的一项重要举措，全世界各国做法各异，虽然我国起步较晚，但是也正在不断积极探索。

一、域外金融消费权益保护的经验介绍

（一）多重监管保障美国金融消费者权益

从1968年到2011年，美国《多德—佛兰克华尔街改革及消费者保护法案》通过整合《诚实借贷法》《社区再投资法》等金融法律法规中涉及金融消费权益的权责，巩固了当前金融消费者的合法权利，将分散于联邦银行及贸易委员会的联邦消费者保护职能及相关金融监管权集中到独立的消保工作机构，即联邦金融消费者保护局。通过法律形式，严格禁止联邦政府和美联储干扰该机构履职，更不允许政府部门以行政立法变相划分其职权，以财务审计为途径制约

其行政权力的肆意。

（二）行政手段强化保护加拿大金融消费者权益

加拿大金融监管以保守严苛闻名，2001 年《加拿大金融消费者管理局法案》就已经开始不断整合金融消费权益领域的权责，通过单一消保工作机构设置，即加拿大金融消费者管理局（Financial Consumer Agency of Canada，FCAC），从严格金融监管的角度出发，统一加拿大联邦政策取向，将监管方式与行政制裁措施有机结合起来，以行政法规的形式具体落实，具有非常现实的操作性和有效性。

（三）教育规划增强英国消费者维权能力

早在 2007 年，英国财政部制定的金融教育预算就已经高达 1150 万英镑。之后更是逐年递增，现其金融服务局（简称 FSA）用于该专项教育支出已超每年 2 亿元人民币。从英国消保工作的机构设置变迁来看，2001 年到 2004 年，从金融服务局到消费者金融教育局（简称 CFEB），在金融消费教育领域，英国各金融监管机构呈现越来越专业化、职能越来越明确化，金融消费教育工作的重要性亦越加凸显。

可见，“立足以人为本、公众利益至上”已成为金融消费权益保护工作的共识。从工作机制来看，各国的消保工作都建有完备的金融消费权益保护制度，其制度建立在存贷款、银行理财、信用报告等基本法律制度之内，其内容涵盖金融消费的公信度和透明度、明确消费者权利义务、防止消费者受到不公平待遇和歧视、保护金融消费者存取款自由等方面。从工作机构来看，各国均统一金融消费权益保护职能于专门机构，成立独立的单一消保工作机构，无论是强调“多重监管”“行政制裁”，还是注重金融消费者教育工作，都离不开一个强有力的行政组织机构来承担金融消费权益保护职能。从工作规划来看，各国都在探索建立长期的全民金融消费教育规划，不断探索将金融消费教育纳入普通公民基本素质教育体系中，全面提升国民综合素质。

二、中外金融消费权益保护工作制度比较

（一）监管框架比较

《消费者权益保护法》已然成为我国金融消费权益保护领域发展的基石，

以《中国人民银行法》为核心的金融法律也成为了监管各金融分业的核心价值体现，而以征信业管理条例、个人存款账户实名制等金融法规为指引，基本建立了分行业的金融消费权益保护体系。人民银行、银监会、保监会以及证监会作为主要的金融监管机构，根据不同职权范围，从各自监管角度出发规范相应的金融消费行为。与之不同的是，域外发达国家在金融消费权益保护领域采取了打破分业治理的障碍，针对金融机构混业经营带来的监管盲区，整合职权，统一机构，形成了单独承担消保工作职责的监管部门。

（二）职权职责比较

从职能范围来看，在我国金融分业监管的基本框架下，“一行三会”的基本职能并没有在金融消费权益保护领域内发生重大变革。根据各金融分业设立保护局的情况，各监管机构的职责范围仍然基本受限于原来的履职范畴。具体来说，银、证、保三个监管部门仍然只负责行业内的消费者投诉和教育，人民银行负责协调促进消费者保护工作和交叉性金融工具监管。在这样的监管格局下，金融消费权益保护工作的开展不可避免地存在部分盲区和冲突地带，特别是人民银行与银监会的监管冲突最为突出。以信用卡协议的信息披露为例，人民银行依据《银行卡业务管理办法》从业务角度监管商业银行相关义务的履行情况，而银监会则依据《商业银行信用卡监督管理办法》同时对商业银行的信用卡业务进行监管，那么在金融消费者与金融机构之间产生信用卡纠纷后，金融消费者既可以向人民银行投诉，也可以向银监会投诉，导致监管重叠，推高发生冲突或推诿的风险，不利于金融消费者维权。而相比较，整合金融消费权益保护监管职能于单一机构，金融消费者在遭遇纠纷后，不会出现投诉机构不明的情况，更有利于解纷息诉。

从职能属性来看，消保工作的性质决定了金融消费者保护局的权力属性不同于一般性政府权力，多依赖于非强制手段的行政措施。各国采取了通过立法形式将金融知识普及等核心消保工作任务分解到各社会组织完成，而单独成立以强制力为后盾的执法部门的管理模式。相反，我国金融消费权益保护部门多表现为既要承担监管职能，也要承担教育宣传职能，因两种职能履行途径的性质不同必然导致工作行政手段难以调剂。

（三）教育规划比较

发达国家在国际金融危机爆发后，发现原有的国民教育规划并不足以满足社会公众的需要，开展了21世纪以来最为重大的金融监管改革。一方面，将金融知识教育纳入国民基本素质教育之中，以国民基本素质教育为途径传播金融知识，以夯实国民的金融知识基础；另一方面，建立了满足社会公众的金融教育咨询服务平台，保证普通公民金融生活的日常之需。较之，我国国民基本素质教育仍处于发展的初级阶段，整体教育规划排斥金融知识普及。目前，金融知识普及通常采取的是阶段式集中宣传方式，如中国人民银行的“金融知识普及月”宣传活动等，缺乏长远有效的规划。而目前网络上充斥着各种金融虚假信息，各种资讯平台也缺乏有效的监督管理，导致各种金融诈骗案件频发。现已建立的金融教育咨询平台如“12363”等公共平台，各项功能仍不完备，正在逐渐演变为单一投诉热线，难以满足金融消费者的实际需要。

三、西藏金融消费权益保护工作开展中遭遇的困难

（一）缺乏有效行政手段

从西藏辖区开展消保工作以来，通过《西藏自治区金融消费权益保护实施细则》《西藏自治区12363金融消费权益保护咨询投诉热线管理办法》《西藏自治区金融消费权益保护工作考核细则》等规范性文件建立起了基本制度，规范了辖内的金融消费行为及涉及的各项消保权责。虽然规范性文件采用多层级，如拉银发、拉银办发、拉银保护等行发文、办公室发文以及处发文的形式，但规范性文件层级低、效力低以及难以规范具备强制力的行政措施等问题，显然已成为加大金融消费者权益保护力度的障碍。

（二）受限于职权法定

在金融消费权益领域的分业分工下，人民银行形式上管辖跨行业、跨市场的金融消费纠纷，但法律法规对其相关规定仍处于“真空状态”，在解纷息诉的实践活动中，人民银行缺乏有效依据，容易与其他监管部门发生管辖冲突等问题，纠纷调解工作难以获得相关金融机构当事人的积极配合。从2014年度西藏“12363”实践来看，共受理金融消费者投诉58起、咨询32起，办结率、满意率均为100%，但是所有投诉类纠纷均通过转办方式才得以解决。可见，在依法行政的要求下，“12363”因受限于人民银行的法定职权范围，不可避免地陷入职责冲突、职权空白的困境。

（三）缺乏长远规划

围绕金融消费权益保护宣传工作，当前采取了新旧结合的方式开展教育宣传活动，即结合现有平台和搭建宣传教育新平台，如“3·15消费者权益日”“12·4国家宪法日”“金融知识普及月”等。结合2014年度金融消费权益保护知识宣传情况，集中宣传2次，时间累计40天，共发放各类宣传资料累计153850份，宣传人群达58409人次，通过短信平台发送消息达140万余条。从受众人群来看，宣传教育对象主要为城市居民，但宣传教育回访工作难以开展；从宣传资料的投放情况来看，主要集中在城市，广大农牧区的居民难以接收资讯的情况没有得到明显改善；从宣传效果来看，短期效益突出，长期维系困难，缺乏与金融消费教育目标匹配的长远计划。

四、完善西藏金融消费权益保护工作的途径

（一）提高消保工作的规范化程度

在总结西藏辖内金融消费权益保护工作经验的基础上，从多个层面推动制度建设规范化程度，强化金融消费权益保护领域的法治工作。一方面，从程序上规范，建议统一金融消费纠纷处理办法，对原则、程序、时效及法律后果等确认和规范。这样，规范的处理程序才能保障人民银行分支机构将当事人的申请、人民银行各分支机构的受理、协商方式、达成和解协议、制作相应的行政调解书等重要环节规范起来。这样规范化的程序有助于划分权责，让整个调解活动始终处于有序的状态，合法保障各方当事人的利益。另一方面，从实体上立法，整合各类金融消费权益内容，结合西藏民族区域实际，由辖内人民银行向西藏自治区地方政府建议，将金融消费权益保护纳入地方立法规划之中。

（二）建立“一行三会”的消保工作协作机制

鉴于跨行业、跨市场等特性以及各分业履职的限制，为切实加强金融消费权益保护，消除监管冲突、弥合监管真空，有必要建立“一行三会”的协作机制。协作机制基于权力范围划分建立，可以从这样三个层次考虑：一是共享金融消费权益保护工作信息，化解管辖冲突；二是建立金融消费权益保护工作信息共享上的联动机制，防范推诿现象出现；三是成立金融消费纠纷调解咨询委

员会，吸纳金融专家为委员，进一步探索建立全系统全社会体系金融消费权益保护委员会。

（三）推动区域性金融教育规划的发展

结合西藏民族地区实际，可以从以下四个方面探索推动全区民族金融知识普及教育工作：第一，建立不依赖短期集中的宣传模式的金融消费者教育长效机制，由政府牵头组织金融监管机构、金融机构、社会公众、专家学者、新闻媒体共同制定符合当前西藏实际的金融知识普及规划纲要，保障宣传教育的计划性、广泛性、系统性。第二，推动民族性教育规划纲要吸收金融知识，由人大牵头组织金融部门、教育部门、社会公众、专家学者、新闻媒体共同核定金融知识教育内容，将必要的金融知识纳入民族教育规划纲要之中，将金融知识普及到中小学义务教育阶段，结束金融知识重要性难以被认可的局面。第三，努力编撰、翻译如《中国人民银行拉萨中心支行金融消费权益保护手册》《12363 金融消费权益保护咨询投诉热线知识 150 问》等金融知识科普读物，改善普通公众的学习环境。第四，将宣传教育成效与回访调查相结合，通过问卷调查的方式，对辖内金融消费者开展金融素养调查、维权调查等，探索建立西藏辖区宣传教育工作考评机制。

参考文献

[1] 焦瑾璞．金融消费者保护与金融监管［J］．征信，2013（9）．

[2] 王琛．我国金融消费者权益保护的法律规制思考［J］．金融发展研究，2013（5）．

[3] 高飞．基层央行开展金融消费者权益保护工作的思考［J］．海南金融，2011（11）．

[4] 李建伟．金融消费者权益保护机制的国际经验与借鉴［J］．西部金融，2011（12）．

[5] 赵锋．基层央行开展金融消费者保护工作存在的问题与对策［J］．柴达木开发研究，2013（6）．

[6] 李晶珠．发达国家金融消费者保护的扩张及启示［J］．经济研究，2013（13）．

对银行履行真实性审核职责情况的监管难点及建议

中国人民银行拉萨中心支行外汇管理处课题组
课题组组长：单 曲
课题组成员：刘家荣 永青拉姆 普布卓嘎 扎西卓玛

摘要：随着外汇管理改革的逐步深入，外汇管理行政审批事项逐渐减少，外汇管理业务重心由事前审批向事后监管转变。在这一过程中，银行在日常业务办理中也承担越来越重的真实性审核职责和越来越大的风险。本文主要研究在当前外汇管理形势转变的情况下，银行所面临的真实性审核难点，同时提出银行在遵循“展业三原则”前提下的真实性审核建议。

关键词：银行 真实性 难点 建议

近年来，随着外汇管理重点领域改革的深入推进，外汇管理部门监管重心逐步由事前向事中、事后转移，外汇管理便利化水平日益提升。与此相应的，银行审核职责也在逐步增加，“代位监管”成为外汇指定银行重要职责。由于银行的监管效果直接影响到外汇管理政策的贯彻执行与有效落实，为了切实化解当前银行在组织实施真实性审核中面对的问题，本文特结合实际业务，对此进行分析研究，并提出对应政策建议。

一、全面认识银行履责真实性审核的重要意义

（一）银行履责真实性审核是法律赋予的权力

银行履行真实性审核义务，是现行外汇管理法律法规赋予的要求。《外汇管理条例》第十二条规定：“经营结汇、售汇业务的金融机构应当按照国务院外汇管理部门的规定，对交易单证的真实性及其与外汇收支的一致性进行合理审查。”这表明，“真实性审查”是国家法律规定银行主体需履行的义务。《外汇

管理条例》还规定了银行未履行真实性审核职责的法律责任。其第四十七条第一款规定："办理经常项目资金收付，未对交易单证的真实性及其与外汇收支的一致性进行合理审查的"，将"由外汇管理机关责令限期改正，没收违法所得，并处20万元以上100万元以下的罚款；情节严重或者逾期不改正的，由外汇管理机关责令停止经营相关业务"。

最新出台的外汇管理法规更加注重对银行履行真实性审核的要求。2014年出台的《银行办理结售汇业务管理办法》第十八条规定："银行办理结售汇业务时，应当按照'了解业务、了解客户、尽职审查'的原则对相关凭证或商业单据进行审核。"2014年出台的《跨境担保外汇管理规定》第二十八条明确规定："境内银行应当对跨境担保交易的背景进行尽职审查，以确定该担保合同符合中国法律法规和本规定。"2015年发布的《通过银行进行国际收支统计申报业务实施细则》第三条规定："境内银行应督促和指导境内居民和境内非居民办理申报，履行审核及发送国际收支统计申报相关信息等职责……"2015年出台的《国家外汇管理局关于改革外商投资企业外汇资本金结汇管理方式的通知》要求"银行应履行'了解客户'、'了解业务'、'尽职审查'等展业原则，在为外商投资企业办理资本金对外支付及结汇所得人民币资金支付时承担真实性审核责任。在办理每一笔资金支付时，均应审核前一笔支付证明材料的真实性与合规性"。

（二）银行履行真实性审核职责的必要性

1. 银行履行真实性审核职责是外汇管理机制改革的要求。外汇管理部门简政放权，"五个转变"对银行真实性审核职责的要求，改过去形式性审核为实质性审核，这就要求银行把外汇管理规定具体落实到业务操作规程。近年来，外汇管理局大规模清理规范外汇法规文件，积极实现"五个转变"：从重审批转变为重监测分析，从重事前监管转变为强调事后管理，从重行为管理转变为更加强调主体管理，从"有罪假设"转变到"无罪假设"，从"正面清单"转变到"负面清单"。简政放权的一系列政策措施，要求银行必须承担起真实性审核的职责。

2. 银行履行真实性审核职责是银行防范业务风险的要求。银行履行真实性审核职责是健康发展外汇业务，防范、规避业务风险的重要保障。"了解客户、了解业务、尽职审查"是银行业国际性行规，或者说是国际惯例。"展业三原则”就要求银行对客户的交易背景及交易真实性进行准确把握和判断，在此基础上对客户提交的各类单证进行查核，以确保交易的真实性。这是银行的法定义务，也是防范业务风险的必然要求。

3. 银行履行真实性审核职责的监管重点

（1）银行是否明确职责所在，认真履行法定义务，进行真实性审查。在现行的外汇监管体制中，外汇指定银行具有双重身份特征，既是为企业、社会公众提供金融服务的服务主体，又是确保外汇管理政策贯彻落实的监管主体和执行主体；既要通过依法合规经营追求自身经营利润，又要通过实施监督管理履行社会责任。如何引导、帮助银行正确定位，是监管首先要解决的问题。

（2）银行是否掌握并能按规定进行审查、执行外汇管理部门的规定，发挥“实质性监管”的作用。最近出台的外汇管理法规由“规则监管”逐渐转变为“原则监管”。在“原则监管”的框架下，就要求银行制定相应的规则，加强真实性审核。比如，银行是否全面掌握现行法规涉及的各种类型材料的审核要点、方法、技术等。

（3）监管部门是否完善对银行真实性审查的规定设计、督导。外汇局是否能与时俱进，不断完善、创新对银行履行情况行使监督检查权。外汇管理部门逐渐放松第一线的真实性审核操作，第一线的真实性审核操作按法律规定应由银行来进行操作。那么，外汇管理部门就要做好银行真实性审查的规定设计，对银行主体履职情况进行监督检查。

二、当前银行履行真实性审核职责过程中存在的问题和原因

（一）问题

内控制度缺乏针对性且执行流于形式。有些银行不能及时针对新业务而专门制定内控制度，致使银行从业人员办理业务时无据可依。

银行从业人员未切实履行贸易背景真实性、合规性审查责任，做出有利于业务办理的批注，导致虚假业务乘虚而入。

保证金轻视贸易真实性进行合理审查，间接弱化了银行代位履职意识。保证金制度的存在往往成为银行放松对贸易背景真实性审核的借口，“了解你的客户”的原则名存实亡。

只求绩效增长不管逻辑矛盾，个别分支机构为追求存贷比、结算量以及中

间业务的增长，为完成上级行绩效考核的目标，置业务真实性审核于不顾。

（二）原因

自律性机制缺失制约着银行监管效率和效果的提升。银行在管理目标、内控制度及制度落实方面存在瑕疵，因而导致外汇管理效果有所式微。

银行的审核行为与为客户提供服务之间存在着一定的利益冲突，造成部分银行出现规避外汇管理法规现象，损害了外汇管理法规的权威性，阻碍了国家宏观监控目标的实现。

有些银行对履行监管职责存在认识偏差和意识淡薄，在办理外汇业务时把关不严，形成了银行被动接受监管而不是主动履行监管职责的局面。

专业人才培养或引入机制缺失难以保障外汇从业队伍的稳定性、专业性和延续性，导致银行履行真实性审核的能力降低。

三、监管工作的难点

法规执行难。从监管制度方面阐述法规依据较为原则、要求较为零散，缺乏明确而系统的评价标准或制度体系。部分外汇政策法规的可操作性有待提高（日常外汇业务监督和检查中发现，个别银行出现的违规问题是由于部分政策规定不明确或无配套的具体操作规程，银行理解出现偏差造成的）。

检查实施难。现有检查模式难以全面评估银行执行外汇管理政策效果。一是尚未建立统一监管检查模式。检查内容、标准、方法的差异化可能导致评判有失公允。二是检查手段的更新滞后于银行业务拓展步伐。三是银行业务集约化管理加大了基层外汇管理部门检查的难度。业务管理的集中化和电子化为基层外汇管理部门开展外汇检查和监管设置了屏障。

违规定性难。证据难以锁定，违规事实难以认定。在原则性监管下，由于缺乏具体的规则约束，对银行是否进行了真实性审查难以定性追责。如果银行只进行了表面上的形式审查，其并未违反审核的操作规范，但对真实性的把握上很难确定。只有在风险暴露之后，通过倒查机制才能对银行是否进行了真实性审核做出判断，从而使真实性审核流于形式。

四、加强银行履行真实性审核职责的原则

风险自律原则。外汇局对银行内部自律管理进行检查评估，对其有效性予

以认同，对其风险漏洞进行处罚，引导银行强化自律管理。

依法监管原则。完善负面信息披露机制，增加银行违规成本，督促银行依法履行对外汇收支真实性和合规性监管职责。

与时俱进原则。通过加强对外汇政策执行情况和外汇管理工作的调研，查找相关政策法规存在的缺陷和漏洞，及时进行修订完善，并结合工作实际制定操作性强的实施细则，完善操作规程，明确工作责任，落实奖惩措施，切实提高政策的可操作性。

沟通交流原则。积极搭建联络沟通桥梁，建立外汇局与银行联席会议制度，利于银行正确理解和贯彻执行各项外汇管理新政策，利于外汇管理部门及时掌握外汇政策执行情况，也为各银行之间沟通联系和信息交流提供了机会。

五、监管措施

（一）制度监管与业务监管并重

加强对银行业务内控制度的检查。业务操作规程是“展业三原则”的落地规则，是外汇管理政策的传导机制，是真实性审查责任的分解落实，也是具体业务操作准确与否的依据。要考察银行是否建立了完善的内控制度和操作规程，加大对已有内控制度贯彻执行情况的检查，同时发挥外汇局的传统强项，加强业务检查，包括外汇业务操作规程执行情况，通过检查或抽查，确认业务实际操作是否符合操作规程；业务数据变化情况是否合理；业务政策是否符合外汇管理规定；等等。

（二）传统监管与创新监管并行

一是用好传统的排查方法，将其与非现场排查结合起来，有针对性、有目标范围地进行检查。

二是用好数据监测平台，进行后台的监测与分析，定期检验、调整银行审核项目、内容，对一些大的项目，外汇局要自行开发监管系统，在系统中设置提醒核校验功能，帮助银行提高审核质量，降低银行的内控制度建设、审核时间、人员设备等耗费成本。

三是构建企业贸易融资信息平台，在保护客户信息的基础上，实现数据共享，给予银行更多的信息来源和渠道，以提高银行对贸易真实性的把控能力。

（三）窗口指导与检查处罚并举

加强对银行的政策宣传和督促指导，健全完善政策宣传机制、业务督导机制和信息沟通机制，加大对银行外汇业务的考核和奖惩力度，促使银行正确处理服务与管理的关系，增强依法履职和依法经营意识，变被动执行外汇政策为主动履行监管职责，稳步提高外汇管理政策的有效性。

推动风险提示制度化，以向银行及时提示金融风险，严控虚假贸易背景的融资和套利行为。采取口头警示和书面通报，并相互结合，灵活掌握。

强化银行承担社会责任意识，树立合规经营理念。要发挥两方面的作用：一是舆论监督，促进银行树立形象。二是外汇局通过制定银行外汇业务经营合规性综合评价标准，对银行外汇管理政策的贯彻落实情况、银行内控制度的制定和执行情况、外汇业务经营合规性情况等若干项评价指标做出评判，对不同等级的银行在结售汇业务市场准入、现场检查频率、外汇服务等方面进行分类监管，提高银行依法经营、依法履职意识。

发挥外汇检查的处罚功能，培养银行的自觉守法意识。将经济处罚与相关责任人从事外汇业务的资格等非经济处罚结合起来，发挥对违法经营的惩戒作用，培育银行的自觉守法意识。

外汇局应加强对外汇法规的宣传培训，提高银行从业人员素质。外汇局要主动加强外汇管理法规的宣传和培训，通过召开通报会、现场检查和调查、约谈高管人员等多种方式宣传外汇管理法规，避免银行发生无意识的违规行为。

非金融支付机构对西藏支付体系的影响及其监管

中国人民银行拉萨中心支行支付结算处课题组
课题组成员：姚中玉　洛桑尼玛

摘要：西藏辖区非金融支付机构以分支机构为主，在管理过程中存在较多的问题和漏洞，而支付机构将在今后一段时间大面积渗入各行业，将对辖区支付体系产生一定的影响。鉴于存在的各种问题，对支付机构的监管进行深入研究，了解西藏辖区支付机构的发展现状，分析存在的问题，探讨对支付体系的影响，探索对支付机构的监管思路，进一步规范第三方支付服务市场的健康发展，将对西藏支付市场的规范发展具有一定的参考价值。

关键词：支付机构　分公司　影响　监管

近年来，随着通信技术的突飞猛进和支付业务的创新，非金融支付机构发展迅猛，支付行业的壮大不但丰富了西藏支付服务市场，推动了支付行业的创新，冲击了支付体系的现状，同时也为人民银行的监管职责和范围提出了更多的要求。

一、非金融支付机构概述

非金融支付机构是指具备一定实力和信用保障的非金融第三方独立机构，以银行的支付结算功能为基础，向社会提供个性化支付结算、资金清算与增值服务，在收付款人之间作为中介机构提供网络支付、预付卡发行和受理、银行卡收单等服务。

第三方支付行业呈现着高速发展、市场集中、竞争激烈、与银行合作提速、支付方式创新力度大等特点。2005 年首次将第三方支付归入支付清算组织，2010 年人民银行颁布了《非金融机构支付服务管理办法》，界定了第三方支付服务，制定了市场准入机制，明确了监管要求，此后陆续发布各类管理办法，细化监管。第三方支付市场的发展和监管大致经历了五个阶段（详见图 1）。

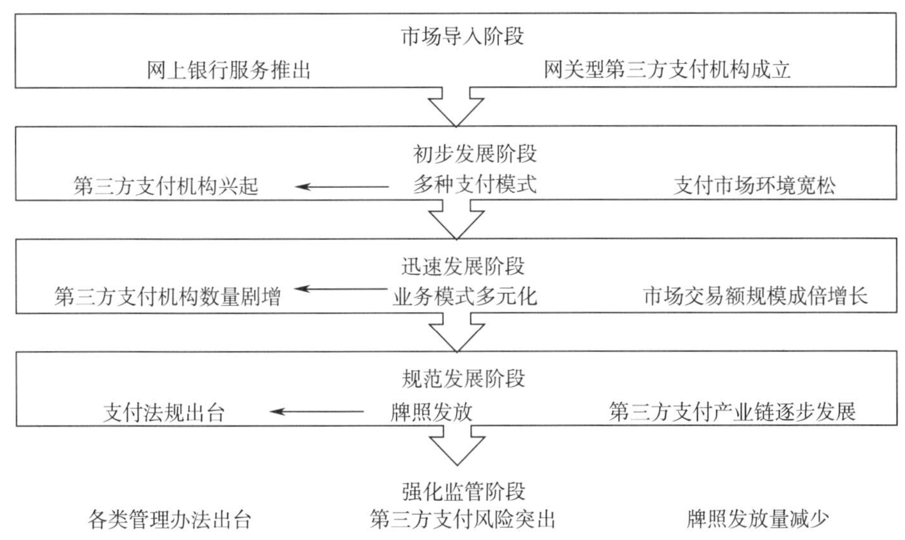

图1 第三方支付市场的发展经历五个阶段

二、西藏支付机构及监管现状

（一）支付机构概况

全国范围内取得支付业务许可证的机构共有268家①（见表1），西藏辖区尚无一家获得支付业务许可证的法人支付机构，2012年前无任何支付机构落地，至2015年有八家非金融支付机构分公司，业务范围已涵盖银行卡收单、互联网支付、预付卡发行与受理等各方面（见表2）。

表1 全国各省、自治区、直辖市支付业务许可证数量统计情况表

地区	家	地区	家
北京	56	湖北	5
天津	4	湖南	7
河北	3	广东	31
山西	4	广西	3
内蒙古	2	海南	2
辽宁	3	重庆	5
吉林	1	四川	5
黑龙江	3	贵州	3
上海	55	云南	4
江苏	14	西藏	0

① 统计数据来自中国人民银行官方网站。

续表

地区	家	地区	家
浙江	16	陕西	6
安徽	8	甘肃	1
福建	9	青海	0
江西	2	宁夏	0
山东	12	新疆	2
河南	2		
合计		268	

表2　　西藏支付机构分公司整体情况

全国		西藏	
公司	业务范围	时间	业务类型
银联商务	银行卡收单、互联网支付、预付卡受理	2009年	银行卡收单
天翼	移动电话支付、固定电话支付、银行卡收单	2012年	移动电话支付、互联网支付
快钱	货币汇兑、互联网支付、移动电话支付、固定电话支付、银行卡收单、预付卡受理	2013年	银行卡收单
开联通	预付卡发行与受理、互联网支付	2014年	预付卡发行与受理
钱袋宝	互联网支付、移动电话支付、银行卡收单	2015年	银行卡收单
乐富	银行卡收单	2015年	银行卡收单
通联支付	互联网支付、固定电话支付、银行卡收单、预付卡受理	2015年	银行卡收单
海科融通	银行卡收单	2015年	银行卡收单

（二）业务发展情况

从西藏支付机构业务类型看，银行卡收单的业务金额占主导地位，清算金额占辖区总金额的89.54%，业务笔数占辖区总笔数的32.52%；网络支付业务笔数较多，占辖区总笔数的67.48%；而预付卡受理及发行至今未发生业务（见表3）。

表3　　2012—2014年西藏辖区第三方支付业务数据①　　单位：万笔、亿元

业务量	2012年		2013年		2014年	
	笔数	金额	笔数	金额	笔数	金额
银商	—	—	2.60	1.72	73.20	31.97
天翼	11.52	0.18	35.64	0.97	156.87	3.78
快钱	—	—	1.76	0.31	2.39	0.42
合计	11.52	0.18	40.00	3.00	232.47	36.18

① 数据来自中国人民银行拉萨中心支行支付结算处。

西藏辖区非金融支付机构业务从2012年开始迅速发展，2013年业务金额同比增长1589%，2014年业务金额同比增长1107%，2012—2014年年平均增长率达到了1348%的高速增长趋势（见图2）。

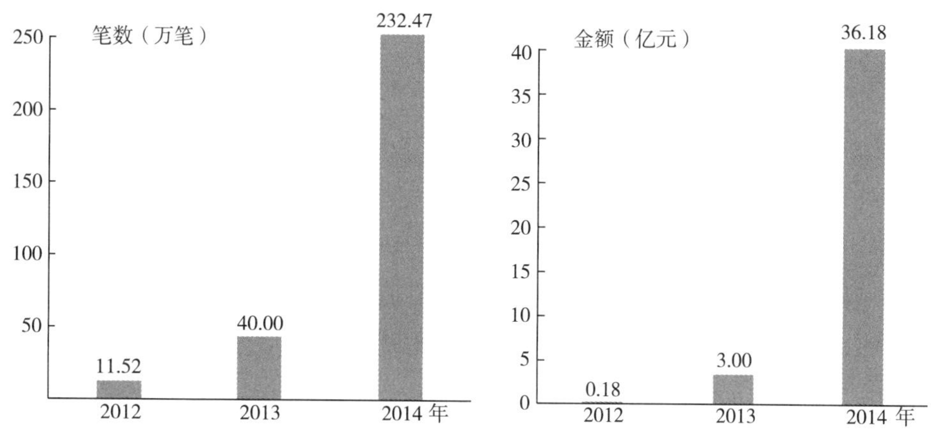

图2 西藏非金融支付机构业务量发展情况

（三）监管发展概述

第三方支付中的货币债权转移可以在中央银行和商业银行体外进行，其带来的流动性风险及信用风险可能威胁到整个金融市场的稳定，同时，支付机构在发展中的市场竞争风险、洗钱、套现、赌博等风险，以及市场退出潜在风险，为其监管提出了必要性。非金融支付机构的监管理念从倾向于"自律的、放任自流的"理念向"强制的、监督管理的"理念转变。

表4 非金融支付机构主要监管制度

名称	颁布单位	发布年份
业务许可及综合监督管理		
非金融机构支付服务管理办法	人民银行	2010
非金融机构支付服务管理办法实施细则	人民银行	2010
关于非金融机构支付业务监督管理工作的指导意见	人民银行	2011
关于加强支付机构监管工作的通知	人民银行	2011
关于建立支付机构监管报告制度的通知	人民银行	2012
关于支付机构主要违规问题及监管要求的通报	人民银行	2012
关于规范支付机构变更事项监督管理工作的通知	人民银行	2013
关于加强商业银行与第三方支付机构合作业务管理的通知	银监会、人民银行	2014
客户备付金管理		
支付机构客户备付金存管办法	人民银行	2013
关于建立支付机构客户备付金信息核对校验机制的通知	人民银行	2013

续表

名称	颁布单位	发布年份
预付卡业务管理		
关于规范商业预付卡管理的意见	人民银行、监察局、财政部等	2011
支付机构预付卡业务管理办法	人民银行	2012
关于规范银行业金融机构发行磁条预付卡和电子现金的通知	人民银行	2012
关于进一步加强预付卡业务管理的通知	人民银行	2012
银行卡收单业务管理		
关于加强银行卡安全管理 预防和打击银行卡犯罪的通知	人民银行、银监会、公安部等	2009
关于贯彻落实《中国人民银行 中国银行业监督管理委员会 公安部 国家工商总局关于加强银行卡安全管理 预防和打击银行卡犯罪的通知》的意见	人民银行	2009
关于切实做好银行卡刷卡手续费标准调整实施工作的通知	人民银行	2012
银行卡收单业务管理办法	人民银行	2013
反洗钱监管要求		
关于印发《支付机构反洗钱和反恐融资管理办法》的通知	人民银行	2012
关于印发支付机构可疑交易（行为）报告要素释义和数据报送接口规范的通知	人民银行	2012
关于支付机构履行反洗钱职责情况的通报	人民银行	2013
技术监管要求		
非金融机构支付服务业务系统检查认证管理规定	人民银行	2011
关于做好非金融机构支付服务技术管理工作的通知	人民银行	2012
关于规范开展非金融机构支付业务设施技术认证工作的通知	人民银行	2012

西藏辖区非金融支付机构的起步较晚，2012 年才开始摸索和监管第三方支付市场。第三方支付监管主体为中国人民银行拉萨中心支行，同时银联西藏分公司有辅助监管的作用。目前辖区的监管对象为八家已经完成备案的非金融支付机构分公司，以及市场上发现的未备案支付机构。2013 年至今，随着全国性支付机构在藏设立分公司，人民银行拉萨中心支行不断强化监管，健全制度，开展检查，清理市场，有效地维护西藏支付机构的健康发展。

三、非金融支付机构对西藏支付体系的影响

（一）第三方支付业务与经济总量的关系突出

非金融支付机构业务量以 F 表示，西藏国内生产总值以 G 表示，西藏社会消费品零售总额以 C 表示，现各选取两者资金清算量比值作为分析对象，

2012—2014 年三年比值变化趋势如图3所示。

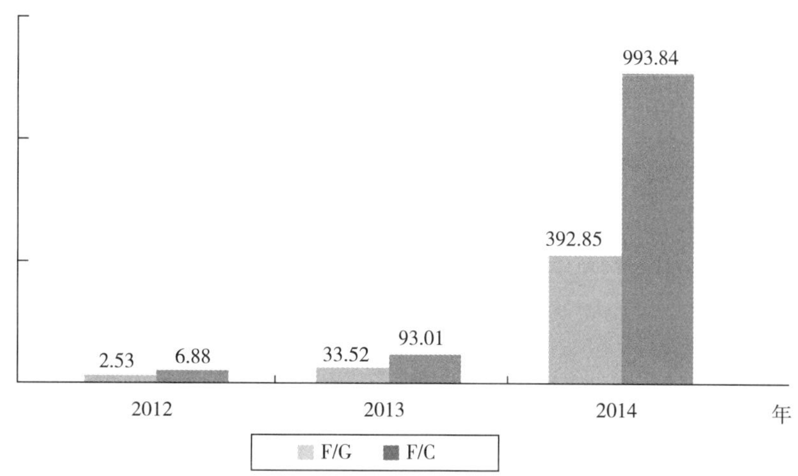

图3　2012—2014 年非金融支付机构业务量与 GDP 及社会消费品零售总额的相对比例①

2012—2014 年西藏 GDP 的平均增长率为 14.61%，社会消费品零售总额的平均增长率为 18.98%，虽然西藏辖区非金融支付机构业务量总值较小，但其增长速度明显高于前者，从趋势上看，两者相对比例将继续提高，非金融支付服务在经济总量中的地位将更为明显。

（二）支付服务组织的丰富

非金融支付机构分支机构的成立，丰富了西藏支付服务组织（见图4），同时也冲击了支付服务市场。银行与支付机构的合作，帮助银行进一步分流小额交易客户，减少网点柜面的流量压力，降低人力资源的占用，提高结算效率，实现自愿的优化配置。

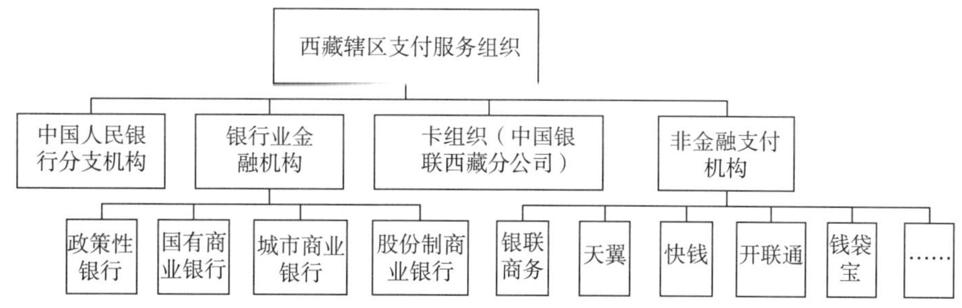

图4　西藏辖区支付服务组织整体情况

① 数据来自相关网站及西藏统计年鉴。

（三）支付系统与渠道的创新

支付系统参与者以银行为主，央行和商业银行依托专营通信网络，为参与者提供支付服务。而支付机构依托互联网等公共网络，支持移动通信系统和远程接入方式，促进支付系统的进一步开放和渠道拓展，提供支付服务终端更加灵活多样。

西藏辖区非金融支付机构业务量以 F 表示，西藏辖区大小额支付系统资金清算量以 Z 表示，现选取两者资金清算量比值作为分析对象，2012—2014 年比值变化趋势如图 5 所示。

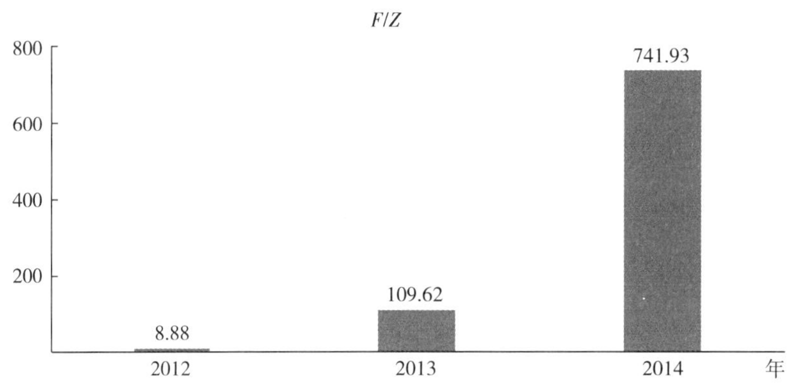

图 5　2012—2014 年西藏支付机构业务量与大小额支付系统资金清算量的相对比值

随着地区经济总量的变大，支付系统的业务量也越来越大，非金融支付业务量更是急速增长，在支付行业中的占比快速提高，有力补充了金融机构支付系统。2012—2014 年西藏大小额支付系统交易金额的平均增长率为 60.74%，而第三方支付业务交易金额的平均增长率达到 1330.08%，非金融支付业务的超速发展带动支付体系规模的整体扩大。

（四）支付工具及功能的创新

非金融支付机构不断推出新的支付工具。西藏辖区的翼支付运营分公司推广的“翼支付”客户端在电影购票、话费充值等方面推出了快捷方便的功能；银联商务等推广的 miniPOS 类产品，通过与手机的直接连接提供个性化的支付功能。这些产品直接推动了支付工具向高效化、无形化、电子化、数字化方向发展。

非金融支付机构推出的各类工具，冲击了银行机构。以西藏辖区收单市场为例，支付机构布放的 POS 机具及特约商户数量（包括“翼支付”收单机具），在短短几年的时间里已占据了西藏 17% 的收单市场，依靠自身灵活的机制和技术上的后发优势取得相对于商业银行的差异化优势。

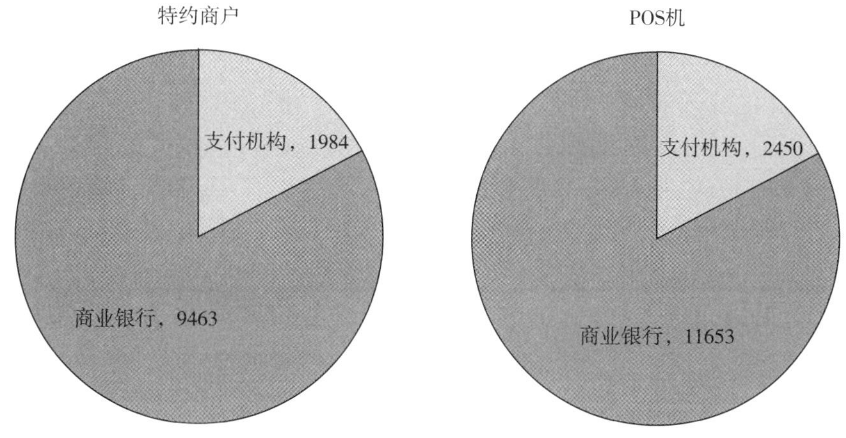

图 6　2014 年末西藏收单市场行业分布

近年来，西藏辖区以商业银行为主体的收单市场已发生剧烈变化，支付机构的介入加剧了市场竞争，支付机构收单业务量逐年增加，与银行机构的业务量比值逐年增长，说明西藏收单市场的蛋糕逐步做大做细（见图 6）。

表 5　　2012—2014 年西藏收单市场业务量行业分布①　　单位：万笔、亿元

		2012 年	2013 年	2014 年
支付机构	笔数	11. 52	40. 00	232. 47
	金额	0. 18	3. 00	36. 18
银行机构	笔数	437. 42	958. 68	1173. 43
	金额	91. 04	215. 76	235. 47
合计	笔数	448. 94	998. 68	1405. 90
	金额	91. 22	218. 76	271. 65
支付机构占比	笔数	2. 57%	4. 01%	16. 54%
	金额	0. 19%	1. 37%	13. 32%

四、非金融支付机构对支付体系产生的负面影响及监管问题

（一）支付机构异地收单乱象

西藏银行卡收单市场上存在未设立分公司的支付机构异地收单现象，部分

① 数据来自中国人民银行拉萨中心支行支付结算处。

刷卡手续费设置较低，在进行市场调研时，商户常常隐瞒情况，扰乱了市场秩序，致使监管存在较大的阻碍和隐蔽性。

（二）支付机构展业随意、监管部门信息不对称

西藏辖区存在未备案或违规开展业务的隐形支付机构，但由于信息的不对称，市场上存在灰色地带，清理整顿时无法获取法人机构的信息，难以整治违规拓展商户，使得监管效率降低。

（三）监管主体工作人员短缺

针对支付机构的监管责任集中于人民银行支付结算处，监管工作一般只能由一名人员完成，进行市场调查和现场检查的时间少之又少，监管落后于业务的发展。

（四）支付机构分公司监管制度不完善

已颁布的各类制度缺少细化的支付机构分公司管理办法，监管内容和手段相对模糊，而西藏以分公司为主，对机构的监管工作缺少规则，监管尺度把握不准，导致了监管工作漏洞的产生。

（五）支付机构监管主体未整合

西藏辖区非金融支付机构的监管，主要由人民银行支付结算部门完成，反洗钱监管也刚刚起步，其他部门则对支付机构未开展监管工作。另外，行业自律性组织——西藏支付清算协会尚未完善形成行业自律及协会监管，导致了监管主体的单一性。

五、西藏辖区支付机构的监管建议

（一）加强监管的必要性

非金融支付机构所提供的支付系统是对传统支付系统的延伸，所提供的支付工具是对传统支付工具的替代，如果支付机构的系统或者工具出现严重问题，将会损害社会公众的信心，影响经济的正常运行，甚至影响西藏社会的稳定。

近些年，由于无法人机构，分支机构也基本合规经营，西藏辖区第三方支

付市场总体良好，风险可控，未发生支付风险事件。但由于支付机构的不断增多，新领域中将暴露其他问题：用户权益的保障、客户信息安全、客户备付金、预付卡发行与受理中的违规、无序从事支付服务问题、反洗钱义务的风险等，可能会导致支付体系中的法律风险、操作风险及流动性风险等。因此，面对新兴支付市场参与者的竞争，化解新兴支付市场的风险，创建良好的法律制度环境和健康的市场环境，将成为未来西藏支付体系有效安全运行的重要组成部分。

（二）监管过程中的几点建议

相关机构形成合力。人民银行有管理职责，而同业机构有竞争激励，辖内各金融机构及完成备案的支付机构应与人民银行形成合力，调查支付机构违规开展业务，以适当的方式完成取证并报告，共同治理市场中存在的问题。

建立支付机构共享信息库。监管未备案而违规展业的支付机构，由于缺少其法人信息，不能有效监管。若建立非金融支付机构管理的信息平台，对人行分支行与总行的纵向沟通，人行各分支行之间的横向沟通，与政府、工商及公安等部门的交叉沟通，将产生积极的参考作用。

强化监管主体、健全约束制度。辖内相关机构共同履行责任，协助监管主体共同治理支付服务市场，并制定支付机构分公司的开业、展业、违规经营的处罚等方面的管理办法，细化监管，健全制度，明确责任。

现场检查和非现场监测同步开展。高对支付机构的现场检查频率，不定期约见分支机构高管人员汇报业务情况，不但可以及时掌握业务进展和存在的问题，而且可以强化人民银行的监管权威。同时，充分发挥技术力量，人民银行牵头开发数据系统与支付机构对接，通过报表检查、资金交易量的检测，实时准确掌握业务开展情况。

充分利用相关信息系统。市场上存在着未备案的隐形公司，可充分利用各类信息系统，如人民币账户管理系统、银联大数据平台、支付信息统计分析系统、工商注册相关系统等，深入挖掘，查询违规开展业务的机构，有效监管。

加强监管人员的培训。人民银行的监管政策和监管水平难以与业务发展同步，在监管中存在一定的滞后性。加大对新业务、新知识的培训力度，强化对一些新产品的试用，使监管跟上业务的发展。

建立消费者权益保障体系。支付机构的业务差错将对客户的权益产生影响，建立支付机构对消费者权益的保障体系，拓展人民银行消费者权益保障，结合

12363 等消保电话，以支付机构为责任主体，以人民银行的监督为重要保障，保障客户权益的有效性。

整合监管主体相关部门。第三方支付的监管，首先，要促进其高效、安全和稳定，需要由金融稳定部门参与；其次，要加强对消费者的保护，需要由消费者权益保护部门参与；最后，防范洗钱等方面存在的风险，需要由反洗钱部门参与，结合支付结算部门共同监管。

参考文献

[1] 曹洪辉，李汉．中国第三方支付行业发展蓝皮书［M］．北京：中国金融出版社，2012.

[2] 欧阳卫民．非金融机构支付服务的创新与监管［J］．金融服务与监管，2010.

[3] 吕伟梅．第三方支付业务监管刍议［J］．业务创新，2010.

[4] 杨茵．我国第三方支付监管现状及改善建议［J］．银行管理，2010.

[5] 郑秋霞．论第三方支付对我国支付体系的创新［J］．商业时代，2012.

[6] 杨彪．中国第三方支付有效监管研究［M］．厦门：厦门大学出版社，2013.

西藏非现金支付结算对现金运行的影响研究

中国人民银行拉萨中心支行货币金银处课题组
课题组组长：仁青卓玛
课题组成员：张　俭　次旺俊美　王明月　鲁姆措

摘要：近年来，随着西藏自治区支付基础设施的不断建成和完善、支付服务组织的健全以及社会信用的发展，非现金支付结算工具的推广应用越来越广泛。本文从理论和实证两个方面研究了非现金支付结算工具的发展对西藏现金运行的传导途径和影响，在进行多次多元线性回归分析后，认为目前西藏非现金支付结算方式对现金的替代效果并不显著。在对此进行原因分析的基础上，提出提高我区现金运行效率的政策建议。

关键词：非现金支付、现金运行、影响

一、问题的提出

西藏是传统的现金净投放地区，受高原气候影响，现金运行随旅游产业淡旺季呈较明显的季节性差异。除第一季度为净回笼外，第二、第三、第四季度均为净投放，且投放量逐年攀升。发行基金投放量从2005年的27.15亿元增加到2014年的69.13亿元，10年时间翻了2.5倍。同时，随着商业银行网络信息化程度的不断提高，西藏的资金结算方式已经不断改善，2009年以来全区的非现金支付工具业务量连续保持较快增长，业务金额增速明显加快，非现金支付需求不断加大。2014年，全区共发生非现金支付工具业务7238.65万笔，金额23438.99亿元，同比分别增长15.68%和51.2%。非现金支付手段工具的使用本应对现金结算有所替代，但事实是快速发展非现金支付工具并未使西藏现金净投放量有所下降。相反，流通中现金需求量仍然较大。为此，本文试图从理论和实证两个方面研究非现金支付结算工具的发展对西藏现金运行的影响，分析原因并提出政策建议。

二、我国目前的非现金结算工具体系

根据中国人民银行《2012 年中国支付体系发展报告》的定义，支付是社会经济活动引起的货币转移行为。支付工具是传达首付款指令、实现债权债务和货币转移的载体，分为现金和票据、银行卡等非现金支付工具。现金是基于自身价值的支付工具，是价值的物质载体，现金由付款人向收款人的转手，意味着支付价值的同时转移，支付过程随即完成。而非现金支付工具必须通过支付系统进行特定价值的转移，双方给付交易凭据并不代表交易最终完成，还需经过法定资金清算机构进行最终清算，交易金额才能从一方账户转移到另一方的账户。二者的主要区别为：一是非现金结算需要借助第三方（银行）来开展，可以非见面、非取现交易，较为安全灵活；现金结算则相反。二是对交易双方来说，非现金结算第三方服务需要收取一定的手续费或相关税费；而现金结算则可能节省此项费用。现实中非现金支付结算带来的社会效益主要体现在：一是非现金支付结算方式较为安全，既可以消除假币危害，又降低了资金丢失、失窃等风险；二是非现金支付结算降低了社会成本，比如减少现钞印制、押运、保管、清分、销毁等费用支出；三是非现金支付结算效率高，有利于促进经济贸易发展；四是非现金支付增加了交易透明度，可以有效遏制洗钱、偷逃税款等违法行为。目前，构成西藏非现金结算工具的体系如图 1 所示。

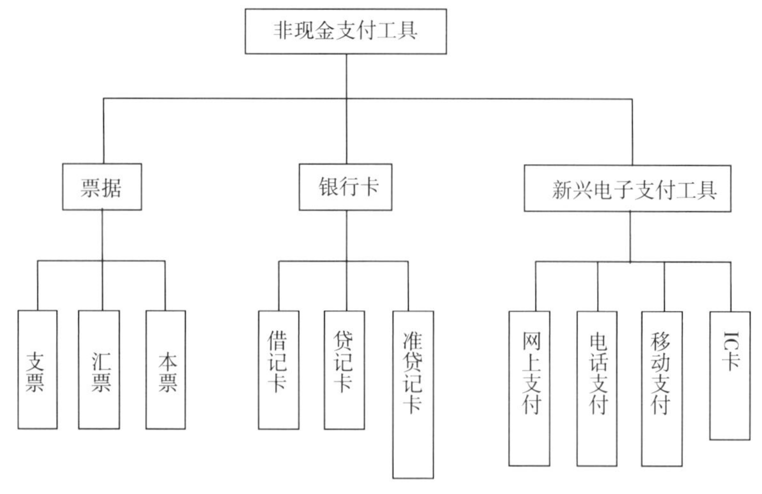

图 1 西藏非现金结算工具体系

三、非现金支付结算工具对现金运行影响的机理分析

（一）从持币结构看非现金支付结算工具对现金运行的影响

从西藏货币投放回笼渠道看，现金的周转形式如下：

人民银行发行库⇔商业银行业务库⇔商业银行柜面⇔社会

现金的供给方是人民银行，现金的供给是外生的，由人民银行决定。现金的需求方是市场，人民银行的现金供给计划按照社会的现金需要量为基准制定。根据凯恩斯的货币需求理论，公众的持币动机分为三种：应付日常支付需要的交易动机；应付意外事件的预防动机；由于其他资产形式的实际价值的不确定性而产生的投机动机。而从现金的供给机制来看，西藏现金投放的构成部分不仅包括公众的手持现金，还包括区域沉淀量投放、替换残损币投放和净流出量投放。其中，人民银行为了商品交易的顺利进行，有意愿也有能力维持现金供给大于现金需求。那么，因供过于求而多余的现金就以金融机构库存现金的形式存在，市场上的现金量事实上是通过金融机构的业务库进行调节。

就西藏的区情来看，持币者手持现金的量的多少依次为交易需求用现量、预防需求用现量、投机需求用现量，剩余的现金以活期存款、定期存款以及其他资产形式储存，以追求更高的收益。非现金支付工具的高流动性可以实现不同货币之间的快速、低成本转化，对于预防需求用现和投机需求用现，非现金支付工具对现金的替代作用可以明显地显现，由于支付环境的差异，交易需求用现中的一部分用现量，非现金支付工具是无法替代的，而对于沉淀的现金，非现金支付工具更是顾及不到。

（二）从持币时间看非现金支付结算工具对现金的替代

马克思在《资本论》第一卷中曾指出，“商品流通直接赋予货币的运动形式，就是货币不断地离开起点，就是货币从一个商品所有者手中转到另一个商品所有者手中，或者说，就是货币流通”。从现金的流通时间来看，本文将现金分为四种。

即时性流转现金，交易的双方在不同金融机构之间进行“现金搬家”，间隔时间差较短。

短期流转现金，持现者从一个金融机构支取现金后，手持较长一段时间，在社会上进行流通，然后再通过其他渠道回到金融机构。

长期流转现金，该部分现金会在持币者手中沉淀一定的时间，当产生大额的购买等需求时，再回到金融机构。

永久性流转现金，即产生的现金沉淀，主要是地下经济使用的现金和窖藏现金，而且该部分现金可以说是退出正常的流通领域。非现金支付工具的快速支付功能完全可以替代现金的即时性流转；短期和长期流转现金主要是交易使用现金，非现金支付工具由于避免了商户接受现金时因假钞而造成的不必要的损失，也减少了因保管、押送大量现金钞票带来的高频成本支出，尤其是对于一些金额较大的资金结算活动，可大大提高受理方的工作效率，节省开支，对现金的替代作用比较明显；而由于永久性流转现金的特殊用途，该部分现金是非现金支付工具替代效应的“盲区”。

四、西藏非现金支付结算方式对现金运行影响的实证分析

（一）指标及样本选取

1. 指标选取。本文主要是测度非现金支付结算工具对现金运行的影响，所以选择现金净投放量作为被解释变量，以 M 表示。根据各类支付结算工具的特性，西藏非现金支付结算工具通常分为票据、银行卡、新兴电子支付工具和汇兑等其他结算工具共四类，本文以这四类结算工具的结算量作为解释变量，并分别以 X_1、X_2、X_3 和 X_4 表示。一般来说，随着 GDP 的增加，居民交易需求支出随之增加，从而社会对于现金需求也相应增加。因此，本文加入 GDP 为解释变量，仍以 GDP 表示。利率是影响居民持有现金的重要因素，它反映了持有现金的机会成本，即因持有现金而放弃持有其他资产带来的利息损失。由于本文样本为季度数据，所以选择三个月定期存款利率作为模型中使用的利率，以 R 表示。

2. 样本选取。本文全部选择 2009—2014 年的季度数据作为分析资料，数据来源为国家统计局和人民银行拉萨中心支行统计数据。

（二）实证分析过程

本文通过建立多元线性回归模型，分析各解释变量对现金净投放量的影响。

1. 首先对原始数据建立模型

$$M = C + a_1X_1 + a_2X_2 + a_3X_3 + a_4X_4 + a_5GDP + a_6R + \&$$

式中，M 为现金净投放量；X_1 为票据结算量；X_2 为银行卡结算量；X_3 为电子支付结算量；X_4 为汇兑等其他支付方式结算量；R 为三个月定期存款利率；各变量前面的系数表示现金净投放对各变量的弹性系数。通过 Eviews 如下：

```
. regress M GDP R X1 X2 X3 X4

      Source |       SS       df       MS              Number of obs =      24
-------------+------------------------------           F(  6,    17) =    6.37
       Model |  2435.99473     6  405.999122           Prob > F      =  0.0012
    Residual |  1083.55815    17  63.7387149           R-squared     =  0.6921
-------------+------------------------------           Adj R-squared =  0.5835
       Total |  3519.55288    23  153.024038           Root MSE      =  7.9837

------------------------------------------------------------------------------
           M |      Coef.   Std. Err.      t    P>|t|     [95% Conf. Interval]
-------------+----------------------------------------------------------------
         GDP |    .039725   .0145366     2.73   0.014     .0090554    .0703945
           R |  -.9776775   3.595181    -0.27   0.789    -8.562846    6.607491
          X1 |   .0293252   .0309755     0.95   0.357    -.0360274    .0946778
          X2 |  -.0304897   .0222287    -1.37   0.188    -.0773882    .0164087
          X3 |  -.0014907   .0113195    -0.13   0.897    -.0253728    .0223913
          X4 |   .0035137   .0030766     1.14   0.269    -.0029774    .0100048
       _cons |   .5621003    9.08513     0.06   0.951    -18.60585    19.73005
------------------------------------------------------------------------------
```

其中，$D-W=1.76$，模型不存在自相关，$R^2=0.93$，$F=37.71$，表明采用这个模型对于样本内的数据拟合效果较好。在 5% 的显著水平下模型中变量 GDP 通过 T 检验，说明只有 GDP 对现金净投放影响显著，其余 5 个变量均未通过 T 检验，说明利率、银行卡、票据、电子支付和汇兑等其他支付手段对现金净投放均无显著影响。

2. 为有效减少异方差性，重新采用对数线性形式建立模型

$$M = C + a_1\ln X_1(t) + a_2\ln X_2(t) + a_3\ln X_3(t) + a_4\ln X_4(t) + a_5\ln GDP(t) + a_6R(t) + U(t)$$

式中，$\ln M$（t）为现金净投放量的对数值；$\ln X_1$（t）为票据结算量的对数值；$\ln X_2$（t）为银行卡结算量的对数值；$\ln X_3$（t）为电子支付结算量的对数值；$\ln X_4$（t）为汇兑等其他结算方式结算量的对数值；$\ln GDP$（t）为西藏 GDP 的对数值；R（t）为三个月的定期存款利率；各变量前的系数为现金净投放量对各变量的弹性系数。通过 Eviews 分析结果如下：

```
regress M logGDP R logX1 logX2 logX3 logX4

      Source |       SS       df       MS              Number of obs =      24
-------------+------------------------------           F(  6,    17) =    6.01
       Model |  2392.50171     6  398.750284           Prob > F      =  0.0016
    Residual |  1127.05118    17  66.2971281           R-squared     =  0.6798
-------------+------------------------------           Adj R-squared =  0.5668
       Total |  3519.55288    23  153.024038           Root MSE      =  8.1423

------------------------------------------------------------------------------
           M |      Coef.   Std. Err.      t    P>|t|     [95% Conf. Interval]
-------------+----------------------------------------------------------------
      logGDP |   14.57121   4.594936     3.17   0.006     4.876744    24.26568
           R |  -1.642752   4.336851    -0.38   0.710    -10.79271    7.507204
       logX1 |   4.749575   13.96798     0.34   0.738     -24.7203    34.21945
       logX2 |   -8.42216   8.605422    -0.98   0.341    -26.57801    9.733694
       logX3 |  -.0154904   3.323725    -0.00   0.996    -7.027938    6.996957
       logX4 |   3.285067   7.627172     0.43   0.672    -12.80686    19.37699
       _cons |  -64.01043    34.2185    -1.87   0.079    -136.2052    8.184295
------------------------------------------------------------------------------
```

在5%的显著水平下模型中仍仅有lnGDP一个变量通过T检验，再一次证明了对西藏现金净投放量有显著的影响的因素只有GDP。其他5种变量对现金净投放量均无显著影响。

从估算的结果来看，GDP的弹性系数为0.006，两者呈现出正相关，GDP每增加1%促进了现金净投放量增加0.6%。GDP快速增长的同时，现金净投放量亦呈增长态势。

（三）实证结论

由两次多元线性回归分析看出，在所有因素中，有且仅有GDP一个因素对西藏现金净投放有显著影响。非现金结算工具目前对西藏流通中的现金需求仍无法产生明显的替代效应。这是由于西藏经济发展落后，非现金支付手段的社会普及度不高和地区居民对非现金支付手段的接受程度不强造成的。对于社会经济发展和居民收入增长引起的交易需求，西藏社会对现金的使用偏好未发生明显转变。

五、西藏非现金支付结算方式对现金替代效果不明显的原因分析

银行卡、票据、电子支付及汇兑等非现金支付结算方式技术先进，支付效率高，但其迅速发展并未带来西藏现金投放量的减少。究其原因，可从西藏现金使用的主客体两方面进行分析。

（一）使用主体

1. 西藏个体工商户偏好使用现金交易。个体户具有面广、量大、经营灵活、运作快速等特点，多数个体户未开设经营性账户，通过个人储蓄账户频繁地存取现金开展业务往来，一方面利于业务开展，另一方面便于逃避监管。同时人民银行对此类账户尚未出台规范的管理制度，客观上放松了现金在个体交易方面的需求量。西藏大量个体工商户主营业务为西藏名贵药材经营，药材收购地高寒缺氧，地处偏远，交通不便，加上当地农牧民钱货两清的交易习惯，虫草等药材单价奇高，单笔交易用现量巨大，每年药材收购旺季，社会现金需求量明显增加。

2. 企业，特别是中小型企业对现金使用需求意愿较强。由于现金结算具有钱货两清、避免拖欠的“优越性”，企业认为，现金为最理想的结算方式。中小企业流动性资产占比较多，为提高资金流通的速度，加快资金回笼，部分企业提供比非现金结算更多优惠的措施以鼓励客户选择现金结算方式。

3. 居民对非现金支付结算工具的认知度相对较低。西藏属于经济落后地区，居民受教育程度普遍低于内地居民。西藏城乡居民之间、不同地区居民之间对非现金支付结算工具的认知度差异较大，农牧区和经济相对落后地区居民认知度相对较低。一是由于农牧民“一手钱，一手货”“钱货两清”的传统结算观念根深蒂固，习惯于现金结算；二是由于农牧区信用环境欠佳和西藏特殊的地理条件，农牧区地处偏远，农牧民居住分散，金融机构、设施不健全，使得讲求规模效益的现代化非现金支付工具普及较难；三是受民族宗教习俗的影响对小面额纸币的特殊偏好，使得小面额纸币需求量相对较大；四是西藏施工企业农民工文化层次普遍较低，部分民工属于文盲，对于结算工资只接受现金支付，拒绝任何非现金支付手段，如若沟通不畅，容易引发矛盾，影响全区维稳大局。

（二）使用客体

1. 农牧区金融支付网络和基础设施落后。近些年，西藏金融机构发展迅速，除传统的四大国有银行和邮政储蓄银行西藏分行稳步开展地区金融服务外，自2011年以来，西藏银行、民生银行、中信银行先后在拉萨成立分支机构，林芝也于2013年成立了西藏首家村镇银行——林芝村镇银行。但是，银行业金融机构的增加并未解决农牧区金融基础设施落后的问题。商业化运作的金融机构受经济效益最大化因素的考虑，并未在人口密度相对较小的农牧区增加营业网点。目前，我区大部分农业银行和邮政储蓄银行老旧的营业所依然是农牧区金融服务的主要提供者，电算化、网络化程度低，硬件设备、环境配备不到位的问题在这类营业所普遍存在。

2. 城乡支付服务环境差距仍然较大。尽管人民银行通过推进“小额信用贷款卡”等特色服务业务、银行卡助农取款服务等工作，大大改善了农村地区非现金支付环境，但全区仍有大量的行政村没有金融基础设施。农牧区居民缺乏使用非现金支付工具的便利渠道，截至2015年上半年，西藏自治区每万人拥有ATM为2.5台，且ATM布放主要集中于人口密集的城市，已经布设金融基础设施的地区也存在金融机构投入大、效益低、成本回收期长等问题，维持较为困难，不利于农牧区支付环境的持续改善。

3. 非现金结算交易成本过高、手续繁琐。支付成本是客户选择支付方式的重要因素。目前，商业银行对现金支付不收取任何手续费，而对非现金支付结算工具设定了名目繁多、标准各异的收费项目。这使得非现金支付工具在对手续费用较为敏感的居民群体内的应用和推广空间受限。同时，部分非现金结算手段，如要式性较强的票据，对个人能力要求较高，填写签章稍有不慎，便会导致票据无效或票据权利丧失，一般为企事业单位财务人员经办，适用范围有限。另外，交易环节多，在途时间长，也是制约此类非现金支付工具适应快速变化的市场需求的重要因素。

4. 西藏社会对非现金支付工具的安全性信任度不高。随着非现金支付逐步向无介质、非面对面交易的方向发展，移动支付、网上支付等支付行为仅依靠客户信息即可完成，支付交易对支付工具载体本身的依赖不断降低。随着电子支付的迅速发展，不法分子也开始将目光投向这一领域，针对网上支付、移动支付等的案件逐渐增多。这不仅损害了消费者的利益，也影响了消费者对电子支付工具安全性的信心。一直以来，非现金支付工具安全使用方面的宣传主要集中在票据和银行卡方面，对网上支付、电话支付、移动支付风险防范知识的宣传相对较少。西藏大部分居民受文化层次等条件所限，不具备完善的识假防骗能力，难以建立对此类支付工具的充分信任，而面对面交易相对更容易被接受。

六、政策建议

（一）加强现金需求预测，科学安排货币发行业务

目前西藏非现金支付结算工具对现金运行尚未形成显著的替代效应，在西

藏经济高速增长的背景下，未来几年现金需求总量仍会保持较快速度增长，这就要求人民银行要增强对现金需求预测的科学性、准确性，在充分考虑银行卡等非现金支付工具在西藏逐渐普及应用的基础上，科学地安排货币发行业务，为满足社会经济运行的现金需求提供切实保障。

（二）改进现金管理方式，构建良好用现环境

人民银行一要结合西藏实际对1988年颁布和实施的《现金管理暂行条例》提出修改建议。二要加强用现管理。要从反假币、反洗钱、反抢劫和促进非现金支付的角度，严格现金支取的使用范围和用途，对规定条件之外的款项支付和交易一律通过转账、汇兑或其他非现金支付方式完成。三要加强对金融机构的现金管理检查，加大对违反现金管理规定行为的处罚力度，规范现金使用，为非现金支付结算工具推广创造良好的环境。

（三）加强非现金支付结算工具的宣传

人民银行及各金融机构要积极利用各种宣传媒体，通过有效途径宣传非现金支付结算工具的优点及推广非现金支付结算工具的意义，引导广大群众接受并使用非现金支付结算工具；组织一支由人民银行牵头、各金融机构参与的，既有理论水平又有实际工作经验的非现金支付结算工作宣传队，深入乡镇、集市、学校等各场合广泛宣传非现金支付结算工具使用知识，通过加大对非现金支付结算工具知识的宣传，让群众真正掌握非现金支付结算工具的使用方法，从而能从心理上放心接受使用非现金支付结算工具，消除心理顾虑。

（四）加强农牧区支付服务环境建设，促进城乡支付服务市场协调发展

一是探索利用移动支付解决农牧区金融服务的新模式、新方案。充分发挥农牧区手机普及率高的优势，研究基于移动支付的低成本、可持续的农牧区支付服务供给方案，实现农牧区支付环境的跨越式发展。二是持续推进农牧区支付环境改善工作。制定有利于率先进入农村市场的金融机构的政策，合理弥补市场先行者在市场培育、基础设施布放等方面的投入成本，鼓励金融机构加快进入农牧区。三是保持对农村支付环境建设的优惠和激励政策的长期性和持续性，提高农牧区支付服务供给的可持续性。

（五）建立健全合理的结算收费制度

一方面，需要进一步改革现行的结算业务收费模式，尤其是对偏远农牧区要降低非现金支付结算业务的收费标准，鼓励非现金支付结算工具的广泛使用。另一方面，各金融机构的营业网点，对农牧民使用非现金支付结算工具的业务可以实行一定的现场鼓励和优惠，有计划、有重点地进行人民币非现金支付结算工具知识的宣传和推广。

（六）强化支付工具风险防范，加强消费者安全教育

一是人民银行应牵头组织建立移动支付、网上支付等业务的安全标准，并通过定期安全评估和不定期检查的方式督促相关机构加以落实。应建立更为有效的风险信息共享和通报机制。二是要求银行机构进一步加强内部控制体系和外部风险防控机制建设。采取有效措施防范技术风险、操作风险等内部风险，保障系统运行的稳定性、连续性和客户信息的安全性。完善交易监测、分析和预警制度，及时关注和妥善处理突发风险事件。支付机构人员变动相对频繁，应注重加强员工职业道德培训，防范由于道德风险等引发的信息泄露、违规操作和业务不连续等风险。三是提高消费者防范支付风险的意识和能力。针对网上支付、新型支付等新型支付交易的特点，应有重点地开展消费者安全教育。如当前消费者越来越多地通过自有电脑和手机等完成支付交易，交易终端自有化的趋势日渐明显。对此，应特别加强对交易终端安全性方面的风险提示，如提醒消费者购买符合安全标准的电脑、手机等终端产品，安装杀毒软件并及时杀毒等，避免因购买预装了不安全软件的机具或因终端系统被不法分子变造而遭受损失。

参考文献

［1］冯科．关于我国现金投放量的研究［J］．经济问题，2010（5）．

［2］王春丽．非现金支付结算工具对现金的替代效应分析［J］．金融经济，2014（2）．

［3］中国人民银行合肥中心支行课题组．非现金支付结算对现金流通的影响研究，2012（426）．

新预算法背景下央行经理国库职能初探

中国人民银行拉萨中心支行国库处课题组
课题组组长：许梦桔
课题组成员：杜虹霖　马玉龙

摘要：2015 年 1 月 1 日正式实施的新《预算法》进一步完善了预算体系，改进了预算控制方式，规范了政府债务管理，完善了转移支付，对预算编制和调整、预算审查和批准、预算执行和监督等各个环节的管理要求更加明晰，为加强预算管理、推行依法理财、建设廉洁政府提供了强有力的法律依据。在此背景下，如何抢抓机遇、迎接挑战是我国各级央行所面临的新课题。

关键词：新预算法　央行　国库

国库工作是国家预算执行工作的重要组成部分，是办理国家预算收支的重要基础工作。新预算法的出台，为国库资金及时入库、合规出库、安全存放提供了强有力的制度保障。如何立足国情，积极创建具有中国特色的国库管理新模式，成为各级央行国库的首要研究目标。

历时长达 6 年，经全国人大常委会四次审议最终通过的新《预算法》已于 2015 年 1 月 1 日正式实施。新《预算法》进一步完善了预算体系，改进了预算控制方式，规范了政府债务管理，完善了转移支付，对预算编制和调整、预算审查和批准、预算执行和监督等各个环节管理要求更加明晰，为加强预算管理、推行依法理财、建设廉洁政府提供了强有力的法律依据。在此背景下，如何抢抓机遇、迎接挑战是我国各级央行所面临的新课题。

一、预算法的修改背景

我国首部《预算法》于 1994 年在第八届全国人大二次会议上通过，1995 年 1 月 1 日正式实施。原《预算法》施行以来，对于规范预算管理、推进依法理财、加强国家宏观调控、促进经济社会发展发挥了重要作用。但随着我国社会经济的不断发展和公共财政体制的逐步建立，原《预算法》已不能完全适应新形势发展的要求，主要是对预算内容的完整性、预算编制的科学性、预算执行的规范性、预算监督的严肃性和预算活动的公开性等重大问题缺乏明确而严格的规定。尤其是预算编制“外行人看不懂，内行人不明白”，在多年的全国“两会”上往往成为人大代表、政协委员们批评的焦点。此外，近年来在推行国库集中收付、部门预算、政府收支分类和预算公开等方面积累了一些改革的成功经验，也需要用法律的形式确定下来。因此，为规范预算行为，推进预算管理科学化、法治化、民主化，建立现代财政制度，修改《预算法》被提上日程。

在《预算法》的修订过程中，国库管理体制问题成为讨论较多、争议较大的热点问题。央行究竟应“经理”国库还是“代理”国库？质疑央行经理国库的理由主要来自三方面：一是从历史上看，新中国成立以后一直到1985年实行的都是央行代理国库制度。二是从目前我国国库管理的模式看，财政部与央行的关系是委托代理关系，经理国库制度与现行财政国库管理制度改革的实践要求不完全匹配。三是从国际上看，目前世界上几乎所有国家无论实行何种财政体制，均未由央行代理国库业务，央行经理国库制度不合“国际惯例”。

但更多的专家学者认为，应坚持央行经理国库体制。一是如果央行仅仅只是代理国库，则国库资金的使用、管理和监督都实质上成为了财政部门的职责，财政部门既是“运动员”又充当“裁判员”，将在实践中造成由财政部门直接支配国库资金，不受国库业务经营者约束的情况。而从国际经验看，支出决策与执行相分离是财政管理的一项最基本要求，库款支配和国库业务经理的权限，应由不同机构分别行使。由央行经理国库，能有效避免由财政部门在行使库款支配权的同时经理国库业务，同时央行在执行预算收支的过程中进行逐笔监督，能够及时制止不合规业务或其他可能出现问题的发生，既是对财政内部监督的有效配合，也是对人大监督、审计监督的有益补充，有利于建立权力制衡机制。二是综观各国经验，在宏观调控中，货币政策优先于财政政策，处于首位。公开市场操作由央行负责，由央行经理国库有利于货币政策制定与执行，更有利于两大宏观政策的协调。若单一账户由财政部来控制，央行便很难及时全面掌握财政资金运行情况，从而影响货币政策的科学制定与执行。三是国库经理制度是经过长期实践检验的。在过去几十年里，央行作为“政府的银行”在为政府提供金融服务，尤其是在经理国库方面，取得了有目共睹的成效，也累积了丰富的经验和技能，人民银行经理国库早已写入相关法律与法规中，这是其他任何行政部门无法企及、也无可替代的。基于国家利益和公共利益考虑，没有理由变更这一被实践证明行之有效的体制模式。

最终，我国立法工作者以对人民利益高度负责的精神，立足国情，广泛听取意见，反复权衡利弊，经过充分讨论，最终作出了继续实行中国人民银行经理国库体制的决策。

二、人民银行经理国库所取得的成效

30 多年来，人民银行不断加强国库管理的制度化、信息化和规范化建设，充分发挥国库在国家预算收支中的执行、反映、促进、监督作用，为支持经济社会持续健康发展与改善民生作出了积极贡献。

（一）国库服务政府预算执行的能力大幅提升

为提高中央银行金融服务水平，人民银行建成了以全国集中的国库会计数据集中系统（TCBS）、国库信息处理系统（TIPS）、国库管理信息系统（TMIS）为核心的国库信息化系统。目前，国库信息化系统已经成为人民银行履行经理国库职责的重要金融基础设施和连接财税、海关、商业银行、纳税人的信息中枢，作为提升政府为老百姓服务的重要手段，为打造服务政府、效能政府创造了更好的条件。同时，依托中国现代化支付系统，将各级国库机构作为支付系统的参与和清算主体，使国库资金汇划从间接到直接，从单一渠道到多种渠道，从层层逐级上划到直达入库，实现了预算收入“零在途”和支出即时到账，预算收支执行效率和质量显著提升。

（二）积极推动财税体制改革进程

1985 年以来，我国财税体制先后经历了“财政包干—分级包干—分税制”等多次改革。在政府收支分类、国库集中收付、税收收入电子缴库等历次重要的财税改革中，人民银行与相关部门协同配合，及时调整管理制度和核算手续。特别是 2001 年我国推行国库集中收付制度改革试点以来，逐步清理、撤销了各执收单位、预算单位在商业银行开设的众多财政性资金账户，在一定程度上解决了政府性资金分散、挤占、挪用等问题，有效地推动了基于国库单一账户的国库集中收付制度改革进程。

（三）认真履行监管职责保证资金安全完整

几十年来，人民银行充分发挥业务垂直管理的优势，认真履行监督管理和反映职责，加强柜面审核，自 2003 年以来堵住了超过 3000 亿元的违规调库、混库、截留上级收入和违规拨款、退库业务，确保了预算收入准确完整缴入国库、预算支出合法合规，有力维护了预算执行的严肃性。会同财政、税务等相关部门，完善国库资金监管制度，实现多部门对账、多环节控制，形成风险防控合力，切实保障了国库资金安全完整。

（四）国库服务社会民生的能力不断增强

人民银行会同相关部门积极开展国库服务创新，开展了涉农、救灾补贴等财政补助的直接发放工作，搭建了国库与百姓之间的资金“直通车”。优化进出口产品退税的业务流程，加快外向型企业退税资金到账速度。探索开展实物国债直接兑付工作，维护国债信誉。积极引导国债承销机构扩大农村地区储蓄国债销售，满足农村居民投资需求。着力推进财税库银横向联网工作，使纳税人足不出户就能缴纳税款，提高了税收收缴和入库效率，降低了税收征收成本。

三、新《预算法》有关人民银行经理国库方面的主要变化

（一）明确了预算收支范围

新《预算法》对预算收支的范围作出明确规定，“预算由预算收入和预算支出组成”“政府的全部收入和支出都应当纳入预算”“政府的全部收入应当上缴国家金库”，取消了预算外资金，即对政府收入和支出实行“全口径”预算管理，避免政府收支游离于预算之外从而失去有效监督，为国库监管扫清了障碍，提高了国库监管的效率。新《预算法》还明确规定，“对于法律有明确规定或国务院批准的特定专用资金，可以依照国务院的规定设立财政专户”，从法律层面上限制了随意开设专户的行为，并对违规设立财政专户的行为实行责任追究，这为进一步深入推进国库单一账户改革提供了有力的法律保障。

（二）规定了预算会计的核算基础

新《预算法》明确规定，“各级预算的收入和支出实行收付实现制。特定

事项按照国务院的规定实行权责发生制的有关情况，应当向本级人民代表大会常务委员会报告”。权责发生制与收付实现制是现代会计的两大基础记账原则，选择不同核算方式将对财政预算收支报表产生较大影响。在新《预算法》中明确规定预算收支的核算基础，将有效遏制在办理预算收支中利用会计政策选择的随意性来粉饰报表的行为。

（三）提出了国库现金管理

随着国库集中收付制度改革，原来分散在各个预算单位账户上的财政资金逐步向中央银行的国库单一账户集中，国库现金规模随着改革深入不断增长，成为开展国库现金管理的现实而又迫切的要求。同时，多年来人民银行联合财政部在中央国库现金管理工作方面成效显著，在制度建设、操作规范、风险控制等方面积累了丰富经验。新《预算法》明确规定，“按照国务院的规定完善国库现金管理，合理调节国库资金余额”，为推动地方国库现金管理工作奠定了基础。

（四）规范了国库退库事项

在实际工作中，由于各种各样的原因，退库被作为一种调节政府预算收支进度的手段乃至权力寻租的方式。新《预算法》首次对退库事项作出明确规定，要求各级财政及相关部门依照相关法律法规及时办理国库资金退付，财政支出安排的事项不得用退库处理。这为严格规范退库业务，杜绝虚增、续减财政收支等人为调节预算收支进度违规行为，强化预算收支两条线提供了法律依据。

（五）确立了国库集中收付制度的法律地位

国库集中收付制度改革作为我国预算执行体制的一个根本性变革，首次被写入新《预算法》，这意味着我国十多年来国库集中收付制度改革的成果从法律上获得了正式肯定，也为国库集中收付制度的进一步完善提供了法律的权威保障。同时，新《预算法》明确界定了国库集中收付管理的范围，“国家实行国库集中收缴和集中支付制度，对政府全部收入和支出实行国库集中收付管理”，就是将全部预算收支纳入国库单一账户管理，为今后国库资金的管理指明了方向。

（六）明晰了政府预算收支的法律责任

不同于旧《预算法》法律责任的笼统含糊，新《预算法》对于各级政府开展预算管理活动中的违法违规行为作出了全面具体的处罚规定，且具有更强的操作性和针对性，有利于实施法律责任追究，进一步维护法律的权威性，这也为有效开展预算管理、保障国库资金安全提供了牢固的“防火墙”。

四、新《预算法》框架下强化央行经理国库职能途径

（一）强化财政专户管理，推进国库单一账户

一是对现存的财政专户进行全面彻底的清查工作，并联合支付结算部门，对已开立的专户各项情况逐一摸底，使各级财政专户在国库监管范围内。二是按照新《预算法》对财政专户的各项规定，加强与财政部门的协作，结合实际制定详细的财政专户管理细则，通过采取一系列有效措施，将政府预算收支行为完整纳入国库体系，逐步健全国库单一账户制度，促进政府财政资金的集中化、透明化管理。

（二）深化集中收付改革，优化国库集中收付制度

一是与财政部门继续完善国库集中收付制度，优化国库集中收付流程，充分发挥国库事中监督职能，推进国库集中收付制度改革向纵深发展。二是坚定不移地实现国库集中收付“横向到边、纵向到底”的改革目标，尽快将尚未开展国库集中收付改革的单位和尚未纳入集中收付改革范围的财政预算收支项目纳入到国库集中收付制度下，尤其是近年来党中央、国务院对民生问题高度重视，各级财政惠农资金和社保支出逐年增加，要大力推进县乡两级国库集中收付的覆盖面，提高国库直接支付比例。三是严禁将非预算单位和财政专户纳入国库集中支付业务，相关资金一律通过实拨途径或增设人行国库支付前审核环节，避免国库对预算单位资金的监督流于形式。

（三）推进国库现金管理，盘活财政存量资金

一是要完善国库现金流量预测体系，不断提高国库现金流预测的准确性，为开展国库现金管理提供强有力的支持，在保证财政资金支付及时性的前提下，

获取更多收益。二是借鉴中央国库现金管理的成功经验，积极稳妥开展地方国库现金管理试点，完善国库现金管理制度建设，优化操作流程，建立全国统一的国库现金管理操作平台，提高操作效率。三是加强与财政部门的协调，积极探索，勇于创新，探讨除国库定期存款操作以外的投资工具，增强国库现金管理操作与货币政策的协调性，努力探索出一套遵循安全性、流动性、收益性相统一的国库现金管理新模式。

（四）加强资金风险防控，切实强化国库事中监督职能

充分发挥央行国库在预算收支执行的中间环节实时监督有力有效的优势，实施适度的、必要的国库事中监督，作为人大事前监督和审计事后监督的有益补充，进一步增强预算监督实效，切实维护国家预算执行的严肃性和有效性，促进各级政府、财政部门和征收机关进一步约束、规范自身预算收支行为，确保国库资金安全。

（五）提高国库统计分析水平，打造国库调研品牌

国库分析与调研作为国库对外发声平台，需跳出以往财政收支数字对比的框框，围绕热点、难点和焦点问题，展现国库工作的专业深度，密切跟踪国内外经济形势与宏观政策走向，围绕宏观经济重点、热点问题及财税、金融体制改革重点任务，加强对地方债、盘活财政存量资金、预算管理改革、积极财政政策等重大问题的专题研究，提高分析研究的针对性和前瞻性，为宏观决策提供有益参考。同时，注重与财政、税务、海关及商业银行之间的联系，促进信息交流与共享，以央行国库视角提出自己的独到见解和观点，力求全方位、深层次、多视角地反映经济运行中出现的新情况新问题，使国库统计分析成为地方政府的参谋助手，更好地服务于地方经济发展。

（六）推进国库信息系统建设，提高国库资金运行的效率

依据新《预算法》的要求，充分发挥人民银行国库“3T”（TCBS，即国库会计数据集中系统；TIPS，即财税库银横向联网系统；TMIS，即国库管理信息系统）系统的优势，打造新一代国库信息化工程，使国库业务系统的功能日趋符合新《预算法》对国库管理的规定，进一步优化系统，扩大系统覆盖面，进一步提高国库资金汇划速度，增强国库会计核算效率和服务水平。

参考文献

［1］《全国人民代表大会常务委员会关于修改〈中华人民共和国预算法〉的决定》，中华人民共和国主席令 第12号.

［2］刘贵生. 继续坚持与完善中央银行经理国库体制［N］. 金融时报，2014－09－1.

［3］郭新明. 新预算法框架下人民银行经理国库体制探析［N］. 金融时报，2015－08－17.

［4］曾淑华，张世雄，贺艳君. 坚守与坚持同行 机遇与挑战并存——新预算法视角下基层央行经理国库初探［J］. 金融经济，2015（3）.

［5］杨志宏. 新预算法下强化央行经理国库职能的思考［J］. 财会研究，2015（3）.

［6］高雪雅. 新预算法规范下经理国库有效途径探索［J］. 西部金融，2014（12）.

西藏自治区地方国库现金管理问题初探

中国人民银行拉萨中心支行国库处课题组
课题组组长：刘永红
课题组成员：许梦桔　何　虹

摘要：开展地方国库现金管理对于促进经济基础薄弱、财政资金紧张的欠发达的西藏地区经济发展具有重要的现实意义。本文以西藏自治区为例展开讨论，调查分析西藏自治区“十二五”期间地方国库库存的运行特点，初步探究西藏自治区开展地方国库现金管理的可行性和制约因素，提出推进西藏自治区地方国库现金管理工作的对策建议。

关键词：地方国库　现金管理

伴随经济快速发展以及财政国库管理制度改革的稳步推进，全国大部分地区经济总量迅速膨胀，财政收支规模显著扩大，国库库存余额呈逐年增长态势。在中央国库现金管理体制不断完善的前提下，积极探索做好地方国库现金管理工作，对于提高地方国库现金使用效率，实现国库资金保值增值具有重要意义。

一、西藏自治区“十二五”期间地方国库现金运行特点

（一）国库库存余额逐年走高，库存规模不断扩大

“十二五”期间，西藏地方经济快速发展，一般预算收入保持稳定较快增长，中央转移支付力度不断加大，地方国库库存余额持续攀升（见图1）。2010年至2014年五年期间，有38个月月末库存余额在100亿元以上。其中，2013年国库库存月末平均余额为五年最高，金额为149.26亿元；2013年8月国库库存余额处于五年最高水平，达346.49亿元；2014年有6个月的月末余额均超过100亿元。2010—2014年西藏自治区地方国库月末库存余额情况如表1所示。

表 1　　2010—2014 年西藏自治区国库库存月末余额情况　　单位：亿元

年份	月平均余额	最大月末余额	最小月末余额
2010	82.23	115.56（11 月）	44.68（4 月）
2011	146.66	205.22（10 月）	105.02（2 月）
2012	136.30	203.11（10 月）	48.37（3 月）
2013	149.26	346.49（8 月）	25.32（2 月）
2014	122.55	263.78（9 月）	44.13（12 月）

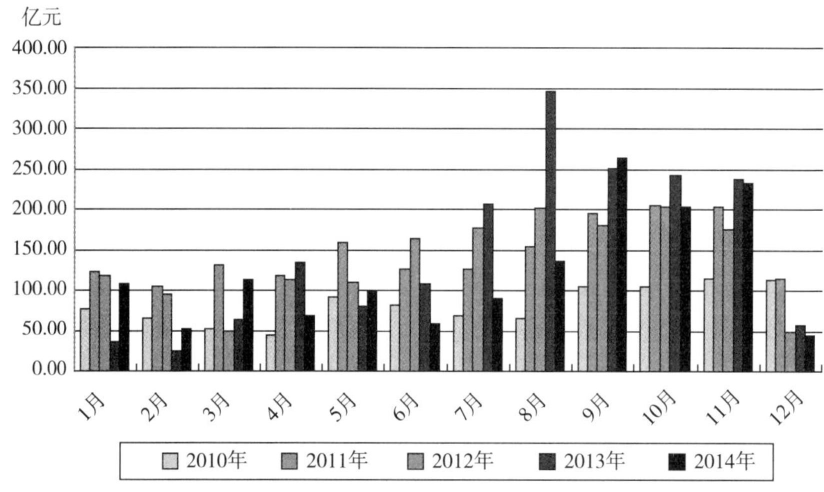

图 1　2010—2014 年西藏自治区地方国库库存余额

（二）国库库存余额变化相对规律，呈明显季节性波动

西藏自治区国库库存总体呈波动起伏增长态势，但年度内呈现明显的季节性波动特点。2010 年至 2014 年五年间，收入方面（不含中央转移支付收入），收入的低点基本集中在每年 2 月，在 7 月达到波峰位置（见图 2）。支出方面，由于受西藏自治区财政预算制度软约束的影响，每年 3 月、6 月、9 月、12 月国库支出处于较高水平，季度末支出突增成为常态，年末突击“花钱”现象尤其突出，40% 的财政支出集中在第四季度，12 月份支出往往达到一年当中最高值（见图 3）。随着支出大幅增加，国库库存随之大幅减少。

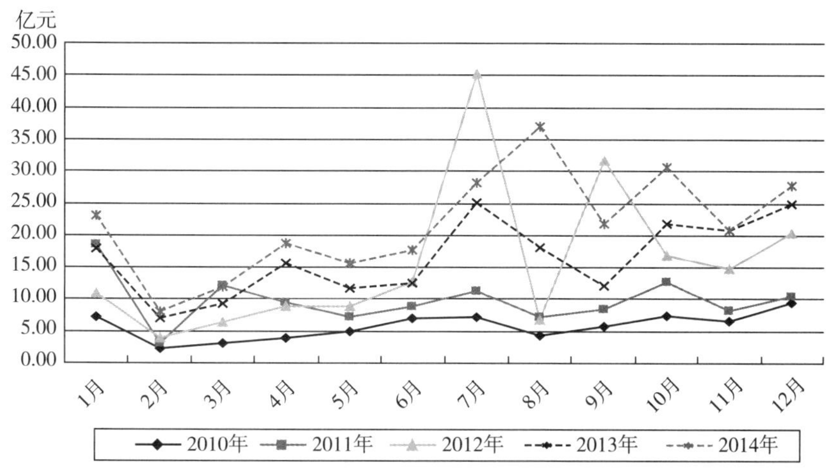

图 2　2010—2014 年西藏自治区国库月度收入

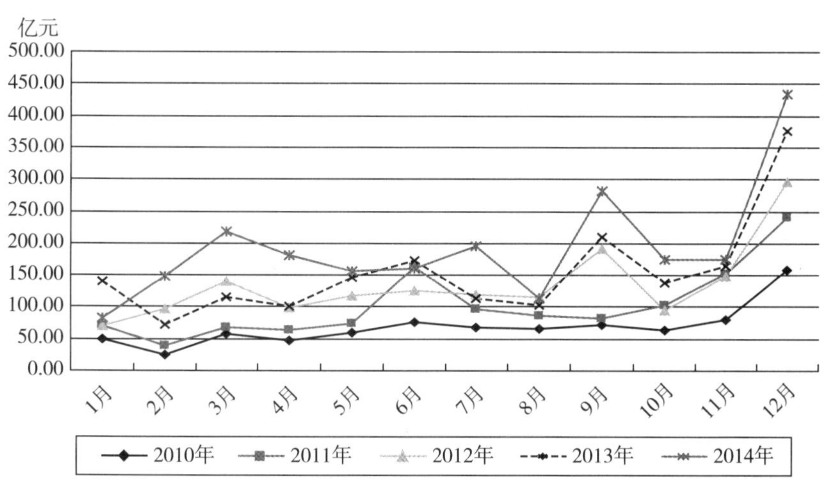

图 3　2010—2014 年西藏自治区国库月度支出

二、西藏自治区开展地方国库现金管理的可行性分析

（一）国库库存余额持续增长、国库单一账户制度是开展地方国库现金管理的基础

国库库存水平高低是开展国库现金管理的先决条件。近年来，随着西藏自治区税收收入迅猛增长，中央转移支付力度持续加大，再加上国库资金收入、支出时间上的不对称，导致国库库存资金总量不断攀升，形成了大量财政资金

临时或较长期沉淀。从资金规模角度上来说，西藏已初步具备了开展地方国库现金管理“物质”基础。

国库集中收付制度与开展地方国库现金管理关系密切。自2003年开始，西藏自治区逐步开展了以建立完善国库单一账户体系为基础、资金拨付以国库集中收付为主的财政国库管理制度的改革。国库集中支付打破了辖区各预算单位分户管理资金的模式，使大量原滞留在预算单位的资金逐步集中到国库单一账户。同时，随着国库集中支付改革不断深入，实现了代理商业银行在当日与人民银行国库单一账户及时清算。目前，自治区级、拉萨市所有预算单位全部纳入国库集中支付范围，财政收支和现金余额统一集中由国库管理，财政收支过程更加透明，为西藏自治区开展地方国库现金管理提供了丰富、准确的第一手资料。

（二）国库现金流动预测分析是开展地方国库现金管理的前提

全面、准确、及时的预算收支预测是开展地方国库现金管理运作的前提。随着国库收支统计分析系统在全国的推广运用，国库现金流量预测分析也已成为西藏自治区人民银行各级国库部门的日常工作。目前，西藏人民银行各级国库已建立了短期现金流动预测机制，通过利用定期收集的信息建立参考数据库按一定时间段对本级预算收入、支出及库存开展尝试性滚动预测分析，并将现金金额的变化趋势与现金流动的预测情况相比较，跟踪调查变化的主要原因。截至目前，共开展现金流预测17期，初步形成了以国库现金数据收集、整理、分析为基础的动态预测分析体系，为西藏自治区地方国库现金管理的可操作性提供了量化指标。

（三）中央国库现金管理成功运作是开展地方国库现金管理的经验借鉴

为实现国库资金保值增值，中央国库现金管理工作经国务院批准于2006年12月正式启动。自2009年开始，中央国库现金管理基本稳定在每月一期，每期金额在300亿~600亿元。截至2014年底，中央国库现金管理共实施77期，招标3.13万亿元，预计到期收益592.53亿元。2009年至2014年，经过6年时间的运作，中央国库已积累了相当丰富的经验，建立了以商业银行定期存款为主、国债回购为辅的成熟的国库现金管理操作体系和管理模式，为西藏自治区开展地方国库现金管理提供了宝贵的经验借鉴。同时，形成于2005年，实施于2006

年的“三台原则”（财政部门主要负责国库现金流预测并根据预测结果制订操作规划；财政部门与人民银行共同负责中台决策，协商后签发操作指令；人民银行负责前台具体操作），为促进中央国库现金管理工作开展发挥了重要作用。该原则也是西藏自治区开展地方国库管理非常值得借鉴的职责分工机制。2014年底，财政部联合人总行制定出台了《地方国库现金管理试点办法》，标志着地方国库现金管理工作进入了实质性的操作阶段，为西藏自治区开展地方国库现金管理提供了坚实的制度保障。

（四）实现地方公共财政收益是开展地方国库现金管理的重要动因

在公共财政体制下，地方政府承担着为本地区提供优良的公共产品和服务的职能，地方政府会将财力保障更多地向交通基础设施、教育、卫生、医疗等重点公共民生领域倾斜，财政支出需求更为迫切，对地方财力要求更高。西藏属于经济欠发达省份，大量民生领域的资金投入对于财力并不富裕的西藏地方政府将产生较大压力，促使西藏地方政府开始重视和发掘国库库存资金的时间价值，迫切需要谋求通过多种渠道增加国库资金收益。从2003年开始，中央银行对财政国库存款按同期单位活期利率支付利息，但对地方政府而言，这只是中央财政补贴地方财政的手段之一，其收益远不及同期商业银行定期存款获取的收益。以现行存款利率比较，活期利率仅为0.35%，6个月定期存款基准利率为1.55%，相差4.4倍，再考虑到利率上浮，收益相差更大。巨大的收益差距，成为西藏地方政府迫切要求开展地方国库现金管理的强大动力。

三、西藏自治区开展地方国库现金管理存在的问题及面临的困难

（一）部分国库收支未纳入国库单一账户

财政管理制度改革的目标是要求所有的财政收入都要纳入国库单一账户，所有财政支出只有在实际支付行为发生时才从国库单一账户拨付，实现完全意义的国库集中收付管理。目前，西藏的实际是财政部门仍有部分财政专户开设在商业银行。由于西藏的特殊情况，部分专项资金从国库单一账户拨往财政专户，同时，部分非税收入未实现直缴国库，未按照收支两条线管理，而是沉淀在财政专户内，导致部分财政资金分散收付且游离在国库单一账户体系外。这部分资金不仅变相扭曲了地方财政收支结构，且对国库收支干扰较大，人民银

行难以有效控制和预测，在一定程度上影响了地方国库现金管理工作的开展。

（二）缺乏规避风险的有效手段

投资管理国库资金，首要原则是保证资金安全性。如何有效规避风险，在获取收益的同时将风险降到最低，成为西藏自治区各级人民银行面临的一项重要课题。一方面，实施国库现金管理的质押品缺乏，信用风险控制手段有限。按照现行国库现金管理有关规定，国库现金管理存款银行必须以存款金额105%的可流通的国库现券或115%的地方政府债券作为质押。首先，西藏自治区所有商业银行分支机构和地方法人银行（西藏银行）不持有国债；其次，西藏自治区省级财政部门并未在中央国债登记结算有限公司开设省级国库现金管理质押账户，各商业银行无法办理相应的国债质押手续；最后，西藏地方政府从2012年开始发行地方政府债券，但由其他省市代发，从2015年开始由西藏发行地方政府债券，但发行量仅为10亿元，资金量无法达到开展地方国库现金管理的要求。另一方面，收入和支出的不确定性较大，流动性风险控制较难。从收入角度看，西藏自治区地方国库收入包括一般预算收入和中央转移支付收入，中央转移支付收入在收入中占比超过80%。由于中央转移支付的时间、额度不确定，易造成地方库存大幅波动。从支出角度看，西藏地方国库库存基数小，一旦发生应急支付，资金支付缺口占比较大。

（三）国库现金流预测难度较大

西藏自治区人民银行各级国库虽已建立了国库统计月度、季度、年度分析工作，但国库现金流预测方法和手段仍处于摸索阶段，国库现金流预测工作总体上仍然比较落后。首先，受财政预算管理体制的影响，目前，西藏自治区区分库一级仍存在少部分预算外资金，这部分预算外资金的存在干扰了对财政支出的定量分析，导致现金流预测结果存在差距；其次，西藏地方财力来源主要为转移支付资金，由于转移支付收入具有较大不确定性，无法对现金流和最小库存作出精准预测；最后，国库现金流预测主要是运用先进手段及模型，整理分析各类财政预算收入、财政预算支出信息，在此基础上科学、准确地预测国库现金管理规模，这要求具备较好的统计知识背景和财政预算等相关知识。西藏自治区绝大部分国库人员对现金管理的理论掌握的广度和深度远不能满足实际操作的需要，特别是统计专业人才的缺乏，对统计、计量方法、模型建立的运用水平低，极大地限制了国库现金流预测工作的开展。

（四）国库库存波动影响货币供应量

国库现金存放在中央银行单一账户内对货币政策无冲击，一旦资金转划到商业银行账户便计入货币供应量（M_2）。由于货币供应量等于基础货币与货币乘数之积，当国库现金管理规模和频率达到一定程度时，其增加或减少对市场货币供应量具有倍数收缩或扩大的作用，将会对货币政策及物价总水平形成冲击。当国库资金的流动体现为收入（国库现金从商业银行流回国库账户）时，将导致整个社会的货币供应量的多倍缩减；当国库资金的流动体现为支出（国库现金从国库账户流向商业银行）时，将导致整个社会的货币供应量的多倍扩张。并且随着国库资金变化幅度的不断增强，国库资金对货币变量的扰动也将逐步增强，在某种程度上增加了央行实现货币政策目标的难度。

四、对策和建议

（一）继续深入推进国库单一账户改革，强化国库资金管理

安全有效的国库单一账户体系，是地方国库现金管理操作和运行的平台和保障，要使西藏自治区地方国库现金管理高效运行，就必须进一步深入推进国库单一账户改革步伐，加强国库现金的集中管理。应将所有收入全部纳入国库，逐步取消预算外账户和财政部门在商业银行开设的财政专户，将长期游离于国库之外的存放于商业银行的资金全部纳入国库现金管理范围，确保所有的财政收支都通过国库单一账户核算，实行严格意义上的国库单一账户制度，为开展国库现金管理提供操作空间。

（二）加快地方国库现金管理制度建设步伐，建立规范化运作机制

加强制度建设是规范地方国库现金管理的重要保障。当前西藏自治区地方国库现金管理尚处于探索阶段，虽然2014年初西藏自治区人民银行与财政部门联合制定了《西藏自治区本级国库现金管理试点办法》，但部分条款与总行2014年底出台的《地方国库现金管理试点办法》不匹配。如未明确如何选择地方国库现金管理参与银行；针对西藏地方性商业银行既无质押品，也无担保函的实际情况，如何有效防范和控制风险规定不详细；等等。为有效规避现金管

理中可能出现的各类风险，理顺各方关系，人民银行应加大与自治区财政厅的沟通力度，督促其结合实际尽快修订《西藏自治区地方国库现金管理办法》，对现金管理的操作模式、参与银行的选择方式、风险管理与控制以及责任追究等方面予以具体规定，明确西藏自治区各级人民银行、财政部门以及商业银行的职责、权限，形成具有西藏特色的地方国库存款运作制度框架。在实际操作过程中，建议参照中央国库现金管理做法，采用公开招标方式选择现金管理商业银行。目前，西藏自治区开展地方国库现金管理采用何种方式质押确实存在较大困难，建议自治区财政厅商人民银行，将西藏地方政府债券、信用等级较高的商业银行票据等作为质押品，同时根据实际情况确定质押品范围和比例，并由财政部门负责对质押品实施管理，确保存款资金安全。

（三）完善国库现金流量预测机制，为国库现金运作提供平台

国库现金流量预测是西藏自治区地方国库现金管理运作的决策基础。为提高西藏自治区国库现金流量预测水平，增强预测结果的可靠性，打破西藏现金流预测工作瓶颈，一是西藏自治区各级人民银行应重视统计分析队伍建设，将具有相关知识背景的人员安排到国库部门，建立专职分析人才库，为人员配备打基础；二是加强数据收集和整理工作，拓展信息来源，增强部门之间的信息共享，同时整合优化各种信息资源，不断完善西藏国库现金流预测分析数据库，为数据收集打基础；三是组织辖区内统计分析功底较强的人员共同研究国库现金预测、预警分析模型，重视各种分析方法、计量模型的综合运用，实时监控国库收支的流量和库存资金的变化情况，对预测结果开展更深层次的数据挖掘，为准确预测打基础。

（四）加强与财政部门的沟通，强化地方国库现金管理和货币政策的协调性

国库现金管理与货币政策既有联系，又相互影响，必然要求现金管理同货币政策相互协调、配合，以避免宏观经济政策出现冲突。为确保政府各项政策协调执行，在保证国库资金“安全性、流动性”的前提下，实现政府资金保值增值，西藏自治区人民银行应在坚持货币政策目标实现的前提下，与财政部门建立密切的沟通、协调、配合机制，实现最新收支信息的及时传递和共享。考虑到中央银行和财政部门在国库现金管理理念上并不完全一致，因此在沟通过程中应将“三台原则”套用到地方国库现金管理中来，提高沟通效率，充分考

虑各部门的职责、权限和履职要求，突出人民银行在地方国库现金管理中的重要地位和作用，积极稳妥地推进地方国库现金管理工作。从操作方式、操作规模、操作时机等方面建立长期有效的国库现金管理机制，使国库现金管理在经济发展周期中成为积极的杠杆，充分发挥其促进财政政策和货币政策协调、统一的桥梁与纽带作用。

参考文献

［1］中国人民银行国库局，西南财经大学．国库改革与发展［M］．北京：中国金融出版社，2007.

［2］邵长年．我国国库现金管理问题研究［J］．中国金融，2006（13）．

［3］徐德华．地方国库现金管理的特殊性及其路径选择［J］．金融会计，2013（10）．

［4］赵婷婷．对提高地方国库现金管理质量的思考［J］．经济研究导刊，2013（10）．

［5］吴金友．国库现金管理与货币政策实施［J］．国库研究，2005—2009年．

［6］崔建英．完善我国现金管理制度的对策和建议［J］．经济师，2013（8）．

经济金融协调篇

Jingji Jinrong Xietiao Pian

西藏经济金融协调度发展研究

——基于复合协调度模型

佟　亮　白极星

摘要：经济金融协调与否是地区经济能否持续发展的重要因素。西藏作为经济欠发达地区，近年来，在中央特殊区域货币政策扶持下，西藏金融发展水平有了明显提高，经济规模迅速扩大。本文通过利用复合协调度模型，对西藏2004—2014年经济金融协调度进行了测度。得出结论：从整体上来看，西藏地区经济金融协调度呈上升趋势，意味着中央优惠货币政策对西藏经济发展起到积极作用。从协调程度上来看，西藏经济金融协调程度虽然有明显提升，但协调程度仍然较低，低于0.6水平。金融资源不足仍然是限制西藏经济发展的主要因素，在国家区域经济发展战略框架下，讨论西藏经济金融协调与否有着现实意义。

关键词：西藏　经济金融　协调发展

一、引言

当今社会经济与金融紧密结合，任何国家和地区的经济发展都离不开金融的大力支持。金融要素作为现代经济发展重要的核心要素，金融与经济发展关系一直是热门研究课题。国内外学者已经就金融和经济关系研究形成了多种金融发展理论，金融广泛服务于经济，并在经济发展中发挥了重要作用。通过研究金融与经济发展的关系，寻找金融与经济发展良性的互动和协调，促进金融服务经济发展水平。西藏是一个经济发展落后的边疆偏远省份，有着非常丰富的自然禀赋资源，要想将这一系列优势转化为经济优势，金融体系和金融机构的作用就显得至关重要。如何发挥金融在西藏经济发展过程中的“撬动”作用，来促进西藏经济的进一步发展升级，是各级人民银行面对的重要课题。

在金融发展和经济增长的关系上，国内不少学者进行了大量的研究，但主要是从两个方面来进行。宏观层面上，周立，王子明（2002）；谈儒勇（1999）等认为，金融发展对经济发展影响是正面的，金融发展差距可以部分解释中国各地区经济增长的差距，金融资源缺乏地区，往往经济发展缺乏后劲，金融发展的初始条件低下的地区，对其长期的经济发展不利。金融发展水平持续提高，一方面给经济发展提供良好的宽松的资金环境；另一方面可以促进经济结构调整升级。微观层面上，谈儒勇（2002）通过构造融资—成本—资金效率框架，分析了金融对企业生产的影响，金融功能就是满足企业融资增加，降低企业融资成本，提高资本边际效率，从而加快了企业的发展，进而促进经济发展。范德胜（2003）把金融发展和企业关联起来，从企业视角探讨金融发展和经济增长的关系。

金融与经济协调发展，也是国内学者研究的重要领域之一。钟伟（2004）运用协调性理论的概念和模型考察了金融和工业两个部门协调发展和相互影响的程度。我国金融发展与工业经济的协调性逐步加强，金融发展为工业经济的平稳健康增长提供了积极的支持。叶春华等（2009）通过建立金融发展和经济发展的指标体系，得出江苏省金融发展与经济发展基本协调，但总体协调性不高的结论。张云（2009）认为，我国东部地区金融市场化程度高，经济发展水平良好，投资风险和利率成本较西部地区低，经济增长率与金融发展水平呈正相关，经济发展与金融发展相互促进，中西部地区则相反。

二、西藏经济金融协调发展现状

2005—2014 年这十年间，西藏国内生产总值均呈现稳步上升的趋势，2014 年西藏地区实现国内生产总值 920. 83 亿元，是 2005 年的 3. 7 倍，年均增长高达 15. 37%。与此同时，银行存贷款余额也逐年增长，从 2005 年的 635. 6 亿元增加到 2014 年 4708. 64 亿元，资本存量在短短的十年间增长了 7. 41 倍，年均增长达 24. 37%，这在很大程度上得益于中央财政的转移支付和全国兄弟省份的鼎力支援。从增长率来看，金融资本存量的年均增长率远远高于经济年均增长率，也就是说，充足的资金为西藏经济持续高速增长提供了坚实的物质基础。

从金融相关比率来看，西藏地区金融相关率也逐年增大。近年来，西藏发展特色产业，优化产业结构，进一步促进了西藏地区金融发展水平，提升了金融服务西藏经济发展能力，出现了金融发展与经济发展双增良好局面，表明经济与金融较为协调（见图 1）。

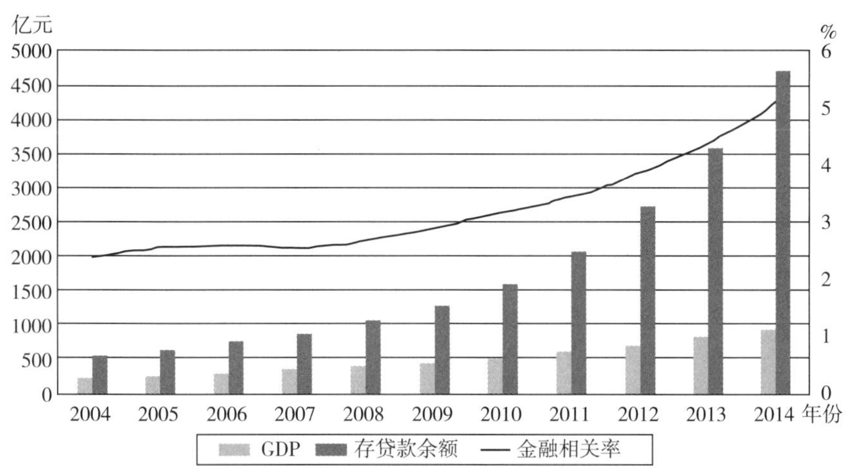

图1　西藏经济金融协调发展情况

三、西藏经济与金融协调度模型

经济金融协调发展，是指金融与经济之间互相促进、良性互动、共同发展的状态和过程。金融与经济的协调度可以看做二者之间正向一致程度，体现相互促进、相互作用的结果。通常来说，金融深化可以促进经济发展，金融抑制又有可能抑制经济发展；反过来亦如此，经济发展同时也促进了金融发展。

（一）模型设定

假设西藏金融经济复合协调系统包含两个子系统，分别为经济子系统和金融子系统。设复合协调系统中子系统为 S_j $(j = 1, 2)$，设其发展过程中的序参变量为 $e_j = (e_{j1}, e_{j2}, \cdots, e_{jn})$，其中 $n \geqslant 1$，那么整个协调系统中序参量为 e_{ji}。其中 α_{ji} 和 β_{ji} 是系统稳定临界点上序参量的上、下限值，有 $\beta_{ji} \leqslant e_{ji} \leqslant \alpha_{ji}$，当且仅当系统稳定时呈线性关系。若序参量对所属子系统有序具有正功效时，e_{ji} 的取值越大，经济系统的有序程度越高，反之则反；同理，序参量对系统有序具有负功效时，e_{ji} 的取值越大，有序程度越低，反之有序程度越高。序参量对系统有序的功效如式（1）表示：

$$U_j(e_{ji}) = \begin{cases} \dfrac{e_{ji} - \beta_{ji}}{\alpha_{ji} - \beta_{ji}} & \text{当 } U_j(e_{ji}) \text{ 具有正功效时} \\ \dfrac{\alpha_{ji} - e_{ji}}{\alpha_{ji} - \beta_{ji}} & \text{当 } U_j(e_{ji}) \text{ 具有负功效时} \end{cases} \tag{1}$$

式（1）中 $U_j(e_{ji})$ 表示系统 S_j 序参量分量 e_{ji} 的系统有序度，且 $U_j(e_{ji}) \in [0,1]$，其值越大，e_j 越大，对系统有序的贡献越大，即其对系统有序的功效越大。本文系统有序度用下面公式测定。

$$U_j(e_j) = \sqrt[n]{\prod_{i=1}^{n} U_j(e_{ji})} \tag{2}$$

当系统有序度趋向于 1 时，系统将朝着有序的方向发展，反之将无序发展。

然后根据式（2）求得的序参量有序度，我们利用各子系统有速度进而求得整个复合系统的协调度。

$$CN = \theta \sqrt[m]{\left| \prod_{j=1}^{m} [U_j^1(e_j) - U_j^0(e_j)] \right|} \tag{3}$$

式中，$\theta = \dfrac{\min\limits_{j}[U_j^1(e_j) - U_j^0(e_j) \neq 0]}{|\min\limits_{j}[U_j^1(e_j) - U_j^0(e_j) \neq 0]|}$，$j = 1, 2$。其中 $U_j^0(e_j)$ 为 T_0 时期系统有序度，$U_j^1(e_j)$ 为 T_1 系统有序度，θ 决定协调度的正负。CN 即为复合系统协调度，CN ∈ [-1, 1]。趋向于 1 越协调，趋向于 -1 则表示越不协调。

（二）序参量指标选择

序参量指标设定直接影响系统的协同度的测度准确性，对序参量指标选择，目前并未有统一的确定标准。本文经济发展子系统序参量指标主要涵盖 GDP、投资、消费、贸易、财政收入等，能够反映西藏经济发展概貌。金融子系统序参量指标包括银行指标（金融相关率、存贷比）、保险指标（保险深度、保险密度）、证券指标（直接融资额）。由于各个指标单位不一致，本文采用极差法对数据标准化以消除量纲。标准化公式为

$$Z_i = \frac{x_i - x_{\min}}{x_{\max} - x_{\min}} \tag{4}$$

（三）实证结果分析

根据西藏地区经济金融数据，本文以 2004 年值作为下限值，其他年份最大值作为上限值，把标准化后数据带入式（1）得到两个系统的各个序参量指标的有序度。从表 1 可知，经济发展子系统序参量指标有序度均明显提高，消费、投资、财政收入与 GDP 有序度基本一致，而进出口贸易有序度出现明显的波动。一方面是西藏地区进出口贸易对经济拉动作用尚不明显；另一方面是西藏进出口贸易还比较单薄，出口品质较为单一，供求不稳定，从而导致西藏地区

进出口贸易存在明显的波动性。从消费、固定资产投资有序度来看，西藏地区GDP有序度和固定资产投资有序度具有明显的一致性，这与西藏经济过于依赖于中央固定资产投资密切相关。

表1　西藏经济和金融子系统序参量有序度测定结果

年份	经济发展子系统					金融子系统			
	GDP	消费	固定投资	贸易	财政	金融相关率	融资额	保险深度	保险密度
2004	0.052	0.075	0.029	0.009	0.012	0.114	0	0.112	0.108
2005	0.133	0.229	0.117	0.014	0.044	0.198	0	0.203	0.227
2006	0.237	0.224	0.209	0.056	0.086	0.227	0	0.294	0.316
2007	0.290	0.307	0.296	0.137	0.119	0.283	0	0.315	0.446
2008	0.425	0.448	0.317	0.269	0.301	0.396	0	0.428	0.553
2009	0.509	0.511	0.508	0.358	0.493	0.415	0	0.473	0.650
2010	0.681	0.536	0.571	0.449	0.508	0.522	0.806	0.515	0.750
2011	0.694	0.701	0.727	0.319	0.599	0.637	0.517	0.606	0.805
2012	0.723	0.720	0.792	0.434	0.617	0.774	0.219	0.714	0.867
2013	0.899	0.866	0.843	0.776	0.765	0.808	0.385	0.920	0.939
2014	1	1	1	1	1	1	1	1	1

注：融资额指证券市场直接融资额度，2009年前西藏地区上市公司直接融资额均为0，其中2010年直接融资额为A+H上市公司融资额。

数据来源：西藏统计年鉴2014；Wind。

西藏金融子系统中，代表商业银行的指标金融相关比率有序度逐年上升，进入“十二五”以来，金融相关比率有序度发生显著提高，这与中央对西藏金融优惠政策相关，这些政策增加了西藏银行业金融资本存量，进而增强了西藏银行业实力。从融资额有序度来看，西藏证券直接融资起步较晚，融资有序度波动较为明显，这说明西藏企业通过证券市场融资较为困难，与金融相关比率有序度存在明显的不一致性，这说明目前金融政策较为单一，主要在信贷政策、利率政策等层面上；针对企业直接融资的金融市场层面微观政策尚未有涉及。金融政策不一致性是导致金融相关比率有序度和直接融资额有序度不一致的主要原因。在保险业指标上，保险深度和保险密度有序度趋势基本一致。从GDP序参量协调度和金融相关比率协调度来看，2005—2014年GDP平均协调度为0.5591，金融相关比率平均协调度为0.526，虽然有中央优惠金融政策，但是金融要素供给还是落后于经济发展需求。西藏经济要可持续发展，除了中央给予优惠的金融政策外，还应当增强自身的造血能力。

表 2　　西藏经济与金融复合系统协调度测算结果

年份	经济子系统	金融子系统	θ	复合系统协调度
2004	0.077	0.081	1	—
2005	0.123	0.488	1	0.131
2006	0.193	0.511	1	0.191
2007	0.257	0.642	1	0.277
2008	0.305	0.654	1	0.309
2009	0.356	0.685	1	0.346
2010	0.381	0.556	1	0.312
2011	0.527	0.649	1	0.416
2012	0.601	0.711	1	0.490
2013	0.785	0.648	1	0.553
2014	1	1	1	0.632

数据来源：西藏统计年鉴 2014；Wind。

利用二者子系统的各序参量的有序度结果带入式（3），可以得到各自内部的协调度，由表 2 可知，经济子系统呈现有序发展的局面，GDP 仍然是经济子系统核心因素；金融发展子系统协调度存在明显的波动性特征，呈现无序化发展的趋势，这意味着，中央特殊金融政策对西藏金融有序化发展起到了负向作用，政策连续性是金融有序发展的重要保证。

从复合协调度可以看出（见图 2），总体上来看，2004—2014 年间，西藏经济—金融复合系统的协调度逐年上升，平均协调度为 0.4026，总体上处于低协调水平。西藏经济—金融复合系统协调水平依然不高，在经济进入新常态的背景下，西藏经济发展面临更多下行的挑战，西藏经济要持续健康增长，必须维持金融—经济协调发展，复合系统协调度大于 0.7。这意味着，将来西藏经济发展需要更多的金融资源投入，为西藏经济发展奠定坚实的资金保障。

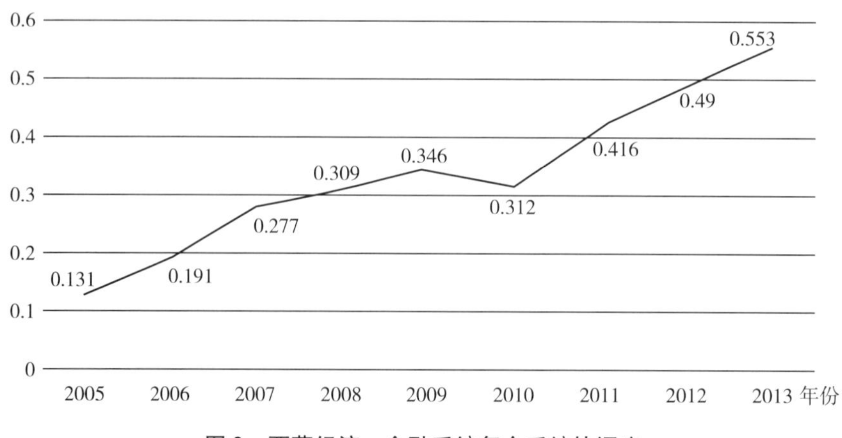

图 2　西藏经济—金融系统复合系统协调度

四、结论及其建议

西藏是一个经济发展相对落后的西部地区，虽然近几年来在经济发展等各项事业上均取得了明显成效，经济金融协调程度逐年上升，但是协调程度却一直处于低协调水平。从 2005 年至 2014 年，协调度呈现出缓慢上升的格局。从影响金融与经济发展的各类数据的分析来看，西藏 GDP 和金融相关比率的变化，对金融与经济发展协调度影响最大。随着西藏经济结构的不断优化、固定资产投资的稳步增长、社会零售品消费总额的增长，均给西藏金融与经济发展带来了重要的积极影响，各因素的综合作用导致西藏金融发展与经济发展的动态协调度稳步提升。但是，西藏金融体系和金融机构的低效率导致动态协调度一直处在较低协调的位置，得不到更进一步的提升。为更好地促进西藏经济金融协调，应当从以下三方面入手。

（一）加快引进各类金融机构，提升金融发展水平

西藏经济快速发展的同时，提高金融发展与经济发展的协调程度，必然从提高金融相关比率着手，即提高经济的金融化水平。要想提高经济的金融化水平，首要问题就是要增加各类金融产品的供给，以满足企业和个人对多样化金融产品的需求。这就要求我们大力引进、鼓励和发展各类金融机构，从制度、体制、市场准入方面给予大力支持，除了加大力度引进传统的银行、保险、信托等大型金融机构之外，租赁、投资基金、小额信贷、担保、消费信贷等各类新兴金融也应该得到积极发展。从而完善金融机构体系，提高经济的金融化程度，进一步提升金融与经济发展的协调性水平，最终提高金融对经济发展的促进作用。

（二）继续优化经济结构，建立符合实际的产业结构

经济结构的好坏反映了一个地区经济的健康程度和可持续发展能力，决定了地区经济发展的特点和路径，进而影响到了经济发展与金融发展是否协调的问题。西藏的经济结构有其自身的特点：第一，服务业居绝对主导地位；第二，经济发展主要依靠旅游等优势产业；第三，生物制药、高原净土产业的重要性不断得到体现。应根据强化三产、做强二产、提升一产的思路，继续优化产业结构。

（三）政府主导，构筑金融协调平台

一是建立支持区域经济金融协调发展工作的领导机制，定期召开由本区域内各地方政府、金融机构、相关部门和企业参加的政银企联席会议，为沟通信息、解决问题搭建合作平台。

二是加强社会诚信体系建设。政府应以提高自身公信力为切入点，全面提高依法行政工作水平，在打击逃废银行债务、维护金融机构债权等方面给予强力支撑。以加强企业信用建设为重点，建立完善企业信用信息查询发布制度和信用“红名单”“黑名单”公示制度，营造“守信受益、失信受损”的诚信氛围。积极加大财政支持力度，尽快建立完善分布于各区域的中小企业担保体系，搭建融资平台。

三是结合本地优势，积极开展产业投资基金试点。结合西藏在生物制药、特色资源、旅游开发等具有明显比较优势的产业领域，向国家申请组建相应的产业投资基金公司，为将资源优势转化为经济优势搭建新的融资平台，开辟新的融资渠道。政府应该尝试积极开展与私募股权基金的合作，引导辖区内企业与私募股权基金的合作，扩展企业融资渠道。

参考文献

[1] 周立，王子明．中国各地区金融发展与经济增长实证分析：1978—2000［J］．金融研究，2002（10）：1～13.

[2] 谈儒勇．中国金融发展和经济增长关系的实证研究［J］．经济研究，1999（10）：53～61.

[3] 谈儒勇．金融微观因素考察［J］．当代财经，2002（8）：2～8.

[4] 范德胜．金融发展与经济增长：中国的实证检验［J］．南京社会科学，2011（1）：29～35.

[5] 钟伟．我国金融发展与工业经济增长的协调性分析［J］．软科学，2004（12）：39～44.

[6] 叶春华，何建敏，李守伟．金融发展与经济发展的协调水平测度研究——基于江苏的实证［J］．中国矿业大学学报（社会科学版），2009（2）：80～84.

[7] 张云．区域金融发展与经济发展关系研究［J］．改革与战略，2009

(2)：79 ~ 81.

［8］杨亮，丁金宏，郭永昌．中国社会保障与经济发展耦合协调度的时空特征分析［J］．人口与经济，2014（4）：94 ~ 102.

［9］杨玉文．区域经济发展的环境协同效应研究——以辽宁省为例［J］．经济问题探索，2014（12）：105 ~ 109.

［10］钱丽，陈忠卫，肖仁桥．中国区域工业化、城镇化与农业现代化耦合协调度及其影响因素研究［J］．经济问题探索，2012（11）：10 ~ 17.

西藏自治区经济金融结构发展研究

伊毕热恒 肖 筱

摘要：经济和金融发展关系到一国的社会发展与政治稳定，而经济金融结构作为经济和金融增长的核心，其发展水平会严重影响该国或该地区的经济金融增长速度。近年来，西藏自治区经济、金融发展迅猛，但相比其他省市仍处于追赶者的角色。本文希望通过研究西藏自治区经济金融结构发展，找出西藏自治区经济发展及金融结构存在的不足，通过分析原因，提出具体对策，从而为西藏自治区经济金融发展提供一定的帮助。

关键词：西藏 经济结构 金融结构

一、国内外文献研究成果

早在19世纪末20世纪初，就有不少学者对此进行了比较深入的研究，如Bagehot（1873）、Schumpeter（1911）。经过近一个世纪的探索，Davais（1965）、Cameron（1967）、Sylla（1969）通过实证研究方法，对经济结构、金融结构与经济增长的关系进行了更加深入的研究。随着经济、金融在各国经济中的核心作用日益凸显，Goldsmith（1969）、Mckinnon和Shawn（1973）、King和Levine（1992）等著名经济学家更是通过不同角度、不同方法对这一问题进行了更加透彻的分析。

Kongsamut等（2001）为经济结构变迁理论进行了重要性的奠基工作，将结构变迁的经验规律总结为“Kuznets事实”，刻画了广义平衡增长路径（GBGP），并且认为在结构变迁过程中，农业部门的产量和就业份额下降，服务业部门相应上升而工业部门保持不变。

Diamond和Dybvig（1983）① 研究发现，金融结构对经济发展通过不同途径

① Diamond, D. W., Dybvig, Ph. H., 1983. Bank runs, deposit insurance and liquidity. Journal of Political Economy 93, 401 - 419.

产生影响，其中最为重要的途径是金融中介机构通过对个人投资者提供流动性供给。Greenwood 和 Jovanvic（1990）[1] 研究发现，金融中介机构通过提供有利可图的投资项目增强了储户的信心，使储户加大存款力度，这种有效的手段使投资者对存款和金融服务产生了新的需求，从而使金融中介机构有效增加产出，进而有力推动经济发展。同样地，Agno（1993）也在其研究中利用 AK 模型发现，金融机构通过其资金融通功能使储蓄向投资的转化及资本的边际生产率的提高，从而促进该国经济发展。

也有的学者通过金融体系的改革进行研究。De Gregoro（1999）就通过研究发现，金融一体化能有效促进该国金融深度、广度发展，从而使得该国金融业快速有效发展。Chinn 和 Ito（2002）研究了资本管制同金融发展的关系，该研究发现，资本管制制度同金融发展呈正相关关系。

刘国光（2001）阐述了经济发展方式转变的意义和必要性，认为经济发展方式的转变是适应社会主义市场经济发展的内在要求，是新时代实现国民经济又好又快发展的需要。朱津鹏（2008）认为，经济发展方式是经济增长的实现方式，按照要素的投入分配可以分为两种：一是粗放型增长，即经济的增长依靠资源的投入和消耗；二是集约型增长，即经济的增长依靠提高资源的利用率来实现。胡学勤（2008）进一步阐述了经济发展方式转变的内容，经济增长从粗放型向集约型转变；从注重数量向注重数量和质量结合，甚至把质量和优化结构放在第一位；从单一性利用资源向综合利用转变，从一次性利用资源向循环利用转变；从经济增长以环境为代价向经济与环境达到双赢转变；企业从单纯追求经济效益向注重环境保护和社会责任，建立利益共享机制转变。周立群（2011）更加全面、多角度地阐述了经济发展方式转变的含义，认为要实现以下几个转变：一是不可持续转变为可持续；二是出口拉动转变为内需拉动；三是结构失衡转变为结构平衡；四是高碳转变为低碳；五是投资拉动转变为技术推动；六是引进转变为创新；七是环境破坏型转变为环境友好型；八是“先富”转变为“共富”。林毅夫（2012）指出，可持续的经济发展要求国家必须从资源依赖性的农业经济向工业经济转型，要从进口替代战略向出口促进战略转型。同时，他认为，经济的可持续发展要求不断将与时俱进的技术引入产业发展，促进产业从劳动和资源密集型产业向技术和资本密集型产业转型。他从新战略

① Greenwood, J., Jovanovic, B., 1990. Financial development, growth and the distribution of income. Journal of Political Economy 98, 1076 - 1107.

思路的角度分析了经济发展方式转变的必要性。卫兴华，孙永梅（2007）对经济发展方式转变的要求和思路进行了分析，认为转变经济发展方式的要求是经济增长要从依赖资源消耗向提高资源利用率转变；思路是要从多方面着手来积极推进转变，如经济发展战略的制定、经济政策的选择、评价体系的构建。

不仅如此，2007 年，中央首次明确提出了“转变经济发展方式”这一名词。与此同时，西藏自治区政府也开始高度重视经济发展方式转变的问题，并在多次会议及规范性的政府文件中提及。在 2007 年 12 月 16 日西藏经济工作会议中，时任区党委书记张庆黎强调，2008 年的经济工作要围绕科学发展与社会和谐两大主题，实施西藏“一产上水平、二产抓重点、三产大发展”的经济战略，培育特色产业，转变经济发展方式，推动西藏经济又好又快发展，走出一条有中国特色、西藏特点的经济发展道路。

二、相关理论分析

经济结构变迁理论。经济结构变迁过程中的基本经济规律称为“Kuznets 事实”，是由 Kuznets（1957，1973）和 Kongsamut（2001）等提出的。该理论指出，在国民经济中，农业的产值份额不断减少，服务业部门的产值份额不断增加，工业的产值份额变化相对平缓，在这一过程中，劳动力的跨部门配置具有相同的趋势。

循环积累理论。1957 年，瑞典经济学家缪尔达尔在《经济理论与不发达地区》一书中，通过运用动态的方法提出了循环积累理论。该理论包含了增长区域与滞后区域间的两种相互效应，即回流效应和扩散效应。基于回流效应及扩散效应，缪尔达尔提出必须要通过政府采取不平衡发展战略的政策来解决这一问题，即在区域经济发展初期，通过着力发展经济发展超前的地区，然后利用该地区所产生的扩散效应从而带动整个区域；但在区域经济发展初期很容易产生回流效应，所以在这时就要求政府通过有效的政策措施刺激欠发达地区的经济发展，从而防止回流效应的进一步加剧。

金融结构理论。金融结构论是由戈德史密斯在《金融结构与金融发展》一书中提出的，他认为：金融理论的主要职责是通过研究一国的金融结构等经济因素，并了解各因素间相互作用的机理，从而形成金融发展。戈德史密斯在《金融结构与金融发展》一书中还对金融结构作了重新定义，颠覆了该理论的传统定义。他认为，一国金融结构是随着时间的推移而不断变化的，且金融发展是不断变化的金融结构。

另外，戈德史密斯还通过反复复杂推导，创造性地提出了金融相关比率，即 FIR，通过该比率可以基本衡量一国金融发展的基本情况。于是戈德史密斯通过整理 35 个国家 1860 年至 1963 年的有关数据，对 FIR 进行研究发现：①FIR 随着时间的推移逐渐提高且提高到一定的临界值会趋于稳定；②发达国家与发展中国家的 FIR 值存在差异且发达国家 FIR 值更高；③FIR 与通货膨胀呈负相关关系；④一国金融发展同经济增长呈正相关关系。

金融深化理论。金融深化论是由发展金融学家麦金农和肖提出的，他们研究发现，欠发达地区在金融发展的过程中存在金融抑制的现象，即在金融发展的过程中，由于政府过度干预从而阻碍了该地区经济发展。所以，当前在解决区域间金融发展不平衡的问题上，我们应该呼吁决策者制定有差别的金融政策，解决并改善欠发达地区的资本积累及吸纳和产出的能力。从而促进该类地区的金融深化、金融组织、技术创新，最终达到各区域间共同发展的目标。

因此，两位学者通过模型提出了金融深化理论，即通过对金融体制的改革创新，推进金融深化。从而显著提高投资储蓄率，随即投资率和收入增长率也会相应提高，而收入增长后对储蓄产生进一步推动，进而形成金融深化的良性循环。麦金农和肖提出金融深化的主要政策措施包括：①推行金融、贸易自由化，即打破原有政策的束缚；②推行金融改革制度，对欠发达地区进行政策扶持；③对物价进行管制，使经济发展得到良好的环境保证。

金融约束理论。不同于金融抑制和金融深化理论，金融约束理论认为，政府应该制定并实施一种有差别的特定的金融扶持政策。因为在金融抑制和金融深化下，过度的自由化和信息不对称，会导致市场失灵，从而影响金融发展的效果，进而无法推动该国经济的发展。该理论的特点在于政府可以通过制定并实施有效刺激该地区金融机构的政策，使该地区金融机构获得超过竞争市场的超额收益。而该地区通过超额收益能够使自身的盈利能力、营运能力和收集企业内部信息的能力得到提升，通过区域金融机构的发展壮大从而带动整个区域的经济发展，进而缓解并消除区域间经济和金融发展的不平衡和市场自身存在的诸多缺陷。

金融内生增长理论。随着经济不断发展，人们对金融服务的需求不断提升，原有单一的金融服务供给已经很难与现代金融服务需求相匹配。从 20 世纪 80 年代开始，许多经济学家开始研究怎样发挥金融系统自身的优势功能，从而促进该地区的经济发展。而要充分挖掘金融发展对经济发展的正效用，就必须先促进金融行业的发展及壮大。Bencivenga 和 Smith（1991）就通过理论模型发现，在信息不对称的条件下，投资者所采取的信贷配给策略，在长期内不利于经济增长。发生这种情况的主要原因是投资方即贷款需求方，无法通过金融中介机构去甄别投资项目的优劣，从而产生逆向选择问题。Badi H. Baltagi 和 Panicos O. Demtriades（2009）[①] 通过收集 42 个发展中国家 1980—2003 年金融发展、经济增长及贸易开放度的数据，经过实证检验发现，封闭的发展中国家，如孟加拉国、委内瑞拉等，通过开放资本项目能够实现对本国金融业的刺激，从而促进该国经济增长。该研究还发现，不断深化对外贸易，对该类国家金融业刺激经济增长效用递减。

三、西藏自治区经济金融结构发展概述

（一）西藏自治区经济结构发展概述

1. 西藏经济结构发展状况分析

经济结构转变的一个重要内容是经济结构的调整，因而对西藏经济结构发展状况进行分析，能够反映出西藏经济发展方式的现状及问题。在本文当中，对西藏经济结构的分析包括空间结构、产业结构、财富结构。

（1）西藏经济发展中的空间结构

城乡结构。随着时间的推移，西藏城镇化水平在不断提高，很多现代意义上的城镇逐步发展起来，这反映了西藏经济发展水平的进步，但同时也导致了西藏城乡发展逐步“二元化”，城乡发展不均衡也凸显出来。自 20 世纪开始，具有近现代特征的城镇在西藏开始出现。以拉萨最为典型，不但出现了交通、通信、水电等基础设施的建设，也出现了医疗、教育、法律、政府等社会服务机构。1958 年西藏和平解放，国家采取多种措施来支持西藏经济的发展，中央财政投入大量财力、人力、物力修建公路，如川藏、青藏、拉萨—日喀则—亚东、那曲—狮泉河、拉萨—泽当、新藏等公路。同时，对原有的居民村落进行扩建，增加城镇数量，并加强新建立城镇的基础设施建设，如学校、医院、银行、邮电所、贸易公司、交通运输站、气象站、电站、影剧院等。1959 年民主改革后，西藏现代意义的城市逐渐发展起来，带来了第三次建设高潮，逐步开

① Badi H. Baltagi and Panicos O. Demtriade; Financial Development and Openness; Evidence from panel data Journal of Development Economic , 2009.

始了科学的、有计划的城镇建设。随着农牧区经济的发展、矿产资源的开发、人口的自然增长和迁入、工业化进程的展开、交通运输的发展，西藏整体经济进一步发展，实力增强。在此期间，中央财政不断加大对西藏的投资力度，陆续投入巨资建设西藏城镇的基础设施，形成大小规模不等的新型城镇，这使西藏城镇化明显加速。

1978 年改革开放，中央和自治区加大政策的优惠力度，鼓励农牧民和内地的国有、集体和个体工商户进入西藏各地的城镇经营工商业；增加各种援藏工程和对口支援项目，极大地改善了许多城镇的基础设施、公共设施和商业服务、文化卫生设施条件；加强宏观调控，结合政府采购和市场机制，调节农畜林产品的生产和交换，促进了西藏商品经济的发展，同时也推动了西藏城镇化的进程。西藏的城镇数量从 1951 年的 1 个发展到 1981 年的 1 个市、9 个镇，1992 年为 2 个市、32 个镇，2013 年底全区已设立 1 个地级市、1 个县级市、72 个县、544 个乡、140 个镇。近年来，西藏坚持走集约、智能、绿色、低碳的新型城镇化道路，加快构建以拉萨市为中心，以地区所在地为支点，以县城、边境城镇、特色文化旅游城镇为网络的城镇体系，提高产业和人口集聚能力。

2013 年，西藏自治区的生产总值突破 800 亿元大关，人均地区生产总值也突破了 26000 元大关。翻开西藏历史我们可以看到，1959 年，全区生产总值仅为 1. 29 亿元，人均生产总值仅为 114 元，落后的体制与机制，束缚着西藏经济向前发展。从图 1 和图 2 可以清晰地发现，随着改革开放的号角吹响，全区经济发展迅速。尤其是近二十年间，西藏自治区的经济发展开始加速，年增长率约为 12. 8% ，高于全国平均水平。

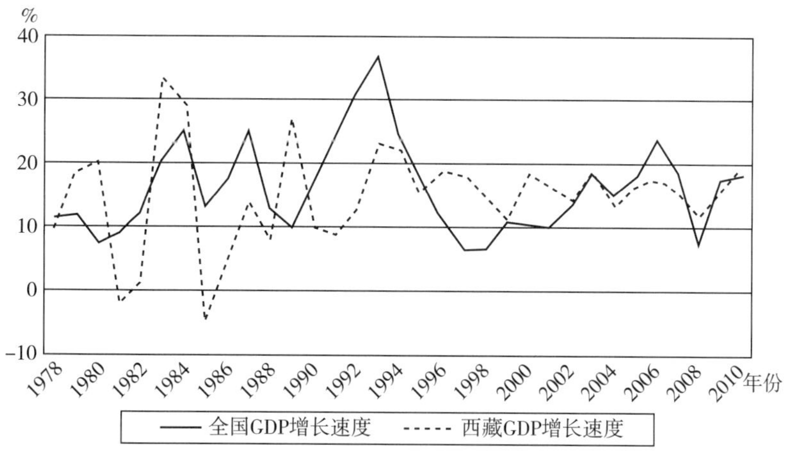

图 1 西藏自治区经济发展速度

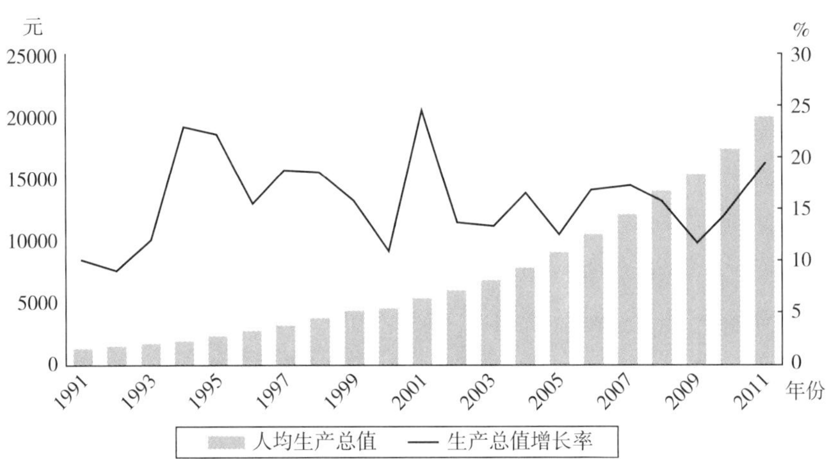

图 2 西藏人均 GDP 与 GDP 增长率分析图

与此同时，如表 1 所示，改革开放以来，全区国民生产总值与全国平均水平相比其差距逐渐缩小，从差距最大时期的 20 世纪 90 年代的 1000 多倍，逐步稳定地把这一差距控制在 700 倍左右；人均地区生产总值也由原先差距最大时期的 2.2 倍缩小并稳定控制在 1.7 倍左右的水平。

表 1 1978—2013 年西藏与全国人均 GDP 和 GDP 对比分析表

年份	全国国民生产总值 G1	全国人均国内生产总值 P1	西藏国民生产总值 G2	西藏人均国民生产总值 P2	G1/G2	P1/P2
1978	3645.22	381.23	6.65	375	548.1534	1.016613
1994	48108.46	4044	45.99	1964	1046.063	2.059063
1995	59810.53	5045.73	56.11	2358	1065.951	2.139835
1996	70142.49	5845.89	64.98	2688	1079.447	2.17481
1997	78060.85	6420.18	77.24	3144	1010.627	2.042042
2008	316030.34	23707.71	394.85	13824	800.3808	1.714967
2009	340319.95	25607.53	441.36	15295	771.0711	1.674242
2010	399759.54	30015.05	507.46	17319	787.7656	1.733071
2011	472115.04	35181.24	605.83	20077	779.2863	1.752316
2012	534123.04	39544	701.03	26326	761.94	1.502089
2013	568845.2	41804.72	807.68	26068	704.2952	1.603679

回顾西藏和平解放以来取得的丰硕成果，让我们喜出望外。1959 年，全区农林牧渔业总产值仅为 14417 万元，等于该年农业和畜牧业的总产值，当年粮食产量为 18 万吨。随着改革开放的不断深入，西藏农业也有了翻天覆地的变化，1985 年，全区林业总产值首破千万元大关；1993 年，全区渔业总产值也突破百万元大关。2013 年，西藏自治区农林渔业总产值达到 127.99 亿元，其中除

传统农牧业以外，林业、渔业及农林牧渔服务业也占了相当大的比重，粮食产量连续十三年稳定在 90 万吨以上。从表 2 中我们还能看到进入新世纪以来，西藏自治区各地市的农牧民人均纯收入也稳步增长，九年间各地区农牧民人均纯收入皆翻了三番。

表 2　　　2002—2013 年西藏自治区各地区农牧民人均纯收入

年份＼地区	拉萨	昌都	山南	日喀则	那曲	阿里	林芝
2002	1714	1441	1461	1467	1531	1374	1934
2003	1896	1532	1612	1541	1679	1464	2112
2004	2179	1679	1892	1739	1935	1620	2392
2005	2402	1844	2159	1896	2123	1801	2723
2007	3250	2490	2893	2534	2843	2390	3596
2008	3732	2830	3305	2881	3219	2695	4095
2009	4149	3144	3676	3203	3577	2987	4562
2010	5003	3662	4330	3750	4081	3451	5411
2011	6019	4332	5183	4473	4860	4183	6433
2012	7082	4962	6056	5165	5586	5452	7498
2013	8265	5900	7099	6027	6398	6391	8612

数据来源：西藏统计年鉴。

2. 西藏经济发展中的产业结构

西藏农牧业在西藏产业发展中具有重要的基础性战略地位，是第一产业的主体部分，因此本文中对第一产业的分析以农牧业为主。农牧业是目前西藏劳动力吸纳最多的产业，也为藏药、特色手工业、特色饮料食品等行业发展的所需原材料提供保障。

西藏和平解放以来，第一产业产值保持着持续增长的态势。从第一产业（包括农林牧渔和农业服务业）内部结构来看，牧业和农业占据着绝对的主导地位，2013 年西藏第一产业地区生产总产值为 86 亿元（以当年价格计算），农业和牧业分别占据了 48% 和 47% 的产值。

根据统计数据，2013 年西藏第一产业吸纳劳动力 92. 82 万人，占乡村劳动力总数 127. 92 万人的 72. 44%，隐含着劳动力人均产值较低、生产效率有待提高的状况，且 2006 年后增长速度渐趋平缓，需要有效的助推力来推动产业升级和其他产业的发展来进行劳动力分流。

从图 3 中可以清晰发现，随着改革开放、西部大开发、中央西藏工作会议的不断助推，西藏自治区地区产业结构不断升级，全区第一产业产值在不断增长的同时，其比重却在不断缩小。全区工业及服务业产业的不断腾飞，使原先走“靠天吃饭”这一粗放型经济发展模式的“农业大省”，已经逐步走出了有西藏特色的产业结构模式。

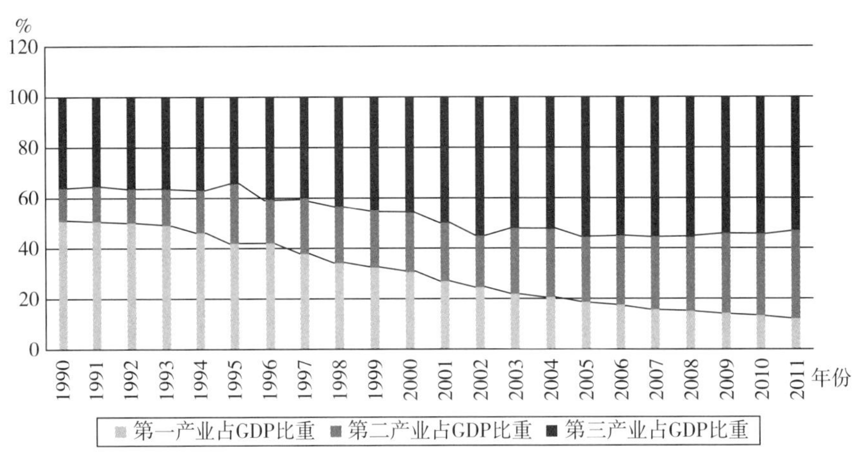

图3 1990—2011年西藏产业结构分析图

从表3中可以发现，近年来全区各地市在生产总值不断增长的同时，其产业结构也在不断优化。其中尤以日喀则地区（市）的产业结构优化最为明显：作为全区农业大市，1999年日喀则地区（市）第一产业占比为47.7%，远高于其第二、第三产业。经过十几年的不断发展，该市已从原先的农业大市逐步转型为工业大市，工业产业占比已由原来的10.1%蹿升至30.9%，远超该市农业产业产值。2005—2013年，全区各地市产业结构在不断优化的过程中同时也在进行自我调整与修复，原先畸大的服务业在近几年间也在从量的提升转变为质的提升，而全区工业也在走西藏特色发展模式进程中迈出了敦实一步，通过国家补助、产业园区建设等多种激励手段并举，逐步将具有西藏特色的民族手工业、食品饮料业、矿产业、藏医药业等特色产业做大做强。

表3 西藏自治区各地市产业结构现状

地区	1999年			2011年			2013年		
	第一产业	第二产业	第三产业	第一产业	第二产业	第三产业	第一产业	第二产业	第三产业
拉萨	15.7	4.5	79.8	7.2	23.2	69.6	3.84	35.28	60.88
昌都	60.4	21.7	17.9	33.3	24.5	42.2	18.18	42.22	39.6
山南	33.9	6.9	59.2	12.1	32.2	55.7	5.91	51.86	42.23
日喀则	47.7	21.7	30.6	31.9	22.9	45.2	20.4	31.52	48.08
那曲	53.9	18.2	27.9	22.2	13.1	64.7	17.07	24.77	58.16
阿里	46.2	18.7	35.1	23.8	15.5	60.7	16.22	29.41	54.37
林芝	25.3	10.6	64.1	16.9	33.6	49.5	9.33	35.67	55

从表4中可以看到，西藏自治区的工业企业从所有制结构及企业组织结构等方面，都实现了跨越式发展。在改革开放初期，全区工业企业发展十分落后，企业所有制结构单一、规模小、技术装备落后，工业总产值仅为14934万元。随着国家对西藏工业的特殊支持，截至2013年，全区工业总产值已达1258348万元，2012—2013年以12.8%的速度高速稳定发展；企业所有制也趋于多样化，其中其他经济类型的企业产值增速明显；轻重工业合理稳步发展；重型工业企业已成为助推西藏经济的重要力量；而作为西藏经济发展的活跃因子——小微企业，更是在改革开放的暖风中发展迅速，成为决定西藏工业产业发展的重要力量。

表4　　1978—2013年西藏工业企业发展情况　　单位：万元

年份	合计	按等级注册类型分			按轻重工业分		按企业规模分	
		国有经济	集体经济	其他经济	轻工业	重工业	大型工业	小型企业
1978	14934	11438	3496	—	5691	9243	—	14934
1985	21247	13950	1958	5339	10765	10482	1101	20146
1995	90816	65679	13909	11228	28479	62337	12774	78042
2000	183036	94970	44529	43537	68814	114222	26749	156287
2005	336462	133805	44358	158299	136300	200162	111569	224893
2011	950805	298104	25378	627323	369933	580872	417738	533067
2013	1258348	397547	30403	830398	481087	777260	573533	684815

藏药业依靠其深厚历史底蕴及对慢性病的显著疗效，备受国内外投资商的关注。奇正藏药、甘露藏药等知名企业的不断走强，也更加凸显了藏药业的无穷潜力。截至2013年底，全区共计藏医药研究机构2家，20家通过国家GMP的藏药生产企业，藏药业产值达12.52亿元，相比2000年增长了近六倍。

表5　　西藏特色产业工业总产值发展情况　　单位：万元

行业	2000	2001	2007	2009	2010	2013
黑色金属	13222	12297	38013	29542	39589	46326
有色金属	15317	19349	86483	74673	103550	255219
非金属采矿业	8847	10206	10789	15562	13796	17828
食品制造业	3413	3490	9981	10455	11291	16125
饮料制造业	13700	15902	51359	87632	106958	148821
医药制造业	25800	31562	63819	62818	65027	125259

从图4中清晰发现，近20年间，全区旅游业总收入每年以23.8%的速度快速增长，星级饭店、A级旅游景区不断增加，在基础设施不断完善的同时，旅客满意度、城市知名度也不断攀升。2013年，共计旅游总收入165亿元，接待

游客1291万多人。

图4 西藏旅游业发展情况

随着“西藏发展5100矿泉水”的成功上市，西藏特色食品饮料业也走在了不断做强自我的道路上。截至2011年底，全区规模以上食品饮料制造企业共计81家，其中尤以加工青稞、红景天、冬虫夏草等高原特色原料的企业发展最为迅速；全区通过产业升级并利用各地区自身的优势，形成了以藏中地区为中心，以藏东南、藏东北、藏西北为立足点，发展壮大依托区位优势所形成的特色食品饮料产业集群。从表5中清晰发现，十年间全区食品制造业和饮料制造业分别由2000年时的3413万元和1.37亿元，发展至1.7亿元和13.8亿元的水平，竞争力逐步增强。

3. 西藏经济发展中的资本结构

西藏所有制结构与非公有制经济发展分析。从表6中可以看出，西藏国有资本经营收入的经济绩效较差，而转换为有偿使用或通过基金形式进行投资的经济绩效则有显著好转。说明将所有权与使用权分离的产权变革，会提高其经济效益。

表6 西藏地方财政收入中的国有资源收入情况 单位：万元

项目	1998	2000	2005	2011	2013
地方性财政收入	44273	63265	143330	645270	1104234
国有资本经营收入	922	837	1683	-4875	-2962
国有资源（资产）有偿使用收入	—	—	—	44020	76318
基金收入	7880	9417	23018	90458	153997

西藏经济发展中非公有制经济的比例和作用越来越大。2013年底，全区非

公有制市场主体达到11.15万户（其中私营企业8835户，个体工商户10.2万户，外资企业301户），增长8.89%；从业人员49.83万人，增长42.37%；注册资本（金）324.1亿元（其中私营企业288.4亿元，个体工商户35.46亿元，外资企业45959.63万美元），增长25.64%，资本规模占各类企业资本总额的47.54%。2013年，非公有制经济投资占全社会固定资产投资比重达到26.38%。2013年度，全区生产总值807.68亿元、增长15.2%，非公有制经济占GDP比重为43.1%，同比增长15.86%。非公有制经济是转变经济发展方式的活力源泉。2013年，全区上市企业11家，其中非公有制企业控股7家。在政策的鼓励与支持下，非公有制经济以多种形式参与国有和集体企业的产权改革，加速了所有制结构的调整和优化。非公有制经济一、二、三产业分布依次为2682户、6447户、102371户，资本分布依次为9.56亿元、102.98亿元、211.5亿元，且多集中在第二产业中的工业、矿产业、建筑建材业和第三产业中的旅游业、餐饮业、零售业、社会服务业中，与全区“提升一产、壮大二产、做强三产”的发展战略相吻合，为调整优化全区产业结构，促进经济社会快速、健康、持续发展发挥重要作用。

表7　全社会固定资产投资的所有制结构　单位：万元

年份	合计	国有经济	集体经济	个体经济	其他经济	国有经济占当期固定资产投资比
1981—1985	170424	158542	949	10933	—	93.03%
1986—1990	307626	256419	717	50490	—	83.36%
1991—1995	1001630	935994	26026	27331	12279	93.45%
1996—2000	2307631	2146817	35263	59443	66108	93.03%
2001—2005	6980035	5983622	130590	306026	559797	85.72%
2006—2010	16561361	11398951	187728	1621181	3353501	74.53%
2013	9184830	6708235	81891	320228	1261213	73.62%

从表7分析西藏全社会固定资源投资状况及来源结构，西藏的固定资产投资增长趋势显著，呈逐年增长趋势；从来源渠道看，各年国家预算内资金占总投资额的比例都超过50%。

图5和图6具体刻画了2013年全国和西藏自治区全社会固定资产投资资金来源。2013年，全国全社会固定资产投资资金来源主要以自筹资金、国内贷款、其他资金为主，分别占总量的63%、15%、15%；而西藏自治区全社会固定资产投资资金来源主要以国家预算内资金和自筹资金为主，分别占总量的

62%、31%。相比于全国，西藏自治区固定资产投资以国家预算内资金为主，其主要原因为：①西藏经济发展主要依靠中央投资拉动，而这种经济发展模式导致了“挤出”效应，即国家预算内资金挤占了全区金融机构的信贷资金发展；②全区银行业金融机构惜贷现象严重；③西藏自治区地方性财政收入有限。

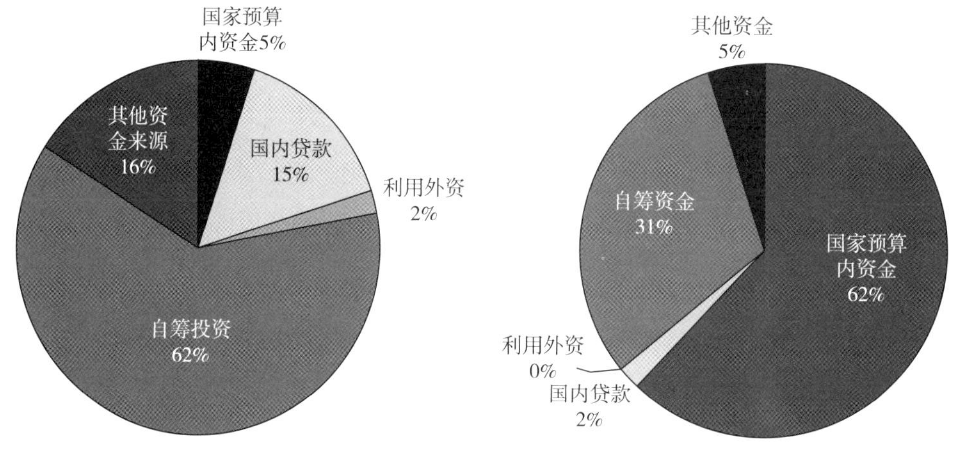

图5　全国固定资产投资资金来源图　　**图6　西藏固定资产投资资金来源图**

（二）西藏自治区金融结构发展概述

1. 西藏金融结构发展历程

第一阶段：1951—1958年，为西藏地区现代金融业的初创期。这一阶段，标志着新中国金融业在西藏地区的开始建立，同时也为西藏新民主主义革命提供了可靠的资金保障，对稳定社会、稳定市场、发展经济、巩固国防、开展统战工作和制止通货膨胀等发挥了重要作用。该时期西藏现代金融表现出鲜明的政治制度内生性和强烈的外生发展特征。其基本特征是：金融机构的任务主要是服务于党和国家的西藏政策，服务于军事、政治，机构创新优于业务创新，这一时期被称为西藏金融发展的“帐篷阶段”和“马背阶段”。

第二阶段：1959—1965年，为西藏现代金融事业快速发展和体系初步形成期。该时期，人民币的流通制度在西藏地区基本建立起来，农牧区信用社有了进一步发展，形成了以国家银行为核心、农牧区信用社为基础的比较完整的社会主义金融机构体系。

第三阶段：1966—1977年，为西藏地区社会主义金融业的曲折发展期。该时期，金融机构撤并频繁，金融业务萎缩，西藏现代金融业的发展受到“文化大革命”的影响。

第四阶段：1978 年至今，为西藏地区社会主义金融改革创新与快速发展期。自党的十一届三中全会以来，我国实行了全面改革和逐步扩大对外开放的政策，国民经济获得了巨大的发展。按照建立社会主义市场经济体制的要求和金融体制改革的不断深入，西藏地区的金融业也发生了显著变化。

2. 西藏金融结构发展状况分析

（1）西藏金融组织结构。西藏金融体系经过 60 多年的发展，以国有商业银行为主体，政策性银行、股份制商业银行、城市商业银行、证券、保险等非银行金融机构共同发展，多种融资渠道并存、功能互补、分工协作、协调发展的多元化、多层次的金融组织体系已经基本形成。截至 2015 年 8 月，西藏辖内共有银行业机构 11 家，其中政策性银行 2 家（国家开发银行西藏分行、农业发展银行西藏分行），国有商业银行一级分行 4 家，邮政储蓄银行一级分行 2 家，股份制商业银行 2 家（民生银行拉萨分行、中信银行拉萨分行），城市商业银行 1 家（西藏银行），村镇银行 1 家（林芝民生村镇银行），信托公司 1 家（西藏信托），省级保险分公司 6 家（5 家财险公司、1 家寿险公司），法人证券公司 1 家（西藏同信证券），证券公司分支机构 1 家（中投证券拉萨营业部），期货经营机构 1 家（同信久恒期货拉萨营业部）。此外，西藏“影子银行”体系中，开业经营的小贷公司 48 家，担保公司 13 家。

表 8　　1978—2015 年西藏主要金融机构建立与发展表

1978 年	人民银行西藏自治区分行从西藏自治区财政厅分设
1978 年	基建财务处对外挂牌“中国人民建设银行西藏自治区分行”，隶属财金局
1979 年	国务院下发《关于恢复中国农业银行的通知》
1980 年	中国银行拉萨分行成立
1982 年	国家外汇管理总局西藏自治区分局成立（1998 年改为国家外汇管理局拉萨分局）
1986 年	中国银行拉萨分行从人民银行西藏分行分设
1987 年	中国人民保险公司西藏自治区分公司成立（1996 年改为中保自治区分公司）
1989 年	西藏自治区储汇局成立
1993 年	西藏自治区证券委员会成立
1995 年	设立中国农业银行西藏自治区分行
1998 年	在人民银行成都分行下设立拉萨金融监管办事处和人民银行拉萨中心支行
1999 年	中国证监会拉萨特派办
2003 年	银监会西藏分局
2004 年	中国证监会拉萨特派办更名为西藏证监局

续表

2006 年	安邦保险西藏分公司
2007 年	中国平安保险西藏分公司　人寿保险西藏分公司　中国银联西藏分公司
2008 年	中国邮储蓄银行西藏自治区分行（1 月）中国工商银行西藏自治区分公司（10 月）
2011 年	国家开发银行西藏自治区分行　中投证券拉萨营业部　阳光财险西藏分公司
2012 年	西藏银行（5 月）中国农业发展银行西藏自治区分行（8 月）
2013 年	中国民生银行拉萨分行（11 月）西藏林芝民生村镇银行（12 月）太平洋保险
2015 年	中信银行拉萨分行（8 月）

（2）西藏金融市场体系。

1）金融机构存贷发展现状。

近年来，西藏金融业务发展迅速，产业规模不断扩大，存贷款增势强劲，服务经济能力逐渐提升，对经济的推动作用更加明显。截至 2013 年末，全区银行业机构人民币各项存款余额 2499. 08 亿元，各项贷款余额 1076. 69 亿元。2001—2010 年，西藏自治区金融机构人民币各项存款余额快速增长，2010 年更是突破 1200 亿元，十年间全区金融机构人民币各项存款余额每年以 22. 4% 的速度增长，高于全国平均水平。究其原因，一方面是由于人均可支配收入的提高导致储蓄率的提高，另一方面是由于中央进一步加大对西藏自治区的投资及高到位率的中央转移支付资金和企事业单位的经济效益的提升。全区金融机构各项贷款余额在近十年间发展迅速，2013 年底全区金融机构各项贷款余额达 1076 亿元，同比增长 21. 53% ，相比全国高出 6% 。

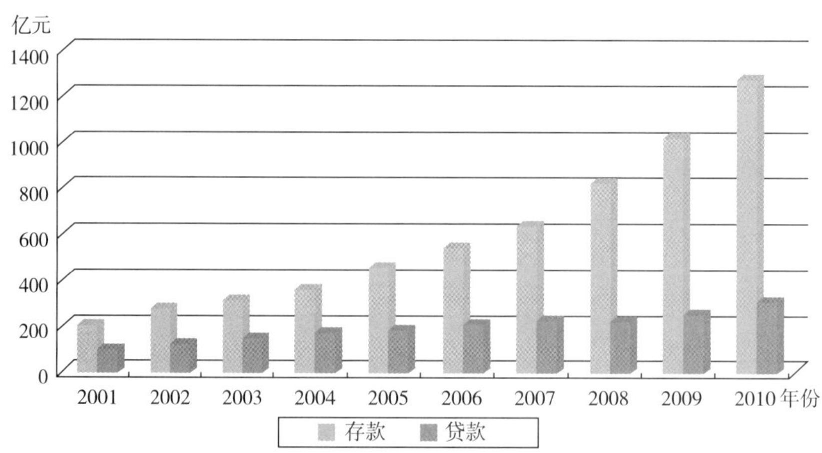

图 7　西藏自治区金融机构存贷款发展情况

从图8中可以清晰发现，随着全区各个金融机构加大对农牧民、中小企业及特色产业的投入，原有的贷款结构也发生了改变。2000年以前，工商业贷款所占贷款总额的比重高于50%，但随着近些年来全区金融结构的不断优化、人民生活质量不断提高、市场经济效应不断显现，传统贷款种类占比不断减小，在贷款总量不断扩大的同时，其结构也实现一定程度上的优化发展。

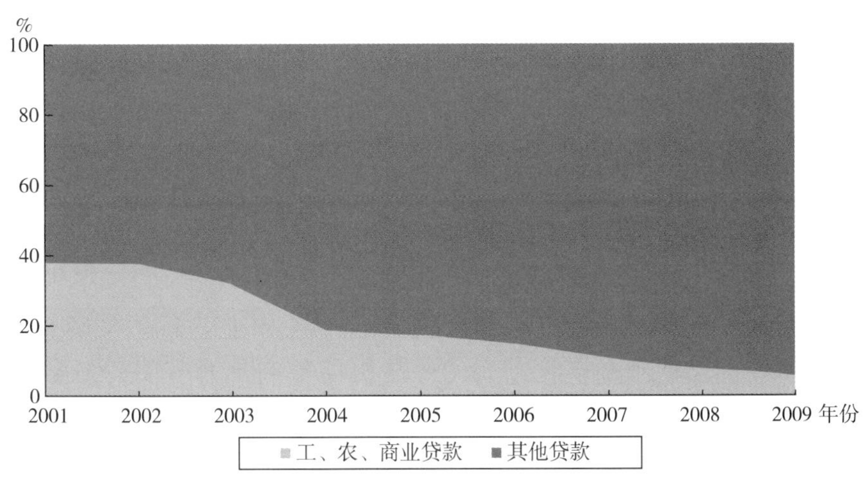

图8 西藏自治区金融机构贷款结构细分图

2）股票市场发展现状。

西藏自治区资本市场从无到有，从发展到初具规模，正经历着一段高速发展的时期。回顾这十几年的发展，从全区第一家上市的“五洲明珠”现借壳重组后更名为梅花集团直至最近上市的海思科，西藏自治区上市公司每年以12.41亿元的速度得到融资支持。作为企业不断优化其结构的重要平台，截至2013年，全区共计11家上市公司，其行业主要分布在藏医药制造业、食品饮料制造业、特色矿业、旅游服务业、建筑业等西藏自治区特色性产业。

全区11家上市公司中共有3家因为经营不力、内部治理结构混乱等原因导致连年亏损，从而被区外公司进行并购重组。这3家公司分别是：西藏珠峰、五洲明珠（梅花集团）、ST雅砻（西藏城投）；除此之外，西藏矿业、西藏旅游、西藏药业也在不同年份出现了亏损；全区上市公司中只有西藏发展、奇正藏药实现了在上市之后公司净利润不断增长的目标。

除奇正藏药以外，其他西藏自治区上市公司总部均设立在西藏自治区首府拉萨。这也充分印证了本文第二章所涉及的循环积累理论中提到的回流效应，即优势发展地区不断深化发展，而欠发达地区资源供给亦流入发达地区，导致西藏自治区首府拉萨市资源供给充足、发展脚步日趋加快，而其他欠发达地市经济发展更加落后，各地区间经济发展差距被逐渐拉大。

3）保险市场发展现状。

保险业在西藏社会经济发展过程中的经济补偿作用和稳定保障作用得到进一步发挥，西藏保险业呈现稳步发展态势，保费收入不断增长，给付能力逐步增强。截至2013年末，全区保险业实现保费收入11.43亿元，西藏保险业总资产5.66亿元。从图9中可以清晰发现，近些年来，西藏保险业金融机构发展迅速，已由几年前只有人保财险一家公司，逐步发展至今，全区已拥有安邦财险、中国平安、中国人寿共计四家大型保险公司。十年间保费收入增长迅速，每年以27.56%的平均速度高速增长，2013年保费收入更是高达11.43亿元，相比2010年同期增长50%。随着保费收入的高速增长，保费收入的结构也有了明显的优化：1995年时，机动车辆险占当年保费收入的70%以上，短短十几年的时间，保费收入结构呈现出多样化发展，虽然机动车辆险仍占较大比重（50%左右），但其他险种如健康险、农业险、人身意外伤害险及各种财产险种发展也正经历着从无到有、从小到大的发展过程。

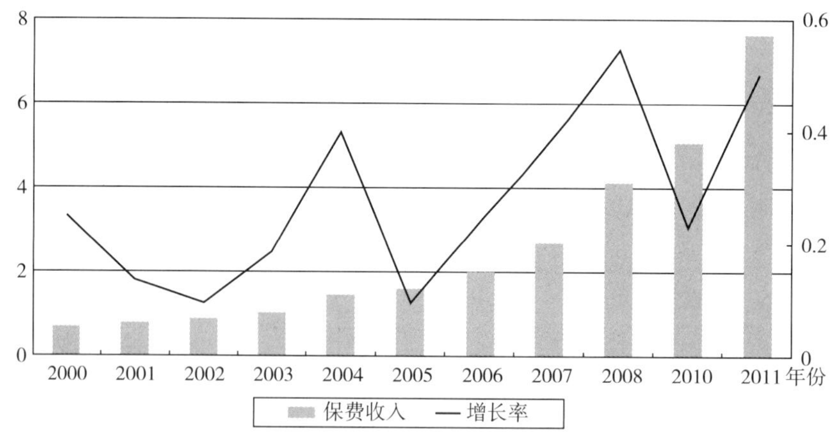

图9 西藏自治区金融保险业发展情况

4）票据市场。

自2009年以来，西藏票据贴现业务呈现迅猛发展态势，票据融资大幅增长。截至2013年末，票据融资余额57.37亿元。

从图10可以看出，对比西藏自治区金融机构贷款余额/西藏自治区金融机构存款余额（即西藏自治区金融机构资源配置效率），发现近年来随着西藏自治区人民生活不断提高、中央预算内资金的高到位率，导致金融机构存款的快速增加（近五年增长近四倍），而与此对应的金融机构贷款的增速却止步不前（近五年增长仅两倍），从而导致金融中介效率不断降低，自2010之后才触底反弹，金融机构资源配置效率不断提高。

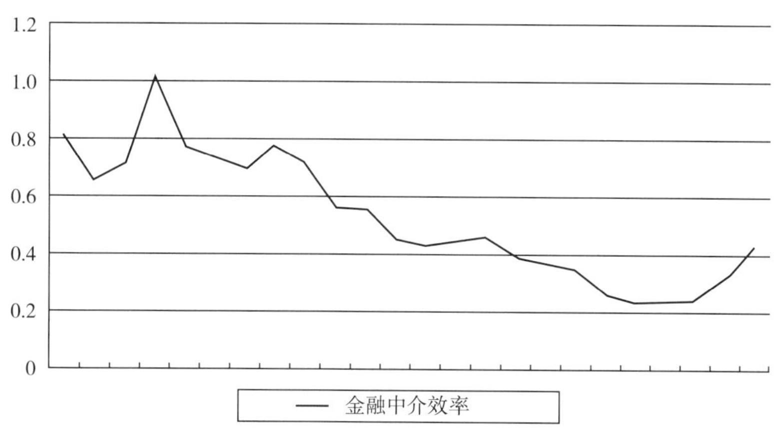

图10 西藏自治区金融机构资源配置情况

（三）西藏自治区经济结构存在的问题及原因分析

1. 农业现代化发展水平相对落后

①农牧业基础设施落后。截至2013年，全区农村小型水电站277个，而农村用电量仅为0.8亿千瓦时，相比全国平均水平1146个和214亿千瓦时差距明显。②农牧业机械化水平低。2013年，全区农用机械总动力为578万千瓦时，全区农牧民共拥有4.3万台大中型拖拉机、1.56万小型拖拉机、5.84万台排灌柴油机。相比全国同期平均水平2993万千瓦的农用机械总动和大中型拖拉机12.65万台、小型拖拉机19.77万台及排灌柴油机96.53万台相距甚远。③农业科技含量低。由于西藏自治区农业发展受历史和地理等原因影响，科技基础十分薄弱，再加上农牧业专业人才的匮乏、农业科技投入总量规模较小、农业科技投入不平衡、现代化农业技术普及率低等原因，制约了全区农业现代化的发展步伐。④农牧业产业结构落后。由于全区县域经济发展落后、县域金融服务不完善等原因，导致全区还未拥有上规模、上水平产业基地，且农牧业龙头企业龙头作用不明显，从而导致全区农牧业产业结构落后于全国。

2. 工业企业发展缓慢

①盈利能力不足。截至2013年，全区规模以上工业企业总资产贡献率为3.7%，与全国规模以上工业企业的总资产贡献率15%相比，还有较大的差距。

②资产负债率低。2010 年，全区规模以上工业企业资产负债率为 34%，而全国规模以上工业企业资产负债率为 57.8%。③资产利用率低。2013 年，全区规模以上工业企业流动资产周转次数为 0.7 次，全国规模以上工业企业资产周转次数为 2.7 次。

造成这种情况的原因主要有三点：①西藏自治区规模以上工业企业的规模主要以小型企业为主（占规模以上工业企业单位总和的 95%），而小型企业又因为自身原因（信用评级低、贷款坏账率高等原因），无法有效得到金融机构的信贷支持，从而使得资产负债率偏低。②全区规模以上工业企业研发投入不足、科技人才资源不足，致使企业自主创新能力薄弱，无法从本质上提高其经营能力，改善其盈利能力。西藏自治区每万人专业技术人员数仅为 163 人、每层次专业技术人员和学科带头人缺乏，每万人从事科研活动的科学家和工程师仅为 1.61 人。③全区规模以上工业企业的所有制结构主要以国有企业和股份制企业为主（占企业总数的 90%），而同期全国规模以上工业企业中国有企业和股份制企业仅占 2%，而占比重最大的为私营企业和私营有限责任公司，分别占 31% 和 22%。全区私营经济不发达，也在一定程度上制约了全区工业企业的发展。

3. 产业结构畸形发展

从表 9 中可以清晰发现，相比全国平均水平及其他省市，西藏自治区经济发展水平相对落后，产业结构还待优化，第一产业占比高于全国 0.7%，而第二产业占比却低于全国 12.3%，从而导致第三产业占比高于全国平均水平近 7.6.%。“Kuznets 事实”中衡量一国或地区产业结构是否优化通常采用第三产业占比的方法，但此方法不能适用于研究西藏自治区的产业结构。这是由于第三产业占比畸大的主要原因是由于西藏自治区工业化水平极为低下，且传统农业又在经济结构中扮演着“大而不强”的角色，从而导致了第三产业占比较高的“美景”。

表 9 西藏自治区对比全国产业结构分布

	绝对值（亿元）				相对值（%）		
	GDP	G1	G2	G3	g1	g2	g3
全国	568845.2	56957	249684.4	262203.8	10.0	43.9	46.1
广东	62164	3047.5	29427.5	29689	4.9	47.3	47.8
四川	26260.8	3425.6	13579.0	9256.1	13	51.7	35.2
青海	2101.1	207.6	1204.3	689.2	9.9	57.3	32.8
西藏	807.7	86.8	292.9	427.9	10.7	36.3	53

4. 贫困化问题仍然突出

扶贫成本高、难度大、财政扶贫资金使用分散，扶贫开发资金投入机制和项目管理机制、资源整合机制、部门联动机制、全社会参与机制等需进一步健全和完善。且贫困人口和低收入人口大部分分布在偏远、高寒高海拔、高山峡谷河谷地区和自然灾害频发地区，自然气候、生存环境恶劣，交通不便，资源匮乏，扶贫难度大，开发成本高，返贫现象严重，扶贫开发任务长期而艰巨。

5. 区域内经济发展不平衡

2013 年，西藏自治区拉萨市的地区生产总值突破 300 亿元，实现了双位数的增长。在看到作为西藏自治区首府的拉萨市经济不断飞速发展的同时，我们也清醒认识到其他地市发展仍十分落后（其他六个地市的地区生产总值仅占西藏自治区地区生产总值的 60%）。特别是阿里地区，2013 年全年地区生产总值仅为 28.9 亿元，经济发展状况仍令人担忧。

西藏自治区各地区间的经济发展不平衡，首府拉萨市独大的局面，就如同本文第二节中所提到的回流效应。由于发达地区拉萨市市场培育良好，资本供应充足，而欠发达地区如阿里地区拥有的为数不多的资本也通过发达地区市场来寻找投资机会，所以只是拉萨市经济不断发展，而阿里地区经济发展缓慢。

（四）西藏自治区金融结构存在的问题及原因分析

1. 金融效率依然低下

存贷差一直是衡量一国或一个地区金融效率的重要指标，其比值过低则说明该金融机构的资本成本过高，从而盈利水平低下；而其比值过高则该金融机构可能存在流动性风险。从图 11 中可以清楚发现，2000—2013 年，西藏自治区金融机构的存贷比持续走低，其主要原因是存款的增速大于贷款的增速，其中存款增长迅速的原因为西藏经济发展提速导致各类存款（包括中央对西藏的财政转移支付资金、对口援藏省市帮扶资金、各企事业单位及居民存款）的快速增加；而由于传统的投资模式（中央投资拉动），导致银行信贷资金不能有效利用，全区房地产业发展缓慢、担保体系落后、中小企业规模小、科技含量低、信用评级低，导致全区贷款市场需求小于供给，贷款增量远不及存款增量。

2. 信贷资金结构依然不够优化

从图 12 和图 13 中可以清晰发现，十年间，全国以及西藏自治区金融机构各项贷款总和增长迅速，其中尤以农业贷款的增长幅度更为明显，这得益于国

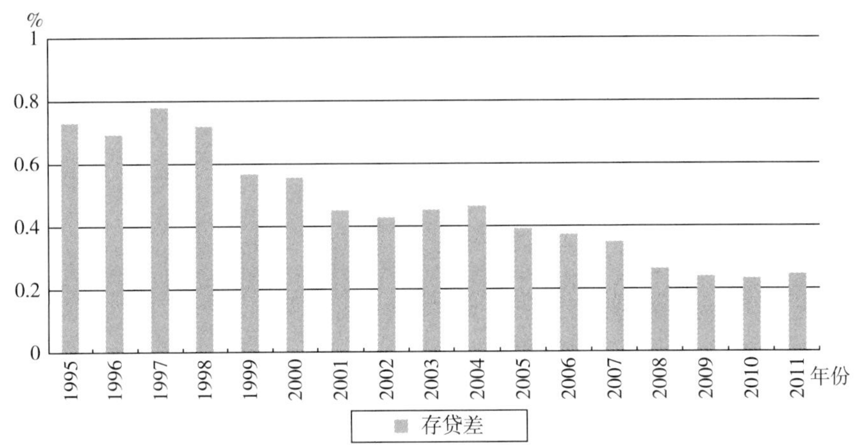

图 11　西藏自治区金融机构存贷差发展图

家支持“三农”发展的政策得到大力实施。但西藏在贷款总量、工业贷款、商业贷款的增长幅度上落后于全国平均水平，其主要原因：①西藏自治区的经济增长模式主要依靠中央直接投资，从而不能有效利用全区银行业金融机构的信贷资金；②中小企业规模小、高科技类企业占比低、企业信用评级低、贷款坏账率高等因素，致使全区中小企业不能利用信贷支持。

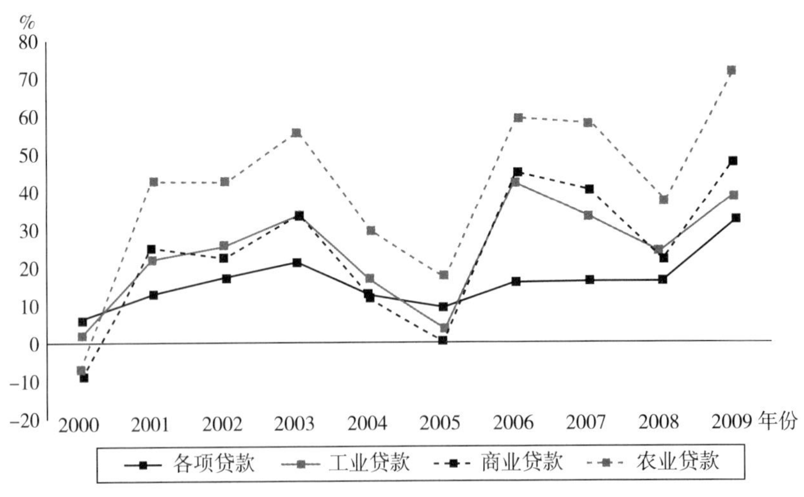

图 12　全国各项贷款增长情况图

3. 金融市场发展仍处于起步阶段

2013 年，西藏自治区保险业累计收入达 11.4 亿元，相比 2010 年增长近 50%。但与全国平均水平相比，西藏自治区在保险密度和保险深度上仍然存在较大差距。随着人民生活水平的不断提高，全区保险市场的发展潜力和空间也

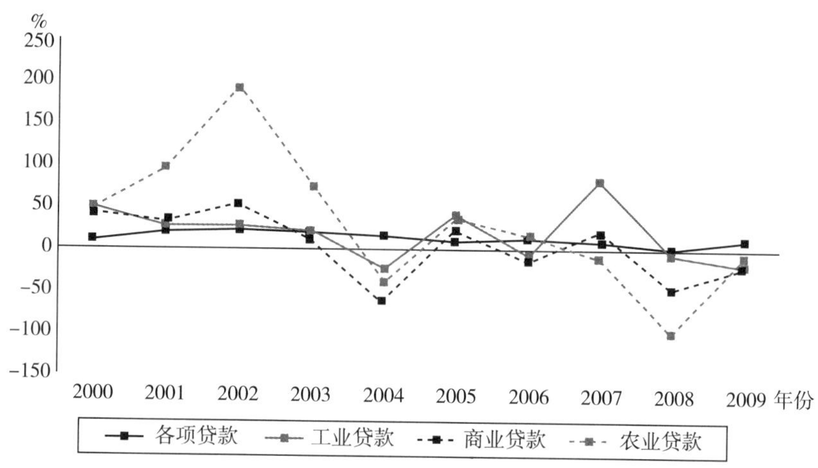

图 13　西藏自治区各项贷款增长情况图

同样巨大。但不可否认，全区各阶层群众在参保意识上还稍显薄弱，如何动员以储蓄为主的金融资产逐步向多样化金融资产结构调整之路还任重而道远。

截至 2013 年，西藏自治区上市公司共计 11 家，其中 3 家已被区外机构借壳重组，而证券公司仅有西藏同信证券公司和更名后的中国中投证券西藏分公司，债券市场更是无人问津。相比于近些年来呈两位数增长的西藏经济，新增上市公司却寥寥无几，而已上市的公司又存在公司规模小、涉及领域有限、公司治理结构混乱等诸多问题。

金融市场联动能力弱，无法发挥特色融资体系职能，银行业金融机构、保险业、担保业无法通过联动机制，组成一套强有力的体系来确保西藏特色产业更好更快地发展，也在一定程度上阻碍了全区经济发展。

四、完善西藏经济金融结构的路径分析

西藏经济、金融发展由于其大财政、小银行这一特性，导致全区金融结构对经济增长的促进作用还停留在单纯提供金融服务供给的初级阶段，且全区金融发展金融抑制现象也尤为突出。落后的全区金融业不能为西藏自治区经济增长提供更为全面的支持，而同样全区落后的经济发展也无法优化金融结构、从而提供更为全面的金融服务的需求。落后的金融结构导致了资本不足—发展无力—资本不足的逆向“马太效应”的产生，使得全区经济金融发展一直徘徊于低级别的经济金融发展循环中。

（一）扩大西藏自治区金融发展规模

1. 切实加大金融优惠政策的宣传力度

金融约束论认为：利用有差别的金融政策，能够刺激落后地区金融发展对经济发展的促进作用。中央对于西藏自治区一直实行着有差别的金融政策，但民众对这些政策的熟识度却不高。应该通过加大对特殊货币政策的宣传力度，特别是对偏远农牧区的宣传，将中央赋予西藏的各项优惠的货币政策宣传给大众，避免形成政策宣传盲点。

2. 建立健全全区金融服务体系

林毅夫在其论文[①]中提到企业规模多以中小企业为主的地区，通过降低银行集中度能够有效促进经济增长。而西藏自治区中小企业占比高达90%，所以可以通过以下措施有效降低银行集中度，从而为西藏经济发展提供更多的金融支持。①通过“政府搭建平台、银行提供服务”，逐步消除全区范围内的金融服务盲点。②丰富农牧区金融服务体系，构建满足农牧区经济发展的多元化金融服务体系。③通过引入竞争机制，利用国家赋予西藏金融业的特殊政策，鼓励股份制商业银行、地方性商业银行在西藏设立分支机构。④利用边境口岸优势，鼓励外资银行进驻西藏市场，提升并带动本地区金融业市场活力。⑤规范担保公司和小贷公司经营，通过政府引导中小企业同担保公司、小贷公司的对接，鼓励商业银行加强同担保公司、小贷公司合作。

3. 创新金融服务模式

①加大对金融产品营销人员的培训力度。营销人员是商业银行同顾客联系的纽带，直接影响产品的销量。而全区商业银行的营销人员在推销产品的过程中仍显稚嫩，所以加强对营销人员的培训，使营销人员读懂、看懂自己所销售的产品。②加大对理财产品的研发力度。全区商业银行应该通过加大对研发过程的投入力度，打造出一批适应于西藏市场的产品。③利用特色产业优势，逐步打造一批有市场竞争力的特色产业投资基金。

4. 切实关注农牧区及中小企业的资金需求

①建立健全银企合作、银担合作机制。②政府部门、司法部门多方把控，严厉惩治道德风险。③地方性商业银行如西藏银行，可以专门设立小微企业信

① 林毅夫，姜烨．经济结构、银行业结构与经济发展——基于分省面板数据实证分析［J］．金融研究，2006.

贷部，突出重点，从而制定有西藏特点的小微企业贷款模式。

（二）构建有西藏特色的金融市场体系

1. 大力发展资本市场

①有效利用政府平台，切实提高区内优秀企业的兼并和整合效率，及时关注资金需求。②支持区内建立现代企业制度，完善法人治理结构。③探索发行地方政府债券融资，扩大企业债券发行额度，增加债券发行主体，建立以机构投资者为主导的多层次债券市场。

2. 健全保险市场体系

①拓展保险业务范围，按照“政府推动、商业运作”的原则开展政策性保险试点工作。②发展保险中介机构，鼓励各种经济成分的企业和自然人设立保险代理公司，发展专业代理及银行、邮政兼业代理保险业务。③加大政府财政补贴力度，开展农牧区医疗、养老和财产保险产品创新，为农牧民量身定做保险产品，增加农业保险险种的有效供给。

3. 加强全区信用体系建设，建设“诚信西藏”

①建立省级信息收集和共享平台，通过收集企业及个人在电力、供水、税务、工商、电信、金融、社保、房地产、医疗、海关等部门信息，解决信息不对称，提高失信成本。②借助信用县 、信用乡（镇）、信用村的评定，不断推进农村信用体系建设。③加大信用信息产品的应用，在职务晋升、干部考核中应用信用信息产品。④加强诚信宣传，深入部队、社区、农村、学校宣传诚信知识。

4. 切实提高全区金融中介机构信贷资金使用效率

①杜绝“少贷款、少担风险，不贷款、不担风险”的陈旧思想，并通过“一行一策、突出优势”的方针研究制定适合各自金融中介机构的信贷政策，从而盘活全区间接融资市场。②中国人民银行拉萨中心支行应该通过其窗口指导功能，鼓励全区商业银行在不受其总行贷款规模限制的条件下，对符合国家产业支持政策的企业进行信贷支持。③中国人民银行拉萨中心支行应该加强其再贷款职能，努力为全区金融机构解决资金周转难题，消除全区金融机构的后顾之忧。

（三）重视西藏自治区经济发展形成良性互动机制

值得注意的是，西藏自治区经济、金融发展相比全国都处于追赶者的角色。

而单纯依靠金融不断发展，可能不足以带动整个地区更快、更好发展。武志在其论文①中提出了关于经济、金融间相关关系的新的假说，即要实现金融发展由量向质的转变，其关键因素在于经济增长。所以，在着力开展金融现代化的同时，也应该关注全区农牧业发展滞后、产业结构畸化等诸多问题，从而实现全区金融、经济发展的良性互动机制。

1. 夯实基础设施，加大农牧业科技创新力度

大力加强西藏内部区域的基础设施建设，形成道路、电网、水利等为核心的基础设施体系。除对拉萨、昌都、林芝等经济较为发达的地区加强现代化基础设施建设外，对阿里、那曲等欠发达的区域，应加强与当地居民生活贴近的最基本的设施建设，如公路的修建。西藏地处高原，交通闭塞、运输成本高，严重制约了经济的发展，因而基础设施的建设是产业结构调整的基础，是农牧民脱贫致富的最前提的条件，也是增强西藏自身与区外竞争能力的基础条件。

西藏要本着“一产上高水平发展”的战略发展原则，加大对传统农业的改造力度。一是以创新农业组织制度为突破，调整农牧业发展的内部结构，实现农牧业的生产化经营，如建立农村专业合作组织制度、农牧民自行组织“户户联营制度、农牧民参股制度”等；二是着力在农牧区进行农业新技术的推广，提升农产品附加值，挖掘高原绿色食、饮品的市场潜力，走高端农产品路线。

2. 优化财政支出结构，完善政府管理机制

政府要转变角色，改革管理体制。一直以来，西藏属于典型的政府投资主导模式，政府在资金上的直接支持，使得西藏经济的发展成为“输血”型发展，缺乏自我发展能力，也降低了与区外的经济竞争能力。因而，西藏经济发展方式转变的一个重要内容则是要实现政府职能的转变，要把“输血”优势转为自身“造血”优势。政府把财政直接划拨资金转为通过间接补贴、激励性补助、税收优惠等方式鼓励企业、个人等个体参与经济活动，政府把“有形手”转为“扶持之手”，重点应当放在公共设施的建设上。

3. 政企联动，大力促进第二、第三产业发展壮大

①要充分发挥西藏的太阳能资源，发展太阳能产业。②在环境承载力范围之内，有重点地发展西藏矿产资源。③进行技术改造和设备更新，推行现代企业管理制度，改造和壮大传统民族手工业的发展。④对第三产业内部结构进行

① 武志. 金融发展与经济增长：来自中国的经验分析［J］. 金融研究，2010.

优化升级，提升服务水平和科技含量。⑤以旅游业为主，全面发展交通运输业、金融保险业、边贸服务业等现代新兴产业。

4. 发展生态经济

①在生产经营过程中，企业要重视新能源、新产品的开发，充分利用太阳能、地热能、水能等清洁资源，同时也要提高资源的利用效率，最大限度地减少资源的消耗。②第一产业的发展应当建立生态农业园区，建立高原特色绿色食品专业种植基地；第二产业要推进新型工业化的发展，建立高原特色绿色食品、藏药、旅游产品、民族手工产品等加工基地；第三产业则要在发展生态旅游业的同时，推动交通业、保险业、物流业等全面发展。③社会层面，则是当地居民与外来旅游民众要树立绿色消费、绿色旅游的理念，企业及公众积极参与环保行动。④政府层面，政府可作为的行为有很多，如建立生态补偿机制、收取排污费等。

5. 建立健全资源、环境可持续利用的制度

①建立环境评价制度。根据西藏不同种类的自然资源，分档建立评价体系，如对森林资源、草场资源、水土流失情况等确定不同的评价标准，设立程度不同的预警信号。②完善生态补偿机制。结合政府转移支付、生态补偿基金设立、奖励性补偿等多种形式，来实现对农牧民、企业、保护生态环境的行为进行补偿。③建立草场、矿产资源、林业、水能源的开发与管理制度，重点是要明晰产权，做到“谁开发、谁管理，谁破坏、谁治理”。

6. 重视人才建设

人才建设作为当今各国、各地区发展壮大的根本，是各国、各地区强大、繁荣的必备要素，西藏自治区也不例外。所以立足于人才建设，应该做到以下几点：①加大金融专业人才的引进力度，实现人才扩散效应。②加大对本地区金融在职人员的培训与再教育的成本投入。③提升农牧民的金融理财意识，加大对农牧民优秀金融人才的培养。④着力在区内高等院校中增设金融类专业科目。⑤构建与西藏经济发展相适应的办学模式。把职业技术教育放在重点位置，以水电、旅游、环境保护、特色农产品种植业等为依据，设立相关专业。

参考文献

[1] 雷蒙德·戈德史密斯. 金融结构与金融发展［M］. 上海：上海三联出版社，1994.

[2] 曹啸，吴军．我国金融发展与经济增长关系的格兰杰检验和特征分析［J］．财贸经济，1992.

[3] 崔满红．中国欠发达地区金融、企业、政府协调机制研究［M］．北京：中国财政经济出版社，2005.

[4] 丁业现，彭克强．改革开放以来西藏金融发展与经济增长关系的实证研究［J］．西藏研究，2011.

[5] 多杰才旦，江村罗布．西藏经济简史［M］．北京：中国藏学出版社，1995.

[6] 高铁梅．计量经济分析方法与建模［M］．北京：清华大学出版社，2010.

[7] 韩廷春．金融发展与经济增长：经验模型与政策分析［J］．世界经济，2001.

[8] 金世洵．西藏自治区2011年发展改革白皮书［M］．西藏：西藏自治区发展和改革委员会，2011.

[9] 金世洵．西藏自治区2012年发展改革白皮书［M］．西藏：西藏自治区发展和改革委员会，2012.

[10] 康继军，张宗益，傅蕴英．金融发展与经济增长之因果关系——中国、日本、韩国的经验［J］．金融研究，2005.

[11] 林毅夫，姜烨．经济结构、银行业结构与经济发展——基于分省面板数据实证分析［J］．金融研究，2006.

[12] 刘仁武．浙江经济转型与金融支持的互动关系研究［J］．浙江金融，2011.

[13] 李立峰．西藏农牧区现代金融业发展现状研究［D］．西南财经大学，2011.

[14] 庞昊．计量经济学［M］．北京：科学出版社，2007.

[15] 乔雅君．河南省金融发展与经济增长关系的实证分析——基于动态VAR模型的解释［J］．金融理论与实践，2011.

[16] 史永东，武志．我国金融发展与经济增长关系的实证分析［J］．中国金融学术研究网，2002.

[17] 谈儒勇．中国金融发展和经济增长关系的实证研究［J］．经济研究，1999.

［18］谈儒勇．金融发展理论与中国金融发展［M］．北京：中国经济出版社，2000.

［19］武志．金融发展与经济增长：来自中国的经验分析［J］．金融研究，2010.

［20］伍艳．对西藏金融弱化的思考［J］．西南民族大学学报，2009.

［21］王会宗．金融深化与经济增长：西部地区“悖论”的实证［J］．统计与信息论坛，2008.

［22］王景武．金融发展与经济增长：基于中国区域金融发展的实证分析［J］．财贸经济，2005.

［23］旺堆．认真贯彻落实中央赋予西藏的特殊优惠货币政策全力支持西藏经济跨越式发展［J］．西南金融，2010.

［24］旺堆．对西藏金融机构存差问题的理性思考［J］．西南研究，2007.

［25］熊德平．金融规模、金融调控与经济增长——基于中国改革开放以来的实证研究［J］．山西财经大学学报，2012.

［26］殷孟波，贺国生．西南金融结构与经济结构的关系［J］．经济学家，2001.

［27］殷孟波．西南经济发展的金融支持［M］．四川：西南财大出版社，2002.

［28］姚耀军．中国农村金融发展与经济增长关系的实证分析［J］．经济科学，2004.

［29］Bell C Rousseau. Post – independence in India：A Case of Finance Lend Industrialization［J］. Journal of Development Economics，2001.

［30］Badi H Baltagi and Panicos O Demtriade. Financial Development and Openness：Evidence from Panel Data［J］. Journal of Development Economic，2009.

［31］Diamond，D. W.，Dybvig，Ph. H. Bank runs，Deposit Insurance and liquidity［J］. Journal of Political Economy，1983.

［32］Gurley John and Edward Shaw. Financial Aspects of Economic Development［J］. American Economic Review，1995.

［33］George and Sarantis Bank of Greece. Economic Research Department，21 Venizelou，102 50 Athens，Greece Harokopio University，Athens，Greece，2007.

［34］Greenwood. J. Jovanovic；Financial development. Growth and the Distribution of Income [J] . Journal of Political Economy, 1990.

[35] Levine. Financial Development and Economic Growth: Vews and Agenda [J] . Journal of Economics Literature, 1997.

[36] Levine, Ross. And Zervos, Sara. ; Stock Markets Banks and Economic Growth [J] . American Economic Review, 1998.

[37] Rousseau, P. L. Wachtel. Equity Markets and Growth: Cross – Country Evidence on Timing and Outcomes [J] . 2000.

西藏自治区储蓄、投资与经济增长的关系研究

中国人民银行拉萨中心支行统计研究处课题组
课题组组长：旦增普赤
课题组成员：香桂英　于　伟　崔成朗珍

摘要：本文使用了1980—2014年数据，使用向量自回归模型对西藏自治区储蓄、投资与经济增长之间的动态关系进行了研究。在此基础上，使用了协整分析、脉冲响应函数、Granger因果检验、方差分解模型等对三者之间的相互作用进行了分析。分析结果表明，投资是西藏经济增长的主要推动方式，经济增长可以带来储蓄的增加。储蓄和投资之间没有相互的影响，依靠中央财政投资的增长方式是不可持续的。

关键词：投资　储蓄　经济增长　VAR模型

一、引言

储蓄、投资与经济增长一直都是宏观经济当中的重要变量，经济学家的研究表明，三者之间存在正相关的关系，而且它们之间的动态变化直接影响到国民经济发展状况。新古典增长理论认为，有着相同的储蓄率、人口增长率和技术条件，同样生产函数的国家，最终将在同样的收入水平上趋于一致，尽管趋于一致的过程可能十分缓慢。短期内，储蓄率的增加使产出增长率提高，不影响长期增长率，但是提高了人均产出和人均资本的长期水平。如果欠发达国家拥有较高的储蓄率和投资率，经过一段时间之后，经济落后的国家将逐渐缩小同经济发达国家的差距。一些经济欠发达的国家纷纷想尽办法提高本国的储蓄率，借此提高实际增长率。较高的储蓄率会增加信贷资金总量，进而导致投资增加，较高的投资率通过投资乘数的作用促进经济增长，提高收入水平。麦金农金融深化理论当中也提到，储蓄率的提高可以为经济发展提供前提的资金积累。

在凯恩斯经济理论中，也对储蓄和投资的关系进行了讨论，认为储蓄和投

资是由两种不同的人根据不同的动机选择的行为，二者不能混为一谈，其认为投资取决于资本的边际效率和资本成本，而不受储蓄的支配，政府可以通过财政政策扩大投资，刺激经济增长。简单总结就是投资决定了储蓄，而不是储蓄决定投资。

西藏近几年发展迅速，依靠投资实现了经济的快速增长。而且，西藏地区正在经历城镇化的改造，在这个过程当中，投资起到了推动作用。较高的储蓄水平也为其提供资金。虽然，储蓄率可以为经济发展带来初期的资本积累，但是如果一味地追求过高的储蓄率会导致消费不足，导致供给过剩、失去投资机会，这时的高储蓄率则会出现资本过剩的状况。

储蓄率、投资率和经济增长之间存在着复杂的相互影响关系，本文从实证角度分析西藏自治区经济增长率与储蓄率、投资率之间的动态关系，为西藏制订进一步的金融改革方案提供借鉴。

二、文献综述

对储蓄、投资和经济增长关系研究分为两个部分，一部分为理论的分析，包括新古典经济学理论、凯恩斯经济乘数加速理论、麦金农金融深化理论等。几个理论问题讨论与储蓄对经济增长的作用，以及投资和储蓄的关系。几个理论对于西藏的现实状况并非完全适用，但也对政策的制定有可借鉴的方面。相对于理论的分析，本文更注重于对西藏储蓄、投资和经济发展的实证研究。

国外学者很早就开展了对储蓄、投资与经济增长之间关系的实证研究。1966 年，Modigliani 对储蓄和经济增长之间的关系进行了研究。Summers（1992）发现，高投资可以对经济发展起到快速的推动作用。Alfred、Willi（2001）以及 Kala（2003）等通过使用面板数据对多国的数据研究发现，投资对经济发展具有极强的驱动作用。而在加入了对储蓄率的研究之后，各个学者之间的研究结果出现了分歧。Krieckhaus（2002）研究发现，投资带动了储蓄的增长；而 Attanasio（2000）的研究结果认为，高储蓄和高投资之间的关系还不明确。但是，在储蓄和投资对经济增长的促进作用的研究上，各学者之间的研究结果是相同的。在经济增长对储蓄的作用的研究中，Modigliani（1970）、Carroll（2000）、Attanasio（2000）等学者的研究结果都表明，高增长导致了高储蓄。

国内学者从多个角度对储蓄、投资和经济增长之间的关系进行了研究。武剑（1999）从资本形成的角度对储蓄和投资的压力进行了分析，在利率的放大机制出现扩大的资金缺口。李杨、殷剑锋（2005）从劳动力转移的角度，对现阶段中国高储蓄率、高投资率进行了解释。汪伟（2008）通过我国的历史数据，使用向量自回归模型研究了中国储蓄率、投资率和经济增长之间的动态关系。与国外的研究得到了相同的结果，经济增长导致了储蓄和投资的提高。但是中国投资的效率不高，储蓄向投资转化的途径不通畅。

本文采用VAR模型以及脉冲响应函数、Granger因果检验对西藏地区三个变量之间的关系进行分析，对它们相互之间的影响进行因果检验，在此基础上用方差分解来测算各个变量对经济增长的贡献。通过动态相关系数对它们之间的时滞性冲击反应和对称性作用机理进行研究，最后使用VEC模型对三个变量的长期均衡关系进行分析。

三、变量选择

为了研究西藏自治区储蓄、投资和经济增长的关系，根据西藏统计年鉴1980—2014年的年度数据，本文选取了西藏地区GDP、固定资产投资、金融机构居民储蓄存款三个变量，分别用*gdp*、*tz*、*cx*表示。为了减小异方差的影响，本文对变量取对数得到新的变量ln*gdp*、ln*tz*、ln*cx*。遗憾的是，由于缺少固定资产投资价格指数和消费价格指数数据，无法对数据进行不变价处理。但是，原始变量也可以在一定程度上反映出一些问题。

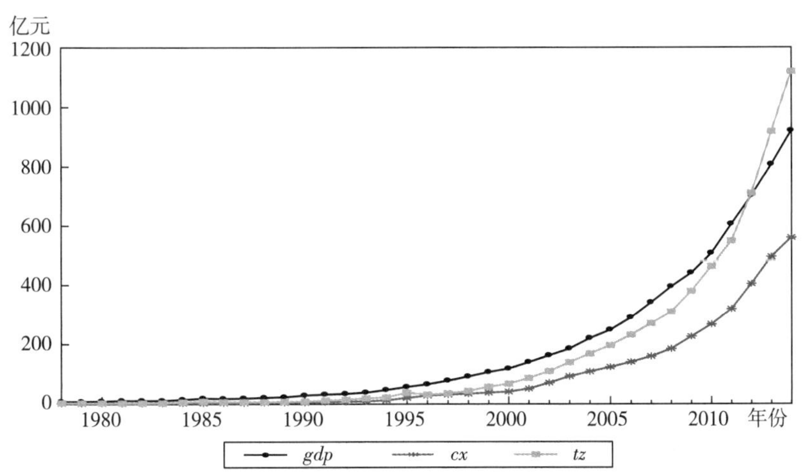

图1　储蓄、投资和GDP变化曲线

作为我国最后一个解放的省份，西藏自治区60年的发展成果显著，特别是在2000年之后，西藏经济迅速增长。2014年，西藏自治区地区生产总值达到920.83亿元，比上年增长10.8%，相比2000年，翻了将近8倍，每年的增长率都在10%以上。随着经济增长、居民收入的提高，居民存款也迅速提高。2014年，西藏个人储蓄存款559.28亿元，比上年增长12.8%，比2000年增长了11倍。

为了拉动西藏经济发展，国家对西藏地区的经济投入巨大。全年全社会完成固定资产投资总额1119.73亿元，比上年增长21.9%，其中民间投资增长34.4%。由于国家政策引导，国内企业纷纷在西藏投资发展。中央财政不断加大对西藏的各项财政补助，占到了西藏公共财政支出的95%。西藏财政支出从2000年的61亿元增长到2014年的1240亿元，增长超过了20倍。固定资产投资和财政支出的迅速增加，加快了西藏地区经济发展，促进了人们生活水平的提高。

四、西藏储蓄、投资与经济增长关系的实证研究

储蓄、投资和经济增长之间有着紧密的动态联系，本文使用VAR模型对这种关系进行分析。VAR模型主要是为解决传统计量方法无法对变量之间动态联系进行说明的问题而产生的。VAR模型使得内生变量可以出现在方程的左、右两边，从而使得对变量之间动态变化的分析更加复杂。每一个系统中的内生变量都作为系统内所有内生变量的滞后值的函数来构造模型，将单变量自回归模型推广到多元时间序列变量组成的向量自回归模型。

VAR模型是一种非理论性的模型，对模型进行分析时，往往不分析变量之间的相互影响，而是分析当一个误差项发生变化时，或者模型受到某种冲击时对系统的动态影响。VAR模型不注重个别的检验结果，而是看重整体的效果，不分析各个方程的含义。

（一）平稳性检验

在建立VAR模型之前需要对变量进行经典回归分析，当中默认了数据是平稳的这一假设，如果时间序列数据表现出一致的变化，即使没有任何意义的关系，进行回归也会得到较高的可决系数，即出现“伪回归”的状况。为了避免这种状况的出现，需要对变量进行平稳性检验，本文采用的ADF检验，对三个变量进行检验，检验结果如表1所示。

表 1

变量	检验形式	ADF 检验值	临界值（1%）	P 值
ln*gdp*	(c, n, 0)	0.8419	-3.6268	0.9934
ln*tz*	(c, n, 0)	0.4795	-3.6268	0.9836
ln*cx*	(c, n, 0)	-0.7232	-3.6268	0.8275
dln*gdp*	(c, n, 1)	-5.8100	-3.6394	0.0000
dln*tz*	(c, n, 1)	-4.8974	-3.6329	0.0003
dln*cx*	(c, n, 1)	-4.2377	-3.6394	0.0021

在现实经济生活当中，只有很少的时间序列变量表现为平稳的，大多数变量表现为非平稳，需要经过一阶差分转变为平稳序列。表 1 中的结果也表现了这一点，原始变量经过一阶差分之后变为平稳序列。这种情况下，所有变量为一阶单整 $I(1)$ ，三个变量之间可能存在协整关系。

首先，本文将对三个变量是否存在协整关系作进一步的检验。为了保证模型当中有足够的滞后项和自由度完整的反映模型的动态特征，需要确定模型的阶数。一般来说，根据赤池准则（AIC）和施瓦茨（SC）来确定之后阶数，取二者同时最小值的阶数。在 Eviews6 当中给出了滞后阶数检验的结果，并且给出了多个统计量检验结果，如表 2 所示。

表 2　　VAR 最佳滞后阶数检验

Lag	LogL	LR	FPE	AIC	SC	HQ
0	-49.13769	NA	0.004311	3.066923	3.201602	3.112852
1	98.22694	260.0552	1.26e-06	-5.072173	-4.533458	-4.888456
2	109.8847	18.51532	1.10e-06	-5.228514	-4.285762	-4.907008
3	135.7424	36.50491*	4.21e-07*	-6.220140*	-4.873351*	-5.760847*

注：* 表示该统计量所选择的最优标准。

根据表 2 中对 VAR 模型滞后阶数的检验结果，滞后阶数为 3 的模型，几个统计量都达到了最优的状态，而且保证了很好的自由度，将滞后阶数确定为 3。在滞后阶数为 3 的 VAR 模型中，自由度和拟合效果都达到了比较好的状态。确定了模型的阶数之后，需要检验模型的稳定性，如果模型是不稳定的，那么脉冲响应函数的标准误差不是有效的。对 VAR 模型进行稳定性检验，检验 VAR 模型的模，如果都在单位圆内，那么模型是稳定的。VAR 模型的检验结果显示（见表 3），各个单位根的模均小于 1，模型满足稳定性条件，可以对模型做进一步的分析。

表 3 VAR 检验

单位根	模
0.980137	0.980137
0.964259	0.964259
0.527862 - 0.680997i	0.861624
0.527862 + 0.680997i	0.861624
-0.056427 - 0.786581i	0.788603
-0.056427 + 0.786581i	0.788603
-0.627989	0.627989
0.319399 - 0.539404i	0.626875
0.319399 + 0.539404i	0.626875

（二）协整分析

上文的分析中，三个变量都是一阶单整，可能存在协整关系。协整关系是针对非平稳变量建模的方法，短期内变量可能受到季节影响或者其他干扰而存在误差，协整是刻画变量之间的长期稳定关系。使用 Jonhansen 检验对变量之间的协整关系进行检验，结果如表 4 所示。Jonhansen 的结果显示，在 0.05 显著水平上存在一个协整关系，需要建立向量误差修正模型，考察短期内波动偏离长期均衡时，各变量调整到均衡状态时的力度。

表 4 Jonhansen 检验结果

H0	迹统计量	5%临界值	P 值	最大特征值统计量	5%临界值	P 值
没有协整关系*	78.36569	42.91525	0.0000	41.96192	25.82321	0.0002
有一个协整关系*	36.40377	25.87211	0.0017	30.91914	19.38704	0.0007
有两个协整关系	5.484624	12.51798	0.5283	5.484624	12.51798	0.5283

注：*代表在 0.05 显著水平拒绝原假设。

根据检验结果，通过软件计算得到模型的估计系数，构建投资、储蓄和经济增长的协整关系表达式。

$$\ln gdp_t = 1.13 + 1.55\ln tz_t - 0.8\ln cx_t + ecm_t$$

其中，ecm_t 表示回归方程的残差项，也就是误差修正模型当中的误差修正项。方程中各个单位的系数表示在其他条件不变的情况下，投资每提高 1 个百分点，GDP 提高 1.55 个百分点；在其他条件不变的情况下，储蓄每提高 0.8 个百分点，GDP 会降低 0.8 个百分点。投资的增加会引起 GDP 的提高，结果是显著的。但是，储蓄的系数为负值，储蓄没有对经济增长作出贡献，本文认为，主要是因为缺少储蓄向投资转化的机制，没有将储蓄合理利用。而且随着经济的增长，居民收入越来越多，但是没有消费或者其他金融资产的投资，只能用来储蓄，使得资金没有正常使用，从而没有对经济的发展带来正向的效应。西藏地区缺少消费的途径，缺少金融投资产品，资金只能存到银行。由于西藏地区特殊的利率政策，资金没有进入西藏自治区的投资领域，而是存在资金转移问题。西藏资金的流出，也是导致这一结果的产生。

（三）Granger 因果检验

为了进一步对投资、储蓄和经济增长的动态关系进行分析，揭示变量之间是否构成双向的因果关系，需要进行 Granger 因果检验。由于原变量是一阶单整的，需要对变量进行一阶差分之后再做 Granger 因果检验。Granger 因果检验是一种检验变量之间因果关系的方法。这种方法主要是研究现阶段的变量 y 能够在多大程度被过去的变量 x 解释，加入 x 的之后值是否使解释程度提高。如果 x 在 y 的预测当中有帮助，或 x 与 y 的相关系数在统计上显著，那么我们可以认为 y 是由 x Granger 引起的。

在 Eviews6 当中给出了对变量之间的 Granger 因果检验结果，如表 5 所示。根据表 5 的检验结果显示，在 GDP 方程当中，不能拒绝储蓄不是 GDP 的 Granger 原因的原假设，而不能接受投资不是 GDP 的 Granger 原因。两者的联合检验也不能接受原假设。同上文讨论一致，储蓄并不能引起 GDP 的增加，投资对于西藏经济具有促进作用。在第二个方程当中，不能拒绝储蓄不是投资 Granger 原因的原假设，说明储蓄并不能很好地转化为投资，而是造成了资本流失的局面。同时，不能接受 GDP 不是投资的 Granger 原因，说明经济增长同投资之间具有相互促进的作用。在储蓄的方程当中，GDP 可以引起储蓄的增长，而投资对储蓄的影响较弱。这可能是，投资需要通过经济增长间接地影响了储蓄，传导路径较长而导致的。投资与储蓄之间并不存在显著的相互影响关系，说明二者之间的转换关系不明确。同时，投资向储蓄转化的结果相对显著，二者之间存在资本传导的途径，储蓄向投资转化率较低。

表 5 格兰杰因果检验

	原假设	卡方统计量	自由度	P 值
D（ln*gdp*）方程	投资不能 Granger 引起 GDP	38.04432	3	0.0000
	储蓄不能 Granger 引起 GDP	4.324057	3	0.2285
	投资、储蓄不能同时引起 Granger 引起 GDP	53.54310	6	0.0000
D（ln*tz*）方程	GDP 不能 Granger 引起投资	12.45270	3	0.0060
	储蓄不能 Granger 引起投资	0.689303	3	0.8757
	GDP、储蓄不能同时引起 Granger 引起投资	19.62669	6	0.0032
D（ln*cx*）方程	GDP 不能 Granger 引起储蓄	6.481916	3	0.0904
	投资不能 Granger 引起储蓄	5.300861	3	0.1510
	GDP、投资不能同时引起 Granger 引起 *cx*	8.379949	6	0.2116

（四）脉冲响应函数分析

VAR 模型是一种非理论性的模型，需要分析一个变量变化时另外变量变化的情况。脉冲响应函数就是考察模型受到某种冲击时系统的动态变化。图 2、图 3、图 4 为各个变量的脉冲响应函数，本文选取滞后期为 30 期，对西藏自治区储蓄、投资和经济增长的动态关系进行分析。因为本文选取的变量为投资、储蓄和 GDP 的流量数据，而非增长率，在观测冲击时，需要更多的分析曲线斜率的变化趋势。

图 2 是 GDP 对三个变量的脉冲响应函数图。对于来自自身标准差的冲击，在 15 期内波动下降，15 期后变为负值并趋于稳定。说明政府采取的经济发展政策，对经济有一定的带动作用，但是这种作用没有持续性。短期内，储蓄和投资的增长速度较快，都为经济增长作出贡献，但是在第 3 期呈现出的下降趋势抑制了经济增长。第 5 期达到最小点之后，储蓄和投资还是对经济增长作出了一定的贡献，并逐渐减小并趋于 0。此时出现的结果与上文中分析的结果出现了不一致，本文认为，出现的结果可能是因为选取的变量受价格变化和短期随机波动的影响。在长期内，在第 15 期到达均衡状态后，投资和储蓄对 GDP 增长率的影响逐渐降到最低，在新古典增长理论当中，长期的经济发展取决于技术的进步。

图 3 中显示的是投资受到 GDP、投资和储蓄冲击的脉冲响应函数图。在受到 GDP 的冲击曲线，其变化率在前 3 期出现了负值，而后变为正值，经过波动

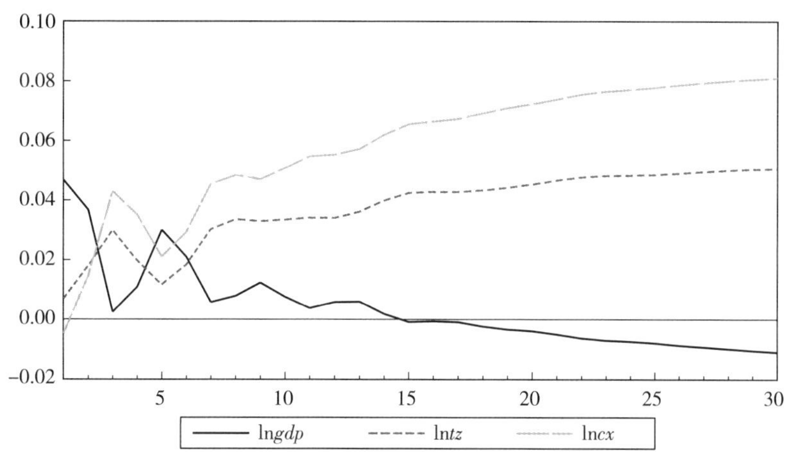

图 2　GDP 对各变量的脉冲响应函数图

后慢慢趋于收敛。而对来自本身的冲击，投资从最高点迅速下降，在第 5 期达到最小并出现负效应，而后逐渐增大，在第 8 期达到最大。经过 10 期的波动之后，逐渐达到收敛的状态。储蓄对投资的冲击也显示出和来自投资自身的冲击同样的变化趋势。在观察投资和储蓄对投资冲击曲线的变化时，在前 8 期内虽然出现了正效应，但是变化趋势为负，说明投资和储蓄对于投资增长率具有抑制的作用，缺少储蓄转化为投资的途径。

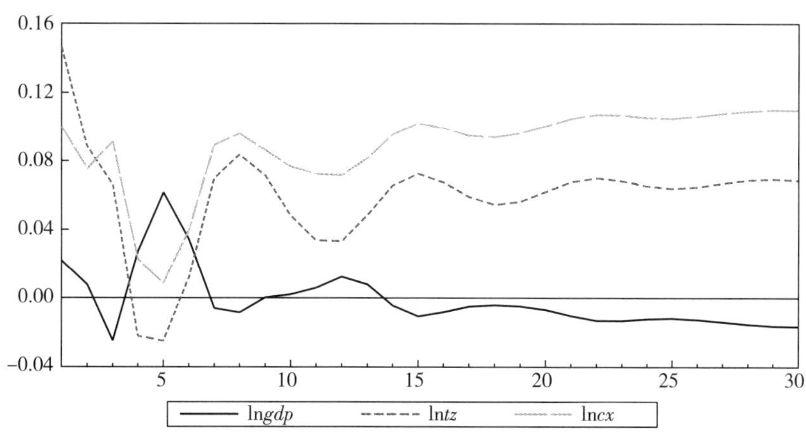

图 3　投资对各变量的脉冲响应函数图

图 4 中显示的是储蓄受到 GDP、投资和储蓄冲击的脉冲响应函数图。GDP 对储蓄的冲击显出的效应为负，说明经济发展使储蓄减小，人们更注重于消费。在投资和储蓄自身的冲击，出现了正效应，曲线的变化基本一致。在第 3 期增长到最高点，而后逐渐降低，并且趋于平稳，曲线变化率出现了先正后负的现

象。居民的储蓄是有惯性的，在收入水平提高的初期，人们倾向于将钱进行储蓄；在生活、医疗和教育水平提高之后，储蓄会降低，最先表现为储蓄增长率的降低，而后是储蓄率的降低。

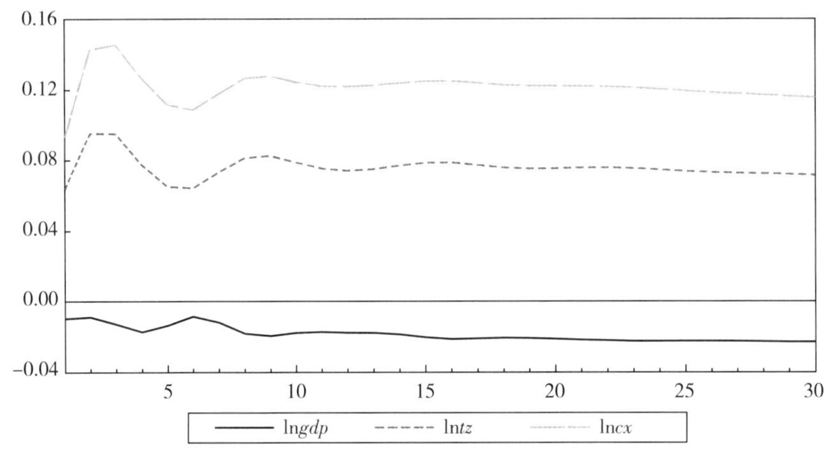

图 4 储蓄对各变量的脉冲响应函数图

（五）方差分解

脉冲响应函数描述的是 VAR 模型中的一个内生变量的冲击给其他内生变量所带来的影响。方差分解是通过分析每一个结构冲击对内生变量的贡献度，进一步分析不同结构冲击的重要性。方差分解给出对模型中变量产生影响的每个随机扰动项的相对重要程度。它是将变量的波动也就是预测均方差，分解为系统内各个部分冲击所带来的影响，分析出各个部分对该变量预测均方差的相对贡献。

图 5 中显示的是各变量对 GDP 的贡献率。在初期，GDP 对自身的贡献几乎达到了 100%，而后逐渐下降。而投资和储蓄对 GDP 的贡献则逐渐增大，15 期之后，波动平稳之后，储蓄对 GDP 波动的贡献达到最大 45%。投资领先于储蓄发生变化，在 10 期达到最大并逐渐平稳。在 GDP 波动的影响时，储蓄可以给 GDP 提供增长的潜力。这说明，储蓄可以给西藏经济带来正向变化，具有内生性。而由于西藏自治区的经济增长主要是依靠中央财政投资，自身的投资较少，在经济系统内部，投资对经济增长的贡献要弱于储蓄的贡献。

图 6 中显示的是各变量对投资的贡献率。GDP 对投资波动的贡献最小，一直维持在 20% 左右，而投资对自身的贡献呈现逐渐降低的现象。在 15 期以后，

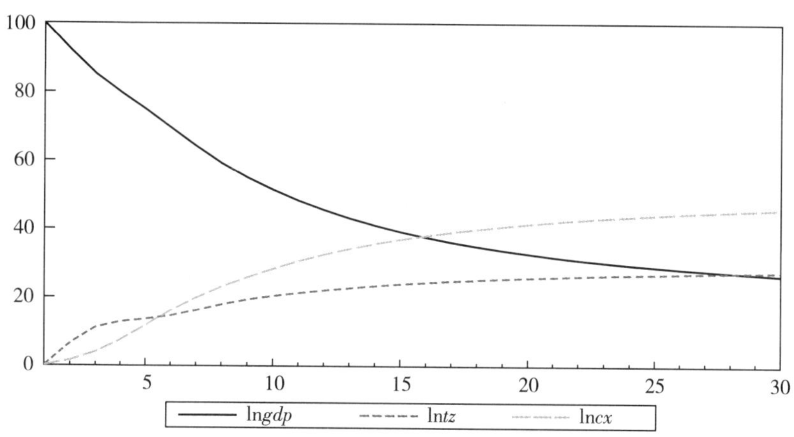

图 5　GDP 的方差分解图

投资对自身的贡献率逐渐降低到了 45% 以下。而储蓄对投资波动的贡献率呈现出了增长的趋势，在第 1 期为 0，然后迅速增长，到 15 期出现收敛的现象。由于西藏经济发展依靠中央政府投资的现象，投资是不可以长期维持的。经济增长可以通过产业的发展、消费的需求等方面稳定地刺激投资。在长期内，只有储蓄可以稳定地转化为投资。

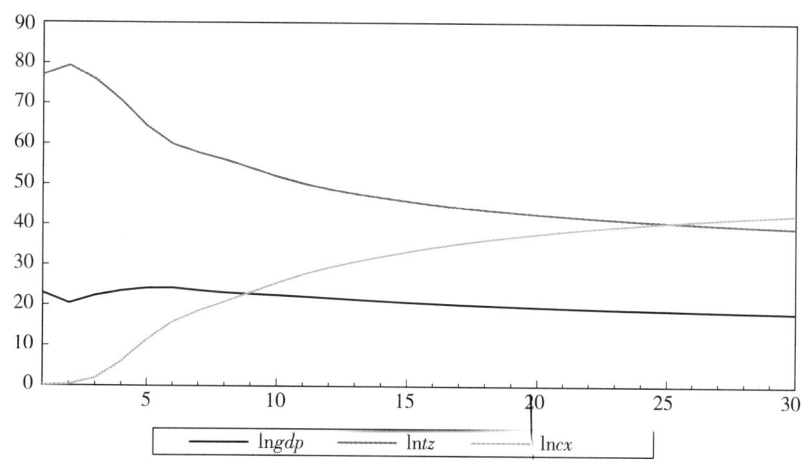

图 6　投资的方差分解图

图 7 中显示的是各变量对投资的贡献率。GDP 对储蓄波动的贡献维持在 10% 以下，30 期内逐渐增加。而储蓄对自身的贡献最大，在 50% 以上，在第 3 期出现了低点，而后又增加并且趋于稳定。投资对储蓄的贡献前 3 期为上升，并在第 3 期达到最大，而后回落到 35%，并趋于平稳。这个结果说明了储蓄自身具有较强的惯性，投资通过增加人们收入来提高储蓄。由于西藏自治区的医

疗、养老等服务水平较为落后，因此，人们更倾向于将钱储存起来而不是进行消费，以防止意外的发生。

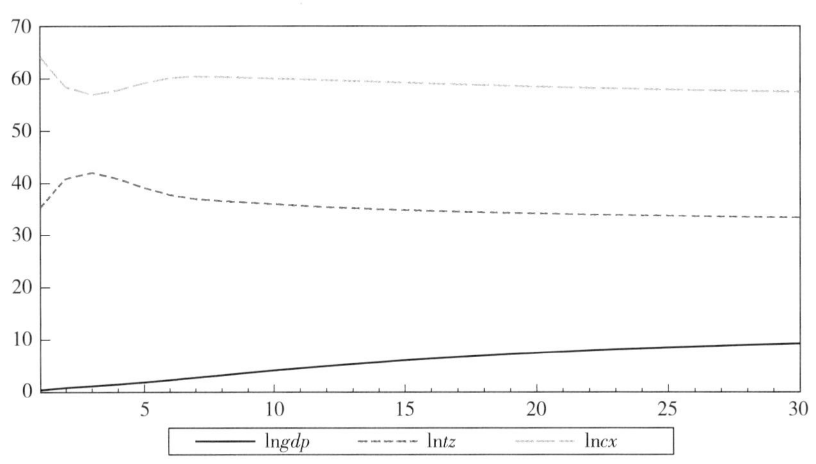

图 7 储蓄的方差分解图

五、结论

通过上述的分析，本文认为，西藏地区的储蓄、投资和 GDP 之间存在长期的均衡关系。协整分析中看到，投资对 GDP 具有促进作用，而储蓄在一定程度上抑制了经济增长。通过 Granger 因果检验，发现储蓄与投资之间不能形成相互的 Granger 原因，而经济增长同投资之间存在着相互促进的作用。GDP 对储蓄的影响也是单通道的，其通过提高居民收入来提高储蓄。三个变量组成的系统进行脉冲响应函数分析的结果显示，短期内储蓄和投资都对经济增长有正效应，但是长期内投资和储蓄给 GDP 增长的贡献几乎为 0。对投资的冲击当中，储蓄和其自身的冲击最大，但是在长期内也是不可持续的。储蓄受到 GDP 的冲击会出负效应的情况，而投资和自身的冲击则出现正效应。对储蓄、投资和 GDP 波动的方差分解中，看到储蓄和投资对 GDP 波动的贡献最大。对投资波动的贡献，储蓄呈现出增大的趋势，GDP 并没有给投资较大的贡献。而储蓄波动的贡献方差分解当中，其自身的贡献最大。

从西藏地区储蓄、投资和经济增长关系的分析中不难看出，投资是西藏经济增长的主要推动方式。但是，由于西藏的投资是外生的，主要依靠中央财政拨款投资，具有不可持续性。而且经济增长没有带动内生投资的增长，反映出了西藏本地投资发展较慢。虽然西藏具有的储蓄也没有很好地转化为投资，但是其具有内生性的特征，依然可以对经济增长显示出推动作用。在长期内，储蓄和投资的作用逐渐消除，说明了增长方式的不可持续性。

针对西藏自治区存在的主要问题，本文提出以下建议：第一，扩大内需，以消费带动经济。合理引导消费，挖掘消费的潜力。完善医疗、养老制度等保障体系，解决居民的后顾之忧。提高服务业、第三产业份额，提高服务水平，满足消费者的各项需求。第二，建立储蓄向投资转移的路径。监督银行资金的流向，严查资金外流的行为。鼓励投资，尽量将资金留在西藏自治区内。根据西藏自身特点，发展特色产业，增强资金的流动。第三，转变经济发展方式。现阶段，在完善投资途径、基础建设的同时，应鼓励具有核心竞争力的企业发展。努力发挥出口、消费对经济的拉动作用，形成多线拉动经济增长的发展方式。

参考文献

[1] 汪伟 . 储蓄、投资与经济增长之间的动态相关性研究——基于中国1952—2006 年的数据分析 [J] . 南开经济研究，2008（2）.

[2] 武剑 . 储蓄、投资和经济增长——中国资金供求的动态分析 [J] . 经济研究，1999（11）.

[3] 李杨，殷剑锋 . 劳动力转移过程中的高储蓄、高投资和中国经济增长 [J] . 经济研究，2005（2）.

[4] 李杨，殷剑锋、陈洪波 . 中国：高储蓄、高投资和高增长研究 [J] . 财贸经济，2007（1）.

[5] Modigliani，F. The Life Cycle Hypothesis of Saving and Inter - countre Differences in the Saving Ratio [M] . In W. A. Eltis et al. , eds. , in Honor of Sir Roy Harrod. London：Clarendon Press，1970.

[6] Alfred，G. ; Willi，S. Externalities of Investment and Endogenous Growth：Theory and Time Series Evidence [J] . Structural Change and Economic Dynamics，Elsevier，2001，3.

[7] Kala，K. ; Ataman，O. ; Norman，R. Trade，Investment and Growth：Nexus，Analysis and Prognosis [J] . Journal of Development Economics，Elsevier，2003，2.

[8] Caroll，C. D. ; Weil，D. N. Saving and Growth：A Reinterpretation [J].

Carnegie – Rochester Conference Series on Public Policy, 1994, 40.

[9] Krieckhaus, J. Reconceptualizing the Developmental State: Public Savings and Economic Growth [J]. World Development, 2002, 10.

[10] Samuelson, P.; Modigiani, F. The Passinetti Paradox in Neo – classical and More General Models [J]. Review of Economic Studies, 1966, 33.

西藏全要素生产率与经济增长方式的研究

田春苗　彭志坚

摘要：和平解放，特别是改革开放以来，西藏经济取得了举世瞩目的成就，经济发展连续22年保持了两位数增长。但也应看到，西藏经济的快速增长很大程度上依靠中央财政对西藏的重大项目的投入来推动，这种经济增长模式不具有可持续性。因此，本文从西藏全要素生产率视角出发，通过索洛余值法与DEA－Malmquist建模，探讨西藏经济发展中的技术因素——这被视为经济内生增长因素的成长与构成情况，分析其增长所存在的问题，为更好、更快地促进西藏经济社会跨越式发展提供有针对性的政策建议。

关键词：西藏　TFP　索洛余值法　DEA－Malmquist

一、引言

2015年是西藏自治区成立50周年。50年来，党中央、国务院高度关心重视西藏经济社会发展，特别在改革开放后，中央连续召开了六次西藏工作座谈会，赋予西藏一系列特殊优惠的经济金融政策，有力地支持了西藏经济社会的快速健康发展，使得西藏经济得到了翻天覆地的变化。2014年，西藏地区生产总值达到920.83亿元，按可比价格计算，比1965年增长68.5倍，年均增长12%，特别是中央召开第三次西藏工作座谈会以来，西藏地区生产总值已连续21年保持了两位数增长。其中就工业而言，在旧西藏几乎没有现代意义的工业。50年来，在严格保护生态的前提下，西藏现代工业不断发展壮大，初步形成了以优势矿产业、水产业、民族手工业、藏医药为支柱的特色工业体系，工业总产值由1965年的0.09亿元增加到2014年的150亿元，年均增长16%。在经济快速健康发展下，西藏人民生活水平实现历史性增长。2014年，西藏城镇居民人均可支配收入22016元，农村居民可支配收入7359元，分别是1978年的39倍、42倍，人民生活水平得到了大幅提高。

然而，也应清醒地认识到、尽管这些年来西藏在经济总量增长上获得显著成效，但各个地市间经济发展还存在较大差距，经济发展很不平衡，三次产业规模仍较小，经济发展仍处在粗放型增长状态。究其原因，除了受自身区位以及自然地理条件的限制外，西藏对国内外先进技术的吸收、转化、再利用的节奏相对滞后。因此，未来如何更快实现经济结构转型升级，保持西藏经济社会可持续发展，以实现西藏经济社会跨越发展以及确保2020年与全国一道实现全面小康社会是当前人们普遍关注的焦点。

众所周知，西藏这些年来的经济发展主要是依靠中央对西藏大量的重大项目投资来驱动的，这种过度依赖资本要素投入的发展模式不具有可持续性，难以保证西藏经济发展从“输血”向“造血”的转变，也难以发挥西藏特色资源优势。因此，未来西藏经济跨越式发展必须改变以往粗放型经济增长方式，加快经济发展方式的转变，以提高全要素生产率为突破口，提升西藏经济发展的质量。

二、文献综述

（一）经济增长理论综述

经济增长理论是经济学理论中的重要组成部分，经济增长问题也是全球各国经济学界研究的热点和核心问题之一。随着经济学理论从古典经济学发展到当今的新经济理论，经济增长理论在研究经济增长的角度和方法上都发生了重大的改变，而从生产要素和全要素生产率角度对经济增长的源泉与动力进行探讨分析是当前经济学界研究的一个重点领域。本文亦将从要素投入与全要素生产率角度对经济增长理论进行综述。

1. 古典经济增长理论

亚当·斯密（1776）在其《国民财富的性质和原因的研究》一书中，最早提出并论述了经济增长问题。他认为，决定经济增长的三要素为劳动、资本、土地，经济增长主要来自这三种生产要素的投入与技术分工所带来的生产效率的提高。

但斯密认为：尽管要素投入包括劳动、资本和土地，但这三种要素投入的地位是不同的，他认为，劳动相对于其他两种要素却是极为重要的。他认为，劳动要素投入不仅意味着劳动数量，更应是劳动的质量。他将劳动划分为能生产价值的生产性劳动和不能生产价值的非生产性劳动，并指出生产性劳动创造财富而非生产性劳动只会消耗财富，因此，一个国家要通过增加生产性劳动的数量来实现自身的经济增长。

此外，斯密还分析了生产效率问题，他指出技术分工与资本积累可决定劳动效率。一是资本要素的增加可以增加劳动要素的数量；二是技术分工可以增强劳动者生产的熟练程度，有利于机器的发明和创造，最终增加每单位劳动者的产出量，从而实现一个国家的经济增加。

由此，斯密提出一国政府要充分发挥“看不见的手”的作用，不要干预微观经济活动。他认为，投资可以带动社会分工和资本积累，从而增加劳动力数量，最终直接促进经济增长。因此，他认为，一国政府要以自由竞争为基础，以实现利润驱动的自由投资来带动劳动效率提升，进而实现经济增长。

古典经济增长理论另外一位主要代表人物大卫·李嘉图在其《政治经济学及赋税原理》一书中也提出了经济增长相关论断。他指出，资本积累对经济增长尤为重要，但由于投资边际报酬递减，经济增长最终会停止。这与亚当·斯密的“经济增长一旦启动就会一直持续下去”的论断不同。

此后，马歇尔、熊彼特等经济学家分别从企业家作用、创新作用的角度对古典增长理论作出了探讨，他们的不同研究为古典增长理论的发展作出了贡献。

2. 新古典经济增长理论

新古典增长理论起源于著名经济学家索洛对哈罗德的经济增长理论的研究，他摒弃了哈罗德—多马模型中隐含的资本与劳动不可替代的假定，提出了长期内并不是资本积累和劳动力的增加，而是技术进步，自此该理论在很长时间内成为经济增长的主流理论。

新古典经济增长理论具有规模收益不变，生产要素劳动和资本的边际收益递减，以及资本要素和劳动要素之间的相互替代性等三个假设前提，用公式表示如下：

$$\frac{\Delta Y}{Y}=\frac{\Delta A}{A}+\alpha\frac{\Delta L}{L}+\beta\frac{\Delta K}{K}$$

Δ/Y、$\Delta A/A$、$\Delta L/L$、$\Delta K/K$ 分别为产出增长率、技术进步率、劳动投入增长率和资本投入增长率，α、β 是劳动收入和资本收入在国民收入中所占份额。

从上式来看，新古典增长理论认为，经济增长来源于资本和劳动两种生产要素的投入，并通过它们各自的增长率和产出弹性测算对经济增长的贡献率，这是对经济增长理论的创新。

新古典增长理论认为，经济增长主要表现为资本积累，在规模收益不变的前提下，投资收益率决定资本积累，而资本边际收益率唯一地取决于资本和劳动的比率，可见该理论推进了资本要素投入与劳动要素投入的研究。

从全要素生产率看，新古典增长理论的重要贡献在于利用“索洛余值（$\Delta A/A$）”测度技术进步率，即全要素生产率。该理论认为，技术是长期经济增长的决定因素，技术进步可以确保长期的人均资本积累增长，从而使人均收入持续增长。

3. 新经济增长理论

新经济增长理论又称为内生增长理论，其核心思想是认为内生的技术进步是经济增长的重要保障，经济增长可以不依赖外力实现。新古典增长理论将资本积累和技术进步作为经济增长的两大主因，但其视技术进步为外生且中性的变量而被忽略。20 世纪 80 年代中期，以罗默、卢卡斯为代表的经济学家反思新古典增长理论，发表了《收益递增与长期经济增长》（1986）与《论经济发展机制》（1988）的论文，提出了“内生技术变化”的核心概念，从而在经济学界确立了新经济增长理论的研究潮流。

新增长理论强调经济增长不是外部力量，而是经济体系的内部力量（如技术、知识创新以及人力资本的投入等内生技术变化）作用的产物，认为人力资本的投入与知识创新可加快并促进新技术发展，并通过新技术效应的外溢推动整个经济增长。因此，新增长理论特别重视人力资本作用，认为技术、知识和人力资本所具有的溢出效应是经济持续增长必不可少的条件。

从全要素生产率的角度来看，新增长理论认为市场微观经济主体的知识和人力资本存量的增加促进了技术进步，并通过技术效应外溢形式促进经济的规模收益增长，因此，内生的技术进步是决定长期经济增长的一个很重要的因素。

（二）全要素生产率概念与经济增长

1. 全要素生产率概念

全要素生产率（Total Factor Productivity，TFP）是指除了劳动力和资本等两种生产要素之外其他所有要素所带来的产出增长率，萨缪尔森等经济学家认为全要素生产率包括教育、创新、规模效益、技术进步等其他要素资源。

1954 年，希朗・戴维斯在他的《生产率核算》中第一次对全要素生产率的内涵进行了表述，他定义全要素生产率是包括劳动力、资本、原材料、能源等所有投入的生产要素所带来的收益率。丁伯根则首次利用经济数据的时间序列构造总生产函数，从而来具体定义生产率含义。1956 年，索洛在发表的《总生产函数与技术进步经济统计回顾》一文中扩展了一般生产函数的概念，认为全要素生产率等于总生产率减去劳动力生产率和资本生产率，并将产出增长率与劳动、资本投入要素增长率的差值定义为技术进步，即为全要素生产率变化率。此后，诸多经济学家都对全要素生产率做了研究，但不同研究学者对全要素生产率定义的分歧主要是因为理解上的差异。本文讨论的全要素生产率是指各要素（主要指资本和劳动）投入之外的技术进步和能力实现等导致的产出增加，是剔除要素投入贡献后所得到的残差。

2. 全要素生产率与经济增长

一般而言，由于全要素生产率是衡量科技进步和技术进步的重要指标，因此，全要素增长率在经济增长过程中通常表征一个区域经济发展质量。各国经济学家也在全要素生产率与经济增长关系方面做了大量的研究，其中我国经济学家也在这方面做了大量卓有成效的实证研究。

杨育土（2011）认为，改革开放以来，我国全要素生产率对经济增长的贡献率在 30% ~34%，远低于发达国家的 40% ~50%；而王静、藏新（2011）采取索洛模型计算我国 1952—2009 年期间的全要素生产率对经济增长的贡献率仅为 18. 9%；张军和施少华（2003）同样运用索洛模型对我国 1952—1998 年的全要素生产率进行了估算，他们认为期间我国全要素生产率对经济增长的贡献率约为 13. 9%，其中改革开放前贡献率是负值，改革开放以后贡献率约为 28. 9%。孙琳琳和任若恩（2005）利用柯布—道格拉斯生产函数以非参数的经验估计方法计算我国 1981—2002 年期间的生产率，认为期间我国资本要素对经济增长的贡献率为 49%，劳动要素贡献率为 16%，全要素生产率的贡献率为 35%，因此，他们认为我国经济增长为要素投入，尤其是资本投入推动型。

从以上学者的研究中可以看出：全要素生产率在我国经济增长过程中有着一定的促进作用，有效地推动了我国经济增长方式的转变，但与发达国家相比，全要素生产率对经济增长的贡献仍有待提高。

（三）全要素生产率的研究方法

当前，对全要素生产率的研究方法主要分为非参数法与参数法两种类型，其中非参数法以代数指数法与数据包络分析法为代表，参数法以索洛余值法、随机前沿分析法为代表。下面本文就两种常见的分析方法进行简介。

1. 数据包络分析法（DEA－Malmquist）

Malmquist（1953 年）最先提出 Malmquist 指数，后由 Christensen、Diewert 以及 Chames、Fare 等学者发展并与数据包络分析相结合，开发了 DEA－Malmquist 方法，广泛用于测量生产率。其基本原理就是运用线性规划计算相关输入和输出的各种距离，具体计算如下：

$$M_0(x_{t+1},y_{t+1},x_t,y_t) = \left[\frac{d_0^t(x_{t+1},y_{t+1})}{d_0^t(x_t,y_t)} \times \frac{d_0^{t+1}(x_{t+1},y_{t+1})}{d_0^{t+1}(x_t,y_t)}\right]^{\frac{1}{2}}$$

式中：(x_{t+1},y_{t+1}) 和 (x_t,y_t) 分别表示（$t+1$）时期和 t 时期的投入和产出向量，d_0^t 与 d_0^{t+1} 分别是 t 时期和（$t+1$）时期技术产出距离函数。

因此，Fare 认为全要素生产率 TFP = $TFP = M_0(x_{t+1},y_{t+1},x_t,y_t)$ 可以分解为技术进步与技术效率变动的乘积。

$$TEch = \left[\frac{d_0^t(x_{t+1},y_{t+1})}{d_0^{t+1}(x_{t+1},y_{t+1})} \times \frac{d_0^t(x_t,y_t)}{d_0^{t+1}(x_t,y_t)}\right]^{\frac{1}{2}}$$

$$TEch = \frac{d_0^{t+1}(x_{t+1},y_{t+1})}{d_0^t(x_t,y_t)}$$

进一步，TEch 可以分解为

$$TEch = \frac{d_0^{t+1}(x_{t+1},y_{t+1})}{d_0^t(x_t,y_t)} = \frac{d_c^{t+1}(x_{t+1},y_{t+1})/d_v^{t+1}(x_{t+1},y_{t+1})}{d_c^t(x_t,y_t)/d_v^t(x_t,y_t)} \times \frac{d_v^t(x_t,y_t)}{d_v^{t+1}(x_{t+1},y_{t+1})}$$

$$= SEch \times PEch$$

式中，$SEch$、$PEch$ 分别为纯技术效率与规模效率。故而全要素生产率表示为

$$TFP = M_0(x_{t+1},y_{t+1},x_t,y_t) = TEch \times SEch \times PEch$$

式中，当 TFP、$TEch$、$SEch$ 与 $PEch$ 大于 1 时，分别表示该指标有助于生产率的增长；反之，当这些指标等于或小于 1 时，表示该指标无助于生产率的提高。

2. 索洛余值法

索洛余值法的基本思路是：以各种投入要素估算总量生产函数，再用产出增长率减去各种投入要素增长率后的残差作为全要素生产率的增长。在实践中常采用 C－D 生产函数、超越对数生产函数等形式估算总量生产函数。以 C－D 生产函数为例：

$$Y_t = AK_t^{\alpha}L_t^{\beta}$$

式中，Y_t 为产出；K_t、L_t 分别为资本存量与劳动投入；α、β 分别为资本与劳

动的投入产出弹性系数。

对上式取对数得出：

$$\ln(Y_t) = \ln(A) + \alpha\ln(K_t) + \beta\ln(L_t)$$

利用 OLS 估算上式后，可以求出 α 、β ，然后将其代入 TFP 增长率公式：

$$dA/A = dY_t/Y_t - \alpha \times dK_t/K_t - \beta \times dL_t/L_t$$

索洛余值法为经济增长源泉的分析提供了一种重要的工具，但也存在无法对全要素生产率进行分解的缺陷。

在当前经济学界，以数据包络分析法与索洛余值法研究全要素生产率最为常见。本文也将采用这两种方法对西藏全要素生产率进行分析。

三、西藏全要素生产率实证分析

（一）西藏经济增长状况

和平解放以来，党中央、国务院一直高度关心西藏经济社会的发展，不断赋予西藏一系列特殊的经济金融发展政策，特别是改革开放以来，中央已召开了六次西藏工作会议，出台了一系列的特殊优惠金融政策，有力地推动了新时期西藏经济社会跨越式发展。

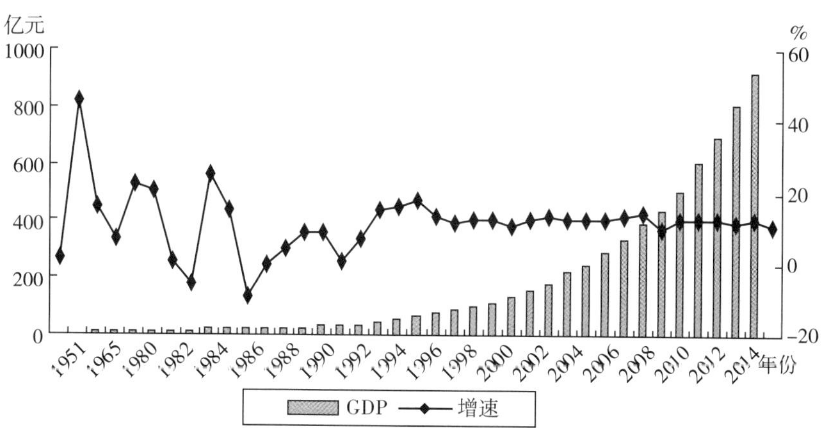

图 1　西藏 GDP 变动图

从图 1 可以看出，1978 年以前，西藏经济发展尽管在个别年份出现较大的增长，但总体规模仍较小，增长较慢，年均增长仅为 6. 26%。改革开放后，西藏经济发展进入了快速增长阶段，其中又分为 1978—1992 年与 1993—2014 年两个阶段。

1978—1992 年，西藏经济发展规模迅速扩大，地区 GDP 由 6. 65 亿元增长至 33. 29 亿元。但由于当时西藏经济自身规模较小，且在改革中的经济结构调整使得期间经济增长出现较大波动，按可比价格计算，期间经济增长最高达到 22. 4%，最低为 0. 4%，年均增长为 7. 56%，经济呈现恢复性增长。

1993—2014 年，西藏经济呈现跨越式发展，经济规模出现了由量变至质变的变化。期间地区 GDP 出现了几次量级跳跃：1999 年突破 100 亿元；2004 年突破 200 亿元，历时 5 年；2007 年突破 300 亿元，历时 3 年；2009 年突破 400 亿元，历时 2 年；2010 年突破 500 亿元，历时 1 年；此后五年连续突破 600 亿元、700 亿元、800 亿元、900 亿元、1000 亿元，2014 年西藏地区 GDP 达到 920. 83 亿元，2015 年突破 1000 亿元，实现历史性突破。在经济规模快速扩张的同时，西藏经济增长速度呈现平稳增长态势，按可比价格计算，实现了每年两位数增长，年均增长 12. 74%。这也进一步表明西藏经济增长进入了稳态发展，为新时期西藏经济社会再次跨越式发展奠定了良好的基础。

从前文可以看到，西藏经济在和平解放，特别是改革开放以来取得了较快的发展。因此，下文拟分别采用索洛余值法与 DEA - Malmquist 指数法就西藏经济发展的内在动力进行实证分析，用索洛余值法分析西藏经济中全要素生产率、资本以及劳动对经济发展的贡献，用 DEA - Malmquist 指数法分解全要素生产率，探讨西藏全要素生产率增长的源泉。

（二）索洛余值法

在前面已介绍了索洛余值法的基本原理，以下就索洛余值法的具体建模进行详细说明。

1. 变量选择与数据处理

（1）总产出 Y_t

本文选取以 1978 年为基准的不变价格计算的地区 GDP 来衡量西藏经济整体的产出水平。由于西藏统计年鉴只有 1951 年为基准的 GDP 指数，因此需要把该数据换算成 1978 年为基准的数据。换算公式为

$$\text{各年实际}GDP(1978\text{年不变价格}) = \frac{1978\text{年名义}GDP \times \text{各年}GDP\text{定基}1951\text{年指数}}{1978\text{年的}GDP\text{定基}1951\text{年指数}}$$

换算后，得到以 1978 年为基准价格的西藏实际 GDP 数据，如表 1 所示。

表 1　　1992—2014 年西藏以 1978 年为基准价格的实际 GDP　　单位：亿元

年份	GDP	年份	GDP
1992	17.48	2004	77.38
1993	20.19	2005	86.74
1994	23.36	2006	98.28
1995	27.54	2007	112.04
1996	31.17	2008	123.35
1997	34.85	2009	138.65
1998	39.07	2010	155.70
1999	43.87	2011	175.48
2000	48.44	2012	196.18
2001	54.59	2013	219.92
2002	61.63	2014	243.67

注：由于统计数据可得性，本文仅采用 1992—2014 年数据，以下同。

数据来源：西藏统计局。

（2）资本投入 K_t

使用索洛余值法建模，对资本存量的测量是十分重要的一步。根据大多数文献，本文采用 OECD 国家认可的永续盘存法对一个地区的资本存量进行测算，测算公式为

$$K_t = (1 - \delta) \times K_{t-1} + \frac{I_t}{p_t}$$

式中，K_t 为第 t 期以基年不变价格计价的实际资本存量；I_t 为以当期价格计价的投资额；p_t 为定基价格指数，本文以 1978 年为基期；δ 为折旧率。

因此，资本投入 K_t 测算涉及四个方面，即基年实际资本存量 K_{1978} 的确定、p_{1978} 与投资 I_t 的选取以及折旧率 δ 的确定。首先，p_{1978} 与前面实际 GDP 测算相同，以保持数据调整的一致性；其次，参照大多数文献，本文也采用支出法中的资本形成总额作为当期投资 I_t 的数值；再次，参照张军等《中国省际物质资本存量估算：1952—2000》中的“计算得到了各省固定资本形成总额的经济折旧率 δ 是 9.6%”的结果，也考虑到西藏特殊的自然地理条件，本文西藏资本折旧率应略大于该值，故采用 10% 作为折旧率；最后，在张军等《中国省际物质资本存量估算：1952—2000》一文中，1995 年西藏物质资本存量为 71 亿元，以此为基点计算西藏 1992—2014 年西藏历年资本投入如表 2 所示。

表 2　　1992—2014 年西藏历年资本投入　　单位：亿元

年份	资本投入	年份	资本投入
1992	48.41	2004	246.50
1993	53.33	2005	290.25
1994	58.77	2006	339.76
1995	71.00	2007	394.93
1996	78.48	2008	453.18
1997	86.20	2009	527.04
1998	95.81	2010	646.59
1999	109.66	2011	740.51
2000	126.04	2012	864.91
2001	147.09	2013	1023.05
2002	173.84	2014	1198.84

从表 2 可以看出，2000 年西藏资本存量为 126.04 亿元，与张军等人测算的数据相一致，表明以上数据符合模型的设定要求。

（3）劳动投入 L_t

劳动投入为生产过程中实际投入的劳动量，严格而言，应该以标准劳动强度的劳动时间来衡量。而在全要素生产率分析中，劳动投入数据指一定时期内劳动要素提供的“服务数量”，其不仅是绝对投入量，还与劳动要素的质量、产出效率等因素相关，即质量与数量的结合。但由于数据的可得性，本文采用 1992—2014 年西藏就业人数作为劳动投入的指标。

为了避免多重共线性，也是为了满足模型需要，以上数据均进行自然对数处理。

2. 模型设立及结果分析

（1）ADF 检验

为避免伪回归，先对 $\ln(Y_t)$ 、$\ln(K_t)$ 与 $\ln(L_t)$ 进行单位根检验与 Jonhansen 协整检验，具体检验结果如表 3、表 4、表 5 所示。

表 3　　$D(\ln(Y_t))$ 单位根检验结果

		t – Statistic	Prob. *
Augmented Dickey – fuller test statistic		–3.864524	0.0320
Test critical values:	1% level	–4.440739	
	5% level	–3.632896	
	10% level	–3.254671	

* MacKinnon (1996) one – sided p – values.

表4 $D(\ln(K_t))$ 单位根检验结果

		t－Statistic	Prob.*
Augmented Dickey－fuller test statistic		－4. 103180	0. 0207
Test critical values：	1% level	－4. 467895	
	5% level	－3. 644963	
	10% level	－3. 261452	

＊MacKinnon（1996）one－sided p－values.

表5 $D(\ln(L_t))$ 单位根检验结果

		t－Statistic	Prob.*
Augmented Dickey－fuller test statistic		－4. 357883	0. 0132
Test critical values：	1% level	－4. 498307	
	5% level	－3. 658446	
	10% level	－3. 268973	

＊MacKinnon（1996）one－sided p－values.

从表3、表4、表5可以看出，$\ln(Y_t)$、$\ln(K_t)$ 与 $\ln(L_t)$ 均为I（1）序列。

（2）Jonhansen 协整检验

表6

Unrestricted Cointegration Rank Test（Trace）

Hypothesized No. of CE（s）	Eigenvalue	Trace Statistic	0. 05 Critical Value	Prob**
None*	0. 755320	59. 69383	42. 91525	0. 0005
At most 1*	0. 565571	30. 12994	25. 87211	0. 0139
At most 2*	0. 451756	12. 62175	12. 51798	0. 0480

Trace test indicates 3 cointegrating eqn（s）at the 0. 05 level.

＊ denotes rejection of the hypothesis at the 0. 05 level.

＊＊MacKinnon－Haug－Michelis（1999）p－values.

从表6可以看出，$\ln(Y_t)$、$\ln(K_t)$ 与 $\ln(L_t)$ 之间存在着3个协整关系，说明其存在着长期均衡的线性表达式。

（3）模型的设立

根据以上ADF检验与Jonhansen协整检验结果，运用Eviews 8.0软件采用最小二乘法对模型进行回归，得出以下结果：

$$\ln(Y_t) = -0.77 + 0.52\ln(K_t) + 0.48\ln(L_t) + [0.86AR(1)]$$
$$(-1.71) \quad (11.17) \quad (4.37) \quad (30.50)$$

$\overline{R^2} = 0.99986 \; DW = 2.54$

经检验，各项检验满足建模要求，残差不存在自相关性。从上式可以看到 $\alpha=0.52,\beta=0.48$，为此采用 Wald 检验 $\alpha+\beta=1$ 是否成立，从而检验西藏经济发展中是否存在着规模经济，检验结果如表 7 所示。

表 7

Wald Test：

Equation：Untitled

Test Statistic	Value	df	Probabitlity
t - statistic	0. 053766	18	0. 9577
F - statistic	0. 002891	（1，18）	0. 9577
Chi - square	0. 002891	1	0. 9571

从表 7 可以看出，根据 P 值，不能拒绝原假设 $\alpha+\beta=1$，表明期间西藏经济发展不存在着规模经济，为规模报酬不变。

因此，将 $\alpha=0.52,\beta=0.48$ 代入

$$\frac{\Delta A}{A}=\frac{\Delta Y}{Y}-\alpha\frac{\Delta K}{K}-\beta\frac{\Delta L}{L}$$

即可计算出 1992—2014 年全要素生产率以及资本、劳动等要素对西藏经济发展的贡献率，如表 8 所示。

表 8　　1992—2014 年西藏各要素贡献率

年份	全要素生产率		资本投入		劳动投入	
	索洛余值	对经济的贡献率	增长率	对经济的贡献率	增长率	对经济的贡献率
1992	3. 97	55. 97	5. 01	36. 69	1. 08	7. 33
1993	9. 59	61. 88	10. 17	34. 12	1. 29	3. 99
1994	9. 55	60. 84	10. 19	33. 74	1. 77	5. 42
1995	6. 76	37. 77	20. 82	60. 47	0. 66	1. 76
1996	6. 63	50. 23	10. 54	41. 52	2. 27	8. 25
1997	5. 56	47. 09	9. 83	43. 34	2. 35	9. 57
1998	6. 40	52. 90	11. 15	47. 92	-0. 21	-0. 82
1999	3. 31	26. 91	14. 46	61. 11	3. 07	11. 98
2000	2. 53	24. 33	14. 93	74. 67	0. 22	1. 01
2001	3. 18	25. 07	16. 70	68. 39	1. 73	6. 54
2002	1. 97	15. 30	18. 18	73. 30	3. 06	11. 40

续表

年份	全要素生产率		资本投入		劳动投入	
	索洛余值	对经济的贡献率	增长率	对经济的贡献率	增长率	对经济的贡献率
2003	0. 78	6. 47	19. 73	85. 51	2. 00	8. 02
2004	0. 89	7. 33	18. 43	79. 20	3. 40	13. 47
2005	0. 68	5. 59	17. 75	76. 27	4. 57	18. 14
2006	2. 89	21. 75	17. 06	66. 69	3. 20	11. 56
2007	2. 33	16. 68	16. 24	60. 31	6. 71	23. 02
2008	0. 81	7. 99	14. 75	75. 93	3. 38	16. 08
2009	2. 29	18. 46	16. 30	68. 35	3. 41	13. 19
2010	-0. 72	-5. 87	22. 68	95. 90	2. 56	9. 97
2011	1. 78	14. 02	14. 53	59. 47	7. 01	26. 51
2012	-1. 21	-10. 22	16. 80	74. 03	8. 90	36. 19
2013	1. 77	14. 59	18. 28	78. 57	1. 72	6. 83
2014	0. 42	3. 92	17. 18	82. 74	3. 00	13. 34
平均	3. 14	24. 31	15. 29	64. 27	2. 92	11. 42

从表8可以得出以下结论：

一是全要素生产率对西藏经济增长具有正向的拉动作用，期间全要素生产率对西藏经济增长的平均贡献率为24. 31%，虽然远低于资本投入，但比劳动投入的平均贡献率高12. 89个百分点。从1992—2014年全要素生产率对经济增长贡献率走势来看，总体呈现逐步下降的态势。在1998年前，全要素生产率对经济的贡献高达50%以上，高于资本投入与劳动投入的贡献率，但近年来全要素生产率贡献率下降幅度较大，甚至在2010年与2012年出现了负值。从西藏经济改革历程来看，真正的经济改革起于20世纪90年代，以1994年中央第三次西藏工作会议为标志，该会议确定了“经济援藏、干部援藏、人才援藏、技术援藏”的全国各省市对口援藏政策，20多年来，全国各省市累计实施援藏项目近8000个，累计投入资金260多亿元，支持了包括特色优势产业在内的多个行业与产业的发展壮大。这些项目的引进必然给西藏带来先进的生产力与管理经验，即技术进步（全要素生产率），从而为落后的西藏经济发展提供强劲动力。然而，从上面的分析可以看到，1992年以来，西藏经济仅为规模报酬不变，并没有出现规模经济效应，这也在一定程度上表明尽管西藏技术进步较快，但受制于零散的产业或行业规模，未能有效构成技术扩散效应，严重制约了全要素生产率对西藏经济发展的贡献，造成了全要素生产率逐步下滑的状况。

二是资本投入是西藏经济发展的主要动力，期间资本投入对西藏经济发展的平均贡献率高达64.27%，表明西藏经济发展模式为典型的投资推动型，这与以往学者的研究结论相一致。从表8中可以看出，资本对西藏经济发展的贡献呈现上升的趋势，这与国家不断加大西藏经济社会建设密切相关。为加快西藏经济社会发展，中央不断加大对西藏财力补助以保证西藏各项建设项目的投资需求。期间中央对西藏的财政补助资金就高达6000多亿元，并呈现逐年快速增长的态势，其中还不包括各省市援藏项目资金。当前，资本投入是实现西藏经济社会跨越式发展的保证。

三是劳动投入的贡献较低，期间对经济发展的平均贡献率仅为11.42%。但从表8中的数据可以看出，劳动的贡献率呈现增长的态势，这可以从两个方面来解释。第一，20世纪90年代对口援藏以来，累计共有6000多名各行业人才援藏，不仅为西藏带来了先进的技术与管理经验，也为西藏培育了大量的专业技术人员。第二，期间西藏受教育人群大幅增长，其中高等教育人群就增长5.3倍。劳动者受教育程度的不断提高有效地促进了劳动要素的生产效率，提升了劳动投入对经济发展的贡献率。但也要看到，当前西藏80%以上为农牧人口，劳动者素质仍较低，使得劳动投入对经济发展的贡献仍停留在较低的层次。

（三）DEA－Malmquist指数法

前节采用参数法从纵向分析西藏全要素生产率对经济发展的贡献。本节拟采用DEA－Malmquist指数法从横向与纵向对全国、四川、青海及西藏的全要素生产率构成进行对比，从而分析西藏全要素生产率方面存在的问题及差距。

1. 指标选择与数据说明

参照国内外DEA－Malmquist指数法相关文献，本文选取GDP作为模型产出指标，资本形成总额及从业人数作为模型的投入指标，由于数据的可获得性，本文选取2000—2013年相关数据，所有数据采集于国家统计局官方网站。

2. 全要素生产率变动分析

运用DEAP2.1软件对全国、四川、青海与西藏的总产出、资本形成总额及从业人数三个指标进行模型分析，得到以下结论。

（1）西藏全要素生产率结构与趋势分析

表 9　　西藏全要素生产率分解表

时间段	技术效率	技术进步	纯技术效率	规模效率	Malmquist 指数
2000—2001	1. 000	1. 382	1. 000	1. 000	1. 382
2001—2002	1. 000	1. 295	1. 000	1. 000	1. 295
2002—2003	1. 000	1. 051	1. 000	1. 000	1. 051
2003—2004	1. 000	0. 961	1. 000	1. 000	0. 961
2004—2005	1. 000	1. 329	1. 000	1. 000	1. 329
2005—2006	1. 000	1. 395	1. 000	1. 000	1. 395
2006—2007	1. 000	0. 412	1. 000	1. 000	0. 412
2007—2008	1. 000	1. 541	1. 000	1. 000	1. 541
2008—2009	1. 000	1. 413	1. 000	1. 000	1. 413
2009—2010	1. 000	1. 294	1. 000	1. 000	1. 294
2010—2011	1. 000	0. 843	1. 000	1. 000	0. 843
2011—2012	1. 000	1. 181	1. 000	1. 000	1. 181
2012—2013	1. 000	1. 199	1. 000	1. 000	1. 199

从表 9 可知，第一，2000 年以来西藏全要素生产率平均增长率为 12. 5%，除 2004 年、2007 年与 2011 年三个年份出现了负增长外，其余年份均保持了较快的增长，表明西藏期间生产率水平取得了较快的增长。然而，也可看到，西藏全要素生产率增长近年来呈现大幅震荡下行的走势，说明西藏生产率增长正面临较大的压力，亟待进一步加强经济结构调整优化与转型，以提升西藏全要素生产率增长。第二，从结构来看，期间技术效率指数均为 1，表明西藏全要素生产率增长全部来源于技术进步，对全要素生产率的贡献为零。而技术效率分解为纯技术效率与规模效率，两者均为 1，表明西藏技术利用率较低，经济资源配置结构未能有效促进生产率增长，使得经济不存在着规模经济，这与索洛余值法分析结果相吻合。

（2）西藏与全国及四川、青海省的全要素生产率比较

表 10　　Malmquist 指数表

时间段	全国	四川	青海	西藏
2000—2001	0. 969	1. 101	1. 195	1. 382
2001—2002	1. 105	1. 088	1. 168	1. 295
2002—2003	1. 017	1. 120	1. 076	1. 051
2003—2004	0. 472	0. 445	0. 967	0. 961
2004—2005	0. 994	1. 120	1. 223	1. 329

续表

时间段	全国	四川	青海	西藏
2005—2006	1.045	1.180	1.291	1.395
2006—2007	0.574	0.476	0.427	0.412
2007—2008	1.022	1.205	1.387	1.541
2008—2009	1.246	1.213	1.322	1.413
2009—2010	0.966	1.107	1.219	1.294
2010—2011	0.537	0.494	0.848	0.843
2011—2012	0.777	0.948	1.217	1.181
2012—2013	0.957	1.067	1.097	1.199

从表10可以看到，2000年以来，全国、四川、青海与西藏全要素生产率平均增长分别为-13.5%、-8.8%、7.2%与12.5%，表明作为经济较落后地区技术进步要快于经济发达地区，也要高于全国平均水平。这主要是近些年来经济欠发达地区通过与内地经济发达地区的经济技术交流，即技术引进方式，加快了本地区的生产率的增长，使得欠发达地区全要素生产率增长要高于发达地区，这有利于西藏经济社会的跨越式发展。

表11　　青海与西藏全要素生产率构成对比

时间段	省区	技术效率	技术进步	纯技术效率	规模效率	Malmquist 指数
2000—2001	西藏	1.000	1.382	1.000	1.000	1.382
	青海	1.000	1.195	1.000	1.000	1.195
2001—2002	西藏	1.000	1.295	1.000	1.000	1.295
	青海	0.973	1.200	0.999	0.974	1.168
2002—2003	西藏	1.000	1.051	1.000	1.000	1.051
	青海	1.028	1.047	1.001	1.027	1.076
2003—2004	西藏	1.000	0.961	1.000	1.000	0.961
	青海	1.000	0.967	1.000	1.000	0.967
2004—2005	西藏	1.000	1.329	1.000	1.000	1.329
	青海	1.000	1.223	1.000	1.000	1.223
2005—2006	西藏	1.000	1.395	1.000	1.000	1.395
	青海	0.982	1.315	1.000	0.981	1.291
2006—2007	西藏	1.000	0.412	1.000	1.000	0.412
	青海	0.980	0.436	0.999	0.981	0.427
2007—2008	西藏	1.000	1.541	1.000	1.000	1.541
	青海	0.982	1.413	1.001	0.981	1.387
2008—2009	西藏	1.000	1.413	1.000	1.000	1.413
	青海	1.018	1.298	0.992	1.026	1.322

续表

时间段	省区	技术效率	技术进步	纯技术效率	规模效率	Malmquist 指数
2009—2010	西藏	1.000	1.294	1.000	1.000	1.294
	青海	0.961	1.268	1.008	0.954	1.219
2010—2011	西藏	1.000	0.843	1.000	1.000	0.843
	青海	1.005	0.844	1.000	1.005	0.848
2011—2012	西藏	1.000	1.181	1.000	1.000	1.181
	青海	1.076	1.131	1.000	1.076	1.217
2012—2013	西藏	1.000	1.199	1.000	1.000	1.199
	青海	0.994	1.104	1.000	0.994	1.097

从表11可以看到，青海与西藏地理条件与自然环境较相近，从全要素生产率增长来看，除少数几个年份比青海较低之外，西藏全要素生产率增长均高于青海。然而，从技术效率指标来看，青海已分别在2002年后出现了经济资源结构的调整，使得其经济发展出现了一定程度的规模经济效应，而西藏却一直未出现这种良好的发展状态，这表明虽然西藏在整体全要素生产率增长方面比青海省要快，但其技术利用效率比青海省差，使得其经济结构与质量方面与青海省相对比仍存在较大的差距。

四、结论与政策建议

本文利用参数法与非参数法从纵向与横向实证分析西藏全要素生产率变动趋势与构成。从索洛余值法的分析结果来看，西藏全要素生产率对经济产生了正向效应，即技术因素在推动西藏经济健康快速发展的过程中起到了重要的作用，但这种作用随着时间的推移正日益减弱。同时，资本日益成为西藏经济发展的主推动力，使得西藏经济发展过度依赖于资本的投入，在很大程度上削弱了其他投入因素的作用。而尽管劳动投入在近年来对西藏经济发展的贡献有一定幅度的提升，但其作用与其他投入因素相比仍过小。从 DEA - Malmquist 指数法分析结果来看，西藏全要素生产率与全国、四川与青海省相比较，也出现了较快的增长，表明技术因素在促进西藏生产率增长方面有着显著的作用。然而，西藏全要素生产率增长仅来源于技术进步，技术效率不显著，表明西藏技术利用率仍较低，全要素生产率增长仍处在较低水平，在促进经济增长方面仅停留在“量”的层次，并没有上升至“质”的层次。

全要素生产率是衡量经济效率及经济增长潜力的重要指标，因此，多措并举，不断提升西藏全要素生产率水平，是保证西藏经济结构优化升级，加快西藏经济社会跨越式发展的重要途径。

（一）以“一带一路”为契机，不断提升西藏经济内外开放程度，进一步促进西藏经济结构优化升级

习近平总书记于2013年下半年提出了“一带一路”宏伟的发展战略规划，强调从“政策沟通、道路联通、贸易畅通、货币流通、民心相通”入手，形成国内外跨区域大合作格局。因此，西藏参与并融入“一带一路”战略，为西藏经济产业结构优化升级带来了前所未有的机遇。当前，西藏要以高度的政治敏锐感、强烈的机遇意识与担当精神，加强对“一带一路”战略规划的研究，研究规划好具体贯彻措施，加快对内对外经济交流合作，在“环喜马拉雅经济圈”建设中发挥桥头堡、主力军作用。一是要全面深化改革，破除融入“一带一路”发展战略的体制性障碍。西藏各级政府应积极抓住此次历史性机遇，切实转变政府职能，深化行政体制改革，优化创新环境，最大限度地解放和激发社会主体创新动力，以实现经济资源配置效益的最大化和效率最优化。二是要积极承接对口援藏省市的产业转移，以技术引进来加快西藏产业结构优化升级，促进西藏经济发展方式的转变。三是要进一步加强对内对外技术交流往来与合作，积极引进与消化国内外先进技术，不断创新，全力促进传统产业的高新技术化改造，尽快实现传统产业现代化，最终形成一个以现代农牧业为基础、高新特色产业为支撑、服务业全面发展的现代产业体系，这也为构建高水平的西藏经济对外贸易供给体系奠定坚实的基础。

（二）不断深化科技体制改革，提升西藏技术效率水平

根据前文分析结果，西藏全要素生产率的增长来源于技术进步推动，而技术效率对西藏生产率没有产生显著的促进作用。这就意味着技术因素对西藏经济发展的支撑和引领作用差，仍然依赖于先进技术的引进，使得经济增长仍处在粗放层次。科学作为第一生产力，在经济增长中发挥了极其重要的作用。因此，西藏要不断深化科技体制改革，破除一切制约科技创新的制度藩篱，推动科技和经济发展的深度融合。一是加大政府研发资金的投入。从科技部统计的2013年各地区R&D经费情况来看，西藏R&D经费仅为2.3亿元，R&D经费投入强度为0.29%，不仅低于内地经济发达省市，还分别低于青海省的13.8亿元

与0.65%。因此，西藏不应过分强调投资对经济增长的作用，而应更多地引导资金投入科技研发，这才是西藏经济发展由“输血”到“造血”的关键。二是政府可采取财税政策，积极引导企业强化技术创新中的主体意识。企业作为市场主体，其研究开发活动能对市场信息做出灵敏的反应。因此，企业能够主动地消化吸收技术引进，并积极将技术创新成果转化为现实生产力，提升西藏技术效率水平。三是积极引导产学研相结合，构建协同创新机制。不论技术引进或技术创新，都是一个连续的过程，都需要有一个有活力的创新平台。因此，政府应鼓励辖区企业与高校、科研院所联合建立研究开发机构、产业技术联盟等技术创新组织，使科技与产业紧密结合，着力构建以企业为主体、市场为导向、产学研为一体的技术创新体系，以利于技术的充分开发与利用，发挥正向技术溢出效应，促使企业或行业形成规模经济。

（三）加快科技人才的培养与引进，不断提高人力资本素质

从前文分析结果可知，当前劳动投入对西藏经济发展的贡献虽有增长，但仍处在较低的水平，这主要是由于创新能力不强造成的。众所周知，劳动者素质决定了科技创新能力的高低，从而也影响着经济增长的质量。当前，西藏科技队伍数量不足与结构不合理并存，高层次创新型科技人才严重短缺，因此，如何加快科技人才的培养与引进是摆脱当前西藏人力资本素质偏低的关键所在。一是坚持人才引进战略，充分利用好全国与各省市对口援藏的有利时机，进一步优化人才引进的发展环境，给予更多、更大的优惠，以鼓励发达地区的高素质科技人才来援藏或就业创业，激发其创新、创业的活力。二是根据西藏经济社会发展实际，大力发展高等职业教育。当前，西藏经济发展水平仍处在欠发达阶段，绝大多数企业处在发展阶段，这与当前高等教育专业设置存在着一定差距，造成了西藏大学生就业难与企业招工难的现象并存。因此，西藏应明晰高等教育的层次，大力发展高等职业教育，深化产教融合、校企合作，培养大批既懂理论又具有实际操作能力的高素质劳动者和技能型人才。三是加强非学历教育的职业技能培训，不断提升劳动者素质。经济发展既需要高素质的创新型高端人才，更需要大量技术成果推广应用人才和大量高素质的工人。因此，在加大学校教育的同时，西藏相关政府部门应开展多层次、多形式的职业技能培训，如特别针对当前许多进城务工的农牧民提供廉价甚至免费的职业技术培训，并鼓励辖区在职职工通过业余时间参加远程教育等各种教育培训，促进劳

动力的再教育，提高劳动者的职业技能水平。

（四）优化投资体制，促进资本利用效率和质量提高

从前文分析结果可知，西藏经济增长是典型的投资拉动型，但可以看到西藏投资大多投放在诸如水电等重大基础设施项目，这不仅在很大程度上造成了西藏经济粗放型增长，也挤占了宝贵的金融资源，提高了辖区经济体整体的融资成本，影响经济增长效益。因此，要加快推进投融资体制改革以实现西藏经济的集约型、效益型增长。一是明确公共服务与市场的界限，合理界定政府投资范围，建立和健全政府投资项目的科学决策机制，完善政府投资体制。同时，要完善政府财政预算软约束，明确政府与其他投资主体的责任和权利，抑制过度的投资冲动。二是深化投融资体系，简政放权，逐步放宽对民间资本进入垄断领域的准入，缩减投资核准范围，赋予更大民间投资自主权，形成民间投资为主导的投资体制，提高投资的效率。三是政府相关部门应充分发挥财政补贴、税费优惠、土地使用等政策杠杆作用，积极引导社会资金投入新兴产业与特色产业发展。同时，给予创新型企业政策倾斜与支持，使企业进一步明确投资方向，加快企业的做大做强。

（五）创新金融产品与服务，加大金融支持科技创新力度

在藏金融机构要充分用活、用好中央赋予西藏的一系列金融政策，不断创新金融产品与服务，进一步加大对辖区科技创新工作的支持力度，为推动西藏经济结构转型升级提供动力。一是大力支持创新型科技企业在资本市场上市或并购重组，充分利用资本市场促进辖区科技企业发展。同时，鼓励科技型企业发行公司债券和可转换债券，以及短期融资券、中期票据等债务融资工具，积极推进科技型中小企业集合票据等债券产品发行工作。二是加强窗口指导，进一步优化信贷投放结构，加强信贷政策与产业政策的协调配合，重点支持战略性新兴产业、高新技术产业和高技术服务业，加大对传统产业改造提升的支持力度。推动银行设立专门面向科技型企业的信贷专营机构，进一步拓展服务科技型企业的深度和广度。同时，逐步开展科技小额贷款公司试点工作，逐步将科技小额贷款公司发展成为专门服务于科技型小企业的专业金融组织。三是创新金融服务和产品。鼓励在藏银行机构针对发育初期的科技型企业研发和推广新型融资模式、服务手段、信贷产品及抵（质）押方式。针对发展较为成熟、

经营模式较为稳定、经营业绩较好的中小型科技企业可酌情考虑为其提供信用贷款或应收账款质押、仓库单抵押等信用贷款。四是在藏保险机构要根据科技型中小企业的特点，不断开发出适合科技创新型企业的保险产品，确定较为合理的反担保措施。要不断加强完善科技创新型企业保险市场，支持科技创新型企业进行自主创新、支持行业整合并购、支持其研究成果转化，进一步拓宽科技型企业保险服务范围。

参考文献

[1] 索洛．技术变化与总量生产函数［M］．数量经济技术经济研究，1985.

[2] 钱纳里．发展的型式 1950—1970［M］．李新华译．经济科学出版社，1988.

[3] 李京文，钟学义．中国生产率分析前沿［M］．社会科学文献出版社，2007.

[4] 沈坤荣．体制转型的中国经济增长［M］．南京大学出版社，1999.

[5] 王绍光，胡鞍钢．中国：不平衡发展的政治经济学［M］．中国计划出版社，1999.

[6] 王小鲁，樊纲．中国经济增长的可持续性［M］．经济科学出版社，2000.

[7] 王稳．经济效率分析［M］．经济科学出版社，2002.

[8] 魏权龄．评价相对有效性的 DEA 方法——运筹学的新领域［M］．中国人民大学出版社，1988.

[9] 孙巍．生产资源配置效率——生产前沿面理论及其应用［M］．社会科学文献出版社，2000.

[10] 叶飞文．要素投入与中国经济增长［M］．北京大学出版社，2004.

[11] 张军，吴桂英，张吉鹏．中国省际物质资本存量估算：1952—2000［J］．经济研究，2004（10）.

[12] 白重恩．从收入分配的角度看经济结构的调整［J］．当代财经，2013（1）.

从“中国制造 2025”看西藏经济面临的机遇与挑战

何 尧 黄 洁

摘要：当今世界经济发展呈现一体化趋势，中国成为世界第二大经济体。尽管制造业是我国的优势产业，但有些行业低质量、低价格的生产形态不能与中高端产业竞争，智能化、环保化、创新化的产业追求才是新一轮产业革命和科技革命的主动力。中国作为全球第一制造大国，在全球新一轮科技革命和产业变革的形势需求下，迫切需要一个强有力的应对蓝图。而“中国制造 2025”经济策略的提出，无疑是中国未来经济发展的指路灯。在世界经济复苏困难、国内改革任务艰巨这一背景下，西藏自治区经济未来的发展前景，也令人遐想。西藏自治区如何抓住机遇以及如何应对挑战，将影响到西藏自治区的市场拓展、经济政策以及经济社会的跨越式发展。

关键词：中国制造 2025　西藏经济　机遇　挑战

一、研究背景和研究意义

（一）研究背景

国务院总理李克强在十二届全国人大三次会议上所作的政府工作报告中首次提出“中国制造 2025”经济发展策略。李克强总理强调：“制造业是我们的优势产业。要实现‘中国制造 2025’，必须要坚持创新驱动、智能转型、强化基础、绿色发展，加快从制造大国转向制造强国的步伐。”我国制造业目前仍然处于大而不强的阶段，推动中国制造业走向制造强国之列，是中国未来十年内经济发展面临的必经阶段。

“中国制造 2025”强调的工业化和智能化融合发展道路，已在中国一些沿海地区率先借鉴。随着劳动力价格要素的上升，人口结构的变化，城镇化的推进以及国民消费水平的上升，中国国内市场对于中高端消费品的需求正在不断提升。在新一轮产业革命下，“中国制造 2025”势必会给中国各省份带来前所未有的机遇，同时也意味着需要面对一系列严峻的挑战。在此背景下，西藏自治区该如何抓住机遇，重塑西藏经济发展蓝图以及采取何种发展思路来应对挑战将至关重要。

（二）研究意义

自21世纪以来，新一轮产业革命和科技变革正孕育兴起，科技创新呈现出新的发展态势和特征。改革开放将近四十年，中国于2012年成为世界上制造业最大的国家，制造业产量超过美国，实现2.1万亿美元的工业增加值，几乎占到全球制造业工业的20%。在未来三年，这一比例还将继续上升。中国有两百多种主要工业产品产量均占全球第一，甚至有的产品在世界市场上占有绝对垄断的地位。而“中国制造2025”这一新发展策略涉及内容广，不仅涉及财税政策、人才教育，还涉及产学结合和企业融资等各大领域的方方面面。

2015年是全面深化改革的关键之年、全面推进依法治藏的开局之年，做好今年工作，确保“十二五”圆满收官，为“十三五”开局奠定良好基础，因此全面贯彻、落实这一宏伟经济发展规划，对推进西藏经济跨越式发展，实现西藏社会长治久安，巩固改革良好势头以及推动全面深化改革不断取得新成效意义十分重大。

二、研究方法

文献研究方法。本文对国内相关经济、金融理论研究进行了系统的回顾，分析研究有关西藏经济发展的各种文献资料，通过对其概况总结，提出自己的观点。

统计研究方法。本文利用经济学和统计学相关知识调查、统计西藏自治区经济发展的数据，对收集的相关数据进行分析研究，在分析研究的过程中，展开实地调查研究，从而分析西藏自治区经济发展面临的现状，通过横向与纵向数据分析比较，从而总结出西藏自治区经济、经济发展现状与存在的问题。因此在行文中不可避免地穿插一些图表进行描述性分析。

三、“中国制造2025”相关概况

（一）“中国制造2025”形成过程

制造业是我国市场化程度很高的领域，是国民经济的重要支柱和基础，对国民经济发展起着十分重要的作用，是立国之本、兴国之器、强国之基。制定《中国制造2025》战略规划基于三点考虑：一是应对全球新一轮科技革命和产业变革所需；二是国际金融危机之后各国相继对经济的发展都提出了一些新的动向；三是经过改革开放三十多年的快速发展，中国的经济着实取得了较大进步，但许多核心技术仍然受制于国外发达国家。鉴于以上这三点，因此制定了《中国制造2025》的经济强国战略。

根据国务院的要求，“中国制造2025”首次在泉州试点。时间规划方面，工信部将弱化以往规划中“五年”的时间限制，将规划年限扩展到2025年，因此可以看出“中国制造2025”更注重中长期规划。《中国制造2025》经济发展战略，为中国制造业未来10年发展设计出顶层规划蓝图，期以通过实现“中国制造”向“中国创造”“中国速度”向“中国质量”以及“中国产品”向“中国品牌”三大转变，在2025年基本实现中国工业化，迈入制造强国行列。

（二）“中国制造2025”内容界定

“中国制造2025”是中国制造业未来发展的路线图，其基本思路是：借助两个IT的结合（Industry Technology and Information Technology），即工业技术和信息技术的融合，改变中国制造业现状，令中国到2025年进入现代工业强国之列。

“中国制造2025”规划纲要主要包括5个方面的核心内容：一是强调创新驱动，二是质量为先，三是绿色发展，四是结构优化，五是人才为本。创新驱动即我国制造业须实施创新驱动战略；“质量为先即我国制造业须形成一批具有国际影响力的品牌，走以质取胜的发展道路；绿色发展即要求产品形成的每一个过程对环境产生的影响尽可能达到最小，资源消耗也尽可能最少，发展循环经济，提高资源回收利用率，走生态文明的发展道路；结构优化即促进制造业与服务业、实体经济与虚拟经济协调发展；人才为本即需要各种人才、精英的推动作用[①]。

四、“中国制造2025”战略提出的必要性和可行性研究

一是“中国制造2025”战略的必要性分析。不久前，“赴日抢购马桶盖”

---

① 丁吉林：《中国制造如何通向2025》，《财经界》，2015年4月。

成为热点话题，从这一现象中可以看到要实现“中国制造”到“中国智造”的转变还有许多方面需要加强，但这一现象背后表明我国公民消费需求提升了以及消费意愿也在逐渐地增强。从产业发展规律来看，生产往往是滞后于需求的，当下国人消费需求的提升，更应看做是推动中国制造业转型的有利东风。只有市场需要高端产品，企业家才有动力将其生产出来。从 2010 年开始，中国制造业产出占世界总产出的 19.8%，首次成为世界第一制造大国，但并不是第一强国。很多核心部件仍难以生产，比如飞机的发动机、计算机的芯片等，一些高端技术也很难通过进口获得，只能依靠自主研发。综观以上，当下提出“中国制造 2025”经济战略规划的内外部条件均已成熟。

二是“中国制造 2025”战略的可行性分析。中国劳动力总量连续 3 年下降，招工成本越来越高，而在发达国家，不只棉花收割，连葡萄采摘都实现了机械化操作。这也是发达国家农业生产率比中国高很多，农产品生产成本比中国低很多的原因。当下中国劳动力成本越来越高，而制造业发展新战略的提出，例如，提出发展机器人进行农业机械操作以及生产、服务等，可以解决劳动力短缺的问题，因此对发展经济十分具有可行性。工业是转变经济发展方式的主战场，是创新最集中、最活跃的领域，结构调整的重点难点都在工业。各国加快发展转型，低能耗、低污染产品显示出强大的市场竞争力，绿色低碳、节能环保成为快速崛起的新兴产业。我国又是经济大国，经济基础较为雄厚，因此，实现中国由大国走向强国之路是顺应国内外经济形势发展的大流，可塑性较高。

五、“中国制造 2025”给西藏经济带来的机遇

（一）西藏经济发展的现状和存在的主要问题及其原因分析

在实现西藏自治区经济的跨越式发展中，特色产业的贡献功不可没。西藏自治区立足特色资源优势，大力实施“提升一产、壮大二产、做强三产”的经济发展战略，突出发展特色优势产业，并加大力度、加大投入。经过长期的培育，西藏特色资源优势成功地转化为了特色产业优势，以西藏 5100、青稞啤酒为代表的绿色食品饮料行业，以奇正药业为代表的藏药产业，以及民族手工业和藏式毛毯业等一批特色优势经济蓬勃发展，占据了西藏经济贡献榜的“半壁江山”。

截至 2013 年末，西藏自治区各项事业得到了进一步的巩固和发展，全区生

产总值增长12个百分点。2013年，西藏全区总人口312.04万元，生产总值高达807.67亿元，比2012年多出100多亿元；工业总产值也达到125.83亿元，其中第一产业86.83亿元，比2012年超出11.5%，第二产业292.92亿元，超出2012年34.6%，第三产业427.92亿元，超过前一年53.9%。上市企业有11家，其中饮料、医药业发展尤为迅猛[①]。此外，西藏5100冰川矿泉水公司成为首家在海外上市的西藏本土企业，进出口贸易总额达到13.59亿美元，同比增长六成多。2011年，5100水资源有限公司在香港上市，仅仅用了5年的时间，就以28.5%的市场份额占据了国内高端矿泉水的第一名。2014年1月，《福布斯》中文版在上海发布"中国最具潜力中小企业榜单"，在"中国上市潜力企业100强"中，西藏5100名列第7位，成为了西藏经济发展的新品牌和新名片。

市场、物流、需求、资本、劳动力、自然环境等诸多基本要素均影响着一个地区的经济增长，同时西藏自治区目前也面临着一系列不利局面。

首先，西藏自治区属于人口稀少、环境恶劣且封闭的高原地区，地形复杂，高原气候独特，常年氧气稀薄，并且地理位置极为阻塞。特殊的地理环境决定了生态系统的脆弱性，一旦遭到破坏，很难恢复或者需要漫长的时间才能得以恢复。此外，截至2013年底，西藏人口总量为312.04万人，每平方公里仅为2.5人，是全国范围内人均居民数最低的省份，劳动力先天缺乏且劳动者的整体文化水平普遍不高。近年来，西藏自治区大力发展教育工作，文盲率大幅下降，但总体而言，西藏自治区人力资本的总体水平仍比较低。在第六次人口普查中，西藏15岁及以上文盲人口占比高达40.69%，为全国首位，是全国文盲率平均水平的10倍之多，远远高于云南、甘肃、青海、贵州等省区。劳动力的短缺、劳动力水平的低下以及自然条件的先天不足使得西藏自治区经济发展较为滞后。

其次，西藏自治区也面临自身有限的资本积累能力问题。西藏自治区的固定资产投资中，大多来自国有经济，个体与集体经济的比重非常低，且绝大多数固定资产投资主要来自中央政府以及其他省份的援助，自身资本积累能力十分有限。2013年，西藏地方财政收入达到110.42亿元，尽管有所提高，但仅占GDP比重的13.7%[②]。

---

① 数据来源于2014年西藏统计年鉴.

② 数据来源于2014年西藏统计年鉴.

再次，相对落后的物流基础设施制约着西藏自治区经济的规模化发展和产业化集聚。西藏自治区地广人稀，居住较为分散，许多农牧区的交通基础设施较为落后，严重制约了西藏自治区物流的发展。近年来，西藏的交通基础设施大为改善，但相对全国其他省份仍比较落后。西藏境内仅有两条铁路，一条是青藏铁路，另一条是2014年刚通的拉日铁路。航空方面，从拉萨飞往北京和上海的时间至少需要5小时。至于农村交通基础设施，截至2010年底，西藏实现通柏油路的县仅有60个，仅占西藏76县的79%；通柏油路的乡镇则更少，仅有261个，占全区乡镇总数的38.3%[①]。这种较为阻塞的物流不仅阻碍了西藏与内地之间的交流，而且不利于西藏产业、经济规模的提升和集聚。不仅在空间上难以集聚，而且因空间远而带来的经济差异性太大，难以进行产业上的合作。

最后，西藏较小的市场需求已然成为制约西藏自治区经济发展的重要因素。市场需求的多少不仅与消费者群体、消费水平有关，还与可支配货币数量密切相关。据2014年西藏统计年鉴数据资料分析得出，尽管近几年来西藏农牧民家庭收支都有结余并且有不断上升之趋势，但自给自足的家庭经济方式仍然是西藏农牧民消费的主要方式，走入市场的经济需求并不多[②]。

（二）“中国制造2025”给西藏经济带来的机遇

2015年是“十二五”的收官之年，“十三五”的规划也已出炉。在“十三五”规划中，基于国家对非公有制经济发展的重视，中央政府提出要放宽市场准入，让非公有制企业进入更多的领域当中。国家正在加快推进新型工业化，并将启动一批新的重大项目。同时，中央政府简政放权，降低金融准入门槛，推进资本市场改革，并延续结构性减税措施，这些都有利于企业与民众投资创业，也都有利于实现西藏经济的跨越式发展。实体经济的困难是当今西藏经济面临困局的最主要因素。现阶段推动西藏经济的成长离不开投资，况且西藏需要投资的地方还很广阔，如消除城乡生活和生产环境的差距，解决传统产业的升级以及加强新兴产业发展等。这一产业变革，恰与西藏跨越式经济发展及长治久安形成历史性交融，这对西藏自治区经济发展来说是极大的机遇。

---

① 国家社科基金特别委托项目．西藏经济跨越式发展的理论与政策研究．课题编号XZ1022，课题主持人：沈开艳．

② 杨明洪．西藏农户经济演化特征：基于农村住户调查资料的实证分析．中国藏学出版社，2009年版．

六、“中国制造 2025”面临的国内外困境以及给西藏经济带来的挑战

（一）中国制造面临的国内外形势

在国际形势中，第三次工业革命弱化了比较成本优势，给发达国家重塑经济和实体经济优势提供了机遇之际，也给中国带来了巨大的挑战。国际金融危机之后，许多发达国家实施“再工业化”经济战略，重塑经济竞争优势，同时，一些发展中国家也加快谋划和布局，扩展国际市场空间。而我国处于发达国家与发展中国家“双向挤压”的格局，因此对中国而言，这将是一个巨大的挑战。在工业化国家的制造业综合指数分布中：美国遥遥领先，位于第一方阵；德国、日本处于第二方阵；中国、英国、法国、韩国处于第三方阵。我国与第一、第二方阵国家的差距主要是全员劳动生产率低、增加值率低、知名品牌缺乏、创新能力薄弱。这对我国而言无疑是一个严肃的考题。

在国内形势中，当前我国制造业存在的问题十分突出。第一，缺乏自主创新能力，核心技术依赖性较高。全国政协委员、中国电子学会秘书长徐晓兰在“两会”上表示，“我们的工业机器人与国际先进水平在减震、轴承、材料和控制系统上有差距，核心技术都要受制于人。其中工业机器人与国外先进技术差 20 年，服务机器人与国外差 5 ~ 10 年。”由此可知，我国的自主创新能力以及对核心技术的掌控力远远不及欧美发达国家。第二，产品质量不够精细。中国产品的质量问题如何摆脱“山寨”形象，跻身高端、精细之列，确实是目前面临的一大难题。

（二）“中国制造 2025”在促进西藏经济发展方面可能面临的挑战

我们可以展望一下中国未来 30 年的发展，将会面临两大主要障碍和难题。这两大障碍和难题解决的好坏直接影响西藏自治区经济发展的快慢。

一是来自经济发展与生态保护的挑战。环境和资源是人类生存和发展的基本条件，如果没有良好的生态环境和长期可利用的自然资源，人类将失去赖以生存和发展的基础，经济社会也难以长期持续发展。片面地追求经济增长，而

不注意环境保护和资源利用的发展是不能持续的[①]。我国历经30多年的粗放式发展，环境遭到破坏，以此换来的经济快速发展，很难再可持续发展下去。西藏自治区的环保问题虽经济发达地区那么严重，但仍不可小觑。要发展经济，必然会或多或少地牺牲生态环境，这使得西藏自治区在处理经济发展和生态环境两者之间难以兼得。采取何种措施既提升生态文明又促进经济发展，是当前西藏经济发展面临的一个重大难题。

二是来自经济发展与品牌竞争力低下的挑战。西藏综合竞争力指数在全国范围内最低，各分项竞争力指数也均较低。西藏自治区因为历史因素、自然条件等的独特性，其经济发展水平同全国其他省区不具有可比性[②]。面临这一局势，拥有传统优势产业的西藏经济应如何应对、如何打响“品牌城市”、如何进一步提高产品质量，对于西藏经济来说是当下及将来均要面临的严峻挑战。西藏文化市场受到国内外市场的挤压，商品的知识产权意识保护基础薄弱。八廓商城出售的藏式手工艺品，因为价格低廉，吸引着国内外游客驻足购买，但这些精美的手工艺品均是仿制品，多产于内地。如此看来，本地品牌文化产品保护不足导致外地产品泛滥进而影响本地经济发展面临困境。

《中国制造2025》规划不仅有利于促进西藏传统经济转型升级，而且为本区未来产业经济发展指明了方向，有利于资源优化配置，提升经济效率和经济质量[③]。虽然西藏经济的转型升级近年来取得了较大成效，但仍然存在诸多问题，面临严峻挑战。

七、西藏经济在“中国制造2025”背景下的应对出路

（一）结合西藏区情将西藏经济发展定位于农牧业等特色产业

西藏独特的自然环境既有劣势又有优势，太阳能和水能资源充足，日照时间长，农牧产品具有绿色、营养、安全、无污染的特点，民族特色鲜明，外部竞争力较小。农产品的生产环境比较纯净，而且西藏农民大都使用牛羊粪作为养料，很少使用化肥，并且在包装上基本不适用添加剂，这为西藏的农产品提供天然的绿色保障。西藏的农牧产品不仅具有绿色、安全的作用，有些还有强

---

① 德央．略谈西藏经济社会的可持续发展．西藏大学学报，2004，19：（1）．

② 千庆兰、陈颖彪．中国地区制造业竞争力类型划分．地理研究，2006，25：（6）．

③ 李彬．“互联网+”重塑制造业优势．人民政协报，2015-04-07，006.

身健体、延长寿命的功效。如青稞富含 p－葡聚精，它具有延长寿命、抗拒衰老的功效；牦牛肉作为西藏的特产，其以“高蛋白、低脂肪、无污染”享誉全球，营养丰富、含有多种人体内所需的微量元素和氨基酸；冬虫夏草，可以增强人体免疫力等等。面对发展机遇，西藏应立足本地实际，以自然资源的比较优势为依托，突出区域特色，把特色资源优势转化为经济优势，大力发展农牧业等特色产业，形成新的经济增长点①。

（二）品牌驱动、绿色发展是西藏经济转型之路的核心内容

虽然西藏经济在某些领域取得了很大的成就，但是从总体上讲，与其他省份相比还是有较大的差距，如品牌质量等。西藏特殊的地理环境为许多农牧产品等特色产品提供得天独厚的优势，并已经拥有一系列独特、优质、驰名的产品。我们可以充分利用该独一无二的优势资源把西藏产品打造成国内外驰名的“绿色安全产品”“零污染食品”等名优特产品生产与加工基地。此外，它不仅要满足用户需要，而且要引导消费、创造消费。“品牌要打入国际，顾客要拉回国内”，西藏的农牧产品等特色产品味道独特，且具有丰富的文化内涵，如果将独具民族特色的特色产业，实行文化营销，打造良好的民族品牌形象，必将在国内外市场上一枝独秀。推广先进技术管理，全过程全方位提高产品和服务质量，组织实施经济标准化，并尽力提升为国际标准。

此外，还要将资源利用和生态保护放在重要的战略位置，在实施经济可持续发展的过程中，必须充分估量资源和环境的承受能力，使经济发展与资源利用、环境保护相协调，绝不能以牺牲环境为代价取代一时的经济发展。为了切实做好经济建设和环境保护工作，一是要坚持资源开发和节约并举，把节约放在首位，提高资源利用率。二要制定和实施有利于节约资源的产业政策，严格限制那些能源消耗高、资源浪费大、环境污染严重的产业发展，大力发展质量效益型、资源节约型产业②。

（三）发展第三产业，培育一批有基础、有条件的本地旅游企业做大做强

西藏的非公有制经济是从无到有、从小到大并取得了长足进步，但是西藏自治区处在经济欠发达地区，非公有制经济规模较小，而且传统家族式的经营

---

① 杨西平．比较优势视角下西藏特色农牧业发展研究［D］．厦门大学，2009.

② 德央．略谈西藏经济社会的可持续发展．西藏大学学报，2004，19：（4）．

模式占据主导地位。西藏的企业涉及的领域很多，大多分布在第二、第三产业，2013 年全区第一产业产值86. 83 亿元，第二产业292. 92 亿元，第三产业427. 92 亿元[①]，可以说非公有制经济处于领军地位。但是企业要想长期发展，必须转变发展思维方式以及经营方式，探索新的发展途径。

西藏自治区旅游资源极为丰富，旅游业发展尤为迅猛，因此，应大力发展以第三产业——旅游业为龙头产业，进而带动宾馆、饭店、旅游景点、娱乐、交通等包括金融、邮政等在内的相关产业的联动发展。因此，要完善市场体系建设，就要着力培养一批具有较强实力、带动能力强、能及时根据市场状况引导农牧民调整农牧业生产，并带领广大农民共同致富的龙头产业。不管是哪种所有制企业，不管经济方式如何，只要产品竞争力强，产品销量大，经济效益好的企业，都可以作为龙头企业进行培养，并给予适当优惠政策扶持[②]。

（四）西藏各级地方政府应为企业提供政策上的支持

企业现在普遍感到“融资难、融资贵”，自治区政协委员、区工商局党委书记、局长李迎春说：“为确保 2020 年全区社会信用体系建设目标的圆满实现，在今年的工作中将通过加大力度，深化改革，建立全区统一的市场信用监管平台。通过政府牵头、部门参与、社会支持，整合归集各方面信用信息资源，建立统一的基础资源库。”因此，西藏地方各级政府需做好以下两件事：

第一，做好“铺路”工作。西藏自治区需把握我国经济发展新常态的特征，科学判断发展所面临的形势任务和机遇挑战，并继续推进基础设施建设，抓好国、省干线公路、农村公路、边防公路建设，完善农村公路网络，提高通达水平。最重要的还是营造企业发展的环境，放松管制、减少干预。各级政府必须采取切实措施，有效调控和管理农、牧等特色产业，用价格反映市场需求，引导农牧民加入市场需求。同时加强市场法治建设，构建良好市场交易秩序，做好知识产权保护制度工作，这是鼓励企业和个人创新的重要环节，要优化相关领域的行业监管和市场准入，打破行业垄断和市场分割，调整资源配置政策等等。

第二，“赋权”，让企业推进技术创新。创新需求来源于市场，其创新的主体也应该是市场。扩大企业在国家创新决策中的话语权，完善企业为主体的产

---

① 数据来源于 2014 年西藏统计年鉴.

② 师学萍. 西藏林芝特色产业发展研究［D］. 西北农业科技大学，2009.

业技术创新机制等方面的改革。此外，政府还要对企业“造血”，强化政府对企业创新的普惠性政策支持，逐步改变过去政府主导选拔式的创新支持模式，创造一个公平的环境，创造一个创新创业的土壤和条件，通过税收和采购等普惠性的政策来调动企业的创新积极性。同时，降低财税的门槛，让政策真正起到普惠的作用。

参考文献

［1］李彬．“中国制造2025”新起航：“互联网+”重塑制造业优势［M］．人民政协报，2015-04-07（006）．

［2］汪晓波．“中国制造”尚缺追求极致的精神［M］．中国高新技术产业导报，2015-04-06（003）．

［3］李毅中．“中国制造2025”的核心重在创新驱动、转型升级［J］．特别策划期刊．

［4］陈渊源，吴勇毅．“中国制造2025”如何破茧解题？［J］．企业管理，2015（3）．

［5］侯仲凯．刍议西藏特色经济发展［J］．科技创业月刊，2014（11）．

［6］洛平．打造“中国制造2025”洛阳版——从全国两会精神透视洛阳经济发展之五［N］．洛阳日报，2015-03-25（001）．

经济发展新常态下金融支持西藏三次产业协调发展研究

中国人民银行拉萨中心支行课题组
课题组组长：郭振海
课题组成员：熊正良　唐光明

摘要：三次产业协调发展离不开金融的大力支持。本文从金融支持西藏三次产业发展现状入手，就经济发展新常态下产业发展的金融需求和金融供给情况进行了深入分析，并对“十三五”时期金融支持西藏三次产业协调发展提出相关政策建议。

关键词：西藏　新常态　金融　产业发展

三次产业结构的优化升级离不开金融的大力支持。本文从金融支持西藏产业发展现状入手，就新常态下产业发展的金融需求和供给情况进行了分析，并对“十三五”时期金融支持西藏三次产业协调发展提出相关政策建议。

一、西藏金融支持三次产业协调发展情况

西藏地处祖国西南边疆，三次产业处于既要发展壮大产业总体规模，又要兼顾产业结构优化的状况。多年来，西藏各级金融机构按照自治区产业发展政策和导向，努力增加实体经济的融资投入，不断调整信贷结构，优先支持重点产业发展，为产业发展和产业结构转型升级作出了重要贡献。

（一）完善金融组织体系，强化金融撬动，促进产业发展。几十年来，西藏深入推进金融体制改革，不断完善金融组织体系，稳步增加金融供给机构，充分发挥了对三次产业发展的金融撬动功能。截至2015年，西藏有国开行、农发行两家政策性银行，工行、农行、中行、建行四家国有商业银行，民生银行、邮储银行、中信银行、西藏银行、林芝民生村镇银行、西藏金融租赁以及西藏信托有限

公司等银行业金融机构13家，营业网点658个，覆盖全区684个乡镇中的414个，覆盖率为60.6%。共有全国性保险公司省级分公司7家，其中财险公司5家，寿险公司2家，全区各级保险分支机构41家。证券类金融机构有法人证券公司1家、全国性证券公司营业部9家、期货营业部1家。信用担保机构15家，其中政策性担保机构2家、商业性担保公司13家。小额贷款公司42家。

（二）贯彻执行特殊优惠的金融政策，引导金融资源服务产业发展。在藏银行业金融机构认真贯彻执行中央赋予西藏的各项特殊优惠金融政策，努力将吸收的存款主要用于服务西藏经济社会发展，通过加大金融资源配置撬动三次产业优化发展。执行中央赋予西藏的低利率政策，减轻了市场主体的利息负担，降低了各产业借款人的融资成本。一般类贷款执行比全国各档次基准利率低2个百分点，扶贫贴息贷款执行1.08%的优惠贷款利率政策，严格实行贷款利率上限管制，不上浮，坚持“谁借款、谁受益”的原则，让利于社会。据统计，1994—2014年，因西藏银行业金融机构执行贷款优惠利率政策，直接降低各产业借款人的融资成本约94.13亿元。对在藏银行机构执行宽松的信贷规模管理，重点领域和重点行业的信贷投放规模不受限制，增加三次产业的信贷资源配置。截至2015年10月，西藏金融机构本外币各项贷款余额达1996.03亿元，比2000年末增加了1914.05亿元，增长了23.4倍，年均增长24%。

（三）加强“窗口”指导，扶持西藏三次产业优化发展。实行人民币资金营运规划，每年由中国人民银行拉萨中心支行根据国家宏观调控政策和自治区产业政策编制人民币资金营运规划并向人总行报备后，下达辖区银行业金融机构执行，以此向其各总行争取信贷规模，确保各产业贷款合理稳定增长。及时制定年度信贷指导意见，突出信贷支持重点，扶持优势产业、特色产业发展。不定期出台专门的产业信贷指导意见，近几年先后出台了《关于西藏金融支持旅游业发展的意见》《关于金融支持西藏承接产业转移的指导意见》《关于进一步做好西藏水利改革发展金融服务的意见》《关于金融支持文化大发展大繁荣的指导意见》等，明确支持相关产业发展。定期召开发展改革委、金融办等政府有关部门、辖区银行业机构参与的金融运行分析会，研究讨论金融支持各产业发展情况，引导辖区金融机构结合国内和区内产业发展形势，适时调整信贷结构，支持产业优化发展。

（四）加强与财政政策的协调配合，提高金融支持产业优化发展的效率。建立了金融机构中小企业贷款风险补贴机制和担保机构中小企业贷款担保补助机制，推动金融机构加大对中小企业的信贷支持力度；出台了《西藏自治区金融引导与激励资金管理暂行办法》，设立了专项奖励资金，建立和完善了财政促进金融支持六大支柱产业发展的长效机制。商业银行与地方政府的战略合作在持续深入，金融服务的广度和深度不断拓展。

（五）适当放宽贷款条件，增加三次产业的信贷资金投入。为落实中央和自治区加快产业结构调整的战略方针，辖区各商业银行积极争取各自总行支持，适当放宽贷款条件，对西藏相关产业给予了一定倾斜。如：建行总行给予建行西藏分行在采矿业客户准入标准、担保客户等级及固定资产贷款审批权限等方面适度宽松的矿产业信贷政策；工行总行对于纳入“十二五”支持西藏经济社会发展建设项目规划方案的建设项目，允许工行西藏分行适当放宽能源、水利、矿产、旅游等部分行业信贷准入标准，以加大对西藏发展特色优势产业的支持力度等。

（六）加强金融创新与服务，改善服务产业发展的手段。在清算支付服务方面，建立了以第二代支付系统为核心、商业银行行内系统为基础、卡基支付系统为补充的支付清算网络体系，清算支付服务功能更加完善，有效满足各种支付工具的灵活使用。在信贷项目审批流程方面，建立多种形式的“绿色通道”，有效提高了信贷审批效率。在金融产品方面，各商业银行创新推出了许多针对中小企业或支柱产业的金融产品。如工行西藏分行为支持建筑业发展，开办了特定项目工程项下保理业务；为支持旅游业发展，推出特定资产收费权贷款等。

（七）稳步发展资本市场，为产业发展升级注入活力。目前，西藏共有10家A股上市公司，1家H股上市公司。1995年至今，西藏辖区10家A股上市公司累计实现再融资130.8亿元，有4家上市公司实施了并购重组。资本市场的发展，拓宽了西藏产业经济主体的融资渠道，提升了企业的经营管理水平和业绩，打造了一批特色优势产业的龙头企业，为西藏产业发展和升级注入了新鲜活力。

（八）发挥保险保障和经济补偿功能，为产业发展保驾护航。西藏保险业充分发挥社会稳定器、经济助推器作用，不断扩大保险覆盖范围。2001—2014年，西藏保险业为社会提供风险保障约3.48万亿元，累计支付各类赔款及给付26.5亿元。快速增长的风险保障金额和理赔支付使得西藏保险业在促进道路交通安全、保障重大工程项目建设、促进旅游业发展、强化责任意识等方面发挥了积极而重要的作用。

（九）推进社会信用体系建设，改善产业发展的信用环境。征信系统建设与应用成果显著，在西藏辖区的影响力日益扩大。截至2014年末，征信系统已收录全区7469户企事业单位及其他经济组织和120.3万自然人信息。农行西藏分行依托农行网点遍布全区农牧区的优势，建立了以农牧户贷款证为载体，以小额信贷档案为基础，以“信用乡（镇）”、“信用村”为依托的具有西藏特色的农牧区信用体系建设模式，启动农村信用体系试验区建设工作。

在金融业的大力支持下，西藏三次产业发展水平明显提升，产业结构调整持续深化。2014年，西藏实现地区生产总值（GDP）920.83亿元，按可比价格计算，比2000年增长4倍，年均增长12.2%。其中，第一产业增加值91.57亿元，比2000年增长0.7倍，年均增长4%；第二产业增加值336.84亿元，比2000年增长7.8倍，年均增长16.8%；第三产业增加值492.42亿元，比2000年增长4.3倍，年均增长12.6%。三次产业均保持较快发展态势，经济增长由主要依靠第三产业带动逐渐向三次产业协同带动转变。三次产业所占比重由2000年的30.9∶23∶46.1发展为2003年的22.0∶25.7∶52.3，2014年进一步调整为9.9∶36.6∶53.5，产业结构逐步转变为“三、二、一”的合理结构，产业之间的关联性、耦合性不断增强。

二、新常态下西藏三次产业金融需求与金融供给分析

（一）三次产业的金融需求状况

由于西藏经济规模总体上仍处于低层次，三次产业发展仍存在总体水平偏低、粗放型增长、经济效益不高、内部结构不合理、产业间关联程度不高等问题。各产业企业绝大部分属于中小企业，自身实力相对较弱，在产业升级过程中资金需求快速增长，外部融资和金融服务的需求十分强烈。一产方面，农牧业生产方式和内部产业结构正面临深刻转变，需要大量资金支持。尽管西藏财政也投入了大量的开发和支农资金，但涉农融资需求依然强烈。具体表现在，农牧业生产经营贷款需求增加，农牧民创业贷款需求增加，农牧民专业合作经济组织贷款需求明显，农牧民消费信贷意愿不断变强等。二产方面，工业未经过充分发展，产业形态很不完善，缺乏龙头骨干企业，未能形成有效的产业互动发展模式。研究发现，制约西藏工业发展的因素不在于农牧业生产制约，也不在于生产无利润，而是在于投资不足。增加工业投资，推动工业上规模、增效益和工业经济集约集聚发展，不仅需要国家投入、招商引资，还需要金融的

大力支持。这对金融业在投融资渠道、准入条件、融资效率、金融产品等方面产生相应的需求。三产方面，仅有旅游业一个支柱性产业，其他新兴产业发展仍较为落后。第三产业发展受限，与西藏丰富的自然人文景观不相适应，特别是旅游业发展缓慢，配套设施建设严重滞后。解决这些问题，需要加大外部资金的投入，特别是商业性金融资金的支持。

（二）三次产业的金融供给状况

1. 产业融资供给渠道狭窄。西藏金融体系中，以银行为代表的间接融资体系一直占据着主导地位，九成以上融资来源于银行体系。资本市场融资规模小，西藏目前 11 家上市公司均在 A 股和 H 股，中小板市场、创业板市场尚无西藏企业上市，通过股票市场融资的企业数量偏少。此外，企业债券融资尚处于摸索阶段，创新型金融行业，如信托、融资租赁等也处于起步和发展阶段，以此方式获得融资的企业数量极为有限，企业融资方式较为单一。

2. 金融组织体系有待进一步健全。目前，西藏金融市场上存在相当数量的主体要素不齐备，比如银行业的财务公司、汽车金融公司，证券业的投资咨询公司，保险业的保险资产管理公司、保险代理公司、保险经纪公司等。银行及保险机构网点未实现全覆盖，县及县以下金融服务单一。截至 2014 年末，西藏仍约有 50. 36% 的乡镇没有金融服务机构，每 1000 平方公里 ATM 数仅为 1. 06 台，每 1000 平方公里 POS 机仅为 1. 50 台。金融服务的缺失、金融服务半径大导致正规金融机构无法满足市场新型农户、农牧业产业化经营企业、乡镇企业、经济合作组织和金融服务空白区群众对金融服务、信贷资金的有效需求。

3. 金融中介服务体系有待进一步改善。截至 2015 年 10 月，西藏有 12 家担保公司、3 家资产评估公司、11 家会计师事务所等机构，在促进信贷融资方面发挥了一定的作用。但从实践情况看，西藏金融中介服务机构发展偏慢，体系不够健全，作用较为有限。以担保机构为例，全区担保机构 2014 年末在保余额不到 10 亿元，担保覆盖面明显不足。此外，信用评级、资产评估、会计师事务所等其他中介服务机构也发展较缓，行业整体水平较低，业务能力与水平较低，报告真实性较差，影响各类企业的融资状况。

4. 互联网金融等新产品、新技术应用较为滞后。目前，西藏地区互联网金融的发展还停留在电商购物的支付以及商业银行传统电子渠道拓展这些较为初级的层次上。对于互联网金融新形态，大数据应用和客户至上、体验为主的理念方面的研究和实践甚少。西藏互联网金融产品均是城市模式的延伸和复制，真正体现西藏特色的产品并不多见，特别是在藏语的服务渠道方面还是空白。

三、金融支持三次产业协调发展的政策建议

2016年是“十三五”的开局之年，西藏发展经济和促进三次产业的任务更加凸显。应充分认识经济发展新常态，主动融入国家“一带一路”开发战略，着力构建机构健全、功能完善、竞争有序的现代金融组织体系，以及高效便捷、安全稳定的现代金融服务体系，促进经济总量和三次产业协调发展。

（一）贯彻落实好中央赋予西藏的各项特殊优惠金融政策，优化产业发展的政策环境

2015年8月，中央召开了第六次西藏工作座谈会，会后出台了《中共中央关于进一步推进西藏经济社会发展和长治久安的意见》，赋予西藏继续执行并完善中央制定的支持西藏的财政、税收、金融、投资政策。西藏各金融机构应继续贯彻落实好中央赋予西藏的特殊优惠金融政策，充分利用“一带一路”政策红利，努力发展民生金融、普惠金融，推动金融生态环境建设，切实维护辖区金融稳定，促进西藏三次产业协调发展。进一步完善优惠利率政策、利差补贴政策和综合补贴政策，督促在藏银行机构的各项补贴定向用于改善西藏金融基础设施、减少金融网点空白乡镇、扩大金融服务覆盖面，实现“补之于藏，用之于藏”。推动银行业金融机构对在藏分支机构执行差异化的信贷管理办法、信贷规模不受限的管理办法和单独的考核办法，合理扩大授信审批权限，实现西藏吸收的存款主要用于当地发展的目标。进一步完善外汇管理政策。实施西藏企业首发上市优先审核政策，全面落实西藏企业到“新三板”挂牌“即报即审”、减免挂牌初费和年费政策，进一步加大“新三板”市场对西藏的支持力度。拓展农业保险品种和保障范围，完善涉农保险保费补贴制度，对保险公司在藏开展财产保险业务实行优惠费率补贴政策。

（二）完善金融组织体系，夯实产业支持基础

鼓励和引进内地金融机构和外资金融机构在藏设立分支机构；鼓励和吸引民间资本在藏持股参与或全额出资组建保险公司分支机构、村镇银行、自担风险的民营银行、金融租赁公司、消费金融公司等金融机构，健全金融组织体系。加快

建立财政出资、民间资本参与和企业联合组建的多层次、多形式中小企业融资担保体系。鼓励在藏金融机构向农牧区延伸分支机构，逐步扩大金融网点覆盖面，实现“乡乡有网点、村村有服务”的目标。大力支持基层营业所布放 ATM、POS 机具、助农取款点等，推动实施代理银行机制，丰富农牧区金融服务手段。

（三）积极稳妥地推进金融改革，布局西藏产业长远发展

稳步推进金融业对内对外开放，在融入“一带一路”战略规划背景下，加速推进与南亚周边国家、内部相连省份的金融交流与合作。继续推进辖区利率市场化改革，落实大额存单管理办法，试点开展贷款利率浮动机制，提高各次产业企业贷款可获得性。积极推动普惠金融发展，提高贫困、低收入者等弱势群体金融服务的可获得性。在藏金融机构应按进一步深化内部管理体制改革，完善激励约束机制，引进现代金融企业经营理念，加快制度创新。地方法人金融机构应按照“产权明晰、公司治理结构完善”的现代企业制度要求，加快推进改制、重组工作。各在藏金融机构应根据西藏经济社会发展的需要，合理设置内部机构，特别是针对中小企业金融服务难的实际，增设中小微企业金融服务部门。

（四）建立健全投融资体系，扩大产业融资渠道

要依托国家统一的资本市场，积极推广政府与社会资本合作新模式，建立健全符合西藏实际的投融资体系，重点解决好信贷资金向产业领域传导不畅的问题。要下大功夫培育更多的预上市公司，通过证券市场直接融资，推动企业做大做强。鼓励有条件的企业通过资本市场融资，根据企业自身条件和需求情况选择不同的融资方式。发展创业投资基金、风险投资、资产证券化等投融资工具，鼓励和支持符合条件的中小微企业积极利用银行间债券市场发行短期融资券、中期票据、中小企业集合票据等非金融企业直接债务融资工具，扩大直接融资渠道。

（五）完善契合西藏产业特点的金融服务体系，提高金融服务深度和广度

建立适应西藏各次产业发展特点的业务流程、信用评级、风险控制制度，制定产业贷款调查、审批、发放、催收等管理办法，为实施分类管理奠定基础。结合西藏实际，设立为各类产业、行业服务、形式多样的专兼职部门和专业化信贷队伍，为产业发展提供方便、快捷和灵活的专业化信贷服务。积极引进并

推广内地成熟的金融新产品，研发知识产权质押贷款、股权质押贷款、产业链融资和金融仓储融资模式等适合我区高新技术企业需求特点的融资产品，支持我区特色优势产业及新兴产业企业发展。探索灵活多样的担保方式，引导和鼓励探索开展大型农机具、林权、农牧区土地承包经营权、集体建设用地使用权、宅基地使用权等抵押贷款业务试点，增加农牧业和农牧民群众贷款的可获性。

（六）创造和改善产业企业与金融业合作的条件，提高资金的可获得性

西藏各类企业应通过建立现代企业制度，创造条件与金融业开展合作。首先，要充分发挥西藏资源优势，合理调整产业布局，加快发展特色优势产业，努力提高资源产出效率，在有条件的基础上对部分企业进行并购重组，提高企业综合实力。其次，要引导企业加强内控制度建设，健全财务会计体系，加强财务信息披露，及时、准确地向开户的金融机构提供完整的会计报表。最后，要加强与金融机构的沟通交流，及时将企业相关信息提交给金融机构，更新信用档案。

参考文献

［1］中国人民银行拉萨中心支行课题组．西藏产业发展与金融支持［J］．中国金融，2013（8）．

［2］王磊，杨明洪．西藏产业结构演变：特征、问题与对策［J］．西藏研究，2015（6）．

［3］旺堆．特殊优惠货币政策对西藏产业结构变动的影响［J］．西南金融，2009（12）．

［4］刘天平．论西藏特色产业发展的战略思路与措施［J］．西藏发展论坛，2008（4）．

［5］田坤明等．基于金融支持的新疆产业结构优化升级研究［J］．新疆社会科学，2011（1）．

［6］西藏自治区“十二五”时期国民经济和社会发展规划纲要［M］．西藏：西藏人民出版社，2011.

［7］郑南源．金融支持产业结构调整的作用机制研究［J］．西部金融，2007（7）．

西藏产业结构演进对劳动生产率的贡献分析

佟　亮　程王林

摘要：本文概述了西藏产业结构的演进，分析了西藏产业结构演进现状及总体特征，并且利用转换—份额分析法对西藏产业结构演进对劳动生产率的贡献作了实证分析。分析表明，在西藏劳动生产率快速增长的同时，产业结构演进效应对劳动生产率的整体贡献度偏低，西藏在今后的发展过程中应该充分利用增量调整，加大调整力度，也就是在保持原有产业继续发展的同时，鼓励第二产业中的劳动力密集产业、第三产业中的现代服务业部门优先发展，并且政府应对这些部门给予更多的政策扶持。

关键词：产业结构演进　劳动生产率

一、引言

随着经济全球化和区域经济一体化的发展，以及我国现代化建设的全面推进等国内外环境影响，加上中央实施的“西部大开发”战略，西藏区位优势在中亚及我国越发凸显，在我国的全局规划中具有重要的战略地位。对西藏产业结构考察，有利于指导西藏经济更快、更好的发展，同时对于缩小地区发展差距，促进经济全面、协调发展，保持整个社会的和谐稳定起着举足轻重的作用。

西藏产业结构自20世纪50年代和“一五”时期开始初步形成，在经历了“三线建设”、“两个大局”，“西部大开发”及“中部崛起”和振兴东北老工业基地等一系列均衡和非均衡发展战略中，西藏的产业结构也在经历着一系列的变化。产业结构的优劣决定着一个地区的经济发展水平，决定着一个地区的发展动力，也决定着该地区与其他地区乃至全国的竞争力。西藏产业结构也从最初以农牧业为主的第一产业不断向第二、第三产业方向演变，特别是“西部大开发”以来，这种转变尤为明显。尽管如此，也应看到，受西藏特殊的区位、资源禀赋、社会、历史、国家区域发展布局等因素影响，西藏经济发展一直比较落后，产业结构转变比较缓慢，产业结构中存在的农业生产条件差、工业技术水平低、第三产业发展滞后等不合理的问题仍很突出，西藏经济发展水平与其他地区差距在不断加大，即使与西部地区相比，也比较落后。

世界经济发展史告诉我们，任何一个国家或地区的经济发展与其产业结构优化调整是高度相关的。经济发展的过程是产业结构不断调整、优化和升级的过程，一个地区的经济要想健康、快速、可持续发展，就一定要根据国内和国际经济发展的态势不断优化产业结构。近年来，随着国家区域产业政策的调整和国家“西部大开发”战略的实施，西藏在我国区域经济发展中的地位日趋重要。西藏是我国“西部大开发”中的重中之重，发展潜力巨大；西藏是我国实现生态安全与可持续发展的重要区域；西藏经济的稳定与发展关系到全国改革开放和现代化建设的大局，关系到祖国西部边疆的长治久安。而西藏的产业结构优化进程一直进展缓慢，成为现阶段亟需解决的问题。改革开放以来，西藏经济的发展进入一个崭新的阶段，经济实力显著增强，人民生活水平不断提高。但是与我国东部沿海乃至部分中部地区相比，其经济发展落后态势依然明显，发展差距逐渐扩大。这种差距不仅表现在经济发展规模和发展速度上，而且表现在产业结构上。现有的产业结构已不能与经济的快速、健康发展的要求相适应，不能与西藏在“西部大开发”中所扮演的重要角色相适应，落后的产业结构已经成为影响和制约西藏经济可持续发展的障碍。对口援藏工作的深入展开为西藏经济发展提供了历史性的机遇。在这种背景下，运用产业经济学和区域经济学的相关理论和方法，综合相关学科知识，对西藏产业结构进行分析研究，找出目前产业结构中存在的问题，对科学认识西藏区情，调整优化产业结构，促进西藏区域经济的跨越式、可持续发展具有重大现实意义。

虽然国内经济学家普遍接受了西方学者关于产业结构变化规律的描述，但他们承认中国产业结构再变迁过程确实存在着一定的特殊性，而研究的重点在于解释中国产业结构形成的原因。高佩义（1986）① 认为，产业结构状况及其变化与经济发展阶段和水平、要素、政府干预等是相互联系的。李悦（1988）② 利用产业关联理论分析了产业结构变化与技术进步、社会供给、社会需求和国外供给与需求等直接关联因素之间的关系，指出正是这些关联因素导致了中国工业部门结构的变动。周振华（1991）③ 则运用系统研究方法，从整体上研究

---

① 高佩义．我国农村产业革命的发展进程——再论我国农村产业革命［J］．南开学报，1986（4）．

② 李悦．中国工业部门结构［M］．北京：中国人民大学出版社，1988.

③ 周振华．现代经济增长中的结构效应［M］．上海：上海三联书店出版社，1991.

了结构转换与经济增长之间的关系，并揭示了中国经济增长过程中的结构关联效应、结构弹性效应、结构成长效应和结构开放效应，以及结构效应发挥作用的机制。贾根良（1999）[①] 分析了制度变迁与产业结构变动的关系，提出了产业变迁的根本原因在于劳动分工和制度安排的变化的观点。徐杏（2000）[②] 认为，就业结构的合理与否制约着产业结构调整优化，我国的劳动力技术结构与产业结构的升级具有极大的不适应性，从而使得我国的产业结构升级在短期内难以实现。宋锦剑（2000）[③] 认为，影响产业结构变化的因素虽然很多，但其中最主要的是需求结构、资源供给结构、科技进步程度、国际经济一体化程度及一国的经济发展战略及政策等。林毅夫（2000）[④] 认为，改革开放之前，中国采取赶超战略，优先发展资本密集型的重工业，而这些产业在市场中缺乏自生能力，造成了我国经济发展缓慢；改革开放之后，中国逐渐放弃了赶超战略，按照比较优势发展劳动密集型的产业，使中国的经济获得了长足发展，相应的劳动密集型产业在国民经济中所占的比重不断提高。另外，在各国的产业发展过程中，政府的政策也起着相当重要的作用，后发国家可以充分利用后发优势，制定恰当的产业政策促进产业快速发展。但是最优产业结构的最终决定因素是一个国家的禀赋结构，国家的发展战略可以改变产业结构，但是要实现国家的长期增长，必须按比较优势来确定自己的发展战略（Lin，2007）[⑤]。陈静（2003）[⑥] 认为，影响中国产业结构的调整与优化因素很多，需求结构、劳动力素质、外资规模、政府产业政策和劳动生产率等是最重要的影响因素。江小涓（2004）[⑦] 认为，收入水平与产业结构之间存在关联性。关于产业结构的变动的影响因素，国内的学者们存在各种不同的观点。

在我国加入世界贸易组织以后，外商直接投资（FDI）对于经济发展的作用越发明显，大量的文献研究对外贸易和 FDI 对中国产业结构变迁的影响。吴进红（2006）[⑧] 认为，在开放经济条件下，对外贸易与产业结构升级之间是相

① 贾根良．劳动分工、制度变迁与结构变动［M］．天津：南开大学出版社，1999.

② 徐杏．消费结构、产业结构和就业结构的联动分析［J］．河海大学学报，2000（3）．

③ 宋锦剑．论产业结构优化升级的测度问题［J］．当代经济科学，2000（5）．

④ 林毅夫．再论制度、技术与中国农业发展［M］．北京：北京大学出版社，2000.

⑤ Justin Yifu Lin. Development Strategy，Optimal Industrial Structure and Economic Growth in Less Developed Countries，2007.

⑥ 陈静、叶文振．产业结构优化水平的度量及其影响因素分析［J］．中共福建省委党校学报，2003（1）．

⑦ 江小涓．建国以来产业结构与产业组织理论研究的回顾，2004.

⑧ 吴进红．对外贸易与江苏产业结构升级［J］．南京社会科学，2006（3）．

互促进的关系，一个国家根据自身的比较优势，生产自己具有优势的产品，于是决定了其进出口商品的结构，同时优化进出口商品结构又可以提高技术含量和高附加值工业制成品在出口中的比重，可以带动国民经济的发展、推动产业结构的升级，通过建立回归模型，验证了江苏省的对外贸易对江苏产业结构升级的作用。王晴（2007）[①] 认为，我国目前的产业竞争优势在于劳动密集型产业，而劳动密集型产业的优势主要来源于劳动力成本低的比较优势，并且这种优势还将在一定时期内存在，中国人口众多，还有大量农业剩余劳动力要向工业部门转移，下岗和失业的职工需要再就业等，都需要进一步发展劳动密集型产业。张淑玲（2007）[②] 认为，FDI 有着技术溢出效应，通过技术进步来提高各种生产要素的潜在效率，而这生产要素及其效率又是产业结构优化升级的决定性因素，同时，外商直接投资会增加东道国的资本供给，引起东道国的产业转移，进而推动东道国产业结构的升级。

关于产业结构变迁的作用的研究，主要集中在产业结构变迁对于经济增长的促进作用方面。世界银行（World Bank，1997）[③] 认为，劳动力资源在不同产业间的转移，使 1978 年到 1995 年期间的经济增长率提高了 1.5 个百分点，改革开放后发展战略从重工业优先向劳动力密集型产业的转移促进了资源配置效率的改善，同时，制度变革带来的劳动力转移导致了资本要素的转移，从而放大对生产率增长的效应，市场化改革的深入和投入要素结构的变动明显推动了经济增长，农村劳动力向非农产业的转移提高了经济产出和效率（张明海，2002）[④]。对云南和黑龙江两省产业结构调整和经济增长关系的研究发现，产业结构调整和经济增长之间存在着稳定的协整关系，并且产业结构调整是经济增长的格兰杰原因（李继云，2005[⑤]；王兵，2006[⑥]），中国产业结构调整在促进经济增长的同时还具有就业结构转换效应、技术进步效应和资源再配置效应（何德旭，2008）[⑦]。而赵春艳（2008）[⑧] 运用面板数据模型，对我国各省份

① 王晴．印度软件业崛起原因及其对我国产业结构升级的启示［J］．生产力研究，2007（3）．

② 张淑玲、卢择君．FDI 对我国产业结构升级的作用机制研究［J］．生产力研究，2007（9）．

③ World Bank. China2020：Development Challenges in the New Century. Washington，DC：World Bank，1997.

④ 张明海．中国经济的增长和要素配置的市场化：1978—1999［J］．世界经济文汇，2002（3）．

⑤ 李继云、孙良涛．云南产业结构与经济增长关系的实证分析［J］．工业技术经济，2005（8）．

⑥ 王兵、陈雪梅．产业结构与广东经济增长［J］．暨南学报，2006（4）．

⑦ 何德旭、姚战琪．中国产业结构调整的效应、优化升级目标和政策措施［J］．中国工业经济，2008（5）．

⑧ 赵春艳．我国经济增长与产业结构演进关系的研究——基于面板数据模型的实证分析［J］．数理统计与管理，2008（3）．

1996—2005 年人均 GDP 和三次产业比重的关系进行拟合，确立了经济增长对产业结构的显著影响。

二、西藏产业结构演进现状分析

第一阶段：1985—1996 年。这一阶段西藏产业结构呈现“一、三、二”的产业格局。这一阶段西藏工业化水平低，产业结构处于初级阶段。

第二阶段：1997—2002 年。这一阶段第二产业比重略有上升，第三产业比重明显上升。1997 年，西藏第三产业比重达到 40.3%，第二产业比重达到 21.9%，形成“三、一、二”的产业格局。这种情况持续了五年之久。

第三阶段：2003—2014 年。这一阶段第二产业比重显著上升，第三产业比重基本保持不变。2003 年，第二产业比重达到 23.6%，超过第一产业的 22%，形成“三、二、一”的产业格局。

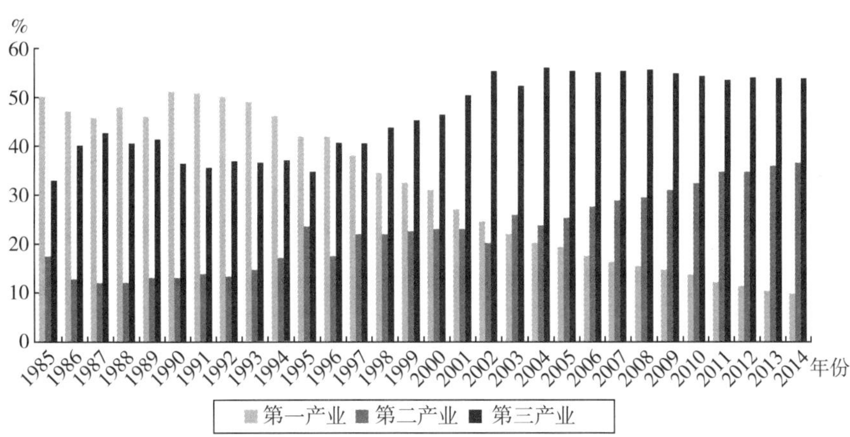

资料来源：根据历年《西藏统计年鉴》整理分析得到。

图 1　西藏三次产业产值比重

目前，西藏产业结构以第三产业为主导、第二产业稳定发展的格局已经形成，西藏三次产业比重的变化反映了工业化的规律，符合库兹涅茨定律。

三、西藏产业结构演进对劳动生产率的贡献分析

（一）产业结构演进效应的实证分析

钱纳里在其著作《工业化和经济增长的比较研究》中指出，在各个国家工业化的进程中，经济结构的转变对经济增长的影响的重要性因为发展水平的不

同而有所不同，这在发展中国家表现得更加突出。由于各生产部门具有不同的生产率水平和生产率增长率水平，因此，当资源由低生产率水平或低生产率增长水平的生产部门向高生产率水平或高生产率增长水平的生产部门流动时，就会促进总生产率增长。这种基于资源流动而形成的结构演进过程对生产率增长会产生额外贡献的观点，就是所谓的“结构红利假说”。

由于产业结构演进对经济的影响因经济发展所处的阶段不同而不同。西藏经济发展虽处于相对落后的阶段，但是跨越式发展背景下，要求劳动生产率的增长必须是健康的、可持续的，也就是在产业结构优化条件下的劳动生产率增长。因而，基于产业结构演进的视角对西藏劳动生产率增长效应进行研究十分必要，对启发西藏产业发展和产业结构的合理调整，具有重要的现实意义。

1. 研究方法

转换—份额分析法（Shift－Share Analysis），这是一种在国外被广泛应用于产业结构变化的数学方法。其基本原理为：在选定时间范围和背景区域内，把区域经济变化看做一个动态过程，将区域自身经济总量在某一时期的变动分解为静态结构效应、动态结构效应和内部增长效应三部分。

转换—份额法的计算

t 时期的总体劳动生产率可以表示为

$$LP^{t}=\frac{Y^{t}}{L^{t}}=\sum_{i=1}^{n}\frac{Y_{i}^{t}L_{i}^{t}}{L_{i}^{t}L^{t}}=\sum_{i=1}^{n}LP_{i}^{t}S_{i}^{t} \tag{1}$$

式中，LP 表示劳动生产率；t 表示末期；0 表示基期；i 表示第 i 产业（$i=1$，2，3）；Y 表示产值；L 表示劳动量；S 表示劳动占总劳动的份额。

根据式（1）可得 t 时期相对于基期 0 的劳动生产率的增长率，可以表示为

$$\frac{LP^{t}-LP^{0}}{LP^{0}}=\frac{\sum_{i=1}^{n}(S_{i}^{t}-S_{i}^{0})LP_{i}^{0}+\sum_{i=1}^{n}(LP_{i}^{t}-LP_{i}^{0})(S_{i}^{t}-S_{i}^{0})+\sum_{i=1}^{n}(LP_{i}^{t}-LP_{i}^{0})S_{i}^{0}}{LP^{0}} \tag{2}$$

式（2）右边的第一项被称为产业结构改变对劳动生产率的静态结构演进效应，即在劳动生产率以基期表示并且不改变的情况下，劳动力由劳动生产率低的产业向劳动生产率高的产业转移所造成的劳动生产率的变化，即劳动生产率不变的情况下，由于劳动在各个产业之间的重新分配所造成的效应。

式（2）右边的第二项称为产业结构改变对劳动生产率的动态结构演进效应，即在各个产业的劳动份额改变的情况下，劳动力从劳动生产力低的产业向

劳动生产率高的产业转移所造成的劳动生产率的改变，即劳动生产率改变的情况下，劳动在各个产业之间的重新分配所造成的效应。

式（2）右边的第三项被称为劳动生产率内部增长效应，即在劳动所占份额由基期表示并且不变时，各产业劳动生产率的改变所造成的总体劳动生产率的提高，即不存在产业结构变动时的劳动生产率的改变。

式（2）右边的前两项加总就是产业结构变动的总结构演进效应，是排除了劳动生产率内部增长的产业结构演进对劳动生产率增长所起的贡献作用。

2. 西藏产业结构演进对劳动生产率的贡献分析

由 1978—2014 年西藏与全国产业结构演进效应矩阵可看出：西藏产业结构演进的总效应对劳动生产率增长的贡献为17. 43%。从三次产业的角度来看，第一产业的结构演进效应贡献为 – 8. 93%，第二产业的结构演进效应贡献为1. 21%，第三产业的结构演进效应贡献为25. 15%。

西藏第一产业劳动生产率增长对整体劳动生产率增长的贡献约为16. 17%。一产的结构演进效应的贡献为负值，是由于就业结构的改变，也就是说，由于经济发展过程造成的产业结构演进，使大量的劳动力由第一产业向第二、第三产业转移，这点也可以从表 1 中第一产业的动态结构演进效应的绝对值较大看出。与结构演进效应相比，第一产业的内部增长效应是比较明显的，其内部增长效应对整个劳动生产率增长的贡献高达25. 10%，这是由于第一产业内部的生产技术的改进，制度的改善，以及管理的更有效率等因素促进了劳动生产率的提高。

表 1　　西藏产业结构演进效应矩阵

1978—2014	劳动生产率增长率		静态结构演进效应		动态结构演进效应		内部增长效应	
	西藏	全国	西藏	全国	西藏	全国	西藏	全国
总劳动生产率增长率	11. 018	8. 5883	0. 1815	0. 5921	1. 7384	2. 9134	9. 0978	5. 0828
第一产业劳动生产率增长率	1. 7811	0. 71	–0. 113	–0. 13	–0. 871	–0. 715	2. 7652	1. 5548
第二产业劳动生产率增长率	4. 95	3. 9602	0. 0118	0. 2908	0. 121	1. 3865	4. 8172	2. 2829
第三产业劳动生产率增长率	4. 2866	3. 9181	0. 2825	0. 431	2. 4887	2. 242	1. 5154	1. 2451

数据来源：根据历年《西藏统计年鉴》相关数据计算得出。

西藏第二产业劳动生产率增长对整体劳动生产率增长的贡献最大，大约为44.93%。产业结构演进的效应虽然为正值，但是很小。西藏第三产业劳动生产率增长对整体劳动生产率的贡献也比较显著，大约为38.91%。其中产业结构演进效应较第一产业和第二产业都更为显著，在产业结构演进过程中，资源在产业间更加优化的配置使得第三产业的劳动生产率有了比较大的提高。原因在于有大量的农村剩余劳动力由第一产业转移至第三产业，劳动力从生产效率低的农业生产部门转向生产效率高的第三产业部门，极大地促进了第三产业劳动生产率的增长。西藏第三产业就业人数由1978年的仅仅11.22万人增加到2014年的88.86万人，就业比例由12.1%提高到41.6%，这种劳动力在产业间的转移极大地解放和发展了生产力，其对总劳动生产率的贡献达到25.15%。农村剩余劳动力与第三产业的结合不仅为西藏就业问题作出了很大的贡献，而且优化了资源配置，提高了生产效率。进而从第三产业内部来讲，产业结构演进效应大于内部增长效应，说明西藏在改革开放32年间第三产业劳动生产率的提高主要依赖于资源在产业间的优化配置，而产业内部生产技术的进步、制度的改善、管理的创新等因素只起次要作用。

3. 结论与启示

以上分析表明：在西藏劳动生产率快速增长的同时，产业结构演进效应对劳动生产率的整体贡献度偏低，如果把产业结构演进效应比作资源低效率配置和资源高效率配置之间的落差形成的势能，则西藏较全国来说这种势能仍然很大。如果在今后西藏经济发展过程中能够充分利用这一势能，劳动生产率将获得更大的增长。

西藏产业结构演进效应揭示，改革开放以来，西藏劳动生产率在获得极大提升的同时，产业结构演进效应的贡献却不是很大。产业结构演进与劳动生产率的提高又是密不可分的，产业结构失衡下的劳动生产率增长是不健康、不可持续的；没有劳动生产率的增长，产业结构的调整就会变成无源之水，其发展将变得举步维艰。在西藏今后的经济发展过程中，如何平衡好结构与效率的关系，将极大地考验地方政府的智慧。笔者认为，西藏在今后的发展过程中应该充分利用增量调整，加大增量调整力度，也就是在保持原有产业继续发展的同时，鼓励第二产业中的劳动力密集产业、第三产业中的现代服务业部门优先发展，并且政府应对这些部门给予更多的政策扶持。

参考文献

［1］高佩义．我国农村产业革命的发展进程——再论我国农村产业革命［J］．南开学报，1986（4）．

［2］李悦．中国工业部门结构［M］．北京：中国人民大学出版社，1988.

［3］周振华．现代经济增长中的结构效应［M］．上海：上海三联书店出版社，1991.

［4］贾根良．劳动分工、制度变迁与结构变动［M］．天津：南开大学出版社，1999.

［5］徐杏．消费结构、产业结构和就业结构的联动分析［J］．河海大学学报，2000（3）．

［6］宋锦剑．论产业结构优化升级的测度问题［J］．当代经济科学，2000（5）．

［7］林毅夫．再论制度、技术与中国农业发展［M］．北京：北京大学出版社，2000.

［8］陈静，叶文振．产业结构优化水平的度量及其影响因素分析［J］．中共福建省委党校学报，2003（1）．

［9］江小涓．建国以来产业结构与产业组织理论研究的回顾，2004.

［10］吴进红．对外贸易与江苏产业结构升级［J］．南京社会科学，2006（3）．

［11］王晴．印度软件业崛起原因及其对我国产业结构升级的启示［J］．生产力研究，2007（3）．

［12］张淑玲，卢掸君．FDI 对我国产业结构升级的作用机制研究［J］．生产力研究，2007（9）．

［13］张明海．中国经济的增长和要素配置的市场化：1978—1999［J］．世界经济文汇，2002（3）．

［14］李继云，孙良涛．云南产业结构与经济增长关系的实证分析［J］．工业技术经济，2005（8）．

［15］王兵，陈雪梅．产业结构与广东经济增长［J］．暨南学报，2006（4）．

［16］何德旭，姚战琪．中国产业结构调整的效应、优化升级目标和政策措

施［J］．中国工业经济，2008（5）．

［17］赵春艳．我国经济增长与产业结构演进关系的研究——基于面板数据模型的实证分析［J］．数理统计与管理，2008（3）．

［18］Justin Yifu Lin. Development Strategy，Optimal Industrial Structure and Economic Growth in Less Developed Countries，2007.

［19］World Bank. China 2020：Development Challenges in the New Century. Washington，DC：World Bank，1997.

金融支持与西藏产业结构优化发展研究：西藏地区（市）的经验证据

杨宝林 付跃东

摘要：本文对金融支持西藏地区产业结构发展进行实证研究。当前，在金融支持西藏产业发展思路上，以国有商业银行为主体的金融体系，无论是信贷支持还是金融运行效率都对西藏产业结构发展优化起到了积极作用。西藏产业发展有明显的政府主导特征，西藏地区金融“造血”能力不高，很大程度上依赖中央特殊金融政策和大量的转移支付。从本文的估计结果所知，中央转移支付对西藏产业结构发展升级作用是显而易见的；外贸发展水平对西藏产业发展助推作用尚未体现。

关键词：金融支持 产业结构 实证研究

一、引言

现代产业经济运行显著的特点就是各种要素合理配置，呈现集群式发展。产业结构优化升级发展过程中，金融与各产业之间不断融合，金融机构支持产业发展机制不断完善。产业是经济结构的重要组成部分，经济增长是三大产业共同增长的结果，地区经济的发展不仅仅体现为经济总量的高度增长，同时也和一个地区产业结构的发展和优化升级密切相关。经济增长与金融发展密切相关，同时产业发展也离不开金融支持，产业发展的金融支持主要表现是金融机构的信贷促进产业结构的发展和优化升级，扩大产业部门的生产规模并提高产业发展效益。

自“西部大开发”以来，西藏的产业结构发展升级取得显著的成就，西藏产业经济高速发展，逐渐形成了以旅游业为主、藏药研发、净水产业、采矿业等为优势的产业。金融作为现代经济发展重要的要素资源，通过储蓄、资本要素配置、化解风险等功能影响产业经济发展。西藏的产业经济发展升级离不开金融机构资金支持，研究西藏产业升级发展与金融支持的关系，对协调西藏产业经济发展和金融发展有重要的现实意义。

国内外学者分别从不同的角度研究了金融与产业发展问题。金融支持产业发展的作用机理方面，Spencer（2005）和 Kolympiris，et al（2011）认为，在产业发展的过程中，金融业起着非常显著的作用。金融发展可以通过影响不同技术创新产业间接促进经济增长（Mata and Machado，1996）。Kletzer 和 Bardhan（1987）研究发现，信贷限制较少的国家会提高金融部门的效率，更好地为融资依赖强的产业融资，推动相关产业的成长。Rajan 和 Zingales（1998）认为，金融发展会通过降低企业向外部融资的成本来直接促进产业成长，进一步得出在金融体系发达的国家，外源融资依赖较强产业发展的相对较好的结论（Beck 和 Levine，2002）。随着产业经济的快速发展，国内学者针对金融支持产业发展做了大量研究，林毅夫、孙希芳和姜烨（2009）认为，处于不同发展阶段的经济体具有不同的要素禀赋结构和相应的最优产业结构，因此，不存在适用于所有经济发展阶段和所有经济体的最优金融结构，每个经济体在一定发展阶段都有各自的最优金融结构。伍海华和张旭（2001）、米建国和李建伟（2002）、范方志和张立军（2003）也从不同角度研究了金融与产业发展的关系。

国内外学者对金融支持促进产业发展作用已形成一致的共识，但大多数是从宏观角度研究两者关系，政策层面上为国家宏观经济政策的制定提供借鉴。从现实情况看，我国区域经济发展极不平衡、东中西部差异明显，特别是西藏这样的欠发达地区，仅从宏观角度研究是远远不够的，还需要从中观和微观的层面展开深入研究。本文选择西藏地区（市）为研究样本，采用 2002—2013 年的年度数据，运用面板计量方法来审视金融支持与产业发展的关系，为协调西藏金融与产业发展提供政策借鉴。

二、金融支持西藏产业现状

改革开放 30 多年来，西藏的经济、金融业取得了长足的发展和进步，西藏金融在有效支持当地经济发展方面发挥着不可替代的作用。

（一）商业银行支持西藏产业发展现状

西藏地区已经建立起政策性银行、商业银行、村镇银行“三位一体”的银行业体系。截至2015年7月，西藏已有国开行和农发行2家政策性银行和工行、农行、中行、建行4家国有股份制银行，以及邮政储蓄银行、中信银行、民生银行、西藏银行、林芝民生村镇银行、西藏信托、西藏金融租赁有限公司等14家金融机构。随着西藏各类金融机构的发展和西藏金融市场容量的扩张，西藏的商业银行通过汇集资金、引导资金流向对西藏产业结构调整发展起到了举足轻重的作用。从资金聚集方面来看，西藏银行业的贷款总额总体上呈逐年上升的趋势，大量的资金有力地支持了西藏经济的发展；从资金导向方面来看，贷款在各产业的分布趋于合理，有力支持了西藏产业结构的调整。因此，我们利用贷款在各产业间的投向实现分析商业银行金融支持对产业结构调整的作用，见表1所示。

表1　　西藏金融机构贷款产业投向情况　　单位：亿元

年份	第一产业 GDP	第二产业 GDP	第三产业 GDP	农业贷款	工业贷款	商业贷款	贷款余额
2002	39.75	32.72	89.56	3.36	9.25	32.83	121.13
2003	40.70	47.64	96.76	5.47	9.42	30.90	144.44
2004	44.30	52.74	123.30	6.77	5.60	18.63	167.9
2005	48.04	63.52	139.65	7.34	7.69	15.32	178.85
2006	50.90	80.10	160.01	9.21	5.86	14.73	203.71
2007	54.89	98.48	188.82	6.23	10.05	6.59	223.47
2008	60.62	115.56	218.67	2.81	9.44	3.99	218.98
2009	63.88	136.63	240.85	1.63	6.27	3.23	248
2010	68.72	163.92	274.82	—	—	—	301.49
2011	74.47	208.79	322.57	—	—	—	408.75
2012	80.38	242.85	377.80	—	—	—	663.76
2013	86.82	292.92	427.93	—	—	—	1076.69
2014	91.57	336.84	492.42	—	—	—	—

数据来源：Wind资讯；《新中国60年统计资料汇编》。

从表1可知，商业银行信贷投放对西藏的产业经济发展起到积极作用，银行贷款与各产业增长变化趋势基本一致。即西藏农业贷款投向与第一产业产值增长正相关；工业贷款与第二产业产值呈同向增长；商业贷款则与第三产业产值出现波动趋势，但总体也呈上升趋势。西藏主要是以服务业为主的旅游业，商业贷款投放高于农业贷款和工业贷款，这与西藏产业结构是高度相关的。根据中国农业银行西藏分行公布数据，截至2014年，西藏涉农贷款余额达231.29亿元，增长96.73%。西藏农业贷款主要为农业产业化龙头企业发展以及优势农业发展提供了所需的资金支持，这对促进农业产值增加和西藏“三农”问题的解决发挥了重要作用；工业贷款投放占比较低，这是由于西藏工业较为薄弱，因而银行对于工业贷款始终较小，这不利于西藏工业产值的快速提高；商业贷款的持续增加，反映了西藏信贷对交通运输、旅游、住宿、餐饮服务等第三产业快速发展的支持力度在增强，且在短期贷款中占比最大，促进了三产产值大幅上升。因此，西藏信贷结构的调整为西藏产业结构的调整发挥了不可替代的作用，既支持了作为基础性产业的农业在国民经济中地位的巩固及提升，又支持了工业作为支柱性产业的进一步发展，还对第三产业的快速发展提供了充足动力。

此外，如表2所示，从西藏三产投资额在各产业中的单位产值投资额可以看出，固定资产投资在三产中投资额呈波动式逐渐增加，其中，第三产业增长幅度较快，第二产业加速增长，第一产业稳中有升，这说明，西藏固定资产的投资较好地支持了三次产业的发展，促进了西藏产业结构优化升级。

表2　西藏自治区三次产业投资、产业结构及其贷款比重

年份	第一产业投资额（亿元）	第二产业投资额（亿元）	第三产业投资额（亿元）	第一产业比重（%）	第二产业比重（%）	第三产业比重（%）	贷款额（亿元）	贷款比例（%）
2002	4.01	20.02	84.79	24.60	20.40	55.00	—	—
2003	5.65	22.97	104.88	22.00	26.00	52.00	—	—
2004	7.15	27.18	105.8	20.50	27.20	52.30	5.96	4.25
2005	7.43	20.57	118.9	19.10	25.30	55.60	5.46	3.72
2006	11.72	20.01	140.57	17.50	27.50	55.00	4.71	2.73
2007	14.17	25.95	145.23	16.00	28.80	55.20	4.61	2.49
2008	14.81	43.12	159.91	15.30	29.20	55.50	5.95	2.73
2009	21.17	64.91	188.2	14.50	31.00	54.60	10.3	3.76
2010	21.1	81.71	241.57	13.50	32.30	54.20	9.9	2.88
2011	19.58	91.06	309.6	12.30	34.50	53.20	16.24	3.87
2012	25.82	116.78	350.52	11.50	34.60	53.90	25.48	5.17
2013	38.1	189.48	467.22	10.70	36.30	53.00	16.12	2.32

资料来源：Wind资讯。

从银行机构金融支持产业发展方面，固定资产投资产业投向也可以看出金融机构贷款对一、二、三次产业发展的支持作用。从表2可以看出，西藏固定资产投资数额中的国内贷款仅仅占到全部投资资金的3%左右，这反映出银行信贷可以通过固定资产投资的投向变动来支持相关产业的发展，但从贷款所占

固定资产投资比例来看，银行业信贷对西藏产业结构升级直接影响程度较为有限，未来还有很大的提升空间。

（二）资本市场支持西藏产业发展现状

自1995年西藏发行上市第一只股票西藏明珠以来，目前，西藏共有11家A股上市公司，一家H股上市公司，1家证券公司，1家公募基金管理公司，12家证券期货分支机构，106家私募基金管理机构。截至2015年6月30日，西藏证券分支机构客户交易结算资金余额17.68亿元；托管总市值172.78亿元；总资金账户数220253户；合格资金账户数210638户；累计实现营业收入9754.46万元；累计实现净利润7055.29万元。期货分支机构期货保证金余额7.59亿元，累计成交金额23299.35亿元，累计交割金额1.53亿元；总客户数1883户，有效客户数1634户；累计实现营业收入958.28万元；累计实现净利润586.36万元。

从上市公司的产业分布来看，上市公司广泛涉及电器制造、工业、商贸、制药等行业。截至2015年6月30日，西藏11家A股上市公司总市值为1386.56亿元。各上市公司通过资本市场所募集的资金，极大地促进了其所从事的产业经济的发展，对整个西藏特色产业经济优化起到了一定的促进作用，如表3所示。

表3　西藏12家上市公司及其分属行业

序号	公司名称	所属行业
1	西藏明珠	电器机械及器材制造业
2	梅花生物	化学原料及化学制品业
3	西藏旅游	服务业
4	西藏城投	土木工程建筑业
5	西藏矿业	采矿业
6	西藏发展	土木工程建筑业
7	西藏药业	制药及医药业
8	西藏珠峰	采矿业
9	西藏天路	土木工程建筑业
10	奇正藏药	制药及医药业
11	灵康药业	制药及医药业
12	西藏5100	食品加工业

资料来源：西藏证监局。

三、模型设定与变量选择

（一）模型设定

产业结构的升级和发展优化需要特定的金融条件和高质量的金融服务，这是西藏产业发展升级必要的内生条件。本文研究金融支持相关指标与西藏产业结构发展优化的作用。因此，因变量为西藏产业结构（Instructure）特征、自变量为金融发展支持（jrzc）和一系列控制变量（Control）。考虑影响产业发展因素较多，我们设定控制向量集，来控制其他因素带来的影响。因此，模型设定为

$$Instructure_{it} = c + \sum_{j} \alpha_j jrzc_{jit} + \sum_{k} \gamma_k Control_{kit} + v_{it} \tag{1}$$

式中，$Instructure_{it}$ 代表西藏各地区（市）产业结构特征；i 表示某个地区（市）；t 代表年份；$jrzc_{jit}$ 代表影响西藏产业结构优化发展的第 j 个因素，这里取 $j=1$，2；c 为常数项参数；α_j 和 γ_k 为估计参数；v_{it} 为随机误差项。

（二）变量选择及其设定

1. 因变量和自变量的解释设定①

产业结构发展升级指标（Instructure）用第二产业增加值和第三产业增加值之和占 GDP 中的比重来代表该西藏产业结构发展升级情况。金融支持发展水平，本文用两个相关指标来衡量金融支持对产业结构发展影响：一是各地区（市）国有银行贷款占第三产业产值（JRYX）的比重，该指标反映了国有银行贷款对产业发展升级的影响程度；二是金融运作效率指标（SLR），也可看出储蓄—投资的转换效率。本文用银行的贷款余额占存款余额的比重来表示，基本能反映某个区域存款资源转化为信贷投放的效率。

2. 控制变量的选取和解释

本文还通过选取合理的控制变量来控制其他外生变量可能会给产业结构发展升级产生的影响。一是地方政府干预变量（ZFGY）。在西藏产业结构发展升级路径选择上，可以说是政府主导型的产业发展升级，政府的作用不可或缺，本文用地方财政支出占当年地方财政收入来衡量，其可以反映政府通过财政收

① 注：这里尚未考虑融资结构对西藏产业结构发展升级影响，由于西藏上市公司数据难以获取。

支对产业发展的干预程度。二是对外贸易发展水平（WMSP）。该指标反映西藏各地区（市）对外贸易对产业结构发展的影响。本文利用各地区进出口总额占该地区 GDP 比重来衡量本地区（市）对外贸易发展水平。三是中央财政转移支付（ZYZF）。西藏作为重要的财政转移支付地区，中央财政转移支付对西藏产业发展起到了重要作用，本文利用各地区获得转移支付额度占 GDP 比重来测度。数据来源为《西藏统计年鉴》《新中国 60 年资料汇编》等。

四、实证结果与解释

本文利用西藏各地区（市）2002—2013 年的面板数据，并利用 Hausman 检验来选择面板估计方法是适用固定效应模型还是随机效应模型，然后利用 F 检验确定选择使用 FE 或者 POLS（最小二乘法）。下面，我们依次对金融发展水平三个指标进行回归检验。

表 4　　金融机构信贷支持（JRZC）对西藏产业发展估计结果

变量	模型 1 (POLS)	模型 2 (RE)	模型 3 (FE)	模型 4 (FE)
JRZC	4.46** (1.76)	3.12* (2.03)	5.36*** (3.66)	1.69** (1.56)
C	0.69* (0.19)	4.33 (1.98)	3.78** (2.16)	
控制变量				
ZFGY	-0.36 (1.66)	2.36* (6.32)	6.84* (2.65)	5.31** (4.71)
WMSP	-0.06 (2.01)	-0.96 (1.36)	-1.17 (0.33)	
ZYZF	4.67 (3.52)	7.88* (0.29)	6.11*** (4.17)	9.26** (2.79)
组内 R^2		0.22	0.39	0.33
组外 R^2		0.81	0.14	0.07
总体 R^2		0.65	0.09	0.11
R^2	0.51			
调整 R^2	0.49			
LM 检验及 P 值 (OLS&RE)		66.38 (0.0000)		
F 检验及 P 值 (OLS&FE)			20.19 (0.0000)	18.35 (0.0000)
H 检验及 P 值 (OLS&RE)			17.30 (0.0000)	32.18 (0.0000)

注：*** 为 1% 水平上显著；** 为 5% 水平上显著；* 为 10% 水平上显著；括号内为相应的统计值。

表4中报告了三种模型的回归结果，从检验结果可知，模型应该选择固定效应模型回归较为合理。在模型3中，国有银行信贷规模系数为正且回归结果显著，该回归结果说明，西藏以国有银行为主的金融体系虽然垄断了金融资源，但在一定程度上促进了西藏地区产业发展。西藏地区产业经济特征以国有经济为主，民营经济欠发达，经济产出占比较国有经济低，银行机构通常偏向国有经济企业发放贷款。控制变量回归结果报告：政府干预程度（ZFGY）回归系数为正且回归显著，这与西藏地区产业结构发展和调整带有很浓烈的行政调整性质有关，就西藏产业发展和调整效果来看，政府干预明显促进了西藏地区产业发展。这说明政府干预对西藏产业发展是合理且合适的。外贸发展水平（WMSP）回归系数为负，回归结果不显著。这说明西藏地区外贸发展水平对产业发展的促进作用并不明显，这与西藏地区实际情况是相吻合的。西藏地区属于边疆高原偏远地区，外贸发展水平较低，地区经济开放度较低，与周边国家贸易还处于较低水平，对外贸易对西藏产业发展的潜力还未释放出来。可以说，西藏有众多特色的产业，一旦走上产业高速发展的轨道，西藏的外贸水平将迅速提升。中央财政转移支付系数（CZYF）回归结果为正且显著，对产业结构发展影响作用显著，这说明中央财政转移支付促进了西藏产业发展。模型（4）在模型（3）的基础上去掉了回归不显著的变量，经过Hausman检验，检验结果依然支持建立固定效应模型。

表5　金融运作效率（SLR）对西藏产业发展估计结果

变量	模型1 （POLS）	模型2 （RE）	模型3 （FE）	模型4 （FE）
JRZC	-5.24** （2.06）	3.12*** （3.03）	6.89*** （2.17）	5.94** （3.47）
C	1.56** （1.23）	3.31*** （0.31）	2.09** （0.56）	2.03*** （0.29）
控制变量				
ZFGY	-1.41 （1.37）	5.89** （2.39）	9.27* （3.63）	2.46** （3.22）
WMSP	-0.36 （1.89）	-2.78* （1.19）	-3.99 （3.59）	
ZYZF	1.49** （0.56）	3.09** （0.29）	2.53** （4.17）	2.17** （2.79）
组内 R^2		0.31	0.19	0.27

续表

变量	模型1（POLS）	模型2（RE）	模型3（FE）	模型4（FE）
组外 R^2		0.12	0.008	0.001
总体 R^2		0.35	0.002	0.009
R^2	0.47			
调整 R^2	0.39			
LM 检验及 P 值（OLS&RE）		99.67（0.0000）		28.34（0.0000）
F 检验及 P 值（OLS&FE）			17.38（0.0000）	
H 检验及 P 值（OLS&RE）		5.31（0.61）		4.4（0.21）

注：*** 为1%水平上显著；* * 为5%水平上显著；* 为10%水平上显著；括号内为相应的统计值。

表5是金融发展运行效率对西藏产业发展的回归估计结果，通过表5中模型检验结果显示，应该选择随机效应模型估计。模型2中，金融发展运行效率（SLR）系数估计结果显著，说明当前西藏国有商业银行金融运行相对有效率，且当下的金融运行效率可促进西藏产业结构发展升级，其缘由是西藏是以国有企业为核心的产业推动模式，在金融支持西藏产业发展趋势下，商业银行等金融机构更愿意把信贷投放给国有企业。国有企业是西藏本地产业龙头企业，资质较好，资金实力雄厚，加上西藏地方政府大力支持，这些国有龙头企业更容易获得来自商业银行的贷款。商业银行金融运行效率的提升增强了西藏国有企业占主导的产业的信贷获取能力，从而这些产业能获得更好的发展。此外，根据表5的回归结果，控制变量中，政府干预程度（ZFGY）和中央财政转移支付（ZYZF）仍然对西藏的产业结构发展升级有正向的促进作用。对外贸易发展水平（WMSP）参数估计为负且不显著，说明当前对外贸易发展水平对西藏产业结构发展升级影响能力较小，但这并不能否定外贸发展水平对西藏产业发展的作用，可能是由于西藏目前的对外贸易体量小，还未成为推动西藏产业结构发展的重要推动力。去掉不显著的变量后，经过相关检验仍然适用随机效应模型，利用模型4估计结果，各变量对西藏产业发展依然是正向的促进作用，显著性进一步增强。

五、结论及建议

本文对金融支持对西藏地区产业结构发展进行实证研究，当前在金融支持西藏产业发展思路上，以国有商业银行的金融体系无论是信贷支持还是金融运行效率都对西藏产业结构发展优化起到了积极作用。西藏产业发展有明显的政府主导特征（由政府干预程度估计结果），西藏地区金融“造血”能力不高，在很大程度上依赖中央特殊金融政策和大量的转移支付。从本文的估计结果所知，中央转移支付对西藏产业结构发展升级作用是显而易见的；外贸发展水平对西藏产业发展作用还未释放。按照“提升一产、壮大二产、做强三产”的西藏产业发展思路，结合本文研究结果，特提出以下几点建议：

第一，继续对西藏特色产业倾斜优惠信贷支持，保持西藏本地传统优势产业率先发展，从而带动西藏整个产业发展，带动西藏经济发展。西藏金融资源有限，各地区产业发展水平参差不齐，因此，金融应重点支持各地区的主导产业优先发展，比如服务业、藏医药等特色产业。

第二，建立产业发展基金，扩大政府支持力度。一个地方主导产业的发展，需要政府的强力支持，特别是在产业发展的初期，不仅需要政策上的支持，更需要资金上的支持。建立产业发展基金，对该产业内龙头企业的发展提供支持，利用优惠政策、财政资金、信贷资金的联合推动产业发展，从根本上解决产业融资难题。

第三，积极拓展资本市场，引导企业上市融资发展。增强西藏龙头产业企业的直接融资能力，为龙头产业企业创造良好的融资环境，通过直接融资推动产业的发展与升级。资本市场是企业融资的重要平台，应鼓励和支持符合上市条件的企业上市融资，促进优势产业率先发展，进而形成产业集群。建立主板、中小板、创业板后备企业上市数据库，符合一个，上市一个，建立长期发展促进机制，有效解决融资困难。

第四，积极引导企业“走出去”，大力发展对外贸易，提升西藏整体对外贸易发展水平。西藏作为民族特色资源禀赋较为丰沛的地区，特色产业是大力发展对外贸易的突破口，应积极鼓励西藏企业“走出去”。随着西藏地区基础设施、投资软环境的改善和国家产业政策支持，加快特色外资企业引进，有利于西藏产业发展。

参考文献

［1］林毅夫，孙希芳，姜烨．经济发展中的最优金融结构理论初探［J］．经济研究，2009（8）．

［2］郑长德．中国的金融中介发展与城镇化关系的实证研究［J］．广东社会科学，2007（3）．

［3］米建国，李建伟．我国金融发展与经济增长关系的理论思考与实证分析［J］．管理世界，2002（4）．

［4］范方志，张力军．中国地区金融结构转变与产业结构升级研究［J］．金融研究，2003（11）．

［5］王贵．欠发达地区金融支持产业结构优化升级的调查与思考——基于贵州的探讨［J］．区域金融研究，2011（8）．

［6］中国人民银行杭州中心支行课题组．金融创新与产业集群转型升级研究——浙江为例［J］．浙江金融，2011（5）．

［7］Kletzer，K. and Bardhan，P. Credit markets and patterns of international trade［J］. Journal of Development Economics，1987（27）：57－70.

［8］Rajan R.，Zingalas L. The great reversals：the politics of financial development in the 20th century［J］. Journal offinancial Economics，2003（69）：5－50.

西藏银行业发展与经济增长的关系

——基于山南地区经济数据的实证研究

中国农业银行西藏分行课题组
课题组组长：胡培伟

摘要：本文用1990—2013年山南地区国民经济、银行业相关数据，采用统计、计量方法，分析了银行业发展与经济增长的关系。实证显示，山南地区1990—2013年经济增长与银行业的发展没有必然因果关系，验证了“金融悖论”目前在山南乃至西藏存在。

金融是现代经济的核心，现代金融的发展必须有现代经济的支撑。这是经济规律。建议：提升当地社会经济发展水平；尊重经济规律，让银行业按照经济发展需要自主发展。

关键词：经济增长　银行业发展　经济效益　经济规律

一、导论

（一）引言

西藏金融业机构越多是否对经济增长越好？笔者认为，此是西藏利用金融撬动经济、实现跨越式发展需要研究的问题。

过去，经济学家研究经济增长主要关注资本、劳动力、劳动力素质、资源配置方式及效率、技术创新、制度改进、政治稳定以及生产关系等因素。后来，将这些纷繁复杂的因素从宏观视角归纳为投资、消费与对外贸易“三驾马车”。随着对经济增长研究的深入，经济学家们越来越清晰地认识到货币因素在经济增长中的重要作用。最早把货币作为经济增长因素进行研究的是新古典综合派的代表詹姆斯·托宾（James Tobin）。他把货币因素导入经济增长模型，形成了货币增长理论。现代货币主义学派米尔顿·弗里德曼（Milton Friedmam）进一步提出了货币数量理论，从此奠定了货币在经济研究中的牢固地位。此理论成为中央银行货币政策调控宏观经济的理论基础。

金融业是经营货币特殊商品的特殊企业。货币对经济增长的作用主要靠金融业来实现。因此，研究一个地域内的经济增长，分析货币原因不能忽视金融这个重要因素。

我国加入世界贸易组织以后，国内金融业顺势而为，进行了大刀阔斧的经营体制改革，实现了与国际接轨。同时，境外金融机构大量涌入，民间资本进入金融领域，融资渠道大大拓宽，为经济增长起到了不可估量的作用。

在这种背景下，西藏金融业同样取得了长足发展。工行、农行、中行、建行四大国有商业银行相继进军西藏。中国农业发展银行、国家开发银行、中国民生银行、中信银行、西藏银行、中国人保财险、人保寿险、安邦保险、平安保险、证券交易、邮政储蓄银行、中国银联等金融机构也迅速在西藏落户。山南地区同样如此，金融业发展20多年时间走完了国外200多年的路程，同祖国内地并驾齐驱（但社会经济落后至少20年）。但西藏金融业发展如此迅速，非经济催生。在“科尔奈投资饥渴症”驱使下，政策的鼓励、政府渴求是关键。社会认为，银行业引入竞争，服务会改善，贷款会变得容易。事实如何，本文用实证分析来回答。

截至2013年末，保费收入276.8万元①，赔付额128.81万元，相对于80多亿元GDP的山南经济而言，其规模显得过于微弱。其他则更微不足道。银行业196.25亿元存款、168.5亿元贷款，对山南经济影响是主要的。故本文只研究银行业发展对经济增长的影响。

山南地区经济、金融在全区具有普遍意义。研究了山南的情况，可知西藏全貌。

（二）山南经济、金融现状

1. 山南地区经济现状

（1）经济总量。2013年末，山南地区GDP 86.61亿元。其中，工业产值20.29亿元，农牧业产值9.05亿元。人均GDP 24352.7元。农牧人均可支配收入7099元，城镇居民人均可支配收入19106元。当年政府基本建设投入107亿

① 本文所引用关于山南地区经济与金融的数据，均来自山南地区统计局所编撰的《山南地区统计年鉴》2005—2013。

元，银行业信贷投资 168. 5 亿元。

（2）企业规模与经济效益。2013 年末，资产规模上亿元的企业只有华能西藏分公司、中广核西藏分公司、华新水泥西藏山南分公司、海斯科药业、灵康药业、华钰矿业西藏山南分公司几家外来企业。山南建筑建材公司、泽当饭店、雅砻河酒店、江南矿业等几家本地企业均在 5000 万元以下。其余均为不成规模的个体工商户。近年来，矿产资源开发、能源、建筑、医药企业税后利润可保 10% 上下，酒店、餐饮娱乐、小型商品零售私营企业微利或亏损。

（3）经济特点。一是经济总量小。2013 年末，GDP 不到百亿元。二是资金市场发育不全，资源配置机制缺失，政策、人为主导明显。三是信贷资金效率不高，收益低，不良多。银行业信贷投入积极性差，信贷渠道收窄，贷存比不足 30% 。四是因普遍执行“优、特、宽”信贷政策，政府和经济实体没有资金使用成本压力，信贷资金使用者惰性明显，经济“败血症”严重。五是具有“造血”功能的本地支柱产业、企业缺失，投资成为经济增长的主要手段。六是社会诚信体系残缺。信用使用者不重视信用，甚至不讲信用，且得不到惩罚。

2. 山南地区银行业发展状况

（1）规模扩大。2013 年末，存、贷款分别达到 196. 2 亿元和 168. 5 亿元，分别比 1990 年增长了 149. 4 倍、212. 3 倍，明显快于 GDP 增长（见图 1）。尤其是存款，2001 年以后明显高于 GDP 增速，贷款却一直低于 GDP 增速，这恰巧是银行业高速发展的时期。2013 年，银行贷款余额为 GDP 的 194. 5% ，比 2012 年猛增 130 亿元，增幅达 337% 。这是中、建行贷款转移获取县域贷款利差补贴所致。

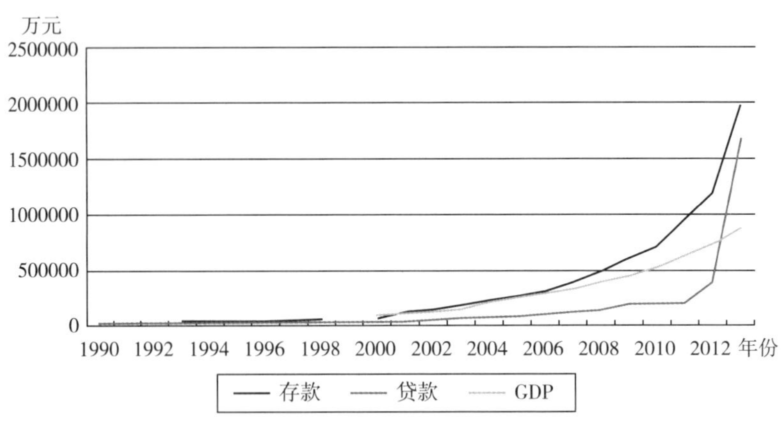

图 1　1990—2013 年山南地区存贷款、GDP 趋势图

规模的扩大还表现为银行业机构的增加。从20世纪80年代后期至今，由一家人民银行机构发展到目前以人民银行为央行，各家商业银行并存，从业人员上千人，机构网点近百家，网点遍布城乡的银行业体系，平均约4000人拥有一家银行业机构（不含电子网点）。

（2）金融效率。银行业对经济的贡献手段主要是提供融资资本。存贷比反映的是在一定时期内银行将存款转化为贷款的速度。存贷比即金融效率。

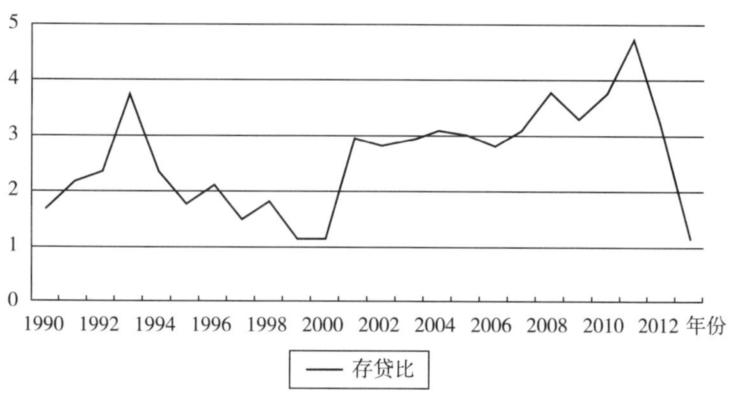

图2 1990—2013年山南银行业存贷比趋势图

图2显示，山南地区银行业1990年到2013年，存贷比都大于1，最低时不小于1.2，最高的时候大于4.5。说明山南地区银行业储蓄动员功能明显。2001—2011年，多在3以上，这也是西藏银行业机构与业务发展最快的时期。受自然、经济环境制约，银行将动员来的闲置资金转为储蓄后而无利可图，因资金趋利性，不得不溢往外地寻觅谋利出路。2013年，回到接近1，是建行、中行大量域外贷款转移山南所致。

（3）信贷资金与经济增长的艰难共生。尽管山南地区银行业信贷效率低，但1990年到2013年银行业信贷资金投放量依然大幅增加。

图3显示，山南地区银行业贷款余额23年来增幅高、波幅大；GDP增长小于商业银行各项贷款增幅；商业银行贷款增幅剧烈波动，说明商业银行改革力度大，信贷政策调整明显。尤其是1992—2001年的9年间，农行西藏分行1995成立后，经营思路处于探索期，信贷政策不稳定。同样的问题，中行、建行也存在。同时也说明，银行贷款对经济增长没有效率。

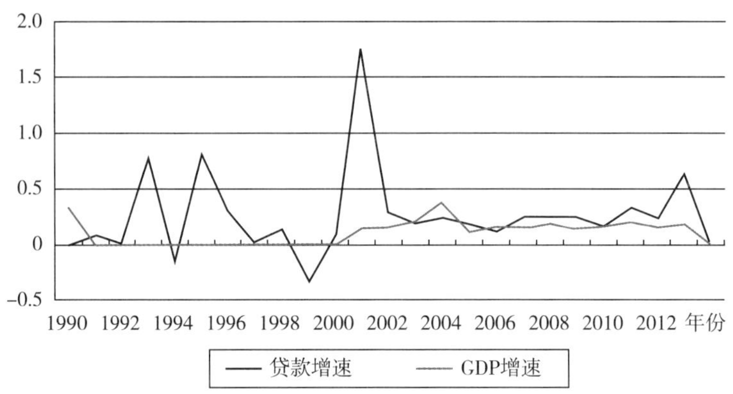

图 3　1990—2013 年贷款增速与 GDP 增速对比

二、实证分析

（一）指标选择与理论依据

1. 银行业发展指标的选择

King 和 Levine 是世界上较早研究金融发展与经济增长关系的经济学家。他们的研究中，金融发展采用了 Depth（深度）、Bank、Private（私人的）、Privy（知情的）四个衡量指标，从不同角度反映了银行业发展规模。本文认为，金融对经济增长的作用主要通过金融融资而实现。而在山南地区金融融资中，银行贷款是唯一。本文选取山南地区银行业贷款总额与 GDP 的比值（银行业贷款总额/GDP）作为银行业发展的指标，用 *CR* 表示（近似 depth 指标）。

CR 只能说明银行业规模，支持经济发展还要考察存款转化为贷款的速度。本文采用山南境内存款与贷款之间的比值（存款/贷款）来衡量其转化速度，谓之金融效率，用 *P* 表示。

2. 经济增长指标的选择

King 和 Levine 对经济增长也提出了四个指标：*GYP*（人均实际 GDP 增长率）、*GK*（物质资本积累率）、*INV*（国内总投资与 GDP 的比值）、*EFF*（经济效率增进）。迄今为止，GDP 仍然是最有效、最主要的经济增长衡量指标，本文采用这个指标，用 *RGDP*［（本期人均 GDP - 前期人均 GDP）/前期人均 GDP］表示。

资本在经济增长过程中起着至关重要的作用，特别是山南这个依靠投资拉动型经济。本文采用资本存量率作为经济增长的衡量指标之一，用 K 表示（银行业存款/GDP，银行业存款可以视为资本总额）。King 和 Levine 提出的第三、第四个衡量指标：国内总投资与 GDP 的比值和经济效率增进，此两个指标在西藏实际意义小，本文摒弃。

（二）实证检验

1. 指标序列 ADF 检验

用 Eviews5① 对 CR、P、$RGDP$、K 四个建模指标进行平稳性分析。分析结果见表 1：

表 1 时间序列平稳性检验结果

时间序列平稳性 ADF 检验						
变量	检验形式	ADF 值	1%	5%	10%	P
P	原序列	-2.268	-3.752	-2.998	-2.638	0.189
	一阶差分	-3.931	-4.440	-3.638	-3.254	0.027
	二阶差分	-6.745	-4.467	-3.644	-3.261	0.0001
CR	原序列	3.014	-4.057	-3.119	-2.701	0.99
	一阶差分	2.223	-4.992	-3.875	-3.388	1
	二阶差分	0.739	-5.128	-3.933	-3.422	0.998
$RGDP$	原序列	4.33	-4.129	-3.144	-2.713	1
	一阶差分	-3.197	-4.992	-3.875	-3.388	0.131
	二阶差分	-6.198	-5.128	-3.933	-3.422	0.0032
K	原序列	2.423	-4.297	-3.212	-2.747	0.999
	一阶差分	-0.449	-4.200	-3.175	-2.728	0.867
	二阶差分	-4.384	-5.124	3.933	-3.420	0.027

指标序列未否定原假设，非平稳。二阶差分基本平稳，存在二阶单整。

2. EG 检验

指标序列均未通过单位根检验。我们选择以经济发展指标 $RGDP$、K 为因变量，银行业发展指标 CR、P 为自变量，分别进行协整分析。

（1）建立误差修正 ECM 数据模型

建立 ECM 模型如下：

$$RGDP = \alpha + \partial_1 CR + \partial_2 P + \varepsilon$$

① 本文实证检验工具均为 Eviews5。

$$K = \partial + \partial_1 CR + \partial_2 P + \varepsilon$$

通过最小二乘法得

$$RGDP = -1.416 + 1.674CR + 0.557P + \varepsilon$$

$R^2 = 0.7547$ $AD.R^2 = 0.7167$

$$K = -0.4257 + 1.203CR + 0.3647P + \varepsilon$$

$R^2 = 0.9389$ AD. $R^2 = 0.9302$

（2）检验残差序列 e 的 ADF 检验

检验结果如表 2 所示：

表 2　e 序列平稳性检验结果

e 序列平稳性 ADF 检验						
变量	检验形式	ADF 值	1%	5%	10%	P
e	原序列	-5.799	-4.057	-3.119	-2.701	0.0006

两个误差修正方程成立。因变量与自变量之间存在协整关系，尽管短时间内波动较大，但有长期均衡关系。方程能较好表达银行业发展与经济增长的关系。

3. Granger 检验

进一步对变量做格兰杰因果检验，结果如下：

表 3　格兰杰因果检验结果

RGDP、P、CR、K 格兰杰检验结果			
Null Hypothesis:	Obs	F - Statistic	Probability
P does not Granger Cause RGDP	10	6.37	0.29
RGDP does not Granger Cause P		0.27	0.87
CR does not Granger Cause RGDP	10	3.64	0.37
RGDP does not Granger Cause CR		1.98	0.48
CR does not Granger Cause P	10	1.49	0.54
P does not Granger Cause CR		228.14	0.05
P does not Granger Cause K	10	11.91	0.21
K does not Granger Cause P		0.31	0.85
CR does not Granger Cause K	10	101.95	0.07
K does not Granger Cause CR		5.53	0.31
CR does not Granger Cause P	10	1.49	0.54
P does not Granger Cause CR		228.14	0.05

本检验的最长滞后期为 4 期，从滞后 5 期开始没有检验结果。这一现象说

明，山南地区经济增长与银行业的发展在一定时期内相互影响，长期时间内相互影响微弱。长时间内影响经济增长的可能有比银行业更重要的因素。

经济发展的两个指标 *RGDP* 和 *K* 与银行业发展的两个指标 *P* 和 *CR* 之间，在滞后 4 期的情况下，均承认了原假设，即承认了他们之间没有格兰杰因果关系。*P* 与 *CR*、*CR* 与 *K* 之间微弱否定原假设，存在微弱格兰杰因果关系。

（三）实证检验结果分析

1. 单位根检验分析。指标原序列没有通过单位根检验，数据序列波动剧烈，且正负峰值巨大。表明山南经济、银行业非自然平稳增长，受灾害、金融及产业政策主导，政府投资影响巨大。商业银行在利差补贴的诱惑下，将城区或域外的信贷数据转移、下沉到山南套取补贴，也严重干扰了数据正常。

2. 协整检验分析。方程残差序列通过了协整检验。设定的因变量与自变量之间较长时间内存在协整关系，方程表达的数据线性关系显著存在。

3. ECM 模型参数分析。*RGDP* 与 *CR*、*P* 方程从最小二乘法获得的参数看，$R^2=0.75$，AD. $R^2=0.72$，表明人均 GDP 与银行业发展、银行业效率之间拟合优度较低，银行业发展、银行业效率对人均 GDP 增长率基本没有影响。*K* 与 *CR*、*P* 方程的参数，$R^2=0.94$，AD. $R^2=0.93$，社会资本存量与银行业发展、银行业效率之间高度相关，银行业发展与社会资本积累率高度关联。

4. 格兰杰检验分析。代表经济发展的人均 GDP 增长率与代表银行业发展的两个指标之间没有格兰杰因果关系，即山南经济增长与银行业发展没有直接因果关系。只有社会资本存量率与银行业发展、银行业效率之间存在较弱格兰杰因果关系，说明银行业发展主要结果是银行储蓄的不断增长，而储蓄没有转化为投资。2012 年后贷款剧增，是中、建行转进域外贷款所致。据不完全统计，两家银行 2013 年转移、下沉贷款超过 50 亿元。

三、结论与政策建议

（一）结论

第一，“金融悖论”明显。山南银行业的发展没有给经济增长带来人们所期待的促进作用，有时（银行业高速发展与当地经济发展严重不匹配的时期）甚至起了反作用。只在银行业发展与经济增长较为匹配的时期，起到了一定促进作用。不仅验证了“金融遵从理论”，也验证了“金融悖论”在山南地区的存在。

第二，市场竞争不会使商业银行降低风险管理水平。在一级法人管理体制下，业务规章全国一致。商业银行的风险管控还是中央银行、银行业监管部门所严格划定的红线，不会因为市场竞争“削足适履”。

第三，银行业储蓄“资金抽水机”作用明显。当一个经济落后地区银行业超前于经济发展时，由于资金趋利的本性，当本地的资金使用效率和效益低于其他地区，储蓄资金必然转移（自然规律，不以人的意志为转移）。同时，现代商业银行的分支行体制与现代化的业务网络系统，为储蓄转移提供了巨大的便利。

（二）政策建议

减少对银行业发展的人为干预。银行业在促进经济增长上有巨大作用，社会对银行业促进经济增长亦寄予很大期望。但银行业是经济发展的产物，银行业发展必须是市场行为而不能人为干预。

正确认识商业银行的企业属性。企业必须以盈利为目的。要想利用银行业撬动经济，必须让银行业机构在当地的经营有合理利润与良好的信贷风控环境，亏损与损失都是银行难以接受的。

改善经济结构，提升经济实体经营管理能力，打造良好的金融生态环境。积极促进实体练好内功、强化公司治理能力、提升管理水平，尽快培育“造血”功能良好的企业或产业，提升经济发展后劲。“不栽梧桐，难求凤凰。”

规范银行业信息披露，避免信息不对称。

融资需求主体要了解银行业信息、金融政策，规避融资壁垒，充分利用金融政策为自身发展服务。

社会和银行业要了解金融业与经济增长之间的因果关系，趋利避害。银行业要向上级行反映西藏经济、自然情况，充分利用中央第六次西藏工作座谈会契机，争取更多贴合西藏实际的好政策，为西藏经济发展服务。

加强法制与诚信体系建设。建立起信用担保、抵押登记体系。维护征信数据权威，加强征信数据利用。严厉打击赖账、逃废银行债务行为，消除涉及银行信贷纠纷的法律“白条”。

参考文献

[1] 高鸿业．金融学［M］．北京：人民大学出版社，2009.

[2] 约瑟夫·熊彼特．经济增长理论——对于利润、资本、信贷、利息和经济周期的考察［M］．何畏等译．北京：北京商务印书馆，1990.

[3] 雷蒙德·戈德史密斯．金融结构与金融发展［M］．上海：上海三联出版社，1994.

[4] 周立，王子明．中国各地区金融发展与经济增长实证分析：1978—2000［J］．金融研究，2002（10）．

[5] 谭艳芝，彭文平．金融发展与经济增长因素分析［J］．上海经济研究，2003（10）．

[6] 王会宗．金融深化与经济增长：西部地区“悖论”的实证［J］．统计与信息论坛，2008，23（6）．

[7] 斯蒂芬·G. 切凯蒂．货币银行与金融市场［M］．郑振龙译．北京：北京大学出版社，2007：56.

[8] 本文所引用关于山南地区经济与金融的数据，均来自山南地区统计局所编撰的《山南地区统计年鉴》，2005—2013.

金融业务篇

Jinrong Yewu Pian

西藏社会信用体系建设发展研究

中国人民银行拉萨中心支行征信管理处课题组
课题组组长：肖　筱
课题组成员：伊毕热恒　李　亮

摘要：社会信用体系建设是完善我国社会主义市场经济体制的重要组成部分。随着社会经济的转型，社会信用体系建设问题已成为关乎我国经济发展、社会稳定的重要问题。近年来，西藏社会信用体系建设取得了一定进展，在一些重点领域和关键环节取得了明显突破。同时，也存在法律法规不健全、信用服务市场发展滞后、奖惩机制不完善等问题。本文从西藏社会信用体系建设现状和存在的主要问题出发，积极探索西藏社会信用体系建设的有效路径，提出了加快西藏社会信用体系建设的发展建议，为西藏全面建成小康社会提供有力支持。

关键词：征信　信用　社会信用体系

多年来，党中央、国务院高度重视社会信用体系建设工作，多次明确提出把建设社会信用体系作为社会主义市场经济体系的一项基本制度来抓。党的十八届三中全会提出，“建立健全社会征信体系，褒扬诚信，惩戒失信。”新一届政府将社会信用体系建设作为转变政府职能的一项重要内容。2014 年 6 月，国务院发布了《社会信用体系建设规划纲要（2014—2020 年）》，这是我国第一部国家级的社会信用体系建设专项规划。

在当前市场经济活动中，逃废债务、拖欠贷款、偷逃骗税、商业欺诈、非法集资等现象时有发生，对社会经济秩序和金融生态环境造成了不良影响。加快建设社会信用体系，是防范和惩治失信行为、促进金融生态环境建设、维护正常社会经济秩序、保护人民群众合法权益、推进政府部门依法履职的重要基础。西藏属经济欠发达省区，加快推进社会信用体系建设、改善信用环境，对于增强人才、资金、技术吸纳能力，支持西藏经济社会跨越式发展具有重要的意义。

一、社会信用体系的概念及社会信用体系建设的意义

（一）社会信用体系与社会信用体系建设的含义

社会信用体系是以信用关系为主要内容，为促进社会各方信守承诺而进行的一系列制度安排的总称，包括法律制度安排，信用信息的记录、采集和披露机制，采集和发布信用信息的机构和市场机制，规范监管体制，信用宣传教育体制等各个方面。社会信用体系是一种社会机制，以法律和道德为基础，通过对失信行为的记录披露、传播、预警等功能，解决经济和社会生活中信用信息不对称的矛盾，从而惩戒失信行为，褒扬诚实守信，维护社会经济生活的正常秩序，促进社会经济的健康发展。

社会信用体系建设是以法律法规为依据，以信用活动的参与者为主体，以信用活动者的信用记录为基础，规范信用数据的收集和使用，形成激励守信、惩戒失信的机制，覆盖全社会的诚信系统工程。

（二）征信的概念

征信是指专业化的机构依法收集、整理、保存、加工自然人、法人及其他组织的信用信息，并向在经济活动中有合法需求的信息使用者提供信用信息服务，帮助市场主体判断控制风险，进行信用管理的活动。征信本身既不是诚信，也不是信用。

信用是与商品交换和货币流通紧密相连的一个经济概念，是指经济交易的一方承诺在未来偿还的前提下，另一方向其提供商品或服务的行为。

（三）征信与社会信用体系的关系

社会信用体系和征信体系并不是同一个概念，征信体系是社会信用体系的一个重要内容，但并不是全部。例如，质检部门对生产假冒伪劣产品进行惩处；税收征管部门对企业偷漏税行为进行处罚，对企业按时足额纳税进行表彰和奖励等，都是社会信用体系的重要内容。简而言之，社会信用体系是目的，征信体系是手段，信用体系的内容比征信体系的内容更为广泛，既包括手段，也包

括目的等。

征信是社会信用体系的核心环节，是衡量社会信用水平的重要指标。一个国家征信的覆盖面越广，信用信息采集与共享的范围越深，信用信息产品和服务越丰富、应用越深入，“守信激励、失信惩戒”机制就越健全，社会诚信意识和信用水平就越高。有没有完善的征信体系，是金融体系是否有坚实的基础和市场经济是否走向成熟的重要标志。可以说，征信体系是现代金融体系运行的基石，是金融稳定的基础，对社会诚信建设具有非常深远的意义。

（四）社会信用体系建设的意义

社会信用体系建设是完善社会主义市场经济的客观需要。信用是市场经济的基石。要完善和发展社会主义市场经济既要依法治国，也要以德治国。规范市场经济秩序的根本是要加强社会信用体系建设，使整个社会信用水平大幅提高，从而促进统一开放、竞争有序的市场体系形成，发展社会主义市场经济。全面推动社会信用体系建设，通过建立健全守信激励和失信惩戒机制整顿和规范市场经济秩序、改善市场信用环境、降低交易成本、防范经济风险，从而有力推动国民经济持续快速健康协调发展。

社会信用体系建设是提高国家治理体系和治理能力的必要条件。社会信用体系建设既是国家治理体系和治理能力的一个重要组成部分，也是国家治理能力的一个重要体现。当前社会转型速度加快，社会利益主体日趋多元化，利益主体的诉求更加多元复杂，社会治理的难度显著增加。加快社会信用体系建设，能有效增强社会组织自我管理能力、减少政府对市场经济的干预，能增强社会诚信、促进社会互信、减少社会矛盾、创新社会治理方式。

社会信用体系建设是建立和谐社会的必然要求。随着经济社会的转型，使我们日益认识到，社会信用问题及其产生的影响远不止金融领域。社会信用观念淡薄、商业欺诈、制假售假、虚报冒领、学术不端等现象屡禁不止，不依法行政、司法不公等情况时有发生。在商务诚信领域、政务诚信领域、司法公信领域、社会诚信领域，诚信缺失问题都十分突出，这些不仅危害经济社会发展，破坏市场和社会秩序，而且损害社会公正，损害群众利益，妨碍社会文明进步。因此，加快社会信用体系建设，在社会生活中倡导诚实守信、讲求信用，促进社会伦理关系的改善，增进社会成员之间的信任感、安全感，是构建和谐社会的必然要求。

二、西藏社会信用体系建设现状与主要成就

近年来，西藏自治区党委、政府高度重视社会信用体系建设工作，认真贯彻落实党中央、国务院关于社会信用体系建设的安排部署和工作要求，把社会信用体系建设纳入重要议事日程，按照“政府主导、部门推动、各方参与”的工作格局，以行业信用建设为先导，以推广信用信息运用为核心，以信用意识培养为重点，结合西藏实际，积极探索推进社会信用体系建设的有效途径，有计划、有重点、分阶段稳步推动社会信用体系建设。

（一）组织体系和工作机制不断健全

西藏自治区党委、政府将建立和完善社会信用体系作为西藏实现可持续、跨越式发展的重要任务，积极推进工作开展。2013 年，根据国务院《关于同意调整社会信用体系建设部际联席会议职责和成员单位的批复》（国函〔2012〕88 号）要求，下发了《西藏自治区人民政府办公厅关于建立社会信用体系建设联席会议制度的通知》（藏政办发〔2013〕62 号），建立了由西藏自治区政府统一领导，中国人民银行拉萨中心支行、西藏自治区发展和改革委员会牵头，西藏自治区党委宣传部、政法委、教育厅等 35 家单位共同参加的西藏自治区社会信用体系建设联席会议制度，明确了主要职责、工作机制、工作规则及要求，为我区社会信用体系建设工作提供了组织和制度保障。定期召开联席会议，共同推进、协调西藏社会信用体系建设工作。同时，制订了《西藏自治区社会信用体系建设工作方案》（藏政办发〔2013〕117 号），明确了社会信用体系建设的指导思想、总体目标、基本原则、主要任务和工作措施，为西藏社会信用体系建设提供了根本指导。

2014 年底，为切实加强对西藏自治区社会信用体系建设的组织领导和统筹协调，稳步推进社会信用体系建设各项工作，在西藏自治区社会信用体系建设联席会议制度的基础上，成立了西藏自治区社会信用体系建设领导小组，由自治区政府分管发展和改革委的领导任组长，自治区政府分管金融的领导任常务副组长，成员单位由 35 个部门组成。根据职责分工的不同，领导小组办公室分别设在西藏自治区发展和改革委与中国人民银行拉萨中心支行。

2015 年，为贯彻落实国务院《社会信用体系建设规划纲要（2014—2020 年）》，结合西藏实际，出台了《西藏自治区人民政府关于贯彻落实社会信用体

系建设规划纲要（2014—2020年）的实施意见》（藏政发〔2015〕34号），提出了今后一段时期内西藏社会信用体系建设的总体思路、工作重点、主要措施和组织实施，为西藏社会信用体系建设工作进一步指明了方向。

山南、阿里等地区相继组织成立了由地区行署领导担任组长、相关单位部门领导为成员的地区社会信用体系建设领导小组，为推进地方信用体系建设搭建了工作平台。

（二）行业信用体系建设不断深化

结合目前人民银行组织建立的全国统一的征信系统覆盖范围广、查询频率高、信息更新及时的特点，西藏以征信体系建设为切入点，依托人民银行建立的企业和个人征信系统，征集有关信用信息，为全区企业和个人建立信用档案。截至2015年10月末，征信系统已为我区7780户企事业单位及其他经济组织和126万自然人建立了信用档案，其中中小微企业信用档案2382户，辖区10家金融机构全部接入征信系统。西藏辖区2009—2014年企业和个人征信系统入库情况见图1和图2。

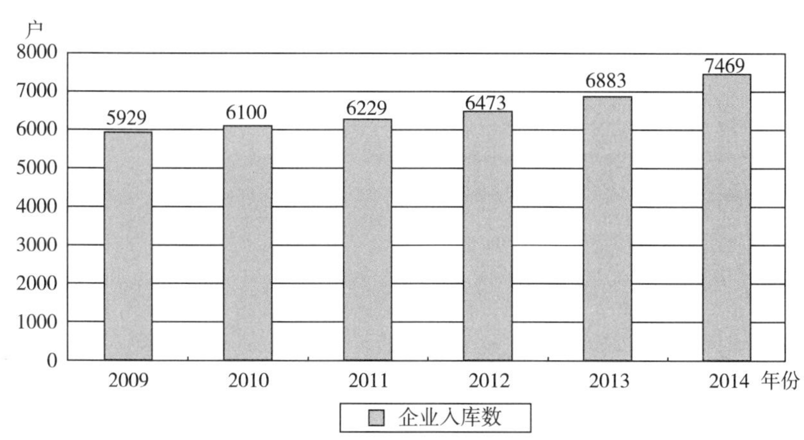

图1　2009—2014年企业征信系统入库数

为了丰富信用档案的内容，人民银行拉萨中心支行加强和相关部门的信息共享和信用合作，加大非银行信息采集力度，建立信息共享机制。2014年10月17日，在自治区政府的支持下，人民银行拉萨中支与自治区工信厅、环保厅、住建厅、工商局和拉萨海关5家单位签订了《信息共享与信息服务合作协议》。目前，西藏的征信系统除采集银行信息外，还采集了全区住房公积金缴存、企业环境违法、拖欠工资等非银行信息。

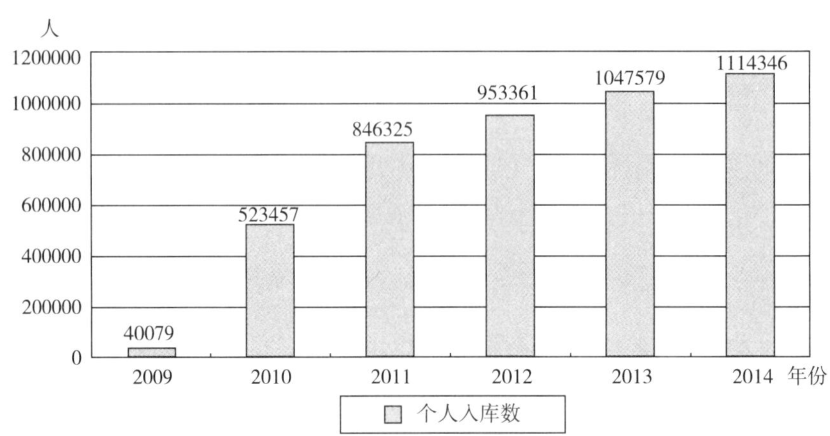

图 2　2009—2014 年个人征信系统入库数

其他行业信用信息建设也稳步推进。自治区工商部门积极探索依托“经济户籍库”，整合各方信用信息资源，建立全区集中统一的市场主体信用信息数据库；自治区环保部门为督促企业持续改进环境行为，根据企业的各种环境信息，按照规定的指标、方法和程序，对企业环境信息进行综合评价定级，并实施分类监管；自治区工信厅为构建和完善中小企业服务体系，与有关技术部门共同努力，搭建了西藏中小企业公共服务平台。此外，自治区商务、住建、质监、教育、旅游、司法、税务、食品药品监管等部门也加强了各自行业领域的信用体系建设，初步形成了覆盖各行业的信用体系网络。

地方信用信息服务平台的建立有利于促进各部门信用信息系统统筹整合，依法推进信用信息互连互通和交换共享，有效消除信用信息“壁垒”“孤岛”，有利于逐步实现多部门、跨领域信息联享、信用联评、守信联奖、失信联惩，让守信者处处受益、失信者处处受限。2015 年，以人行拉萨中支和西藏自治区发展改革委为成员的考察小组，前往杭州、丽水、贵阳、黔东南、重庆五地学习地方信用信息平台建设的先进经验和做法，并结合西藏实际情况，制订了西藏自治区社会信用信息服务平台建设方案。

（三）信用信息运用逐步推广

以征信系统产生的信用报告为依托，西藏不断扩大、推广信用信息的使用，有效发挥征信系统经济功能和社会功能。2015 年 1 ~ 10 月，企业征信系统累计查询 4966 次，平均月查询量为 497 笔；个人征信系统累计查询 23 万余次，平均月查询量约 2. 3 万笔。西藏辖区 2009—2014 年企业和个人征信系统查询情况见图 3 和图 4。

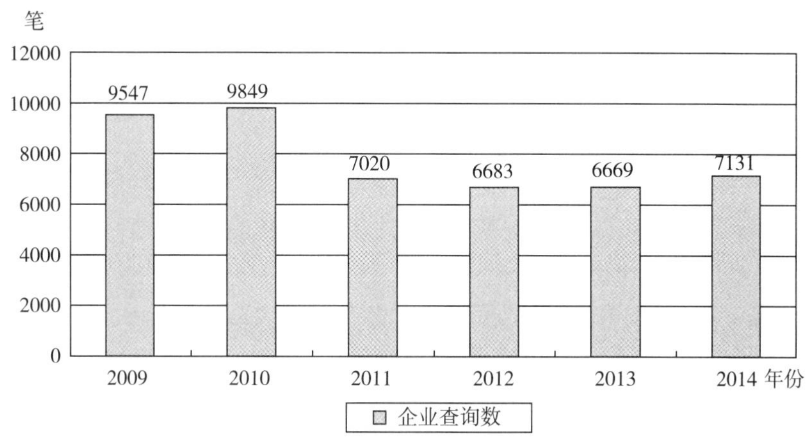

图 3　2009—2014 年企业征信系统查询统计

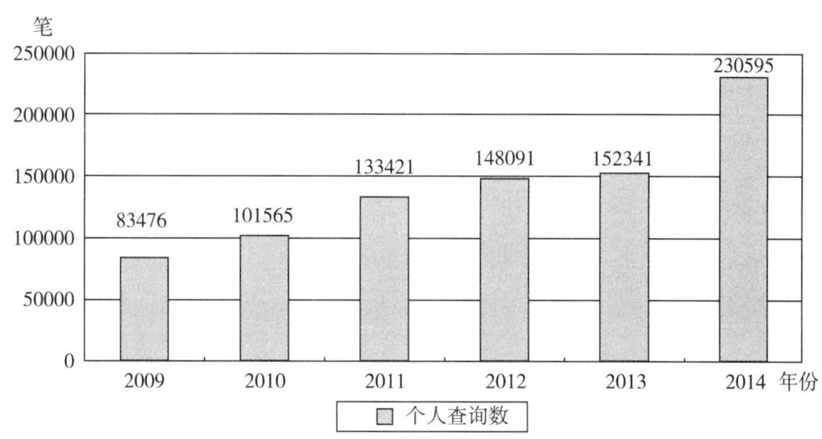

图 4　2009—2014 年个人征信系统查询统计

西藏辖区各商业银行均建立了征信系统查询的信用风险审查和管理制度，商业银行通过查询征信系统，实现银行间信息共享、防范信贷风险、提高审贷效率。2014 年，西藏金融机构各项贷款余额突破 1600 亿元，比 2013 年增长 51%，实现飞跃式发展，增速基本保持在全国首位。信贷资金的快速增长，有力地支持了西藏经济的跨越式发展。除此之外，信用报告还运用到文明城市创建、“重合同、守信用”企业评比、企业名称更换、土地证件办理、企业审计、上市公司调查、司法案件查询、单位招投标和非公代表人士的综合评价中。

为扩大信用信息记录和应用，自治区政府办公厅转发《西藏自治区社会信用体系建设联席会议办公室关于在公务活动中推广使用企业和个人信用报告的意见》（藏政办发〔2014〕81号），提出在公务活动中推广使用信用报告的具体要求。

（四）农牧区信用体系建设实现突破

1. 在利“三农”下功夫，推进农牧区信用体系建设工作

西藏近80%的人口分布在农牧区，做好“三农”工作至关重要。中国人民银行拉萨中心支行利用征信系统服务“三农”，与中国农业银行西藏自治区分行农贷部门合作，开展了以小额农户信用贷款为基础的农牧户信用评价工作，加大农牧民个人信用档案建设力度，开展创建农牧区“信用乡（镇）”、“信用村”活动。2007年开始，建立农村信用体系建设工作开展情况报告制度，建设情况见表1，贷款证的发证面达到90%，贷款证的使用率也基本保持在90%，2015年达到99.8%。截至2015年第三季度，全辖农牧户总数为499521户，已评定信用农户457499户，分别为钻石卡9304户、金卡154777户、银卡121485户、铜卡171933户。全区发证面达91.5%以上，贷款证使用率平均在99.8%左右。各种形式的宣传累计达1648次，涉及农户数为213081户。全辖共评定信用乡（镇）452个、信用村4299个。

表1　农牧区信用体系建设情况统计

时间	发放钻石卡、金卡、银卡、铜卡（万张）	评定“信用乡（镇）”（个）	评定“信用村”（个）
2007年12月	30.73	81	856
2008年12月	36.16	61	767
2009年12月	37.92	147	1296
2010年12月	39.30	180	1586
2011年12月	40.02	181	1688
2012年12月	42.14	251	2214
2013年12月	43.04	304	3137
2014年12月	44.89	405	3850

2. 农村信用体系试验区建设取得阶段性成效

根据国家关于金融服务“三农”的政策要求和《中国人民银行关于加快小微企业和农村信用体系建设的意见》（银发〔2014〕37号），结合西藏实际，明确西藏自治区山南地区琼结县为农村信用体系建设试验区。2014年，人民银行拉萨中支、自治区发展改革委、农行区分行等部门共同举行了山南地区琼结县农村信用体系试验区建设工作启动仪式，按照“政府主导、人行推动、多方

参与、支农惠农”的原则，建立了试验区组织领导和工作机制。人民银行拉萨中支制定印发了《山南地区琼结县农村信用体系建设试验区工作实施方案》《西藏山南地区琼结县农村信用体系建设试验区信用县评定办法（暂行）》等工作制度。充分考虑西藏实际，将维护稳定、双联户管理、生态环保等作为重要内容纳入了信用县、信用乡（镇）、信用村及信用户评价指标。山南地区行署、农行西藏分行和人保财产西藏分公司积极协商，主动争取，为试验区评定出的“信用乡（镇）”、“信用村”、“信用户”争取了提高贷款授信额度、建立贷款风险补偿机制和扶持资金倾斜等一系列惠农政策，让农牧民群众得到更多实惠。

2015 年，开发完成了西藏农牧区信用信息基础数据库，由人行山南中支牵头，组织金融机构开展了数据信用信息的采集和录入工作，截至 2015 年 5 月底，已完成了对琼结县 4000 多户农户信用信息采集和数据录入工作。山南地区积极加强数据库信用信息的应用，以金融机构及政府的需求为向导，尝试以报表与报告的方式提供信息支持。目前，西藏各地区（市）都已开始使用农牧区信用信息数据库系统，由各地区（市）根据实际选择适宜的县开展信用信息收集应用工作，不断推动西藏农牧区信用体系建设。

（五）中小企业信用体系建设稳步推进

根据西藏企业普遍规模小、实力弱，基本为中小企业的现状，辖区各级政府部门结合行业实际，扎实推动中小企业信用体系建设工作。为建立银行和企业之间的信息对称机制，提高企业披露信息的主动性及真实性，便于商业银行挖掘潜在的优质中小企业，拓宽中小企业融资渠道，中国人民银行拉萨中心支行于 2007 年组织召开了西藏中小企业信用体系建设座谈会，开始推动中小企业信用体系建设工作。依托全国统一的企业征信系统，为所有未办理贷款卡的中小企业建立信用档案，为金融机构拓展和管理中小企业信贷业务提供支持，为企业经济交往提供服务。在建立中小企业信用档案的基础上，有针对性地选择有市场、讲信用的中小企业，通过“西藏自治区银行业支持中小企业发展信贷产品推介会”等多种途径，积极向银行推荐有发展潜力的中小企业，同时，加强应收账款质押登记公示系统和中征应收账款融资服务平台的宣传。近年来，中小企业信用体系建设取得了一定成绩。截至 2015 年 6 月末，为全区 2374 户以前未与银行建立信贷关系的中小企业建立了信用档案。

此外，近年来，工信部门采用“四等十级制”，建立了西藏中小企业信用标准体系。质监部门按照《企业质量信用质量等级划分通则》等有关标准，为区内217家企业进行了信用分级，并组织区内50家企业签订“质量诚信承诺书”。工商部门按照企业守法诚信情况，将企业分为四类等级，分别采取不同的监管措施。通过各部门多措并举推动企业信用体系建设，西藏各类企业信用意识明显提高。

（六）大力开展社会诚信宣传活动，营造良好信用环境

诚信宣传教育是社会信用体系建设的内在要求，是构建社会主义核心价值体系的重要内容。近年来，人民银行拉萨中心支行以多种渠道、多种形式、多种载体，针对不同人群大力开展群众喜闻乐见的征信宣传活动，取得了良好效果。以《征信业管理条例》等重大征信法规出台为契机，以各种节庆和重大活动及“信用记录关爱日”、“3·15保护消费者权益日”、“12·4法制宣传日”等专题宣传活动为平台，在报纸、广播、电视等主要媒体上开辟征信知识专栏，播放宣传短片，举办“诚信伴我行”有奖征文、征信知识竞赛等活动，通过挂横幅、贴海报、设户外宣传点等方式全方位地开展宣传，借助《西藏日报》等西藏多家主要媒体加强宣传报道，广泛普及征信知识，不断扩大征信知识的覆盖面和影响力。注重信用宣传的针对性，面向企业，举办以中小企业信用体系建设为重点的宣传活动，使企业进一步树立“诚实立业、诚信兴业”的观念。面向高校，在高校师生中聘请诚信宣传员，建立校园信用教育长效机制。面向农牧区，把征信宣传同农牧民小额信用贷款发放和“信用乡（镇）”、“信用村”评定工作等支农惠农措施有机结合起来，借助少数民族民俗民风开展宣传，努力营造“户户讲诚信、村村讲诚信”的诚信环境。通过广泛、深入的宣传，使诚信立身、信誉兴业的“诚信精神”得到弘扬，社会大众的诚信意识逐步提高，各类经济主体守信践约、良性互动的良好社会信用环境逐步形成。

三、西藏社会信用体系建设存在的主要问题

经过多年的发展，西藏社会信用体系建设已取得初步成效，但总体来看，当前西藏社会信用体系建设仍处在起步阶段，与当今经济社会发展的实际需要相比还有不小的差距。目前，西藏社会信用体系建设存在着许多问题，面临诸多挑战，如守信激励和失信惩戒机制不健全、信息数据部门分割、信用服务市场发育迟缓等，有些是在全国范围内存在的，有些是只在西藏存在的，需要认

真研究解决。

（一）信用法律法规建设不健全

目前，我国和西藏有关信用法规规章尚不健全。由于立法的滞后，信息采集制度、信息披露制度等相应的制度难以形成，导致信用信息开放程度较低。信用机构不能依法对信用信息进行采集和使用，也无法为社会提供有效的信用服务，在一定程度上影响了社会信用体系建设的进程。

（二）信用信息资源整合不到位，信用信息共享机制尚未建立

社会信用信息涉及金融、经贸、财税、工商、公安、海关、司法、质监、环保和住房等一系列行业。目前，西藏有一些行业尚未建立信用信息系统，导致部分行业信用信息的缺失。此外，从已建立信用信息系统的行业来看，除中国人民银行的金融信用信息基础数据库（即企业和个人征信系统）覆盖了所有企业和个人的信贷信息之外，其他行业的信用信息基本只局限于执法信息层面，信用信息数据涵盖范围有限。更为重要的是，各行业部门之间的沟通协调机制不健全，管理信息化水平还存在一定差异，在管理信息系统建设方面缺乏统一的数据共享标准，信用信息分散在各行业，互相割裂垄断，尚未建立合理有效的信用信息共享机制和平台。

（三）信用服务市场发展滞后

据调查，受地方经济发展和市场需求不足的影响，西藏信用评级市场还处于起步阶段，无专业的、权威的市场化信用服务机构。借款企业的资信评估主要由银行内部完成，不统一，评价结果不一样，作出的信用等级评价不能相互认同。同时，现有的信用产品主要是企业和个人信用报告，应用范围主要是金融机构的贷前审批和贷后管理，而目前内地大部分地区，信用报告已广泛运用于基建招标、公务员招录、干部提拔、人大代表选举等过程中，西藏信用产品的种类及其应用范围都还有待扩展。根据西藏经济社会发展需要，2015 年，在西藏自治区政府金融办和工信厅的支持下，中国人民银行拉萨中心支行积极培育和引进信用评级服务机构，引进 1 家全国知名的信用评级机构在藏开展信用评级试点业务，发展以信用调查、信用评级、信用担保、信用咨询等为主要业务的信用服务业。2015 年，西藏有 13 家小额贷款公司和融资性担保公司参加了

信用评级。

（四）奖罚机制有待完善

虽然西藏在建立信用激励和惩戒机制上作了一些尝试，但范围还不广，深度也还不够，还没有建立起完善的制度和规定，信用激励和惩戒机制的合力还未有效发挥。目前，政府各部门对失信行为的惩戒主要还是停留在与各自履职相关的行政处罚（处分）方面，没有建立起全方位的联合惩戒机制；在信用激励方面，大多还只是停留在对企业和个人的分类管理、给予守信主体部分简化管理手续的激励上，激励措施和力度不足。

（五）社会信用体系建设面临资金和人力资源的制约

各部门的信用信息系统建设都需要大量的人力、物力的投入，特别是信用信息共享平台的建设，包括信用信息数据目录和数据标准的制定、信用信息共享软件系统的建设，需要明确专门的部门，赋予其专项权力，给予其专项资金，进行有力的专项推动。作为边疆少数民族经济欠发达地区，由于自身财力有限，信用信息系统建设受到资金和技术的制约，在资金投入方面需要得到中央有关部门的支持。

（六）信用教育落后，信用管理人才匮乏

市场经济的发展对信用管理专业和复合型人才产生了巨大需求。目前，信用管理教育还很落后，系统开展信用管理专业教育的院校较少，信用管理人才库和信用管理职业体系尚待健全，人才的匮乏严重阻碍了社会信用体系建设的进程。

（七）舆论宣传有待加强，全社会信用意识有待提高

通过广泛深入持久地宣传来树立全社会的信用意识是信用体系建设的重要基础。近年来，虽然人行拉萨中支与西藏有关部门采取多种形式扩大征信知识的宣传，提高人们信用意识，但没有形成合力，不能在全社会形成强大的宣传声势，西藏公民信用知识与社会主义市场经济的要求还有一定距离。

四、加快西藏社会信用体系建设的建议

社会信用体系建设是一项艰巨的系统性工程，需要立足当前，着眼长远，

分阶段抓好社会信用体系建设各项工作。为加快西藏社会信用体系建设，改善区域金融生态环境，促进西藏经济协调发展，逐步在西藏建立起信用法规制度基本健全、信用信息采集基本覆盖、信用信息互连互通、信用市场有序发展、信用服务初具规模、信用监督和失信惩戒机制有效运行的社会信用体系，结合西藏实际，提出如下建议：

（一）加强组织领导，落实社会信用体系建设的各项任务

社会信用体系建设涉及面广，是一项长期而艰巨的任务，要靠法律约束，靠道德规范，靠制度落实，需要发挥各部门、各地方的积极性。而且，必须坚持“统筹协调、分工合作、分层推进、全社会广泛参与”的原则，充分利用现有资源，突出重点工作，建立协调联动机制，形成合力。根据我国社会信用体系建设规划要求，适应新常态，以贯彻落实《西藏自治区人民政府关于贯彻落实社会信用体系建设规划纲要（2014—2020）的实施意见》为契机，发挥规划对社会信用体系建设和运行的导航引领作用；同时，加快制定西藏社会信用体系建设相关的地方性法规、政府规章和规范性文件，为西藏社会信用体系建设和运行提供制度保障。

（二）发挥行业和部门职能，完善行业信用记录

2015 年以来，各部门在社会信用体系建设方面作了大量有益的探索，部分工作已初见成效。但各部门信息化建设的水平差异很大，一些部门的信用信息已初步实现电子化和全国范围内的集中，但也有一些部门的信用信息尚处于分散的纸质档案状态，相互间缺乏信息沟通，造成信用信息的应用和服务领域窄、共享程度低，无法形成有效的合力。各行业主管部门应按照国务院职能分工与行政管理的实际情况，根据完善行业信用信息资源的需要，加强统筹规划，编制行业信用信息目录，明确本行业信用信息的范围，并在此基础上，将相关信息资源的收集、整合工作，纳入电子政务建设规划。对于已建立全国统一的执法信息系统的部门，要继续完善整合本行业监管过程中产生的信用信息；对于尚未建立全国统一的执法信息系统的部门，要加大建设力度，统一规划，突出重点，分类指导，稳步推进，力求实效。

（三）加强协调配合，建立行业信用信息共享机制和共享平台

各地区、各行业要以需求为导向，在保护隐私、责任明确、数据及时准确

的前提下，按照风险分散的原则，建立信用信息目录，制定信用信息采集标准，加大政府信息公开力度，鼓励部门间开展信用信息资源共享合作，加强互连互通，整合各行业的信用信息资源，建立信用信息交换共享机制，统筹利用现有信用信息系统基础设施，依法推进各信用信息系统的互连互通和信用信息的交换共享，逐步形成覆盖全部信用主体、所有信用信息类别、全区所有区域的信用信息网络。各行业主管部门要对信用信息进行分类分级管理，确定查询权限，特殊查询需特殊申请。信息需求紧迫的行业或重点领域要先行试点，积极探索数据交换、信息共享的有效方式和途径。

（四）推进政务诚信建设，强化信用产品的应用

信用征信产品的广泛有效使用是推进信用征信体系建设的重要动力。充分发挥政府及其部门在社会信用体系建设中的示范带头和引领推动作用。推动政府部门在行政许可、政府采购、招标投标、劳动就业、社会保障、科研管理、干部选拔任用和管理监督、申请政府资金支持等领域，率先使用信用信息和信用产品，培育信用服务市场发展。鼓励金融机构、企事业单位和个人充分利用信用产品和服务防范信用风险，有效激发信用服务市场需求，创新政府管理与服务。

（五）加快培育和发展信用服务机构

坚持以市场为导向，采取多种有效措施大力培育和发展一批具有较高执业水准、种类齐全、功能互补、依法经营、有市场公信力的信用服务机构，依法自主收集、整理和加工信用信息，同时开展多种专业化征信服务，推动信用交易的发展，提高全社会防范信用风险的能力。一方面，政府各部门要认真落实《政府信息公开条例》的规定，加大信息的公开力度。信用信息市场化是征信机构发展的客观基础，是建设社会信用体系的必由之路。为此，政府部门应加快电子政务平台建设，推进信用信息的公开。政府部门、金融机构和公共服务机构的信用数据向合格的征信服务机构开放，以支持社会征信服务行业低成本、高效率地获得信息资源。另一方面，发展跨地区、跨行业的信用服务机构。鼓励信用服务机构跨地区、跨行业发展，各级政府要进行必要的投资，制定有关政策，引导信用行业的均衡发展，形成合力的行业结构。

（六）开展信用体系建设示范试点

结合西藏实际，选择有条件的地区和县开展综合性试点，继续选择有条件的县开展农村信用体系建设试点，探索打造适合农牧户特点的信用记录、评价和服务平台。围绕食品药品安全、环境保护、安全生产、产品质量等重点领域，开展行业信用建设试点。探索推进中小企业信用体系试验区建设，开展信息采集、信息服务、信用培植、外部评级等方面的专项行动，支持中小企业健全信用内控制度。

（七）加强诚信宣传教育，营造良好社会风尚

通过政府组织领导、媒体参与、相关部门共同协作，确定适合各行业信用文化宣传教育的内容和方式，开展形式多样、群众喜闻乐见的宣传活动，动员全社会积极参与社会信用体系建设，普及信用文化，褒扬诚信先进典型，揭露作假失信行为，提高社会公众对信用体系建设的认识，培育现代信用文化，提高社会信用水平，营造良好的信用环境。

参考文献

［1］刘袁胜．社会主义市场经济条件下社会信用体系建设［D］．大连理工大学，2008.

［2］于春梅．完善我国社会信用体系的对策研究［D］．东北师范大学，2005.

［3］谭桔华．我国社会信用体系建设存在的问题与对策探讨［J］．湖南行政学院学报，2014（4）：58－60.

［4］杨德明．我国社会信用体系的重建与金融风险防范［D］．黑龙江大学，2005.

［5］中国人民银行征信管理局．现代征信学［M］．北京：中国金融出版社，2015：368－375.

［6］潘功胜．征信朝阳［M］．北京：中国金融出版社，2012.

西藏银行业发展现状、主要问题与对策研究

西藏银监局课题组
李明肖 张廉显

摘要：西藏地处祖国西南边陲，既是重要的国家安全屏障和生态安全屏障，也是集中连片的贫困地区，西藏的发展事关我国长治久安和全面建设小康社会发展目标的实现。西藏与发达地区的差距，初期表现为生产上的差距，到一定阶段后会表现为金融上的差距。大力实施“金融撬动”战略，创新金融支持路径和策略，全面推动西藏发展，是落实国家支持西藏发展战略的重要举措。本文重点关注西藏银行业发展中面临的形势和突出问题，并结合银行业经营发展实际提出相应的对策建议。

关键词：银行业发展 存在问题 政策建议

中央第五次西藏工作座谈会召开以来，西藏银行业积极落实优惠政策，强化内部管理，推动改革创新，实现快速发展，有力地推动了西藏经济社会发展。但随着我国经济发展进入新常态，银行经营形势日趋复杂，给当前西藏银行业的发展带来较大挑战。我们对此进行了调研，并形成若干对策建议。

一、西藏银行业发展的主要特征

（一）以多元为核心的机构建设

在农行、中行、建行三大银行分支机构得到恢复发展和工行、邮储银行在藏分支机构相继设立的基础上，西藏近年来以多元为核心的银行业机构建设呈“井喷式”发展态势。2011 年 7 月和 2012 年 8 月，国开行和农发行西藏分行先后挂牌成立；2012 年 5 月，西藏第一家地方性商业银行——西藏银行成立，结束了西藏无地方法人银行的历史；2013 年 11 月，西藏首家新型农村金融机

构——林芝民生村镇银行挂牌成立，填补了西藏无村镇银行的空白；2013 年 12 月，首家全国性股份制商业银行分支机构——民生银行拉萨分行开业。这些银行业机构的设立，标志着西藏已形成了以政策性金融机构、全国性大型商业银行、地方性商业银行、新型农村金融机构为主体的银行业机构体系格局。2014 年末，全区共有 8 家银行省级分行、1 家地方性商业银行、1 家村镇银行，银行业金融机构营业网点达到 677 个，平均每万人拥有 2.2 个银行网点，相当于全国平均水平的 1.5 倍。

（二）以市场为依托的发展战略

西藏银行业机构在积极争取财政性存款和重点项目投资的基础上，更新观念、分析形势，立足市场、优化资源，增加金融产品，激活金融市场，从规模导向向价值导向转变，从资本占用型的对公贷款向资本节约型的零售和小企业倾斜，间接融资能力和市场主导能力明显提高，以市场为依托的发展战略稳步推进。2014 年，西藏全社会固定资产投资 1100 亿元，其中来自银行贷款投资 550 亿元，占全区社会固定资产总投资的 50%，这说明银行贷款仍然是西藏经济持续发展的核心推动力量。在依托市场、合理信贷、助推经济发展的同时，银行业自身也不断得到优化发展。2014 年末，西藏银行业金融机构总资产达 2652.10 亿元，总负债达 2600.94 亿元，分别比 2003 年末增加 2320.10 亿元和 2277.20 亿元；全年实现利润 30.58 亿元，比 2003 年末的 0.17 亿元增长 178.88 倍。

（三）以实体为支撑的信贷扩张

西藏银行业机构始终按照维护稳定、支持发展的方针，坚持实体优先的信贷原则，大力提升服务实体经济水平，信贷规模强势增长。2014 年末，西藏各项存款余额 3089.19 亿元，同比增长 23.5%，比 2003 年末的 322.23 亿元增长了约 9.6 倍，年均增长 22.8%；贷款呈现“阶梯状”增长态势，各项贷款余额 1619.46 亿元，同比增长 50.2%，较 2003 年末的 145.04 亿元增长 11.2 倍，年均增长 24.5%。其中，中小微企业贷款余额 608.92 亿元、比年初增长 44.72%，涉农贷款余额 297.26 亿元、比年初增长 98.09%。

（四）以“马背”为起点的现代经营

针对西藏地广人稀、交通不便和银行业机构成立晚、起点低、服务半径大的多重不利因素，西藏银行业在继续延续“马背银行”、“摩托车银行”、“汽车银行”等传统流动服务方式的基础上，为切实提高金融可获得性水平和有效扩大金融市场的广度及深度，加快现代化经营步伐，积极推动金融产品创新和丰富服务手段，委托代理、咨询评估、投资理财等多类别、多收益的金融产品日渐丰富，自助设备、电话银行、网上银行、手机银行和微信银行等电子服务领域不断延伸，并凭借在成本、效率等方面的优势，对传统柜面业务形成强势替代，服务手段趋于齐全，服务功能不断增强。

（五）以改革为动力的创新发展

随着国有商业银行股改上市顺利完成，开发银行商业化改革和邮政储蓄银行机构改革稳步推进，西藏各银行业机构内部管理机制也逐步完善。初步确立了以风险控制为核心的新型经营模式，形成了全面风险管理的制度保障和资本、风险与信贷增长挂钩的机制，提高了风险管理效能。通过扁平化管理，初步建立了前台营销服务职能完善、中台风险控制严密、后台保障支持有力的有效制衡组织架构，形成了各方积极主动配合、齐心协力服务客户的良好局面。按照业务管理标准化、模块化、流程化的具体要求，逐步培育、内化和形成了尽职合规的共同价值规范，制度建设、流程改造、架构调整、合同文本修订、IT 系统完善等基本到位，信贷管理理念和管理方式已发生积极变化，创新发展理念持续推进。

（六）以普惠为内涵的优质服务

提供优质服务是银行业的永恒主题。西藏银行业不断改进以便民、利民、惠民为导向的服务手段，服务实体、服务基层、服务大众。增加科技投入，加大自助机具的布放力度；优化网点布局，不断扩大金融服务的惠及面和覆盖面；强化服务创新，推出“一卡通”、“一网通”、各类理财等具有西藏特色的零售产品。在担保方式、信贷模式等方面积极创新，采取“内保藏贷”等方式，有效满足在藏企业的信贷需求；制定专门的小微企业授信、审批细则，降低信贷准入门槛，促进实体经济发展；推出“钻石、金、银、铜”卡，2014 年末，向农户和农牧区特色产业贷款余额为 297.26 亿元，较 2003 年末的 26.38 亿元增长 11.26 倍；在全辖乡镇新设立“金穗惠农通”暨银行卡助农取款服务点 2472 个，覆盖乡（镇）和行政村分别达到 631 个和 1951 个，覆盖率分别达到

92. 39% 和 37. 13% 。

二、西藏银行业发展中存在的突出问题

（一）战略规划高与经营理念差

尽管各银行机构根据区内外经济、金融环境、资源状况、战略能力、企业文化，制定了总体及分阶段发展战略，但在总体战略与经营模式动态融合上还有不小差距。一是特色化、差异化经营取向还不明显。“跟随”惯性和“模仿”思维占据主导，业务拓展方向和目标客户趋同，客户对象都定位于国家垄断性行业、大型优质企业、具有良好发展前景的高新技术企业、国家投资的政府项目，营销模式和金融产品基本效仿同业，未能根据自身特色品牌、业务优势深挖目标市场、重点领域，同质化已成当前大势。二是内涵式发展的经营理念亟待强化。规模和速度情结仍然存在，经营行为短视化，部分业务增长模式尚缺乏计划性、规范性和可持续性，“资本饥渴症”下不断进行大规模的外部融资，利润和收入对特殊费用补贴的依赖程度较高，未能有效平衡稳健经营和快速发展的关系，片面追求绩效指标而忽视合规的问题比较突出。

（二）争取政策多与落地对策少

长期以来，党中央、国务院和各部门对西藏发展的大力支持可谓是不遗余力。从党中央层面看，已连续六次召开西藏工作座谈会，赋予西藏一系列特殊优惠金融政策和费用补贴、扶持政策。从监管层面看，银监会自成立以来一直就非常关心和支持西藏发展，多次出台差异化的监管政策，并于 2014 年 10 月在北京召开“银行业支持西藏经济社会发展座谈会”，提出了九个方面十四项政策措施，给予了西藏空前的监管支持。从各总行层面看，对在藏分支机构实施了差别化管理政策，在信贷规模、市场准入、信贷审批、绩效考核以及人、财、物等各方面给予倾斜支持。政策有了，但各机构缺乏让这些政策真正落地的“对策”。

（三）市场需求大与服务功能弱

随着西藏经济社会的快速发展，全区金融需求逐渐旺盛，宏观层面上体现为公共性需求、生产性需求增加，微观上表现为个人金融需求的范围扩大、额

度增大、周期加长。特别是随着新型城镇化建设的不断推进，农牧区市场无论是基础设施还是生产领域、消费领域，发展前景都十分广阔，县域和“三农”市场巨大。但银行在市场竞争和追求自身利益最大化的双重驱使下，金融服务功能相对较弱。一是基层基础金融服务弱。全区银行机构主要集中在拉萨和各地（市）一级，县乡主要以农行、邮储代理机构为主，尚有285个金融机构空白乡镇，占全区乡镇总数的41.73%。关键是部分银行机构对县域和“三农”普遍缺乏良好的市场预期和足够的信心，当然就不可能沉下心来深挖农牧区潜在的产业链，导致基层基础金融服务弱。二是资金外流现象严重。个别银行在西藏吸收的大多数存款主要通过系统内上存方式来实现资金增值，从而使西藏资金直接或间接流向内地。同时，部分在藏企业或个人贷款通过各种渠道流向内地，“资金不出藏”的规定经常落空，资金大量外流对发展乏力的西藏无疑是雪上加霜。三是服务程度低。传统业务占比大，电子化程度低，网络体系不健全，金融产品特色少，服务方式落后，现代金融服务发展滞后，制约着西藏的发展。

（四）主体“贷款难”与银行“难贷款”

2014年末，西藏各项存款3089.19亿元，各项贷款达1619.46亿元，存贷比仅为52.42%，信贷存量很大。但因信用环境、授信条件等原因，致使“贷款难”与“难贷款”的问题逐渐突出。一是信用环境欠佳，信用形式单一，信用缺位现象严重，未形成规范的企业和个人信用档案制度，司法环境、行政执法环境亟待治理和改善，信用担保体系不完善，信用基础薄弱，恶意拖欠、逃废银行债务的行为时有发生，导致银行“不敢贷”。二是信贷主体缺少必要的信贷“押品”。对小微企业而言，一般处于创业初期，缺乏固定资产用于抵押。对农牧民而言，《担保法》规定，宅基地、承包的土地、房产不能作为抵押物。对干部职工或外来务工人员而言，因银行对“异地抵押”未全面展开，导致信贷主体“不能贷”。三是银行的授信周期、授信权限、授信产品和授信模式等未能很好地与西藏经济特点对接。如：目前信贷授信周期多以第二、第三产业为参照，缺乏与农牧业生产周期相匹配的授信周期。农牧业生产具有季节性和周期较长的特征，而与农牧业生产周期不匹配，导致信贷主体“不愿贷”。

（五）信贷增势强与风险控制弱

中央第五次西藏工作座谈会后，西藏经济连续多年实现两位数增长，银行业存贷款也呈现“阶梯状”增长态势（见表1）。

表1　西藏银行业存贷款变动表　单位：亿元、%

年份＼存贷款	存款			贷款		
	余额	新增	增速	余额	新增	增速
2009	1028			248		
2010	1297	269	26	302	54	22
2011	1493	196	15	461	159	53
2012	1890	397	27	729	268	58
2013	2501	611	32	1077	348	48
2014	3089	588	24	1619	542	50

在存贷款和票据、理财等表外业务超常规增长中，银行业机构的风险防控能力并没有随之提升，风险隐患大。潜在风险方面：一是受实体经济下行期间风险暴露等因素的影响，信用风险、操作风险仍是经营中比较突出的问题。二是个别行因过度依赖财政性存款或靠保证金拉动，受贷款激增和“短借长贷”等资金期限错配影响，流动性风险呈快速上升趋势。三是受观念、投入和管理的影响，信息科技建设已明显滞后，信息科技风险快速上升，从而引发的声誉和法律风险也不容忽视。风险控制方面：一是防范风险的内生机制不够完善，内控合规意识和制度执行力仍需提高。二是风险管控体系不够完善，内部有效“防火墙”设置不足，风险传递快，关联性强。三是内部监督机制不够完善，内审独立性不够、内部检查有效性不强的问题一直未有效解决。

三、西藏银行业发展面临的形势分析

（一）经济新常态带来新挑战

我国已进入经济发展新常态，经济下行压力较大，结构调整阵痛显现，企业生产经营困难增多，部分经济风险显现，消费、投资、进出口等已呈现新的阶段性特征，把握难度大、潜在风险多。西藏虽然从总体上看经济发展仍处于上升时期，但拉动经济发展的“三驾马车”中主要依靠投资拉动且主要是政府投资，消费和外贸市场容量小、产出能力低、实体经济弱、产业培育难，缺乏经济发展的有效支撑，区域经济转型升级和增强发展后劲的任务艰巨而持久。这意味着，银行业依赖于经济快速发展的“黄金时代”逐步落幕，银行业的资金运作难度势必增加，面临存款组织难和贷款投放难窘境，拓展增贷空间和加大信贷投放总量可能会与政府期待、市场需求存在差距，银行生存压力逐渐增大。

（二）金融新业态要求新变革

从制度环境看，随着西藏利率市场化的逐步推进，金融市场环境将发生根本变化，金融脱媒将成为不可逆转的趋势，将对银行资产负债结构和经营发展战略带来深远影响。从市场格局看，随着在藏各银行业机构的不断设立增多，特别是随着移动支付、P2P 网络贷款、互联网金融等的加速发展，直接导致银行业市场竞争加剧，对银行业经营理念、发展模式的冲击更大、更持久，银行业发展的压力持续加大。从监管导向看，美国次贷危机后，我国出台了一系列审慎监管政策，从建立逆周期动态资本缓冲、加强杠杆率和流动性监管、规范影子银行业务等多个方面对商业银行强化了监管约束，银行业持续推进改革创新任重道远。

（三）金融新交织催生新秩序

随着金融信息化、互联网金融蓬勃发展，信息处理成本和交易成本大幅降低，金融已出现“跨业、跨界、跨限”混合经营的显著特征，银行、信托、证券、基金、保险、期货相互交织渗透，风险隔离愈加困难。电商、移动运营商、IT 等企业纷纷进入或试图进入金融领域，第三方支付、众筹融资等新的集资和融资方式层出不穷，强烈地冲击着传统金融业态，传统金融秩序正面临挑战。如何科学有效发展，如何规范市场秩序成为当前亟需解决的重大难题。

（四）发展新趋势倒逼新转型

随着存款保险制度和银行市场退出机制的出台，金融脱媒日趋明显，各家银行面临的不仅是银行同业间的竞争，也面临来自其他类型金融机构，甚至是互联网企业的竞争，各种因素和力量倒逼着银行转变发展方式，倒逼着银行业必须主动调整发展战略，寻求差异化的市场定位，提供多元化的金融服务，积极转型发展，进而建立自身的竞争优势。

（五）发展新阶段隐藏新风险

长期以来，西藏银行业坚持“大投放、大发展”的经营发展思路，追求快、大、全，导致金融支持和实体经济融合欠佳，薄弱领域金融服务不足，同质化竞争严重，集中度风险、输入性风险突出。尤其是在经历了近几年的信贷高速增长后，金融风险的隐患将会持续积累。同时，在经济增速放缓与金融改革提速的发展新阶段，在创新型、合作类金融业务快速发展并不断暴露风险的背景下，银行体系风险的关联性、复杂性、隐蔽性、突发性有所上升，由不利因素触发风险事件的可能性明显增加。

四、西藏银行业稳健发展的对策研究

（一）科学施策，坚持政策引领的发展方向

围绕全区战略，强化政策引领，根据中央第六次西藏工作座谈会和银行业支持西藏经济社会发展座谈会赋予西藏的一系列特殊优惠政策，落实主体责任，加强沟通协调，积极跟进这些政策，争取各总行的差别化政策倾斜。结合西藏实情，认真研究西藏金融需求新特点，制定对策措施，实实在在地拿出“真金白银”和配套优惠政策，确保优惠金融政策和差异化监管政策落地，确保信贷政策和区域经济发展政策有效对接，确保各项政策措施用好用活用足。按照“资金不出藏”的政策要求，科学安排和管理信贷资金，防止经营行为异化和监管套利，确保“西藏资金主要用于西藏建设”。全面贯彻落实贷款利率、扶贫贴息、特殊费用补贴等优惠政策，做到不滥用、乱用、擅用，确保资金发挥实效。

（二）立足全局，坚持支持发展的责任担当

“保稳定”、“促发展”，推动西藏经济金融协调发展是西藏银行业业务发展的需要，更是无法回避的社会责任。银行业金融机构要切实履行支持经济发展的应有职责和本质要求，充分立足西藏金融市场不完全、不充分的实际，正确认识履行义务与投资回报的关系，围绕全区发展战略，盘活信贷存量、用好资金增量、改善服务质量，全面提升金融服务质效，科学加大信贷投放力度，尽力提高资金配置效率，为实体经济和“三农”发展等提供针对性强、附加值高的金融服务，支持西藏经济协调快速发展。

（三）与时俱进，坚持发展转型的总体战略

转型滞后和趋同并存是当前西藏银行业的共有问题。要始终把优化经济金

融结构、促进发展方式转变作为当前的重要工作任务，根据市场需求，制定转型发展总体战略，进一步明确自身市场定位和转型方向，全方位推动以小微企业为突破口的“转型”工作，推动差异化发展、特色化经营，提高核心竞争力。但转型必然打破一些思维定势和既得利益，要大力深化观念、架构、流程等多方面的变革，探索解决客户管理、考核体系、交叉销售与利益补偿等制约转型的主要瓶颈，并妥善做好转型在各条块层面的衔接。同时，在战略规划上应更加主动、清晰，在优势渐失的传统市场要稳住阵脚、力保少失，在机遇不断的新兴市场要主动出击、力争多获，确保转型发展的质效，从而带动整个经济结构的调整优化和发展方式转变。

（四）锐意改革，坚持创新发展的动力基础

建立健全金融创新机制，切实加强对金融创新的统一领导、统一筹划，有条件的银行可成立跨部门的金融创新协调机构；建立科学的创新项目跟踪分析机制，确保创新在市场快速响应中立于不败之地。努力营造有利于创新的企业文化，观念上鼓励创新，制度上支持创新，资源上保障创新，制定一套有利于创新型人才引进并脱颖而出的薪酬制度和选人用人机制，对创新尝试可能出现的问题秉持宽容态度、尽职免责。全面开展技术和服务模式创新，提升金融创新的广度和深度；及时顺应金融市场不断融合和融资市场不断活跃的大趋势，大力开展跨区域、跨市场的金融创新，持续推进金融创新的组合化和集成化，不断提供量身定做的金融产品和服务，以金融创新助推经济转型。坚持“不漠视、不怠慢、不侥幸”的原则，采取“看得清、控得住、管得好”的有效措施，对创新潜在风险加强防范，确保创新之路越走越宽，确保创新成果有效利用和转化。

（五）突出重点，坚持实体优先的发展理念

小微企业和县域经济是西藏乃至全国经济发展的短板，只有“做长”这块短板，整个经济才可能迎来快速发展，这已成为当前社会各界的共识。坚持实体优先的发展理念，把改善小微企业金融服务放在突出位置，按照“有保有压、有扶有控”的政策要求，深化“六项机制”，单列信贷计划，完善激励机制，创新抵质押方式，优化信贷审批流程，集中信贷资源支持小微企业发展。坚持“抓大不放小、追高不落后”，切实转变经营理念，将支持县域发展作为履行社

会责任和义务的内在要求，投入“真情实感”，做到“真抓实干”，拿出“真金白银”，形成“千帆竞发”的支农氛围，促进支农优惠政策扎根落地，切切实实地支持“三农”发展。根据西藏建设存在大量资金需求的实际状况，大力支持交通、通信、能源、旅游、生态、特色农牧业以及新型城镇化等基本建设，支持教育、文化、医疗、卫生等基本保障领域，推动西藏结构调整和产业升级。

（六）强化服务，坚持规范经营的民生导向

加强金融服务普惠化建设，加大薄弱领域的金融支持，将金融服务扎根于西藏，不断增强金融服务的竞争性和可获得性，真正实现金融服务普惠于民。积极了解和学习互联网的规律和特点，主动适应，完善和改进服务体验，增强竞争意识，创新出更多符合互联网环境的金融服务和产品，充分发挥对传统金融领域的有益补充作用。推动发展不占用经济资本、服务型的中间业务，开发个性化、差异化、特色化的各类金融产品，实现银行业持续规范经营。加强对银行业收费价格管理，坚决杜绝各种向客户附加不合理条件和乱收费行为，保护金融消费者合法权益。

（七）稳中求进，坚持稳健发展的固本之举

银行经营的就是风险，而稳健发展是银行打造“百年老店”的关键之举。要牢固树立稳健经营理念，建立稳健的发展战略及市场定位，充分发挥自身优势，正确处理规模扩张与内涵式发展的关系，讲总量、重质量、抓特色，做到发展形势“看得清”。要建立稳健的公司治理架构和内控运作机制，进一步强化高管层的内控责任和严格的问责机制，不断提升制度执行力；加强合规文化和内审机制建设，不断提高合规经营水平，实现重大风险“防得牢”。建立稳健的风险管理体系，不断完善内部管理架构、制度体系和操作标准，强化风险防范意识，丰富风险识别、预警技术和风险处置手段，加大风险排查力度，全面提高风险管控水平，确保风险隐患“盯得住”。法人银行还应建立稳健的资本补充机制，在努力争取外源性资本补充的同时，更加注重发挥内源性资本补充作用，提高自身“造血”机能。

（八）统筹兼顾，坚持科学监管的管理方式

监管部门要根据银行持续稳健发展的新形势，通过深化监管内涵、优化组

织体系、创新监管手段等措施，依法监管、科学监管，提升监管效能。统筹监管资源，综合运用各种服务式监管手段，加强宏观形势辅导、监管政策宣讲、公司治理引领和风险预警提示。加强监管联动，通过加强与兄弟监管部门，与银行内部监事会、合规内审部门，与外部审计部门等各方面的联动，不断强化延伸调查权、现场检查权、行政处罚权、准入审批权的运用效果，不断扩大监管覆盖面。加强日常分析研究，根据实体经济发展的新形势和银行业经营中的新问题，摸清风险底数，及时采取有效地监管行动，保一方经济金融平安。强化监管服务，利用监管专业优势，为地方经济发展服务，为银行机构稳健发展和风险处置提供监管服务。

参考文献

［1］杨莉. 新时期特殊优惠政策与西藏银行信贷业务的发展［J］. 企业文化，2014.

［2］兰富钧，韩冰. 特殊优惠金融政策与西藏经济的发展［J］. 西藏发展，2005.

［3］贺冰资. 西藏金融发展水平与经济增长关系的实证研究［D］. 中央民族大学，2013.

［4］李力锋. 西藏农牧业现代金融业发展研究［D］. 西南财经大学，2011.

［5］向军. 浅谈网币的出现给我国金融市场带来的影响［J］. 中小企业管理与科技，2008（26）.

［6］李杨. 影子银行体系发展与金融创新［J］. 中国金融，2011（12）.

［7］张同，张维东. 中小企业融资难的原因及对策［J］. 现代乡镇，2009（4）.

［8］向虹. 金融创新与风险防范［J］. 金融会计，2008.

［9］王国刚，张扬. 互联网金融之辨析［J］. 财贸经济，2015（1）.

［10］上海银监局. 经济新常态下的银行业监管治理探索［M］. 北京：中国金融出版社，2015.

西藏保险业发展的瓶颈及对策

西藏保监局课题组
课题组组长：宋朝晖
课题组成员：白志刚　邱　嵩

摘要： 近年来，西藏保险业坚持稳中求进的工作总基调，以改革创新为动力，以防范风险为底线，行业取得了多年的高速发展。行业发展的同时也面临着市场规模较小、机构下延困难、保险人才匮乏等瓶颈制约，特别是在我区进入全面建成小康社会决胜阶段，保险业必须不断提升服务水平，促进保险业更好地支持和服务西藏经济社会发展。

关键词： 西藏保险业　发展瓶颈　对策

一、西藏保险业发展现状

回顾西藏保险业的发展历程，特别是西藏保监局成立以来的这 5 年，西藏保监局紧密结合西藏实际，紧紧围绕构建“两屏四地”战略定位，以推进跨越式发展和长治久安为主题，不断探索差异化监管，坚持走中国特色、西藏特点的保险发展道路，充分发挥保险参与社会治理的功能和作用，主动运用保险工具加强和创新社会管理，为实现 2020 年同全国人民一道全面建成小康社会和保持西藏长治久安的目标增添助力、凝聚合力。

（一）坚持打基础，具有西藏特点的区域保险市场初步形成

西藏保险业立足行业发展，积极在服务自治区党委、政府中心工作上找准立足点，完善社会保障的作用、参与社会管理的作用，服务“三农”能力不断增强。2014 年，西藏保险业实现原保费收入 12.76 亿元，同比增长 11.59%，2011—2014 年，年均增长率达到 26.8%，远远超过西藏 GDP 的增长速度；对比近 5 年的状况，全区的保险密度从 26.98 元/人上升到 371.1 元/人，保险深度

从0.63%上升到1.39%。保险业总资产达到6.53亿元，同比增长15.31%。保险业整体实力明显增强。在保费快速增长的基础上，保险的经济补偿、资金融通和社会管理功能得到进一步增强，在保障人民生命财产安全和经济稳定运行方面发挥了重要作用。同时，保险业援藏人才队伍不断扩大，形成了援藏人才和本土化人才相互学习、相互促进的良好局面。保险从业人员数量大幅度提升，人才素质不断提高，为行业快速发展打下了较好的基础。2014年，全区保险业从业人员2275人，较2010年末增加了203.3%。

（二）坚持惠民生，西藏成为全国第一个商业保险全人群全覆盖的省份

“十二五”以来，西藏保险业充分发挥社会稳定器、经济助推器作用，不断扩大保险覆盖范围，服务水平得到显著提升。逐步建立了符合西藏实际的涵盖城镇职工、城镇居民、农牧民的大病补充医疗保险体系，建立了覆盖所有西藏户籍人员和援藏干部的人身意外伤害保险体系，建立了涵盖全区的政策性农业保险体系，使西藏成为全国第一个人人享有商业保险保障的省份。第一，“三农”保险不断提标扩面增品①。西藏政策性农业保险开办于2007年，期间经营模式多次调整，保障水平逐步提高，至2014年，七年来累计支付赔款超过7亿元。2015年，我区农业保险已经实现地域全覆盖、责任全覆盖和险种全覆盖。第二，补充医疗保险让各族群众看得起病。我们开办的补充医疗保险主要包括城镇职工大额补充医疗保险、城镇居民大额补充医疗保险和农牧民大额补充医疗保险，并针对自治区特殊地域情况，开展了孕产妇和新生儿医疗保险。2014年，保费合计5203万元，覆盖人群达277万人，提供风险保障2400亿元。大额补充医疗保险的开办，有效放大了财政资金的使用效应，使每一位西藏户籍人员在无需支付一分钱保费的情况下，即可享受7万~22万元不等的保险保障。第三，意外险解决了干部群众的后顾之忧。由自治区各级财政出资，为全体西藏户籍人员和在藏工作人员提供了至少6万元的意外伤害保障，保障了人民群众的切身利益。意外险主要包括强基惠民驻村工作队和驻寺管委会人员团体人

① 一是扩大保险覆盖面。将大棚蔬菜、大棚主体、马铃薯纳入政策性农业保险范围，承保品种由原来的10个增加到13个，基本涵盖了西藏现有的种养殖品种。二是大幅提高保险金额。种植险保额每亩分别提高了90元至140元不等，牛从1270元/头提高到4000元/头，绵羊、山羊分别从135元/只、110元/只提高到300元/只，农房保险由10000元/户、11000元/户统一提高到12000元/户。三是降低保险费率。养殖险费率从2.5%下调到1.3%，种植险费率由5.4%下调到2.0%。

身意外伤害保险、西藏户籍人员（含在编僧尼）及援藏干部团体人身意外伤害保险、公检法司（含交警）人身意外伤害保险、基层工商人员意外伤害保险、拉萨市环卫工人意外伤害保险、计划生育保险等，覆盖人群达 305.6 万人，提供风险保障超过 3000 亿元。

（三）坚持促发展，努力营造公平的市场竞争环境

西藏保监局成立以后，越来越多的保险公司入驻西藏，原有个别公司享受政府财政补贴的状况，使得公司之间的不平等竞争悄然存在。2012 年初，西藏保监局为促进该区保险业的持续、健康发展，努力营造公平的市场竞争环境，成立专项工作领导小组，全面调研辖区保险机构享受费率补贴的历史渊源、政策依据和实际操作情况，并形成专题报告上报保监会，经国务院原则同意后，财政部发文对西藏辖区所有财产保险机构执行相同的补贴政策。随着西藏保险业不断打破行政垄断和地域垄断，开放更多市场领域，已逐渐为所有保险机构搭建了一个公平有序的竞争平台，更好地吸引那些有实力、有志于参与西藏建设的保险机构来藏设立分支机构。此外，我局在更高的层面积极促成了中国保监会和西藏自治区政府签署战略合作备忘录，双方承诺共同努力营造保险业发展的良好环境，构建体系健全、功能完善、创新活跃、运行健康的区域保险市场体系，充分发挥保险功能，服务区域经济社会协调发展，加快推进西藏跨越式发展和长治久安。双方将致力于加强社会管理创新，着力构建主体多元、创新活跃、服务优质、运行稳健的现代保险业。

（四）坚持抓重点，为西藏的国家重点项目顺利开展保驾护航

在“十一五”至“十二五”期间，国家持续加大西藏基础设施建设方面的投入力度。施工企业大多为内地建筑单位，由于缺乏藏区施工经验，加之西藏特殊的高原地貌、地势、气候、环境等因素，导致施工事故频发。10 年来，保险行业承保工程建设项目 600 余项，其中国道、边防公路、水利水电、铁路建设、机场改扩建工程等国家重点、自治区重大建设项目承保占比达 95% 以上，承担风险责任 360 亿元，累计支付赔款近 1 亿元。保险业在服务“三农”发展、促进道路交通安全、保障重大工程项目建设、推动旅游业大发展、完善社会保障体系、减轻政府救助压力、维护社会稳定等方面发挥了积极重要的作用。2011—2014 年，西藏保险业累计为社会提供风险保障 29367.99 亿元，是“十一

五”期间的9.78倍。

尽管西藏保险业近年来取得了长足发展，但由于起步晚、基础差、经营成本高等客观原因，与内地保险业发展相比、与经济社会发展的要求相比，仍存在较大差距。

二、西藏保险业发展瓶颈

西藏与内地相比，有着极其特殊的历史文化背景和自然地理环境，地广人稀，交通不便，市场经济发展程度不高，市场体系发育不完善，市场机制作用发挥不充分。与此同时，全区人口中藏族同胞占绝对主体，几乎全民信教，农牧民占人口比重大，整体金融保险意识淡薄。西藏保监局成立伊始，面对的首要挑战就是如何了解真实的西藏，适应西藏经济社会发展状况，更好、更广泛地发挥保险的功能作用。尽管中长期发展形势向好，但与内地大部分地区相比，西藏保险业成立时间短、底子薄，加上要面对特殊的高原自然地理环境和社会人文环境，行业发展仍然存在着一些不容忽视的困难。

（一）市场竞争瓶颈

西藏保险市场极为特殊，生产力水平不甚发达，商品经济较为落后，市场经济还处于发育阶段，同时保险市场仍处于寡头垄断模式，非对称信息和公共产品供给过少的特征极为明显，而且短期内也难以改变原有主体和新增主体竞争实力相差悬殊的问题。西藏目前5家财产保险公司中，人保财险西藏分公司保费规模市场占比一直在85%以上；平安产险西藏分公司近两年业务发展较快，但业务占比不超过10%；其他3家产险公司发展较为缓慢。同时，中国人寿西藏分公司和中国人保寿险西藏分公司，成立时间较晚，加之西藏特殊的社会人文环境影响，目前西藏寿险市场规模远低于产险市场，与全国相比，产寿险市场发展极不均衡。

（二）传统营销模式瓶颈

随着混业经营的发展，我区银行、证券、保险之间产品的趋同趋势将会越来越明显，传统金融竞争将会越来越激烈。同时，互联网保险作为新兴力量，受时间、地域影响较小，网络保险发展十分迅速，必将挑战和冲击我区传统保险市场。现行的依靠中介渠道和政策性保险的营销模式仍较为粗放，既在一定程度上阻碍了保险产品和服务的创新，也难以挖掘市场潜力。

（三）机构下延困难

截至目前，西藏共有 5 家产险公司、2 家寿险公司，48 家保险分支机构，8 家保险专业中介机构、212 家保险兼业代理机构。仅有人保财险西藏分公司的机构覆盖了西藏全部 7 个地市，并在部分县（区）设立了服务点，而其他保险公司尚未完成全部地市级网点的铺设，县及县以下网点基本处于空白。由于西藏地广人稀，广大的农牧区经济发展程度极为落后，农牧民群众的保险消费能力普遍不强，但政策性保险的全人群、全地域覆盖又要求高水平的保险查勘理赔服务，维持基层网点建设所运营的人员、房产、网络、各种设备等成本较大，保险公司在县及县以下开设网点很难实现盈利。同时，现有在藏保险机构要在承担大量的维稳、驻村工作等前提下，在有限的资金和现有保费规模的基础上很难实现下延机构。

（四）地区发展不平衡

西藏各地区经济发展不平衡，保源呈现区域性高度集中，使各地区业务发展不均匀，导致西藏保险业发育不均衡：以拉萨市、日喀则地区、山南地区、那曲地区、林芝市为主的中部经济区，自然环境相对较好，生产条件优越，相对于其他两个经济区，经济发展优势明显，保险需求量较大、保险公司较为集中、竞争较为激烈；而以昌都市区为主的东部经济区交通条件相对较差、山高险阻，和以阿里地区为主的西部经济区，交通线较长，地广人稀，经济发展相对落后，保险需求量小、保险意识谈薄，保险业发展远落后于中部经济区。同时，这也从另一个方面反映了西藏区内偏远地区及农牧区经济发展相对滞后的实际情况及对保费收入的影响。由于西藏区域经济发展不均衡状况在短期内较难改观，保险发展不均衡情况也将在今后一段时期继续存在。全区 3 市 4 地中，超过 60% 的保险业务集中在 GDP 占全区比重不足 40% 的拉萨市，各地之间保险市场发展不同步。近年来，随着各公司分支机构的不断延伸，拉萨以外地区保费增速较快，呈良好发展态势。除了阿里、那曲等人烟稀少的艰苦牧区，日喀则、林芝、山南、昌都等地均有可观的发展潜力。

表 1　　2010—2013 年西藏各地区保费收入情况表　　单位：万元

地区名称	2010 年	占比	2011 年	占比	2012 年	占比	2013 年	占比
拉萨市	31138.72	61.56%	53597.89	70.54%	62865.80	65.92%	72115.56	63.09%
昌都市	2751.45	5.44%	3075.91	4.05%	4622.75	4.85%	6469.63	5.66%
山南地区	672.18	1.33%	4843.20	6.37%	6525.75	6.84%	7804.72	6.83%
日喀则市	3896.45	7.70%	4977.29	6.55%	8049.91	8.44%	10600.14	9.27%
那曲地区	0.00	0.00%	1805.55	2.38%	2719.38	2.85%	4533.07	3.97%
阿里地区	0.00	0.00%	1598.18	2.10%	2329.95	2.44%	2884.45	2.52%
林芝市	4175.01	8.25%	4823.51	6.35%	7259.80	7.61%	8818.48	7.71%
本级	7951.52	15.72%	1262.77	1.66%	999.01	1.05%	1083.09	0.95%
全区合计	50585.33	26.02%	75984.29	50.21%	95372.34	25.52%	114309.15	19.86%

注：全区合计行占比列为原保险保费收入同比增速。

（五）保险人才匮乏

西藏保险业发展近 30 年来，吸收了一大批保险专业人员进藏工作。据统计，截至 2014 年末，西藏保险从业人员已达到 2275 人，他们为活跃市场、促进保险业发展起到了积极作用。但从量的方面看，由于保险业的迅猛发展，行业对人才的需求旺盛，人才总量不足成为保险业发展的一大顽疾，也成为保险公司之间互相“挖墙脚”、跳槽等人员流动无序现象的原因所在；从质的方面看，西藏保险业从业人员素质普遍不高，高层次人才比例偏低。此外，从人才结构看，保险精算、保费投资、保险理赔等方面的专业性人才十分缺乏。同时，保险从业人员普遍集中在中部市场较为发达的地区，而同样急需拓展市场的东西部经济区则人才稀少，这些都不利于西藏保险业的健康发展。总体而言，西藏保险业从业人员总量较少，高管人员更是数量稀缺。“十二五”以来，部分保险公司积极向下延伸机构，但由于西藏近年来实行在藏户籍人口全就业的就业政策，高校毕业生把公务员作为职业首选，保险公司招聘人员困难，人员流失严重，保险人才短缺，尤其是藏族保险从业人员数量严重不足。

（六）保险意识有待提高

保险作为市场经济发展的产物，在促进社会经济发展和安定人民生活方面有着很大的作用，但民众普遍对此认识不够，购买保险的积极性、主动性不高。西藏全区人均长期寿险保单持有量、财产和责任保险投保率、保险赔偿占灾害损失的比例，都远低于世界平均水平，保险作用的发挥还比较有限。近年来，西藏地区经济社会发展虽然取得巨大进步，经济总量稳步提升，但还是属于“输血型”经济，主要依靠中央财政转移支付和兄弟省市的项目支援。市场经济发展程度不高，市场体系发育不完善，市场机制作用发挥不充分，在一定程度上影响了保险业的发展。与此同时，全区人口中藏族占绝对主体，几乎全民信教，乡村人口比重较大，金融保险意识薄弱，出险后单纯依赖政府救济，缺乏利用保险分散风险和恢复生产的意识，在很大程度上制约了西藏保险业的发展。

三、突破瓶颈的策略分析

（一）落实差异化的监管政策

西藏面临着内地任何省份都无可比拟的自然地理和社会人文环境，经济社会发展总体较内地也更为落后，按照中央第五次西藏工作座谈会确定的方针，要探索建立具有中国特色、西藏特点的经济发展之路，保险业的发展也必须植根于这种经济社会发展实际，走出一条中国特色、西藏特点的发展道路。与之相对应，保险监管的各项工作都必须因地制宜，制定符合实际的监管政策体系。一方面，针对西藏保险业所处的历史方位，着力于促进发展、壮大行业实力。在高管任职资格、代理人条件等方面适当放宽学历、从业经历要求；在产品创新、销售渠道等方面争取保监会相关部门的支持；在机构设置、服务创新方面不断适应特殊区情的需要。另一方面，根据保监会与自治区签订的战略合作备忘录的指示精神，积极走访在藏各保险机构的总公司，希望他们更加重视在西藏的业务，争取与自治区政府签订战略合作协议，对在藏分支机构实行差异化考核管理机制。

（二）创造更加公平合理有序的市场环境

随着西藏保险业有效市场竞争的日益加剧，规范化和专业化将是公司生存和发展的必经路径。保险业务的发展离不开专业化经营，其核心是经营理念的专业化和管理制度的专业化，就是要把握保险的自身规律，建立专业化的风险控制体系、专业化的技术标准和产品开发体系、专业化的经营服务体系以及专业化的核算和考评体系。同时，要鼓励和引导保险机构积极与各级党委、政府和有关部门沟通，进一步打破行政垄断和地域垄断，开放更多的市场领域，吸引更多有实力、有志于参与西藏建设的保险机构来藏设立分支机构。在所有财产保险机构得到保费财政补贴的基础上，努力争取中央财政对寿险公司的费率补贴政策，争取对西藏保险公司下延机构的财政补贴或相关优惠政策。努力营造保险业发展的良好环境，共同构建体系健全、功能完善、创新活跃、运行健康的区域保险市场体系，充分发挥保险功能，服务区域经济社会协调发展，加快推进西藏跨越式发展和长治久安。

（三）不断提升保险服务能力和水平

坚持统筹规划、分层次发展，大力加强市场体系建设。狠抓中国保监会与自治区人民政府签署的战略合作协议的落实，积极争取中国保监会的支持，尽快设立西藏财产险和人身险两个法人机构，填补西藏没有保险法人机构的空白，完善西藏自治区金融体系。大力营造公平竞争的市场环境，鼓励区外有实力的保险机构到西藏设立分支机构；鼓励和引导区内保险机构向基层设立分支机构；深入研究区情，大力发展保险代理、公估和经纪等中介机构。同时，坚持在发展中调整，在调整中发展，以完善保险机构考核激励机制为保障，以建立健全结构调整监管评价体系为引导，持续推动业务结构调整，重点发展能够提高公司价值和效益的业务，能够体现保险业核心优势的业务，能够满足消费者保障需求的业务。积极开拓财产保险市场，大力发展以工程险、责任险为主的非车险业务。积极拓展寿险领域，更加注重发展风险保障型和长期储蓄型业务。

（四）保障社会稳定运行，完善社会治理体系

当前，我国既处于发展的重要战略机遇期，又处于社会矛盾凸显期，社会管理的任务艰巨繁重。西藏地处反分裂斗争前沿，维护社会稳定运行的任务更加艰巨。保险业始终不渝、不折不扣地贯彻落实习近平总书记“治国必治边、治边先稳藏”的战略思想和“努力实现西藏全面稳定、持续稳定、长期稳定”的重要指示精神，用商业手段解决责任赔偿等方面的法律纠纷，降低社会诉讼成本，提高解决纠纷的效率，减轻政府的社会管理压力。保险业始终把讲政治、顾大局放在第一位，经济效益服从社会效益，勇担社会责任。同时，西藏要大力发展责任保险，旅行社责任保险、校方责任保险、承运人责任保险基本实现全覆盖，针对重点行业的安全生产责任保险，针对重点区域的火灾公众责任险，针对重点领域的医疗责任保险、环境污染责任险也在稳步推进。对地震、雪灾等自然灾害及重大交通事故赔案进行及时赔付，有效补偿企业和群众的经济损

失，有力地保障了社会稳定。

（五）探索西藏保险业人才引进和培养机制

贯彻落实2015年8月2日在拉萨召开的保险业支持西藏经济社会发展座谈会精神，各在藏保险机构要大力推动员工属地化，加快培育西藏保险人才特别是少数民族保险人才步伐；鼓励各在藏保险机构总公司每年选派一定数量业务能力较强、政治立场坚定的业务人员到对应在藏分公司援藏，并在查勘理赔所需的技术手段、专业设备等方面给予支持。相关在藏保险公司要积极与各总公司加强沟通协调，提高其对西藏市场的重视程度，除了明确费率补贴“留在西藏、用在西藏”的使用原则外，引导总公司在政策、经费等方面加大对在藏分支机构的支持力度。鼓励各总公司扩大援藏干部数量，充实在藏机构高管力量，提高在藏基层从业人员待遇，缓解增员压力，有针对性地加大对藏族基层员工的培养和使用力度。

（六）加大宣传普及保险知识力度

一是建立协调机制。加强保险监管跨部门沟通协调和配合，促进商业保险与社会保障有效衔接、保险服务与社会治理相互融合、商业机制与政府管理密切结合。建立信息共享机制，逐步实现数据共享，提升有关部门的风险甄别水平和风险管理能力。二是提升保险意识。按照陈全国书记“推进保险知识进社区、进农牧区、进学校、进寺庙”的指示精神，大力加强保险宣传与教育，广泛普及保险知识，逐步建立保险监管部门、行业组织、市场主体和社会公众等多方参与的保险教育工作机制，努力提升全区风险意识与保险意识，特别是提升地方各级政府、有关部门及行业积极利用保险解决问题的意识和能力，为西藏保险业的发展奠定坚实的社会环境基础。三是维护保险行业良好形象。整合保险行业宣传资源，统筹保险行业的宣传工作，强化行业新闻宣传和舆论引导意识，加强保险新闻发布管理，完善新闻发言人制度及突发新闻事件应急制度。加强同宣传部门与各类媒体的沟通，引导新闻媒体坚持正面报道为主，加大对保险业在维护社会稳定、经济补偿、防灾减损、扶危济困等方面典型人物和事例的宣传报道，维护和提升保险业的良好形象。

参考文献

[1] 卓志．我国保险理论研究及其发展创新的方法论前提［J］．保险研究，2008（3）．

[2] 吴定富．加强保险理论研究促进保险业科学发展［J］．保险研究，2009（3）．

[3] 徐静，瑶琼巍．保险行业专业人才培养探析［J］．上海保险，2012（6）．

[4] 汪涛，方国斌，游春．交叉销售在我国保险集团化经营中的应用［J］．保险研究，2007（8）．

[5] 中国保监会．中国保险业社会责任白皮书，2014.

利率市场化背景下农行西藏分行应对策略研究

中国农业银行西藏分行课题组
课题组组长：朱学彬
课题组成员：红　琳　孙　玉

摘要： 多年来，基于中央对西藏实行特殊的金融政策，西藏一直执行特殊的利率政策，人民银行拉萨中心支行审慎推进西藏利率市场化改革，存款利率市场化步伐与全国同步，贷款利率虽然取消下浮区间下限，但仍实行上限管制。与此同时，我国利率市场化进程已接近尾声，只差取消存款利率上限的“最后一公里”。为有序稳步推进西藏贷款利率市场化改革，人民银行拉萨中心支行表示，“十三五”期间将适时开展商业贷款利率浮动试点工作，逐步引入商业贷款利率浮动机制。未来，随着存贷款利率管制的全面放开，农行西藏分行必将面临全面而严峻的挑战。如何应对利率市场化，将是当前和今后一段时期摆在农行西藏分行面前的重点工作。

基于此，本文立足于西藏特殊的金融政策，对西藏利率市场化改革的最新进展进行了梳理，对西藏现有利率体系存在的问题进行了分析，并对下一步改革方向进行了展望。同时，针对西藏利率市场化的特殊性，本文就利率市场化对农行西藏分行的影响进行了详实的分析，借鉴富国银行应对利率市场化的成功经验，提出了农行西藏分行的应对策略。

关键词： 利率市场化　金融政策　应对策略

随着全国金融改革的不断深入，游离于全国利率市场化进程之外的西藏地区开始思考探索利率市场化改革。在“十二五”金融政策中，人民银行拉萨中心支行已经明确指出，西藏地区利率市场化实施要稳步推进，在所需宏观经济环境、微观经济主体承受能力、银行业各金融机构风险定价能力等基本条件成熟后，选择有条件的区域、对象、贷款种类等逐步开展试点工作。此外，在最近几次召开的西藏市场利率定价自律机制委员会会议上，人民银行拉萨中心支行也多次表示，在“十三五”期间，将根据西藏经济社会发展实际和在藏银行业金融机构风险定价能力，适时开展商业贷款利率浮动试点工作，逐步引入商业贷款利率浮动机制。以上政策信号释放出西藏地区推进利率市场化改革的方向。

未来，随着西藏地区利率管制的全面放开，农行西藏分行如何应对利率市场化必将是一个全新的课题。基于此，本文立足于西藏特殊的金融政策，针对西藏利率市场化的特殊性，就利率市场化对农行西藏分行的影响进行了详实的分析，并借鉴富国银行应对利率市场化的成功经验，提出了农行西藏分行的应对之策。

一、西藏利率市场化改革现状与展望

（一）西藏利率市场化改革的最新进展

随着全国利率市场化改革的深入推进，西藏地区也在积极稳妥地推进利率市场化改革，并取得了一些改革成果。西藏利率市场化改革的最新进展包括：

1. 逐步放开存款利率管制，取消贷款利率下限管制，赋予金融机构更大的自主定价权

2012 年 6 月 8 日，人民银行拉萨中心支行将西藏金融机构存款利率浮动区间的上限调整为基准利率的 1. 1 倍。

2012 年 7 月 6 日，人民银行拉萨中心支行将西藏金融机构人民币贷款利率的下限调整为基准利率的 0. 7 倍。

2013 年 7 月 20 日，人民银行拉萨中心支行取消西藏金融机构贷款利率下限管制，实行由金融机构根据商业原则自主确定。但仍要求贷款利率不能上浮，实行上限管制。

2014 年 11 月 22 日，人民银行拉萨中心支行将西藏金融机构存款利率浮动区间的上限调整为基准利率的 1. 2 倍。

2015 年 3 月 1 日，人民银行拉萨中心支行将西藏金融机构存款利率浮动区间的上限调整为基准利率的 1. 3 倍。

2015 年 5 月 11 日，人民银行拉萨中心支行将西藏金融机构存款利率浮动区间的上限扩大至基准利率的 1. 5 倍。

2015 年 8 月 26 日，人民银行拉萨中心支行放开西藏金融机构一年以上（不含一年）定期存款利率浮动上限。其中，一年以上整存整取、零存整取、整存

零取、存本取息定期存款利率可由金融机构参考对应期限定期存款基准利率自主确定；其余期限品种存款利率浮动上限仍为基准利率的1.5倍。

存款利率浮动幅度的逐步放开，标志着西藏存款利率管制的逐步打破，存款利率市场化程度不断提高。

2. 西藏金融机构应对利率市场化的策略现状

利率市场化考验着商业银行经营管理能力和定价管理能力，对商业银行业务经营产生全方位的影响，传统的经营方式和盈利增长模式受到严峻挑战。由于西藏实行特殊的贷款利率政策，西藏的利率市场化目前主要表现在存款利率方面。在藏金融机构应对利率市场化的反应不一，呈现出存款利率差异化定价的局面（以2015年5月11日降息后存款挂牌利率为例）。

一是上浮情况总体趋于谨慎。在藏金融机构在存款挂牌利率上虽均较基准利率不同程度上浮，但仅林芝民生村镇银行各期限定期存款上浮到30%，西藏银行绝大部分定期存款上浮超过30%，其他多数行挂牌利率上浮比例控制在10%~22%。其中，活期存款以基准利率为主，除西藏银行、林芝民生村镇银行外，定期存款基本控制在22%以内。

二是存款利率阵营分化明显。大型银行中，建行一年及以内定期存款挂牌利率高于其他三大行5个基点；股份制银行中，民生银行拉萨分行各期限存款上浮幅度均高于大型银行；地方法人银行中，西藏银行、林芝民生村镇银行活期存款上浮1.2倍，林芝民生村镇银行定期存款均上浮1.3倍，西藏银行绝大部分均超过1.3倍。

3. 利率市场化改革配套政策的出台

近年来，我国的利率市场化改革步伐明显加快，为推动存款利率市场化走完“最后一公里”，央行出台了相应的配套政策。2015年5月1日，《存款保险条例》落地实施。6月2日，《大额存单管理暂行办法》出台实施。与利率市场化相关的制度基础和负债工具创新已基本到位，我国利率市场化进程已接近尾声，预计2015年下半年或2016年初取消存款利率上限，最终实现利率市场化。

基于中央对西藏实行特殊的金融政策，西藏一直执行特殊的利率政策，人民银行拉萨中心支行对于西藏利率市场化的态度是审慎的。在存款端利率政策与全国保持同步，但贷款端仍然实行特殊的利率政策，虽然取消贷款利率下浮区间下限，但仍要求贷款利率不能上浮。

随着大额存单的推出，存款保险制度的实施，以及LPR（贷款基础利率）

的广泛使用，基于现行基准利率的优惠贷款政策将失去基础。同时，各家商业银行均要对利率市场化做出适应性的变革：无论在定价管理或是风险管理方面，都要引入新的管理体系、方法和工具，各家银行的西藏分行很难独立于总行的管理体系而独立运作，因此，主动适应利率市场化变化是大势所趋。

4. 西藏市场利率定价自律机制委员会的成立

为有序稳步推进西藏利率市场化改革，维护公平有序的市场竞争秩序，建立辖区市场利率定价机制，加强对辖区各银行业金融机构的自律管理，人行拉萨中心支行牵头成立了西藏市场利率定价自律机制委员会。协会自2014年成立以来，先后五次召开市场利率定价自律机制委员会会议，就利率市场化改革进程中我区各银行业金融机构出现的新情况和新问题进行交流、讨论。

在最近一次（2015年7月）由农行西藏分行作为牵头单位，组织召开的利率市场化研讨会上，在藏金融机构就如何正确处理西藏利率市场化改革与中央赋予的特殊优惠金融政策之间的关系，有效推进西藏利率市场化改革进行了有效、深入的专题研讨。会上，人民银行拉萨中心支行表示，将根据西藏经济社会发展实际和在藏银行业金融机构风险定价能力，适时开展商业贷款利率浮动试点工作，逐步引入商业贷款利率浮动机制。

（二）西藏现有利率体系存在的问题及下一步改革展望

1. 西藏现有利率体系存在的问题

随着利率市场化改革的深入推进，我们必须清醒地看到，西藏现有的特殊利率体系面临越来越多的问题。

一是特殊利率政策的负面影响已经开始显现。利率的地区式二元结构，使得西藏成为新的政策洼地。许多企业为了获得2个点融资成本优惠（还有所得税减免），纷纷到西藏开设分支机构进行融资，再通过其他渠道将资金汇回经济发达省市，形成资金套利。资金的高流动性、隐蔽性以及交易的复杂性使得监管很难及时有效。

二是中央财政负担增长过快，费用补贴政策恐难维持现状。西藏利差补贴和特殊费用补贴全部来自中央财政，2014年，西藏地区贷款增长了542.88亿元，增幅达到了50.43%，这种发展态势在未来几年中还要延续，快速增长的补贴压力是对政策本身延续性的挑战。

三是长期人为压低市场利率导致利率信号失真，资源配置效率难以保障。

长期以来形成的低利率政策环境使得利率本身的价格信号作用和风险补偿作用丧失殆尽，银行无法根据利率来甄别客户的风险程度，从而形成信贷资金的有效流动。同时，客户的信用状况无法通过价格来体现，造成信用环境建设的恶性循环。市场在金融资源配置中的作用不但没有加强，反而有削弱的迹象。如果未来西藏在金融体系建设中，仍然以行政资源配置为主，而不进一步发挥市场配置资源的力量，将进一步失去金融发展的潜在动力。

四是商业银行发展面临着两难选择，金融抑制问题突出。在西藏特殊的金融结构中，商业银行占据绝对主力，政策性银行市场份额占比很小，农村信用社和农村商业银行为零，村镇银行可以忽略不计。而商业银行面临社会责任和盈利要求的两难选择，而且这种矛盾在经济下滑期会越来越突出。因此，必须在未来的政策框架中，给予商业银行更多的市场化行为的主动权，而不是用更多的优惠政策和行政干预去捆绑住银行的手脚。

2. 下一步改革展望

基于以上分析我们不难看出，基于全国利率市场化进程对西藏特殊利率政策进行改革势在必行。此外西藏地区商业银行长期没有利率管理的意识、缺乏相关经验，而风险管理体系、文化的建设也不能一蹴而就。因此，有必要尽早启动对西藏特殊利率政策的配套性改革。政府要加强顶层设计，通过引入市场化的因素，采用增量渐进的改革思路，逐步缩小西藏与全国利率市场化进程之间的差距，尽早完成西藏利率市场化改革。

（1）关于贷款利率

考虑到西藏商业银行的利率管理水平以及农牧户、小微企业的接受程度，贷款利率不能一次性完全放开利率上限管制，而是要采取小步快跑的方式，在确保风险可控的前提下，循序渐进扩大利率浮动区间，还原利率的价格信号作用和风险补偿作用。同时，大力推进信用乡、镇体系建设，建立利率、风险和信用之间的关联关系，普及现代金融理念，减少利率上浮推进的阻力。

（2）关于存款利率

目前，西藏地区存款利率市场化改革的进程与全国保持一致，但过快的金融创新对于基础薄弱的西藏来说容易积聚大量的金融风险，从最近存款利率上浮的情况看，西藏金融机构还存在不理性行为。建议人民银行拉萨中心支行加强行业指导和监管，对于风险苗头及时采取措施，防微杜渐。在行业自律机制形成的初期，充分发挥人民银行的权威引导作用，确保西藏金融稳定局面。

未来，一方面，西藏要紧跟全国存款利率市场化的步伐，但建议人行拉萨中心支行合理把握利率市场化的推进节奏，在全面放开存款利率浮动上限的情况下，通过窗口指导来达到控制节奏的目的。另一方面，要加大理财产品、同业存单等利率市场化先行产品的推广力度，通过增加金融供给，带动企业、居民理财意识的提升，形成适当、有序的竞争局面，提升金融活跃度，建立市场存款利率的形成渠道和机制。同时，由于之前西藏地区没有价格竞争的先例和经验，人民银行要保持对市场的调节、掌控能力。

（3）关于利率环境与利率形成机制

西藏利率市场化面临的最大困难是缺乏利率形成机制。金融市场的不发达，银行同业业务的落后，资金的单向流动（西藏地区银行普遍存贷比偏低，大量资金被总行通过全额资金系统上收，用于其他省市），都使得利率缺乏定价的市场。因此，西藏利率市场化成功的关键因素是要发展市场化的专业市场，形成利率定价机制和应用方式。

一是要大力发展银行同业业务，鼓励西藏地区银行参与全国性资金市场，在市场中锻炼定价能力。

二是发展西藏地方性债券市场，西藏企业规模小，参与银行间债券市场进行融资的能力有限，有必要建设西藏地方性债券市场，发展具有西藏特色的各种债务融资工具，丰富融资渠道，形成资金竞争局面。

三是有选择性地发展地方风险投资市场。结合沪深两市，发展西藏民间资本发展基金，开展风险投资、企业培育并推动上市，提高直接融资占比，激发资本活性，形成利率定价的基础。

二、利率市场化对农行西藏分行的影响分析

从国际经验看，利率市场化的推进对商业银行将产生巨大影响。近年来，我国利率市场化进程不断加快，突出表现为存贷款利率浮动区间的不断扩大。目前，西藏地区贷款利率下限浮动区间已全部放开，但仍实行上限管制，存款利率浮动区间上限除一年及一年以下的已全面放开。未来，随着存贷款利率管制的全面放开，农行西藏分行必将面临全面而严峻的挑战。

（一）随着利率市场化的推进，农行西藏分行的绝对优势地位受到挑战，市场份额将持续下滑

近几年，随着商业银行加大在西藏开设分支机构力度，农行西藏分行市场

份额一直处于下滑态势。

一方面，大银行下沉营业机构到县域，政府匹配了一定的财政性存款等资源作为激励，造成农行机构存款小部分流失，份额略有下降。

另一方面，以民生银行为代表的股份制银行入驻后，以价格为竞争手段，快速抢占拉萨地区及周边主要个人高端客户资源，造成农行个人存款部分流失。

同时，以西藏银行为代表的地方法人银行，凭借其一级法人灵活的定价权，通过较高的利率吸收存款，分流农行的部分存款。

未来，随着商业银行的增多以及存款上浮空间的扩大，农行西藏分行市场份额将面临更为严峻的挑战。

（二）存贷利差加速收窄，盈利压力增大

根据利率市场化的经验，商业银行存贷利差必将逐步收窄，特别是对于农行西藏分行而言面临双重压力。

一是资产收益端。西藏地区目前不允许贷款利率上浮，银行无法通过提高风险偏好水平而提高贷款收息率。同时，大客户对贷款利率下浮的要求越发强烈，农行西藏分行没有化解利差收窄的渠道，只能任由收息率下降。

二是负债成本端。负债业务竞争白热化，随着西藏地区企业和居民理财意识的提升，存款付息率在过去及未来的一段时间内将保持长期上涨的压力。在2012 年至 2014 年西藏推进存款利率市场化的进程中，农行西藏分行存款付息率呈现逐年上升的态势（见表 1）。

表 1　农行西藏分行存贷利差情况表　单位:%

年份	2014	2013	2012
存款付息率	1. 21	1. 19	1. 17
贷款收息率	6. 01	5. 66	6. 43
存贷利差	4. 80	4. 47	5. 26

未来，随着西藏地区利率市场化的加速推进，农行西藏分行资产负债将面临两端承压，存贷利差将加速收窄，盈利压力增大。最为关键的是，长期以来西藏存贷款利率都没有浮动过，因此，比起内地其他省市，西藏地区商业银行要用更短的时间完成利率由固定向自由浮动的过渡。这极易引起金融机构间的恶性竞争与价格战，农行西藏分行将面临更为快速的息差下滑与盈利放缓。

（三）收入结构转型遭遇监管强周期，中间业务收入增长将放缓

国外利率市场化的经验表明，商业银行面对利率市场化的有效手段就是加大收入结构转型力度，提升中间业务对利润的贡献度。农行西藏分行中间业务占比不足10%，未来提升空间较大。特别是对于农行西藏分行来说，在没有办法提高利差的情况下，只能提高中间业务收入水平。但是2012年下半年以来，监管部门明显加强了对中间业务的监管。2014年，发展改革委、银监会分别派驻检查组对西藏银行业收费情况进行检查，并对西藏银行业投行业务收费进行了处罚。农行西藏分行中间业务收入的结构特点是以基础渠道类收入为主，新兴业务占比低、发展慢，未来缺乏收入快速增长的空间。再加之监管力度加大，未来中间业务发展态势将放缓，对利差收入的补充作用将弱化。

表2　　农行西藏分行中间业务收入结构表　　单位：万元,%

项目＼年份	2014	2013	2012
中间业务收入	18024	14914	10747
增速	20.85	38.77	5.80
新兴中间业务收入	4726	4432	2611
新兴中间业务收入占比	26.22	29.72	24.30
渠道收入	13554.05	11336	8478
渠道收入占比	75.20	76.01	78.89

（四）利率风险与信用风险叠加，风险约束作用将逐步增大

随着利率市场化改革的逐步深入，西藏银行业竞争加剧，所面临的经营环境日趋复杂，业务经营风险更加严峻，农行西藏分行将面临利率风险与信用风险同时上升的不利局面。

1. 利率风险

利率市场化推进过程中，利率调整将更为频繁，利率风险将逐渐成为常态化的风险点，对银行业务经营产生重要影响，影响商业银行的财务收支。根据巴塞尔委员会对利率风险的定义和分类，农行西藏分行的利率风险主要是重定价风险，从目前重定价风险敞口情况看，农行西藏分行利率风险敏感性比例一直呈增大的趋势，一年以内敏感性比例由2012年的22.50%增加到2014年35.98%，1~5年的敏感性比例由2012年的277.10%增加到2014年299.25%。未来，随着利率市场化的深入，利率基准由央行的主动调整转变为市场化供求

的均衡结果，其波动的频次与幅度将大幅提升，导致重定价风险增加。

表 3　　农行西藏分行利率重定价敏感性表　　单位：亿元,%

年份	2014		2013		2012	
	1 年以内	1 ~5 年	1 年以内	1 ~5 年	1 年以内	1 ~5 年
利率敏感资产	396. 63	67. 63	270. 4	44. 41	185. 94	31. 63
利率敏感负债	1102. 49	22. 6	924. 6	11. 61	827. 08	11. 42
敏感性比例	35. 98	299. 25	29. 20	382. 40	22. 50	277. 10

2. 信用风险

根据利率市场化经验，为应对息差下降的问题，商业银行往往通过提高风险偏好的方式提高贷款收益率，但也会带来更高的风险损失。在利率市场化推进的过程中，农行西藏分行为应对同业竞争加剧，稳定净利润增速，将调整风险偏好，逐步提升高风险资产占比，就必然面临信用风险逐步上升的问题。未来，贷款利率上浮管制一旦放开，农行已经没有太多风险偏好提升的空间，只能通过其他手段提高息差，稳定盈利能力。

利率风险和信用风险叠加将进一步约束业务发展，制约业务结构调整的时间和空间，不利于农行西藏分行应对利率市场化改革带来的挑战。

三、富国银行应对利率市场化的经验

从利率市场化的进程看，无论是改革历时还是路径方法，中国与美国最为相近，而美国利率市场化进程中应对最为成功的商业银行就是富国银行。在利率市场化期间，富国银行总资产增速达 12. 3% 、高于同业增速 2. 8 个百分点，ROE 均值为14. 61% 、高于同业3. 38 个百分点（见表4），以骄人的业绩在市场竞争中逐步胜出，完成了从小社区银行到大型商业银行的华丽转身。下面通过分析富国银行如何实现战略转型为我国银行业转型提供参考。

表 4　　1970—1990 年利率市场化期间富国银行业绩表现　　单位:%

	富国银行	美国银行业平均水平
总资产增速	12. 3	9. 5
贷款增速	14. 3	10. 3
存款增速	8. 6	8. 4
ROE	14. 61	11. 23
ROAA	0. 68	0. 69

注：富国银行数据来自年报；同业数据来自 FDIC 和网络。

（一）明确市场定位，差异化发展战略独树一帜

成立之初，富国银行将自身定位为平民化银行，以社区银行为依托，以个人和小企业为主要客户群体，为其提供多样化的金融产品和服务。利率市场化期间，富国银行明晰自身优势，不盲目效仿花旗、摩根等银行转型投行领域，而是坚守传统业务，以社区客户为目标群体，清晰定位，精耕细作。但坚守不等于故步自封，富国银行不拘泥于简单的社区服务端形式，而是积极打造大型银行的精细化管理体系、科技化网络渠道、标准化流程体系、高端的金融服务产品，将社区银行的稳扎稳打与大型银行的创新与品牌完美结合。同时，富国银行始终保持战略定力，不盲目走国际化扩张和多元化的道路，而是以满足客户跨国、跨界的金融需求为目的，采取适度国际化和有原则的多元化，在经济下行期甚至主动收缩业务范围，以此保障了业务的平稳发展。

（二）加强 NIM 管理，强化资产收益能力

富国银行在利率市场化期间展现了超强的 NIM 管理能力，NIM 短期下降后呈现稳步提高态势，1980 年后上升速度进一步加快，1986 年 NIM 回升至 5% 左右，高于同业 1. 1 个百分点。

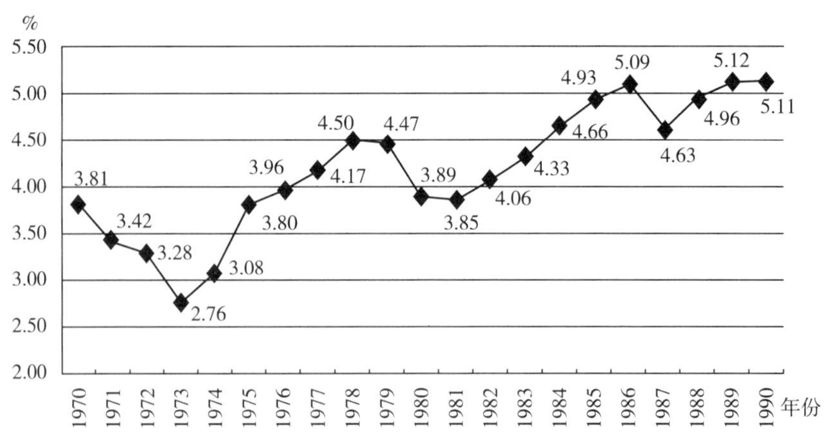

注：数据来自富国银行年报。

图 1　利率市场化期间富国银行净利息收益率情况

一是价格领先战略引领负债端结构优化。富国银行在抢夺存款市场的竞争中，始终保持价格领先战略，成为政策反应最灵敏、价格调整最迅速的银行。1973 年 7 月 1 日，联邦储备局允许提高定期存折储蓄存款和消费者定期存款的

利率，富国银行于政策公开的当天，将定期存折储蓄存款利率从 4.5% 提高至 5%，吸引并巩固了大量忠实客户。富国银行通过价格领先战略保持了核心存款稳定增长，年复合增长率达 12.3%。

同时，富国银行注重保持核心存款结构的最优化，始终维持较高的活期存款占比，基本保持在 60%～70%。产品创新是富国银行能够持续保持低成本资金优势的关键。如 1982 年 10 月，《加恩法案》允许银行开立余额不低于 2500 美元的存款账户并放开利率管制。富国银行两个月内迅速推出“市场利率账户”，对不低于 2 万美元的存单及 7 天通知存款支付市场利率，年末即吸收了 16 亿美元存款；次年 1 月，余额增加至 40 亿美元，可谓成效显著。

二是调整资产端结构，适度提升风险偏好。在客户结构方面，富国银行锚定风险和收益相对偏高的零售客户和小微企业，以便捷化的产品、快捷的效率做支撑，以广泛和深入社区的营销活动为依托，树立了良好的品牌形象。如富国银行相较同业先行推出了“快捷贷款”、“小企业商业计划”等，抢占了市场先机。提升风险偏好的同时，富国银行配套研发信用评级体系，筛选优质客户，确保风险可控。在业务结构方面，富国银行在做好风险防控前提下，提高高风险贷款占比，将房地产贷款占比由 33% 提高至 47%，消费贷款从 11.7% 提高到 20.7%。在投资领域，富国银行综合优化债券投资结构，降低国债、联邦政府债券投资占比，提高地方政府债券占比，提高债权资产收益率。

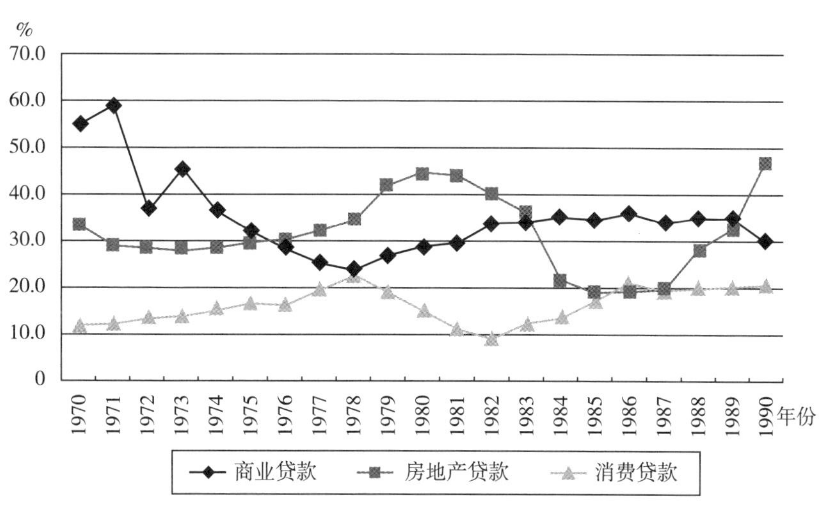

注：数据来源于富国银行年报。

图 2　利率市场化期间富国银行贷款结构情况

（三）产品滚动创新，助推中间业务快速增长

面对息差收窄的压力，富国银行不断拓宽中间业务渠道，中间业务收入由1970年的0.3亿美元提高到1990年的7.65亿美元，年复合增长率高达16%，占比由15%提升至24%。

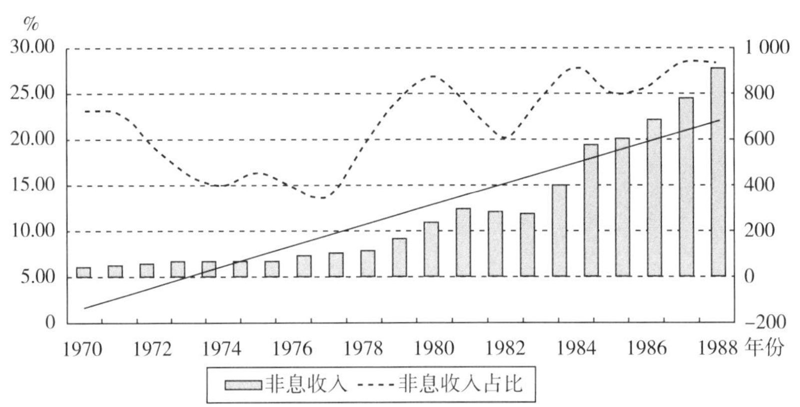

注：数据来源于富国银行年报。

图3　1970—1990年富国银行非息收入情况

一是以客户需求为依托，大力发展信托和资产管理业务。20世纪60年代末，伴随着资本市场的大力发展，私人养老金和财富管理的市场需求日益旺盛。富国银行依托客户需求，大力开发新兴业务，基于现代资本市场理念和资产定价模型，开发了同业领先的投资模型，成为其信托和资产管理业务强大的技术保障。同时，深挖客户需求，研发了当时口碑极佳的投资产品，如1973年研发房地产权益信托、1975年研发普通股信托和固定收益信托，1976年研发与标普500挂钩的基金。20年间，信托及资产管理业务快速发展，由1970年的11亿元增加至1990年的143亿元，复合增长率达到13%，并逐步与企业年金、私人银行等业务联动，成为富国银行全方位提升金融服务的重要平台。

二是以交叉销售为手段，增强销售利润和客户黏性。利率市场化期间，富国银行充分挖掘低成本资金提供者的潜在价值，提升单位客户的综合收益价值。1975年之后，富国银行巧妙地将提高存款产品利率和服务费价格结合起来，在息差收窄的情况下，凭借中间业务收入增长弥补单个客户的盈利损失。一方面，通过优化产品和服务，提高账户管理费，以费补息。如1980年推出黄金账户，向该账户支票付息并附加账户服务，与此同时，将账户管理费由3美元提高至5

美元。1981年底，账户数达27万户，账户管理费收入达600万美元，弥补了上升的付息成本。另一方面，在全面分析客户综合价值的基础上，差异化加强交叉营销力度。在普通零售领域，富国银行的客户通常会同时享受储蓄、信用卡、住房抵押贷款、汽车贷款、投资和保险等五种以上的金融服务；在批发银行领域，客户通常能够享受到投资银行、证券投资、商业地产、财富管理、财务融资等五种以上金融服务。通过成功的交叉销售，大大提高了单位客户的贡献度。

（四）以提升客户体验为中心，打造科技先行者

富国银行始终将控制成本放在战略高度，坚持成本集约化控制策略，将成本控制关口前移，通过调整业务策略、渠道布局来实现成本压降，扭转了成本收入比高于同业的不利局面。成本收入比从1982年开始实现连续4年下降，1985年低至58.41%，下降了19.1个百分点。

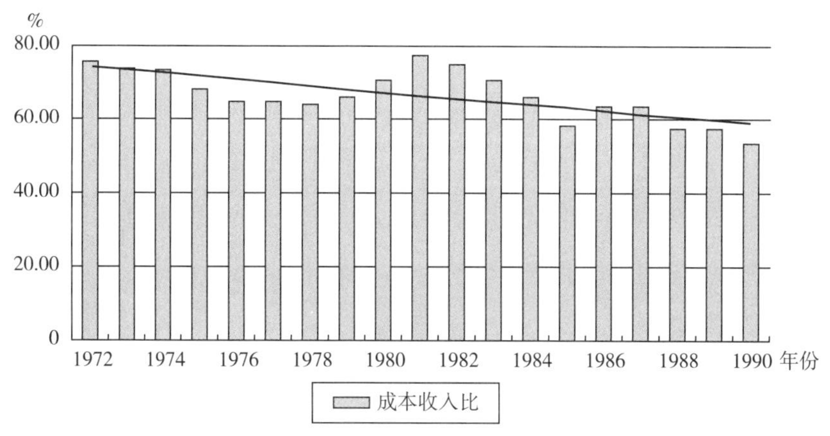

注：数据来源于富国银行年报。

图4　1972—1990年富国银行成本收入比情况

一是注重价值链分析，加强业务流程再造并持续优化。富国银行尤其注重业务流程优化，通过深入了解客户需求，减少不必要的业务环节，在提升客户体验的同时提高工作效率。20世纪80年代初，通过建立信贷中心，集中审核审查和审批，提升贷款审查审批效率，提高服务质量。

二是科技打造电子化渠道，降低营运成本。富国银行较早地树立了科技领先的理念，并注重科技研发的时效和推广，在竞争者中先行加快电子渠道建设，为客户搭建统一、全面的金融服务平台。富国银行于1978—1979年仅用两年时间就完成了ATM的试点及全国覆盖，以新颖、高效、便捷的服务吸引了客户，

并持续提升客户体验，有效降低了传统渠道扩张成本。

（五）创新工具方法，加强全风险管理

在加强对经济走势和利率周期研判、完善资产负债摆布和利率匹配的基础上，富国银行通过产品创新和工具创新加强全风险管理。

一是以套期等工具转移或对冲利率风险。1975 年，面对剧烈波动的基准利率，富国银行实施了“变动利率计划”项目，将长期抵押贷款与资金成本关联起来，即贷款利率同货币市场利率指数挂钩，有效转移利率波动风险。20 世纪 80 年代初，富国银行开始使用套期工具规避利率风险。1982 年，富国银行使用国库券期货与国债指数挂钩存款的利率风险进行套期；1983 年，使用利率期货对短期货币市场资金与长期贷款之间的利率风险进行套期，通过工具创新，化利率风险的被动管理为主动管理。

二是改进方法流程，加强信用风险管理。利率市场化期间，为提升资产收益率，富国银行适度提高了风险容忍度，但同时也进一步加强了信用风险管理，确保收益在有限风险下稳步提升。富国银行较早地认识到“大数据”的重要性，基于历史积累的企业信息和业主信息数据库，将企业的行业信息、财务信息和客户的信用卡消费、信贷消费等各因素引入信用评级模型，综合评定客户信用等级。依托科学有效的客户评级系统，富国银行建立了“流水线式”信贷审核审批系统，改进了业务流程，以高质量、高效率的服务维护了客户忠诚度。

四、主要对策和建议

应对利率市场化，将是国内商业银行当前和今后一段时期的重点工作。农行西藏分行应采取稳中求进的策略，加快改革创新步伐，主动作为应对改革冲击。在经营管理中，优化业务经营模式，通过差异化、多元化与可持续发展模式，稳定盈利能力；在利率管理中，完善管理机制，提高定价水平和利率风险管理水平；在经营转型中，加强客户、产品与渠道建设，根据市场趋势和客户需求加快业务经营转型，提高核心竞争力；加强人才储备与培养。

（一）优化业务经营模式，稳定盈利能力

目前，我国经济正处于结构调整期，对商业银行而言，加快改革创新步伐，优化业务经营模式，建立多元化的业务经营体系与可持续、差异化的盈利增长

模式，才是适应利率市场化的根本解决之道。

一是在传统银行业务基础上，充分利用农行西藏分行资产规模庞大、网点布局广、客户资源丰富、渠道建设完善等优势，积极突破业务发展边界，向保险、基金、证券、投行、资产管理等领域拓展，逐步实现对金融业务的全覆盖，走综合化经营之路。

二是保持差异化优势，提升资产负债业务竞争力。以差异化的策略巩固负债低成本优势，重点支持活期与短期存款发展，适度发展中长期存款；对不同类型客户根据利率敏感性确定灵活的定价机制；着力提升资产业务收益水平，稳定并提升贷款在生息资产中的比重；优化资金管理模式，提高资金使用效率。

（二）完善利率管理机制，提高定价水平

利率市场化的目标是建立起市场化的利率定价体系，商业银行内部必须建立起与之相适应的定价管理机制。

1. 完善资产负债定价机制，稳定利差水平

从国外情况看，应对利率市场化最为成功的富国银行，在利率市场化的初期采用的是价格领先的战略，通过价格优势保持和扩大了客户群体，从而为战略转型提供了坚实基础，因此，保持金融产品价格竞争力至关重要。从国内经验看，2012 年央行放开存款利率上浮后，也形成了短暂的五大行利率联盟，但是不到一年时间，价格联盟在中小银行的价格压力下迅速瓦解，五大行纷纷上调利率。2015 年 3 月，四大行的价格联盟也被打破，农行与工行、中行保持了定价的相对协同，建行正式脱离价格联盟。

上述经验表明，在利率市场化进程中，存款利率上浮趋势不可避免，与其被动调整不如主动出击，占据先动优势，带动业务发展。农行西藏分行要解放思想，突破维稳思想的束缚，主动调整存款价格。但是对存款价格的调整也不能是盲目的，而是要根据市场情况和客户结构稳步推进。一是区域选择上要遵循“先城区、后县域”的顺序。因为目前西藏金融机构的竞争基本存在于城市，大部分县域还是农行独家经营，初步阶段没有必要刻意提高存款价格。同时，对城区市场变化保持高度敏感，紧盯同业，积极采取跟进策略，灵活定价，与主流同业保持一致，避免恶性竞争。二是客户选择上要遵循“先高端、后普通”的顺序，本着竞争和效益兼顾的原则实行差异化定价策略，形成阶段式的延续价格优势，避免简单一浮到顶。

从资产负债结构看，农行西藏分行一方面要优化贷款期限、地区和品种结构，适度控制中长期贷款和县域农牧户贷款增长，加大城区个人贷款和中小微企业贷款投放力度，兼顾流动性、效益性和安全性的平衡。另一方面，要控制高成本负债增长，提高理财产品的设计水平，保持负债成本的合理增长。同时，要适度增加同业负债吸收力度，提高资金运作能力和收益水平。

从近年央行货币政策运用来看，2014 年 11 月至 2015 年 8 月，央行 5 次频繁降息，在利率下行周期，农行西藏分行的定价经营策略调整显得尤其重要。一是存款定价策略。利率下行周期，负债短久期策略有助于减少利息支出，拉低付息成本，因此，要加大活期、短期存款及结算性同业存款等低成本业务的营销力度，提高此类存款占比，审慎、适度开展中长期、高息存款业务。二是贷款定价策略。由于在藏金融机构贷款利率不能上浮，在利率下行周期，通过拉长资产久期提前锁定贷款收益率，多发放按半年、按年重定价贷款和固定利率贷款，严控按月、按季度重定价贷款。

2. 完善管理工具与方法，强化利率风险管理能力建设

强大的风险管理能力是银行进行业务转型的基础，目前农行西藏分行要强化利率风险管理能力的建设。

一是合理确定风险偏好，培育管理风险创效益的风险文化。富国银行的经验表明，适度调高风险偏好是利率市场化下缓解盈利下行的必然选择。银行业在风险偏好调整的过程中应该练好内功，完善利率市场化下的信用风险和利率风险管理，通过引入新的风险管理工具和技术，不断完善全面风险管理体系建设。面对利率市场化下风险上调的现实选择，各项业务开展不应简单规避风险，应增强提高识别风险、分析风险、管理风险的能力，实现通过管理风险、缓释风险、控制风险创造风险收益和溢价。

二是要紧跟人民银行拉萨中心支行关于利率市场化的推进步伐，加强对利率政策、走势的预测和分析，特别是要对货币政策与业务发展策略的协调性进行研究。同时，主动应用农总行推广的利率管理工具，逐步引入定价模型和贷款基础利率（LPR），通过对工具的使用逐步来建立利率管理的意识、方法和管理体系。

三是逐步完善农行西藏分行利率风险管理流程，对利率风险的识别、量化、评估和监测等环节进行主动管理，通过优化业务流程来嵌入利率风险管理的思想和控制手段，特别要对前台业务经理进行利率风险管理的培训和考核。

（三）加快经营转型步伐，提高核心竞争力

在市场化环境下，客户、产品与渠道建设将成为商业银行参与市场竞争最重要的工具。从长期看，成功应对利率市场化必须顺应市场趋势和客户需求，加快业务经营转型，加强财务硬约束机制建设，提高核心竞争力，推动农行西藏分行可持续发展。

1. 加强客户拓展与主动管理，做好客户细分，利用产品优势，夯实客户基础

国内银行业已逐步形成多格局、多层次和多元化参与主体的竞争格局，多家银行已开始逐力抢占零售和小微企业客户群体。但如何抢并保住客户，可以借鉴富国银行的成功经验。一方面，以零售客户群的金融需求为中心，深入“最后一公里”，贴近客户，提高服务的便捷性、平民化；另一方面，做好产品和服务的创新，讲究创新的时效性，避免成为市场跟随者，抓住客户的“最后一元钱”。

从客户结构上看，在过去几年的发展中，农行西藏分行以大客户带动业务发展的策略发挥了重大作用，但是随着金融脱媒和银行同业竞争的加剧，大客户财政存款分流严重，大项目贷款利率下浮压力加大而风险也在不断增大，因此，有必要在风险可控的前提下，适当将客户结构向中小客户进行调整，化解息差和盈利能力下滑的压力。

从业务结构上看，农行西藏分行要加大力量推进零售业务，改变对公业务独大的不合理结构。特别是要抓住目前关键时机，加快拓展以财富管理为核心的高端个人业务，集中力量提高拉萨城区高端客户的市场占有率。通过理财产品、贵金属、随薪贷、“钻石卡”等在西藏地区新兴的产品组合，为个人客户提供一体化的金融服务，并在此基础上逐步引入专业的财务规划与投资咨询服务，进一步提升零售业务的竞争力。

此外，在利率市场化条件下，高价值客户是市场竞争的焦点，按客户贡献度对客户进行有效的细分显得尤其重要。农行西藏分行要加快建立以经济增加值（EVA）为核心的客户综合贡献评价模型，围绕价值创造，从客户规模、风险、成本和综合回报等角度，加强客户行为分析和研究。

2. 加大产品创新和推广力度，利用渠道优势，提升中间业务收入

借鉴富国银行中间业务发展经验，国内银行业中间业务增长要实现外延式

的粗放增长向内涵式的集约增长转变，要从巩固传统业务、创新发展新业务和提高产品对客户的渗透率等方面加快发展。创新的节奏决定发展的速度，要从产品、渠道和营销方式综合考虑，加大创新力度。在“大资管”时代背景下，紧盯住个人财富增长带来的契机，抓住资产市场发展机会，大力发展理财、财务顾问、资产管理等新兴业务。同时，以交叉销售的营销体系和策略，提高产品对客户的渗透率，增强客户黏性，提高客户对银行的价值贡献。

从收入结构看，农行西藏分行仍然要大力发展中间业务，在合规的前提下，通过业务创新来提升中间业务收入的质量水平。首先，充分利用农行西藏分行人工网点的渠道优势，巩固和提升基础渠道业务的盈利能力。其次，加大新产品的推广力度，扭转目前我行业务创新迅速被同业模仿并超出的局面，通过具有西藏特色的业务创新开发新的收入增长极。最后，通过对公业务的优势发展真正的投行业务，在债券承销和上市融资业务方面有所突破。

3. 加强财务硬约束机制建设，推动农行西藏分行可持续发展

利率市场化后，银行真正成为经营风险且风险自担的企业，要统筹平衡价值与风险、质量与速度、资本与效益的关系，避免经营失败后的破产风险。为避免陷入破产危机，农行西藏分行亟需强化财务硬约束机制，以价值创造为核心，在财务目标硬约束下，设置成本、资本、风险等容忍度目标，统筹推动可持续发展。

一方面，要建立和完善财务预算、资源配置和绩效考评的机制建设，依靠“三个抓手”构建和支撑财务硬约束机制。另一方面，要加快管理会计体系的完善与应用。在内部管理上，加强以管理会计为基础的分行、员工等绩效考核评价应用。在业务应用上，基于客户的管理会计数据积累，计算单客户综合评价体系，包括信用评价、效益评价和潜在收益评价等，为重点营销、差异化产品定制、精细化定价管理等奠定基础，充分发挥财务会计对银行经营的战略传导、决策支持和经营保障作用。

（四）加强人才储备和培养，打造专业管理队伍

利率管理体系建设的关键是人才储备和培养，农行西藏分行要有战略眼光和前瞻性的规划。首先，要扩充专业部室的编制，配置专职的利率管理人员，力求实现管理职能与人员的匹配。其次，要加大对现行专业人员的培训力度，采取“请进来”和“走出去”的方式，深入开展定价管理与利率风险防范的有

效培训，使得专业管理人员在思想上、业务上达到现代商业银行利率管理的要求。最后，还要在全行普及利率管理的基本知识，转变长期以来形成的利率不需要管理的固有理念，保证总分行的政策可以得到正确理解和有效落实。

参考文献

［1］罗纳德·I. 麦金农．经济发展中的货币与资本［M］．上海：上海三联出版社，1991.

［2］爱德华·S. 肖．经济发展中的金融深化［M］．上海：上海三联出版社，1989.

［3］谭慧敏．利率市场化进程中我国商业银行利率风险管理研究［D］．云南财经大学，2011.

［4］邓然．我国商业银行利率风险研究［J］．金融理论与实践，2008（2）：72－73.

［5］谢云山．我国存款类金融机构利率风险管理［M］．北京：经济科学出版社，2008：4.

［6］张建友．现代商业银行风险管理［M］．北京：中国金融出版社，2004.

［7］艾洪德．利率市场化进程中的金融机构利率风险管理研究［M］．大连：东北财经大学出版社，2004.

［8］莫慧琴，王忠，李亚宁．银行利率风险测度技术［J］．当代经济科学，1998（6）.

［9］赵自兵．升息周期中商业银行的利率风险分析［J］．国际金融研究，2004（9）.

［10］黄建锋．利率市场化与商业银行利率管理［M］．北京：机械工业出版社，2001.

［11］戴国强等．我国商业银行利率风险管理研究［M］．上海：上海财经大学出版社，2005.

［12］王春峰．金融市场风险管理［M］．天津：天津大学出版社，2001.

［13］中国农村金融前沿论丛［M］．北京：中国经济出版社，2014.

［14］梁爽等．财富、社会资本与农户的融资能力［J］．金融研究，2014（4）.

[15] 利率浮动区间扩大对农行经营影响的实证分析 [J], 2013.

[16] 刘晶. 我国商业银行利率风险管理研究 [D]. 西南财经大学, 2007.

[17] 李艳红. 利率市场化条件下商业银行利率风险管理研究 [D]. 河南大学, 2007.

[18] 王旭东. 商业银行利率风险管理研究 [D]. 南开大学, 2004.

[19] 肖欣荣. 美国利率市场化改革对银行业的影响 [J]. 国际金融研究, 2011.

[20] 刘文敏. 我国商业银行利率风险管理研究 [D]. 江西财经大学, 2004.

地方性法人金融机构流动性管理研究

——以西藏银行为例

中国人民银行拉萨中心支行货币信贷处课题组
课题组组长：德　吉
课题组成员：申　霞　曾茂娟

摘要：随着我国利率市场化进程的不断推进，商业银行流动性风险受到了监管当局的重点关注及防范。加强对地方性法人金融机构流动性研究和分析，对保证地方性法人金融机构的持续正常经营，防范和化解区域金融风险，维护区域金融体系的安全与稳定具有重要的作用。本文以西藏银行为例，立足其流动性各项指标及压力测试结果，分析其在流动性风险管理方面遇到的问题和挑战，对地方性法人金融机构在优化资源配置、开展业务创新、建立流动性风险管理体系、完善公司治理结构、强化监管合作机制等方面提出可行性建议，为更好地加强地方性法人金融机构流动性管理提供参考。

关键词：地方性　法人　金融机构　流动性　风险　政策建议

近年来，随着我国金融市场的不断开放和利率市场化进程的不断推进，商业银行之间的竞争日益激烈，商业银行流动性的变动频率加快和波动幅度加大，流动性风险加大，给商业银行流动性管理带来了巨大的挑战，加强流动性管理研究具有重要的现实意义。

一、国内外流动性管理研究文献综述

（一）国外流动性管理研究文献综述

关于商业银行流动性风险管理，国外学者对此都提出过各自的观点。有学者认为，商业银行的流动性缺口主要受预期的企业季度利润、本国货币供应量的最新增长率、银行所服务经济实体的预期发展、预期的通货膨胀率、银行所服务的经济实体个人收入状况预期发展、零售额的预期增长、货币市场存款的预期收益等因素的影响，可以采用流动性缺口法、资金结构法、流动性指标法来衡量。[①] 有学者认为，若商业银行的流动性风险防范意识较差，则可能导致有效的流动性日常监控制度的缺乏。对商业银行的短期、中期和长期的流动性的综合分析和预测，有利于及时、准确地对突发性的流动性风险作出反应和采取合理应对措施。[②] 还有学者指出，在流动性资产与非流动性资产处理的选择问题上，如果目标是要保持流动性就应先处理非流动性资产，如果目标是交易成本最小化就应先处理流动性资产。[③]

（二）国内流动性管理研究文献综述

随着改革开放和金融市场发展的不断深入，针对我国商业银行流动性风险，国内学者也提出了自己的观点。有学者将管理银行流动性风险认为是商业银行一项基础而重要的工作，指出商业银行时刻面临流动性危机，并且这种流动性风险根源于商业银行特殊的经营方式，商业银行将高流动性的负债和缺乏流动性的资产进行转换，为社会提供流动性，当转换不能顺利进行时，无法满足正常的流动性需求，就会发生流动性危机。[④] 随着我国金融体制的进一步改革，金融机构不断增加，银行流动性风险也将随之增加。[⑤]

在流动性风险的应对上，有学者提出要通过对商业银行流动性风险特征的分析，全面考量流动性风险指标，提早识别和应对风险，尽可能降低流动性风险给商业银行带来的损失。[⑥] 也有学者认为，在商业银行的经营活动中，流动性风险是伴随始终的，在流动性与营利性之间找到平衡点是管理商业银行流动性风险的重要工作任务。[⑦] 有学者要求商业银行从各本行经营策略、业务特点和风

① The information content of Basel III liquidity risk measures，Deming Wu . Journal of Financial Stability 2014 – 爱思唯尔期刊。

② The performance of Chinese commercial banks after accession to the WTO：from an efficiency perspecti，Yanqing Jiang . Journal of Chinese Economic and Business Studies 2014 – 3 Taylor & Francis 期刊。

③ The Synthetic Efficiency Measures of the Chinese Commercial Bank System with Bad Loans and Reserve ，LI Hongxia. International Business and Management 2014 – 2 CSCanada 期刊。

④ 李晓．我国商业银行流动性风险评价及其影响因素研究［D］．西北大学，2011.

⑤ 赵红运．我国商业银行流动性风险研究［D］．大连海事大学，2011.

⑥ 原佳颖．我国商业银行流动性风险影响因素的分析［D］．东北财经大学，2013.

⑦ 潘哲琪．我国商业银行流动性风险衡量与影响因素研究［D］．浙江大学，2013.

险偏好出发，测定自身流动性风险承受能力，并以此为基础，制定流动性风险管理策略、政策和程序，认清当前商业银行流动性风险的现状，加强管理，积极应对。[①] 同时，应当建立健全流动性风险内控体系，以预防出现的流动性风险，从而降低引发流动性风险的可能性。[②]

从商业银行流动性的把握来看，有学者提到保持适度的流动性，如果出现流动性风险，会给上游投资者和债权人带来损失，也会给下游存款者带来信誉风险，从而有可能引发银行挤兑现象。[③]

总而言之，流动性管理是商业银行经营者必须面临的重要问题，是由商业银行的服务本质决定的，由于商业银行本身内外因素的变化，其流动性现状会有不同。在2008年国际金融危机后，巴塞尔银行监管委员会明确指出："流动性对于任何银行的持续经营都是非常重要的。"国际社会对流动性风险管理和监管给予了前所未有的重视。而随着国际金融危机的蔓延，我国货币政策由过去宽松转为稳健，全国信贷资金投放趋向谨慎。特别是近年来，伴随着全国利率市场化改革步伐的加快，"余额宝"、"易付宝"等互联网金融产品等热销，进一步加剧了银行业金融机构对存款市场的激烈争夺。

在此大背景下，地方性法人金融机构受其资产规模、管理能力、定价能力等方面的因素影响，利率市场化后其流动性受到的冲击将更加突出。

二、西藏地方性法人金融机构流动性分析

目前，西藏仅有西藏银行、林芝民生村镇银行2家地方性法人银行业金融机构。从资产规模、业务发展、影响力等角度看，西藏银行对区域金融稳定的作用明显大于林芝民生村镇银行。因此，本文选取西藏银行作为研究案例。西藏银行是我区第一家地方性法人银行业金融机构，自2012年5月正式营业以来，各项业务快速发展，资产规模进一步扩大，内部控制逐步增加，各项监管指标有所改善，服务地方经济社会发展的能力不断增强。截至2015年6月末，各项存款余额达242.87亿元，较2012年6月增加214.79亿元，增长764.9%；各项贷款余额达166.57亿元，较2012年6月增加145.06亿元，增长674.4%。

---

① 彭帆．我国中小商业银行流动性风险研究［D］．苏州大学，2013.

② 陈云龙．我国商业银行流动性风险研究［D］．安徽财经大学，2014.

③ 王国志、刘艳梅．中国上市商业银行流动性风险影响因素实证研究［J］．燕山大学学报（哲学社会科学版），2014（03）．

全行总资产达300.68亿元，经营效益稳步提升，在我区金融市场上占据了较为重要的地位。在我区利率市场化以及金融市场多元化格局加速推动的趋势下，地方性法人金融机构在诸多领域尤其是在流动性供给和风险应对能力上将面临巨大挑战。因此，认真分析研究地方性法人金融机构流动性管理及利率市场化的适应能力显得尤为重要。

(一) 基于流动性监管指标的考察分析

商业银行进行流动性管理的基本目标是要保证商业银行具备满足存款人提取现金、支付到期债务和借款人正常贷款需求的能力。

为监测地方性法人机构的流动性，银行业监管机构设置了一系列的流动性监管指标，目前常用的监管考核指标主要有流动性比例、核心负债依存度、人民币超额备付金率、流动性缺口等。下文将在借鉴银行业监管部门的流动性指标的基础上，选取西藏银行正式营业以来各季度的流动性数据指标[①]进行分析。表1为西藏银行正式营业以来各季度的流动性数据。

表1 西藏银行正式营业以来各季度的流动性数据 单位：亿元,%

2012年				
	第一季度	第二季度	第三季度	第四季度
总资产		44.38	61.78	82.20
总负债		29.20	46.81	67.10
流动比例		60.07	40.86	47.73
核心负债依存度		44.72	51.25	50.01
流动性缺口率		-54.79	-14.05	-67.24
存款准备金率		14.00	14.00	14.00
人民币超额备付金率		2.79	3.29	5.11
2013年				
	第一季度	第二季度	第三季度	第四季度
总资产	82.99	108.29	141.74	164.62
总负债	67.77	92.80	126.08	147.42
流动比例	35.84	41.71	43.98	42.69
核心负债依存度	43.92	51.51	52.51	48.91
流动性缺口率	-42.20	-56.97	-33.68	-71.77
存款准备金率	14.00	14.00	14.00	14.00
人民币超额备付金率	12.27	4.87	7.93	3.41

① 流动性指标数据由西藏银行提供。

续表

2014 年				
	第一季度	第二季度	第三季度	第四季度
总资产	171.83	200.10	217.82	255.20
总负债	153.44	178.25	194.15	212.72
流动比例	37.19	28.85	46.20	44.01
核心负债依存度	47.10	-164.54	58.92	51.06
流动性缺口率	-62.20	70.70	-.70.32	-81.16
存款准备金率	14.00	14.00	14.00	14.00
人民币超额备付金率	3.99	1.78	13.73	8.70
2015 年				
	第一季度	第二季度	第三季度	第四季度
总资产	284.23	300.62		
总负债	239.51	254.13		
流动比例	33.00	39.59		
核心负债依存度	54.65	47.27		
流动性缺口率	-55.79	-49.83		
存款准备金率	13.50	11.50		
人民币超额备付金率	10.88	2.62		

注：① 核心负债依存度 = 核心负债/总负债 ×100%。

② 核心负债包括距到期日三个月以上（含）定期存款和发行债券以及活期存款的 50%。

③ 流动性缺口率 = 流动性缺口/同期内到期的表内外资产 ×100%。

④ 流动性缺口为 90 天内到期的表内外资产减去 90 天内到期的表内外负债的差额。

1. 流动性比例高于国际监管要求。流动性比例是指流动性资产余额与流动性负债余额的比例，是反映银行流动性是否充足的最重要指标。目前，国际通行的监管指标值为≥25%。从这一指标值来看，西藏银行自正式营业以来，流动性比例均能达到并明显超过监管部门的要求，且基本保持稳定。

2. 核心负债依存度是衡量银行稳定资金来源在总负债中的占比情况。一般来说，核心负债依存度指标越高，表明金融机构的长期负债的稳定度越高，抵抗流动性风险的能力越强。从西藏银行的指标来看，其核心负债依存度数据除 2014 年第二季度出现负值以外，其余指标均稳定在 40% ~60%，波动幅度较小，表明西藏银行经营较为稳健。

3. 偿债能力较弱。流动性缺口率衡量的是未来一段时间内，银行能变现的资产是否能够偿还到期的债务。缺口为正，表示银行在该期限内到期的资产足够偿还到期的债务；缺口为负，表示银行在该期限内到期的资产无法偿还到期的债务，需要以其他方式筹集资金偿还到期债务。从表 1 可以看出，西藏银行的流动性缺口率自营业以来，除 2014 年第二季度为正值外，均为负值，且大大低于监管部门关于流动性缺口率一般不低于 -10% 的监管指标。这表明西藏银行偿债能力较弱，在一定程度上与其存贷款结构不合理有关。

4. 超额备付金率较高。超额备付金的高低一定程度上反映了金融机构流动性的大小，但不同类型金融机构由于资金运用途径与方式、外部融资能力大小不同，也会对超额备付金率构成影响。由于西藏银行目前资金来源较为单一，主要依靠吸收同业存款和部分政府财政存款，外部融资能力较弱，导致西藏银行超额准备金缴纳较多，以防范其流动性风险。2012—2015 年第二季度人民币超额备付金率指标年度均值分别为 3. 73% 、9. 49% 、7. 05% 以及 6. 75% ，处于较高的超额备付率状态。

（二）基于资产负债结构的分析

资产负债结构尤其是资产配置倾向决定了金融机构自身的流动性供给和风险应对能力，当金融机构在遇到流动性困难时，实现流动性供给的渠道主要有贷款偿还、资产变现和资金借入。其中，前两者与金融机构的资产配置倾向相关，而后者则由金融机构的主动负债能力所决定。资产负债结构中的若干要素会对流动性供给形成不同程度的制约和影响。通过对这些要素的具体分析，可以对金融机构的未来流动性供给和风险应对能力进行判断。

1. 贷款占比及期限结构。目前，西藏银行的资金运用主要以贷款为主，截至 2015 年 6 月末，西藏银行货款余额占总资产比例达 55% 。贷款是银行资产中流动性较低的资产，其变现较为缓慢，较高的贷款占比往往会削弱流动性供给能力。此外，贷款的期限构成又是影响资产变现能力的重要因素。中长期贷款变现能力相对更差，面临的违约风险也相对较高，因此，会对金融机构流动性供给能力形成更大制约。从中长期贷款占总资产比重看，截至 2015 年 6 月末，西藏银行中长期贷款余额高达 136. 96 亿元，占总资产比例达 45. 6% 。

2. 有价证券及投资。有价证券及投资是银行持有的变现能力最强的资产之一。较高有价证券及投资占比意味着金融机构在发生流动性困难时，能够较为迅速地变现资产从而获得流动性补充。地方法人金融机构有价证券及投资配置与其对金融市场的参与交易程度密切相关。而目前由于我区金融市场发展不够完善，加上西藏银行营业时间较短，起步较晚，金融市场参与程度较低，资金运用中几乎没有有价证券及投资配置。

3. 存放同业。存放同业的变现能力较强并且相对于存款准备金而言具有较好的收益性。目前，这一资产配置方式是小型商业银行闲置资金主要运用渠道，也是流动性供给的重要渠道。截至 2015 年 6 月末，西藏银行累计办理同业资金存出业务 89 笔，同业存出余额达 66. 42 亿元，实现利息收入 1. 16 亿元，流动性供给较为充足。

4. 同业存放、同业拆借及卖出回购资产。除了通过贷款偿还、资产变现方式进行流动性供给外，金融机构还可以通过外部融资获取流动性，负债结构中同业拆借、同业存放、卖出回购资产表明了金融机构流动性外部供给的能力。从资金融入方式看，截至 2015 年 6 月，西藏银行共吸收 6 笔同业资金、金额 5 亿元，在一定程度上提高了流动性管理能力。同时，由于市场准入严格、地方商业银行授信不高等因素限制，西藏银行于 2014 年 1 月被人总行批准加入全国银行间同业拆借市场。2014 年，西藏银行未开展同业拆借业务。2015 年上半年，西藏银行共开展了 7 笔同业拆借业务，其中 6 笔拆出业务、1 笔拆入业务，拆借金额共计 6 亿元，期限均为 7 天或 14 天的短期业务。目前，西藏银行通过同业拆借方式融入资金的金额较少，流动性外部供给的能力较弱。

总之，西藏银行经营较为稳健，流动性比例、核心负债依存度、超额备份率等指标较好，但受资产负债结构等因素影响，西藏银行偿债能力较弱，资金的运用途径有待进一步优化。

三、地方性法人金融机构流动性风险压力测试情况分析

从国外先进国家的经验来看，均已将压力测试作为估测金融机构抵御冲击的一个重要工具。流动性压力测试能帮助金融机构决策者制定恰当的流动性管理决策，提高流动性风险管理能力，也能帮助中央银行判断金融体系可能面临的流动性冲击、承压能力及传染性风险。根据《商业银行流动性风险管理指引》及银监会当局相关标准，下文将以西藏银行 2015 年 6 月 30 日为时点进行流动性风险压力测试。由于流动性风险压力测试的特点，不像市场风险和信用风险那样具有通用的量化模型，它十分依赖假设和判断，需要综合考虑定量和定性因素。西藏银行自 2012 年 5 月 22 日开业至今，在历史数据积累、业务定量、定性及权重考量等方面还缺乏时间的检验，因此，本次测试仅为判断目前西藏银行流动性风险管理能力提供些许帮助。

（一）流动性资产负债数据调查

表2　　流动性资产统计表①　　单位：万元

项目	1月	2月	3月	4月	5月	6月
现金	2014.51	2564.15	2119.84	2010.34	2580.44	2005.84
超额准备金存款	124346.26	169933.30	256026.58	112414.34	77177.42	2005.84
一个月内到期的应收利息及其他应收款	47592.83	46718.19	62576.95	60265.02	63755.60	74997.64
一个月内到期的同业往来款项轧差后资产方净额	236164.22	507005.83	228303.98	536129.96	434273.78	373948.02
其他一个月内到期的可变现资产	74915.26	53484.52	80065.00	72506.17	175884.10	204373.79
流动资产合计	485033.08	779705.99	629128.35	783325.83	753671.34	657331.13

表3　　流动性负债统计表　　单位：万元

项目	1月	2月	3月	4月	5月	6月
活期存款	1516797.09	1561910.78	1644228.77	1713322.21	1730851.08	1682609.63
一个月内到期的定期存款	55080.36	165371.80	241330.55	59532.78	35109.19	111197.24
一个月内到期的应付利息和各项应付款	20969.35	18794.30	20991.90	12569.77	11709.79	17369.01
流动负债合计	1592846.80	1746076.88	1906551.22	1785424.76	1777670.06	1811175.48

（二）流动性风险分析

1. 外部环境

作为我区首家地方性城市商业银行，西藏银行的业务基本定位为：以西藏自治区为目标市场，首先，从区内省会及重要城市业务出发，同时在货币市场、债券市场业务拓展上与内地业务接洽。外围金融环境以中国西部地区为主。西藏自治区受到历史、地理、战略规划等宏观方面的影响，其金融基础与经济市场化程度较内地发达地区而言，处于并将长期处于较为滞后的状态。从银行业金融机构出发，流动性因素牵涉较大的货币市场、金融资产市场、金融衍生品市场在区内均处于薄弱环节，因此，该因素对于西藏银行流动性风险影响是十分局限的。所以，更多的影响西藏银行流动性的因素在于政府宏观调控和银行

① 对于流动性资产，西藏银行只考虑尚能完全履约的风险暴露未偿余额所产生的契约性现金流入，而且该行有理由相信这些风险暴露在30天内肯定不会发生违约。

基本资产负债业务上。其次，西藏的城市化投资和能源、资源投资基本依赖于中央国家投资，民间资本介入相对不充分，由此给西藏市场流动性带来的问题与内地市场一般情形相反，即西藏范围内流动性较为充足，再结合本土实体经济发展不足和产业结构特点，对于银行业来讲，势必会造成资本充足率较高、存贷比低下，在拆入资金和债务融资等方面更是缺乏的现状。

综上所述，从宏观环境来讲，整个西藏银行业金融机构的流动性风险，可能仅由以下几方面宏观因素造成：内地市场流动性出现持续恶化情形，在货币市场和票据市场出现的主要交易对手违约而给西藏银行带来流动性资产侵蚀，从而造成流动性危机；受到国家宏观战略调整影响，对西藏区内投资的大幅度减少，导致多个区内市场出现流动性枯竭，使得批发性融资来源的可获得性下降，从而造成流动性危机；西藏银行自身资产负债出现错配，在出现特殊情况时（例如信用风险造成银行挤兑、资产业务出现大幅度违约或者续做等），造成短期流动性不足等。

2. 业务组合性质

从负债业务来讲，西藏银行存款高度依赖单位存款，形成了以国家财政存款为主、机构客户为辅的负债体系。以 2015 年 6 月末时点数据为例，西藏银行存款余额为 242. 87 亿元，其中单位存款为 233. 06 亿元，占比高达 95. 96%；个人类存款占比不到 5%。整体负债结构与内地商业银行存款结构出现明显差异，且短期存款的占比达到了非常高的水平（短期存款占比达 69. 16%），在大额存单、协议存款、债务融资等领域均未开展相关业务。西藏银行负债业务特点与我区经济环境有关，但是，存款来源高度依赖财政存款的特征也暴露出西藏银行流动性方面存在一定的风险性。

从资产业务来讲，形成了以一般性贷款和同业存款为主、票据转贴现为辅的资产基本状况。一般性贷款中，中长期贷款占比超过了 82%。随着一般性贷款业务的持续增长，将进一步压缩票据贴现业务比例。所持有流动性资产仅占比 3% 左右。存款准备金目前按照 9. 5% 比率存放中央银行。在拆出资金、投资及长期股权投资、证券业务等方面均未开展业务。因此，从西藏银行资产负债业务流动性构成来讲，初步形成了业务搭配单一、资产负债流动性期限错配的特点。

（三）压力情景设计[①]

1. 压力情景

序号	压力情景
1	流动性资产价值侵蚀
2	零售存款的大量流失
3	批发性融资来源的可获得性下降
4	融资期限缩短和融资成本提高
5	交易对手要求追加保证金或担保②
6	主要交易对手的可交易额减少或总交易对手减少
7	主要交易对手违约或者破产
8	表外业务、复杂产品和交易、超出合约义务的隐形支出对流动性的损耗③
9	信用评级下调或者声誉风险上升，导致银行挤兑
10	母行或子行、分行出现流动性危机的影响④
11	中央银行调整存款准备金率
12	IT 系统出错（如清算系统宕机）（暂不执行）
13	主要交易对手违约（暂不执行）
14	流动性资产展期或者递延
15	外汇可兑换性以及进入外汇市场融资的限制⑤（暂不执行）

2. 压力分级

压力情景	周期	压力分级			
		正常情况	轻度压力	中度压力	严重压力
银行挤兑	次日	0% ~10%	10% ~25%	25% ~40%	40% 以上
存款准备金率上调	1 日—30 日	14. 5%	17% ~19%	19% ~20%	20% 以上
批发性融资来源可获得性下降⑥	1 日—7 日	10. 75%	10. 75% ~0%	0% ~ －10%	－10% 以上
定期存款大量支取	1 日—30 日	21. 43%	21. 43% ~0%	0% ~ －20%	－20% 以上
中长期资产占比递延	90 日—180 日	0%	0% ~5%	5% ~10%	10% 以上

① 压力情景是假设还没有发生的重大时间。假设的压力情景通过对机构资产配置和外部市场的分析，以及对历史经验的借鉴，从而预测发生概率极小的压力情景。就目前西藏银行的经营历史和经验，对压力情景的假设的准确性还有待历史结果检验。

② 西藏交易对手以国家及国有企业为主，因此，若出现主要交易对手流动性问题，基本归属于系统性风险，故在此次压力测试中暂不考虑。

③ 目前，西藏银行表外业务、复杂产品和交易、超出合约的业务并不成熟，暂不考虑。

④ 目前，选取西藏银行本部进行测试。

⑤ 本次测试币种环境为人民币，且西藏银行目前尚未开展外汇业务，因此暂不考虑。

⑥ 出于西藏银行批发性融资来源的特殊性，即使在严重压力下，其萎缩率也较低。

（四）压力测试

压力评估主要任务就是分析在压力情景下资金净流动缺口，也就是将所有可能的资金流出项和资金流入项列出，计算压力情景下的净资金流，采用的测试方法为单一敏感性测试（静态方法）和综合情景测试（现金流法）。

1. 单一敏感性测试（静态方法）

假设：严重压力　单位：万元			
银行挤兑	次日	2 日—7 日	8 日—30 日
机构类存款	60000	245.76	0
个金类存款	12000	49.15	0

①银行挤兑情形

发生挤兑的情形下，未按照定期存款、活期存款进行分类。挤兑行为对市场行为影响较大，而对于政府宏观调控下产生的财政序列存款影响相对很小。因此，在考虑挤兑压力情形的时候，并没有将财政序列存款考虑其中。

基于以上分析，严重压力下，在相当短时期内将对西藏银行存款造成影响，仅次日西藏银行存款将减少 4.2 亿元；一周后，西藏银行存款将减少 12 亿元以上。全行流动性比率将从 47.74% 下降至 32.72%。因此，即使西藏银行因为挤兑导致非财政序列存款全部遗失，西藏银行流动性风险尚处于可控范围，仅依赖一个月内到期的同业往来款项轧差后资产净额方可对冲。

②中央存款准备金率上调[①]

假设：严重压力　单位：万元			
银行挤兑	次日	2 日—7 日	8 日—30 日
存中央银行款项	93641.19	101554.53	131889

1 个月内存款准备金上升 6% 达到 20% 的水平后，新增中央银行款项 28745 万元，流动比率将从 47.72% 下降至 44.60%，整体流动性风险不大。

③可批发性融资来源下降

假设：严重压力　单位：万元			
可批发性融资来源下降	次日	2 日—7 日	8 日—30 日
财政序列存款	494068.34	48166.125	445999.5

① 西藏银行目前通过监管机关核准，执行 9.5% 的存款准备金率，在目前市场环境下，存款准备金率必将长期作为重要的测评因素。

在此将西藏银行财政序列存款归结为可批发性融资，及通过财政营销可批发性获得存款来源。基于财政序列存款的稳定性①及宏观经济因素，对该项指标严重情景下的压力指标跨度较小。经过测试，一个月后，可批发性融资来源减少近49524万元，流动性比率将从47.72%下降至43.24%，整体流动性风险不大，依赖一个月内到期的同业往来款项轧差后资产净额方可对冲。

④定期存款大量支取

假设：严重压力　单位：万元

定期存款大量支取	次日	2日—7日	8日—30日
定期存款	64038.45	61461.45	51540

西藏银行存款构成以财政序列存款为主，整体定期存款占比较小，因此定期存款出现大量支取情况对流动性影响并不明显。通过测试，一个月后，定期存款余额将下降12885万元，流动性比率将从47.72%下降至46.64%，整体流动性风险不大。

⑤中长期资产占比递延

假设：严重压力　单位：万元

中长期资产占比递延	次日	2日—7日	8日—30日
中长期信贷占比	82.08%	87.08%	92.08%
短期贷款余额	52315	37783	23251

1年后，西藏银行短期贷款余额将减少29064万元，1年期流动资金流入额减少。在其他情形不变的前提下，一年后，流动性比率将从47.72%下降至44.94%，整体流动性风险不大。

2. 综合情景（现金流法）

综合情景变量因子包括存款准备金率上升、批发性存款的可获得性下降、零售存款流失、中长期信贷占比上升、定期存款大量支取。主要流动性资产负债指标参考第二部分流动性资产负债数据。风险因子对资金流入与流出的变化时间因素设置为5个阶段，即次日、2日—7日、8日—30日、31日—90日、91日—1年。

① 稳定性基于西藏银行财政序列存款项目的特殊性以及历史数据流动的稳定性，这点与零余额财政存款相区别。

单位：万元 %

项目		次日	2 日 -7 日	8 日 -30 日	31 日 -90 日	91 日 ~1 年	日变化额/权重①
1	1.1 现金②	2215.9	2215.9	2215.9	2215.9	2215.9	
2	1.2 存放中央银行款项	107265.83	118727.37	131889	122895.73	183219.62	
3	1.3 同业存放款项③	229643.5	207524.6	157606.9	198882.04	299119.8	1128.95/50%
4	1.4 拆放同业	0	0	0	0	0	
5	1.5 买入返售资产	0	0	0	0	0	
6	1.6 各项贷款	292745.21	297579.5	315967.54	363936.34	579795.94	1598.96/50%
7	1.7 债券投资和债权投资	0	0	0	0	0	
8	1.8 其他有确定到期日资产	0	0	0	0	0	
9	2 表外收入	0	0	0	0	0	
0	3 负债合计	672166.94	679424.3	707244.18	779817.78	1106398.98	2419.12/50%
1	3.1 向中央银行借款	0	0	0	0	0	
1	3.2 同业存放款项	0	0	0	0	0	
1	3.3 同业拆出	0	0	0	0	0	
1	3.4 卖出回购款	0	0	0	0	0	
1	3.5 各项短期存款	587983.14	593636.84	614478.67	751578.42	916098.12	2060.01/50%
1	3.5.1 活期存款	536329.19	542809.68	559819.41	681319.36	827119.00	1805.1/50%
1	3.5.2 定期存款	51653.95	50827.16	54659.26	70259.06	88979.12	254.91/50%
1	4 流动性差额	358669.71	385863.95	460859.00	552410.13	616992.08	
2	5 流动比率	39.05	35.01	25.65	26.46	32.65	

通过综合情景压力测试，西藏银行流动性资产与负债的匹配程度，以及流动性风险的时间维度，可以得到较为明显的数据。

（五）测试评估与应对方案

通过第四部分压力测试工作，对西藏银行流动性压力现状和问题有较为直观的结论：1. 受到财政序列存款稳定性和较大占比的影响，西藏银行的负债业务虽然归结为短期存款，但仍对流动性的稳定有较强的促进作用。2. 货币市场、票据市场及金融产品二级交易市场等业务的空白，使得西藏银行流动性综

① 因为西藏银行发展周期尚无法准确预测，因此，对于下一年度的预测我们是比较保守的态度，即将权重值设置为50%，否则测试数据可能较为夸大。

② 现金项目就以往经营经验是无法确定的，因此，该数据取2015年1月—2015年6月之平均数，且非变量。

③ 存放同业款项受到中长期信贷资产比重的上升而减少，同样影响因素还包括存款的减少。

合影响因素较少。3. “短存长贷”为主要特征的资产负债结构错配，在综合压力情形下，将在一个月内给西藏银行造成较为明显的流动性风险，但基于存款的有效增长和基本调控措施的明显作用，该风险能在一年的周期内明显降低。

单一风险因素对于西藏银行存款结构来讲，影响最为明显的是可批发性融资来源下降。西藏银行作为西藏地方法人银行，从这点出发，首先，西藏银行在享受西藏特殊金融政策的同时，在财政序列存款科目上具有较为明显的业务优势。其次，财政序列存款由于其特殊的性质，与国家投融资政策、税费政策等宏观调控手段直接挂钩，因而受到市场可变因素的影响较小，如因为信誉风险而造成的银行挤兑行为等。因此，财政序列存款的稳定性可以得到较强的保障。最后，由于财政序列存款均为活期存款，从而造成了西藏银行短期存款占比的绝对性，但这并不意味着“短存”具有较高的流动性，在结合财政序列存款性质的前提下，西藏银行的“短存”现状将有异于一般意义。

就存款结构来讲，西藏银行并未达到一个成熟银行的市场化结构标准。财政序列存款对西藏银行存款的影响力是其他银行无法实现的。财政序列存款对流动性的影响是一把双刃剑，一方面可以维持存款的稳定性，但另一方面也限制了银行通过市场化资金流出规律来判断未来的流动性走向。因此，西藏银行应该一方面是继续加大财政序列存款业务的拓展，但更重要的一方面在于加大从市场吸纳存款的力度，进一步优化流动性负债结构，为市场化的流动性分析提供第一手信息。

同样是出于西藏银行发展历史时期和特殊的经济环境影响，在多种流动性金融工具的使用上，西藏银行还处于初级阶段。风险防控的要求使得目前西藏银行对外交易态度的审慎性。在流动性资产方面，西藏银行通过票据转贴现和同业存款做出了较好的成绩，票据转贴现从期限上实现科学搭配，同业存款在额度和交易对手选择上实行科学管理，为西藏银行储备了大量优质流动性资产①。从发展和盈利的角度出发，随着西藏银行发展的日益成熟，在贵重金属业务、债券二级交易市场、货币市场，应该合理运用多种工具，丰富流动性资产构成，在时间、风险、业务品种等方面实现结构的优化。

流动性负债方面，西藏银行目前主要由活期存款构成。多种流动性负债工具的空缺，同样印证了西藏银行从开业至今在流动性压力上一直处于较为盈余

① 包括现金、压力情景下可以提取的央行准备金、巴塞尔新资本协议标准法下权重为0%、可回购且交易市场活跃的相关债券，且不由银行或者其他金融服务类企业发行的等。

的状态。市场化程度高的地区，银行的流动性受到市场行为的盲目性和周期性影响，会不断地通过各类金融工具调配流动性。而区内现金流的流入是国家宏观调控后的中央投资流入，自身流出资金对地方投资影响不大，从而造成了区内经济环境下，流动性普遍盈余的特点。这点在综合情景压力测试下不难看出：即使面临多种压力，西藏银行的流动性在较长经济周期后，仍然可以自我恢复（详见图1），这无不有赖于宏观调控下，中央投资对西藏资金流入的保障。因此，从目前西藏银行流动性资产负债构成及产品选择上，西藏银行处于并将长期处于流动性盈余的状态。

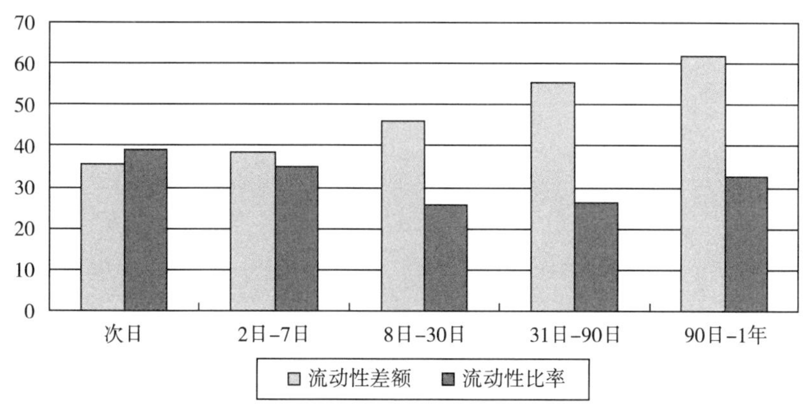

图1　西藏银行流动性状况

流动性资产负债错配将长期成为西藏银行流动性风险的潜在内因。西藏银行信贷业务向基础项目建设等实体经济倾斜，因此造成了贷款周期较长，中长期信贷产品占比极高的现状。从解决方案来讲，西藏银行应从信贷战略调整上进一步优化信贷结构，同时注重信贷资产交易市场的利用，增强信贷产品的流动性。

主要交易对手违约、区内经济发展出现重大战略调整和国内经济市场流动性进一步恶化都是西藏银行重要的流动性风险外部因素。下一步，对西藏银行流动性监测工作应加强外部环境流动性监控，及时更新外部流动性信息变化，为西藏银行流动性资产负债业务选择提供正确指引；进一步加强多种外部市场业务，包括贵重金属业务、外汇市场业务、债券一级和二级市场业务，以及涉及国外市场相关业务，进一步审慎选择房地产等信贷限制性行业，建立流动性风险稀释、多种市场退出机制，保障西藏银行在面临系统性流动性风险时，预警和应急机制的效率和质量。

通过本次流动性风险测试，西藏银行在支付性流动性风险[①]和结构性流动性风险[②]上均处于独特的环境特点和发展阶段上。这要求西藏银行持续地关注自身流动性风险变化，要求西藏银行流动性风险管理进一步深化，提高覆盖率和准确率，进一步提出切实合理的流动性风险管理意见和风险预警防范机制。

四、完善地方性法人金融机构流动性管理的政策建议

综上所述，自2012年成立以来，西藏银行资产和负债规模逐步扩大，业务经营较为稳健。资本净利润、资本充足率、核心资本充足率、不良贷款率等指标均保持在较好水平。但资金来源和运用手段单一，流动性资产负债错配等也反映出西藏银行在流动性管理方面的短板，需要引起高度关注和重视。对此，提出如下政策建议。

（一）加强风险管理和内控建设

地方性法人金融机构应当按照《商业银行流动性风险管理办法（试行）》的要求，建立与其业务规模、性质和复杂程度相适应的流动性风险管理体系，包括建立有效的流动性风险治理结构，明确董事会（理事会）及其专门委员会、监事会、高级管理层以及相关部门在流动性风险管理中的职责和报告方式，建立适当的考核及问责机制，细化流动性风险管理，确保各项流动性风险管理规范到位。同时，要加强对相关工作人员的业务培训，不断引进高素质金融人才，提升对金融市场前沿业务的把握能力，主动参与到市场竞争中来，不断增强市场竞争力，提高流动性管理能力。

（二）提高资产负债管理及创新能力

目前，西藏地方性法人金融机构主要资产业务仍以存款、贷款传统业务为主，中间业务品种较少。随着我区利率市场化改革的推进，以存贷款为主的地方性法人金融机构势必面临更严重的流动性挑战。因此，地方性法人金融机构应当不断提高资产负债管理能力，提升服务质量，合理测算资金筹集成本与资

---

① 即时性和波动性的流动性风险，通常可能在1个月的周期内爆发，重点在于流动性缺口和即时融资能力的考量。

② 这点因为西藏银行资产负债结构错配而蕴藏着的流动性风险，是潜在的流动性风险，具有趋势性和可预测性。

金运用效益，使负债与资产规模匹配适度，积极尝试信贷资产证券化等盘活存量、提高流动性的金融创新工具，创新资产管理手段，提高信贷资产运作质量。针对中长期贷款占比过高且其他资金渠道供给不足的情况，要优化信贷资产结构，合理控制中长期贷款的增长幅度，提高短期贷款占比，丰富贷款种类，增强信贷资产变现能力。同时，努力扩大流动性供给途径，采取多种方式逐步提高货币市场交易能力，进一步加大货币市场操作参与程度，提高外部融资技能。

（三）加强贷款风险控制和管理

要转变经营策略，结合西藏实际，掌握信贷政策与产业政策之间的平衡点，充分按照国家宏观调控要求，降低对热门行业和高风险行业的贷款集中度，严格控制相关企业贷款风险，遵守分散性、短期性、稳定性与差异性原则，做到统筹兼顾；合理配置不同信贷资产的比例，优化信贷资产的投向、期限、结构，坚持风险防控原则，确保新增贷款安全运行。

（四）加强金融监管合作

目前，西藏对地方性法人金融机构的流动性监管机制较为滞后，多注重日常信贷业务的监管，忽略了对流动性指标的监测；且相关监管部门合作不足，监管信息不能及时共享。因此，建议相关监管部门建立专门针对地方性法人金融机构流动性管理合作机制，定期或不定期召开通气会，对出现流动性风险苗头的金融机构进行警示并采取相关措施，强化对地方性法人金融机构的流动性管理，从源头上控制流动性风险隐患。

参考文献

［1］陈云龙．我国商业银行流动性风险研究［D］．安徽财经大学，2014.

［2］王国志，刘艳梅．中国上市商业银行流动性风险影响因素实证研究［J］．燕山大学学报（哲学社会科学版），2014（3）．

［3］原佳颖．我国商业银行流动性风险影响因素的分析［D］．东北财经大学，2013.

［4］潘哲琪．我国商业银行流动性风险衡量与影响因素研究［D］．浙江大学，2013.

［5］李晓．我国商业银行流动性风险评价及其影响因素研究［D］．西北

大学，2011.

［6］张珺．商业银行流动性风险研究［D］．安徽大学，2014.

［7］马棪．我国商业银行流动性风险管理问题与对策［D］．河北大学，2014.

［8］彭帆．我国中小商业银行流动性风险研究［D］．苏州大学，2013.

［9］赵红运．我国商业银行流动性风险研究［D］．大连海事大学，2011.

［10］曹丹蕊．我国商业银行流动性风险评价研究［D］．华南理工大学，2013.

［11］巴曙松，袁平，任杰，韩丽，李辉雨．商业银行流动性管理研究文献综述［J］．金融教学与研究，2007（6）．

［12］刘利红．金融机构流动性风险压力测试实证研究——基于中小法人银行的两轮效应测试［J］．金融与经济，2012（2）．

［13］李淼，寇楠．利率市场化进程下地方法人金融机构流动性分类管理探析［J］．时代金融，2014（7）．

［14］李宁．利率市场化对我国地方性商业银行发展影响分析［J］．新经济，2015（1）．

［15］The information content of Basel III liquidity risk measures，Deming Wu Journal of Financial Stability 2014 - 爱思唯尔期刊.

［16］Erisk taking，and the efficiency of Chinese commercial banks，QiZhang Emerging Markets Review 2014 - 爱思唯尔期刊.

［17］What precludes the development of noninterest activities in Chinese commercial banks from the perspe，Junrui Zhang Applied Economics 2014 -21 Taylor & Francis 期刊.

［18］The performance of Chinese commercial banks after accession to the WTO：from an efficiency perspecti，Yanqing Jiang Journal of Chinese Economic and Business Studies 2014 -3 Taylor & Francis 期刊.

［19］The Synthetic Efficiency Measures of the Chinese Commercial Bank System with Bad Loans and Reserve，LI Hongxia International Business and Management 2014 -2 CSCanada 期刊.

对2014年西藏自治区不同银行部分经营指标差异化探讨

西藏银行课题组
课题组组长：汪青云
课题组成员：王其山　杨召腾　张　林

摘要：基于主成分分析的评价模型，在一定程度上避免了评价的主观性、克服了指标之间的相关性，且信息损失率较少。本文运用主成分分析法筛选出影响西藏自治区不同银行经营指标的主导成分，再通过系统聚类将差异化水平相近的银行归类，构成谱系聚类图用以描述我区不同银行部分经营指标水平，取得了较为合理的结果。最后，力求对不同银行部分经营指标差异化提出相应策略。

关键词：银行　经营指标　中间业务　主成分分析　聚类分析

一、引言

近年来，我区金融发展迅猛，各项指标增长率连续20年高于全国平均水平。西藏银行、民生银行相继开业，更加剧了我区金融业间的竞争。虽然监管部门会不定期地发布各家银行的经营指标数据，但很难直观地区分出其中的差异性及其影响指标，更不能给我区银行指导发展方向。目前，这方面的研究较少。谢雪梅、王延明等认为，聚类分析可确定不均衡性。① 袁冬明认为，对这些指标实施对比分析，确定其在同业所处位置。② 占堆认为，要有个稳定的可行性指标因素作为战略依据。③ 崔文利认为，通过路局办公网，提高了经营指标评价的效率，及时反映全局各项经营指标对经营结果的影响。④ 魏晓军认为，评价指

① 谢雪梅，王延明．电信企业主要经营指标分解方法及应用探讨［J］．工业技术经济，2005（24）：9.
② 袁冬明．聚类分析和主因素分析法在审计中的应用［J］．探索与争鸣，2013（4）.
③ 占堆．商榷建立西藏农业产业化经营的指标及其体系［J］．西藏农业科技，2002（24）：3.
④ 崔文利．关于哈尔滨铁路局经营指标评价系统的设计与实现［J］．科技论坛，2012（32）.

标应该修正完善，才能更好地发挥经营指标评价体系的作用。[①] 基于此，本文收集 2014 年全区 10 家银行的部分经营指标数据，通过主成分分析和系统聚类来展现这些差异性及其原因，并给出相应建议，为有关部门的决策提供参考。

二、主成分分析（Principal Component Analysis）

（一）主成分分析法原理

主成分分析是一种常用的多元统计分析（即多指标的统计分析）方法，是一种化繁为简、将指标数尽可能压缩的降维（即空间压缩）技术，也是一种综合评价方法[②]。

假设某种待分析的信息测定了两个变量 x_1 和 x_2 ，两个变量的数据点在平面上，如图 1 所示。待分析样本点之间的差异，通过两个坐标轴表现出来，如果将坐标轴进行旋转，使样本点的差异集中体现在 z_1 上，并且所体现的差异占了绝大部分，就可以将 z_2 忽略，只考虑 z_1 [③] 。这样，问题也相对简化了。

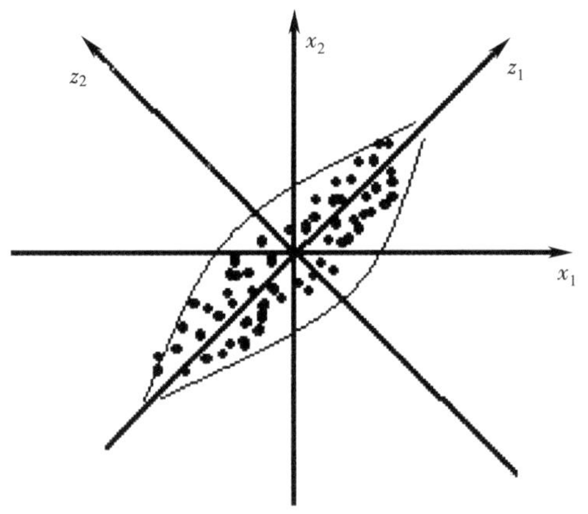

图 1 坐标旋转

推而广之，假设某问题中有 n 个样本点，有 p 个指标，则可以构成一个 $n \times p$ 的数据矩阵，即 $\begin{bmatrix} x_{11} & x_{12} & \cdots & x_{1p} \\ x_{21} & x_{22} & \cdots & x_{2p} \\ \vdots & \vdots & \vdots & \vdots \\ x_{n1} & x_{n2} & \cdots & x_{np} \end{bmatrix}$。

① 魏晓军．浅谈成品油销售企业经营指标评价体系的优化及应用［J］．投资理财，2015（23）．
② 余锦华，杨维权．多元统计分析与应用［M］．广州：中山大学出版社，2005：189 – 201.
③ 朱建平．应用多元统计分析［M］．北京：科学出版社，2006：223 – 227.

当 p 较大时，在 p 维空间考虑问题比较麻烦。因此，考虑变化坐标系，希望新坐标系中在 $m(m \leqslant p)$ 个轴上就能体现大部分的差异，一般要求85%以上。

定义：x_1，x_2，x_3，…，x_p 是原变量指标，f_1，f_2，f_3，…，$f_m(m \leqslant p)$ 为新变量指标，它们可以通过线性变换表 $\begin{cases} f_1 = l_{11}x_1 + l_{12}x_2 + \cdots + l_{1p}x_p \\ f_2 = l_{21}x_1 + l_{22}x_2 + \cdots + l_{2p}x_p \\ \vdots \quad \vdots \quad \vdots \quad \vdots \quad \vdots \\ f_m = l_{m1}x_1 + l_{m2}x_2 + \cdots + l_{mp}x_p \end{cases}$。

则主成分分析法的实质就是找到主成分载荷 l_{ij}，并且主成分载荷需要满足以下几点：①使 f_i 与 f_j（$i \neq j$；$i,j = 1,2,\cdots,m$）相互无关。②使 f_1 是 x_1，x_2，x_3，…，x_p 一切线性组合中方差最大者；f_2 是与 f_1 不相关的 x_1，x_2，x_3，…，x_p 所有线性组合中方差最大者；…；f_m 是与 f_1，f_2，f_3，…，f_{m-1} 都不相关的 x_1，x_2，x_3，…，x_p 所有线性组合中方差最大者。③f_1，f_2，f_3，…，f_m 的累计贡献率大于85%。这样，f_1，f_2，f_3，…，f_m 是原 p 个指标的主成分。

（二）主成分分析法步骤

1. 利用公式 $x_{ij}^* = \dfrac{x_{ij} - \overline{X}_j}{S_j}$（$\overline{X}_j = \dfrac{1}{n}\sum_{i=1}^{n} x_{ij}$；$S_j = \sqrt{\dfrac{1}{n-1}\sum_{i=1}^{n}(x_{ij} - \overline{X}_j)^2}$；$i = 1,2,\cdots,n$；$j = 1,2,\cdots,p$）将原始数据进行标准化，这样可以消除量纲的影响以及各指标在数量级上的差别。其中，x_{ij}^* 是 x_{ij} 的标准化数据，$\overline{X}_{ij}$ 和 S_j 分别是第j个指标的样本均值和样本标准差。

2. 建立标准化数据的相关系数矩阵 $R = [r_{ij}]_{p \times p}$，$r_{ij}$ 是 x_i^* 与 x_j^* 的相关系数，x_i^* 和 x_j^* 分别是 x_i 和 x_j 的标准化指标。

3. 求出相关系数矩阵 R 的特征值 $\lambda_1 \geqslant \lambda_2 \geqslant \cdots \geqslant \lambda_p > 0$ 及对应的特征向量 $e_1, e_2, \cdots, e_p$，其中 λ_m 是第 m 个成分 f_m 的方差，方差越大，对总方差的贡献越大。计算出 f_m 的贡献率 $\alpha_m = \dfrac{\lambda_m}{\sum_{j=1}^{p}\lambda_j}$ 和累计贡献率 $\sum_{j=1}^{m}\alpha_j$，找到使累计贡献率大于85%的最小整数 m，这样就确定了前 m 个成分为主成分。

4. 线性表出每个主成分 $\begin{cases} f_1 = l_{11}x_1 + l_{12}x_2 + \cdots + l_{1p}x_p \\ f_2 = l_{21}x_1 + l_{22}x_2 + \cdots + l_{2p}x_p \\ \vdots \quad \vdots \quad \vdots \quad \vdots \quad \vdots \\ f_m = l_{m1}x_1 + l_{m2}x_2 + \cdots + l_{mp}x_p \end{cases}$

（$l_{ij} = \sqrt{\lambda_i} e_{ij}$，$e_{ij}$ 为特征向量 e_i 的第 j 个分量，$i,j = 1,2,\cdots,p$）

则可以计算出每个样本点在各个主成分上的得分。

三、以西藏 10 家银行部分经营指标为实例分析

本研究选取西藏银监局《西藏银行业监管统计主要指标》提供的包括工行、建行、农行等 10 家银行的部分经营指标数据作为观测样本，所选指标包括资产总额 x_1、负债总额 x_2、所有者权益 x_3、本年利润 x_4、净利息收入 x_5、中间业务收入 x_6、营业收入 x_7、存款余额 x_8、贷款余额 x_9。具体数据见表 1。

表 1　我区 10 家银行 2014 年部分经营指标　单位：亿元

银行	资产总额	负债总额	所有者权益	本年利润	净利息收入	中间业务收入	营业收入	存款余额	贷款余额
工行	182.23	176.15	6.08	3.08	3.07	4.08	6.51	106.22	181.02
农行	1198.44	1175.89	22.55	15.87	30.94	2.77	33.8	1124.49	475.05
中行	632.08	621.5	10.58	7.8	17.25	0.65	18.04	591.4	288.59
建行	720.78	720.81	-0.03	19.86	11.41	0.94	12.41	706.1	378.26
国开	81.22	79.21	2.01	1.01	0.39	0.02	2.8	13.17	65.36
农发	11.83	11.68	0.15	0.15	0.34	0	0.34	6.76	11.6
藏行	255.2	212.72	42.48	4.51	5.27	0.01	5.28	210.32	142.55
邮储	90.51	89.97	0.54	0.6	2.05	0.44	2.33	75.31	25.79
民生	118.23	118.14	0.09	-0.91	0.83	0.26	0.97	58.91	45.83
村镇	2.91	2.8	0.11	-0.13	0.02	0	0.02	2.28	2

（一）数据分析

根据表 1 中的指标数据，通过 *MATLAB* 编程（见附录一）计算出标准化后的数据的相关系数矩阵见表 2，相关系数矩阵的特征值、贡献率及累计贡献率见表 3，主成分载荷见表 4。

表 2　相关性矩阵

	资产总额	负债总额	所有者权益	本年利润	净利息收入	中间业务收入	营业收入	存款余额	贷款余额
资产总额	1	1.00	0.36	0.89	0.97	0.45	0.97	1.00	0.97
负债总额	1.00	1	0.33	0.90	0.97	0.45	0.97	1.00	0.97
所有者权益	0.36	0.33	1	0.24	0.41	0.10	0.39	0.35	0.35
本年利润	0.89	0.90	0.24	1	0.79	0.36	0.78	0.91	0.94
净利息收入	0.97	0.97	0.41	0.79	1	0.44	0.99	0.97	0.91
中间业务收入	0.45	0.45	0.10	0.36	0.44	1	0.52	0.41	0.54
营业收入	0.97	0.97	0.39	0.78	0.99	0.52	1	0.96	0.93
存款余额	1.00	1.00	0.35	0.91	0.97	0.41	0.96	1	0.96
贷款余额	0.97	0.97	0.35	0.94	0.91	0.54	0.93	0.96	1

表 3　　相关系数矩阵的特征值、差值、贡献率及累积贡献率

特征值	差值	贡献率	累积贡献率
7. 0345	6. 1149	78. 1607	78. 1607
0. 9196	0. 1716	10. 2176	88. 3783
0. 748	0. 4738	8. 3106	96. 6889
0. 2742	0. 2608	3. 0465	99. 7354
0. 0134	0. 0056	0. 1486	99. 884
0. 0078	0. 0051	0. 0865	99. 9705
0. 0026	0. 0026	0. 0294	99. 9999
8. 09E－06	8. 09E－06	8. 98E－05	100
3. 81E－33	[]	4. 23E－32	100

表 4　　主成分载荷

标准化变量	主成分 Print1	主成分 Print2
资产总额	0. 3748	0. 0032
负债总额	0. 3741	－0. 0278
所有者权益	0. 1514	0. 8663
本年利润	0. 3374	－0. 0957
净利息收入	0. 3567	0. 0680
中间业务收入	0. 1953	－0. 4796
营业收入	0. 3671	0. 0102
存款余额	0. 3729	0. 0032
贷款余额	0. 3703	－0. 0698

由表 3 可知，相关矩阵的特征值为 $\lambda_1 = 7.0345$，$\lambda_2 = 0.9196$。前两个特征值的累计贡献率为 88. 3783%，说明前 2 个成分构成了原指标数据的主成分。由表 4 主成分载荷矩阵得到各主成分得分的表达式：

$$F_1 = 0.3748x_1 + 0.3741x_2 + 0.1514x_3 + 0.3374x_4 + 0.3567x_5 + 0.1953x_6 + 0.3671x_7 + 0.3729x_8 + 0.3703x_9$$

$$F_2 = 0.0032x_1 - 0.0278x_2 + 0.8663x_3 - 0.0957x_4 + 0.0680x_5 - 0.4796x_6 + 0.0102x_7 + 0.0032x_8 - 0.0698x_9$$

（二）成分命名及解释

从第一主成分 F_1 的表达式来看，它在每个标准化变量上有相近的正负荷，说明每个标准化变量对 F_1 的重要性都差不多。即 F_1 反映了经营指标差异化的综合性水平，可认为第一主成分 F_1 是综合经营指标成分，且按第一主成分得分从小到大进行排序后的结果见表 5。

表5　各银行按第一主成分得分从小到大进行排序后的结果

银行	第一主成分 F_1 得分	第二主成分 F_2 得分
村镇	3.72	-0.09
农发	15.94	-0.93
国开	91.00	-4.77
邮储	107.17	-3.41
民生	127.86	-5.81
工行	247.08	-13.32
藏行	318.22	22.40
中行	813.94	-24.04
建行	958.68	-43.35
农行	1517.06	-39.28

从表5可知，在我区网点较多、业务完善的银行第一主成分 F_1 得分较高；成立时间较短、以传统业务为主的银行 F_1 得分较低。这和全区银行业的发展情况大致吻合。

从第二主成分 F_2 的表达式来看，它在每个标准化变量 x_3（所有者权益）有高等程度的正载荷，x_6（中间业务收入）有中等程度的负载荷，其余变量载荷相对较小，可忽略不计。说明 F_2 反映的是两个方面的对比，一方面是所有者权益差异，另一方面是中间业务收入差异，且按第二主成分得分从小到大进行排序后的结果见表6。

表6　各银行按第二主成分得分从小到大进行排序后的结果

银行	第一主成分 F_1 得分	第二主成分 F_2 得分	中间业务收入—所有者权益
建行	958.68	-43.35	0.97
农行	1517.06	-39.28	-19.78
中行	813.94	-24.04	-9.93
工行	247.08	-13.32	-2.00
民生	127.86	-5.81	0.17
国开	91.00	-4.77	-1.99
邮储	107.17	-3.41	-0.10
农发	15.94	-0.93	-0.15
村镇	3.72	-0.09	-0.11
藏行	318.22	22.40	-42.47

从表6可以看出，标准化后，每家银行在这两方面的差与第二主成分得分的差值越来越小，且工行、农行、中行、建行等老牌银行在中间业务收入差异性较大，而村镇、藏行等新兴银行所有者权益差异性较大。老牌银行发展多年，各项业务完善，已逐步把重心转向中间业务。新兴银行成立时间较短，网点扩展较快，以传统业务为主，有待向新业务发展。

四、差异化探讨

从 10 家银行 F_1 和 F_2 得分存在较大差异可知，10 家银行在经营上存在较大差异。F_1 反映了经营指标差异化的综合性水平，F_2 反映哪些经营指标较大程度上影响这些差异。要探讨 10 家银行经营的差异化，重点是分析 F_2 。

（一）原因

$\frac{\partial F_2}{\partial x_i} < 0.1(i = 1,2,4,5,7,8,9)$ ，说明资产总额、负债总额、本年利润、营业收入、存款余额、贷款余额对银行的区分度较小。

$\frac{\partial F_2}{\partial x_3} = 0.8663$ ，$\frac{\partial F_2}{\partial x_6} = -0.4796$ ，说明所有者权益和中间业务收入对银行的区分度较大。两者的影子价格系数分别为 0.8663， -0.4796，即在其他条件不变时，两者各自增加一单位，对应的区分度分别增加 0.8663， -0.4796。其中，所有者权益和 F_2 呈正相关，所有者权益越大，与之对应的沉淀资金就越大；F_2 越大，不利于资金的盘活，所以要求 F_2 越小越好。中间业务收入和 F_2 呈负相关，即中间业务收入越大时，银行间的区分度就越小，所以发展中间业务对银行至关重要。

受“三期叠加”效应影响，区内经济下行压力增大，西藏自治区银行业经营管理也面临较大挑战。一是市场化竞争加剧。利率市场化改革不断推进，金融市场竞争加剧，区内存款价格呈现多样化，银行议价能力减弱，加之在央行的持续降息的宏观调控影响下，导致净息差收窄下滑。二是银行自身持续盈利能力减弱。财政补贴占净利润比例升高，利息净收入、中间业务收入等占比降低，银行发展对补贴政策的依赖加大。三是信贷领域过于集中。全区各大银行实行有差别化信贷政策，优先满足建筑业、电力、交通运输等重点行业、项目信贷需求，持续加大对重点领域的信贷投放，这些领域已接近全区贷款投放总额的一半。四是政策过渡期不确定因素增多。随着“十二五”规划接近尾声，“十三五”规划尚未出台，项目规划暂未明确，区内基建项目处于过渡期，在项目跟进时存在如项目主体、项目投资、资金来源等诸多不确定性，项目风险管理难度有所加大。

综上所述，全区银行业的发展急需一个新的增长点，既要风险小，又要不受政策影响，更要促进全区经济的进一步发展，发展中间业务是目前为数不多的选择。

（二）分析

中间业务是指不构成商业银行表内资产、表内负债，形成银行非利息收入的业务。银行利用技术、信息、机构网络、资金、信誉等方面的优势，不用或少用自己的资金，以中间人和代理人的身份替客户办理收付、咨询、代理、担保、租赁和其他委托事项，提供各类金融服务并收取一定费用的营销活动，改变了当前存贷利差缩小、贷款难所带来的利润率下降。相较于资产业务和负债业务，中间业务的服务意识更强，它的收费更多的是一种对银行所提供服务的收费，而利息基本上是对资金被占用的补偿。中间业务包括支付结算类、银行卡类、担保类、基金托管类、交易类、咨询顾问类、承诺类、代理类等。由于我区的经济发展相对滞后，目前中间业务发展较为缓慢，主要表现于以下几方面：

1. 管理混乱。目前，我区大部分银行没有成立专门的中间业务部，即中间业务的管理分散化，加之各个部门采取不同的管理方式、考核目标和激励措施，既不利于信息沟通，又不利于提高管理效率，也不利于形成规模效应、整体推进中间业务的发展。

2. 人才欠缺。中间业务是一种知识密集型业务，对业务人员的专业素养和业务技能要求较高。部分业务人员服务意识不强，知识结构老化，业务素质不高，办事效率较低，难以做到急客户之所急，想客户之所想，不能较好地推销中间业务产品，严重阻碍了中间业务的发展。

3. 追求形式。目前，西藏自治区工行、农行、中行、建行等行推出的产品种类及功能大同小异，没有各自的特色，客户分散，盲目投入，业务上吃不饱，造成资源浪费，形成项目投资风险。

4. 产品种类少。西藏自治区部分银行推出的中间业务集中在结算、汇兑、信用卡等，品种少，手段单一。利用服务、技术、信息为客户提供如咨询服务类、投资理财类、金融衍生类等高技术含量、高附加值中间业务明显不足，覆盖面窄，未能形成规模效应。

（三）对策

1. 调整战略重点。要真正认识到发展中间业务是今后银行提高盈利水平、改善客户结构、增强银行核心竞争力的重要手段，加强对中间业务的领导，真正确立资产业务、负债业务与中间业务“三驾马车”并驾齐驱发展的战略，形成以传统业务优势带动中间业务的发展，以中间业务的发展壮大支持和促进传统业务的巩固与发展的新思路，将中间业务认认真真抓起来。

2. 完善管理制度。根据国家相关的法律法规，完善中间业务规章制度和操作流程，对每种中间业务的风险控制点，制定出详细的规章制度进行约束和限制，对容易出现风险的环节重点防范。在中间业务开展之前，要做好充分的风险研究，并针对可能出现的风险做好防范准备。

3. 加强人才培养。请业内专家不定期培训业务人员的专业素养和业务技能，让其及时准确地了解业内最新动态，建立完善的激励机制。委托其他商业银行代培，积极吸取其他商业银行开展中间业务的有效经验，扬长避短。从各大高校引进专业人才，以较为严格的标准培训人才。

4. 加快产品创新。银行要在竞争中求生存、谋发展，就必须加大产品的研发力度。要以市场为导向，突破传统业务的经营范围和模式，充分挖掘市场潜在需求，研究市场消费心理，分析市场发展趋势，借鉴国外银行的先进经验，结合自身的特殊性，积极研发符合西藏地方特色的中间业务产品。

5. 加大营销力度。以客户需求为中心，充分将产品的价值传递给顾客，使客户的差异化需求得到最大的满足。根据不同的客户，销售差异化产品并且提供相应的服务。避免功能类同产品的重复销售，使各种档次的客户均能获得满足其需求的产品、公平的价格和完善的服务，使这些客户的差异化需求得到满足。

五、聚类分析（Cluster Analysis）

俗话说“物以类聚，人以群分”，在现实世界中存在着大量的分类问题。若事先对总体到底有几种类型无从知晓，则要想知道观察到的个体的具体分类情况，这时就需要用聚类分析法。

对于单一指标或两个指标的聚类，通常可以将样本点视为一维或二维空间上的点，一一描述在直线或平面上，然后根据样品点的几何分布直观地将其分割归类。

对于多指标的情形，已不可能再直接用几何直观进行分类，因此，需寻求一种能够表示样本点之间的亲疏关系、相似程度的度量，并以此作为分类依据。把那些相似程度较大的样本点划归一类，……一步步将样本点划归各类。关系密切的聚合到一个小的分类单位，关系疏远的聚合到一个较大的分类单位，直到将所有样本点聚类完毕为止，形成一个由小到大的分类系统。并绘制成一张聚类图，把样本点之间的亲疏关系简明直观地展示出来。

聚类分析不仅可以对样品进行分类，也可以对变量进行分类。对样品的分类称为Q型聚类分析，对变量进行分类称为R型聚类分析。本文属于Q型聚类分析，采用系统聚类。

（一）系统聚类步骤

1. 首先将各样本点各自形成最相似的一类。

2. 规定样本点之间的距离 $d_{ij} = \max\limits_{1 \leq k \leq p} \left| x_{ik} - x_{jk} \right|$ 。

3. 选定类间距离，采用离差平方和法（亦称WARD法）。这种方法的基本想法来源于方差分析。如果类分得正确，同类样本点的离差平方和应当较小，而类与类之间的离差平方和应当较大。

设将 n 个样本点分成 k 个类：$G_1, G_2, \cdots, G_K$ ，用 $X_{(l)}^{(i)}$ 表示 G_l 中的第 i 个样本点（ $X_{(l)}^{(i)}$ 是 k 维向量），n_l 是 G_l 中的样本点个数，$\overline{X}(l)$ 是 G_l 的重心，则 G_l 中的样品离差平方和是 $S_l = \sum\limits_{\alpha=1}^{N_1} (X_{(l)}^{(\alpha)} - \overline{X}_{(l)})'(X_{(l)}^{(\alpha)} - \overline{X}_{(l)})$ ，k 个类的离差平方为 $S = \sum\limits_{l=1}^{k} \sum\limits_{\alpha=1}^{N_1} (X_{(l)}^{(\alpha)} - \overline{X}_{(l)})'(X_{(l)}^{(\alpha)} - \overline{X}_{(l)})$ ，当 k 固定时，要选择使 S 达到最小值的分类结果。

离差平方和把两类合并增加的离差平方和当成是平方距离，则计算距离的递推公式为

$$d_{mr}^2 = \frac{n_r + n_k}{n_r + n_m} d_{rk}^2 + \frac{n_r + n_l}{n_r + n_m} d_{rl}^2 - \frac{n_r}{n_r + n_m} d_{kl}^2$$

具体做法是：每次缩小一类，每缩小一类后的离差平方和就要增大，选择使 S 增大最小的两类合并，直到所有样本点归成一类为止①。

（二）10家银行基于部分指标的聚类分析

1. 方差分析

方差分析用于两个及两个以上样本差别的显著性检验。由于各种因素的影

① Jolliffe I T. Principal Component Analysis [M]. New York: Springer-VerlagInc, 1986: 13.

响，研究所得的数据呈现波动状。方差分析是在可比较的数组中，把数据间的总的“变差”按各指定的变差来源进行分解的一种技术。对变差的度量，采用离差平方和。方差分析方法就是从总离差平方和分解出可追溯到指定来源的部分离差平方和，这是一个很重要的思想。

本文以上述影响我区银行经营指标差异化的9个指标值为基础，对各家银行的经营指标进行方差分析。在MATLAB中，应用函数 $p = anova1(x)$ 进行平衡单因子方差分析，比较样本 $m \times n$ 的矩阵 X 中两列或多列数据的均值。其中，每一列包含有一个具有 m 个相互独立观测值的样本。它返回 X 中所有样本取自同一群体的零假设成立的概率 p 。若 p 值接近0，则认为零假设可疑并认为列均值存在差异。本文方差分析的结果见表7（程序见附录二）。

表7　　方差分析结果表

Source	SS	Df	MS	F	Prob > F
Columns	6.73876	9	0.74875	23.81	3.39397e − 019
Error	2.5168	80	0.03145		
Total	9.25493	89			

由 $p = 3.39397e - 019 < 0.05$ ，可知西藏自治区不同银行的部分经营指标存在显著差异，可以进行聚类分析。

2. 通过SPSS聚类，可得10家银行部分经营指标差异化谱系聚类图，见图2。

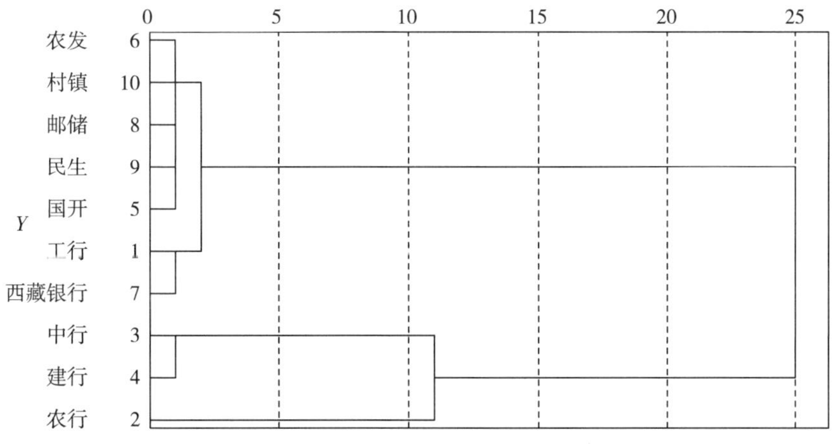

图2　10家银行部分经营指标差异化谱系聚类图

结合第一主成分 F_1 得分，可将10家银行分为4类，即

表 8 分四类时的组合结果

第一类	农行
第二类	建行 中行
第三类	工行 藏行
第四类	国开 民生 村镇 邮储 农发

六、结论及建议

随着西藏自治区经济的快速发展，银行业扮演的角色越来越重要，经营指标的好坏与差异直接影响银行业的后续发展。就反映综合经营指标成分 F_1 而言，西藏自治区 10 家银行综合经营指标存在较大的差异。得分最高的农业银行和得分最低的村镇银行相差 1513.35 分之多，并且只有农行得分上千，70% 的银行得分都小于 500 分，这与全区银行业的发展情况吻合，说明大部分银行还有进一步发展的空间。为此，对于那些 F_1 得分小于 500 分的银行，随着国家对西藏特殊金融政策的持续实施，网点的铺开，各项新业务的推出，客户的不断挖掘，定能迎来较好较快发展。

就经营指标差异化成分 F_2 而言，以工行、农行、中行、建行为代表的老牌银行第二主成分较低，藏行、村镇等新兴银行第二主成分较高，说明第二主成分是银行成立的时间长短和业务类型所造成的经营指标差异化成分。老牌银行发展多年，各项业务完善，已逐步把重心转向中间业务。新兴银行成立时间较短，网点扩展较快，以传统业务为主，有待向中间业务发展。F_2 对各个变量求偏导数可知，所有者权益和中间业务收入对其影响最大，其中所有者权益与 F_2 呈正相关，根据所有者权益越大、所对应的沉淀资金越大可知，F_2 越大时，不利于资金的盘活，也就不利于银行效益的提高，即 F_2 越小越好。中间业务和 F_2 呈负相关，其他条件不变时，中间业务收入越大，银行间的区分度就越小。结合全区经济形势，我区银行应重点发展中间业务，这需要各家银行调整战略重点、完善管理制度、加强人才培养、加快产品创新、加大营销力度。

根据聚类分析的结果可知，西藏自治区 10 家银行可分为 4 类，即①农行；②中行、建行；③工行、西藏银行；④国开、农发、民生、邮储、村镇。呈现一家独大，尾部较长的特点，这和西藏自治区的历史密不可分，也说明另外几家银行有较大追赶的空间，但很难在短时间内改变全区银行业的格局。

综上所述，西藏自治区经济建设在短时间内仍以国有银行为主导，与此同时应着力帮扶西藏银行、林芝村镇银行等本土银行的发展。西藏自治区金融机构应充分发挥金融助推器的作用，用好用活中央第六次西藏工作座谈会赋予的特殊优惠金融政策，主动适应新常态，坚持以客户为中心，以市场为导向，以科技为保障，以创新为动力，以提高人力资本素质和科技应用能力为基础，以增强风险控制能力为前提，以创新的产品和优质的服务为依托，以结构调整和优化资源配置为主线的指导思想，积极支持地方经济建设，立足特色，发挥优势，找准自身定位，全面提升经营管理水平和核心竞争能力，为建设富裕西藏、和谐西藏、幸福西藏、法治西藏、文明西藏、美丽西藏作出更大的贡献。

参考文献

［1］谢雪梅，王延明．电信企业主要经营指标分解方法及应用探讨［J］．工业技术经济，2005（24）：9.

［2］袁冬明．聚类分析和主因素分析法在审计中的应用［J］．探索与争鸣，2013（4）．

［3］占堆．商榷建立西藏农业产业化经营的指标及其体系［J］．西藏农业科技，2002（24）：3.

［4］崔文利．关于哈尔滨铁路局经营指标评价系统的设计与实现［J］．科技论坛，2012（32）．

［5］魏晓军．浅谈成品油销售企业经营指标评价体系的优化及应用［J］．投资理财，2015（23）．

［6］余锦华，杨维权．多元统计分析与应用［M］．广州：中山大学出版社，2005：189－201.

［7］朱建平．应用多元统计分析［M］．北京：科学出版社，2006：223－227.

［8］杨永发．概率论与数理统计教程（第二版）［M］．天津：南开大学出版社，2005：116－122.

［9］胡强，罗利．四川各城市服务业竞争力评价［J］．技术与市场，2007，12（2）：79－80.

［10］罗广俊，吴志豪，黄楚亮．基于聚类分析的顾客满意度实证研究［J］．企业管理，2008，25（9）：89－90.

［11］孙清，刘佳骏．中国15个副省级城市吸引外资能力主成分分析［J］．呼伦贝尔学院学报，2008，16（4）：23－29.

[12] Jolliffe I. T. Principal Component Analysis [M]. New York: Springer - VerlagInc, 1986: 13.

附录

附录一

% 主成分分析

[X, textdata] = xlsread ('论文数据.xls');% 从 Excel 文件中读取数据

XZ = zscore (X);% 数据标准化。

% ************************* 主成分分析

% 调用 princomp 函数根据标准化后原始样本观测数据作主成分分析，返回主成分表达式的系数矩阵 COEFF。

% 主成分得分数据 SCORE，样本相关系数矩阵的特征值向量 latent 和每个观测的霍特林 T2 统计量。

[COEFF, SCORE, latent, tsquare] = princomp (XZ)

% 为了直观，定义元胞数组 result1，用来存放特征值、贡献率和累积贡献率等数据。

% 这样做能以元胞数组形式显示 result1 的结果。

explained = 100 * latent/sum (latent);% 计算贡献率。

[m, n] = size (X);% 求 X 的行数和列数。

result1 = cell (n+1, 4);% 定义一个 n+1 行，4 列的元胞数组。

result1 (1,:) = {'特征值', '差值', '贡献率', '累积贡献率'};

result1 (2: end, 1) = num2cell (latent);% 存放特征值

result1 (2: end-1, 2) = num2cell (- diff (latent));% 存放特征值之间的差值

result1 (2: end, 3: 4) = num2cell ([explained, cumsum (explained)])% 存放（累积）贡献率

% 为了直观，定义元胞数组 result2，用来存放前 2 个主成分表达式的系数数据。

% 这样做能以元胞数组形式显示 result2 的结果。

varname = textdata（3，2：end）′;% 提取变量名数据

result2 = cell（n+1，3）;% 定义一个 n+1 行，3 列的元胞数组。

result2（1，:）={'标准化变量'，'主成分 Print1'，'主成分 Print2'}；% result2 的第一行

result2（2：end，1）= varname；% result2 的第一列

result2（2：end，2：end）= num2cell（COEFF（:，1：2））% 存放前 2 个主成分表达式的系数数据。

附录二

```
% 单因子方差分析
function [X] =norm2（c）
[ n，s] =size（c）;
Imax = max（c）;
Imin = min（c）;
for i =1：n
    for j =1：s
        X（i，j）=（c（i，j）-Imin（j））/（Imax（j）-Imin（j））;
end
end
p = anova1（X′）
```

金融支持新型城镇化建设研究

——以西藏自治区城镇化建设为例

西藏银监局课题组
钟　俊　吕雪鹏

摘要：金融业在新型城镇化建设过程当中发挥着强有力的支撑作用。本文从新型城镇化的内涵入手，简要分析了金融业与新型城镇化二者之间的关系；进而以西藏为例，分析了该地区新型城镇化建设的特殊性，及在推进新型城镇化建设中存在的金融困境，在此基础之上，针对如何有效摆脱这些困境、更好发挥金融支持新型城镇化建设的作用，本文进行了试探性的研究，并提出了一些有针对性的建议与对策。

关键词：金融业　新型城镇化

一、引言

（一）新型城镇化的提出

党的十八大报告首次提出“坚持走中国特色新型工业化、信息化、城镇化、农业现代化道路”之后，经过党的十八届三中全会、中央城镇化工作会议，及《国家新型城镇化规划》正式出台，新型城镇化的概念逐渐成熟，内涵也不断丰富。

概括起来，新型城镇化是指，以城乡统筹、城乡一体、产城互动、节约集约、生态宜居、和谐发展为基本特征的城镇化，是大中小城市、小城镇、新型农村社区协调发展、互促共进的城镇化。

（二）新型城镇化的内涵

新型城镇化具有鲜明的时代特色和丰富的社会内涵，具体体现在以下四个方面：

1. 人文型

新型城镇化最核心的内涵是坚持以人为本，关注人的价值，注重城镇化为人的生活质量的提高和人的全面发展提供良好的环境，具有十分浓厚的人文气息。

2. 集约型

人类社会的发展离不开自然资源的投入，而城镇化建设对自然资源的需求是巨量的，这就意味着新型城镇化建设绝不能走粗放型的老路子，必须坚持集约化原则，提高资源使用效率，以有限的投入获取最大的整体效益。

3. 和谐型

新型城镇化强调处理好多方面的关系，注重城镇发展与人的全面发展的统一，注重大、中、小城市发展的协调与带动，注重人类社会发展与生态环境保护的协调，努力实现社会整体的和谐与统一。

4. 特色型

每个区域都有各具特色的历史文化和风俗传承，共同构成丰富多彩、博大精深的中华文明。新型城镇化强调各地区根据区域特色和实际来推动城镇化，注重历史文化的保护和传承，使得城镇化能够体现出独特的文化底蕴与灵魂气息。

（三）与传统城镇化的区别

1. 价值取向不同

传统城镇化一味强调简单的城市人口比例增加和面积扩张，看重表面上的数字，没有从根本上解决“为什么要进行城镇化”的问题。而新型城镇化是以人为核心的城镇化，注重提高人的生活幸福指数，为人的全面发展创造良好的社会环境，价值定位更加明确，凸显出人文关怀和社会文明的进步。

2. 发展方式不同

传统城镇化缺乏城镇建设的整体规划，既不利于城镇化的长远持续发展，也造成了前期资源投入的巨大浪费。而新型城镇化强调规划先行，科学合理布局，注重提高资源投入使用的整体效率，走的是一条质量与综合效益并重的新型集约化道路。

3. 发展目标不同

传统城镇化一味追求城市规模的扩大和人口的增长，认为城市规模越大越好；同时，各城镇不注重挖掘自身特色，盲目仿效其他城市，使得各地区城镇千篇一律、鲜乏特色。而新型城镇化注重协调好周边各城镇发展，促进城市群之间的良性互动；同时，强调结合各地实际，建设各具特色、文化鲜明的生态城镇。

（四）与金融业的关系

金融是现代经济的核心，而城镇化是现代化的必由之路，二者之间相互促进、相互渗透，是一种相辅相成、密不可分的关系。

1. 金融对新型城镇化的作用

（1）金融为新型城镇化提供必要的资金来源。新型城镇化建设，无论是住房、基础设施建设，还是公共服务设施建设等，都需要大量的资金投入，而财政支出往往难以满足这一需求，从而形成较大的资金缺口。金融业通过市场化的方式调剂社会资金余缺，有效地解决了这一难题，为新型城镇化建设提供了有力的资金保障。

（2）金融为国家有效调控城镇化提供了必要手段。国家通过运用差别化利率、信贷规模等多种金融货币政策，对新型城镇化建设进行宏观调控，使得新型城镇化建设从整体上符合国家战略的发展需求。

2. 新型城镇化对金融的反作用

（1）新型城镇化为金融业提供难得的发展机遇。新型城镇化建设的巨量资金需求，极大地促进了货币信贷业务的快速增长，加速了社会资金的流通。同时，新型城镇化也带动了担保、保险等相关金融市场的发展。

（2）新型城镇化将有效刺激金融业的创新。在新型城镇化建设过程中，居民的金融需求日益多样化，而不再仅仅满足于存贷款、保险等传统的金融产品与服务。为满足不同客户的多样化金融需求，各金融机构经营理念逐渐转变，以客户为中心，积极开发新的金融产品和服务，在满足客户需求的同时客观上刺激了整个金融业的创新与发展。

（3）在新型城镇化过程中，居民的金融素养得到提升。在新型城镇化过程中，居民尤其农村居民开始越来越多地接受现代化金融产品和服务，金融知识日益丰富，金融素养逐渐提升，必将对居民生活质量的改善、金融运行效率的提高、消费者权益的保护与金融风险的防范等起到积极的促进作用。

二、西藏自治区城镇化建设特殊性及存在的问题

（一）西藏自治区新型城镇化建设的特殊性

西藏高寒缺氧、生态脆弱，自然条件恶劣；地广人稀、经济欠发达，社会经济环境总体上比较落后。因此，在这样一个特殊的区域内推进新型城镇化建设，同内地各省市相比，面临着诸多特殊情况。

1. 空间布局较为分散，集群联动效应较弱

西藏自治区面积为120多万平方千米，但全区只有140个城镇，城镇密度仅为1.2个/万平方千米，远远低于全国20.7个/万平方千米的平均水平；除拉萨市以外，全区基本没有达到10万人的城镇。分散的城镇布局不利于形成紧密的城镇集群，降低了各城镇之间的联系程度，在一定程度上削弱了城镇之间联动发展效应；同时，各城镇规模的偏小，使得内部市场容量本身不足以形成城镇化发展的强大动力，不利于城镇整体实力的提升和长远发展。

2. 基础设施建设滞后，金融市场不够发达

相对于内地而言，西藏地区社会主义市场经济起步较晚，经济欠发达，城镇化水平较低，基础设施和公共服务设施建设较为落后，且投资成本高，在一定程度上制约了区域经济的较快发展；同时，新型城镇化建设是一项系统的巨大工程，需要大量的资金投入，但区域金融市场不够发达，多元化融资发展较为缓慢，城镇化建设主要依靠中央投资和内地各省市援藏资金支持，以及传统的银行信贷资金，城镇化建设面临较大的资金缺口。

3. 产业发展缺乏支撑，吸纳就业能力有限

产业发展是新型城镇化建设的主要带动力，对于城镇经济发展、吸纳就业、促进农牧区劳动力合理有序转移发挥着重要作用。但由于区域经济整体发展水平较低，总体来讲，除拉萨市区旅游业、土特产商贸业等发展较快以外，其他各城镇产业发展缺乏持续有效的支撑能力，不能将各生产要素有效集聚并加以合理运用。

产业发展缓慢，直接影响着城镇吸纳就业的能力，不利于农牧区人口向城镇的有序转移。同时，全区农牧民占总人口的76.7%，农牧区偏远闭塞的环境、传统的生产生活方式、劳动力整体教育水平和素质偏低，进一步增加了转移就业的难度。

4. 城乡二元结构突出，辐射带动效应不强

由于地广人稀和特殊的地理环境等因素，城乡之间距离较远，且交通运输不是很发达，人员、物资交流不便，城乡之间进行经济社会活动的成本较高，不利于发挥城镇经济对农牧区发展的辐射带动作用，使得农牧区经济活动的市场化程度较低，发展较为缓慢。农牧区经济的落后，农牧民生产技能和知识的匮乏，使得城乡二元结构更加突出，更加不利于新型城镇化的推进。

5. 环境承载能力有限，生态环保压力较大

整个西藏自治区高寒缺氧、气候恶劣，植被覆盖率较低，生态十分脆弱，环境的综合承载能力不高，一旦遭到破坏，恢复起来需要的时间更长、投入更多。同时，中央将西藏定位为国家重要的生态安全屏障，保护西藏的天蓝地青水绿，既是一项环保任务，又是一项十分重要的政治任务。因此，在该区域内推进新型城镇化建设，寻求人与自然的和谐发展，面临的生态环境保护压力之大可想而知。

（二）金融支持西藏新型城镇化所做的努力

近年来，金融监管部门、辖内各金融机构认真学习领会、严格贯彻执行国家新型城镇化的战略精神，并结合西藏实际，以实际行动积极投入西藏新型城镇化进程当中。

1. 有利的金融政策环境

自中央第五次西藏工作座谈会赋予西藏特殊优惠金融政策以来，金融监管部门对西藏的优惠政策不断推出。自 2014 年 12 月银监会和自治区党委、政府在北京联合召开“银行业支持西藏经济社会发展座谈会”以来，证监会、保监会先后召开相关会议，研究进一步支持西藏经济社会发展的政策措施。监管部门对西藏的重视，为西藏新型城镇化建设的推进提供了有利的金融政策环境。

2. 银行业支持城镇化力度突出

银行业金融机构不断增多。截至 2015 年 7 月末，已有 9 家银行在藏开设分支机构，连同西藏银行、林芝村镇银行、西藏信托在内，共有 12 家银行业金融机构，同时又有西藏金融租赁公司 1 家非银机构。银行业金融机构主体的增多做强，有力地支持了新型城镇化建设。

同时，辖内各银行业金融机构立足西藏实际，认真贯彻落实中央赋予西藏的特殊优惠金融政策，不断优化信贷结构，加强金融产品和服务创新，加大对

新型城镇化的支持力度，取得了良好成效。截至 2015 年 7 月末，全区本外币各项贷款余额 1901.99 亿元，同比增长 35.10%；不良贷款余额为 7.56 亿元，同比增长 2.55%，不良贷款率为 0.40%，同比下降 0.12 个百分点。信贷投放的稳步增长，信贷质量的持续优化，有力地支持了辖区的新型城镇化建设。

3. 资本市场服务城镇化能力显著增强

积极培育多层次资本市场，为新型城镇化建设提供多渠道的资金来源。截至 2015 年 7 月末，西藏 A 股上市公司共计 11 家；新增 H 股上市公司 1 家；新增全国中小企业股份转让系统挂牌 1 家公司；新增川藏股权交易中心挂牌 11 家公司。鼓励支持西藏上市公司再融资，并积极培育上市后备企业。资本市场的稳步健康发展，为西藏新型城镇化建设注入了强大活力。

4. 保险业服务城镇化水平明显提升

保险业的社会稳定器、经济助推器作用进一步发挥，逐步建立了涵盖城镇居民、农牧民的大病补充医疗保险体系，覆盖所有西藏户籍人员和援藏干部的人身意外伤害保险体系及覆盖全区的政策性农业保险体系，切实保障了群众的生活水平，推动了西藏新型城镇化建设的发展。2014 年，西藏保险深度为 1.39%，比 2010 年提高 0.4 个百分点；保险密度为 401.69 元，比 2010 年提高 233.20 元。2011—2014 年，西藏保险业累计为社会提供风险保障 2.92 万亿元。

（三）新型城镇化面临的金融困境

虽然金融业对西藏新型城镇化进行了大力支持，并取得了一定成效。但新型城镇化建设仍然面临着资金来源不足的困境，集中表现在以下三个方面。

1. 金融市场化改革较为缓慢

近年来，我国金融体制改革取得了较大的成就。但由于历史原因，西藏自治区金融市场整体上发展还不够成熟，各项金融制度还不够完善，市场化水平还不够高，在一定程度上制约着城镇化建设。

（1）利率尚未完全市场化。虽然近年来我国利率市场化取得突破性进展，但仍未完成市场化改革。同样的利率水平，金融机构自然选择有政府背书、风险性低的项目来做，使得一些有增长潜力、风险相对较高的企业或项目得不到足够的资金支持。

（2）多元化的投融资机制不够完善。尽管国家层面出台一些鼓励和促进民间资本进入金融领域的指导意见，但在实际操作层面依然缓慢。一方面，实体经济尤其是小微企业和“三农”等缺少资金支持；另一方面，又存在大量的闲置社会资金，多元化的投融资机制不够完善，民间资本投资渠道不畅，不能进入金融领域发挥应有的效用，在一定程度上影响了新型城镇化的发展。

2. 金融资源的结构性失衡较为严重

在社会主义市场经济条件下，一般金融机构作为市场主体，盈利最大化是其经营的本质目标和根本驱动力。因此，在选择设立分支机构时，金融机构往往偏好将市场规模较大、人口密集、经济较为发达的城镇作为优先选择地点，造成金融机构在较大城镇中集聚，而县域、乡镇等欠发达地区则遭到金融机构的“厌弃”，鲜有问津。特别是在偏远的农牧区，经济发展落后，抵押担保资源匮乏等，客观上降低了金融机构向这些地区延伸的积极性，金融机构还十分稀缺。

由于金融机构空间分布不均，使得金融资源出现结构性失衡，也造成了金融资源配置效率总体上偏低。如，在大城镇由于金融机构相对集中，同业竞争较为激烈，各家金融机构竞相争夺大项目、大工程，往往容易导致低水平的重复投资，项目的经济效率和社会效益并不高；同时，一些有发展潜力的小微企业，由于信用不足、担保有限等原因，得不到正常生产所需要的资金，影响其进一步发展壮大，但这些小微企业往往在搞活经济、吸纳就业、增加税收等方面发挥着不可替代的重要作用。

3. 金融创新总体比较缓慢

受主客观因素的影响，相比于内地，西藏地区金融发展较为缓慢，金融创新活动开展较少，金融产品和服务往往集中在存贷款等传统金融业务上，尤其在基层乡镇和偏远的农牧区，即便是内地较为普遍的金融产品和服务也极为少见。同时，各金融机构所提供的金融产品和服务同质化较为严重，既造成业务竞争上的压力，也不利于满足城镇化建设中对多样化金融产品和服务的需求。因此，金融机构需要针对不同的金融需求，创新金融产品和服务，多开发出针对性强的特色产品，实现与新型城镇化建设“无缝对接”。

三、金融支持西藏新型城镇化建设的对策

针对以上新型城镇化建设面临的金融困境，结合西藏新型城镇化建设的特殊性，现提出以下金融方面的对策，以更好地推动西藏新型城镇化建设的持续健康发展。

（一）加强金融改革，鼓励多方参与

1. 在优惠金融政策框架内允许利率适当浮动

特殊优惠金融政策是中央赋予西藏的一项利民、惠民政策，各金融机构要站在讲政治的高度，继续用足、用好、用活这一优惠政策。同时，允许各机构综合考虑借款人的资信状况、财务水平、风险大小等因素，合理适当地上浮利率，以调动各金融机构支持实体经济的积极性。

2. 广泛调动民间资本积极参与

逐步放宽准入、不断完善监管，制定非公有制企业进入特许经营领域的实施细则，鼓励社会资本投资参与新兴城镇化建设。在基础设施建设领域，结合地区实际，探索推行股权融资、建设—运营—转让（BOT）、转让—经营—转让（TOT）等方式；在公共服务领域，尝试推行政府与社会资本合作（PPP）模式，建立“利益共享、风险共担、合作共赢”的新型合作方式，多方面、多渠道将社会资本吸引到新型城镇化建设当中，实现政府社会效益与私人资本经济效益的“双赢”局面。

（二）立足普惠金融，支持实体经济

1. 鼓励机构下沉金融网点和服务

监管部门要实行差异化的监管政策，在机构准入方面，鼓励金融机构科学设立、合理布局，多向地区和县域设立分支机构，延伸服务网络，进一步提升金融支持县域小微企业和“三农”的服务能力，提高农牧民生产技能，逐步缩小区域之间、城乡之间金融服务差异，最终实现“乡乡有网点、村村有服务”的普惠金融发展目标，进而为新型城镇化建设提供坚强保障。

2. 引导机构开展差异化经营

要积极引导和鼓励各金融机构开展差异化特色经营，避免同质化恶性竞争，通过提供差异化的金融服务和产品，满足多样化的金融需求。

（1）政策性银行要充分发挥政策性金融功能，大力支持国家重点项目建设，保障资金供应，监督资金使用效率。例如，国家开发银行西藏分行要充分发挥开发性金融优势，重点支持西藏地区水利水电、城市基础设施等“两基一支”领域重大项目，以及助学贷款、保障性住房等民生领域建设发展；中国农业发展银行西藏分行要坚持国家助农政策导向，重点支持西藏地区现代农牧业

产业化经营、农业综合开发及农牧区基础设施建设。

（2）商业性金融机构在追求经济利益的同时，要主动承担社会责任，积极支持实体经济的发展。如，农业银行西藏分行、邮储银行西藏分行，要充分利用自身网点多、覆盖面广的优势，加大支农助农力度；民生银行拉萨分行等股份制银行，要利用经营灵活优势，加强对社区居民和小微企业的资金支持。

（三）鼓励金融创新，完善服务功能

1. 鼓励传统金融机构创新服务

鼓励各金融机构在风险可控的前提下，加强市场调研和市场分析，不断加大金融创新力度，多研究开发出有特色、有市场、有效益的多样化的金融产品和服务，满足新型城镇化建设中的多种金融需求。

2. 引导互联网金融有序发展

要充分利用现代互联网优势，推动互联网金融的有序发展，积极鼓励互联网金融平台、产品和服务创新，鼓励相关机构加强合作，拓宽融资渠道，完善金融服务功能，为城乡广大居民、企业等提供低成本、便捷、优质的金融服务。

（四）坚持环保理念，发展绿色金融

西藏特殊的战略功能定位，决定了新型城镇化建设必须走绿色生态的道路，实现人与自然的和谐发展。

1. 积极支持绿色、循环和低碳发展

各金融机构在项目选择上，要综合考虑客户项目市场前景、风险状况等因素，积极改善金融服务，加大对区域战略性新兴产业、旅游文化产业、生产性服务业等重点产业的支持力度，推动绿色经济、循环经济和低碳经济的发展。

2. 主动防控“两高一剩”行业风险

各金融机构要严格执行国家产业政策和环保政策，限制对“两高一剩”行业的资金支持；对已支持的项目，要综合评估其对环境产生的影响，并加强后续跟踪监测，逐步实现资金的有序退出，以实际行动做绿色金融的倡导者和推动者，为建设新型生态化城镇贡献力量。

参考文献

［1］胡锦涛在中国共产党第十八次全国代表大会上的报告．（2012－11－17）http：//news. xinhuanet. com/18cpcnc/2012－11/17/c_ 113711665. htm.

［2］国家新型城镇化规划（2014—2020 年）．中共中央、国务院，2014－03－16.

［3］袁晓初．金融支持新型城镇化建设研究［J］．学习与探索，2013（8）．

［4］邱俊杰，邱兆祥．新型城镇化建设中的金融困境及其突破［J］．理论探索，2013（4）．

［5］王薇．我国城镇化进程中的新型融资模式［J］．安庆师范学院学报，2012（6）．

［6］银行业支持西藏经济社会发展座谈会会议纪要．中国银监会，2014－12－16.

普惠金融与农牧金融篇

Puhui Jinrong Yu Nongmu Jinrong Pian

印度、巴西农村金融发展对西藏的启示

中国人民银行拉萨中心支行课题组
课题组组长：郭振海
课题组成员：熊正良　俞永勤　吴　玲　于　伟　何　勇

摘要：金融服务“三农”是世界性难题。与中国同属发展中国家的印度、巴西同样重视农村金融的发展，两国在几十年的不断摸索和创新中，逐步发展出具有本国特色的农村金融体系，成功扶持了一批农村金融机构，为农村经济发展提供了资金保障。在西藏迫切需要提升农牧区金融服务水平的现实下，将目光投向世界，尝试研究认识印度、巴西两国在农村金融发展领域的经验或许能给我们带来一些启示，为推动西藏农牧区金融创新改革提供可行的建议。

关键词：印度　巴西　农村金融

一、印度、巴西发展农村金融的主要做法

（一）强化金融政策支持

金融政策支持是有效克服农村地区金融机构不可持续发展的重要保障。印度、巴西两国政府充分认识两国农民生产规模小、缺少有效担保的问题，给予农村地区最大限度的金融政策支持，以增加金融供给。

印度农村金融政策。印度在农村金融的发展当中根据实际探索了银行、保险等方面的政策。其特点主要有：一是以立法手段提升机构覆盖面和信贷投放水平。为确保农村金融服务的覆盖面，印度政府通过法律规定，商业银行在城市开设一家分支机构，必须同时在边远地区开设2～3家分支机构。二是采取多种措施改善农村金融的政策环境。印度储备银行要求具备条件的银行机构必须向所有信用状况良好的农民发行信用卡，并在城乡结合部安装柜员机，同时规定农作物生产等贷款的利率不能太高。

巴西农村金融政策。巴西目前最主要的农业支持措施为信贷支持。其中，为家庭农业生产者提供信贷服务是巴西农业政策的首选。巴西农业国内支持政策体系的主要特点：一是提供多样化的信贷支持是巴西农业政策的最大特征，巴西最主要的农业支持措施，就是向农业提供既定的低于市场利率的信贷资金。除了价格政策外，巴西几乎所有农业政策的支持方式都是为农业生产者提供金融支持。二是专门针对小规模生产者和低收入农户制订各项优惠信贷计划，巴西农业支持政策重点倾向于家庭农场和低收入农户。政府对竞争力不同的生产者采取不同的政策态度。巴西农业生产者包括公司农场、产业化私营农场和小农户，前两者构成农业生产的主体。

（二）加强农村金融组织体系建设

农村金融机构是面向“三农”提供服务的基础，印度、巴西两国一方面注重发挥政策性金融机构的政策性，另一方面注重发挥商业金融机构的商业性。

印度农村金融机构。印度的农村金融体系具有鲜明的层次，各个金融机构分工明确。主要包括政策性金融机构和商业性金融机构：印度农村政策金融体系包括国家农业和农村开发银行、印度工业信贷和投资公司、区域农村银行等。其中处于核心地位的是印度国家农业和农村发展银行；印度农村的商业性金融机构包括了合作社、商业银行和农村保险机构。这种多样化、多层次的农村金融机构，给印度农业经济的发展提供了有力的资金保护。

巴西农村金融机构。巴西金融机构以商业性金融机构为主体、政策性金融机构为补充。政策性金融机构主要由国家货币委员会、中央银行、巴西农业银行组成，涵盖了政策制定、金融监管、农村资金落实等内容。商业性金融机构包括商业银行、投资银行、储蓄银行以及财务公司、租赁公司、保险公司、证券公司等非银行金融机构。

（三）重视农村金融服务创新

农村金融服务创新基本动因在于通过降低信息不对称程度和交易成本来解决农民融资成本问题，印度、巴西在农村金融实践中也重视金融服务创新问题。

印度农村金融创新。Basix 是印度新一代的生计促进机构，成立于 1996 年。Basix 一直活跃在印度的主要农业部门，一半通过直接的金融服务，另外一半间接地通过“协作多边形”，即垂直整合，提供非金融服务如生产资料供应、市场联系和农产品加工。

巴西农村金融创新。CPR 是一种非标准合约，也可以被称为债券，只有生产者才可以发行，它是一种承诺在未来某个时间、在某一地点、交付一定数量产品的凭证，农民保证在未来某个时候交付商品，从而提前从银行、买主或市场上获得融资；自 1999 年以来，巴西政府积极推动代理银行制度发展，在低成本拓展金融覆盖率和提高农村地区资金可得性方面取得显著成效。代理银行制度是一种在缺乏银行分支机构的地区为客户提供基础金融服务的方式和手段。

二、西藏农牧区金融发展分析

西藏是以藏民族为主体的少数民族欠发达地区，也是全国唯一的省级集中连片贫困区域，经济基础薄弱，城镇化率较低。长期以来，农牧区人口占西藏总人口的比重一直高居 75% 以上，但第一产业增加值仅占全区生产总值的 9.4% 。落后的经济和特殊的自然地理环境制约了西藏农牧区金融的发展，金融资源相对匮乏且分布具有明显的不平衡性，农牧区金融服务的现状与内地相比有较大的差距。

（一）西藏农牧区金融发展现状分析

1. 西藏农牧区金融需求分析

根据我们对农牧区金融状况的调查，近年来西藏农牧区金融需求具体呈现以下特点：

一是金融产品需求丰富化。农牧民的金融意识随着经济水平的不断提高和人们思想的解放，不再局限于早期的现金交易，开始对转账消费甚至资产保值有新的认识，这种金融意识潜移默化的改变促使农牧民对金融产品的需求更加丰富化。二是贷款资金需求增加。社会主义新农村、新牧区建设调动了广大农牧民生产的积极性，农牧民对发展生产、改善生活条件的意愿增强是农牧民对信贷资金需求增加的主要原因。农牧民对信贷资金的期望需求大于实际发放，显然，金融机构需要提高信贷额度以满足农牧民的资金需求。三是农牧区信贷需求呈现多层次性。由于特殊的自然环境，农牧区经济发展区位差异很大，农牧户和农牧企业经济活动的内容和规模不同，因此其金融需求呈现出不同的层次性。很显然，要满足不同层次的金融需求，依靠任何单一的金融组织和信用方式都是无法完成的。适应金融需求的多层次性，需要有不同的金融组织和不同形式的金融工具。四是超过农牧户小额信用贷款额度的信贷需求缺少有效担保。农牧业生产受自然条件的影响较大，而且其专业化、商业化程度低使得农牧业本身具有较强的弱质性，加上农牧区融资性担保机构缺失，农牧户超过小额信用贷款额度的信贷需求由于缺少有效担保，往往导致其信贷需求难以满足。

2. 西藏农牧区金融供给分析

长期以来，党中央、国务院十分重视和关心西藏，根据西藏经济发展的不同阶段多次赋予西藏以优惠贷款利率为核心的特殊优惠金融政策，特别是将西藏作为特困连片区域，赋予西藏更为宽松、更为优惠的扶贫贴息贷款政策，扶持范围面向全区农牧区。特殊优惠金融政策的执行，增加了农牧区的金融供给，有效调动了农牧区经济主体发展生产、改善生活的积极性。2015 年末，全区涉农贷款余额 413. 04 亿元，农牧民人均涉农贷款 1. 75 万元；扶贫贴息贷款余额 293. 08 亿元，农牧民人均扶贫贴息贷款 1. 24 万元。

当前，西藏农牧区金融供给以农行基层营业网点和邮政储蓄代理网点等正规金融机构为基础，同时以非正规金融供给为补充，金融产品供给由传统的存款、贷款向存款、贷款、理财产品、保险、现代化支付结算、投资、咨询等产品多元化转变。依靠特殊优惠金融政策的有效落实和农牧区信用体系的建设，西藏农牧区金融的供给总体能满足辖区农牧区金融需求。但是，对于市场新型农户、农牧业产业化经营企业、乡镇企业、经济合作组织，其以市场为导向，对金融服务效率要求高、信贷资金需求量大，而农牧区过大的金融服务半径、担保体系的缺失导致正规金融机构对上述经济主体的金融供给相对不足。

3. 西藏农牧区金融发展存在的问题

总体来说西藏农牧区金融发展存在以下问题：一是金融发展主要依靠内地及中央“供血”，自身“造血”功能不足。为了支持西藏农牧区经济社会发展，长期以来对农牧区实行金融供给引导型服务模式，采用免息、低息、优惠贷款利率等政策措施，促进了农牧民群众增收致富，形成了金融支持农牧区经济发展的良性循环。但总体来说西藏农牧区自身“造血”功能不足，因此，一方面要继续加大中央特殊优惠政策的支持力度，另一方面要提供多样化的信贷支持，改善农牧区金融政策环境，同时以立法手段确保农牧区金融的覆盖面和信贷投放水平，逐步实现西藏农牧区经济发展由“供血”到“造血”的转变。二是金融扶贫任务艰巨。“十三五”规划纲要中提出实施精准扶贫、精准脱贫，因人因地施策，提高扶贫实效。中央第六次西藏工作座谈会指出，在全国 14 个集中连片特殊困难地区中，西藏是贫困面最大、贫困程度最深的地区，西藏90%以上的国土是农牧区，近八成的人口是农牧民，西藏也是我国唯一的省级集中连片贫困地区，贫困发生率高出全国26个百分点。到2020年全面建成小康社会，关键在农牧区、难点也在农牧区。三是金融资源分布不均。西藏金融资源主要集中在经济比较发达的地市级所在地区，县及县以下地区仅有2家银行业金融机构，且存在金融机构盲区。截至2015年末，西藏684个乡镇中仍有约40%的乡镇是金融机构空白乡镇。面对西藏农牧区的特殊情况，只能通过使用ATM、POS机等现代的工具来代替营业机构的功能。区县及县以下布放ATM累计约1851台，POS机累计18572台，但是远不能填补金融服务的空白。同时，截至2015年末，西藏保险深度为1.69%，保险密度为535.76元/人，保险营业网点分布不均，农牧区保险营业网点缺失。四是金融产品和服务还需完善。西藏农牧区金融产品还相对较少，从银行产品看，主要以存款类、贷款类和保险类为主，缺乏符合农牧民多层级、多方面金融需求的创新型产品，金融产品需进一步完善。从保险产品看，农业保险主要以政策性涉农保险为主，险种仅限于种植业保险、养殖业保险、农牧民住房保险、农用机动车辆保险和农机具保险五类，适合西藏农牧民生产生活需求的保险产品还比较缺乏，在一定程度上影响了涉农保险的服务深度。

三、印度、巴西农村金融对西藏农牧区发展的启示

印度、巴西和中国同是金砖国家，农村基础较弱，但是印度和巴西两国通过不同的金融政策以及产品与服务创新促进了当地农村经济发展。总体来说有以下三方面经验可供借鉴：强化金融政策支持、注重加强农村金融组织体系建设、重视农村金融服务创新。结合西藏农牧区金融发展现状以及存在的问题有以下经验可供借鉴。

（一）强化金融政策支持

印度、巴西两国重点从信贷支持政策方面采取了一系列惠农、助农政策，降低了农户融资成本。西藏应结合自身发展深化农牧区金融改革，加强政策支持和引导，继续完善各项优惠政策。

1. 推进西藏金融业改革开放

合理布局金融机构网点，创新金融服务新渠道，推进西藏普惠金融体系建

设。落实存款保险制度、大额存单管理办法，加强金融市场基准利率体系建设，探索推动西藏利率市场化改革。鼓励具备条件的民间资本依法设立中小型银行等金融机构，建立股权投资基金和创业投资基金，加大上市后备资源培育力度。落实国务院相关通知精神，支持国家开发银行、中国农业发展银行等政策性银行在藏分支机构的改革与发展。推进中国农业银行在藏分支机构“三农”金融事业部制改革。

2. 推动延续并完善国家对藏优惠金融政策

西藏农牧区金融发展较快，但与城镇相比，发展水平低，仍需继续落实好优惠金融政策，切实减轻西藏农牧区各类经济主体的融资成本。要落实好在藏银行业金融机构吸收的存款主要用于当地的政策，以增加在藏银行业金融机构发放贷款的资金来源。各商业银行总行继续完善和落实对在藏银行业金融机构实行差异化的信贷管理办法和单独的考核办法。充分发挥中央各项费用补贴的信贷引导和激励作用。调整特殊费用补贴渠道和方式，发挥特殊费用补贴政策的正向激励作用，引导资金向“三农”、县域经济等领域倾斜。

3. 强化全方位扶贫，打牢农牧区深化金融改革基础

“十三五”规划纲要中提出实施精准扶贫、精准脱贫，因人因地施策，提高扶贫实效。中央第六次西藏工作座谈会指出，在全国 14 个集中连片特殊困难地区中，西藏是贫困面最大、贫困程度最深的地区，必须把解决困难群众脱贫问题作为实现全面小康目标最突出的任务。坚持精准支持与整体带动结合，坚持金融政策与扶贫政策协调，以发展普惠金融为根基，全力推进农牧区金融服务到村到人。

4. 加强金融基础设施建设，提高金融服务水平

在藏金融机构要加大对西藏辖内分支机构的网络建设、设备更新等基础设施的资金投入，有计划、有步骤对西藏辖内各营业网点进行整体改造，扩大支付结算系统联结范围。在藏银行机构要加强银行卡知识宣传，培养安全用卡技能，营造西藏辖区良好的支付环境。同时，要继续大力支持基层营业所布放 ATM 等，丰富金融服务手段。电力、交通、通信等相关部门还需大力推进农牧区基础设施建设，改善农牧区“硬件”环境，积极支持和配合普惠金融服务体系在农牧区的全面建立，以此推进农牧区金融改革。

（二）强化农牧区金融组织体系建设

印度三层级的农信社、小额信贷机构、针对偏远地区的互联网保险业务、

私营保险与农村地区银行合作等方式；巴西为填补各区域之间悬殊的经济鸿沟而成立的巴西东北银行等都具有借鉴意义。西藏应建立以农行县及县以下机构为主体，新型农村金融机构和邮政储蓄银行为补充，其他金融机构为辅助的农牧区金融体系。

1. 充分发挥农行的主力军作用，同时丰富完善邮政储蓄银行网点和探索设立新型农村金融机构

构建农牧区普惠金融体系不能脱离西藏实际，仍需主要依靠农行的基层服务网络，进一步完善其在农牧区的机构布局，筑牢西藏农牧区普惠金融体系基础。鼓励与支持农行根据金融空白乡镇的地域与经济特色、人口分布、交通及电力基础设施等实际情况，优化与完善金融机构空白乡镇增设网点的总体规划，逐步实现金融机构在空白乡镇的全覆盖——“乡乡有机构”。当前，邮储银行西藏分行应抓住当前的历史机遇，加快将邮储代理网点全部改制为邮储银行的县支行，未设立邮储代理网点的县城新建邮储银行县支行，县以下的乡镇依托乡镇邮政所设立邮储银行的自营网点或邮政代理网点。

2. 把鼓励其他商业银行增设县域网点和创新农牧区自律型金融组织作为西藏农牧区金融体系的组成部分

鼓励其他商业银行有选择性地增加县域网点。针对目前仅有个别县城设有农行以外的其他银行分支机构的情况，应大力鼓励政策性银行、其他国有商业银行、股份制银行和地方性银行分阶段、有针对性地在条件成熟的地市、县城设立分支机构。尤其是西藏银行要加快农牧区服务网络布局，尽快成为金融服务三农的新生力量。积极创新农牧区自律型金融服务组织。鼓励和发展农牧区微型金融组织。

3. 稳步发展保险业，为农牧区发展提供必要保障

坚持专业化、区域化的市场准入方向，针对西藏保险业特殊的发展状况，在机构设置、高管任职、代理人资格、服务创新等方面灵活执行相关的监管政策。改善保险业务结构，大力开拓财产保险市场，提高农业保险、工程险、责任险等非车险业务在市场中的比重。要通过积极发展三农保险，不断提升支农惠农力度和水平。加强农业保险基层服务体系建设，不断提高农业保险服务水平。

（三）强化农牧区金融服务创新

印度的 Basix 机构，巴西的 CPR 融资、代理银行制度都起到了较好的效应，

降低了信息不对称程度和交易成本，解决了农民融资成本问题，丰富了金融产品。结合西藏实际需要建立全面、综合、多层次的金融服务及产品，同时大力推进代理银行制度实施。

1. 发展全面的、综合性的农牧区金融服务

西藏农牧区金融改革方向是发展普惠金融，构建普惠金融体系是西藏深化金融改革的重点。因此，西藏农牧区普惠金融体系应发展更为全面和多样化的金融服务，充分发挥“点小面大”的金融服务模式，进一步整合金融资源，提供综合性金融服务。

2. 积极推进多层次的金融服务产品创新

在金融服务方式上，采取固定网点服务和利用现代科技进行服务相结合的方式对农牧区经济主体提供服务。在金融产品方面，全区范围内应继续做好以“四卡”为基础的农牧户小额信用贷款产品，适当提高小额信用贷款额度，满足部分农牧户发展生产较大额度的资金需求。

3. 大力推进代理银行制度

由西藏农牧区地理的特殊性，广阔的地域、稀少的人口和高昂的成本，商业银行对于在农牧区设立营业机构的意愿都不是很强烈，在全区县及县级以下单位的营业网点数量较少，西藏全区 40% 的乡镇仍然没有金融机构。而代理银行制度是一种在缺乏银行分支机构的地区为客户提供基础金融服务的方式和手段，因此代理银行制度适合西藏农牧区金融发展现状。通过代理机构，银行不仅能拓展自身的客户规模和业务流量，而且避免了设立和维持分支机构运营所需的巨额费用。

参考文献

［1］高晓燕．基于供给视角的农村金融改革研究［M］．北京：中国金融出版社，2012.

［2］何广文．合作金融发展及运行机制研究［M］．北京：中国金融出版社，2001.

［3］王曙光等著．农村金融与新农村建设［M］．北京：华夏出版社，2006.

［4］金烨，李宏彬．非正规金融与农户借贷行为［J］．金融研究，2009（4）.

[5] 钱龙. 农民小额信贷发展的理论探析 [J] . 商业时代，2008 (4) .

[6] 杨胜刚. 比较金融制度 [M] . 北京：北京大学出版社，2005.

[7] 刘玲玲，杨思群. 中国农村金融发展研究 [M] . 北京：清华大学出版社，2007.

[8] 苑素静. 小额信贷融资与农业银行发展模式研究 [J] . 农贷的可持续发展，2008.

[9] Rural Finance Innovations: Topics and Case Studies, The World Bank Agriculture and Rural Development, April 2005.

[10] Dercon, Stefan. 2002. Income Risk, Coping Strategies, and Safety Nets. World Bank Research Observer 17 (2): 141 – 166.

[11] Juan Buchenau, Innovative Products and Adaptations for Rural Finance, BASIS – Broadengning Access and Strengthening Input Market Systems, 2003.

西藏普惠金融评价指标体系研究

方 霞 何 勇

摘要：本文研究了西藏普惠金融的发展现状。在借鉴国际、国内经验的基础上，结合西藏自治区发展情况，在金融服务的“可获得性”、“使用情况”及“服务质量”三个维度下，建立包含19个指标的西藏普惠金融指标体系。使用层次分析法确定指标权重，计算2011—2014年西藏的普惠金融指数，对各指标普惠金融发展程度进行比较，对2011—2014年普惠金融发展水平进行比较，并提出政策建议。

关键词：普惠金融 指标体系 普惠金融指数 层次分析法

一、引言

普惠金融是指一国金融体系能够可持续地为该国弱势人群、弱势产业和弱势地区（以下简称“三弱”）提供方便快捷、价格合理的基础金融服务。普惠金融的内涵包括四个核心维度：一是在服务对象上，主要针对的是弱势群体，包括农民和城市低收入人群；弱势产业，包括农林牧渔业、小型和微型企业；弱势地区，包括交通不畅便和不适宜人类生活的偏远地区。二是在服务产品上，至少应提供下列基础金融服务：支付结算，包括借记卡、境内外汇款、电子支付等；储蓄，包括储蓄账户、支票/活期账户、国债等；合理贷款，是指为那些有信用、有偿还能力的个人或企业提供贷款；风险管理工具，包括寿命、意外、健康、财产、自然灾害和气候等保险，以及农产品期货与期权等。三是在供求特征上，应力求方便快捷，包括完成交易的时间快、资料要求少、距离客户近等；价格合理，包括合理的存贷款利率、无管理费用、无账户余额最低要求、无任何身份歧视等；优质公平，包括保护消费者、价格透明、公平披露信息等。四是在可持续性上，要以金融机构的商业可持续性为前提来推动其履行社会责任。

二、文献综述

普惠金融理念的兴起源于金融排斥的存在，自20世纪90年代中期开始，已有多位学者对其进行了深入研究。Kempson和Whyley（1999）指出，金融排斥包括地理排斥、评估排斥、自我排斥等六个类别。Jianakoplos和Bernasek（1998），Devlin（2005），Puri和Robinson（2007）分别从社会人口学特征、家庭经济状况和心理因素角度深度解析了金融排斥的成因。为了消除金融歧视，让弱势群体享受更多金融服务，联合国于2005年在宣传“小额信贷”年时首次提出普惠金融体系的概念。目前，普惠金融的内涵已从最初狭义的推广微型金融延伸到“建立一个惠及所有群体的金融服务体系”之上（Leeladhar，2006；Bebczuk，2008）。相较于主流的金融研究领域，学术界对普惠金融的关注度略显不足，但随着其重要性逐渐提升，研究成果也日益丰富，研究方向包括普惠金融的测度、意义、成本、影响因素和发展途径等多个方面。

（一）衡量普惠金融的指标与指数体系

普惠金融的发展状况可从银行渗透度、金融服务可得性和使用情况三个维度来评价，银行账户拥有率、营业网点数和存贷款与GDP之比可对这三方面进行定量测度（Sarma，2008）。Arora（2010）则从银行服务范围和便利性来考察金融服务可得性在发达国家与发展中国家的差异，并使用了更便于比较的相对性指标，如人均分支机构数等。我国学者大多从农村金融排斥入手，间接衡量普惠金融现状，如许圣道和田霖（2008）建立了计数模型，陈莎和周立（2012）以行政、地理、人口、经济四个维度的金融密度来考察我国农村地区金融排斥的差异。而王婧和胡国晖（2013）认为，可用存、贷款这两种中国市场份额最大的金融服务来代表中国普惠金融的现状，在此基础上纳入人口和地理因素，运用变异系数法构建了中国的普惠金融发展指数。

（二）发展普惠金融的意义

金融包容在消除贫困、促进信贷市场可获得性、促进金融市场竞争与深化等方面具有重要的作用，因此日益受到关注（肖翔等，2013）。Kapoor（2013）认为，金融包容性是一个均衡器，它可以促进经济增长并使得所有公民从中获益。如果没有包容性金融体系，将导致持续的收入不均现象和经济增速放缓

（Beck，Demirguc－Kunt 和 Martinez，2007），Chattopadhyay（2011）进一步定量测算出缺乏包容的银行体系会使得 GDP 损失 1%。Demirguc－Kunt 和 Klapper（2012）在世界银行的报告中指出，普惠金融可以帮助贫困人口获得储蓄和借款，并得以积累资产、建立个人信用，从而建立更有保障的未来。Honohan（2008）的研究表明，普惠金融与贫困之间存在相关性，但因果关系尚不明确，他用 160 个国家成年人口使用正规金融中介的比例与贫困的有关数据说明了这一观点。就我国而言，在存在金融服务“真空”的欠发达地区，综合运用行政和经济手段着力填补信贷空白点，有利于改善我国的城乡二元结构，以此实现区域均衡发展（王曙、王东宾，2011）。

（三）普惠金融的成本

虽然包容性金融发展对低收入国家社会经济发展能够起到促进作用，但同时也会带来一定的负面影响，如导致低收入群体过度负债等。因此，实现普惠金融的有效发展需要教育的同步跟进，以使人们更好地了解金融服务和产品的功能（Diniz，Birochi & Pozzebon，2011）。此外，Guillermo－Ortiz（2012）运用墨西哥小额信贷和移动银行的案例得出结论：尽管原则上普惠金融能够提高人们的福祉，但扩大正规金融覆盖面需要考虑各种途径所带来的成本，特别是在民间金融规模较大的国家。

三、文献述评

学术界对普惠金融的关注度略显不足，但随着其重要性逐渐提升，研究成果也日益丰富，研究方向包括普惠金融的测度、意义、成本、影响因素和发展途径等多个方面。西藏对于普惠金融的研究相对较少，对于西藏普惠金融指标体系的研究几乎没有。西藏是我国经济发展中的薄弱环节，西藏地区有很多特点，广阔的地域，稀少的人口，高海拔的地域环境，普惠金融发展很不健全，农牧区金融发展相对落后，农牧民享受的金融服务有限，构建西藏普惠金融评价指标体系，对于西藏金融发展，农牧区居民享受更加健全的金融服务具有重要意义。

四、西藏农牧区普惠金融服务现状与问题

截至 2013 年 6 月末，西藏全区县域存款余额为 396.25 亿元，涉农贷款余

额为126.69亿元，比2001年末增加114.28亿元，增长9.21倍。其中，农牧户小额信用贷款余额为73.76亿元，比2001年末增加73.28亿元，增长151.87倍，占涉农贷款余额的比例高达58.22%；扶贫贴息贷款余额为60.46亿元，比2001年末增加58.45亿元，增长29.05倍。截至2012年末，农业保险已经覆盖至全区74个县（市），覆盖面达100%，参保户数52.74万户，保险保额达167亿元。农牧区金融的快速发展有效地支持了农牧区经济不断增强。目前，服务西藏农牧区的金融机构主要是农业银行西藏分行基层营业所，平均来看，每个营业所2～3人，服务2～3个乡，金融服务半径大，服务成本高，金融服务频率低，部分农牧户的金融需求得不到满足。据监测，2013年1～6月，西藏全区3370个农牧户民间借贷监测样本发生民间借贷2622.33万元，平均每户样本民间借贷的金额为7781元，加权平均利率为9.17%。总体来看，农牧区金融服务需求呈现如下特点：

一是不同类别的农牧户对普惠金融的需求表现出不同的特点。第一类是贫困户，主要依靠传统农牧生产获得单一收入且不稳定，信贷需求主要用于弥补生产和生活资金，还本付息的能力较差；第二类是维持型农牧户，基本解决了温饱问题，收入较稳定，信贷需求主要用于生产资料购置或者临时周转，还款能力较好，金融服务需求相对较大；第三类是市场型农牧户，其生产以市场为导向，金融服务需求更为多样化，信贷需求主要用于土地改良或农机购买等，借贷资金量大、时间长。但以上三类农牧户的共同特征是均缺乏有效的抵押担保。

二是农牧区的金融需求依经济发展的差异而不同。在基础设施较完善、经济发展较好的地区，金融机构覆盖面较广，金融服务品种比较齐全，农牧户可方便地获得金融服务。在落后的地区，金融机构空白乡镇比例较高，农业银行营业所数量少，金融服务半径大，农牧户小额信贷需求满足率低。

三是农牧企业金融需求呈多样性。农牧业产业化龙头企业制度相对健全，资金实力较雄厚，承贷能力较强，获得信贷资金能力强。以乡镇企业和个体私营企业为主的小微企业，由于多数机制不健全、技术含量低、资金不足、缺乏抵押担保物等因素导致其承贷能力差、信贷需求得不到满足。而大部分农牧民专业合作社组织规模小、运作不规范、缺少有效抵押担保物，不具备承贷主体的资格，金融需求得不到重视。

五、普惠金融指标体系研究现状

国外对普惠金融指标的研究取得了一些阶段性成果，主要有两种趋势：国际货币基金组织、普惠金融联盟（AFI）、芬玛克信托（Fin Mark Trust）等主要从正规金融服务的可获得性、使用情况等维度设计普惠金融指标（见表1）；世界银行开发的全球普惠金融核心指标则主要按银行账户的使用情况以及储蓄、借款、支付、保险等具体业务分类来评估和监测普惠金融实践情况（见表2）。继2012年G20领导人洛斯卡沃斯峰会通过G20普惠金融基础性指标体系之后，2013年，普惠金融全球合作伙伴（GPFI）在G20框架下制定了更为全面的普惠金融指标体系。在基础性指标体系之上，引入金融服务质量指标，特别要关注金融知识以及消费者保护，并扩大了衡量金融服务使用情况的指标范围。该指标体系结合各国国情，将有助于政策制定者全面监控本国和全球普惠金融发展水平，并评估其政策影响力。GPFI提出，普惠金融应从三方面衡量：金融服务的获取、使用以及质量（见表3）。GPFI鼓励各国收集本国数据对指标进行补充。在选择普惠金融指标时，数据的可获得性、可持续性和稳健性是关键标准，同时还应考虑数据的全面性和适当性。综合来看，该方案划分的三个维度能够比较科学、全面地反映普惠金融发展水平。在具体指标的选取上，AFI、世界银行等提供的方案也具有较大的参考价值。我国对于普惠金融指标构建也取得了一定成果，王婧从金融服务的范围、金融服务的使用两个维度来设计普惠金融指标（见表4），肖翔从可获得性、使用情况、服务质量三个维度设计了普惠金融指标体系（见表5）。

表1　AFI普惠金融指标体系

使用情况	金融服务和产品的实际使用情况	拥有存款账户的成年人比例
		拥有贷款账户的成年人比例
可获得性	获取正规金融服务的能力，开立和使用账户的潜在障碍	每万成年人拥有的网点数
		拥有网点的行政区比例
		拥有网点的行政区的人口比例

表2　世界银行普惠金融指标体系

银行账户使用情况	在正规机构拥有账户的成年人比例
	开立账户的目的（个人或企业）
	交易频率（存款或取款）
	服务获取途径（ATM、分支机构等）

续表

储蓄	最近 12 个月内在正规金融机构存款的成年人比例
	最近 12 个月内在非正规存款组织存款的成年人比例
	最近 12 个月内以其他方式存款的成年人比例
借款	最近 12 个月内从正规金融机构借款的成年人比例
	最近 12 个月内从非正规渠道（如家人和朋友）借款的成年人比例
	为购房而借款的成年人比例
支付	最近 12 个月内使用正规账户接收工资或政府付款的成年人比例
	最近 12 个月内使用手机支付或收付款的成年人比例
	最近 12 个月内使用正规账户异地汇款或者接收汇款的成年人比例
保险	个人购买健康保险的成年人比例
	从事农业，为庄稼、牲畜购买保险的成年人比例

表 3　　GPFI 普惠金融指标体系

使用情况	享有正规银行服务的成年人	在正规金融机构持有账户的成年人比例
		每千成年人中存款人数或存款账户数
	在正规金融机构发生信贷业务的成年人	在正规金融机构有未偿贷款的成年人比例
		每千成年人借款人数或未偿贷款笔数
	购买保险的成年人	每千成年人中保单持有人数
	非现金交易	人均非现金零售交易笔数
	使用移动设备进行交易	使用移动设备进行支付的成年人比例
	高频率使用账户	高频率使用银行账户的成年人比例
	储蓄倾向	过去一年内在金融机构存款
	汇款	收到国内外汇款的成年人比例
	享受正规银行服务的企业	在正规金融机构持有账户的中小企业比例
		中小企业的存款账户数量和占比
	在正规金融机构有未偿贷款或授信额度的企业	有未偿贷款或授信额度的中小企业比例
		中小企业未偿贷款笔数和占比
可获得性	服务网点	每十万成年人拥有的商业银行分支机构数
		每十万居民拥有的或每千平方公里 ATM 数
		每十万居民拥有的 POS 终端数
	电子资金账户	用于移动支付的电子资金账户数
	服务网点的互通性	ATM 机具的互通性（ATM 是否关联）
		POS 终端的互通性（POS 终端是否关联）
产品与服务的质量	金融知识	对于基本金融概念的掌握程度
	金融行为	紧急融资来源
	信息披露要求	披露指数（包括语言简明易懂、使用当地语言、明确贷款手续费等要求）

续表

产品与服务的质量	纠纷解决机制	反映内部和外部纠纷解决机制的指数
	使用成本	开立基本活期账户的平均成本
		持有基本银行活期账户的平均成本（年费）
		信用转账的平均成本
	贷款障碍	上一笔贷款需提供抵押品的中小企业比例
		信贷市场中的信息障碍

表 4　中国普惠金融的指标体系

衡量维度	描述性指标	具体的指标
金融服务的范围	地理维度的服务渗透性	每万平方公里的银行业金融机构数
		每万平方公里的银行业金融机构从业人员数
	人口维度的服务可得性	每万人拥有的银行金融机构数
		每万人拥有的银行业金融机构从业人员数
金融服务的使用	存款服务的使用情况	金融机构人均各项存款占人均 GDP 的比重
	贷款服务的使用情况	金融机构人均各项贷款占人均 GDP 的比重

表 5　普惠金融指标体系

维度	指标
可获得性	每十万人拥有的商业银行分支机构数
	每千平方千米的商业银行分支机构数
	每十万人拥有的 ATM 数
	每千平方千米的 ATM 数
使用情况	拥有正规金融机构账户的成年人比例
	在金融机构贷过款的成年人比例
	拥有信用卡的成年人比例
	使用过网上支付功能的成年人比例
服务质量	法律权益保护指数
	信用信息深度指数
	征信服务覆盖程度

六、西藏普惠金融指标体系构建

（一）数据与指标选取

构建西藏普惠金融指标体系必须是基于对西藏普惠金融内涵的深刻理解，将反映普惠金融发展的指标纳入西藏普惠金融指标体系。在指标选取过程中，应当遵循以下原则：一是全面性原则。应包括银行、证券、保险等各个方面，既要注重宏观层面，又要关注微观层面，在指标选取上应通盘考虑。二是相关性原则。在指标选取上，应选取与普惠金融相关性较大的指标作为西藏普惠金融评估指标。三是独立性原则。在选取普惠金融评估指标时，各指标之间应是相互独立的，指标之间不存在相关性或相关性较低。四是规范性原则。尽可能地采取国际国内监管机构通行的监测指标，并在指标名称设置、统计口径和体系结构方面保持基本一致。五是可获得性原则。所选取的普惠金融指标数据能够从现有的各类统计报表中获得，提高评估模型的可操作性。六是典型性原则。即有多个指标可表征同一因素时，应选取最具代表性的指标来衡量该因素。

结合上述关于指标体系的架构，主要从金融服务的“可获得性”、“使用情况”以及“服务质量”三个评价维度构建指标体系。具体指标的选取充分借鉴和吸收了国际主流成果以及在我国相关研究的基础上，同时结合西藏自身特殊的地理环境和经济环境，最终在3个维度下共设计19个指标，组成西藏的普惠金融指标体系。具体选用指标见表6。

表6　　西藏普惠金融指标体系

<table>
<tr><th>决策目标</th><th>中间层要素</th><th>备选方案</th></tr>
<tr><td rowspan="19">西藏普惠金融评价指标体系（A）</td><td rowspan="7">可获得性（B1）</td><td>全区银行网点数（C1）</td></tr>
<tr><td>全区银行从业人员数（C2）</td></tr>
<tr><td>全区 ATM 数量（C3）</td></tr>
<tr><td>银行卡累计发卡量（C4）</td></tr>
<tr><td>银行卡当年交易笔数（C5）</td></tr>
<tr><td>金融 IC 卡累计发卡量（C6）</td></tr>
<tr><td>银行个人结算账户数（C7）</td></tr>
<tr><td rowspan="9">使用情况（B2）</td><td>具有保险网点的县数（C8）</td></tr>
<tr><td>农业保险参保户数（C9）</td></tr>
<tr><td>开通了网上银行的个人结算账户数（C10）</td></tr>
<tr><td>开通了手机银行的个人结算账户数（C11）</td></tr>
<tr><td>当年移动支付笔数（C12）</td></tr>
<tr><td>非现金交易笔数（C13）</td></tr>
<tr><td>互联网支付笔数（C14）</td></tr>
<tr><td>涉农贷款余额（C15）</td></tr>
<tr><td>小微企业贷款余额（C16）</td></tr>
<tr><td rowspan="3">服务质量（B3）</td><td>金融信用信息基础数据库中收录的自然人（C17）</td></tr>
<tr><td>金融信用信息基础数据库中收录的法人（C18）</td></tr>
<tr><td>建立信用档案的农户数（C19）</td></tr>
</table>

（二）确定指标权重——层次分析法

层次分析法由美国著名运筹学家萨蒂于 1982 年提出，它综合了人们主观判断，是一种简明、实用的定性分析与定量分析相结合的系统分析与评价的方法。目前，该方法在国内已广泛应用于能源问题分析、科技成果评比、地区经济发展方案比较，尤其是投入产出分析、资源分配、方案选择及评比等方面。它既是一种系统分析的好方法，也是一种新的、简洁的、实用的决策方法。

1. 构造层次分析结构

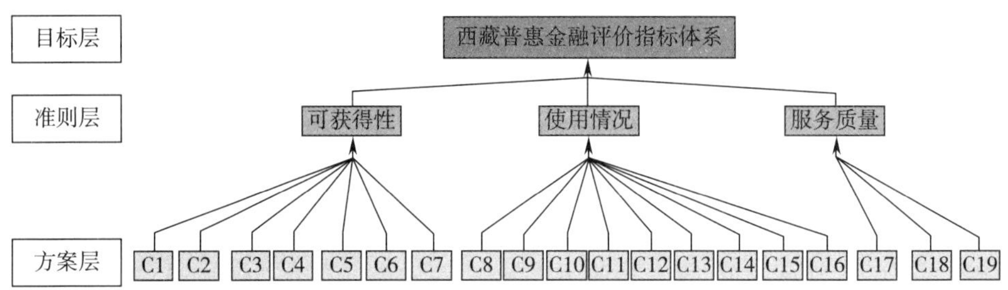

图 1 西藏普惠金融评价指标体系

2. 构造判断矩阵

构建数据判断矩阵，通过相互比较确定各准则对于目标的权重，在层次分析中，为使举证中的各要素的重要性能够进行定量显示，引进了矩阵判断标度（1—9 标度法）。为了便于将比较判断定量化，引入 1 ~ 9 比率标度方法，规定用 1、3、5、7、9 分别表示根据经验判断，要素 i 与要素 j 相比：同样重要、稍微重要、较强重要、强烈重要、绝对重要，而 2、4、6、8 表示上述两判断级之间的折中值。

表 7 矩阵判断标度表

标度	定义（比较因素 i 与 j）
1	因素 i 与 j 同样重要
3	因素 i 与 j 稍微重要
5	因素 i 与 j 较强重要
7	因素 i 与 j 强烈重要
9	因素 i 与 j 绝对重要
2、4、6、8	两个相邻判断因素的中间值
倒数	因素 i 与 j 比较得判断矩阵 a_{ij}，则因素 j 与 i 相比的判断为 $a_{ji}=1/a_{ij}$

注：a_{ij}表示要素 i 与要素 j 相对重要度之比，且有下述关系：$a_{ij}=1/a_{ji}$；$a_{ii}=1$；i，$j=1$，2，…，n。显然，比值越大，则要素 i 的重要度就越高。

表 8　　判断矩阵 A－B

A	B1	B2	B3
B1	1	3	5
B2	1/3	1	3
B3	1/5	1/3	1

表 9　　判断矩阵 B1－C

B1	C1	C2	C3	C4	C5	C6	C7
C1	1	1/2	1/4	1/4	1/4	1/4	5
C2	2	1	1/3	1/2	1/4	1/5	5
C3	4	3	1	1/2	1/2	3	6
C4	4	2	2	1	1/3	2	6
C5	4	4	2	3	1	5	6
C6	4	5	1/3	1/2	1/5	1	5
C7	1/5	1/5	1/6	1/6	1/6	1/5	1

表 10　　判断矩阵 B2－C

B2	C8	C9	C10	C11	C12	C13	C14	C15	C16
C8	1	1/3	1/3	1/5	1/6	1/4	1/5	1/3	1/4
C9	3	1	4	2	1/4	1/2	1/4	1/2	1/2
C10	3	1/4	1	1/3	1/6	1/5	1/3	1/4	1/3
C11	5	1/2	3	1	1/5	1/3	1/5	1/3	1/3
C12	6	4	6	5	1	2	2	3	2
C13	4	2	5	3	1/2	1	3	5	3
C14	5	4	3	5	1/2	1/3	1	5	3
C15	3	2	4	3	1/3	1/5	1/5	1	1/4

表 11　　判断矩阵 B3－C

B3	C17	C18	C19
C17	1	2	5
C18	1/2	1	3
C19	1/5	1/3	1

3. 层次单排序（计算权向量）与检验

第一步，计算判断矩阵（1）式每一行元素的乘积 M_i 。

$$M_i \prod_{j=1}^{n} a_{ij} \qquad i = 1,2,\cdots,n \tag{1}$$

第二步，计算 M_i 的 n 次方根 L_i。

$$L_i = \sqrt[n]{M_i} \tag{2}$$

第三步，对 L_i 进行规范化处理。

$$W_i = L_i / \sum_{i=1}^{n} \tag{3}$$

$W_i(i=1,2,\cdots,n)$ 表明了各因素的相对重要程度，判断矩阵特征向量 $(W_1, W_2, \cdots, W_n)^T$ 就是各因素的相对权重。

为避免在确定各因素之间的相对重要性时出现片面性，我们可通过下述方法对判断矩阵进行一致性检验。

计算判断矩阵的最大特征值，其计算公式如下：

$$\lambda_{max} = \sum_{i=1}^{n} \frac{(AW)_i}{nW_i} \tag{4}$$

式中，n 为判断矩阵阶数；$W_i(i=1,2,\cdots,n)$ 为判断矩阵特征向量的第 i 个元素；$(AW)_i$ 为判断矩阵 A 与特征向量 W 乘积 AW 的第 i 个元素。

计算判断矩阵一致性指标 CI，其计算公式如下：

$$CI = (\lambda_{max} - n)/(n-1) \tag{5}$$

利用下式计算判断矩阵的一致性检验系数，判断其一致性。

$$CR = CI/RI \tag{6}$$

式（6）中 RI 为平均随机一致性指标，它与判断矩阵的阶数 n 有关，我们可通过查表得到 RI。

当 C. R. <0. 1 时，认为判断矩阵的一致性是可以接受的；当 C. R. >0. 1 时，认为判断矩阵不符合一致性要求，需要对该判断矩阵进行重新修正。

对判断矩阵 A 来说，其计算结果为

$$W = \begin{pmatrix} 0.6370 \\ 0.2583 \\ 0.1047 \end{pmatrix}, \lambda_{max} = 3.0385, CR = 0.0370 < 0.10$$

对判断矩阵 B1 来说，其计算结果为

$$W = \begin{pmatrix} 0.0549 \\ 0.0738 \\ 0.1858 \\ 0.1873 \\ 0.3356 \\ 0.1375 \\ 0.0251 \end{pmatrix}, \lambda_{max} = 7.8137, CR = 0.0997 < 0.10$$

对判断矩阵 B2 来说，其计算结果为

$$W = \begin{pmatrix} 0.0249 \\ 0.0681 \\ 0.0339 \\ 0.0524 \\ 0.2340 \\ 0.2136 \\ 0.1830 \\ 0.0755 \\ 0.1146 \end{pmatrix}, \lambda_{max} = 10.1263, CR = 0.0964 < 0.10$$

对判断矩阵 B3 来说，其计算结果为

$$W = \begin{pmatrix} 0.5816 \\ 0.3090 \\ 0.1095 \end{pmatrix}, \lambda_{max} = 3.0037, CR = 0.0036 < 0.10$$

因此，所有判断矩阵的一致性是可以接受的。

4. 权重结果

结合上述单层次排序结果，可以得出西藏普惠金融指标体系中各指标的权重（见表 12）。

表 12　　西藏普惠金融指标及权重

维度	指标	权重
可获得性（总权重：0.6370）	全区银行网点数（C1）	0.0350
	全区银行从业人员数（C2）	0.0470
	全区 ATM 数量（C3）	0.1183
	银行卡累计发卡量（C4）	0.1193
	银行卡当年交易笔数（C5）	0.2138
	金融 IC 卡累计发卡量（C6）	0.0876
	银行个人结算账户数（C7）	0.0160
使用情况（总权重：0.2583）	具有保险网点的县数（C8）	0.0064
	农业保险参保户数（C9）	0.0176
	开通了网上银行的个人结算账户数（C10）	0.0087
	开通了手机银行的个人结算账户数（C11）	0.0135
	当年移动支付笔数（C12）	0.0604
	非现金交易笔数（C13）	0.0552

续表

维度	指标	权重
使用情况（总权重：0.2583）	互联网支付笔数（C14）	0.0473
	涉农贷款余额（C15）	0.0195
	小微企业贷款余额（C16）	0.0296
服务质量（总权重：0.1047）	金融信用信息基础数据库中收录的自然人（C17）	0.0609
	金融信用信息基础数据库中收录的法人（C18）	0.0324
	建立信用档案的农户数（C19）	0.0115

5. 西藏普惠金融指数计算

由于各评价指标的计算单位和经济意义不同，不具有直接可比性，因此将不同量纲的指标进行归一化处理，得到普惠金融指数中第 i 个指标 d_i 的计算公式为

$$d_i = w_i \cdot (x_i - m_i)/(M_i - m_i), i = 1,2,\cdots,N$$

其中，d_i 、x_i 、M_i 、m_i 分别表示第 i 各指标的无量纲化测度值、权重、实际测量值、最大值和最小值。由此可知 $0 \leqslant d_i \leqslant w_i$ ，d_i 越大，则在该指标所代表的普惠金融程度越高。最后用欧氏距离计算出2011—2014年西藏普惠金融指数，其公式如下：

$$IFI = 1 - \sqrt{(w_1 - p_1) + (w_2 - p_2) + \cdots + (w_N - p_N)} / \sqrt{w_1^2 + w_2^2 + \cdots + w_N^2}$$

按照 d_i 及 IFI 的计算公式，分别求出2011—2014年各指标的具体值以及在此基础上形成的普惠金融指数具体结果（见表13、表14）。

表13　　西藏普惠金融指数的测度结果（2011—2014年）

指标	d_1	d_2	d_3	d_4	d_5	d_6	d_7	d_8	d_9	d_{10}
2011	0.000	0.008	0.025	0.031	0.057	0.000	0.004	0.003	0.002	0.001
2012	0.026	0.021	0.050	0.058	0.065	0.004	0.009	0.006	0.005	0.004
2013	0.035	0.037	0.091	0.083	0.171	0.039	0.013	0.011	0.006	0.007
2014	0.033	0.047	0.118	0.119	0.214	0.088	0.016	0.018	0.009	0.014

表14　　西藏普惠金融指数的测度结果（2011—2014年）

指标	d_{11}	d_{12}	d_{13}	d_{14}	d_{15}	d_{16}	d_{17}	d_{18}	IFI
2011	0.002	0.001	0.013	0.002	0.001	0.033	0.003	0.001	0.213
2012	0.004	0.001	0.016	0.003	0.003	0.044	0.009	0.006	0.314
2013	0.020	0.003	0.034	0.008	0.020	0.054	0.019	0.008	0.663
2014	0.060	0.055	0.047	0.020	0.030	0.061	0.032	0.012	0.890

对各指标来说，普惠程度由大到小的排列顺序为：银行卡当年交易笔数、银行卡累计发卡量、全区 ATM 数量、金融 IC 卡累计发卡量、金融信用信息基础数据库中收录的自然人、当年移动支付笔数、非现金交易笔数、互联网支付笔数、全区银行从业人员数、全区银行网点数、金融信用信息基础数据库中收录的法人、小微企业贷款余额、涉农贷款余额、农业保险参保户数、银行个人结算账户数、开通了手机银行的个人结算账户数、建立信用档案的农户数、开通了网上银行的个人结算账户数。

对各个维度来说，整体来讲，首先是可获得性维度普惠程度最高，其次是使用情况维度，最后是服务质量维度。具体到各个维度来说，可获得性维度普惠程度由大到小的排列顺序为：银行卡当年交易笔数、银行卡累计发卡量、全区 ATM 数量、金融 IC 卡累计发卡量、全区银行从业人员数、全区银行网点数、银行个人结算账户数；使用情况维度普惠程度由大到小为：当年移动支付笔数、非现金交易笔数、互联网支付笔数、小微企业贷款余额、涉农贷款余额、农业保险参保户数、开通了手机银行的个人结算账户数、开通了网上银行的个人结算账户数；可获得性维度普惠程度由大到小的排列顺序为：金融信用信息基础数据库中收录的自然人、金融信用信息基础数据库中收录的法人、建立信用档案的农户数。

对普惠金融指数来说，整体呈上升趋势，而且增长率较快，2011—2014 年普惠金融指数年均增长率达 70.6%，说明西藏普惠金融程度不断加大。

七、结论与政策建议

（一）结论

整体来说，西藏普惠金融发展较快。具体到三个维度来说，可获得性维度普惠程度最高，其次是使用情况维度，最后是服务质量维度，因此，应加大服务质量维度的普惠金融程度。具体到各个指标来说，金融信用信息基础数据库中收录的法人、小微企业贷款余额、涉农贷款余额、农业保险参保户数、银行个人结算账户数、开通了手机银行的个人结算账户数、建立信用档案的农户数、开通了网上银行的个人结算账户数几个指标的普惠金融程度较低，特别是开通了手机银行的个人结算账户数、建立信用档案的农户数、开通了网上银行的个人结算账户数三个指标的普惠程度最低，应加大手机银行和网上银行的普及度，同时加强信用体系建设。

（二）政策建议

1. 大力加强普惠金融数据库建设

普惠金融指标体系涉及的数据较多，而现行金融业统计体系中未针对普惠金融建立专项统计，相应数据分散在不同部门，部门之间的数据合作与分享机制欠缺，数据可得性较差。这需要人民银行与银监、证监、保监、统计、工商等部门进行沟通协调和数据共享，建设常态化的普惠金融数据统计工作机制，有效采集数据，定期更新数据，在有条件的地区可以尝试建立标准化的普惠金融数据库。未来，除银行业服务内容之外，应该更多地覆盖保险、证券等其他金融服务。可以在全国性指标体系的基础上，从实际出发，构建本地区的指标体系，根据当地特色增选指标，科学、全面地评价当地普惠金融发展状况，建设更加全面、丰富的普惠金融指标体系。

2. 推广移动金融，打造普惠金融高效载体

由结论可知，西藏移动金融普惠程度较低，应加强此方面的建设。移动金融在信息获取、传输、共享的效率和成本方面具有巨大优势，是信息化金融、数字化金融的集中体现。其中智能手机用户、移动互联网用户呈爆发式增长，而且继续保持迅速增长态势。可见，发展移动金融的基础条件已经具备。但是，互联网金融目前尚处于“野蛮生长”阶段，亟待规范。可以借鉴国际经验，将移动技术作为普惠金融的重要载体，加强产业指引和业务监管，加快推进包括个人信息保护、电子签名、电子认证等方面的立法。大力发展电子化金融产品，在农村继续推广移动支付和助农取款终端，解决农村地区物理网点不足等问题，提升农户金融服务便利性。简化农村地区开户手续，探讨手机远程开户的可能实现方式。持续优化农村地区移动支付发展基础环境，激励移动支付服务机构积极开拓农村市场，探索建立对移动支付服务机构在农村地区的支付服务效果评价机制。进一步提升农村地区银行卡服务水平，鼓励发放信用卡或提供分期付款服务，满足农户的小额资金需求。优化升级无网点银行服务，满足农民小额转账、汇款、取现、缴费等基础性、必需性的金融服务需求。

3. 加快消除金融服务空白乡镇

西藏地区人口的主要组成部分是农牧区人口，占到西藏总人口的80%以上，农牧区经济成为了西藏主要的经济支柱。大部分农牧区地缘广阔，商业金

融机构经营成本过高，业务推进较为困难。金融机构没有动力去增设分支机构，更无法设立独立的村镇银行，只能通过政府的劝导，促使商业银行从履行社会责任的角度去设立分支机构。目前，能够在西藏农村设立分支机构的银行主要是农行和邮储银行。农行、邮储银行和其他大型银行都有实力去填补空白乡镇，这需要政府通过财政补贴、市场准入优惠等多种方式加以引导和激励，也可以采取比较强制性的手段，按照相关银行存款份额，分配填补空白乡镇的指标，通过多家银行来分摊社会责任，这样就不会对某家银行的商业可持续能力造成大的影响。

参考文献

[1] 焦瑾璞. 构建普惠金融体系的重要性 [J]. 中国金融，2010.

[2] 焦瑾璞. 我国普惠金融现状及未来发展 [J]. 金融电子化，2014.

[3] 王婧，胡国晖. 中国普惠金融的发展评价及影响因素分析 [J]. 金融论坛，2013.

[4] 周小川. 践行党的群众路线 推进包容性金融发展 [J]. 求是，2013.

[5] Leyshon, A. and Thrift, N., 1993, "The restructur - ing of the UK financial services industry in the 1990s: a reversal of gortune?", Journal of Rural Studies, 9, pp. 223 - 241.

[6] Leyshon, A. and Thrift, N., 1994, "Access to fi - nancial services and financialinfrastructurewithdrawal: problemsandpolicies", Area, 26, pp. 268 - 275.

[7] Sarma, 2008, M. "Indexof Financial Inclusion".

[8] The World Bank 2014, "Global Financial Report: Financial Inclusion".

“互联网+”时代西藏自治区推进普惠金融研究

中国农业银行西藏分行课题组
课题组组长：朱学彬
课题组成员：米玛次仁 张 燕

摘要：金融脱媒和利率市场化以及长久以来的金融抑制大背景下，互联网金融实现了蓬勃发展。由于互联网金融具有普惠金融的天生基因，再加之其对“三农”业务表现出的浓厚兴趣，利用互联网金融推进普惠金融的想象空间已经被完全打开。本报告对互联网金融的本质、特点进行了深入分析，找到了互联网金融与普惠金融最佳的结合点，并就如何将互联网金融思维引入西藏普惠金融领域，从而实现普惠金融的跨越式发展提出创新思路、发展战略和具体策略。

关键词：互联网+ 普惠金融

互联网金融产生于互联网经济、金融脱媒和利率市场化的大背景下，脱胎于中国长久以来的金融抑制（波士顿咨询，2014）。马云一句“如果银行不改变，我们就来改变银行”成为互联网金融发展的冲锋号，余额宝凭借强大的客户群让天弘基金短时间发展为上千亿元规模的基金“一哥”，微信支付一夜之间绑定上亿用户的账户信息，其高效的运作模式令很多业内人士大呼“看不懂”。截至2014年底，中国第三方互联网支付交易规模达到8万亿元，同比增速达到50%。P2P网上借贷平台超过1500家，贷款余额上千亿元；众筹融资平台过百家，众筹融资金额超过9亿元。以BAT为代表的互联网企业正在创造一个接着一个的商业模式和成功范例。与此同时，传统金融机构也加快进行自我升级和革命，进一步重构金融价值链，变革网络渠道、创新互联网产品。互联网金融在城市“摧城拔寨”的同时，我们可以看到其对农村地区、农业产业链和农民生活等蓝海市场也进行全面渗透。由于互联网金融具有普惠金融的天生基因，再加之其对“三农”业务表现出的浓厚兴趣，利用互联网金融推进普惠金融的想象空间已经被完全打开。

本研究报告对互联网金融的本质、特点进行了深入分析，找到了互联网金融与普惠金融最佳的结合点，并就如何将互联网金融的创新思维引入西藏普惠金融领域，变“一条腿走路”为“迈开双腿走路”，从而实现普惠金融的跨越式发展提出创新思路、发展战略和具体策略。

一、互联网金融的本质与特点

（一）互联网的虚拟性带来更低的交易成本

虚拟性是互联网金融的最突出特点，一切交易、办公活动均向无纸化、无人化和电子化看齐。由于没有营业场所、减少了大量人工、机器设备等硬件成本，互联网金融的交易成本降低很多。此外，互联网金融节约购买双方的时间成本等隐性成本。互联网带来交易成本的降低，使得新的组织形式得以实现，如微商、自媒体和大量的人人组织。这类新型组织具有松散的结构、非营利性的目的和不受管理层指挥而运行等特点，淘宝买家的信用口碑比广告更重要，微信病毒式营销力度和速度比传统广告有效百倍，组织方式、管理方式和营销方式的变革进一步降低了产品成本。再加之大规模业余化现象增加的中低端供给，价格竞争更为激烈，低价和免费成为互联网金融的标签之一。

（二）互联网的对称性带来加速去中介化

传统金融模式下，需求双方信息经常不能匹配，金融机构中介作用明显，发现需求和匹配供给是传统金融的本质特点。但在互联网金融模式下，信息获取更加快速、便捷和低成本，很多平台自动完成信息采集、比较、甄别和匹配过程，消费者无须东奔西跑，点点鼠标即完成信息获取过程。信息的透明化带来需求方和供给方的直接匹配，金融中介作用降低，加剧金融脱媒。

（三）互联网的开放性带来金融行为的深刻变化

互联网特别是移动互联网的兴起，深刻改变了客户的金融意识和行为。人们更习惯于自主获得信息并决策，他们更愿意相信自己的判断或朋友的推荐，因此更愿意自主选择服务的产品、时间和渠道。他们需要产品的更加个性化，时间全天候化，渠道的无限移动化。金融业务场景也将不断丰富。金融不再像工业时代时以企业为中心，以生产为中心，而开始以普通消费者为中心，金融服务和产品深度嵌入人们日常生活。例如，利用“快的”、“滴滴”等打车软件，直接通过手机支付并分享红包。正如 Brett King 的“Bank 3.0”一书所说，“银行不再是你前往的一个地方，而是你使用的一种服务”。

（四）互联网信息的大数据化带来更有效的分析

互联网时代，信息壁垒和封闭性被进一步打破，信息流在各个环节均呈现爆炸式的增长，天猫、淘宝和阿里巴巴，BAT 拥有海量的社交数据、购物数据和交易数据。通过对大数据的分析，商家可能比消费者更了解自己。以此为基础，对客户服务和客户体验的极致追求不再是一句空话。金融信息甚至出现了跨时空和跨虚实的交互，以服务生产为主的金融服务开始向以服务消费为主的金融转型。此外，大数据所形成的的信用评估体系可能比传统金融机构的信息分析方法更为有效、准确和快速。

二、互联网金融的主要模式

目前，关于互联网金融模式的分类并没有统一标准，但以下分类模式是业内普遍采用的一种。

（一）第三方支付

第三方支付是指具备一定实力和信誉保障的非银行机构，借助通信、计算机和信息安全技术，采用与各大银行签约的方式，在用户与银行支付结算体系间建立连接的电子支付模式。移动支付诞生后，客户与第三方支付公司的联系逐渐由电脑端向手机端转移。我国的移动支付模式按推出主体分为三类：一是银行推出的手机银行；二是运营商推出的移动支付（如手机贴膜卡、“翼支付”等）；三是第三方支付公司推出的移动支付（如支付宝的“碰碰刷”、微信支付等）。

第三方支付公司的运营模式可以归为两类：一类是支付宝、财付通为首的依托于自有 B2C、C2C 电子商务网站提供担保功能的第三方支付模式，贷款暂由平台托管并由平台通知卖家到达、进行发货；另一类就是以“快钱”、“易宝支付”、“汇付天下”、“拉卡拉”等为典型代表的独立第三方支付模式，不负有担保功能，仅仅为用户提供支付产品和支付系统解决方案。

支付尽管是基础性业务，但也是金融机构接触客户并了解信息最有效的渠道。随着第三方支付平台走向支付流程的前端，传统银行的垄断地位被打破，消费者可以享受到更为优质的服务。同时，第三方支付公司凭借支付这一场景入口，逐步向支付的上端金融服务进军，分步完成了信用卡、消费信贷等领域渗透，与银行逐步由合作关系转为了合作竞争关系。目前，央行已经颁发了269张第三方支付牌照，支付市场形成了银行、电商、电信运营商多层次的竞争格局，未来细分行业的深度定制化服务、跨境支付、便民生活服务将成为新的竞争领域，拥有自己独特竞争力及特色渠道资源成为众多第三方支付企业生存及竞争的筹码。

（二）P2P网贷

P2P网贷英文译作Peer-to-Peer，即点对点信贷，国内称“人人贷”。P2P网贷是指通过第三方互联网平台进行资金借、贷双方的匹配，需要借贷的人群可以通过网站平台寻找到有出借能力并且愿意基于一定条件出借的人群，帮助贷款人通过和其他贷款人一起分担一笔借款额度来分散风险，也帮助借款人在充分比较的信息中选择有吸引力的利率条件。相对于商业银行资金池模式，P2P网贷具有借款人能高效借款、出借人能有效分散风险、跨时间与空间融通汇兑等特点，有效地增强了资金的利用率，盘活民间资本。

国内目前网贷平台已出现了以下三种运营模式。

一是纯线上模式，是P2P网贷平台最原始的运作方式。国内较早在这个行业的是“拍拍贷”，为纯信用无担保的网络借贷平台，竞拍原则是“利低者得”。我国信用体系建设相对落后，极易出现逾期、提现困难等问题，目前这种模式的平台已经很少。

二是线上+线下相结合的模式，P2P网贷公司在线下设立门店，与小贷公司合作或成立营销团队去寻找需要借款的用户并进行实地考察，在创新信用审核方式的同时有效开发借款人。如以宜信为代表的债权转让模式，这种模式是公司作为中间人对借款人进行筛选，以个人名义进行借款之后再将债权转让给理财投资者。

三是担保模式，2009年红岭创投提出了本金垫付的规则，开启了“担保模式”。但因平台自身担保的模式遭到监管层的质疑，P2P网贷公司逐渐在去自身担保、向担保公司担保模式转变。目前，担保公司担保主要有四种：一是引入第三方担保，如陆金所采用平安融资担保（天津）有限公司提供担保；二是风险准备金担保，模式升级为银行、第三方支付托管，如“人人贷”与招商银行在“风险备用金账户”托管合作；三是抵押担保，如“91 旺财”专注于北京一线城市房地产抵押贷，“微贷网”则专注于汽车抵押贷；四是引入保险公司担保，以牺牲收益降低风险。高风险伴随高保费，国内并非所有的 P2P 网贷平台都能够引入保险公司开展该项业务。

P2P 在一定程度上降低了市场信息不对称，同时由于其参与门槛低、渠道成本低，拓展了社会的融资渠道。但从目前来看，P2P 网贷暂时很难撼动银行在信贷领域的霸主地位，只能成为小微金融的有益补充。目前，P2P 网贷平台还处于快速成长期，但是由于客户本身很多属于银行淘汰的，资质一般。并且 P2P 风控体系不健全，少数平台出现“跑路”，部分平台形成违约纠纷，更有甚者成为庞氏骗局的互联网版本，其未来发展仍然是具有很大的不确定性。

（三）大数据金融

大数据金融是指集合海量非结构化数据，通过对其进行实时分析，可以为互联网金融机构提供客户全方位信息，通过分析和挖掘客户的交易和消费信息掌握客户的消费习惯，并准确预测客户行为，使金融机构和金融服务平台在营销和风险控制方面有的放矢。大数据的关键是从大量数据中快速获取有用信息的能力，或者是从大数据资产中快速变现的能力。

目前，大数据服务平台的运营模式可以分为以阿里小额信贷为代表的平台模式和以京东、苏宁为代表的供应链金融模式。阿里小贷以“封闭式 + 大数据”的方式开展金融服务，凭借电子化系统对贷款人的信用状况进行核定，发放无抵押的信用贷款及应收账款抵押贷款，单笔金额在 5 万元以内。京东商城、苏宁的供应链金融模式则是以电商作为核心企业，以未来收益的现金流作为担保，获得银行授信，为供货商提供贷款。

大数据能够通过大口径、全流程的金融数据以及各种碎片化生活信息的整合，帮助互联网企业更为深入地分析客户的行为特征，对于风险发生的规律性有精准的把握，创新识别风险、管理风险的方式方法。大数据将推动金融机构创新品牌和服务，做到精细化服务，对客户进行个性定制，利用数据开发新的预测和分析模型，实现对客户消费模式的分析，以提高客户的转化率并降低客户发生不良贷款的可能性。大数据金融模式广泛应用于电商平台，以对平台用户和供应商进行贷款融资。未来，大数据金融企业之间的竞争将存在于对数据的采集范围、数据真伪性的鉴别以及数据分析和个性化服务等方面。

（四）众筹

众筹大意为大众筹资或者群众筹资，是指用“团购 + 预购”的方式，向网友募集项目资金的模式。项目发起人通过利用互联网和社交网络传播的特性，让创业企业、艺术家或个人对公众展示他们的创意及项目，争取大家的关注和支持，进而获得所需要的资金完成融资目标。众筹平台的运作模式大同小异，即需要资金的个人或团队将项目筹划交给众筹平台，经过相关审核后，便可以在平台的网站上建立属于自己的页面，用来向公众介绍项目情况。

众筹的四种模式为：回报式众筹平台回馈产品和服务；股权式众筹平台给予投资人股份；捐赠式众筹基于公益和慈善筹资；P2P 属于债权式的众筹平台。目前，在中国发展比较好的众筹网站中，“众筹网”、“点名时间”、“追梦网”属于回报式众筹，“天使汇”、“大家投”属于股权众筹，“微公益”属于捐赠众筹，债权众筹其实就是 P2P 借贷平台。因公开募资特别容易踩到非法集资的红线，短期内国内众筹的发展相对缓慢。互联网知识型社群试水者——罗振宇作为自媒体视频脱口秀《罗辑思维》主讲人，其 2013 年 8 月 9 日，5000 个 200 元/人的两年有效期会员账号，在 6 小时内一售而空，也称得上众筹模式的成功案例之一。根据世界银行发布的最新众筹报告，世界银行预测到 2025 年，中国众筹规模将达到 460 亿美元到 500 亿美元，将成为全球最大的众筹市场。

众筹模式已经成为企业融资的另一种渠道。与热闹的 P2P 相比，众筹并不高调。目前，国内对公开募资的规定及特别容易踩到非法集资的红线，使得众筹的股权制在国内发展缓慢，很难在国内做大做强，短期内对金融业和企业融资的影响非常有限。从行业发展来看，目前，众筹网站的发展要避免出现当年团购网站由于运营模式和内容上的千篇一律，呈现出“一窝蜂”的兴起，而又一大片地倒下的局面。这就要求众筹网站的运营体现出自身的差异化，凸显出自身的垂直化特征。

（五）信息化金融机构

信息化金融机构是指采用信息技术，对传统运营流程进行改造和重构，实现经营、管理全面电子化的银行、证券和保险等金融机构。2013 年以来，金融行业信息化进入了创新机遇期。基于云计算、大数据、移动与智能设备以及社交网络等第三类平台的金融服务，正在成为新的金融业务创新及增值点。金融服务更加高效快捷、金融创新产品更加丰富、资源整合能力更加强大是信息化金融机构的三大特点。

信息化金融机构运营模式主要分为三类：一是传统金融业务电子化模式，实质就是金融电子化的过程，其本质是行业内部管理的自动化和信息化。以银行为例，按业务形式可分为网上银行、手机银行、电话银行、家居银行等。二是基于互联网的创新金融服务模式，金融服务电子化的改革体现在金融电子渠道对金融业务和服务的创新。银行业比较有代表性的是直销银行模式，打破时间、地域、网点等限制，主要通过电子渠道提高金融产品和服务的银行经营模式和客户开发模式。目前，国内直销银行正处于试点阶段，最先涉足此模式的是民生银行和北京银行。三是金融电商模式，建立电商平台的目的是为了获得多元化的盈利模式。就银行业而言，银行业的金融电商主要有两种表现形式：第一种是以建行为代表的自建平台模式；第二种是以招商银行为代表的平台合作模式。

简单来说，信息化机构其实就是传统金融机构的互联网化，通过互联网对现有流程进行升级和改造，可以使得汇款、缴费等基础金融服务都可以在网上完成。同时，通过信息技术，金融机构可以缓解信息不对称的问题，为银行和企业直接的合作搭建了平台，增强了金融机构为实体经济服务的职能。但更为重要的是，银行通过建设电商平台，积极打通银行内各部门数据孤岛，形成一个“网银 + 金融超市 + 电商”的三位一体的互联网平台，以应对互联网金融的浪潮及挑战。未来，传统的金融机构在互联网金融时代，更多的是如何更快、更好地充分利用互联网等信息化技术，并依托自身资金实力雄厚、品牌信任度高、人才聚焦、风控体系完善等优势，作为互联网金融模式的一类来应对非传统金融机构带来的冲击，尤其是思维上、速度上的冲击。

（六）互联网金融门户

互联网金融门户是指利用互联网进行金融产品的销售以及为金融产品销售提供第三方服务的平台。它的核心就是“搜索 + 比价”的模式，采用金融产品垂直比价的方式，将各家金融机构的产品放在平台上，用户通过对比挑选合适的金融产品。互联网金融门户最大的价值在于它的渠道价值，当这些互联网金融渠道发展到一定阶段，拥有一定的品牌及积累了相当大的流量时，就成为了各大金融机构、小贷、信托、基金的重要渠道。目前，在互联网金融门户领域针对信贷、理财、保险、P2P 等行业进行了细分，如“融 360”贷款、“好贷网”是贷款搜索比价平台，“格上理财”则是专业理财服务平台，“大童网”是专业性保险网上超市，“网贷之家”是第三方网贷资讯平台等。

互联网金融门户最大的价值就在于它的渠道价值。互联网金融分流了银行业、信托业、保险业的客户，加剧了上述行业的竞争。随着利率市场化的逐步到来，随着互联网金融时代的来临，对于资金的需求方来说，只要能够在一定的时间内，在可接受的成本范围内，具体的钱是无论是来自工行也好、建行也罢，还是来自 P2P 平台或者小贷公司，抑或是信托基金、私募债等，已经不是那么重要。融资方到了“融 360”、“好贷网”或软交所科技金融超市时，用户甚至无须像在京东买实物手机似的，需要逐一地浏览商品介绍及详细的比较参数、价格，而是更多地将其需求提出，反向进行搜索比较。因此，当“融 360”、“好贷网”、软交所科技金融超市这些互联网金融渠道发展到一定阶段，拥有一定的品牌及积累了相当大的流量，成为了互联网金融界的“京东”和“携程”的时候，就成为了各大金融机构、小贷、信托、基金的重要渠道，掌握了互联网金融时代的互联网入口，引领着金融产品销售的风向标。

三、 互联网金融的最新发展趋势

（一）对互联网金融的理解更加理性、清晰

互联网金融并不是放之四海而皆准的全能型的解决方案，传统金融行业也不是这么的落后和不堪一击。在媒体炒作和大众热捧之后，冷静下来思考，会发现互联网金融并没有改变金融的本质特征，围绕向客户提供信用风险解决方案和专业投资服务这两大核心，二者只是采用的方法略有不同而已。互联网金融不能颠覆传统金融，传统金融也不能绞杀互联网金融，双方有着各自的、固有的、不可替代的擅长领域和优劣势，互补的成分大于竞争的成分。相互合作，双赢的机会远远大于竞争的机会。互联网金融作为传统金融服务行业的“鲇鱼”，将带动金融界进行一轮更大、更深远的变革，为客户创造更大的价值。

（二）支付体系将更加立体化，竞争更加全面

随着支付市场规模的快速增长，市场参与主体日趋多元化，差异化竞争态势明显。一是第三方支付已由网上购物、航空铁路、水电煤气缴费、电话充值等传统渠道向教育、旅游、医疗、保险等全面生活场景渗透和转移。二是伴随跨境物流配送的发达，跨境网购带动跨境支付逐步成熟。三是微信支付、二维码支付、虚拟信用卡、NCF 等新产品的不断推出。四是电商、银行、运营商全面启动，各行业领军企业纷纷投入大量资源加紧竞争，支付市场竞争在量和质两个方面均有较大提升。五是单一支付方式向全业务支付解决方案转变，集理财和小额信贷为一身的综合性便捷支付模式将成为下一个热点竞争领域。

（三）开放性更强，平台竞争成为核心

电商平台强大的生活场景应用与海量的客户信息积累让传统金融机构看到了平台才是开放互联网精神的核心体系之一。平台是数据垄断能力的唯一可持续来源，而数据的竞争是未来银行信贷业务竞争的核心。通过平台，企业可以与客户密切接触。平台具有自然垄断性，能够达到赢者通吃的特点。建行的“e保通”、中行的“生意宝”、工行的“易融通”都是银行与电商平台合作的产品。与此同时，银行也在自建电商平台，工行的“融易购”，建行的“善融商务”、农行的“e购天街”、平安银行供应链金融、兴业银行的银银平台，都是银行平台建设上的典范。

（四）产品创新周期不断加快，服务门槛不断降低

互联网金融产品周期也在不断缩短，有的产品可以一夜暴红，也可以短时间内被市场抛弃。继“余额宝”取得巨大成功后，京东的“小金库”、苏宁的“零钱宝”、网易的“现金宝”，甚至银行系的中行的“活期宝”、平安的“平安盈”、工行的“薪金宝”等同类产品迅速跟进，“余额宝”火了一年，现在就有被边缘化的趋势。同时，服务门槛进一步降低，一元起的理财已经普及，小额信贷也逐步扩大，互联网金融更加重视长尾客户和以前被认为边界成本过高的低端客户。网络理财不仅局限于货币市场，进一步向以前只向高端理财对接的信托理财、保险理财、票据理财、众筹等领域前进。

（五）跨界合作更加频繁，线上线下融合成趋势

运营商、零售业、地产、电商、互联网企业，纷纷跨界推出自己的互联网金融产品，试图抓住机会分一杯羹。目前，金融业务已经成为电商企业基本配置，而银行系也都有了自己的网上商城。此外，公募基金纷纷联手 BAT 后，中信与海尔合作深挖供应链金融潜力，万科与搜房网联手众筹、与腾讯推出万科理财通，中信银行与百度合作信用卡，兴业银行入主“360 理财”，招商银行和中国联通共同发起消费金融公司，电信推出了自己的话费理财产品。互联网第一波中，线上是热点，线下是负担，但现在线下优势仍是宝贵的资产，就看如何与线上技术进行统筹和协调。2015 年 8 月，苏宁与阿里战略合作，京东与永辉携手就是最好的证明。

四、互联网金融对普惠金融发展的积极作用

互联网金融本身就带有普惠金融的基因，随着基础供电和信息网络的逐步完善，西藏农牧民的生活方式也逐步融入互联网[①]，利用互联网金融提升西藏普惠金融变得越发的可能和现实。

（一）增加金融供给，丰富金融产品

随着第三方支付、电子商务公司不断跨界到金融圈，大量新的准金融主体进入到农村市场，不断增加金融供给。在理财方面，农村各种“宝宝”产品已经普及，只要有网络就能买上 1 元起的理财。在移动金融方面，广大农村的巨大发展空间才刚刚被开发，伴随着物流体系的不断壮大，在珠峰脚下买个冰箱、在驻村的时候在“唯品会”上购置一下高端化妆品，都已经是司空见惯的事情了。此外，众筹平台开始运作农业项目，2014 年，“尝鲜众筹”平台正式投入运营，之后“大家种”也正式投产，阿里巴巴私人定制的“耕地宝”，将散钱集中起来进行农业投资。京东金融的众筹项目也逐步进行，“众筹网”也正式进入“三农”领域。在一些相对发达的农村县域，P2P 项目也逐步进行试水。

① 农业银行在调研中发现，目前，在县及县以下地区，公务员使用互联网进行购物的比例非常高，农牧民也正请公务员进行网络购物，新型的互联网生活方式逐步形成。

（二）创新渠道拓展方式，扩大金融服务面

为抢占农村市场，不仅大型商业银行开始重回县域开办网点，农信社、农商行等也在不断深耕县域市场，同时银联商务、拉卡拉等机构也积极布局县域渠道市场。在农业产业化水平不断提高的背景下，国内知名电商开始不断探索涉农电商服务，为普通农民提供更多产品展示、交易撮合、物流配送等综合化、一体化服务。支付宝2012年就成立了新农村事业部，为农民购买种子、化肥等提供支付和融资服务。在阿里系和京东系电商下乡的带动下，无论县域地区的信息化改造，还是普通农民对现代点在设备的使用掌握，均有了突飞猛进的进步。

（三）带来良性竞争，促使传统金融提升服务

互联网金融迫使传统金融机构不断提升服务水平。一是银行等金融机构加大拓展电子银行服务力度，在网银方面，不断提升功能拓展，各类新农保、新农合，小额贷款功能纷纷上线。二是大量布设电子机具，加大投放POS机具、转账电话、ATM等设备，扩大服务范围。三是试点农村移动支付，利用离行式注册系统、无线移动终端，同时开发具有农村特色的掌上银行体验产品，不断丰富手机银行功能和信用卡附加功能，加大手机银行普及力度。四是将ATM升级为VTM，研发新一代超级柜台，利用网络提供远程在线服务等方式，打造现代移动服务新模式。

五、西藏互联网金融服务普惠金融面临的问题

目前，西藏互联网金融的发展还停留在电商购物的支付以及商业银行传统电子渠道拓展这些较为初级的层次上。对于互联网金融新形态、大数据应用和客户至上、体验为王的理念方面的研究和实践甚少。

（一）特殊的区情、落后的基础设施，是互联网金融发展的最大障碍

西藏经济社会发展比较落后，基础设施建设更是与发达省市相差很多。区内发展失衡更为突出，目前，很多边境地区、偏远山区还没有通路、通电、通信。即使有了网络通信，信号也不是很稳定，断电断网的情况时有发生。此外，更为棘手的问题是，由于西藏地处偏远，长期的不发达导致的相对封闭，造成

广大农牧民对现代信息技术很陌生和排斥。尽管西藏城区中的新生代对于淘宝、微信和APP已经十分熟悉甚至是融入生活中，但仍然有一定比例的人群对互联网并不熟悉。互联网大潮下，人性化操作使得知识普及的时间已经缩短不少，但是目前落后的现状仍是不可忽略的重要因素之一。

（二）西藏互联网金融产品远未实现本地化和特色化

目前，西藏互联网金融产品均是城市模式的延伸和复制，真正体现西藏特色的产品并不多见，特别是在藏语的服务渠道方面还是空白。例如，在理财产品方面，还没有西藏订制的特色本地产品。从全国统一发售的理财产品看，由于西藏工作时间晚于其他省市，因此造成收益率高的产品根本无法购买。这只是一个缩影，互联网金融在西藏是好看但不好用，走心的产品如凤毛麟角，可遇而不可求。此外，缺乏面对面的人和人之间的沟通是互联网金融的绝对短板，特别是在高复杂度和专业性强的产品和服务上，互联网金融具有绝对的劣势。在西藏很多基本金融产品还要去普及和讲解时，应用互联网金融的思路就自然受到局限。

（三）现代化电子设备的覆盖面扩大难度加大

首先，西藏高原地域辽阔，许多乡镇和行政村地理位置偏远，海拔高、干扰静电多，电子设备故障率很高，维护成本居高不下，很多厂商在西藏都没有维修点，对现代电子设备的推广带来诸多不便。其次，电子设备更新换代压力大，如现在银行采用的智付通设备几乎年年进行升级，加之运输和安装时间，大部分时候设备都不在有效使用。再次，西藏县域以下地区电子设备需要配置藏、汉双语的操作系统，在前期推广期还需要配置专门人员进行讲解和演示。最后，电子设备均需稳定的无线信号，这对于高山覆盖的西藏来讲，有时也是一种奢望。如果用户体验不好，势必影响机具的推广使用。综上所述，在西藏推广无人设备的实际成本要高出内地很多，使用效果还不一定好。

（四）贴近农牧民生活生产场景的应用太少

互联网金融产生于生活场景而衍生的金融需求、由买卖双方交易产生的支付需求和资金积累产生的理财需求，而互联网金融的三大核心——云计算、移动互联和大数据，在西藏应用基础并不牢固。从需求方角度看，西藏线下的各类交易信息化程度很低，因此无法衍生出各类应用场景，而外生引入的各类应用因为缺乏藏民族文化和当地生产生活气息而缺乏生命力。同时，从供给方的角度看，西藏互联网企业少之又少，同时本身了解西藏的人群就是小众，要想从中找到能开发互联网应用的人，或是能发现需求并寻找有开发能力的企业共同合作的人几乎就是凤毛麟角。供求双方的弱势造成了目前无需求、缺产品、少服务的现状。

（五）很多人将互联网金融视为传统金融的渠道延伸，还没有真正理解互联网金融的本质

目前，很多人只将互联网金融视为传统金融的渠道延伸或是营销手段。从产品设计到营销，思维僵化，并未发现互联网金融的核心竞争力在哪里。在西藏，大数据管理仍未到可以应用的程度，以客户为中心的理念还有很大差距，甚至连互联网金融第一阶段的吸引眼球、炒作营销的作用都没有发挥好。更不要说，将客户体验做到极致，通过互联网技术企业与市场的信息交互方式和变革企业组织方式。

六、利用互联网金融推进西藏普惠金融发展的战略思考

互联网金融还将创造一系列的社会经济价值，这既包括通过低成本、创新的商业模式促进普惠金融的实现，提升小微金融覆盖和投资理财覆盖，降低金融交易成本，也包括对金融交易体系改革的有力推动。互联网金融带来新的竞争，但更重要的是，它还将带来新的融合和创新，通过互联网与金融的深入结合，促进金融行业精英理念、商业模式、运营方式的改革和提升，跨入新的时代。

（一）政府主导规划互联网金融发展路径，培育市场需求

普惠金融和互联网金融都是很大的课题。一个是成本高，金融机构不愿做；一个是技术难，金融机构不会做。在西藏，互联网金融市场还远没有发育起来，如果没有发展规划，缺乏政府合理引导，想发挥二者的合力几乎是不可能的。要进一步明确互联网金融服务普惠金融的目标、原则、方法和路径，分层逐步推进。一是首先要做好基础设施建设工作，最基本的路、水、电和通信设施建设必须先行，特别是无线网路的普及；其次是做好信息化基础工作和信息平台

的搭建和共享工作。二是做好市场培育工作。以各类公共事业平台建设为契机，引入培养一批懂得互联网金融的机构、企业和人员。同时，配套相关财政补贴、税收减免、审批绿色通道等扶持政策，鼓励互联网金融发展。三是建立部门的联席会议，协调沟通形成监管合力。由于商务厅主管电子商务、人行主管第三方支付、银监局主管 P2P，形成了“一对多”的分头监管格局，既容易遗留监管漏洞，也不利于提高行政管理效率。

（二）重点建设专业化的普惠金融电商平台

平台对于互联网金融来说具有聚集人脉、汇集数据的巨大作用。凭借强大的平台效应，可以进一步发现市场需求，带动一批企业、商户和农牧户发展起来。但是对于普通的 B2C 和 B2B 平台，淘宝、天猫、京东已经占据了市场，很难再有所突破，因此，必须深耕西藏区域特点，走差异化发展的道路。

一是大力发展以农业产业链为依托的电商平台。围绕农业产业化龙头企业、现代农业产业链、特色产业集群和农村专业市场商圈，推出圈链式 B2B“三农”电商平台，为西藏企业提供完善的信息发布、交易撮合、订单管理、原料采购以及支付结算、融资担保、资金托管等全程服务，以相对低的成本协助西藏企业完成互联网的转型与升级。

二是努力打造西藏专属的 B2C 细分平台。依托现有的大型电商平台，通过合作共赢的方式，打造西藏专区或是西藏专属通道。引进西藏地区优质农业企业、农副产品经销商、家庭农场、种植大户等加盟，形成规模效应和品牌效应，为西藏“三农”产品打开销路，帮助企业将西藏特色的高原有机农产品销往全国，甚至是全球。进一步发挥西藏金融机构在渠道和人文方面的优势，推出具有西藏本土特色的金融产品。

三是做强政府信息化管理平台。将农牧户补贴代理平台、农民工工资支付平台与市政交通平台、养老保险平台、医保进一步统筹。第一，对现有政府平台进行升级改造，提高政务管理的信息化程度。第二，进一步将政府管理信息与金融机构的支付结算信息和信贷信息结合起来，形成大数据。

（三）大力发展普惠移动金融

西藏普惠金融的最大障碍就是金融服务无法完全延伸到偏远地区，目前，西藏仍有 269 个金融服务空白点。如果按照传统金融机构增设网点的思路，恐怕会陷入两难——政府和银行都不愿意背上沉重的包袱。但智能设备和无线网络带来的移动金融给解决这个难题带来曙光。

一是做强手机金融。借鉴肯尼亚、赞比亚和南非在手机移动金融方面取得的巨大成就，把手机金融与农牧民生活无缝对接起来。第一，要进一步完善功能。从转账付款、话费充值、工资支付、偿还贷款等功能，拓展到西藏农牧民补贴领取、养老保险、新农保新农合、医疗保健，并进一步将手机金融与“三农”金融服务点的小额取现功能整合起来，实现手机取现。

二是完善具有西藏特色的移动金融场景应用搭建。首先，开发符合农牧民田间地头生活习惯的，实惠好用的移动金融产品。基于西藏现金使用率高的特点，开发“碰一碰”类或是近场支付类的支付手段，随时随地支付、实时到账查询。其次，可以开发综合性的小型虫草交易管理平台，集虫草采挖认证管理、收购交易平台、支付结算等功能于一体，切实解决大量现金交易带来的安全问题和交易纠纷问题。最后，将单一的支付场景向综合金融场景升级，将移动POS、无线支付通等设备功能升级为“支付结算 + 小额信贷 + 信用评定”的综合服务模式。

三是发布移动“三农”资讯。提供农牧民从播种、养殖到流动、销售的全流程市场信息服务，发布各类行业新闻、市场动态、农技知识及专家资讯等农牧民切实关心的信息，并由此发展成农牧户之间的交流平台，形成网上的活跃社区。

（四）银行多渠道整合服务普惠金融

目前，在西藏县域以下地区践行普惠金融的还是以农行为绝对主体的商业银行的网点渠道，这点在短期内是无法改变的。未来，为进一步强化普惠金融，需要进一步转换网点功能，将银行渠道进行全面整合。

一是实体渠道的转型。用高成本的渠道去做低收益的业务显然不是经济的，必须将更多的简单交易转移到自助设备上去。将单个网点的模式调整为“中心网点 + 社区网点（村落网点） + 专业网点 + 流动服务”的模式。中心网点是全功能的中心管理网点，辐射周围的社区网点或专业网点。社区网点是“自助设备 + 无线设备 + 服务人员”的轻型网点，化解了劳动分工的人员数量要求，适合当地金融需求较为传统和基本的情况。除了教育、引导所述当地农牧民完成金融交易外，更重要的任务是融于社区或是村落生活。专业网点是针对当地的虫草交易市场、种养殖基地等专业市场专门设立的网点。流动服务除了传统的流动现金服务外，更多的是要依靠无线金融服务车等现代化设备，提供间歇性的整体金融服务。

二是线上线下协同，发挥渠道合力。整合线上线下资源，第一，建立统一的客户关系系统，打通线上各渠道。网络银行、手机银行、直销银行，只是入口不同，实现一点注册、全渠道开通。第二合理分流线上线下业务，线下普通业务向线上迁移，把物理网点作为 O2O 的接口节点，全面挖掘经营服务半径内的金融消费潜力。

（五）以科技进步驱动产品创新

金融机构本身科技创新的能力就很强，在互联网金融时代，更要解放思想，摆脱科技创新的路径依赖。本着互联网金融开放、平等、协作、分享的精神实质，更加还原金融服务于实体经济和老百姓生活的本源，用互联网技术解决以往不好解决的难题。

一是针对藏区农牧民的特点，跨越密码支付的传统手段，直接采用生物识别技术为支撑的，指纹、虹膜支付等先进方式。

二是大力推广电子设备无线化，针对西藏服务半径大、流动服务多的特点，将 VTM、超级柜台等新一代设备进行无线化和移动化改造。

三是针对西藏产权制度不完善、农牧民有效财产少的特点，利用大数据技术，整合政府补贴、客户轨迹、访问喜好、购物情况等非常规信息来源，创新信贷产品。

参考文献

［1］吴晓求等．中国资本市场研究报告（2014）［M］．互联网金融：理论与现实，北京：北京大学出版社，2014.

［2］余丰慧．互联网金融革命：中国金融的颠覆与重建［M］．北京：中国工商联合出版社，2014.

［3］谢平，邹传伟，刘海二．互联网金融手册［M］．北京：中国人民大学出版社，2014.

［4］霍学文等．智慧众筹：互联网金融早餐会［M］．北京：中国金融出版社，2014.

[5] 宫晓林．互联网金融模式及对传统银行业的影响［J］．南方金融，2013（5）．

[6] 冯娟娟．互联网金融背景下商业银行竞争策略研究［J］．现代金融，2013（4）．

[7] 孟亚文，胡明敏．互联网金融在现代经济发展中的应用［J］．中国商贸，2015（2）．

[8] 徐诺金著，征信．互联网金融发展趋势及影响［J］．2015（3）．

[9] 王建红，王宪明，赵晓明著．中国互联网发展的三大难题［J］．征信．2015（3）．

[10] 王硕，李强．互联网金融客户行为研究及其对商业银行转型的思考［J］．当代经济管理，2015（5）．

[11] 刘墁．关于我国互联网金融对商业银行的影响和对策探析［J］．企业改革与管理，2015（6）．

[12] 陆岷峰，虞鹏飞．互联网金融背景下商业银行“大数据”战略研究——基于互联网金融在商业银行转型升级中的运用［J］．经济与管理，2015（3）．

[13] 孙国茂．互联网金融：本质、现状与趋势［J］．理论学刊，2015（3）．

[14] 王达．美国互联网金融与传统金融的融合［J］．学术交流，2015（6）．

[15] 姜瑞斌等．农业银行互联网金融服务“三农”策略研究［M］．北京：中国农村金融学会2014年度优秀重点课题选编，2015.

金融 IC 卡促进西藏普惠金融研究

中国人民银行拉萨中心支行科技处课题组
课题组组长：刘　磊
课题组成员：黄　敏　许小晴

摘要： 2013 年 11 月 12 日，中国共产党第十八届中央委员会第三次会议通过《中共中央关于全面深化改革若干重大问题的决定》，正式提出了“发展普惠金融。鼓励金融创新，丰富金融市场层次和产品”，“普惠金融”第一次正式写入党的决议。研究如何促进西藏普惠金融发展，对于提升金融服务的可获得性、让社会公众均能够享受到更多的金融服务、更好地支持实体经济发展具有很强的现实意义。金融 IC 卡是以芯片作为介质，遵循国家金融行业标准，不仅具有传统磁条卡的所有金融功能，还可以具有其他商业服务和社会管理等功能。同时，可以通过助农取款点建设、加载行业应用、发展移动金融等方式，进一步拓展金融 IC 卡的应用范围，从而有效延伸西藏普惠金融服务的广度和深度。本文首先结合西藏金融 IC 卡产业发展现状，详细分析了金融 IC 卡对于推进西藏普惠金融发展的优势；其次，进一步剖析了金融 IC 卡产业发展过程中存在的薄弱环节及制约因素；最后，针对如何发挥金融 IC 卡相关优势，有效地推进西藏自治区普惠金融的发展，提出了切实有效的建议及对策。

关键词： 普惠金融　移动金融　金融 IC 卡　行业应用

所谓普惠金融，就是能够有效、全方位地为社会所有阶层和群体提供服务的金融体系，主要任务是为欠发达地区、低收入群体、小微经济实体提供价格合理、安全便捷的金融产品和服务。普惠金融也被称为包容性金融，其核心是提升金融服务的可获得性，实质是让所有社会公众都能够享受到更多的金融服务，更好地支持实体经济发展。

金融 IC 卡又称芯片金融 IC 卡，是以芯片作为介质的金融 IC 卡，是由商业银行（信用社）或者支付机构发行的，采用集成电路技术，遵循国家金融行业标准，具有消费信用、转账结算、现金存取全部或者部分金融功能，可以具有其他商业服务和社会管理功能的金融工具。

同传统的磁条卡相比，金融IC卡不仅包含银行磁条卡所有功能，还具有安全性更高、容量更大、“一卡多用、全国通用”、小额快速支付等优势。

推广金融IC卡应用，不仅有利于金融改革，如支付、信贷工具、货币生产与流通等，对于推进信息化建设、保障信息安全、促进金融消费、改善金融服务等也具有极其重要的意义，是丰富金融服务渠道、创新金融产品和服务模式、发展普惠金融的有效途径和方法。

一、金融IC卡产业积极推动西藏自治区普惠金融发展

（一）金融IC卡助农取款点建设延伸普惠金融服务半径

截至2014年底，西藏全区累计设立助农取款服务点2436个，布放机具2398台；累计填补金融空白行政乡镇682个，实现了金融服务乡镇全覆盖；填补空白行政村1700个，惠及农牧民群众80万人。

金融IC卡助农取款服务打通了西藏自治区农牧民金融服务的“最后一公里”，解决了西藏自治区大部分农村乡镇位置偏僻、交通不便，金融服务机构或基本金融设施缺乏，农村居民支取现金不便、费时费力等问题。助农取款服务的推广，契合了广大农牧区的基本支付服务需求，在推动落实中央各项扶农惠农政策、助力社会主义新农村建设等方面的成效日益突出，促进普惠金融发展效果显著。

（二）金融IC卡加载行业应用拓展普惠金融服务深度

所谓金融IC卡加载行业应用，指的是在金融IC卡的金融账户模块之外，通过加载其他行业的数据模块，使得一张金融IC卡既可以满足银行的各种传统账户交易，同时还可以应用于其他民生应用场景。例如，可以在金融IC卡上加载公共交通、社会保障、医疗卫生、文化教育、城市管理、生活服务等涉及民生的应用与服务。

开展金融IC卡在公共服务领域的一卡多用，推动金融IC卡信息惠民工作，是党中央、国务院实施信息惠民工程在金融系统上的落脚点之一。《国务院关于

促进信息消费扩大内需的若干意见》提出“大力推进金融集成电路卡（IC 卡）在公共服务领域的一卡多应用”的精神。目前，全国各省市落实《中国人民银行关于开展金融 IC 卡推广工作的通知》要求，城市金融 IC 卡在公共服务领域的应用在 7 大类、28 个行业实现突破，覆盖公共交通、社会保障、医疗卫生、文化教育、城市管理、生活服务、企业服务等多个领域，有效创新了公共服务手段，开创了金融 IC 卡服务民生、普惠金融的新局面。

（三）移动金融发展创新普惠金融服务形式

移动金融是对利用移动互联网开展资金融通活动的总称，包括基于移动互联网所形成的各种金融产品、金融服务等，即金融机构借助移动通信技术提供有关金融服务。

移动金融具有成本低廉、随身便捷的特点，能够使人们不受时间和地点的限制享受优质的金融服务。发展移动金融借助科技手段便民惠民，在缩小城乡差距、增进社会福利、推动我区金融普惠等方面具有重要的作用和意义，是建设和谐社会的有效途径。一是由于移动金融覆盖面广，可以扩大金融服务受惠群体。由于我区特殊的地理条件、交通不便，加之幅员辽阔、区域发展不平衡，仍存在较大范围经济发展水平较为滞后的边远地区，金融服务的实体网点难以覆盖，金融服务供给严重不足。而移动金融能够借助无线通信技术，弥补金融服务实体网点不足的问题，满足边远地区农牧民的金融需求。二是有利于城镇居民、社会大众获得更加快捷、便利的金融服务。目前看来，移动金融作为新兴的服务方式，不受时间、地域的影响，通过将金融服务与移动通信功能结合，实现线下金融服务与线上金融服务有效融合，能够提供全天候、全方位、“一站式”的金融服务，进一步提升金融业的服务效率与质量。三是我国移动金融坚持充分复用资源原则，从而能够较迅捷发挥已有的基础设施优势，在保持标准统一的同时，避免重复建设，节约了经济和社会资源。四是移动金融服务具有海量交易，小微单笔金额、小额便捷的特征，具有普惠金融的特点。同时，移动金融具有包容性增长的功能，可以较为容易拓宽金融服务渠道，丰富兼容产品，为促进普惠金融发展提供了良好的平台。

二、西藏金融 IC 卡产业发展现状及推进西藏普惠金融发展的优势

（一）制定西藏自治区金融 IC 卡发展规划，明确金融 IC 卡产业发展任务

为促进西藏自治区金融 IC 卡产业有序、健康发展，中国人民银行拉萨中心支行代自治区政府草拟了《西藏自治区金融集成电路（IC）卡发展规划和实施意见（2015—2020 年）》（以下简称《规划》），明确了辖区人民银行、银联、商业银行、参与公司及各有关职能部门的职责，规划了“十三五”期间我区金融 IC 卡发展的时间表，为我区金融 IC 卡工作的整体、有效、快速推进奠定了良好的基础。《规划》强调，力争到 2020 年，通过大力发展金融 IC 卡应用，要有效带动城市信息化发展，促进资源的高效利用和共享；通过把金融 IC 卡作为个人支付、金融服务和市政管理手段相结合的载体，建立有利于金融应用与公共领域应用融合、促进社会发展的创新模式；建立覆盖各民生服务领域、惠及全民的普惠金融环境，取得金融 IC 卡发展的实效。

（二）金融 IC 卡普及程度日益提高，为金融 IC 卡推广应用奠定坚实基础

根据人民银行统一安排，西藏自治区金融 IC 卡推广工作自 2011 年启动，按照“2011 年打开局面，2012 年扩大应用，2013 年规模发卡”的阶段性目标不断推进，金融 IC 卡产业发展呈现出健康、平稳、有序发展的良好态势，金融 IC 卡发卡量不断增加，受理市场不断完善。

一是金融 IC 卡发卡量快速提升。截至 2015 年第二季度末，全区金融 IC 卡累计发卡已超过 158 万张，较去年同期增长 61.89%。其中，2015 年新增金融 IC 卡发卡 41 万张，占新增金融 IC 卡比例为 100%。带电子现金功能的金融 IC 卡共计 158 万张，均支持非接触式闪付功能，金融 IC 卡被社会认知程度明显提高，持卡量呈上涨态势。

二是受理环境改造大体完成。全区所有 POS 终端、ATM 终端的改造工作已大致完成，截至 2015 年第二季度末，全区 POS 终端和 ATM 终端总量分别为 13420 台和 1345 台，受理金融 IC 卡改造率均达到 100%。在已完成改造的 POS 终端和 ATM 终端中，能够受理非接触式金融 IC 卡的占比分别为 43.75% 和 9.37%。POS 终端总量和支持金融 IC 卡的 POS 终端数量较去年同期分别增加

2427台和3245台，ATM终端总量和完成改造的ATM终端量较去年同期分别增加375台和370台，表明我区各商业银行和银联公司在严格把握增量受理设备标准符合性的同时，不断完善存量设备的改造情况。同时，随着受理环境改造基本完成，降级交易现象得到了有效防止。数据显示，2014年末，POS终端和ATM终端的金融IC卡跨行交易降级笔数占比分别降低了1.2个百分点和0.4个百分点，呈现明显的下降趋势。

三是金融IC卡交易总量明显增加。随着金融IC卡发卡量的快速增加，受理环境改造的持续巩固、公共服务领域应用的不断扩展，金融IC卡交易呈现良好的上升趋势。截至2015年第二季度末，西藏自治区金融IC卡存款余额为187.31亿元，较2014年底增长21.43%；金融IC卡消费交易额为88.30亿元，较2014年下半年增长17.45%。

（三）辖区金融IC卡加载行业应用实现突破，金融IC卡惠民利民态势初步形成

一是实现金融IC卡在我区部分民生领域应用的突破。2012年，实现了在中国建设银行西藏分行金融IC卡上加载公积金功能，为个人公积金管理设立单独账户，可实现公积金余额查询、转账、支取等服务。2014年，中国邮政储蓄银行西藏分行发行了带有医疗卫生服务功能的“华西健康卡”，我区城镇居民可通过该卡实现在四川华西医院的远程挂号，在节约用户时间的同时，也切实降低了西藏自治区居民赴成都看病治疗的经济压力。2015年，拉萨市实现了金融IC卡刷卡乘坐公交车和出租车，拉萨市民可持各商业银行发行的金融IC卡，利用圈存到电子钱包中的现金，刷卡乘坐公交车及出租车。目前，我区居民已经初步体验到金融IC卡便利、快捷、安全的优势，真正实现便民惠民，金融普惠效应初步呈现。

二是金融IC卡市场运作初步规范。2015年4月，由中国银联西藏分公司负责组织开发的“西藏辖区金融IC卡公共服务平台”正式上线运行。目前，辖区各国有商业银行，电信、移动、联通三大运营商，拉萨市公交集团公司均已接入该平台。由于该平台的标准统一、资源共享等原则，可进一步拓展到水电煤气、医疗卫生、文化旅游、餐饮购物等民生领域，为金融IC卡和移动金融产业跨地区、跨行业、跨机构实现资源共享、应用互通、合作共赢提供坚实的基础支撑。

（四）积极探索移动金融发展，金融 IC 卡服务形式日趋多样化

从目前来看，我区移动金融推动工作主要从以下几个方面开展：一是不断推出基于移动客户端的移动金融产品，如手机银行、扫码支付、NFC 支付等，并呈现出平台化、社交化等特点。我区城镇居民可通过手机完成小额支付、交通等日常生活中的线下快速支付，也可以完成网上转账、信贷业务、征信查询、购买理财等线上服务。二是进一步拓展移动金融受理渠道。中国人民银行拉萨中心支行进一步完善金融 IC 卡受理环境建设，加快补齐金融 IC 卡受理软环境短板，积极推动金融 IC 卡受理商圈建设，引导各银行业金融机构落实电子现金跨行圈存受理工作，逐步实现自助终端、互联网、手机等新兴渠道支持金融 IC 卡受理，方便居民在商圈内无障碍地使用金融 IC 卡电子现金进行消费。三是各商业银行在发挥金融 IC 卡“高安全、快支付、多应用”的优越性等方面下功夫，注重金融 IC 卡与新兴支付渠道的融合，通过不断拓展行业应用领域，扩大金融 IC 卡服务受众群体，让群众享受更加安全的支付服务。四是按照“继承式创新发展”思路，积极引导互联网支付、手机银行等线上移动金融从纯客户端加密模式向基于硬件加密模式的转变，提高线上移动金融应用的安全性，有效保证身份认证水平。基于金融 IC 卡芯片化的移动金融，能够满足手机信贷、手机银行、手机征信查询等高安全认证业务的需求。五是移动金融参与各方积极开展扩大移动金融业务宣传和普及工作，让广大群众真切感受到基于金融 IC 卡的移动金融服务带来的便捷、安全的金融服务，从而调动各参与方、社会公众的积极性，实现移动金融的快速普及。

三、存在问题

尽管金融 IC 卡不断拓展了辖区普惠金融的广度和深度，但在发展过程中仍存在一些薄弱环节和制约因素。

（一）基础设施建设比较薄弱

截至 2015 年第二季度末，全区 684 个乡镇中，ATM 终端数量仅为 72 台，POS 终端数量仅为 124 台，且均设在基础设施条件较好的乡镇与村。非接触式受理终端建设改造方面，全区仅有 126 台 ATM 终端支持非接触式受理金融 IC 卡，5871 台 POS 终端支持非接触式受理金融 IC 卡。国产密码算法使用及改造

方面，目前，辖区收单系统、银联转接系统、发卡系统三大主体金融 IC 卡相关系统中部分系统仍为国外产品，所使用的密码算法为国外算法，暂不能实现真正意义上的自主安全可控，国产化密码算法改造工作仅制订了工作方案，改造工作尚未开始。

（二）行业合作机制有待完善

金融 IC 卡的健康发展是一项系统工程，所涉及的产业链不仅包括金融机构，还包括其他合作机构（如电信运营商、手机厂商、行业应用部门）。从内地的发展经验来看，只有建立良好的行业共享合作机制，实现全行业参与和规模化发展，才能真正做到互利共赢、良性发展。从西藏目前的情况来看，一卡多应用方面，仅初步实现了金融 IC 卡在拉萨市公交、出租上的刷卡乘车，发行了加载远程挂号功能的“绿色华西健康卡”。金融机构及各行业、企业尚处于单打独斗、各自为战的状态，存在较大的行业壁垒，尚未建立切实有效的合作机制。

（三）仍需特殊优惠金融政策的大力支持

商业银行在追求利润最大化的原则下，由于投入产出不匹配等原因，削弱了金融 IC 卡的健康创新发展。一是地广人稀的特殊地域环境，导致辖区金融体系“动脉血管”很粗，“毛细血管”却不发达。从服务主体来看，服务西藏偏远地区的金融机构主要是农行西藏分行基层营业所和邮政储蓄代理网点，平均来看，每个营业所 2 ~ 3 人，服务 2 ~ 3 个乡，金融服务半径大，服务成本高，金融服务的频率低，导致部分地区的金融需求得不到满足。二是受理环境建设成本问题。辖区已先后完成 POS 终端和 ATM 终端受理金融 IC 卡改造、电子现金圈存跨行圈存改造和关闭金融 IC 卡降级交易等基础性改造工作，下一步，将主要开展非接触式受理机具改造工作，也需要投入大量的成本。目前，此部分成本主要由商业银行承担。三是发卡的成本问题。一张普通磁条卡的成本约为 1 元，但金融 IC 卡的成本约为 20 元。由于较高的发卡及换卡成本给予，导致商业银行在推广基于 PBOC3.0 标准的金融 IC 卡上积极性不高。四是平台建设问题。实现基于金融 IC 卡的非接小额快速支付和行业应用，更多体现的是一项便民惠民工程，需要建立单独的平台，由于投入与产出存在一定背离现象，导致商业银行在平台建设方面不积极，存在消极等待的现象。

（四）公众对金融 IC 卡认知程度不高

除受基础设施建设薄弱和政策因素等制约外，金融 IC 的发展也受到习惯性路径依赖制约。如同人们适应由现金交易到刷卡联机交易需要经历一个较长的过程一样，由联机交易到脱机交易需要同样的适应过程。前者的“现钞变为电子货币”曾让人们对交易感觉“不踏实”，后者因“银行账户与电子现金一体”让人们感觉携带“不安全”。大部分群众对金融 IC 卡“一卡多应用”功能比较陌生，没有充分认识到金融 IC 卡和普通磁条卡的区别，且对金融 IC 卡电子现金安全、快捷、便利的特点和圈存应用的功能还不甚了解，有些客户手中拿着带有“UPCASH”及“闪付”字样的金融 IC 卡却不知其作用，导致电子现金小额快速支付应用推广阻力较大。

四、对策及建议

（一）加快基础设施建设，逐步完善金融 IC 卡受理环境升级

加强政府主导作用，营造金融 IC 卡跨行业应用的良好环境。一是要以政府部门为主导，联合银行业机构、银联、财政、税务、通信、交通、社保等部门制定金融 IC 卡推广应用规划，通过把金融 IC 卡作为个人支付、金融服务和市政管理手段相结合的载体，建立有利于金融应用与公共领域应用融合、促进社会发展的创新模式，建立覆盖各民生服务领域、惠及全民的普惠金融环境。

要坚持以金融 IC 卡 PBOC3.0 标准为基础，建立行业合作机制，推动金融业与公共服务领域各企事业单位相互开放、互联互通，发行加载公共服务领域多行业应用、可联网通用的金融 IC 卡。依托西藏自治区银行业金融机构遍布城乡的服务网络、营业网点及受理机具，整合行业应用受理环节，建设完善、统一、便利的公共服务受理环境。实现金融 IC 卡在西藏自治区社会保障、公共交通、医疗卫生、旅游娱乐、文化教育、公用事业、社区服务、小额快速支付等公共服务领域的一卡多应用。

（二）建立行之有效的行业合作机制

积极争取政府在金融 IC 卡推广中的组织推动作用。推广应用金融 IC 卡，涉及政府职能部门、行业主管部门、银行、银联、企业等众多部门，这就决定

了金融IC卡推广工作是一个复杂的系统工程，需要各部门的共同努力。而如何理解各参与方的职责权利，有效平衡各方利益，形成合理有效、各方都认同的利益机制，调动各方参与的积极性，是金融IC卡行业应用工作的核心和关键。只有充分发挥地方政府的组织作用，探索建立各单位（部门）参与的多层次沟通协调机制，形成合力，才能更好地推进金融IC卡工作。一是牵头成立领导组织机构，统筹领导、组织、协调辖区金融IC卡推广工作。二是出台相应的指导意见，明确职责，逐步建立完善金融IC卡推广工作机制。三是探索出台金融IC卡推广的优惠和补贴政策，从利益格局上促进各金融单位和各行业、企业参与试点、推广工作。四是进一步规范行业预付卡管理，制定金融IC卡在公共服务领域推广应用的规划，推动实施、实现金融IC卡替代公共服务领域各种预付卡。

充分发挥人民银行的主导作用。督促指导辖区各级人民银行结合自身职责，加强金融IC卡的行业管理，同时，从促进行业健康发展的高度出发，加强与政府主管部门、各行业单位、企业的沟通协调，起好商业银行与上述部门的桥梁作用。一是加强调研，摸清辖区金融IC卡推广所面临的问题和困难，加强前瞻性和系统性设计，探索符合西藏实际的解决办法和推广路径。二是坚持以《中国金融集成电路（IC）卡规范（V3.0）》为基础标准，协调各行业标准规范与PBOC3.0有机融合、兼容，避免行业技术壁垒的出现。三是推动商业银行加强与政府主管部门、行业、企业的沟通协调，建立合理有效的成本分担和利益共享机制，避免重复投资、资源浪费和单方受损情况的发生。四是加强支付结算管理，强化各种预付卡管理的政策措施，为金融IC卡的推广应用创造良好的政策和市场环境。

（三）制定适应本地发展需求的金融政策，支持金融IC卡更快发展

需政府及行业主管部门牵头，秉承便民利民理念，探索出台基于金融IC卡的优惠和补贴政策，对受理终端改造、降低金融IC卡交易相关费率、金融IC卡平台建设等基础设施建设给予适当补贴和优惠，一定程度上降低商业银行的投入成本，拓宽商业银行的生存空间，为其在商业性的原则下提供普惠金融服务奠定良好的基础。

各发卡银行、收单机构等市场主体在金融IC卡受理终端改造和卡交易方面，要加强与上级部门沟通，给予适当受理终端改造费用优惠，降低金融IC卡

交易相关费率，从而提高参与行业合作的积极性。

（四）加大宣传力度，提高社会公众的认知度

进一步加强金融 IC 卡推广应用宣传工作。各金融机构应大力加强金融 IC 卡加载行业应用宣传工作，利用各种媒体和渠道，引导社会公众了解、熟悉金融 IC 卡加载行业应用工作，重点突出金融 IC 卡的安全性、便利性优势，提升社会公众接受、使用加载行业应用的金融 IC 卡的主动性和积极性，为金融 IC 卡加载行业应用营造良好的发展环境。同时，可选择部分商户集中、受理条件良好的商业区域打造非接触支付商圈，从小额购物、餐饮等行业全面推广金融 IC 卡非接支付，凸显金融 IC 卡安全性及便捷性，培养广大持卡人用卡意识。

结合实际，因地制宜选择行业应用突破口。结合西藏实际，选择公共交通、社保、医疗等相对成熟的民生项目作为突破口，探索发行加载行业应用的金融 IC 卡。通过在最贴近普通市民生活的公共服务领域推广金融 IC 卡行业应用，使广大持卡人直观感受到金融 IC 卡使用的便捷性及安全性，提高公众认可基础程度。随着受众群体的不断扩大，势必对金融 IC 卡在其他领域推广建立起一个外部环境，金融 IC 卡市场的“蛋糕”也将被做大。在市场化条件下，将会对个别难以推广的领域形成市场“倒逼”建设的态势，最终形成推进辖区金融 IC 卡市场发展的软动力。

参考文献

［1］李东荣．推动金融 IC 卡在公共服务领域应用［N］．第一财经日报，2014－04－14.

［2］李晓枫．金融 IC 卡与移动金融产业现状及应用前景研判［J］．金融电子化，2015（3）．

［3］李宏伟．探索“互联网＋”时代的金融 IC 卡与移动金融集约化发展路径［J］．金融电子化，2015（7）．

［4］李国华．“普惠金融”是怎么回事［J］．求是，2014（3）．

西藏农牧民专业合作经济组织发展状况调查

中国人民银行拉萨中心支行课题组
课题组组长：郭振海
课题组成员：熊正良　唐光明　于　伟

摘要： 近年来，西藏农牧民专业合作经济组织异军突起，成为“三农”领域的新亮点，在发展农牧区经济、促进农牧民增收、改善农牧区社会管理等方面发挥了重要作用。本文在详细阐述西藏农牧民专业合作经济组织发展现状的基础上，深入分析西藏农牧民专业合作经济组织发展存在的一些问题和不足，并提出了有关政策建议。

关键词： 西藏　专业合作经济组织　和谐发展

近年来，西藏农牧民专业合作经济组织异军突起，成为“三农”领域的新亮点，在发展农牧区经济、促进农牧民增收、改善农牧区社会管理等方面发挥了重要作用。但从农牧民专业合作经济组织的发展情况和发挥作用的程度看，仍存在一些问题和不足，需要从理论和实践上进一步研究和探索，以促进农牧民专业合作经济组织更好、更快地发展。

一、西藏农牧民专业合作经济组织发展基本情况

西藏农牧民专业合作经济组织是建立在家庭联产承包经营体制基础之上，依照加入自愿、退出自由、民主管理、盈利返还的原则组建，按章程进行共同生产经营活动的经济组织，是西藏农牧区各类专业合作社、专业协会、各类经济联合体等经济组织的总称。西藏从 20 世纪 90 年代开始发展农牧民专业合作经济组织，由于该组织很好地适应了农牧区生产力的发展和农牧民自主经营的需要，二十多年来，发展较为迅速，其规模和影响不断扩大。截至 2014 年末，西藏各类农牧民专业合作经济组织达到 2937 家，注册资金 20. 46 亿元，涉及种

植业、养殖业、加工业、旅游业、运输业、采石采砂业、建筑业等多个领域；入社农牧民群众接近 18 万人，约占全区农牧民人口的 7.7%；共有农牧民专业合作社、专业协会、经济联合体三种类型，其中合作社占九成以上。

（一）农牧民专业合作经济组织的主要特点

一是主体多元化。有种养户创办型，即种养业户为适应市场需要组成的合作经济组织，种养大户在合作社中起主导作用。有能人组织带领型，即农牧民能人组织农牧户成立的合作经济组织，主要包括小型项目建设、蔬菜种植等。有村干部牵头型，即由特色产业专业村村干部牵头组成的合作经济组织，此类组织成员分布呈较强的区域性、经营涉及面广。有政府扶持型，即由政府有关部门或驻村工作队牵头，给予资金或技术支持，帮助村民建立合作社，由村集体所有、村委会负责管理。

二是形式多样化。有资本合作型，即农牧民以资金或资产作价入股，组建专业合作经济组织，纯利润按股分红，并承担风险。有生产合作型，即农牧民以牲畜入股，按不同畜种畜龄作价，管理上实行统一品种、统一养殖、统一出售，此类专业合作经济组织多为牲畜短期育肥项目。有销售合作型，即村干部或能人带头，了解市场行情，拓宽营销渠道，组织人员统一收购牲畜或畜产品并出售。有综合合作型，即部分农牧区能人组织本村特困户、低保户，开展劳务输出、日用商品、小型加工业等各行业的合作，此类专业合作经济组织多为商店或民族服装加工业。

三是分布多行业。有种养殖业，即传统养殖门类齐全、数量众多，涉及牲畜短期育肥、畜产品销售、蔬菜种植、人工种草等多个门类。有商饮业，即在“强基础、惠民生”驻村工作队的扶持下建立起的商饮业，涉及副食品、服装、日用百货、招待所等。有建筑业，即主要从事乡村道路、水利设施等小型基础设施项目建设。有旅游服务业，即主要从事导游服务、接待等旅游服务和餐饮、娱乐等。有民族手工艺业，即主要从事卡垫编制、民族饰品加工。有农用机动车维修业，即主要从事拖拉机、摩托车等农机具的常规维修和保养。

四是运营模式多样化。有“协会 + 农户”模式、“基地 + 协会 + 农户”模式、“企业 + 协会 + 农户”模式、“支部 + 协会 + 农户”模式、“能人 + 协会 + 农户”模式等。

五是政府扶持力度较大。调查显示，西藏各种类型的农牧民专业合作经济组织迅速发展，离不开优惠政策的支持。从国家层面看，党中央、国务院高度重视农民专业合作经济组织发展，农村改革以来制定了一系列扶持政策。2004—2006年，中央连续3个1号文件都对农民专业合作经济组织的发展提出了具体的鼓励和补贴措施。2007年颁布的《农民专业合作社法》也明确了对合作社的多项扶持政策。2003年至今，中央财政累计安排扶持专项资金达515亿元。由此可见，中央鼓励和支持农民专业合作经济组织发展的政策是连续的，方向明确，措施有力，操作性也越来越强。

西藏从2005年开始，每年预算安排农民专业合作经济组织发展专项资金，与中央财政资金整合使用，支持农民专业合作经济组织发展。2009年4月，进一步提出《西藏自治区关于加快发展农牧民专业合作经济组织的意见（试行）》，提出自治区财政安排扶持农牧民专业合作经济组织的专项资金每年不低于3000万元；在种养业生产、基础建设、市场营销、农牧业产业化、良种工程、动植物疫病防控等专项资金安排上，要扶持农牧民专业合作经济组织；落实税收优惠政策，对农牧民专业合作社销售本社成员生产的农畜产品免征增值税，对农牧民专业合作社向本社成员销售的农膜、种子、种苗、化肥、农药、农机免征增值税，对农牧民专业合作社与本社成员签订的农畜产品和农业生产资料购销合同免征印花税；加大信贷支持，对生产经营规模较大的专业合作经济组织，可按照有关规定授予一定的授信额度，运作规范、有效益、讲信用的专业合作经济组织的贷款，由地、县两级财政予以贴息；对合作经济组织种养业基地、农畜产品初级加工的用电，执行农牧业用电电价政策等。以阿里地区专业合作经济组织为例，2011—2014年，西藏、阿里两级财政共下拨阿里地区专项扶持资金达2315万元。实地调查发现，西藏几乎全部农牧民专业合作经济组织均或多或少地享受到了政府的政策优惠，或以税收优惠，或以贷款贴息，甚至是来自民政、扶贫、农业等部门的直接资金扶持。尽管不少专业合作经济组织对优惠政策了解不多、认识不深，但并未影响到政府部门对其的扶持。

（二）专业合作经济组织主要类型

西藏农牧民专业合作经济组织按照不同的分类标准可以划分为不同的类型，如从资金来源分、按合作区域分等。

从资金来源划分，农牧民专业合作经济组织可分为由社员全额出资、政府全额出资、社员和政府共同出资三种类型。社员全额出资型合作组织一般由农牧民群众自愿组织而成，以现金、土地经营权、牲畜或其他资产投资入股，并按入股比例承担经营责任和分享经营成果，社员推选领头人及其他代表对合作组织进行管理经营。如普兰县普兰镇多油村预制合作社，该社2012年由全村83户村民共同出资组建，注册资金35万元。从实地调研情况看，此类合作组织数量相对较少，不到总数的一成，其主要特点是社员经营管理自主权较大，但由于缺乏引导，大多管理不够规范。政府全额出资型专业合作经济组织是由政府财政、民政、扶贫等有关部门，以扶贫投入、补贴投入以及支农投入等形式，出资建设厂房、购买机器设备，建成后交付合作组织管理和经营，社员无需出资。如普兰西德白糌粑加工合作社，该社创建于2006年，由于缺乏启动资金，阿里地区民政局、农牧局共投入37万元帮助建设厂房和购买了全部加工设备。此类合作组织近似村（或乡）集体企业，其数量少于社员全额出资型，主要特点是管理、分红多由村委、乡政府主导，经营利润主要用于合作社发展和村集体公益事业，社员仅占有名义上的股权。社员和政府共同组建型专业合作经济组织是由社员与有关政府部门共同出资，社员以资金、土地经营权或其他资产投资入股，政府有关部门给予一定资金扶持。如普兰县普兰镇吉让预制厂经济合作社，该社由吉让村80户村民自筹资金17万元、政府扶贫办资助60万元共同出资组建。西藏农牧区大部分合作组织属于该类型，其主要特点是政府（或政府部门）一般不参与合作社经营，社员推选代表代为管理和经营，用工及原材料基本来自社员，经营利润部分分给社员，部分用于集体事业。

从合作区域划分，可分为村内合作型、多村合作型和全县整合型三种专业合作经济组织。村内合作型专业合作经济组织是指，全体社员由同属一个行政村的农牧民群众组成。从实际调研的结果看，西藏八成以上的合作组织均属于该类型。多村合作型合作组织是两个或两个以上的行政村联合起来，按照《合作社法》共同出资组建的合作经济组织。该类型大多属于“资金+资源”的组合，即一方有较好的资源或者项目但缺少启动资金，另一方提供资金与其合作开发，收益按事先约定的入股比例分成。如岗巴县岗巴镇琼修村采砂合作社，该社2013年由同属岗巴镇的琼修村和琼玛村共同组建，琼修村以地皮入股，琼玛村以机器设备入股。全县整合型合作社是由县政府牵头，联合县域内的某一同类型资源进行经营，按《合作社法》构建的大型合作组织或合作社的联合体。组织内部成员在实行分散经营和不改变现有的土地、草场承包关系及生产资料的权属关系的基础上，在产前、产中和产后服务等环节，开展新的联合与合作。此类合作组织目前西藏仅出现一例，即定结县岗巴羊养殖专业合作社。该社创建于2015年3月，由日喀则市定结县政府牵头，整合全县丰富的岗巴羊养殖资源，在不改变各乡各村分散养殖的基础上，联合全县10个乡镇、3116名农牧民群众共同出资组建，出资额达1246.4万元，共设9个分社、64个小组。该合作社通过统一提供养殖技术、信息服务、对外宣传和销售，为全体社员谋求利益。

（三）农牧民专业合作经济组织的功能分析

一是推动农牧区经济的快速发展。经济功能是专业合作经济组织的基本功能，也是专业合作经济组织在初级阶段的主要功能。农牧民专业合作经济组织有效改变了一家一户零散的生产经营方式，有效整合土地、人力、物力、财力等生产要素，促进了农牧业结构调整和产业化经营，带动了农牧区经济的快速发展。专业合作经济组织将处于市场弱势地位的农民联合起来，扩大生产规模，节约交易成本，变弱势为强势，获得了在市场竞争中的有利地位。合作组织在一定程度上可以及时掌握市场信息，灵活应对市场变化，组织农民抵御市场风险，维护农民的切身利益。合作组织建立了一条农牧民通向市场的桥梁，帮助农牧民及时了解市场需求信息，解决家庭经营的限制，统一生产标准，有效地满足市场功能需求，更好地带动农牧户参与市场竞争。

二是增加农牧民群众收入。专业合作经济组织加速了农牧业产品市场流通，将千家万户的小生产与千变万化的大市场连接起来，有效地解决了农牧业产品交易难的问题，有效降低了产品交易费用，维护了农牧民的利益，使农牧民群众得到了实惠。专业合作经济组织能够吸纳劳动力就业，农牧民群众可以通过劳动获取报酬，同时专业合作经济组织在盈利时还可以给予社员分红，这实实在在地增加了农牧民群众的收入。

三是教育及培训农牧民。专业合作经济组织是建立在教育基础上的经济组织。西藏农牧民群众自身的人力资本普遍不高，专业合作经济组织在带给农牧民一定回报的同时，还为社员提供政策咨询和技能培训，教育农牧民学习法律政策、市场经济、科学技术、民主管理等知识，大大提高了农牧民自我组织、自我服务、自我管理、自我教育的意识，增强了农牧民的市场观念。提高了农牧民的科学知识和综合能力，拓展了视野，获得了锻炼，调动农民群众的创业积极性，为农牧区经济发展注入了新鲜血液。农牧民专业合作经济组织成为培养有文化、懂技术、会经营、求发展的新型农牧民的有效载体。

四是为农牧民群众提供一定的社会保障。农牧民将土地作为资产入股农民专业合作社，使农牧民群众成为股民，可以享受合作组织的红利和适当的养老及医疗补贴，无疑可以使农民得到更长久的福利保障。此外，专业合作经济组织均自觉地承担起其他一些保障功能，比如助学、为困难群众提供生活医疗救助、帮助农民工维护正常权益、帮助调解村里各项纠纷及争议，甚至帮助社员购买医疗保险和养老保险等。

五是保持农牧区社会稳定。维护农牧区社会稳定一直是西藏自治区政府在农村工作中关注的重点问题之一。专业合作经济组织具有维护农牧区社会稳定的作用。专业合作经济组织可以为农牧区提供一些就业机会，减少潜在的社会不稳定因素，促进社会的稳定。扎根于农牧区社会中的农民专业合作社可以尽早发现潜在的社会不稳定因素，及时进行处理，避免局部矛盾扩大。在矛盾发生后，农民专业合作经济组织也可以充当化解矛盾的“润滑剂”的角色。同时，社员在遵循合作社的规章制度和接受合作意识理念的过程中，会将诚信、合作意识等潜移默化地作为一种公共价值和公共道德意识。合作社互助、民主、团结等价值观，能够更好地化解农村社会矛盾，促进邻里和睦，维护农村社会稳定。农牧民通过参加专业合作经济组织，能够增强合作意识、民主意识、学习意识和守法意识。部分专业合作经济组织甚至建立了基层党支部或党小组，扩大了党的覆盖面，凝聚了人心，团结了群众。敏感时期，帮助维护政治稳定已成为农牧民专业合作经济组织一项义不容辞的重要工作任务。

总体来说，农牧民专业合作经济组织在促进农牧区社会事业发展，形成科学文明的生产生活方式等方面发挥着越来越重要的作用。同时，由于农牧民专业合作经济组织为农牧民提供了许多生产经营方面的服务，对于推动基层政府转变职能、改进工作作风也具有很大作用。发展专业合作经济组织是符合加快构建以农牧户家庭经营为基础、合作与联合为纽带、社会化服务为支撑的立体式、复合型现代农业经营体系，也是政府提供社会化服务的理想载体。

二、西藏农牧民专业合作经济组织发展的制约因素分析

目前，西藏农牧民专业合作经济组织发展势头良好，数量迅速增加，产业分布越来越广，服务领域不断拓宽，也为更多的农牧民群众所接受。但总体来看，西藏农牧民专业合作经济组织仍处于发展的初始阶段，规范化和成熟度都

存在较大的完善和发展空间，尚未形成与特色优势产业互动互促、共同提升发展的局面，因此，必须正视当前农牧民专业合作经济组织发展中存在诸多局限性。

（一）思想认识不足，缺乏合作意识

分析起来，主要来源于以下几个方面：一是对发展合作经济组织的重要性认识不足。目前，西藏农牧民专业合作组织发展形势虽然良好，但个别管理部门对合作经济组织在促进农牧业结构调整、带动农牧民群众增收致富中的重要地位和积极作用缺乏足够的认识，缺乏把发展合作组织和农牧业结构调整作为一个有机联系的整体来统筹考虑，对合作组织的工作缺乏积极性，缺乏领办创办的热情，影响了发展速度。二是农牧民群众对合作发展理念认识不足。由于缺乏合作的理念，一些合作组织组建的目的脱离了为成员服务的宗旨，变相为获取国家的补贴以及各项政策优惠，这在一定程度上影响和制约了专业合作经济组织的可持续发展。三是农牧民群众对专业合作经济组织及相关法规缺乏足够的认识。我国于 2007 年 7 月正式实施了《农民专业合作社法》，为支持和引导合作经济组织发展、规范农民专业合作社的组织和行为，保护农民专业合作社及其成员的合法权益提供了法律依据。但实地调查发现，部分农牧民对《农民合作社法》不够了解，对合作组织的成立原则、组织机构、财务管理以及组织成员的权利与义务认识不足，对合作经济组织能给自己带来什么利益不清楚，农民合作意识不强、认知度不高、参加合作组织的积极性不高。

（二）经营规模小，市场竞争力弱，发展后劲不足

西藏农牧民专业合作经济组织资本积累少，产能基础脆弱，发展较好的专业合作经济组织凤毛麟角。与内地相比，农牧民专业合作经济组织会员少、规模小、产量低，经济实力弱，市场占有率很低，服务层次较低。多数农牧民专业合作经济组织成员只有十几户、几十户，成百上千户的少，跨县区、乡镇的少，形不成大的规模，在市场风云变化面前，应变能力不强，规避风险的能力较弱。许多地区农牧民在组建专业合作经济组织的过程中，由于财产和资金短缺，导致无论从组织规模、数量，还是功能作用的发挥等，都还是低层次的。多数专业合作经济组织停留在简单的生产、服务这一环节，缺乏对新技术、新品种的开发推广应用，没有形成生产、加工、销售等一体化的发展模式，产业

链有待延伸。专业合作经济组织大多属于以资源定生产，品种数量少，同质化问题严重，技术含量低，缺乏行业标准，质量参差不齐，市场竞争力较为低下。同时，生产效率低下，只盯住本地市场，对提高质量积极性不高，属于低水平运作。

（三）管理运作不规范，凝聚力不够强

为促进农民专业合作经济组织的规范发展，我国于2007年实施的《农民专业合作社法》专门就相关问题作出规定，如设立农民专业合作社必须有全体设立人一致通过的组织章程，要有符合法律规定的组织机构，农民专业合作社成员大会至少每年召开一次，财务管理规范化等。但从目前西藏农牧民专业合作经济组织的发展情况看，多数未建立规范的组织章程、议事制度、管理制度、财务制度和“利益共享，风险共担”机制，主要依靠个人的能力经营运作。不少合作经济组织即使建立相关制度，也不同程度地存在有章不循的情况，运作和管理随意性较大。一些合作组织没有明确组织成员的责任与权益，利润分配比例较低，有的尚未实行利润分配，社员利益没有得到有效的保障；加上农牧户只愿利益共享、不愿风险共担，导致合作经济组织与社员之间没有真正形成紧密联系。一些合作组织运作相当随意，日常事务主要由领头人来管理，组织的成员对合作组织的决策通常没有发言权。不少合作经济组织的财务管理相当混乱，甚至没有比较完整的账目，社员一般只能获得其农产品的销售收入，这导致合作组织与社员之间的利益联结也是比较松散的。此外，多数专业合作经济组织未建立党组织，党的凝聚力和组织管理能力未得到充分发挥。

（四）筹融资渠道受限，发展资金不足

实地调查发现，目前，西藏多数农牧民合作经济组织具有资金需求，但由于资金筹集渠道非常有限，发展资金不足，已经严重制约了合作经济组织发展。一是股本金投入比较低。农牧民合作经济组织股权不能公开发行，只能通过老社员加股或新社员加入增加股本，但西藏绝大部分农牧民群众尚处于温饱阶段，合作经济组织的社员股金投入都比较低，通过股权筹资额度受限。二是银行融资难。现阶段，多数农牧民合作经济组织规模小、实力弱，经营状况不理想，银行信贷风险较大。加上不少农民合作经济组织资产规模小、财务制度不健全、担保抵押能力有限，很难得到商业银行的贷款支持，仅有的政策性银行农业发

展银行也由于没有配套政策而难以给予贷款，融资难问题比较突出。三是财政扶持资金少。在入股资金少、银行融资困难的情况下，政府补贴或政策性项目扶持已成为西藏各类合作经济组织资金来源的主要渠道。为更好地使用扶持资金，目前，自治区各级财政投入往往使用建设厂房、购买设备等形式，直接补贴资金的情况较少。加上政府财政团难，难以支持所有合作经济组织同步发展，财政部门每年投入的扶持资金，主要用于个别典型示范社的生产和建设，因而不少合作经济组织是没有专项资金支持的。股本金不足、贷款难、扶持资金少，导致至少一半以上的农牧民专业合作经济组织存在资金需求得不到满足的情况，在很大程度上影响了进一步扩大生产经营规模。

（五）缺乏专业人才，发展潜力受限

目前，西藏农牧民合作经济组织大多处于起步和成长阶段，合作组织成长中存在的最大的障碍之一是缺乏善于经营管理的管理人员和具备丰富农牧业生产知识的技术人员。西藏合作经济组织成员有95%以上为农牧民，负责人大部分也都是农牧民，文化水平普遍较低，甚至还有文盲和半文盲存在，无论是在其经营管理上，还是在市场运作方面，都受到严重的限制。在人才引进方面，受到薪资条件待遇和实际工作环境因素影响，合作组织难以吸引专业化人才加入。合作经济组织缺少生产技术人员和经营管理人员，特别是懂得财务制度的人员，导致合作组织的经营管理不规范和产品质量得不到保障。生产保质保量的产品是合作经济组织发展的基础，提高产品质量和生产效率离不开科技成果的充分运用。缺少专业技术人员，影响合作组织中成员生产的产品产量、质量和对农业新品种的应用，甚至使得合作组织难以进行农牧产品的品牌经营。缺少必要的经营管理人员，如优秀的组织领头人、专业的财务人员和市场营销人员等，使合作经济组织的许多经营活动就受到限制，入股分红、生产安排、市场运作等都不能规范，制约了合作经济组织的进一步发展。

（六）服务需求缺口较大，发展速度受限

2001年以来，尤其是《农民专业合作社法》颁布实施后，为推动农牧民专业合作经济组织更好更快发展，西藏涉农部门在引导和服务方面做了大量的工作。目前，由于占相当比例的农牧民专业合作经济组织经营状况较差，对政府的引导和服务需求依然较大，这一点与其他省份需要减少政府干预的情况迥异。

由于西藏特殊的区情，农牧区经济社会发展较为落后，农牧民群众普遍素质不高。由于先天不足，从成立之时起，农牧民专业合作经济组织对政府部门的引导和服务的依赖性就较强。经过一段时间的发展后，不少合作组织未能实现正常盈利，发展陷入困境，为改变经营状况产生了更多的、较为迫切的服务需求。如缺乏整体发展规划和引导，有的专业合作经济组织创办较为随意，经过一段时间的发展后，往往面临产品过剩和产品同质化等问题。具体来看，这些需求主要有以下几个方面：一是政府政策的宣传与落实；二是经营管理上的指导和业务上的培训；三是帮助协调各部门的关系；四是为合作组织发展创造条件，如创办各种产品推介会，免费为合作社提供发展机会等。

（七）合作组织的服务功能未得到充分体现，影响农牧民群众的参与积极性

农牧民专业合作经济组织是为农牧民服务的互助性经济组织，其服务功能主要体现在为组织成员提供生产资料的购买，农牧产品的加工、运输、贮藏、销售和与农牧业生产经营有关的技术、信息等服务方面。从实际情况看，尽管西藏农牧民专业合作经济组织数量取得较快增长，但由于多数合作组织成员缺乏合作理念，加上管理运作不规范，自我服务功能较差，尚不能为一些需要技术支撑的农牧产品生产提供专业化的技术支持，以及原材料采购、市场销售和相关的信息服务，影响了合作组织应有作用的发挥，也影响了农牧民群众加入合作组织和参与经营管理的积极性。如普兰县某糌粑加工合作社，对社员的服务限于青稞收购、加工以及糌粑简单包装与销售，基本没有提供如社员青稞种植技术、产品研发、开拓市场等其他服务。

三、加快发展西藏农牧民专业合作经济组织的政策建议

现阶段，西藏农牧民专业合作经济组织还处于起步和发展阶段。但国外的农民合作社经过漫长的发展历史，目前已经发展较为成熟，可以给予我们许多的借鉴和启示。我们有必要借鉴农民专业合作经济组织发展的国际经验，把政府主导力、专业合作经济组织和市场配置力充分结合起来，最大限度地激发合作组织的活力，推动经济社会的和谐发展。

（一）进一步提高对合作经济组织的认识，切实贯彻合作制原则

要进一步提高对发展农牧民专业合作经济组织重要性的认识，特别是要从

农村改革发展的全局去认识，从建立、健全农业社会化服务体系的高度去认识，把这项工作真正摆到重要的位置上来，抓紧、抓好、抓出实效。做好合作经济组织基础知识的普及宣传，特别是加强对《农民专业合作社法》的宣传，为专业合作经济组织的发展营造良好的舆论氛围。加强培训和教育，逐步提高基层干部、农牧民在市场经济和发展合作经济等方面的知识，使广大农牧区干部和专业户明白“为什么要办专业合作经济组织”以及“怎样办好专业合作经济组织”，以此共同推进农牧区专业合作经济组织的发展，从而促进农牧区经济的增长。

（二）充分发挥政府主导力，科学制定统一规划，推动农牧民专业合作经济组织有序发展

结合西藏农牧区农牧民专业合作经济组织发展实际，制定西藏农牧民专业合作经济组织发展目标和发展规划，推动农牧民专业合作经济组织有序发展。初期以乡镇为单位整合资源发展专业合作经济组织，长远以县为单位发展集团化的企业公司，注重吸收区内外资本入股形成规模化、产业化的发展模式，整合中央、自治区、地区给予社员的各种补贴作为专业合作经济组织的资金来源，充分发挥各项补贴的作用。长期，应形成以县为单位的集团化经营，形成规模化、产业化发展模式，可采取总社—分社—子社的模式，各分社、子社以社内资产作为股本入股总社，推选代表参与总社的经营管理。根据各分社、子社出资情况进行分红。按照现代企业制度的要求，完善公司治理结构，制定发展规划，分步落实，吸收区外社会资本参与经营。可吸收“蒙德拉贡经验”，整合同类弱小专业合作经济组织，成立更大规模的农牧民合作经济组织或农牧民合作经济组织的联合体，以获取更大发展空间。在以村为单位建立最低层次的农牧民专业合作经济组织的基础上，将主营业务相同或相近的整合起来，建立若干村级专业合作经济组织共同组成的乡级专业合作经济组织，进一步在乡级专业合作经济组织基础上，建立以县为单位的农牧民专业合作经济组织集团公司。构建县、乡、村三级专业合作经济组织垂直管理体系，避免同质化竞争、无序化发展，形成规模效应，提升核心竞争力。这既有利于专业合作经济组织整体发展战略规划和产业布局，树立品牌和对外宣传，也有利于争取扶持资金和引进战略投资者。

（三）引导和督促合作经济组织规范内部管理，提高经营水平

在“引导不参与、支持不干预、服务不包办”的原则下，按照“边发展、边规范”的思路，帮助西藏农牧民专业合作经济组织完善制度，加强规范化管理，提高经营水平。一是以制定章程和建立成员账户为重点，指导农牧业专业合作经济组织根据自身发展实际要求，建立和完善有针对性、可操作的财务会计制度、民主管理制度和盈余分配制度，促进规范健康发展。在章程中切实约定针对本合作社的有关事项，并根据自身生产规模、特点和管理水平，设立相应可执行的管理制度。完善组织结构体系，特别是建立健全合作社的会计制度，账目要明晰化、公开化。在实际的合作社经营过程中，保证所列章程和管理制度切实可行，杜绝不执行或者形同虚设的现象出现。二是探索和建立科学的民主管理方法。例如，在重大问题决策上，采用公开投票表决方式；在日常工作中，注意信息的公开透明，充分体现民主管理。以提高产品质量安全水平为核心，指导农牧业专业合作经济组织建立质量安全标准和生产技术规程，在此基础上打出产品品牌，通过品牌营销增强产品市场竞争能力。

（四）进一步加大政策扶持和融资支持力度，为农牧民专业合作经济组织发展提供良好的政策环境

中央第六次西藏工作座谈会于2015年8月在北京召开，赋予了新时期支持西藏经济社会发展的包括财税、金融在内的一系列特殊优惠政策。我们要充分用好、用活、用足中央赋予的优惠政策，大力支持西藏农牧民经济合作组织的发展。一是加大财政资金扶持力度。政府各有关部门可以考虑根据农牧民专业合作经济的发展速度和增长规模，结合各地实际情况，逐步增加相应的财政资金扶持力度。可根据实际情况，从财政支农预算中安排一定数量的资金，建立支持农牧民合作发展专项基金，用以推动符合政府产业政策的合作组织的生产发展、技术推广、贷款贴息、教育培训等相关活动。利用财政扶持资金为农牧民合作经济组织创建有效的贷款担保机制。另外，财政支持农牧民合作经济组织发展的途径和方法也必须有所创新。对合作经济组织的必要投入，要灵活运用资金、智力、技术、物资投入等多种方式。区别不同情况，既可直接补助资金，也可通过支持开展培训活动增加对农牧民专业合作经济组织的智力投资，还可以通过政府采购为农牧民合作经济组织引进技术和物资。二是加大商业银

行融资支持力度。要认真贯彻落实中央第六次西藏工作座谈会精神，用好中央赋予新时期西藏的特殊优惠金融政策，加强“窗口指导”，引导西藏银行机构把扶持农牧区专业合作经济组织作为信贷支持的重点，切实发挥金融支持“三农”发展的作用。协调金融部门将专业合作经济组织贷款纳入扶贫贴息贷款范畴，或者安排低息或无息专项农牧民专业合作经济组织发展贷款，降低融资成本。三是积极争取非政府团体、企业或企业集团的融资支持。可采取非政府团体、企业或企业集团直接参股注资的形式，利用其先进的管理经验、销售渠道、信息资源和资金，扩大生产经营规模，获取更大的发展。四是积极争取援藏资金支持。可考虑将部分具备一定发展潜力的农牧民专业合作经济组织整体打包，整合为一个或多个援藏支持项目，利用内地省份的援藏资金为合作组织融资，以推动农牧民合作经济组织和农牧区经济发展。五是进一步加大税收优惠力度。认真贯彻国家财政部、税务总局《关于农民专业合作社有关税收政策的通知》（财税〔2008〕81号）精神，进一步加大税收减免的力度。比如给予营业税、所得税及进口设备税收减免等优惠政策，支持农牧民专业合作经济组织发展。

（五）加大人才培养和引进力度，增强合作经济组织的发展潜力

培养一批熟悉合作经济组织理论、具备相当经营管理能力的带头人、业务人员和技术骨干，对于今后农牧业专业合作经济组织发展具有十分重要的意义。一是加强教育，提升农牧民成员的自身素质和领办人的管理水平。没有好的带头人，就不可能有成功的合作经济组织。要加强专业合作经济组织带头人、业务骨干的继续教育与培养，提高专业合作经济组织成员素质，提高专业合作经济组织的发展潜力。政府要重视农牧民专业合作经济组织的教育培训工作，为合作组织提供各种培训和学习机会。给予资金、政策、项目等方面的扶持，支持和促进农村职业技术教育和培训等。以高校和各种培训机构为依托，建立完善的农民合作社专业人才培训体系。在区分培训对象的基础上，有针对性地开展合作社人才培训，开发新的培养模式和培养方法，提高专业合作社人才供给与需求契合度。二是大力引进农牧业科技人才和管理人才。鼓励区内大中专毕业生、农技人员加入农牧民专业合作经济组织创业，在工作条件、工资福利待遇等方面，给予一定优惠条件，提高人才吸引度。从实际需要出发，打造以具有合作精神的农牧民企业家为核心，以科技人才为依托，以营销管理、信息技术人员为骨干的农牧民专业合作经济组织人才队伍。

（六）进一步加大服务力度，为合作组织发展创造良好的外部环境

结合西藏专业合作经济组织的服务需求，建议相关部门更加积极参与，推动合作组织进一步发展壮大。一是要进一步加大对合作组织的市场引导和信息服务力度，大多从事农产品生产销售的合作组织缺乏掌握、分析市场信息的手段，而一些部门在这方面的引导和服务还比较滞后，以致大多合作组织的成员对市场规律认识不足，影响了农产品的交易，降低了合作社的收入。二是要进一步加强政策扶持的兑现，如部分合作社虽然争取到了专项资金扶持，如果管理部门不积极去引导和督促，就会导致部分合作社发展缓慢，农牧民积极性受到影响。三是要进一步加强引导与监督，行业主管部门要在宣传引导、培养典型、帮助解决发展中的问题上下大力气，在推进合作组织发展过程中要“扶上马、送一程”。

（七）充分发挥合作经济组织的自我服务功能，提高社会影响力

合作经济组织社员需要的服务就是合作组织应该做到的，国外成功的农民专业合作经济组织无不证明这一点。西藏农牧民专业合作经济组织应结合自身发展实际，努力为社员提供与合作组织生产相关的各种服务。一是做好与合作组织生产相关的生产资料的采购和供应服务。对组织内成员开展生产经营需要的农业投入品，统一组织采购、运输、储藏和供应，努力降低社员的生产成本。二是做好农牧产品质量安全标准和检测、技术指导与培训服务，提高农产品质量和市场竞争力。三是积极开拓市场，做好品牌、包装和销售，提高产品销售收入和利润率。此外，要因地制宜，鼓励和支持专业合作经济组织发挥社会保障和社会稳定功能，提高合作组织的社会地位和影响力。如为贫困社员缴纳参加新农合的费用、新农保的费用，为社员以及非社员发放生活和生产应急救助金等，为西藏农牧区广大贫困农牧民提供一种非正规的社会保障。利用专业合作经济组织亲近基层、了解情况的优势，通过拨付一定的专项维稳经费，赋予维稳职责，充分发挥其在农牧区边疆稳定和建设社会主义新农村中的载体作用。

现阶段，培育和发展西藏农牧民专业合作经济组织是“三农”工作的重要组成部分，也是市场经济条件下增加农牧民收入、推进现代农牧业建设的有效组织形式。西藏各有关部门要高度重视发展农牧民专业合作经济组织的重要意义，积极制定和实施灵活多样的有效措施，一起把培育和发展农村专业合作经

济组织工作推向新阶段。

参考文献

[1] 王菲．筑牢“金窝窝”早圆致富梦——我区发展农牧民专业合作组织综述 [N]．西藏日报，2015-04-13 (6)．

[2] 黄胜忠，徐旭初．农民专业合作社的运行机制分析 [J]．商业研究，2009 (10)：22-29.

[3] 李尚勇．农民合作社的制度逻辑兼谈其发展存在的问题 [J]．农业经济问题，2011 (7)：73-81.

[4] 乔海彬．日本农协运营体制对我国专业合作社的启示 [J]．求索，2013 (6)：246-248.

[5] 闵达律，梁必文．农民专业合作社发展中面临的四大金融缺失问题 [J]．中国农民合作社，2009 (8)：19-26.

[6] 黄恺光，陈爱荣，宋景辉．呼伦贝尔市牧区专业合作经济组织发展状况分析 [J]．北方经济，2013 (8)：36-38.

涉农保险与西藏农牧区经济发展研究

西藏保监局课题组
课题组组长：马全平
课题组成员：康　学　吴金鑫　李　哲

摘要：农牧业的发展是西藏经济发展的基础，由于西藏重大自然灾害频发，对农牧业发展和农牧民收入产生了不利影响，农业保险作为农业现代化的三大支柱之一，对西藏农牧业发展起着不可替代的作用。本文从农业发展面临的风险和对农业保险的需求出发，阐述了2007年以来西藏农业保险在农业发展中发挥的重要补偿作用，进而建立时间序列模型进行回归分析和协整检验，初步得到了西藏农业保险发展水平对农牧业发展水平的正相关关系和稳定性作用，最后，提出了推动农业保险促进农业发展的政策建议。

关键词：农业保险　经济发展　回归分析　农业风险

西藏90%以上的国土是农牧区，近八成的人口是农牧民，农牧业在整个经济社会发展中的基础性作用十分突出。没有农牧业的现代化，就没有西藏的现代化。在西藏农牧业的现代化建设进程中，农业保险发挥了不可替代的作用。截至2015年来，西藏政策性农业保险已经基本实现了地域、险种和责任的全覆盖，地域上覆盖了全区74个县（市、区），覆盖面达100%，涵盖了西藏地区种植业、养殖业、农房、农机具等最主要的13种标的，囊括了西藏地区几乎所有的自然灾害，包括在内地很少承保的地震等巨灾责任。西藏农业保险开办以来，累计赔付超过7亿元，受益农牧民超过50万户次，为西藏农牧区经济发展作出了重要贡献。

近年来，西藏自治区党委、政府和广大农牧民群众对农业保险的要求更加多样化、深度化，如何推动西藏农业保险进一步“扩面、提标、增品”，更好地服务农牧区经济发展，对农业保险与农牧区经济发展的内在关系和逻辑进行深入分析无疑是必要和迫切的，这也是本文的首要之义。

一、西藏农牧业发展面临的主要问题

（一）西藏农牧业经济面临大量自然风险

农牧业本身是一种弱质产业，严重依赖于气候、科技、人力等要素，而西藏是一个重大自然灾害频发的区域。据自治区民政厅统计数据显示，我区常见的自然灾害主要是干旱、大雪、洪涝、泥石流、地震、病虫、冰雹、霜冻、暴风等。1979—2008 年的 30 年间，农作物年均受灾面积在 6.7 万公顷左右，占农作物总播种面积的 32.3%；牧业年均因灾死亡牲畜在 80 万头（只、匹）左右，占牧区牲畜年均存栏数的 3.3%；年均受灾人口 47 万人左右；年均因灾造成缺粮人口在 30 万人左右；年均因自然灾害造成的经济损失在 2.5 亿元以上。2009—2013 年的 5 年间，农作物年均受灾面积在 3.0 万公顷左右；牧业年均因灾死亡牲畜在 25.11 万头（只、匹）左右；年均受灾人口在 69.34 万人左右，超过了全区总人口的 20%；年均因自然灾害造成的经济损失在 13.90 亿元以上，约占西藏 GDP 总量的 2%。因此，西藏农牧业遭受自然灾害整体上呈现了损失逐年增加的特点。

（二）农牧民抵御风险的能力较弱

由于我区经济欠发达，区域经济发展不平衡，特别是广大农牧民承受和防御灾害的能力较差，自然灾害已经成为制约我区经济发展、农牧民贫困和返贫的重要原因。尤其是那曲、阿里等高海拔地区，连年不断的雪灾，造成牧民返贫现象极为突出。在农业保险全覆盖之前，有的家庭一场雪灾成为绝畜户，长期靠政府救济维持生活。

（三）应对农业风险手段较少

应对农业风险的手段，目前主要是政府救助、社会捐赠和农业保险三方面。

1. 政府救助。由于自然灾害具有偶然性或突发性的特征，因此，灾害发生后的及时响应与迅速援助对于降低灾害损失程度、避免损失扩大至关重要。政府作为特殊的灾害救助主体，可以及时、迅速地运用行政力量和财政力量组织救灾，包括抢救财产、抢护伤员、转移居民、修复公共设施、临时安置受灾人口，向受灾民众提供日常急需的基本生活资料以及发放救济款项等。但政府救助往往是在农户遭受重大自然灾害时，为农户提供最基本的生活保障，保障水平较低，保障时间较短，并且无法涉及受灾农户后期的生活及农业生产。

2. 社会捐赠。社会捐赠是自然灾害发生后的救助力量之一，该方式基于个人或组织的单方面、自愿行为，捐赠资金缺乏稳定性和可靠性，对受灾农户的救助力量有限。

3. 农业保险。农业保险是专为农业生产者在从事种植业和养殖业生产过程中，对遭受自然灾害和意外事故所造成的经济损失提供补偿的一种保险。运用农业保险的方式为农业生产提供较全面的风险保障，来提高农业经济的稳定性，并通过制度化的轨道，成为一个支持和保护农业的政策工具。与政府救助相比，农业保险赔偿迅速、足额、充分，且可以发挥事前防灾防损的作用，对农业的经济补偿和支持作用充分得以体现。

二、西藏农业保险发展历史

农业保险作为处理农业风险转嫁的重要工具，是市场经济条件下现代农业发展的三大支柱之一，是世贸组织允许各国支持农业的一项“绿箱”政策。我国高度重视农业保险发展，2004 年，明确提出建立政策性农业保险制度，并在部分地区开始了试点；2012 年，颁布《农业保险条例》，从法律层面明确了我国农业保险的方向定位、政策支持、经营规则等。

2004 年以来，连续多年的中央 1 号文件以及党的十八届三中全会都对农业保险提出了明确要求。西藏保险业坚决贯彻落实中央各项要求，牢固树立服务经济社会发展大局意识，立足于服务“三农”、保障民生，坚持深化改革、加强创新，不断完善西藏农业保险体制机制建设，扩大农业保险覆盖面，提高风险保障水平，促进产品服务创新，推动西藏农业保险实现跨越式发展。

（一）农险经营模式不断改进

1. 西藏农业保险首次开办于 2007 年，当年选取了 2 个县进行试点，实行的是纯商业模式。由于西藏自然灾害频发，当年简单赔付率达到 109%，农险经营出现亏损，商业模式被认为存在较大风险。

2. 2009—2010 年，西藏农业保险在更大范围内开展了试点，并采取了“政府补贴、保险公司代办”的经营模式，即保险公司每个保险年度的赔付额按该保险年度实收保费的100%作为封顶，赔付额超出该保险年度实收保费时，由西藏各级政府兜底。经过两年的经营，农险赔付率分别高达122%和113%，且主要风险由政府承担，保险公司的主动性受到了抑制，不符合保险的基本原理，代办模式同样不可持续。

3. 自2011年起，西藏政策性农业保险首次实现了全覆盖，并开始实行联办共保模式，由自治区财政厅和人保财险西藏分公司分别按照总保费的7∶3比例进行联办共保。即保费的70%留自治区财政厅政策性农险业务专户，用于承担政策性涉农保险70%赔付责任和支付人保公司定额经营费用；保费的30%划入人保公司专户，用于承保经营，并承担政策性涉农保险30%赔付责任。四年来的实践表明，联办共保模式是适合西藏实际情况的一种农业保险可持续的发展模式。

4. 2015年，西藏农业保险实现“扩面、提标、增品”。一是扩大保险覆盖面。将大棚蔬菜、大棚主体、马铃薯纳入政策性农业保险范围，承保品种由原来的10个增加到13个，基本涵盖了西藏现有的种养殖品种。二是大幅提高保险金额。种植险保额每亩分别提高了90～140元不等，牛从1270元/头提高到4000元/头，绵羊、山羊分别从135元/只、110元/只提高到300元/只，农房保险由10000元/户、11000元/户统一提高到12000元/户。三是降低保险费率。养殖险费率从2.5%下调到1.3%，种植险费率由5.4%下调到2.0%。四是调整联办共保比例。自治区财政与保险公司的保费和赔付分摊比例从7∶3调整为6∶4。

（二）西藏农业保险在农牧区灾害救助中发挥了重要作用

自2007年开展农业保险以来，已为各类自然灾害支付赔款超过7亿元。2011—2015年，由于采取联办共保模式，保险的补偿作用和财政资金的放大作用得以充分发挥，四年间支付赔款超过6亿元，占同期西藏自然灾害损失的10%以上，比例超过全国平均水平，对稳定农牧业生产、促进农牧民增收、防止农牧民“因灾致贫、因灾返贫”起到了积极的作用。特别是在2015年的“4·25”地震中，西藏农业保险支付赔款2.43亿元，保障了灾区农牧业生产和农牧民生活能够及时恢复正常，有效地支援了灾区的后期重建工作。

三、农业保险与农牧区经济发展的实证分析

（一）Eviews检验

借鉴相关研究成果，选用农林牧渔总产值和农牧民人均纯收入代表西藏农

牧区经济的发展情况，用农业保险保费收入代表西藏农业保险的发展情况，利用 Eviews6.0 软件建立时间序列模型，将农林牧渔总产值和农牧民人均纯收入分别作为被解释变量进行回归分析和协整检验，简要检验结果为：

1. 西藏农业保险保费收入与农林牧渔总产值存在密切的协整关系，农业保险对农业总产值存在显著的正向作用。

2. 西藏农业保险密度达到了 120 元，是全国平均水平的 2.5 倍；农业保险深度达到了 2.2%，是全国平均水平的 4 倍。西藏农业保险发展水平较高。

（二）数据分析

1. 2000 年以来，未开展农业保险的 2000—2006 年的七年期间，农牧业产值的增长率平均为 5.49%；开展农业保险的 2007—2014 年的八年期间，农牧业产值的增长率平均为 8.85%。可以看出，农业保险保费收入对农业总产值的弹性系数约为 2（以 2011 年为例，即（109.4 - 100.8） - 100.8 ×（8.85% - 5.49%）］/（3.1 - 0.48）），即每 1 亿元的保费投入带来了超过 2 亿元的农业总产值增长。同时，在实行联办共保模式的 2011—2014 年，农牧业产值增长率方差小于之前的任意连续四年，稳定性明显增强，波动减小。

2. 2000 年以来，未开展农业保险的 2000—2006 年的七年期间，农牧民人均纯收入的年均增长率为 9.3%；开展农业保险的 2007—2014 年的八年，农牧民人均纯收入的年均增长率为 15.1%。同时，在实行联办共保模式的 2011—2014 年，农牧民人均纯收入增长率方差小于之前的任意连续四年，稳定性明显增强，波动减小。

（三）初步结论

1. 西藏农业保险与农牧业产值和农牧民人均纯收入有较强的正相关关系。

2. 西藏农业保险的开展有利于减小农牧业生产和农牧民收入的波动，有利于稳定农牧业产值和农牧民收入，符合保险分散风险的原理。

3. 联办共保模式在更高水平和更大范围上分散了风险，让农牧业产值和农牧民收入处于更加稳定的状态。

四、西藏农业保险支持农牧区经济发展存在的问题与政策建议

西藏农业保险在开办过程中不断探索与发展，立足西藏区情，适时调整保

险方案，特别是在2015年的农险方案中，已经全面实现了“扩面、提标、增品”，有效地支持了农牧区经济的快速发展。但受客观条件的影响，还存在着一些不足之处，如农险专业人才匮乏、农业保险基层服务网络不健全、农业保险在西藏灾害救助体系中的作用尚未充分发挥等。为此，提出以下政策建议。

（一）提高农业保险在西藏灾害救助体系中的地位

目前，我区的灾害救助主要依赖于政府救济，农业保险的参与度还显不足。建议进一步提高农业保险在灾害救助体系中的地位，将更多的政府救助资金和社会捐赠资金转换为保险费补贴，健全和完善以农业保险风险分散为主体、多种灾后援助项目为辅助的灾害救助制度，从体制机制上提高救灾资金管理和使用效率。

（二）加大中央财政支持力度，降低市、县政府农险保费补贴的财政压力

在藏区五省份中，西藏市、县两级政府承担的保费补贴比例（各20%）处于较高水平，面临着较大的财政补贴压力，影响了地方政府推广农业保险的积极性。建议西藏向中央申请，提高中央财政对西藏农业保险保费补贴比例，由目前的40%提高到70%左右，减轻地方财政压力。同时，可综合运用“以奖代补”等方式支持各市、县政府因地制宜地开展特色优势农产品保险试点，进一步推动西藏农业保险的“扩面、提标、增品”。

（三）健全农业保险服务网络，提高农业保险服务质量

加强农业保险基层服务体系建设，引导保险公司加大投入，建立起有效的农险服务网络。加强与基层银行、农信社、邮局、农技站、畜牧站等部门的合作，充分利用这些机构的网点优势和人员优势，并在此基础上，规范完善承保、查勘、定损、理赔和赔款支付流程，发挥风险控制和专业服务方面的优势，全面提升农业保险服务专业化水平。

金融创新篇

Jinrong Chuangxin Pian

西藏金融包容性发展的思考

刘伟兵　唐　超

摘要：随着国家对小微企业和“三农”等薄弱环节以及民生领域投入和支持力度的不断加大，我国包容性金融呈现贫困村互助资金组织、村镇银行、小额贷款公司等多种模式，在保护弱势群体金融权益、构建成熟有效的现代金融服务体系方面发挥着越来越重要的作用。西藏作为经济欠发达地区，金融资源匮乏，经济发展与金融服务长期落后，是当前我区建成全面小康社会的重点和难点。本文拟以西藏金融发展现状为研究对象，提出构建符合西藏实际、特色鲜明的包容性金融服务体系的有效路径。

关键词：西藏金融　金融排斥　包容性发展

一、包容性金融的提出与发展实践

（一）包容性金融概念及发展目标

包容性金融（Inclusive）由联合国在 2005 年“国际小额信贷年”首次提出，旨在建立有效的、全方位地为社会所有阶层和群体提供服务的金融体系，将被排斥在体系之外的公民纳入体系之内。可见，包容性金融与金融排斥是一个问题的两个方面，也可以说包容性金融的发展过程为金融排斥的治理过程。

包容性金融的概念价值在于治理金融自然发展过程中出现的排斥问题：一是伴随社会分化产生的金融资源稀缺性问题，使得金融服务难以通过一种低廉成本价值满足社会发展需要，包括开户、存款、支付、信贷、保险等；二是金融资源的追逐利益最大化下出现的道德风险、安全风险和法律风险；三是金融发展自身的局限性导致对经济发展形成逆向阻力。

（二）包容性金融发展的国际实践和国内进程

20 世纪末，巴西以发展小微金融为基础，通过在信息收集技术方面的国际普惠金融合作，强调满足低收入家庭的金融服务需求，探索建立包容性金融制度。而墨西哥自2005年通过电子支付渠道、开设存款账户和办理公司业务不收取任何费用等方式，改革银行业法律体系以推动包容性金融发展。此外，亚洲各国如韩国、印度尼西亚等，通过在金融政策、小微金融、手机银行、电子支付、金融消费权益保护等方面积极推动本国包容性金融发展，促使金融服务的覆盖率和可获得性切实提高。

包容性金融概念虽然引入国内相对较晚，但党中央、国务院历来高度重视金融服务的可获得性，先后出台了一系列支持“三农”和小微企业发展的财税金融政策，人民银行也积极参与包容性金融发展的国际活动。近年来，我国包容性金融发展成效显著。但总体而言，目前，我国包容性金融发展还处于起步阶段，尤其如西藏等欠发达地区包容性金融发展还缺乏清晰、合理、有效的指标体系和制度框架。

二、西藏金融包容性发展进程

（一）金融服务主体逐步健全，政策支持体系不断完善

金融服务主体不断完善，各金融机构网点逐步下沉，金融资源不断向县域和偏远地区倾斜，支持“三农”和薄弱环节发展的能力逐步增强，初步形成了服务“三农”的“一核多翼”的包容性金融政策体系。通过信贷政策导向与货币政策工具、信贷政策支持与财政扶持政策对接，建立金融产品创新和信贷政策产品化的正向激励机制。金融机构创新推出主办行、试点行、示范行制度，采取“先行先试、一县一品、一行一策”的方式创新农村金融产品和服务方式，推动金融创新成果更广泛地深入农村、服务农业、惠及农民。

（二）信贷倾斜力度不断加大，金融市场秩序逐步规范

信贷政策与农村金融产品创新紧密结合，加大对涉农金融机构的政策和资金倾斜。截至2015年6月末，全区扶贫贴息贷款余额达2711233万元，比年初增加565942万元，增长26.38%；1月至6月末，累计发放贷款835171万元，累计收回贷款269229万元。从贷款方式看，信用贷款仍占首位，贷款余额为2348312万元，占扶贫贴息贷款总额86.61%。从贷款对象看，贫困户贷款占首位，贷款余额为1591666万元，占扶贫贴息贷款总额58.71%；龙头企业贷款余

额为 40822 万元，占扶贫贴息贷款总额 1. 51%。从贷款质量看，正常贷款余额为 1953684 万元，占扶贫贴息贷款总额 72. 06%；不良贷款余额为 4622 万元，不良贷款率为 0. 17%。

（三）网点和终端建设加强，金融生态环境明显改善

银行业金融机构持续加强在农村地区的网点布局和金融服务终端建设，不断增加存款机、取款机、存取款一体机、存折补登机等自助终端设备的投放，有效满足了农村尤其是偏远落后山区农业大户、农村专业合作社的金融服务需求。2015 年 6 月末，全区累计设立助农取款服务点 3467 个，填补金融服务空白行政村 2475 个，拉萨、阿里实现县、乡、行政村三级全覆盖。其中，2015 年上半年新设立助农取款服务点 1031 个，填补金融服务空白行政村 775 个，完成全年助农取款服务点建设任务的 86%；服务点取款及查询笔数 4. 91 万笔、金额 2560. 3 万元，较去年同期分别增长 118. 22%、712. 38%；平均每月每个服务点取款金额达 7384. 77 元，较去年同期增长 362. 55%。同时，辖内各地人民银行分支机构积极协调财政部门、社保部门、商业银行加强合作，推动农牧区“存折换卡”、财政惠民补贴资金“一卡通”工程实施。

三、西藏金融包容性发展的阻力

（一）中小企业融资难、融资贵现象难以缓解

“十二五”期间，西藏中小微企业贷款保持了很高的增速，而且不断提高在各项贷款中的占比，优化了信贷结构。2010 年末，西藏各项贷款余额为 301. 49 亿元，其中，中小微企业贷款为 98. 97 亿元，占 32. 8%；2014 年末，全区各项贷款余额为 1619. 5 亿元，其中中小微企业贷款为 608. 92 亿元，占比 37. 6%。但是，中小微企业融资状况仍不理想。一是融资渠道单一。全区目前为止没有一家企业通过发行债券融资，银行贷款依然是西藏中小微企业融资的主要渠道。二是中小微企业信贷总量偏小。截至 2014 年底，全区中小微企业贷款余额占各项贷款余额的比例仅为 37. 6%。三是中小微企业融资担保机构还需发展。西藏自治区担保业，特别是专门为中小微企业融资的担保机构较少，担保机构对中小微企业融资的支持力度亟待进一步加大。

（二）西藏自治区存款增长乏力制约了信贷投放的增加

2015 年 6 月末，西藏自治区人民币存款较年初增长 7.6%，同期贷款增长 18.06%，贷款增速比存款增速高 10.46 个百分点；存贷比为 174%，比全国平均水平高 30 个百分点。但受经济增长放缓、互联网金融分流等因素影响，非金融企业存款增长乏力，较年初仅增长 1.72%；同期贷款增长强劲，较年初增长 18.12%。存款低位增长与贷款较快增长差值扩大，使贷款增长空间受限，制约信贷持续较快增长。

（三）局部地区和农牧业信贷风险持续反弹

截至 2015 年 6 月末，西藏国有银行业金融机构不良贷款余额 4112 万元，比年初增加 5926 万元。其中，日喀则市不良率达 1.24%，比其他地区都高。由于日喀则市与尼泊尔接壤，受尼泊尔重大地震灾害影响，导致日喀则旅游行业遭受巨大冲击，旅游受阻的情况短期内难以根本扭转，相关企业经营环境不断恶化，区域性和行业信贷风险明显上升。同时，受地质灾害因素影响，主要承担农牧民小额贷款的日喀则农业银行不良贷款率达 1.8%，高过全区平均水平 1.53 个百分点。

四、构建西藏金融包容性发展的有效路径

（一）加快推进实施包容性金融工程

金融机构应深入推进包容性金融工程实施，力争实现“三农”、小微企业、科技、扶贫、文化等板块金融服务的全面优化。继续充分发挥主办行、示范行的引领作用，加大产品创新力度，实现“一行一策”、定向支持，确保“三农”、小微企业信贷增长“两个不低于”。人民银行应充分运用再贷款、再贴现、差别准备金动态调整等货币政策工具，大力支持符合条件的地方法人金融机构发行“三农”和小微企业专项金融债券。

（二）建立融资成本降低长效机制

一是引导贷款利率降低。获得再贷款、再贴现等政策性低成本资金支持的金融机构，须在贷款定价上体现差别化优惠；引导金融机构合理确定利率水平，

合理确定民生领域的风险溢价水平。二是加大发展直接融资力度。直接融资的利率水平相对较低，通过多元化的融资渠道，逐步降低融资成本。三是积极鼓励外向型企业逐步使用跨境人民币结算，利用本外币的利率差节约汇兑成本，同时大力发展贸易融资，有效对接境外的低成本资金。四是将各类理财产品的资金来源或运用与实体经济直接对接，扩大支持实体经济的资金量。

（三）完善金融服务基础设施建设

进一步推动支付便民工程，不断加强欠发达地区支付业务创新，针对生态移民区移民特征和实际经济发展情况，逐步推广 POS 机具、网上银行、手机银行、电话银行等新型支付业务。按照人民银行总行关于加强对家庭农场等新型农村经营主体金融服务的通知要求，创造条件，加大对欠发达地区家庭农场便捷支付结算服务的支持力度。加强欠发达地区银行卡使用、电子汇划等非现金支付方式的推广工作，依托超市、农资站等组建村镇金融服务联络点，深化助农取款服务和农牧户特色银行卡服务，丰富欠发达村镇基础性金融服务种类，拓宽金融服务渠道。

（四）推进地方信用体系建设

发展改革委和人民银行作为信用体系建设的牵头单位，应积极协调地方相关部门，推进建立地方的信用体系，建设相应的信用信息平台。将未与银行发生业务、长期排斥在金融基础信用数据库之外的企业和城乡居民，纳入区域性信用信息平台，整合地方相关部门的信息，形成区域型信用数据库。通过区域型信用信息数据的合理使用，促进地方金融生态环境的改善，引导金融资源的优化配置。

（五）规范发展民间金融以带动金融创新

吸纳以灵活、快捷以及富于民间智慧等特点的民间金融，扩大金融服务体系，积极引导民间资本进入金融业，破除民间资本兴办金融机构的制度瓶颈，激发民间资本的参与积极性，实现民生领域、薄弱领域金融供给的扩大。同时，加强引导，大力创新业务品种，实施“企业 + 农户”、“企业 + 保险 + 担保公司 + 农户”等新型信贷模式，探索无抵押的小额信用贷款和联保贷款，研究开展农田、山林、牧场的土地承包经营权抵押试点工作。

参考文献

[1] 王辰越. 宜信的“普惠金融”实践［J］. 中国经济周刊，2014（2）.

[2] 安明友. 我国普惠制金融研究综述——基于国内文献［J］. 未来与发展，2013（3）.

[3] 王德朋. 对我国有关地区金融排斥的研究［J］. 时代金融（下旬），2012（1）.

[4] 谢丽霜. 论农牧信贷权的实现——基于低收入人口发展困境的讨论［J］. 改革与战略，2011（8）.

[5] 肖本华. 包容性增长视角下的普惠制金融研究［J］. 上海金融学院学报，2011（6）.

[6] 蔡镇疆. 城镇低收入群体信贷权的经济法分析［J］. 新疆大学学报（哲学. 人文社会科学版），2010（4）.

[7] 张春清. 普惠金融信贷扶持体系研究［J］. 西南金融，2009（10）.

利率市场化与西藏金融发展研究

中国人民银行拉萨中心支行货币信贷处课题组
课题组组长：索　珍
课题组成员：杨富彬　邓丽姬

摘要：本文首先对利率市场化理论和改革实践进行梳理，国内外学者从不同角度提出了利率市场化改革的必要性。其次，回顾了西藏金融业发展的历史进程，明确指出西藏特殊优惠金融政策本质上是以低利率贷款政策为核心的货币信贷调整过程，对西藏经济金融发展有利也有弊，随着市场经济的深入推进，部分弊端逐步显现。再次，对西藏实行利率市场化的必要性与可行性进行分析，认为西藏应该抓住当前深化金融改革的历史机遇，逐步调整各项金融政策进行利率市场化改革。在对当前西藏推动利率市场化改革有争议的热点问题上，本文对其积极回应，认为这些问题不应该成为西藏不推动利率市场化的理由。最后，本文对西藏金融发展与利率市场化改革提出政策建议，西藏推动利率市场化需要深化经济金融体制改革，选择合适的路径，调整现行金融政策等。

关键词：利率市场化　金融政策　金融发展

2013 年 11 月，党的十八届三中全会提出要全面深化改革，经济体制改革是全面深化改革的重点，核心问题是处理好政府和市场的关系，使市场在资源配置中起决定性作用和更好发挥政府作用。近年来，中国人民银行通过渐进的改革模式，采取一系列措施，推动中国利率市场化。自 2013 年 7 月 20 日起，全面放开金融机构贷款利率管制，实现了贷款利率市场化。自 2015 年 8 月 26 日起，放开一年期以上（不含一年期）定期存款利率浮动上限，活期存款以及一年期以下定期存款的利率浮动上限不变；自 2015 年 10 月 24 日起，放开活期存款、一年期以内（含 1 年期）定期存款、协定存款、通知存款利率上限，标志着中国利率市场化改革基本完成。由于西藏实行特殊优惠的金融政策，存款利率市场化改革保持了与全国同步，贷款利率实行上限管制。一方面，西藏在大力发展市场经济，各项改革措施也在稳步推进；另一方面，西藏仍实行特殊优惠金融政策，政策的实施成本不断加大，贷款利率市场化改革严重滞后，中小微企业融资难问题仍然比较突出，利益各方对现行金融政策的争议仍然较大，长期来看，必将影响西藏市场经济的发展。推动西藏贷款利率市场化改革，是进一步发展市场经济的必然趋势，是全面深化改革发展的应有之义，也将对西藏经济社会产生深远影响。

一、利率市场化文献综述与改革实践

利率市场化是指政府逐步放松和取消对利率的直接管制，由市场资金供求双方自主确定利率，以达到资金优化配置的目的。其基本含义包括：利率水平由市场供求双方决定；中央银行通过货币政策对利率进行间接调控；市场主体在充分竞争的基础上自主决定资金交易对象、规模、价格、期限和融资条件。

（一）利率市场化文献综述

在国外利率市场化的理论中，有的是在成熟市场经济背景下开展的理论研究，有的是基于发展中国家的研究成果，有的是从动态或静态角度研究不同利率制度下的效率问题，但没有给出解决具体国家利率制度变迁的路径选择。推进利率市场化的理论基础主要涉及利率决定理论、利率传导理论以及剖析利率结构和利率管理的金融发展理论。

1. 利率决定理论

利率市场化首先要明确利率是如何决定的，以及哪些因素影响利率的波动。利率决定理论内容丰富，在实践中不断得到完善，是利率市场化理论基础的重要组成部分。利率决定理论主要有古典利率决定理论、马克思的利率决定理论、凯恩斯的利率决定理论、可贷资金理论以及 IS – LM 模型。古典主义经济学家认为，储蓄是利率的增函数，资本的供给主要来源于储蓄；同时，资本的需求主要来源于投资，投资量的大小取决于投资回报率和利率之间的关系，投资是利率的减函数。当利率与投资预期回报率不相等时，资本会在储蓄者和投资者之间发生流动；当利率和投资预期回报率相等时，社会的资本供给等于社会的资本需求，经济达到均衡状态。马克思将剩余价值在不同资本家之间的分割作为利率决定理论的起点，认为利息是贷出资本家从借入资本家那里分割来的一部分剩余价值，而剩余价值表现为利润，利息率由社会平均利润率决定。凯恩斯从人们的心理角度出发，将人们的需求动机分为交易动机、谨慎动机和投机动机，认为利率是人们放弃流动性偏好给予的补偿，由货币的供给和需求共同决定。货币当局可以通过货币政策工具来降低利率，但当利率降低到一定水平时，由于流动性偏好存在使人们愿意持有大量现金，不愿持有有价证券；一旦落入流动性陷阱，货币当局试图采取货币政策降低利率、刺激投资的愿望便会落空，货币政策则会达不到理想的效果。而英国的罗伯逊（Robertson）和瑞典的奥林（Ohlin）质疑了凯恩斯的利率决定理论，认为其忽视了货币因素，仅从储蓄和投资角度分析利率并不全面，提出了可贷资金理论。该理论认为，可贷资金的供求状况决定了利率，借贷资金供给来自于同一期间的储蓄流量和货币供应量的变动。需求则来自于某期间投资流量和人们希望保有的货币余额。货币当局可通过调整短期贷款利率和再贴现率，影响金融市场活动，进而影响可贷资金的供求状况，对市场利率起到间接调控作用。希克斯（Hicks）和汉森（Hansen）认为凯恩斯的利率决定理论存在缺陷，陷入了一个循环推论，即利率通过投资影响收入，而收入通过货币需求又影响利率，其将商品市场和货币市场结合起来，建立了一个一般均衡模型，即 IS－LM 模型，认为利率是由投资、储蓄、货币需求、货币供给共同决定的，利率能够作为货币政策的中介目标，进而影响国民收入。

2. 利率传导理论

利率市场化要求利率传导机制实现市场化，从而真正发挥利率作为货币政策中介目标的作用，缩短货币政策时滞，更好地服务于宏观经济平稳发展。利率传导理论为利率传导的市场化提供了理论基础。凯恩斯基于流动性偏好的假设对利率传导机制进行研究，认为当投资和储蓄相当的时候，物价才能稳定，经济处于均衡状态，利率正是调节投资和储蓄的重要指标，可以通过利率政策的调整，实现预期的经济目标。托宾 Q 理论继承和发展了凯恩斯主义的利率传导机制，将社会经济划分为真实经济和金融体系两大领域，肯定利率对货币需求的决定作用，认为不同资产之间不能完全替代，利率是衡量货币政策效果的重要指标，当货币供给增加时，市场利率下降，企业市场价值与企业重置成本的比值上升且大于 1，投资支出相应增加，最终国民收入随之增加。货币学派认为，决定消费支出的是消费者自身拥有财富的多寡，将消费者拥有财富划分为人力资本、实物资本以及金融财富，其中普通股是金融财富的重要组成部分。

货币当局通过调节货币供给量从而引起利率变动；利率变动影响金融资产价格，从而引起消费者财富变动；居民财富变动决定消费支出变动，进而影响实体经济。

3. 金融发展理论

金融发展理论以金融在经济发展中的地位和作用以及金融自身发展规律为研究对象，主要包括金融结构理论、金融深化理论和金融约束理论。金融发展理论能够为利率结构和利率管理的市场化提供理论依据，是利率市场化不可或缺的一部分。

雷蒙德·戈德史密斯（1969）提出，金融发展的实质是金融结构的变化，把复杂的金融现象归纳为金融工具、金融机构和金融结构。他认为，金融发展与经济增长呈现正相关关系，金融发展能够促进经济增长，建议发展中国家打破单一银行体系，开放金融市场，创新金融工具和金融制度，推动利率市场化改革等。

罗纳德·I. 麦金农和爱德华·肖（1973）对发展中国家经济状态和金融体制进行考察，发现发展中国家普遍存在金融抑制现象，即由于政府的管制，利率处于非常低的水平，甚至为负值，过低的实际利率导致低水平储蓄和过高的资金需求，政府为抑制对廉价资金的过度需求采取有选择性的资金分配，引发了市场行为扭曲，降低了资金配置效率。认为金融部门能够在市场机制作用下达到帕累托最优状态，主张发展中国家政府部门减少对金融的干预，实行金融自由化、利率市场化等金融深化措施，促进金融发展。此后，麦金农在后来发表的《经济市场化的次序》中，提出了利率市场化的条件，即紧缩的财政政策到位、财政赤字消除，物价基本稳定。

20 世纪七八十年代，许多国家掀起了金融自由化、利率市场化的热潮，但是拉美国家利率改革的失败教训也证明了金融自由化理论的缺陷。托马斯·赫尔曼、凯文·穆尔多克和约瑟夫·斯蒂格利茨（1997）在《金融约束：一个新的分析框架》中提出了金融约束理论，认为政府应通过实施一系列诸如限制存贷款利率、控制银行业进入等金融政策，在金融部门创造租金，以达到既防止金融压抑危害，又促使银行主动规避风险的目的，以维护金融机构安全经营、保证金融体系稳定、推动金融发展。金融约束理论是发展中国家从金融抑制走向金融自由化的一个过渡性政策理论，实质上是对麦金农和肖理论的发展和完善。

国内学者对利率市场化的研究主要集中在国内外利率市场化的操作层面，如利率市场化的改革模式［渐进式或激进式改革，沈炳熙、景学成（1999）；江春、刘春华（2006）；胡国晖、刘志立（2006）；赵天荣、李成（2009）等］、利率市场化改革的时点选择［国内外宏观经济环境，罗清（2000）、郑鸣（2002）、王元龙（2003）、樊胜（2007）等］、利率市场化改革的次序［戴根有（2001）、张海生（2003）、王育宝（2003）胡国晖（2006）］，普遍主张选择渐进式的改革方式，在宏观经济稳定、财政赤字缩小、银行业经营状况良好的条件下推进利率市场化改革，在路径选择上主张先放开货币市场利率，再放开资本市场利率，最后放开存贷款利率。

（二）利率市场化改革实践

1. 国外利率市场化改革实践

20 世纪以来，世界各国掀起了利率市场化改革的热潮，成功国家不少，而失败的国家则付出了极大的代价。美国和日本作为发达市场经济国家代表取得了利率市场化改革的成功。美国从 1970 年 6 月启动利率市场化改革，逐步放开存款利率管制，采取先大额、长期，后小额、短期的改革路径，1986 年 3 月取消 NOW 账户的利率上限，标志着利率市场化改革完成。改革后名义利率和市场利率出现先升后降的波浪走势，但存款机构吸收存款的能力增长，对利率的敏感性提高。日本自 1975 年废除对银行贷款利率的指导性限制，此后逐步放开银行间拆借利率、引入大额存单并取消大额定期存款利率管制，最后取消小额定期和活期存款利率管制。改革后，利率走势平稳并有下降趋势，利率弹性增加，促进了金融自由化全面发展，但宏观经济波动加剧，银行业经营风险加大。

在亚洲的发展中国家中，印度的利率市场化改革相对比较成功。印度在 1991—1992 年发生支付危机后启动一系列稳定和自由化改革计划，定期存款利率设定上限并不断上调上限阈值，后放开贷款利率，采取先大额后小额，最终取消存贷款利率管制，改革后经济保持快速发展，利率稳步下降。以韩国、印度尼西亚、泰国以及智利为代表的发展中国家，虽然完成了利率市场化改革，但也付出了惨重代价。如韩国分别在 1981 年和 1991 年进行两次利率市场化改革，遵循的改革路径与美国和日本大致相同，1989 年由于市场利率大幅上升，重新回到利率管制状态，宣告第一次利率市场化改革失败；1991 年 11 月，在市场利率与管制利率差距缩小的背景下，一次性地放开贷款利率，但也导致 1997

年存贷款利率大幅上升并发生了金融危机。

2. 中国利率市场化改革进程

中国在借鉴世界各国利率市场化经验的基础上，按照“先货币市场和债券市场利率市场化，后存贷款利率市场化”的总体思路，在先期改革探索的基础上自1996年正式启动利率市场化改革。

1996年6月，中国人民银行明确银行间同业拆借市场利率由拆借双方根据市场资金供求自主确定。银行间同业拆借利率正式放开，标志着利率市场化迈出了具有开创意义的一步。此后，放开银行间债券回购和现券交易利率。1997年6月，银行间债券回购利率和现券交易价格同步放开，由交易双方协商确定。在存贷款利率市场化改革中，按照“先外币、后本币；先贷款、后存款；先长期、大额，后短期、小额”的思路进行。2000年9月，放开外币贷款利率，同时放开大额外币存款利率。2003年8月，人民银行在推进农村信用社改革试点时，允许试点地区农村信用社的贷款利率上浮不超过贷款基准利率的2倍。2004年1月，商业银行、城市信用社的贷款利率浮动区间上限扩大到贷款基准利率的1.7倍，农村信用社扩大到贷款基准利率的2倍，金融机构贷款利率的浮动区间下限保持为贷款基准利率的0.9倍不变。2004年10月29日，中国人民银行决定放开金融机构贷款利率上限（城乡信用社除外）和存款利率下限，对城乡信用社人民币贷款利率实行上限管理并扩大浮动区间，其贷款利率浮动上限扩大为基准利率的2.3倍，标志着中国利率市场化改革取得阶段性成果，对中国利率市场化改革具有里程碑意义。此后，中国利率市场化改革在落实“贷款利率管下限、存款利率管上限”的政策框架下稳步推进，不断完善金融机构治理结构与内控机制，逐步提高利率定价和风险管理能力。

“十二五”以来，中国加快利率市场化改革。自2012年6月8日起，扩大了存贷款利率浮动区间，将金融机构存款利率浮动区间的上限调整为基准利率的1.1倍，将贷款利率浮动区间的下限调整为基准利率的0.8倍。自2013年7月20日起，全面放开金融机构贷款利率管制，取消金融机构贷款利率0.7倍的下限，由金融机构根据商业原则自主确定贷款利率水平；取消票据贴现利率管制，改变贴现利率在再贴现利率基础上加点确定的方式，由金融机构自主确定；对农村信用社贷款利率不再设立上限等。随后，存款利率浮动区间不断扩大，分别自2012年6月8日、2014年11月22日、2015年3月1日、2015年5月11日起，存款利率的上限依次调整为基准利率的1.1倍、1.2倍、1.3倍和1.5

倍。自2015年8月26日起，放开一年期以上（不含一年期）定期存款利率浮动上限，活期存款以及一年期以下定期存款的利率浮动上限不变。自2015年10月24日起，放开活期存款、一年期以内（含1年期）定期存款、协定存款、通知存款利率上限，标志着中国利率市场化改革基本完成。

二、西藏金融政策历史沿革与金融业发展现状

（一）金融政策历史沿革

由于西藏特殊的区情和经济发展环境，并没有完全跟着国内利率市场化改革的步伐，而是在中央和国务院的关怀与扶持下，执行与西藏经济发展相适应的特殊优惠金融政策。大体上经历了无息、低息、微息、差别利率、利差返还、优惠贷款利率等阶段，这实际上是以低利率为核心的货币信贷政策调整过程。

1. 1951—1965年，实行无息、低息贷款利率政策

1951年西藏和平解放至1965年自治区人民政府成立时期，由于社会主义制度基础不够稳固，加之旧政权残余势力的阻挠和干预，西藏情况比较特殊和复杂。中央根据西藏的客观实际和广大人民群众的要求，赋予了西藏以无息、低息贷款为主的特殊优惠金融政策。1951—1959年，发放以银元为主的无息农牧业贷款。1962年，人行西藏分行对个体农牧业和手工业放款实行低息利率。1965年，中央对信用社1961年以前对西藏贫苦农牧民发放的贷款予以豁免，本金由银行补给，利息由信用社负担。

2. 1965—1980年，实行全国统一贷款利率政策

1966年，“文化大革命”在全国爆发，“文革”频繁的政治运动令全国经济活动近乎停顿。受全国形势的影响，中央改变了前期实行以无息贷款为主的特殊优惠金融政策，贷款利率主要按全国统一贷款利率执行。但仍有一定的优惠政策，即边境地区的银行和信用社对人民公社、生产队和社员个人的贷款仍不收息，并对部分农牧民欠款进行豁免。该时期，政策优惠幅度和范围相对较小，对农牧业的政策支持力度相对较弱。

3. 1980—1993年，实行差异化贷款低利率政策

1980年，党中央召开第一次西藏工作座谈会。中央赋予西藏实行“优、低、免”的政策，除农牧区五年内贷款免息外，对工商企业贷款也实行优惠利率政策，西藏贷款利率比全国平均水平低20%～50%；对边境乡村贷款、灾区

口粮贷款、民族手工业贷款、农牧民生产生活贷款等3年内实行免息，对农牧区手工业贷款实行免息；对社队和社员1980年6月底以前借用银行和信用社的贷款尚未偿还的部分，只收本金，不收利息。1984年，党中央召开第二次西藏工作座谈会，进一步放宽政策。除对农牧贷款继续执行免息外，从1984年7月1日起，增加对农牧集体和农牧民从事商业、手工业、建筑业执行免息。实行行业、项目优惠，优先支持旅游业、商业网点设施建设和经济联合、城乡集体及个体经济等，对这些行业贷款实行优惠贷款利率的同时，对贷款期限及自有资金比例都变通执行。1988年9月起，对贷款执行低息、微息、贴息政策和差别利率政策。

4. 1994—2015年，实行特殊优惠贷款利率政策

自“九五”以来，中央先后召开四次西藏工作座谈会，赋予西藏包含金融在内的一系列特殊优惠政策。在金融政策方面，由差异化的贷款低利率政策逐步向统一的优惠贷款利率政策过渡，核心仍是执行比全国优惠的低利率贷款政策。“九五”期间，西藏国有独资商业银行的贷款利率比全国平均水平低2~3个百分点；实行利差返还政策，对西藏工商企业的商业性贷款执行全国统一贷款利率，与优惠贷款利率的差额不计入银行利息收入，由此增收的利息全部返还给效益好的国有企业，用于增补自有流动资金；同时给予农行西藏分行利差补贴和特殊费用补贴政策。“十五”期间，除部分金融政策继续执行外，进一步明确了西藏银行业金融机构各项贷款利率比全国平均利率水平低2个百分点，对优惠贷款利率实行“谁借款、谁受益”的原则，同时给予在藏国有独资商业银行区分行利差补贴。“十一五”期间，中央赋予西藏的优惠金融政策在利率政策方面基本延续了“十五”期间的政策内容。2010年1月，中央召开第五次西藏工作座谈会，明确了“十二五”优惠金融政策内容，赋予了促进新时期西藏经济发展的特殊优惠金融政策，利率政策保持不变，特殊费用补贴政策变更为综合补贴政策，加大了综合补贴力度，由农行一家扩大到在藏所有银行业金融机构，对不同地区实行差异化的综合补贴，进一步引导信贷资源向农牧区倾斜。同时，自2001年9月起，西藏实行比全国其他省份更加优惠的扶贫贴息贷款政策，规模不受限制，利率全国最低。

在此期间，为了避免西藏的利率政策与中央赋予西藏的特殊优惠金融政策相冲突，西藏金融机构人民币存款利率市场化改革保持与全国同步，人民币贷款利率实行上限管制，除第二套房贷款执行基准利率的1.1倍以外，一般商业

性人民币贷款不允许上浮。为了逐步推进西藏利率市场化改革，2013 年 7 月，西藏金融机构同步取消贷款利率下限，利率区间为 0 到西藏优惠贷款利率；2014 年，成立了西藏自治区市场利率定价自律机制委员会；2015 年，西藏银行和林芝民生村镇银行制定了存款利率定价管理办法，不断提升自主定价能力。

（二）金融业发展现状

1. 金融组织体系

经过 30 多年的发展，西藏金融机构逐步形成了以人行、银监、证监、保监分支机构为核心的金融监管组织框架和以银行、证券、保险为主体，以信托公司、小额贷款公司和融资性担保公司为补充的分工协作、优势互补的多元化金融组织体系，金融服务经济社会功能显著增强。截至 2015 年末，西藏辖内共有银行业机构 10 家，其中国家开发银行一级分行 1 家，政策性银行 1 家（农业发展银行西藏分行），国有商业银行一级分行 4 家，邮政储蓄银行一级分行 1 家，股份制商业银行 2 家（民生银行拉萨分行、中信银行拉萨分行），城市商业银行 1 家（西藏银行），村镇银行 1 家（林芝民生村镇银行）。信托公司 1 家（西藏信托）；省级保险分公司 7 家；法人证券公司 1 家（西藏同信证券），证券公司分支机构 5 家（中投证券拉萨营业部、广发证券、银河、东方、财通），期货经营机构 1 家（同信久恒期货拉萨营业部），金融租赁公司 1 家（西藏金融租赁有限公司）。此外，在“影子银行”体系中，西藏小额贷款公司 41 家，典当行 6 家，担保公司 15 家。[①] 截至 2014 年末，西藏银行业金融机构营业网点 658 个，覆盖西藏 684 个乡镇中的 414 个[②]，覆盖率达到 60. 53%，金融覆盖面逐步扩大。

2. 金融业务情况

近年来，西藏金融业务发展迅速，产业规模不断扩大，存贷款增势强劲，服务经济能力逐渐提升。一是存贷款快速增长。截至 2014 年末，西藏金融机构本外币各项存款余额 3089. 2 亿元，比 2010 年末增长 1. 4 倍，年均增长 24. 2%；各项贷款余额 1619. 5 亿元，比 2010 年末增长 4. 4 倍，年均增长 52. 2%。信贷投向重点突出，信贷结构进一步优化，支持实体经济发展的能力进一步增强。截至 2014 年末，西藏小微企业贷款余额 234. 6 亿元，比 2010 年末增长 5. 1 倍，年均增长 57. 1%；涉农贷款余额 297. 3 亿元，比 2010 年末增长 4. 3 倍，年均增

① 数据来源于自治区工商局。

② 数据来源于西藏银监局。

长51.6%。二是股票市场发展稳健。2014年，西藏共有10家A股上市公司和1家H股上市公司，比2010年末增加2家。其中，10家A股上市公司总股本71.1亿股，上市公司总市值835.3亿元，累计融资157.3亿元。三是保险业稳步发展。保险业在西藏社会经济发展过程中的经济补偿作用和稳定保障作用得到进一步发挥，保费收入不断增长，给付能力逐步增强。2014年，西藏保险市场共实现原保险保费收入12.8亿元，比2010年末增长1.5倍，年均增长25.9%；保险业总资产6.5亿元，比2010年末增长1.2倍，年均增长22.4%。

三、西藏推动利率市场化改革的必要性与可行性分析

当前，西藏社会各界对推行利率市场化尤其是贷款利率市场化有很大的争议。由于长期实行优惠贷款利率政策，社会各界习惯于享受通过金融渠道的中央转移支付，提起贷款利率浮动就不由自主地认为贷款利率上浮，好似就触及自身利益。能从现行优惠金融政策中获得既定利益者，就缺乏利率市场化改革动力；而部分利益群体不能获得现有政策的好处，又存在推动利率市场化改革的诉求。对此，有必要进行深入分析和研究。

（一）西藏推动利率市场化改革的必要性

不同时期，中央赋予西藏特殊优惠的金融政策，在促进西藏经济社会发展方面发挥了积极作用，为西藏经济社会跨越式发展提供了强有力的信贷资金支撑。但随着西藏市场经济的发展，特殊优惠金融政策也在一定程度上制约西藏市场经济向更高水平迈进，与全国市场经济发展的差距不断扩大。在当前全面深化改革发展的趋势下，有必要重新审视现行的优惠金融政策。

1. 西藏融入全国统一市场的客观要求

1992年10月，党的十四大明确提出建立社会主义市场经济体制；1993年11月，党的十四届三中全会提出了建立社会主义市场经济体制的框架，基本确立了中国市场经济的地位。目前，全国统一的商品市场、资本市场、劳动力市场以及其他生产要素市场已基本形成，西藏市场经济也初具规模，除信贷市场与全国隔离执行特殊政策外，其他生产要素已融入全国统一市场。不可否认，优惠贷款利率政策在促进西藏经济发展中起到积极作用，但也是阻碍西藏市场化程度进一步提高的重要因素。如西藏执行贷款低利率政策，降低了经济主体的融资成本，减轻了借款人经济负担，造成西藏经济主体更加偏好于间接融资，

导致直接融资比例非常低，融资渠道窄，束缚了西藏经济的发展；与此同时，银行业金融机构的信贷投向在一段时间内比较倾向于大企业、大项目（或风险低的领域），一定程度上挤压了中小微企业的生存空间，抑制了中小微企业发展。西藏实行利率市场化能够逐步实现西藏经济主体融入全国其他金融市场，提高经济主体的市场意识和财务预算约束，促进经济主体融资渠道多元化、市场化，进一步增强西藏经济活力。

2. 深化经济金融体制改革的必然趋势

党的十八届三中全会明确提出，“经济体制改革是全面深化改革的重点，核心问题是处理好政府和市场的关系，使市场在资源配置中起决定性作用和更好发挥政府作用。市场决定资源配置是市场经济的一般规律，健全社会主义市场经济体制必须遵循这条规律，着力解决市场体系不完善、政府干预过多和监管不到位问题”。[①] 目前，全国正在进行新一轮的经济金融体制改革，对西藏来说，既是一种机遇又是一种挑战。充分利用和把握好改革发展契机，可以激活经济发展潜力，彻底转变观念（等、靠、要）和发展思路（大企业、大项目），增强自我经济发展能力，进一步缩小与内地省市发展的差距，如市场体系建设、政府的职能界定、政府与市场的关系等；否则，西藏将继续游离于全国金融市场之外，经济主体的融资渠道还会继续高度依赖银行信贷资金，必然受到更多的约束，不利于西藏经济的持续发展。利率代表金融资产的价格，利率市场化过程就是由过去管制利率（政府定价）向市场利率（市场定价）的过渡，西藏利率市场化主要是存贷款利率由管制的优惠利率向市场利率转变，真正地反映信贷资金的价格，把信贷资源配置到更有效的经济领域。西藏要深化经济金融体制改革，首先要克服的就是西藏金融市场与全国金融市场基本隔离的状况，打通资金融通渠道。这必然要求贷款利率不能实行双轨制度，必须通过合理安排逐步与全国市场接轨。

3. 促进西藏金融事业发展的必然要求

改革开放30多年来，西藏金融事业有了长足的发展，特别是“十一五”以来，西藏金融机构资产总额由2005年末的497.9亿元增加到2014年末的3373.4亿元，增长5.8倍，年均增长23.7%；银行业金融机构资产总额由2005年末的495.4亿元增加到2014年末的3311.2亿元，增长5.7倍，年均增长

---

① 《中共中央关于全面深化改革若干重大问题的决定》，2013年11月12日中国共产党第十八届中央委员会第三次全体会议通过。

23.5%。目前，初步形成“一行四局”金融宏观管理框架，以政策性银行、全国性国有商业银行、全国性股份制银行、地方法人银行机构、证券公司和保险公司为主体，小额贷款公司、信托公司、担保公司和金融租赁公司为补充的金融体系。西藏金融事业下一步的发展方向主要是发挥各在藏金融机构的市场主体地位，促进其提升可持续发展能力，同时更好地服务西藏经济社会发展。对于银行系统来说，要发挥银行业金融机构的市场主体地位，就要按照市场经济的规则参与各项经济活动。而当前的优惠贷款利率政策是行政管制的具体体现，没有体现市场经济中风险与收益匹配的原则，反而会使金融部门和实体经济主体根据自身利益进行博弈，产生道德风险和逆向选择，从而不利于西藏金融事业的良性发展。而与之配套的利差补贴和综合补贴政策，随着信贷规模扩大，政策实施成本不断加大，平均主义补偿方式削弱了政策导向作用（信贷重规模轻结构），偏离了政策制定的初衷（支持经济薄弱环节领域发展），也延缓了银行业金融机构市场化改革的步伐，束缚了西藏金融事业的发展。

4. 提升金融机构风险管理的内在要求

金融机构是经营风险的特殊企业，在风险的可承受范围和履行社会责任的基础上，追求利益最大化。根据现代金融理念，风险与收益成正比，没有风险就没有收益，管控好风险，也是一种收益。对银行业金融机构来说，在吸收存款发放贷款时，均要根据风险与收益匹配的原则对资金进行定价（资金价格或风险定价），以便确定各类资金利率。目前，全国存贷款利率已完全放开，而西藏由于实施特殊补贴政策实行贷款利率上限管制，不允许贷款利率向上浮动。在执行的过程中，部分银行以优惠补贴政策为筹码，毫无底线下浮贷款利率；部分银行由于过度补贴，对大中小企业一视同仁、实行统一贷款利率。这两种做法是恶意竞争或寡头垄断的结果，是风险管理不成熟或缺乏的表现，没有遵循市场经济原则实现收益与风险匹配。市场化的利率定价方式是金融机构风险管理的工具和手段，而利率市场化是利率合理定价的必要过程，是提升金融机构风险管理能力的内在要求。

（二）西藏推动利率市场化改革的可行性

近年来，西藏经济金融的快速发展，为西藏利率市场化改革创造良好的历史机遇，西藏应该抓住有利机遇，完善现行金融政策，加快金融体制改革，缩小与全国其他省市差距。

1. 市场微观经济主体的快速发展——需求分析

自改革开放以来，西藏对国有企业进行改造，大力发展市场经济，非公有制企业快速发展并占据重要地位。截至2014年末，西藏注册的各类企业户数达24184个，其中国有企业户数1708个，集体企业户数1441个，私营企业户数17741个，其他公司制企业户数3004个，非公有制企业占比达87.0%。在藏注册的企业除在税收政策、融资政策方面实行优惠政策外，其他经营行为均与国内市场统一接轨，市场化程度相对较高。中国自1996年正式启动利率市场化进程以来，利率市场化深入推进，自2015年10月24日起全面放开金融机构存款利率管制，标志着中国利率市场化基本完成。存款利率市场化已得到经济主体的认可，贷款利率市场化随着工作推进，也必然得到经济主体的支持。微观主体的快速发展以及市场化的经营行为使得市场意识和市场行为深入人心，为西藏利率市场化提供了有利条件。

2. 适度竞争金融市场的初步形成——供给分析

“十一五”以来，西藏金融市场快速发展，适度竞争的金融市场已初步形成。2011年7月，国家开发银行西藏代表处升级为国家开发银行西藏分行；2010年12月，中国银监会批准西藏设立第一家地方法人银行机构——西藏银行，并于2011年5月正式对外营业；2012年8月，中国农业发展银行在西藏设立分行；2013年末，分别设立林芝民生村镇银行和中国民生银行拉萨分行；2015年8月，中信银行拉萨分行正式开业，加上原有的工行、农行、中行、建行、邮储和正在积极筹建的浦发银行，已有银行业金融机构12家。同时，“十二五”以来，西藏相继成立41家小额贷款公司，引进和设立14家担保公司，引进5家证券公司和2家保险公司，分别设立1家期货公司和金融租赁公司。这些金融机构的设立和业务开展，进一步提高了西藏金融市场的竞争程度，有利于西藏金融业多元化发展，适度竞争的金融市场为利率市场化奠定了基础。

3. 金融风险管理水平的不断提高——内部因素

自从国有金融机构股份制改革以来，在藏国有商业银行分支机构按照各自总行的统一部署，进一步加强了经营管理，提高了金融风险管理水平。一是人民银行建立了全国统一的信用征信系统，商业银行在为企业贷款时要考虑企业法人及其本身的信用程度，作为对企业风险的有效判断手段。二是各银行机构对企业的信用状况要基于企业财务状况通过内部评级系统、以往合作关系等方面考察企业的信用风险，进而决定对企业的信贷支持。三是各银行机构在内部管理方面已实现了贷前、贷中、贷后分离制度，同时通过内部审计、外部监管等措施，加强风险管理，提高资产质量。四是各银行机构在提高内部风险定价方面，已采用了国际通行做法，对内部资金统一管理和内部资金转移定价，以经济增加值方法考核经营效率，进一步提高了内部管理人员的风险意识和风险管理水平。五是人民银行从维护西藏金融稳定角度，对各银行机构的金融风险进行宏观管理，指导和督促各银行机构加强金融风险管理，维护区域金融稳定。六是自人民银行全面放开贷款利率后，人行拉萨中心支行根据人总行的统一部署，设立了利率定价自律委员会，建立了利率定价自律机制，进一步加强利率风险管理。总之，金融风险管理手段的完善和水平的提高，为推进西藏利率市场化创造了有利的条件。

4. 全国金融体制改革的深入推进——外部环境

党的十八届三中全会提出，要建设统一开放、竞争有序的市场体系，是使市场在资源配置中起决定性作用的基础。要完善市场决定价格的机制，凡是能由市场形成价格的都交给市场，政府不进行不当干预。在金融方面，要完善金融市场体系，扩大金融业对内对外开放，鼓励民间资本发起设立金融机构，推进政策性金融机构改革，健全多层次资本市场体系，发展普惠金融，加快推进利率市场化，推动资本市场双向开放，加快实现人民币资本项目可兑换，建立存款保险制度，完善金融机构市场化退出机制等。从目前工作进展来看，新一轮金融体制改革加快推进，部分政策措施已经落地，如人民币存贷款利率已完全放开、保险存款制度已经建立、民间资本设立金融机构的门槛进一步放宽，股票发行机制改革也在稳步推进，全国非金融企业发行直接债务融资工具的融资规模不断扩大。从西藏实际来看，部分金融改革已完全与全国保持同步，如存款利率市场化、存款保险制度；而部分金融改革与全国的差距越来越大，如贷款利率市场化、直接债务融资工具的发行等。全国金融体制改革为西藏金融改革提供了更好的经验借鉴，为推进西藏利率市场化创造了有利的外部环境。

四、西藏推动利率市场化改革需要处理好的几个问题

西藏推动利率市场化改革将基本颠覆“十五”以来中央赋予西藏的优惠金融政策框架，西藏长期执行的优惠金融政策需要重新设计，中央和援藏省市对西藏发展的支持政策需要重大调整。西藏推动利率市场化是重大的金融改革，必须处理好各方面关系，要有时代精神、政治勇气和社会担当，要统一思想、

形成共识、顶层设计、稳步推进，以确保西藏经济社会平稳发展。

（一）利率市场化与转变政府职能的关系

长期以来，西藏实行有管制的优惠贷款利率政策，本质上说是政府调节经济发展而进行行政干预的一种手段，在一定时期内有效地推动了西藏经济社会快速发展。同时，由于这种行政干预行为，也进一步扩大了西藏金融改革与全国金融改革的差距。从1993年3月起，中国人民银行西藏分行已允许农村信用社和城市信用社发放的贷款根据经济主体的风险进行利率浮动；后来，由于信用社自身管理原因，为了维护西藏金融稳定，各地信用社划归为农行西藏分行和建行西藏分行的分支机构；紧接着，西藏金融机构执行中央赋予的优惠贷款政策，实行有管制的贷款利率，西藏利率市场化改革尤其是贷款利率市场化与全国金融改革的差距不断扩大。在某种程度上，在藏银行业金融机构已基本上失去了贷款利率定价的权利，这与推进利率市场化本身就是一种矛盾。如果西藏要推动利率市场化发展，缩小与全国金融改革的差距，就必须调整现有金融政策，就必须转变政府在金融发展中的角色，就必须确立商业银行作为金融企业的市场地位，给予贷款利率定价的权利。所以，西藏推动利率市场化，需要进一步转变政府职能，合理界定政府与市场的边界，发挥市场在资源配置中的决定性作用，让银行机构对贷款利率按照收益与风险匹配的原则合理确定。

（二）利率市场化与优惠金融政策的关系

西藏实行优惠金融政策，核心是有管制的贷款低利率政策，而利差补贴和综合补贴政策是与贷款低利率政策配套的补偿政策，本质上说属于财政政策的范畴。西藏实行优惠金融政策的初衷是降低经济主体的融资成本，刺激经济主体的信贷资金需求，同时弥补金融机构经营成本，调动金融机构信贷投放的积极性，以此来促进经济增长，缩小与全国内地省份的发展差距。如果西藏推动利率市场化，可能存在利率上浮问题，这就与优惠金融政策的初衷以及政府的宏观调控意图相矛盾，进一步引申的问题是西藏要不要推动利率市场化。从全国金融改革的发展趋势来看，西藏也必然走上利率市场化发展的轨道，利率市场化是金融改革的必然趋势。本文认为，利率市场化与现行优惠金融政策存在一定矛盾，但利率市场化与实施政策的意图并不矛盾，可以通过调整优惠金融政策及实施方式达到同样的效果。可以肯定地说，现行的优惠金融政策（贷款低利率且不浮动以及利差补贴和综合补贴）不具有持续性，政策实施成本会越来越大，政策实施效果存在边际递减效应，长期来看必然会做出调整。决定实施某种政策首先考虑的是政策的意图，其次考虑的是政策成本和实现途径，同样的政策成本在不同的实施方式下可能形成截然不同的效果。所以，西藏推动利率市场化需要对现行优惠金融政策做出适度调整，应由直接补贴向间接补贴、政策激励方向转变，单一的只考虑降低企业融资成本可能损害西藏长远经济发展。

（三）利率市场化与普惠金融发展的关系

利率市场化客观上要求风险与收益相匹配，即收益可以覆盖风险，而经济体中的弱势群体普遍存在经营风险过高的问题，发展普惠金融要解决的问题是使弱势群体支付合理的成本获得相应的金融服务。如果推动贷款利率市场化，弱势群体获得信贷支持所需支付的成本必定会高于当前水平，可能超出弱势群体的可承受范围，这与发展普惠金融的初衷存在不一致性，恰恰是需要优惠金融政策解决的问题，也是政府的责任和存在的理由。市场经济失灵的领域就需要政府干预，通过有效政策或政策组合进行调控，以保障市场的正常运转。西藏贫困人口大多数生活在农牧区，也是金融发展和服务最薄弱的地方。要确保到2020年西藏与全国一道全面建成小康社会，需要进一步加大对农牧区经济发展以及农牧民生产生活的扶持力度，需要进一步发展普惠金融，充分发挥金融扶贫作用，实现农牧区经济社会的跨越式发展。同时，农牧区经济本身市场化程度也比较低，市场经济环境相对较差，需要特殊的金融政策予以引导和扶持，但特殊的问题以及政策措施不应成为阻碍其他领域改革发展的理由。本质上看，推动利率市场化与发展普惠金融没有必然的因果关系，只是需要通过特殊的政策措施解决特殊的问题而已，对特殊领域实行差异化的金融政策。

（四）利率市场化与市场主体融资的关系

纵观国内外利率市场化进程，利率市场化后贷款利率存在不同程度的上浮，会提高市场主体的融资成本。表面上看，这与通过降低利率刺激企业融资需求从而带动经济发展的政策意图矛盾，实际上要权衡低利率的刺激作用带动的信贷资金需求总量与高利率所实现的可获得信贷资金总量的关系。当前优惠金融政策的导向更多考虑的是前者（企业融资成本），没顾及后者（企业信贷资金的可获得性），造成当前银行业金融机构偏爱将资金投向于大企业、大项目，中小微企业由于服务成本高、信贷风险高等原因得不到更有力的支持，其实这种现象恰恰是当前政策环境中市场主体逐利行为而逆向选择的结果，最终削弱了优惠金融政策的效应。利率市场化要求商业银行在风险与收益匹配的原则下拓展客户，从而也为企业获得信贷资金提供了平等机遇，而要达到刺激有效信贷需求的目的主要是靠发挥政策的引导和杠杆作用以及完善相应的融资机制等方面来实现。从内地贷款利率市场化的经验来看，小微企业信贷资金的可获得性更加显著，进一步激活了民营经济的发展。另外，市场主体融资可以通过多种渠道，如上市融资、发行公司债和企业债以及非金融企业直接债务融资工具等，而西藏长期实行贷款低利率政策，由于银行贷款成本低，不同经营风险的企业均希望得到银行信贷资金的支持，再加上企业本身财务管理也不规范，财务约束也相对较差，造成企业融资渠道比较单一，制约了企业的长期发展。利率市场化有利于引导企业加强财务管理，提高资金利用效率，节约资金成本，促使企业融资市场化、多元化发展。

（五）利率市场化与金融事业发展的关系

西藏金融自“十五”以来经历了快速发展阶段，无论是机构数量、金融结构还是金融资产规模，都出现了质的飞跃，这与中央的支持密不可分。前面分析了推动西藏利率市场化需要调整现行优惠金融政策，政策的调整可能会影响到金融机构的短期利益，尤其是国有商业银行在藏分支机构的利益，如部分种类贷款补贴会大幅下降、信贷人员需要加大贷款营销、工作人员需要优化知识结构提升业务技能等，这也是部分银行机构不愿意放开贷款利率管制的原因。从目前的状况看，部分金融机构尤其是中小微企业金融部门人员、新引进的股份制商业银行以及小额贷款公司工作人员均希望放开贷款利率，这说明了一个问题：收益与风险匹配已经得到市场参与者的认可，贷款利率的高低与企业的风险大小成正比，高利率的贷款同样有市场，部分企业可能更多考虑融资成本问题，还有部分企业可能更多地考虑资金的可获得性问题。如果继续实行现行“一刀切”的优惠金融政策，可能会阻碍更多中小微企业的发展，同时，金融机构在金融产品和服务创新、市场开拓、经营管理等方面也会止步不前，长远来看，反而会影响西藏金融事业的发展。由于贷款低利率政策，企业往往会给政府施加更大压力，无论处于何种发展阶段的企业都产生依靠银行信贷资金支持的思想，缺乏从其他渠道融资的动力，这也是导致西藏直接融资比例较低的原因。利率市场化会引导企业采取更加市场化的经营策略，能够促进西藏社会融资结构的改善，长期来看，推动利率市场化将以间接的方式促进西藏金融事业的良性发展。

推动西藏利率市场化尤其是贷款利率市场化需要处理好上述问题的关系，有些是着眼当前、忽略长远，有些是考虑个体利益，忽视整体利益，有些是故步自封、不求发展，由于思想认识的不统一，都可能是推动西藏利率市场化改革的阻力。全国利率市场化改革在加快推进，西藏应该也不甘落后，需要涉及的不同部门转变思想、认清形势、凝聚共识、顾全大局、共同推进。

五、西藏金融发展与利率市场化改革政策建议

西藏金融发展与利率市场化改革息息相关，金融发展为利率市场化改革创造了有利条件，同时利率市场化改革对金融发展形成正向激励作用。为进一步推动利率市场化改革，促进西藏经济金融协调发展，结合西藏特殊区情，从金融发展的角度对西藏推行利率市场化提出如下建议。

（一）深化西藏经济金融体制改革

西藏推动利率市场化发展，需要进一步推动经济金融体制改革，以更加适应市场经济发展的客观要求，重点从政府职能转变、经济结构调整、金融机构自身改革、金融发展环境优化等方面着手。

1. 加快政府职能转变，大力发展市场经济

政府部门应更新观念、转变思想，增强市场意识、树立市场观念，处理好政府与市场的关系，发挥市场在资源配置中的决定性作用。在充分竞争的领域，政府应简政放权、减少行政干预，加强管理和服务，维持良好的市场秩序；在非充分竞争领域，政府应加强政策引导，加大市场失灵的调控力度，大力支持经济薄弱环节发展，同时鼓励增多做强市场主体，提高生产要素的市场化率，促进市场经济发展。加强市场经济政策宣传，提高农牧民群众市场经济意识，加快推进农牧区市场体系建设。

2. 推进经济结构调整，促进产业转型升级

有关部门应做好产业发展规划，明确产业发展方向，加快战略性新兴产业发展，培育战略支柱产业，形成新的经济增长点。积极推进传统农业向现代农

业发展转变，提高农业生产效率。发挥西藏资源优势，加大承接产业转移力度，延长产业链条，促进第二产业发展。建立以旅游产业为核心的第三产业服务体系，增强旅游业的产业带动能力。加快特色城镇发展，提高产业集聚效应，促进人口转移，实现产业转型升级。加快推进国有企业改革，健全公司治理结构，增强财务预算约束。落实鼓励引导民间投资的政策措施，制定公开透明的市场准入标准和支持政策，完善中小企业服务体系。积极融入“一带一路”国家发展战略，深化涉外经济体制改革，加强与周边国家经济金融合作，促进涉外经济发展。加强中小微企业管理和服务，促进其建立健全现代企业制度，规范自身经营行为，强化财务预算约束，拓展融资渠道。

3. 加快金融改革发展，提升市场竞争能力

不同金融机构应对市场有明确的定位，发挥自身优势拓展目标客户；同一金融机构应对商业性金融业务和政策性金融业务加以区分，细分市场、单独核算、分类考核。如农行要继续立足农牧区，做好“三农”金融服务；邮政储蓄银行要加快营业网点改造，优先满足金融机构网点空白乡镇的金融服务；西藏银行要加快网点布局，立足城乡，重点服务中小微企业；国开行要发挥自身优势，做好开发性金融服务工作；建设银行要继续发挥在基础设施建设中的优势，支持西藏重大基础设施建设；中国银行要继续做好涉外经济金融服务，发展贸易融资等；全国性股份制银行要发挥经营机制灵活特点，开发和推广金融产品，促进西藏金融创新，服务中小微企业。继续引进区外金融机构，鼓励有条件的地市设立金融机构，鼓励和支持民营资本发起或参与设立新型金融机构，改善国有金融机构独大（寡头垄断）局面，促进市场竞争，增强市场活力。金融机构要加强人才队伍建设，适应市场经济、现代金融业发展的需要，为推动自身发展储备人才；要加强经营管理，利用各种风险识别、计量和管理技术，提高风险定价能力和管理水平。

4. 优化金融发展环境，提高协同发展效应

经济决定金融，金融发展不可能游离于经济发展之外。政府及主要领导要关心西藏金融事业的发展，统筹协调政府职能部门对西藏金融发展的服务和支持，优化金融发展环境，维护金融机构合法权益，确保区域金融稳定和安全；同时，金融部门要立足西藏、服务西藏，增强金融服务意识，加大金融支持力度，既要追求合理经济回报，又要履行好社会责任，促进西藏经济社会快速发展。

（二）利率市场化改革的路径选择

目前，西藏存款利率市场化改革保持与全国同步发展，贷款利率市场化改革还任重道远，此处重点分析贷款利率市场化改革。西藏利率市场化改革要立足于西藏的特殊区情，根据西藏市场经济的发育程度，实行不同的利率政策，扶持不同经济领域发展，促进民生改善，促进经济均衡增长。西藏利率市场化改革的目标是要发挥市场机制作用，建立经济主体财务预算约束，完善资金价格形成机制，优化金融资源配置，提高资金利用效率，促进金融服务的均等化和可获得性。对此，西藏利率市场化改革就要保民生、促发展，通过经济手段调整利益分配，调节资金流向，需要综合考虑市场化程度、民生以及政策的可操作性等问题。

1. 民生领域实行更加优惠贷款利率政策

西藏最大的民生就是包含农牧区群众在内的所有在藏人员的切身利益。不管是城镇居民还是农牧民群众在收入水平上与内地居民平均收入水平均有一定差距，均需要加快发展，其中一个途径就是通过金融渠道的财政转移支付机制增加西藏各族人民群众收入水平。考虑到城乡发展差异和经济负担的承受能力，在未来一段时间，应对涉农贷款实行扶贫贴息贷款利率政策，并建立有效的监管机制，防止以贷转存进行政策套利；对城镇居民实行现行优惠贷款利率政策，引入利率浮动机制，允许金融机构根据借款人的信用状况和贷款的额度、期限等因素在一定区间内浮动，通过利率杠杆的激励和约束作用，培育良好的信用环境。通过以上政策，让优惠金融政策惠及到西藏绝大多数人口，体现普惠金融和市场机制的发展理念。

2. 民贸企业继续执行现行贷款利率政策

为支持民族贸易和民族用品领域发展，对民族贸易及民族用品生产企业按照现行全国统一优惠的贷款利率执行。西藏作为特殊的民族地区，长期以来得到中央和内地省份的大力支持，中央对民族地区的支持政策，西藏更没有理由拒绝，关键是要用好、用活、用足相关优惠政策。为支持民族贸易和民族用品领域的发展，此项全国性的优惠贷款政策可能存续下去，西藏应抓住有利机遇，扩大政策实施效果。着重发展民族贸易，争取更多西藏民族贸易企业纳入国家政策支持范围，以便获得民贸企业优惠贷款政策，支持西藏民贸企业做大做强，进一步扩大西藏对外贸易，达到促进西藏经济快速发展的目的。

3. 其他领域实行贷款利率市场定价政策

对大中小微企业、个体工商户等市场主体的生产经营或项目贷款，均按照市场化原则，在全国金融机构贷款基准利率的基础上，由借贷双方协商确定，允许贷款利率上下浮动。目前，西藏大中小微企业、个体工商户均按照市场原则融入全国统一市场甚至国外市场，市场意识和观念已深入人心，经营管理和决策已经完全市场化了，在此领域推动西藏利率市场化也是市场经济建设的重要组成部分。金融企业作为市场主体的组成部分，也需要按照市场经济规律追求合理经济回报。如果没有完善的激励机制，一味强调金融企业的社会责任，必定会挫伤其信贷投放的积极性，导致信贷资源不能合理配置，资金利用效率低下，经济薄弱环节得不到有效支持，信贷资金会更多流向大企业、大项目和关系户，而中小微企业融资则会越发困难。实行贷款利率浮动政策，更加有利于不同发展阶段的企业从银行获得信贷资金支持；可促进企业进一步转变思想观念，提高经营管理水平，通过资本市场拓宽融资渠道，增加资金的可获得性，从而进一步增强西藏经济活力。

（三）适度调整特殊优惠金融政策

在现行的特殊优惠金融政策框架下，推动利率市场化尤其是贷款利率市场化改革存在多种弊端，如未来政策的实施成本、政策的可持续性等问题，有必要适时适度调整特殊优惠金融政策。特殊优惠金融政策的调整应着眼于支持实体经济发展，扶持西藏经济薄弱环节发展，服务于西藏市场经济建设，发挥经济手段的宏观调控功能，优化信贷资源配置。在确定上述西藏利率市场化改革的基础上，考虑政策实施成本以及政策操作难易程度，根据政策的实施意图，针对不同利率政策完善相应的配套政策措施。

1. 继续加大民生领域的金融服务保障力度

金融机构因发放涉农贷款、城镇居民贷款形成的利差损失，按照现行的补贴标准继续给予其利差补贴。同时，按照保存量、扩增量的政策导向，加大对涉农贷款的综合补贴力度，引导信贷资源继续向农牧区倾斜。对农牧区金融营业网点继续给予定额补贴，并加大补贴力度，引导金融机构网点和业务下沉。对在金融服务网点空白乡镇设立金融网点给予更加优惠的补贴政策，进一步扩大金融服务网点的覆盖面，保障民生领域金融服务。

2. 灵活运用民族区域特殊的优惠金融政策

对民族贸易及民族用品生产企业，国家给予特殊的优惠贷款利率政策，比西藏现行的一般性商业贷款还优惠，为弥补金融机构利差损失，由中央财政给予利差补贴。因此，对在藏金融机构发放的民族贸易及民族用品生产企业贷款，按照全国统一规定办理利差补贴。在此基础上，为鼓励和支持西藏民族贸易和民族用品生产企业发展，引导金融机构加大信贷支持力度，将其发放的贷款按照激励机制进行奖励。

3. 建立健全引导信贷资金投放的激励机制

现行的综合补贴政策对不同区域按照存量贷款的平均余额进行补贴，弥补了在藏银行业金融机构的经营成本，引导信贷资金向农牧区倾斜，但没有充分发挥财政资金的杠杆作用，不利于充分调动银行业金融机构信贷投放的积极性。由于对大中小微企业、个体工商户等市场主体的贷款实行市场利率，已不存在利差补贴问题，主要是通过综合补贴引导信贷投放，优化信贷资源配置。鉴于此，应建立健全引导信贷资金投放的激励机制，放弃或削弱对存量贷款的综合补贴，改按增量进行综合补贴。同时，为引导信贷资金进一步加大对中小微企业的支持力度，应对不同规模的企业实行差异化的综合补贴政策。

4. 完善经济主体融资有效对接的政策措施

2015 年 7 月 31 日，国务院总理李克强主持召开国务院常务会议，专门研究小微企业和“三农”融资难问题，要求建立担保机制，加快融资担保行业改革。西藏中小微企业处于发展初期，由于企业普遍缺乏抵质押资产以及担保体系不完善等原因，同样存在融资难、融资贵问题，优惠金融政策需要统筹考虑担保因素，以实现经济主体融资有效对接。建议国家有关部委帮助西藏各地市设立中小微企业贷款担保服务中心，解决西藏由于财力有限无法建立担保体系问题，同时将担保机构纳入综合补贴范围，按照增量担保余额给予综合补贴。

5. 调整现行利差补贴和综合补贴办理途径

现行的利差补贴和综合补贴实行双向并轨的形式进行办理（自治区财政厅审核后报财政部，同时由在藏分支机构报各自总行后再报财政部，补贴资金由财政部拨付至各自总行），补与不补标准由自治区财政厅根据财政部规定制定补贴标准，部分内容与人民银行的优惠贷款利率政策执行范围存在不一致的地方，抵消了政策实施效果。按照上述利率市场化改革的路径，建议补贴资金由财政部拨付至自治区财政厅，由自治区政府制定统一的管理办法，以人民银行拉萨中心支行组织实施、自治区财政厅监督的方式，实现权责的有机统一，发挥财政金融政策协同作用，提高政策实施效果，充分实现补贴政策意图。

（四）建立健全市场利率定价机制

由于西藏长期实行优惠贷款利率政策，在藏银行业金融机构利率定价机制还不完善，定价能力有待进一步提高，利率定价管理有待进一步加强。

1. 提升金融机构利率定价能力

金融机构要提高对利率市场化改革的认识，切实转变经营理念，加强利率定价机制建设和利率风险防范。建立以风险溢价抵补贷款风险的信贷资产质量考核体系，设立专门的利率风险监管控制部门，制定明确的利率风险管理及监控规程，提升利率风险的有效识别、衡量、定价和控制能力。加强干部队伍建设，通过系统内部培训、金融援藏等途径，加快利率风险定价的人才培育，为推动贷款利率市场化工作创造有利条件。

2. 完善市场利率定价自律机制

市场利率定价自律机制是由在藏银行业金融机构组成的市场定价自律和协调机制，在符合有关利率管理规定的前提下，对金融机构自主确定市场利率进行自律管理，维护市场正当竞争秩序，促进市场规范健康发展。在现有利率定价自律委员会的基础上，应继续加强利率定价自律工作，对特殊情况及时召开利率定价自律委员会会议，形成会议纪要，对于都认可的内容要做好自我约束。

3. 加强利率定价监督管理工作

放开利率定价权限，不是完全放松利率管理。人民银行应完善利率定价管理措施，加强利率定价监督管理。对借助自身绝对优势、扰乱利率定价管理的银行机构应加大综合执法检查力度，及时约谈有关负责人，并对有关部门加强利率定价指导工作。

参考文献

［1］雷蒙德·W. 戈德史密斯. 金融结构与金融发展［M］. 上海人民出版社，1996.

［2］爱德华，肖. 金融理论中的货币［M］. 上海人民出版社，1996.

［3］罗清. 日本金融的繁荣、危机与变革［M］. 中国金融出版社，2000.

[4] 李社环．利率自由化——理论、实践与绩效［M］．上海财经大学出版社，2000.

[5] 刘义圣．中国利率市场化改革论纲［M］．北京大学出版社，2002.

[6] 景学成、沈炳熙等．中国利率市场化进程［M］．中国财政经济出版社，1999.

[7] 彭小泉．中国利率市场化［M］．中国审计出版社，1999.

[8] 谢平．中国金融制度的选择［M］．上海远东出版社，1996.

[9]《中国金融年鉴》编委会．中国金融年鉴（1999－2011）［M］．中国金融年鉴杂志社有限公司.

[10] 西藏自治区地方志编纂委员会．金融志［M］．中国藏学出版社，2002.

[11] 西藏自治区地方志编纂委员会．金融志［M］．中国藏学出版社，2008.

[12]《西藏经济体制改革和对外开放30周年回顾与展望》编委会．西藏经济体制改革和对外开放30周年回顾与展望［M］．西藏人民出版社，2008.

[13] 王国松．中国的利率管制与利率市场化［J］．经济研究.2001（6）

[14] 王国松．存贷款利率市场化次序安排的有效性与风险性［J］．财经研究.2004（2）.

[15] 赵尚梅．中国利率市场化的历程、障碍与环境建设［J］．中国社会科学院研究生院学报，2003（4）.

[16] 郑鸣．中国利率市场化问题研究［J］．中国经济问题，2002（3）.

[17] 戴根有．关于利率市场化［J］．金融时报，2001（12）.

[18] 熊芳．利率自由化的条件约束及政策选择［J］．生产力研究，2007（3）.

[19] 易纲．中国改革开放三十年的利率市场化进程［J］．金融研究，2009（1）.

[20] 江春，刘春华．发展中国家的利率市场化：理论、经验及启示［J］．国际金融研究，2007（10）.

[21] 王育宝．我国利率市场化的实现途径［J］．经济研究参考，2003（63）.

[22] 张非，刘鸿伟．利率市场化下“三方机制”探析——基于商业银行、

农信社、民间金融三元结构［J］. 改革与战略，2009（3）.

［23］胡国晖. 关于我国利率市场化若干问题的研究［J］. 商业研究，2006（2）.

［24］樊胜. 我国利率市场化渐进改革进程分析［J］. 商业时代，2007（30）.

互联网金融背景下西藏小微企业融资问题研究

中国人民银行拉萨中心支行课题组
课题组组长：方　霞
课题组成员：刘　涛　王茂昌

摘要：互联网金融正在逐渐成为小微企业融资的新渠道，为小微企业的融资开辟了一条新的道路。互联网金融在西藏小微企业融资过程中，可以提高资金获得的便利性，降低融资的成本，也可以更好地解决信息不对称、信贷配给不足、抵押担保难等制约小微企业融资的问题。因此，为了更好地发挥互联网金融在西藏小微企业融资方面的作用，需要进一步完善互联网金融法律体系建设，加强对互联网金融的监管，营造西藏健康良好的互联网金融发展环境。

关键词：互联网金融　小微企业　融资

随着信息技术和互联网技术的高速发展，互联网金融应运而生，其与生俱来的特点和相对于传统金融的先天优势，创新了金融服务的模式，提供了种类丰富、个性多样化的金融产品，为西藏小微企业有效拓展了资金供给的渠道，提高了资金融通的效率，提供了融资的便利，为西藏小微企业摆脱融资困境、有效解决融资难题提供了新的途径，也为西藏小微企业的发展壮大注入了新的活力。

一、互联网金融概述

目前，对于互联网金融还没有一个严格准确的概念。学者对于互联网金融概念的阐述，也都是仁者见仁、智者见智。但就其实质而言，互联网金融是依托互联网技术、运用互联网思维开展的传统金融与互联网跨界结合的新型金融活动，改变了传统金融的结构及运行模式，使金融业务透明度更高、参与度更强、成本更低廉、操作更便捷。它具有以下特征：

（一）以大数据、互联网、自动化等技术为基础保障

在互联网金融时代，大数据、互联网、自动化等技术手段的运用是实现高频交易、降低金融交易成本、提高交易效率、扩大金融服务的核心技术支撑，是保障互联网金融顺利开展的基础。

（二）以服务高效、便捷、成本低廉为立足之本

互联网金融模式下，金融业务主要通过计算机网络平台进行操作处理，操作流程标准化、处理速度快，不仅可以为客户减少信息不对称问题，提供方便、高效、快捷的金融服务，而且也极大地降低了传统金融服务业务所需的交易和运营成本，满足了市场的需求，为互联网金融企业实现市场盈利提供了保证。

（三）以满足更多的市场需求、普惠金融服务为核心价值

相对于传统金融服务而言，互联网金融建立在广大的普通小微群体客户的基础上，更多关注的是巨大长尾市场客户的金融需求，可以为各种小微客户提供个性化的产品服务，意图实现人人都能够享受金融服务和产品的权利，具有鲜明的普惠精神。

二、互联网金融背景下西藏小微企业融资现状

就互联网金融而言，在西藏还属概念化的新事物，处于认识、学习、传播阶段。目前，西藏尚无互联网金融法人企业，也没有 P2P 网络借贷平台、互联网金融门户企业的分支机构，仅有 7 家网络支付机构的分支机构（其中仅有 2 家机构在藏开展具体业务），与内地发达省市相比，存在较大差距，互联网金融发展比较缓慢。在互联网金融发展浪潮的大背景下，西藏小微企业如何抓住机遇，充分利用互联网金融发展壮大，便成为自治区金融业面临的一项重要课题。

（一）融资规模稳步增加，银行信贷仍为主要外源资金来源

一方面，西藏银行业机构加大了对小微企业的信贷支持。截至 2014 年末，西藏银行业金融机构小微企业贷款余额为 608. 92 亿元，较年初增加 188. 16 亿元，增长 44. 72%，增速比各项贷款高 19. 84 个百分点，比大型企业贷款高 29. 28 个百分点；小微企业贷款占企业贷款比重为 54. 32%，占比超过大型企业

贷款（见图1）。

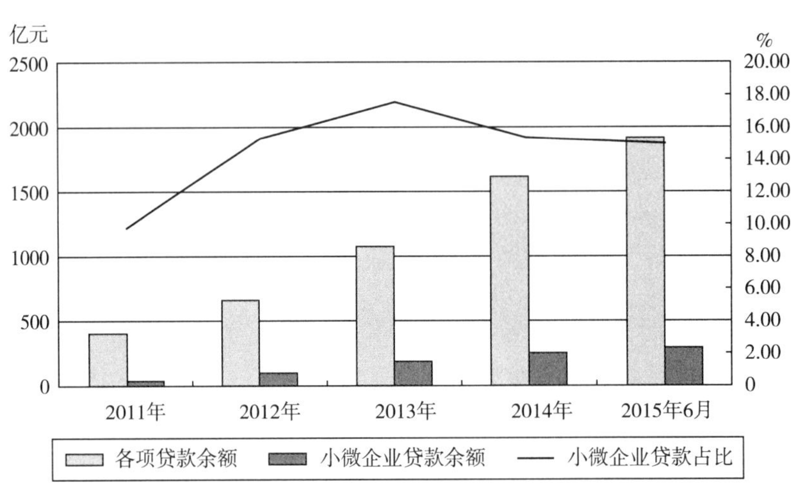

图1　西藏小微企业2011—2015年贷款情况图

另一方面，西藏小微企业资金主要来源于自有资金，银行借贷为主要外源资金来源（如股票、债券、期货等其他的融资形式几乎没有）。根据对西藏30家小微企业实地调研结果显示，西藏小微企业经营所需资金来源主要包括：第一，自有资金，占资金来源的76%；第二，通过市场融资，其方式主要有银行贷款、公司借款、民间借款、政府扶持资金、其他方式，其中银行贷款占资金来源的20%、公司借款占资金来源的0.3%、民间借款占资金来源的1.7%、政府扶持资金占资金来源的0.6%、其他方式占资金来源的1.4%。此外，据调研显示，西藏小微企业主要是通过传统方式进行融资，仅仅有不到2%的资金来自互联网金融等新型的融资方式（见图2）。

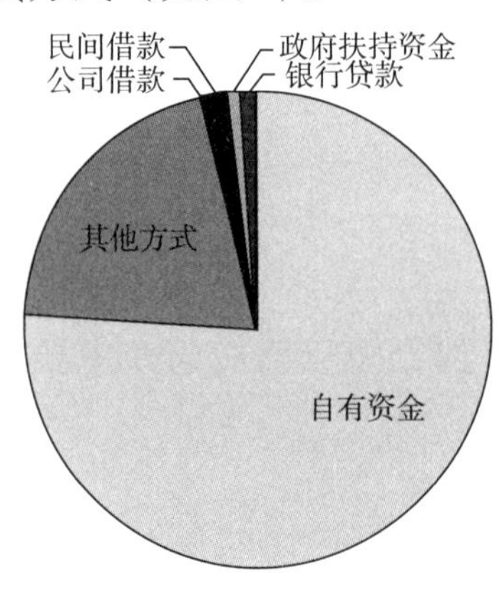

图2　西藏小微企业经营所需资金主要来源图

（二）间接融资政策放宽，互联网金融发展政策滞后

近年来，在国家及西藏自治区出台的一系列优惠政策的支持下，西藏小微企业融资体系日趋完善。在藏各商业银行机构已初步建立起多元化、多层次服务小微企业的信贷机构，针对小微企业的特点，创新了相应的信贷产品和服务方式，为小微企业进一步拓宽了融资渠道。

目前，对于指导西藏辖区本土互联网金融产业发展的政策还尚未出台，具体指引还未能落地。下一步，对于如何引导西藏小微企业利用互联网金融进行融资，如何鼓励互联网金融做好对小微企业的融资服务、满足融资的需求等，成为自治区互联网金融产业发展面临的一项重要内容。

（三）融资环境逐步优化，金融创新仍显不足

目前，在西藏自治区政府、金融监管部门的共同努力推动下，不断加强和改善了对小微企业的金融服务，进一步优化自治区金融生态环境，拓宽小微企业融资渠道，为西藏小微企业进行直接、间接融资创造了良好的融资环境，也为金融支持小微企业发展营造了良好的外部环境和提供了优越的条件、广阔的平台。

但从西藏总体金融创新来看，创新仍显乏力，尤其是在互联网金融方面，目前西藏互联网金融还属于“小荷才露尖尖角”的新型事物，尚处于萌芽阶段。令人可喜的是，目前，已经有一些本土企业开始尝试加入互联网金融发展的大潮中，与互联网金融共舞。如2015年10月27日，西藏珠峰向互联网金融企业上海捷财金融信息服务有限公司增资3000万元，持有其25%的股权，公司还积极拓展“互联网+”和“大数据”与实体经济的深度合作，打造产业金融。

三、互联网金融破解西藏小微企业融资困境的可行性分析

（一）互联网金融解决西藏小微企业融资问题的优势

1. 数据信息优势。一方面，改善了西藏小微企业的融资环境。互联网金融在一定程度上打破了原有传统金融机构的信息壁垒，连通了金融机构与西藏小微企业之间的信息互通桥梁，改善了小微企业长期面临的地广人稀、信息闭塞

等不利的融资条件，从一定程度上改善了融资环境。另一方面，可以为西藏金融机构作出融资决策提供准确、充分、完备的数据信息条件。互联网平台高效的信息处理技术和数据信息的优势，可以为金融机构准确提供西藏小微企业生产经营状况、具体经营信用等信息，能够改变西藏小微企业因为金融机构难以对其做出准确的信用等级、还款能力的评估而拒绝贷款的情况。

2. 普惠广泛优势。一方面，互联网金融可以为西藏小微企业提供数量更多、门槛更低的融资服务对象。互联网金融平台特有的开放性和共享性的特质，为西藏小微企业普遍参与互联网融资成为可能，提高了市场参与者的大众化和普及化程度，改变了过去西藏小微企业因为发展水平低、盈利水平差、所处地理位置偏僻、金融中介服务机构少等因素造成的融资困难。另一方面，互联网金融可以为西藏小微企业提供产品种类更多、服务质量更高的差异化融资服务需求。互联网金融可以满足西藏不同小微企业差异化的融资需求，能够改变西藏小微企业融资途径少、抵押产品少、信贷产品单一、融资条件高的融资困境。

3. 成本低廉优势。一方面，互联网金融通过运用先进的互联网信息技术，提高了信息利用率，降低了信息处理成本，保证了西藏小微企业的低成本市场融资需求，有利于小微企业进一步发展壮大。另一方面，与传统金融机构相比，互联网金融省掉了传统的多层次营销体系和小微企业贷款所承担的抵押费、评估费等一次性费用，可以间接地降低小微企业的融资成本，为西藏小微企业的发展提供低成本的资金支持。

（二）互联网金融在解决西藏小微企业融资困境中的作用

1. 可以有效解决西藏银企信息不对称问题。就西藏小微企业而言，普遍存在会计制度不健全、财务管理水平低、财务信息和经营信息不透明等问题，银行等金融机构很难通过正常的途径获得企业准确的信息。互联网金融利用其强大的数据分析能力，通过运用数据、模型的方法，对小微企业的交易记录、银行流水进行定性定量的分析，能够全面掌握西藏小微企业真实的财务状况和信用资质，有效地调查和了解客户的还款意愿和还款能力，在技术上解决了银企市场信息不对称的问题，为互联网金融企业作出合理有效的放贷决策和小微企业获得融资提供了便利。

2. 可以有效缓解西藏信贷配给不足问题。西藏金融市场为小微企业提供融资服务的主体单一，服务的质量不高，融资产品可选择性少，供给不足，也是加剧小微企业贷款融资难的重要因素。在互联网金融模式下，西藏小微企业能够突破时空地域的限制，通过在互联网上提交相关材料证明和融资需求，寻找到适合自己的金融产品和服务。此外，互联网金融企业还可以根据西藏小微企业的个性化融资需求，专门为小微企业制定合适的信贷融资产品，增加信贷产品的供给，满足市场主体的融资需求。

3. 可以有效化解西藏小微企业担保能力不足的问题。西藏担保公司发展水平不高、融资担保能力不强，覆盖面不广、分布不均衡、担保体系不健全等客观因素也一直是困扰小微企业融资难的重要因素。在互联网金融模式下，借贷双方依托网络平台，注册相关信息并建立账号，西藏小微企业可以根据自己的融资需求发布信息，互联网金融企业根据自己的风险偏好和预期收益提供相应种类丰富的信贷产品。在整个融资过程中，西藏小微企业不需要提供任何抵押等担保措施，也不需要为满足传统银行等金融机构所必需的抵押等担保条件，只需要符合互联网金融企业在线信贷产品的条件即可，大大降低了融资门槛，能够有效化解小微企业担保能力不足的问题。

四、完善互联网金融在西藏小微企业融资应用中的政策建议

（一）加大对互联网金融产业的政策扶持支持力度

西藏各级地方政府应根据本地经济特点和产业发展规划，结合自身资源优势，为西藏互联网金融企业制定专门的财政政策和税收优惠政策，为通过互联网金融进行融资且符合区域重点产业发展方向的、具有发展潜力的小微企业提供部分或者全部贴息支持，通过对互联网金融企业和小微企业的双重政策支持，积极支持推动互联网金融企业的落地生根快速发展，使得互联网金融企业能够不断满足西藏小微企业发展的需求，不断推动西藏互联网金融产业的健康发展，成为西藏小微企业融资的有效选择。

（二）大力发展具有地方特色的互联网金融产业

发展具有地方特色的互联网金融产业，首先，要培育具有地方特点的互联网金融企业，搭建独特的专门为西藏小微企业服务的互联网金融平台，与小微企业建立密切的联系和长期的互信合作关系，为西藏小微企业提供高效、便捷的融资服务。其次，西藏互联网金融企业要根据小微企业各自特点，专门制定

具有符合实际的信贷产品，提供特色化服务，降低融资成本，为小微企业提供足额的金融支持，化解融资难的困境。最后，西藏地方政府还要积极推进互联网金融企业与传统金融企业的合作，构建多方信息共享平台和共享机制，实现传统金融、政府职能部门等主体对互联网金融的支持发展，共同为有效解决西藏小微企业的融资难发挥更大的作用。

（三）不断加强西藏小微企业自身素质建设

第一，西藏地方政府应加强对小微企业主的培训，加强对企业人才队伍的建设，提高员工整体素质，为企业进行互联网融资提供人才智力支持。第二，地方政府应为互联网金融企业与西藏小微企业全面对接合作提供平台枢纽，充分利用电视、广播、网络等多种渠道，为西藏小微企业普及互联网金融知识和诚实守信的信用意识，介绍互联网融资的网络搜索操作技能，逐渐提高企业通过互联网进行融资的能力和成功率。第三，西藏小微企业应加强自身素质的建设，增强企业抗风险能力，充分利用互联网市场的金融供给和服务发展壮大企业自身，努力为互联网金融企业提供一批信用等级高、自身实力强、风险系数低的融资对象，最终形成一个互惠互利的互联网金融产业体系。

（四）营造西藏良好的互联网金融发展环境

积极营造西藏良好的互联网金融融资生态环境，对于西藏互联网金融健康发展、打破西藏小微企业融资困境具有积极的意义。首先，西藏地方政府要出台相关政策，制定西藏互联网金融产业发展政策，大力扶持和积极引导互联网金融企业健康发展，营造西藏良好的互联网金融生态环境，实现西藏互联网金融产业的健康持续发展。其次，互联网金融企业要加强对自身建设的管理，不断自律，严格守法经营并积极履行社会责任，按照监管机构的要求，规范业务发展，努力为小微企业提供质优、价廉、高效的融资服务。最后，不断完善西藏信用体系建设，支持互联网金融企业接入人民银行的征信平台，建立覆盖西藏的互联网金融征信系统，实现金融机构、互联网金融企业与小微企业信息共享、互相促进、共同发展的良好生态环境。

参考文献

［1］谢平，邹传伟．互联网金融模式研究［J］．金融研究，2012（12）．

［2］王天捷，张贻理．基于互联网金融模式的小微企业融资问题研究［J］．中国市场，2013（12）．

［3］徐洁，隗斌贤，揭筱纹：互联网金融与小微企业融资模式创新研究［J］．商业经济与管理，2014（4）．

［4］戴东红：互联网金融对小微企业融资支持的理论与实践［J］．理论与改革，2014（4）．

［5］李志强：基于交易成本理论的互联网金融与小微企业融资关系研究［J］．上海经济研究，2015（3）．

［6］谢群斌．互联网金融模式下小微企业融资问题研［J］．长春师范大学学报，2014（4）．

西藏新型城镇化建设融资保障中的PPP模式研究

国家开发银行西藏分行课题组
课题组组长：崔晓峰
课题组成员：吕　垒　金松尼珍

摘要：按照《西藏自治区新型城镇化规划（2014—2020）》，西藏要稳步推进农牧区和农牧业人口向城镇和非农产业转移，着力构建“一圈两翼三点一线”的城镇空间新格局。国家对于城市建设和财政管理出台了一系列政策。党的十八届三中全会提出，要推进城市建设管理创新。建立透明规范的城市建设投融资机制，允许地方政府通过发债等多种方式拓宽城市建设融资渠道，允许社会资本通过特许经营等方式参与城市基础设施投资和运营。《财政部关于推广运用政府和社会资本合作模式有关问题的通知》（财金〔2014〕76号）就拓宽城镇化建设融资渠道、促进政府职能加快转变、完善财政投入及管理方式，尽快形成有利于促进政府和社会资本合作模式（PPP）发展的制度体系进行了规定。本文在各项法律法规的框架内，结合西藏实际，提出西藏推进新型城镇化建设进程中可行的PPP融资模式，以促进政府与社会资本的合作，拓宽西藏新型城镇化建设中的资金来源渠道，提高新型城镇化建设中的管理水平和资金运用效率，进一步发挥“金融撬动”的作用，提升政府治理能力，保障西藏新型城镇化建设规划的实现。

关键词：城镇化　融资　PPP　西藏

一、PPP的内涵及主要特点分析

（一）PPP的定义及内涵

1. PPP的定义

PPP（Public－Private－Paternership），即公私合营形式，本质上指像政府等

公共机关与社会资本等私人部门建立合营协作的关系，为制造公共商品或提供服务的一类合作模式。是从政府在基础设施、城市公用事业建设过程中引入社会资本而逐步发展成熟的一种公私合营模式。下面，对几种主流的 PPP 进行诠释。

PPP 的界定是由联合国培训研究院从广义和狭义两个方面来定的。[①] PPP 包含在各类社会布局提倡者之间的所有制度化的合作方式，为处理本地或局域内的某些杂乱的关系。PPP 涵盖了两种意义：一方面是通过建立公共和私人部门之间的伙伴关系，来达到生产公共产品的需要；另一方面是通过公共部门和私人部门建立伙伴关系，对一些大型公共项目进行实施来满足完成公共产品的目的。

加拿大 PPP 国家组织机构注重从 PPP 的本质上来对 PPP 进行定义。“PPP 本身是公共部门和私人部门之间的一种合作经营关系，它建立在双方各自经验的基础上，通过适当的资源分配、风险分担和利益共享机制，最好地满足事先清晰界定的公共需求。”[②] PPP 实际上是建立在公共部门和私人部门双方各自的经验的基础上，约定风险分担机制和收益机制以对公共品供给的合作模式。

美国国家委员会对 PPP 的解释显示出了 PPP 模式在外包和私有化各自不同的特点。“PPP 将外包和私有化严格区分开，并综合了两者特点，是一类公共产品的给予方式，PPP 为了满足公共需要，为公共提供了建立在私人资源的基础上的设施，这些设施很好地对私人资源进行了创造、投资、修护、策划和安排。”[③]

我国财政部关于 PPP 的定义分别为：“政府和社会资本合作模式是一类合作发展模式，是在公共基础及社会部门建立的。通常 PPP 是社会资本完成策划、改建、营运、提供基础设施的多处任务，且利用‘使用者付费’和相关的‘政府付费’得到合理投资回报；为了保证公共利益最大化，政府机关主管公共设置及社会服务价码和本质监测”。[④] 和国家发改委“政府和社会资本合作（PPP）

---

① United Nations Institute for Raining and Research，PPP－For sustainable development［R］. 2000.

② John R. Allan. PPP：a review of literature and Practice［C］，Saskatchewan Institute of Public Policy，Public Policy Paper No. 4. 1999.

③ The National Council For PPP，USA. For the good of the People：using PPP to meet America's essential needs［R］. 2002.

④《财政部关于推广运用政府和社会资本合作模式有关问题的通知》（财金〔2014〕76 号）。

模式是指公共机关与社会资本成立的利润共享、共担危险和共同协作关系，这种关系是为了加大公共产品和产品生产服务能力，在特许营业、购买营运、股权合作等方式的基础上来提高生产效率。”①

综上可以看出，PPP 的定义分广义上的定义和狭义上的定义两种。广义上讲，PPP 是指公共机构与社会组织针对公共产物或公共设施服务而创立起的协作关系。从狭义上讲，PPP 是指公共部门与社会资本②（不仅限于民营经济）合作中的各种具体模式，是介于政府直接供给与完全私人供给之间的各种政府与社会资本合作的模式。

2. PPP 的内涵

PPP 主要指公共部门与社会资本达成的合作伙伴关系。从经济效率角度来看，公共部门与社会资本的各种具体合作，两者通过公司治理达成的合作，可以增加城市公用事业的资本投入，加快项目建设，增加产品与服务的供给，节约项目投入，提高经济效率。从社会公平角度来看，政府的独家投入可以保证公平，但因为政府财政资金的有限、政府债务的逐年增加，政府因为财力的有限而无法对城市公用事业的全部应该建设的项目进行建设，以及及时进行后续养护，反而无法达到公平的社会目标追求。而社会资本更加追求经济效率与利润。因此，PPP 模式下，可以实现政府与社会资本之间在公平与效率方面目标的一致，也就是加快城市公用事业的建设，增加产品与服务的供给，保障居民的基本生活与企业的基本生产条件。从运作方式看，PPP 模式下有很多种不同的操作模式，但共同点都是通过契约安排，公共部门与社会资本之间就责权利进行明确约定，两者共同参与城市公用事业的项目策划、设计、建设、运营等各环节工作，共同享有项目带来的收益，共同承担项目可能带来的风险。

PPP 模式中，政府与社会资本为各自的目标而进行合作，但通过公司治理与契约要求，双方要围绕经济效率与社会公平进行平衡，双方的合作可以整合政府财政资金与社会资本，加快项目建设、增加城市公用事业产品与服务的供给，并通过政府规制保证产品与服务的质量。政府与社会资本的合作代表了政府保证城市公用事业产品与服务供给的社会保障、公共物品供给的职能，也体

① 《国家发展改革委关于开展政府和社会资本合作的指导意见》（发改投资〔2014〕2724 号）。

② 注：此处的社会资本是指相对于财政资金而言的其他资金的统称。并非指经济学意义上的社会资本概念：社会资本是指个体或团体之间的关联——社会网络、互惠性规范和由此产生的信任，是人们在社会结构中所处的位置给他们带来的资源。

现了经济体制转型、市场化更加完善、定型大背景下社会资本的诉求与发展趋势。PPP 模式中，政府与社会资本的合作可以达到市场经济中市场主体都在逐利、向着自己的目标发展，但最后市场主体达到“我为人人、人人为我”的目标。可以将“看不见的手”对效率的提高与“看得见的手”对公平的保障结合起来。

（二）PPP 模式的起源

根据上面的分析，PPP 是指政府公共部门与社会资本等民营部门合作，共同参与公共产品和服务的供给，提高公共物品和服务供给的效率，保障更大范围的公平，实现政府公共部门、社会资本与广大消费者的“三赢”，推进政府治理的现代化和市场化。下面，通过对英、美、法等欧美国家的 PPP 起源及发展进行分析，并对照我国 PPP 的发展历程，可以看出，政府与社会资本的合作中，政府通过与社会资本的谈判，重点是合作中的盈利机制，通过政府的财政补贴或社会资本向用户的收费，实现社会资本前期投入的收回并实现合理盈利。道路与供水业属于最基础的基础设施和基础产业，对于居民的聚集、城市的形成、经济和社会的发展都具有重要的支撑作用。下面，重点就英、美、法及我国在道路建设、供水等城市公用事业中的 PPP 发展进行梳理和分析。

1. PPP 在英国的起源与发展

在英文的解释中，turnpike 是公路最开始的翻译，这是由于公路会放置了很多可变换位置的阻碍，一般是用一根平放的大杆（pike）或栅栏构成，操作者可以根据改变长杆（turn the pike）的位置来操纵公路的交通。在 15 世纪中期，欧洲人利用长杆或栅栏是为了减缓骑兵的速度，维护领土安全。在 17 世纪时，英国的税务机构借助这种栅栏以实行公路收费，税务机构负责对过路者收取一定的费用，增加国家财政收入，维持国家的运转。因此，可以说，这是当时英国的收费公路。当然，当时的收费相关技术比较简单，道路也没有达到现在高速公路的标准，但是使用者付费的理念以及政府与社会资本的合作已经出现了雏形。政府在推动道路收费方面也发挥了积极作用。18 世纪中后期，英国议会制定《收费公路法案》，当中还详细地对收费制度进行了区分化。根据车辆轮胎的宽长对车辆区分，车辆的轮胎有多宽费用就有多低（因为对地面的破坏越小）。

在城市供水业上，在 16 世纪左右，伦敦出现从私人企业提供用水的说法，但是那时的政府关于私人营业供水业基本不设置障碍和门槛。而企业之间为了竞争，纷纷提高供水的质量，改进供水的服务。到了 19 世纪，伦敦得益于私人投资而加快建设的供水系统，让伦敦成为当时欧洲最适宜居住的城市之一。出生于英国的亚当·斯密在 18 世纪 70 年代完成了《国民财富的性质和原因的研究》（简称《国富论》），书中明确提出了市场可以发挥“看不见的手”的作用，引导市场主体追逐自利的过程中实现利他和经济发展的局面，开创了古典经济学。PPP 模式在英国最早出现并发展也受当时英国经济学家的影响。注重市场的作用，政府积极加以引导和配套服务，促进了英国在 18 世纪工业革命的出现，进而支撑了英国经济后续的快速发展，对英国后来发展成为“日不落帝国”都具有重要的促进作用。但是，社会资本更注重眼前利益和经济效益，对于社会效益往往忽视，也无力提供纯公共品。因此，英国的供水业后来也出现了很多问题，比较典型的就是污水的排放和水污染问题。英国的议会为此专门出台了相关的法规。为了更加注重公平和解决环保等问题，到 1908 年，英国进行了比较全面的国有化，供水业也基本收归国有国营。发展到 20 世纪 70 年代后期，人尽皆知晓英国再次执行了大规模的民营化，直到 20 世纪 80 年代时，英国才又重新允许社会资本进入供水业。

因此，PPP 模式伴随市场经济的理念在英国最先萌发并进一步发展，其中虽然政府与市场有进有退，国家对市场化和国有化的理念在不同的时期也有很大的不同，但是，总体来讲，PPP 最早在英国发展，并且最终取得了社会各阶层的共识。

2. PPP 在法国的起源与发展

因为供水业与消费者的生活密切相关，是属于民生必需的消费品。在法国，供水服务自 17 世纪起也由私人进行供给，供水服务在法国曾经历市场化、公有制下的租赁供应等形式，但实际运营者主要是民营企业等社会资本。特许经营这一 PPP 的典型模式在法国得到了广泛认可，实践效果也确实促进了公共物品的供给。20 世纪末期，通过 PPP 模式对占法国 75% 的人口进行供水。里昂水务和威望迪两家公司提供了全国 62% 的供水、75% 的市中心供热、36% 的污水处理、55% 的电缆营运、60% 的废物清理。关于水务营业，法国的 PPP 十分著名，历史悠久，在 20 世纪初期，威望迪公司凭着大约 20 亿元的价码，得到中国上海浦东自来水厂 50% 的控制股权和 50 年的营业权。

法国对于基础设置和公共设施使用了两种完全不同的方法：政府部门直接干预方法和私人特许经营方式，这是基于 PPP 模式（在法国叫作公共服务委托制）上的。关于政府的直接干预方式，基础设置等公共商品或服务直接由国有部门建设并运营管理。在特许经营方式下，社会资本在政府特许经营合同下，成立项目公司负责基础设施的建设与运营。目前，法国已发展壮大了一大批公用事业建设、运营公司，如万喜建筑公司、苏伊士里昂自来水厂、威望迪集团、布伊格集团等。法国以特许经营的形式加快了全国各地城市交通、体育场馆、学校和供水等城市公用事业的建设，并通过政府规制与企业竞争，保证了相关建设与服务的质量。

3. PPP 在美国的起源与发展

美国的水务在私人供给的效率与公有可以保证服务的全面性之间进行了取舍。“从 19 世纪到 20 世纪的过程中，美国的自来水厂飞快地扩大市场。刚开始是私营企业居于最良好的地位，等到 20 世纪时就有 50% 的企业发展成为了公有制的。美国的自来水厂飞快地向公有制发展的原因是，关于消防用水的协约问题的解决方面，市政部门和私营企业有不同的意见。在城市飞速地发展时，修订一项协约是十分困难的，而且有几个大城市曾经出现过火灾，这些事情的发生不仅为私人企业、也为公众部门提供了行动目标或是创造了合约重新谈判的机会。当从政府部门向私人企业进行拨款援助时，双方在计量方法和直接收费上因为观念不同发生争执。可是事情结果并没有逃出人们的意料，在公有制股份增加的同时，把供水服务业当做商品来处理和操作的做法也被基础服务系统继承了。”①

美国的公路交通在经过收费制度后得到快速发展。1974 年，美国宾夕法尼亚州建成了美国最早的由民营资本投资建设的公路。收费公路每年的资本回报率一般在 3% ~8%。美国还采取差别化的收费政策调节客流量，加利福尼亚州 91 号公路就采用了高峰时段收费高、低峰时段收费低的方式调节客流量，以免造成高峰时段的车辆拥挤。一般在收费期满，运营者会将公路无偿移交给国家，并入国有高速公路系统。

4. PPP 在我国的发展历程

20 世纪初期，新宁铁路正式开始建造，成为中国大陆的一条民营铁路。光绪皇帝在 1906 年新年的第 22 天，正式在建筑书签字准许建造。因为资金匮乏，新宁县人华侨陈宜禧集资建筑了这条铁路，铁路分为三段工程，于 1913 年正式

---

① 世界发展报告，2004 年。

竣工。从广东的斗山之北街开始，这条民营线路共有 109 公里，分线共 28.5 公里。新宁铁路是 20 世纪我国民营资本建设准公共品的典型案例。

以党的十六届三中全会为重要标志，我国真正完成有着现代化意义的 PPP，此次会议通过的《对于完善社会主义市场经济体制若干问题的决定》已经详细指出：放宽市场准入，允许非公有资本进入法律法规未禁入的基础设施、公用事业及其他行业和领域。清理和修订限制非公有制经济发展的法律法规和政策，消除体制性障碍。在那个时代，最能引起民营资本投资的市场就是城市居民供水，这体现了非公有制经济真正地进入公共设施和基础事业市场。在那时非常有名的一个 PPP 样例是，法国威望迪集团拍得浦东自来水厂 50% 的股权、50 年的经营权，用了约 20 亿元人民币。党的十八大、十八届三中全会对于更好发挥政府作用与发挥市场在资源配置中的决定性作用进行了明确表述。目前，我国财政部已建立政府和社会资本合作（PPP）中心。国家财政部、发展改革委出台了一系列规章制度，我国的 PPP 实践正在按照依法治国的理念深入推进。

二、PPP 模式的主要特点及其运作

（一）PPP 的主要特点及分析

1. PPP 的主要特点

（1）狭义上讲，PPP 主要是指一种政府与社会资本之间合作进行公用事业等公共物品或服务供给的运作模式。政府与社会资本在市场的划分上究竟如何达到共同认知，这是一个显然很独特的想法，这要从 PPP 中公有制与民营机构的合作关系与别的方面的关系中来研讨。有着一个一致的目的，才是让公有制经济真正可以和非公有制合作并融洽关系的关键。用最少的投入，达到更多的项目或市场，这要落实到某个具体项目上。公有制市场是以此目标实现公共的利益和优势的增加，不同于民营企业则是以此目标实现个人利益的追求。政府部门与私营部门通过签订一系列的契约达成合作，并通过签订特许合同成立项目公司，建立合作机制。该系列契约中一般包括一种具有担保性质的契约，约定政府对项目公司按照约定进行付费或给予一定的特许经营权。项目公司主要以该契约项下的一系列权益向金融机构进行融资。

（2）PPP 模式下，政府与社会资本既有合作，也有分工。按照模式的不同，有的 PPP 合作下，政府直接采购产品或服务；有的模式下，政府与社会资本合

资成立一个项目公司（Special Purporse Vehicle，SPV），共同进行城市公用事业产品与服务的供给。但不论哪种情况下，都有独立的政府规制部门，对城市公用事业产品与服务的供给量及质量进行规制。只有达到一定标准的产品或服务才能被采购或付费，转化为经济效益。而且，如果产品质量等出现问题，企业还面临被罚款、中止合作、禁入该行业等一系列惩罚。因此，PPP 模式具有推动供给企业降低成本、提高经营效率的动力。

（3）合作长期性。《市政公用事业特许经营管理办法》中明确规定，城市供水、供气、供热、公共交通、污水处理、垃圾处理等行业，依法实施特许经营的，特许经营权限应当根据行业特点、规模、经营方式等因素确定，最长不得超过30 年。特许经营是 PPP 模式中典型的一种模式。各类 PPP 模式中，政府与社会资本一般都是长期合作。长期合作也是由城市公用事业的行业特点决定的，城市公用事业项目的前期设计及建设就需要很长时间，投资额度也较大，如果设定的合作期限较短，将无法吸引社会资本的进入。因为社会资本很难在短期内收回前期的大额投资。但如果合作期限太长，将可能导致形成事实上的“垄断”，政府规制部门对 SPV 的规制措施可能得不到执行。城市公用事业企业可能会倒逼规制部门制定更有利于企业的规制措施与内容。因此，PPP 模式具有政府与社会资本合作的长期性这一特点。

（4）PPP 类型的多样性。PPP 模式具有很多具体的操作模式。下文将进行总结 PPP 的具体模式。PPP 的多种模式为政府与社会资本的合作提供了可供选择的模式类型。如《国家发展改革委关于开展政府和社会资本合作的指导意见》（发改投资〔2014〕2724 号）中提出，“关于那些有准确的营业基础，而且经营利润可以完全高于投资成本的盈利性企业项目，能由政府部门授予特许经营权，使用建筑—营业—转移（BOT）、建造—持有—营业—转移（BOOT）等方法发展。根据法律把一些相关企业的投资、营业规模加大，进一步使被垄断行业渐渐改用特许经营政策。准营业性企业。关于那些利润不高以超过成本、还要政府资助的企业，可采用建筑—营业—转移（BOT）、建造—持有—营业—转移（BOOT）等方法促进，经政府部门间接授予特许经营权或直接投资等方案。若想为创业投资者得到利润提供基础，应设立投入、资助的方法。非经营性项目。关于政府机构的投资，采用创建—持有—营业（BOO）、委托运营等方法对“使用者付费”基础、主要依靠“政府付费”的项目来规划投资项目，增加投资的使用度，把有限的金额用在价值所处。”

（5）利益共享与风险分担。政府与社会资本对合作项目享有约定条件下的所有收益。但是，政府与社会资本并不共享利润，并且政府还需要控制社会资本高额利润，就是不准社会资本得到超额利润。之所以这样，是因为PPP是一项公益性的事业，利润并不是根本目的。其实只要能让价格提高，就可以获得高额利润，即如果政府和社会部门想营业中共享利润，是再容易不过的事了，但这势必会造成社会群众的不满，违背PPP设立的初衷。除了共享PPP的社会利润外，共享利益还会让私人部门、公有制企业或机构得到十分平稳的投资回报。合作关系不仅仅意味着共享利润，还要一起分担风险。在市场经济兼容的PPP中，利益与风险是有对应关系的，能达到风险共同分担，才能得到利益共享。若无风险分担，则不可以形成合作关系。在PPP中，区分于政府与社会资本其他企业合作的根本就是分担风险。在隧道、桥梁、干道建造过程中，民营部门达不到基本的预期收益，政府可以进行现金流量补贴，比如车流量不够。这可以在“分担”框架下减小民营部门经营风险。这时候民营部门会凭借相对优势担任适合的、或者全部的具体项目职责，这个领域对于政府来说又是管理层“道德风险”的危险区域，这样正好可以躲避。

2. PPP的主要作用

PPP模式不仅可以利用社会资本加快城市公用事业的建设、降低政府的债务风险，更重要的一点，该模式可以提高项目的建设与运行效率，保证投入资金的使用效率，实现更好的投入产出值。“鼓励政府部门和社会资本协作，推动各类资本互相融合、增加优势，促使投资对象多样化，加大多种所有制经济的发展；帮助政府与市场加强投资机制，加大社会资本投资力度，提高经济增长动力；加速部门职能转变，体现市场提供产品的决定性作用。”

（1）PPP模式可以建立民营资本参与基础设施等城市公用事业建设与运营的机制，吸引民营资本加快城市公用事业的建设。项目融资中，项目公司最少需要出资本金，以及后续项目运营过程中一定的营运资金。这可以有效降低地方政府的负债，降低我国日益积累的政府债务风险。同时，城市公用事业产品的供给由政府和社会资本联合“双主体”供给，供给者、管理者、监督者的分离可一定程度上改变政府自身供给、自己管理自己而导致的腐败等各种问题。

（2）PPP模式可以提高资金的使用效率，加快项目建设进度，提高项目运行管理的质量。民营资本的逐利天性驱动项目公司选择最有效率的建设和运营方式。同时，PPP模式下，大量民营资本之间的潜在竞争（前期竞标竞争、后期合同期满后的续约或再次竞标竞争)，以及项目公司面临的政府规制压力等都可促使民营资本在保障质量的基础上提高效率，实现效率与公平的尽可能协调与统一。政府的投资最大的问题就是在项目确定后的预算软约束，项目开工建设后，项目投资往往越来越高，大量前期已投入的沉没成本促使政府只能追加总投资，往往造成项目总投资超概算。而 PPP 模式下，项目公司由于仅享受政府给予的特许经营权等权益，项目的投资风险由项目公司承担。因此，民营资本更加关注回报率，会对项目的市场可行性进行更加深入的调研，进而提高项目的建设和运行效率。

（3）PPP 模式有利于投资主体的多元化，促进混合所有制经济的发展，增强经济的发展活力，提高经济效率。民营经济更注重效率与经济效益，公有制经济更注重公平与社会效益。PPP 模式可以将公有经济对社会效益的追求与民营经济对经济效益的追求更有效地结合在一起，达到公平与效率兼顾的目标。

（4）PPP 模式有利于推进服务型政府的改革与完善。如政府既进行投资，又进行运营和监管，“教练员”、“运动员”和“裁判员”的身份集于一身，政府自身对自身进行监管和规制，由于缺少有效的监督约束机制，必然导致项目的低效率。具体表现就是产品的供给量不能完全满足社会需求，供给的价格偏高，产品的质量不能得到保障。

（5）PPP 模式的融资、利用新技术和机制创新作用。目前，有很多人认为 PPP 是一种融资模式，但这是人们对 PPP 最早的观点，一直持续到现在。PPP 开始兴起时，根本目的是公共部门融资，表现形式基本体现为公路建设、铁路建设的投资。因为资金不足，政府在投资建设公路、铁路等时，先让社会资本投资，再收费，然后来回收。因为有融资的职能，人们开始对 PPP 产生了认识，当 PPP 的融资职能为人们开始广泛地应用到各种生产部门中，如自来水生产、污水处理、社区卫生服务、隧道创建、宣传教育等等。因为政府在向社会各阶层提供服务时总会有不足，通过社会资本来为社会提供公共产品和服务，更好地体现了政府的职能。BOT 是所有 PPP 策划模式中功能最有优势的一个，政府通常让社会资本自己投资建造公用设施（如高速公路），经过社会资本经营，获得收益，然后再转移给政府部门。不需要花一分钱，政府却能为社会提供出本职工作中的基础设施和服务，在经过项目的实施后，还拥有了该基础设施。

综上，PPP 的作用与优点，一是可以引入社会资本，加快城市公用事业项目的建设，部分缓解全部由政府投资建设所导致的政府负债过重、财力不足等问题。二是可以借助社会资本对技术与效率的追求，提高企业的经营效率，节约项目总投资，降低运营成本、管理成本，降低预算软约束带来的低效率和各种浪费。三是可以引入社会资本对管理的创新。PPP 中社会资本对项目管理、公司管理等各种管理中，都会更加按照市场化原则运作，达到提高效率的目的。四是可以促进政府治理的现代化水平。PPP 中组织结构的设置会促使政府与社会资本进行博弈和平衡，政府将更加熟悉现代化企业的运作，社会资本可以更加了解政府对承担社会责任的要求，两者之间的有效互动可以促进政府治理水平的现代化和科学化。

PPP 模式特别适合我国处于转型经济期的特点。可以将政府的组织协调优势与社会资本的效率与管理优势紧密结合，实现经济效益与社会效益的统一。相对单纯推进民营化而言，PPP 合作可以避免市场经济不太完善导致的后续诸多问题，政府与社会资本在合作中可以协商完善相关制度。

（二）PPP 的主要模式及其运用范围

1. PPP 的主要模式

可采用 PPP 模式的城市公用事业项目可分为三类：一是独立运作型项目。该类项目由按照采购程序中标的企业进行独立的前期设计、可行性研究等工作，并进行项目的建设与运营，政府部门仅对项目的规划进行控制和审查，并对项目的收费、产品或服务的质量进行规制。如收费公路等都属于独立运作型。该类项目由市场化企业独自承担全部的风险和收益。二是向公共部门提供服务型项目。该类项目由项目运作主体 SPV 进行项目的设计、融资与建设、运营。SPV 通过与政府签订的一系列契约提供相应的产品或服务，并获得相关的收入。三是合资经营型项目。该类项目由政府与市场主体合资成立 SPV，进行项目的设计、融资、建设和运营，SPV 通过后续提供的产品或服务收费获得收入。

具体的 PPP 模式有很多种，主要包括：服务外包（Service Contract，SC）、管理外包（Management Contract，MC）、设计—建造—移交（Design Build Transfer，DBT）、设计—建造—维护（Design - Build - Mainteanance，DBM）、运营—维护（Operation - Mainteanance，OM）、设计—建造—经营（Design - Build - Operate，DBO）、租赁—经营—转让（Lease - Operate - Transfer，LOT）、购买—经营—转让（Purchase - Operate - Transfer，POT）、建设—租赁—经营—转让（Build - Lease - Operate - Transfer，BLOT）、建设—经营—转让（Build - Operate - Transfer，

BOT，又称 BOOT：Build - Own - Operate - Transfer）、设计—建造—投资—经营（Design - Build - Finance - Operate，DBFO）、建设—拥有—运营（Build - Own - Operate，BOO）等多种模式。PPP 模式可以主要分为三类：一是外包类。包括模块外包，即部分外包和整体外包。二是特许经营类。包括 BOT、TOT 及其变种。三是私有化类。包括模块私有化，即部分私有化和全部私有化。

几种典型的 PPP 模式简析：一是 BOT 模式。BOT 即建设—运营—移交模式，它是指政府在平等协商基础上，达成的一系列契约，授予社会资本一定期限的特许经营权，契约中许可民营资本建设、运营特定城市公用事业项目，并准许其在提供合格产品基础上进行经营管理，通过向用户收取费用等方式来偿清贷款、在回转投资的同时赢得利润，将城市公用设施项目无条件转移给政府，必须在特许期届满时。二是 PFI 模式。PFI（Private Finance Initiative），用英语翻译为“私人投资项目”，在我国又翻译为“社区基本投资”，在 1992 年首先由英国政府提出，是一种主要运用于城市公用事业等项目的投资、建设和运营管理的模式。2010 年前，英国对基础设施的 PPP 运作主要采取 PFI 模式操作，即政府通过与市场投资人签订合同，采用 DBFOM（Design - Build - Finance - Operate - Maintenance，设计—建设—融资—运营—维护）的模式进行基础设施建设与运行、维护，合同约定的限制时常普遍较长，基本上都在 15 ~ 30 年。合同停止后，基础设施必须要由市场投资人无条件转交给政府。政府通过社会需要发布城市公用事业项目进行招投标，当得到项目的特许经营权后，中标的部门应在特许经营期限内开始设施的建造、运营与收费，政府对企业的产品或服务进行规制，特许期满，中标企业将项目无偿移交给政府。PFI 与 BOT 有很多共同点，都涉及城市公用事业项目的中标—签署特许经营协议—建设—运营—移交等环节。但是，PFI 与 BOT 也有很多不同之处。PFI 主要涉及项目所在国的民营资本，BOT 可能会涉及外国的相关资本与企业。BOT 对应的 SPV 一般都具有开发能力，而 PFI 对应的 SPV 一般需对项目进行招投标建设与管理。合同期满后，在处理的方式上，两者关于项目的运营权也完全不同。在合同期满以后，PFI 模式，SPV 一般拥有继续运营的权利，尤其是在项目收益未达到合同约定的前提下。而 BOT 模式在合同期满后，对应的 SPV 需要无条件将项目移交给政府。三是私有化或称民营化模式。该模式就是政府部门把城市公共设施项目的资产与经营权一起或分开销售给私人企业或民营企业等社会资本，政府按照相关规定对企业进行价格、产品质量等规制。

2. PPP 模式的运用范围

我国现行的公共品供给制度在计划经济体制时期完全由政府供给，政府成为了公共物品供给的唯一主体，该体制下供给主体的单一、资金的缺乏，最重要的是该体制下的激励不足和约束不足导致供给的短缺与预算软约束并存，无法满足人们日益增长的需求。政府单一供给的体制造成的高成本与低收益是该体制需要改革的直接原因。公共品分为纯公共品和准公共品。在之前人们普遍认为，纯公共品必须应由政府部门来提供，准公共物品允许由市场化的企业提供，政府提供相关的规制措施。但是，随着政府与市场边界的逐步厘清，也随着技术的不断进步，以前人们认为该由政府提供的公共品被实践证明可以由市场提供。一般来讲，对于城市公用事业项目，PPP 模式运用的范围主要有：对已有的城市公用事业项目，可采用服务外包、运营维护外包或租赁的方式；对存量城市公用事业项目的扩建，可采用招标建设、租赁—建设—经营、购买—建设—经营等方式；对新建城市公用事业项目，可采用建设—经营—移交、建设—移交—经营、建设—拥有—经营—移交、建设—拥有—经营等方式；对城市公用事业中的公共服务，可采用服务外包的方式。

（三）PPP 模式的运作程序及要点分析

1. PPP 模式的运作程序

《关于印发政府和社会资本合作模式操作指南（试行）的通知》（财金〔2014〕113 号）中将 PPP 模式划分为：项目识别、项目储备、项目采购、项目执行、项目移交五部分。下面，以 PPP 模式中比较典型的 BOT 模式分析其运作程序：

第一步：政府部门或社会资本提出拟采用 BOT 模式运作的具体项目，并对项目的可行性或部分模块的可行性进行前期设计与分析。一般情况下，在我国，PPP 项目的发起都由政府根据经济社会发展规划与公共服务的现状、社会需求等综合确定并提出项目。

第二步：政府部门将项目向社会进行招投标，确定中标的社会资本，与社会资本签署以特许经营协议为核心的一系列契约。社会资本自身或与政府合作成立项目 SPV。招投标具体包括项目的招标、投标、议标和定标。特许经营协议是该模式中的核心契约，其他相关协议都要围绕该协议来制定。

第三步：项目 SPV 以特许经营协议中未来的项目收益权或收费权等权益向

银行等金融机构融资（也可发行债券、引入 PE 等进行融资），并招投标确定施工企业进行项目的施工建设。

第四步：项目 SPV 进行项目的运营管理，生产并提供相关公用品，政府设立的独立规制机构对产品的质量、价格等进行依法规制。

第五步：特许经营期满，SPV 将项目资产等按契约约定移交政府等公共部门，合作结束。资产的完整性、完好性需要在之前的契约中明确规定。否则容易引起纠纷。当然，如果双方的合作顺利，该社会资本在下一次政府招投标时可以继续投标，中标后不需进行项目建设，只需进行运营管理，此时合作模式相当于 TOT 模式。

2. PPP 模式运作的要点

PPP 模式成功的要点之一就是项目特许经营权中收益—风险分担机制的合理设定。因为政府的目标是利用社会资本加快城市公用事业等项目的建设，提高公共产品的供给数量和质量，并保证产品的可获得性。而社会资本接入城市公用事业的目标是获取一定的利润。两者之间存在目标上的差异。因此，只有具有合理收益空间的项目，才能吸引民营资本的进入。但是如果政府初始提出的项目收益空间大，建设与运营风险小，又会降低项目的经济效率。

PPP 模式成功的要点之二是支撑特许经营权一系列契约的完整性、可执行性和延续性。市场经济一定程度上讲是一种契约经济。市场主体之间公平协商基础上签订的各类真实、自愿的契约，以及保障契约执行的法制体系是市场经济运行的基础。而 PPP 模式涉及招投标、融资、建设、运营等各阶段，项目的收费、规制、资产管理、人员管理等等各方面，这就需要一系列完整、具有可执行性的契约，明确政府与社会资本之间的责权利关系。同时，完整的法制体系应保证契约在约定期限内的延续执行。法制体系和社会制度对投资者的投资权益是否可以保障的预期影响投资者的投资决策，进而影响 PPP 模式能否顺利推进。

PPP 模式成功的要点之三是法规的完善与充分的信息披露。PPP 的操作需要相关的法律法规作为依据与保障，明确合作各方的预期，促进长期社会资本的进入。PPP 的运作也需要明确具体的操作流程、各方的责权利关系，需要通过法律法规的形式进行明确和固化。同时，政府与社会资本合作的全流程，尤其是招投标、议标定标、对应产品价格的上浮、产品或服务标准的变化等都需要充分的信息披露，并建立政府—社会资本—消费者—社会组织之间的合作治理，明确相关事项的审批流程，赋予消费者或社会组织更多的发言权和表决权，以制约政府与社会资本之间可能的共谋与腐败问题，确保 PPP 真正发挥预期作用。

三、PPP 模式中的风险分担设计

（一）PPP 模式中的主要风险

我国目前仍然处于从计划经济到市场经济的转型期，市场经济体系和各项制度仍有待进一步完善。PPP 模式运作的关键点之一就是项目风险—收益分担机制的合理设定。风险是未来造成损失的可能性，收益是风险的对价。如果风险—收益机制在特许经营协议中不能明确，将造成前期谈判的交易成本大大增加，也给未来合作埋下了很多隐患，直接影响公共品供给量和质。因此，明确 PPP 项目的风险点，并设计政府与社会资本之间合理的分担机制就至关重要。项目全过程都面临汇率风险、政治风险、法律风险、利率风险等。除此之外，在 PPP 项目各阶段面临不同的风险点。下面，以 PPP 模式中典型的 BOT 模式为例进行分析。

1. PPP 项目前期的主要风险点

该阶段的主要风险包括：项目立项风险、招投标风险、融资失败风险等。立项风险主要指项目的可行性研究是否审核通过，以及项目在能否通过规划、土地、环境评价等各项审批或核准的风险。招投标风险包括招投标中的腐败、中标企业要价较高、不具有经济效率等风险，该阶段招标人与中标人如果在特许经营合同中很多事项未充分沟通，可能为未来形成提高交易成本的风险，中标企业会要求与政府重新谈判，并以前期的沉没成本为要挟，谋取更多有利于中标企业的条件。融资失败或延期的风险主要指项目 SPV 无法及时得到金融机构的支持，从而可能拖延项目的建设进展。

2. PPP 项目建设期的主要风险点

该阶段的主要风险点包括：项目设计不当风险、项目总投资超概算风险、完工风险、施工技术不当风险、承包商管理不当风险、环境污染风险、安全风险等。项目设计不当风险是指项目设计的技术过高或过低，项目设计标准不合规、不科学等。项目总投资超概算风险是项目的总投资超过了预期值，如果前期规定不详细，可能会造成半拉子工程。控制项目设计技术、总投资等风险的一个重要方式就是要将风险点及控制措施纳入特许经营相关契约。项目完工风险是项目建设中很大的一个风险点，种种问题都可能造成项目不能按期交付使用。因此，PPP 模式中对项目完工风险需要着重关注。

3. PPP 项目运营期的主要风险点

该阶段的主要风险包括：原材料供应和价格风险、市场需求不足风险、销售价格达不到预期水平风险等。通货膨胀可造成原材料供应和价格风险。市场需求不足是一个较大的风险点，将导致项目收益的不足，甚至导致项目 SPV 提供产品质量的下降并造成项目的失败。该阶段还存在政府规制被俘获的风险。

4. PPP 项目移交期的主要风险

该阶段的主要风险点在于移交的资产质量是否符合约定，以及项目 SPV 在运营期内与政府等各方面积累的社会资本，可能导致项目再次招投标时的腐败风险。

（二）PPP 模式中风险分担的影响与原则

1. 风险分担的影响

项目风险分担可以站在政府与社会资本两者的角度按照成本—收益分析框架进行分析。如果将风险从政府向社会资本转移的过多，项目的主要风险都将由社会资本承担，则会造成项目招投标阶段，投标企业的报价高，投标企业少。反之，如果政府承担了 PPP 项目的主要风险，则达不到借助社会资本提高经济效率、降低成本的目的。两者都将无法实现 PPP 项目提高效率、保证公平的基本目标。

有的学者将风险分担对项目总体成本的影响归结为三个效应："生产成本效应、交易成本效应和风险承担成本效应。其中，生产成本效应是指风险分担可以激励承担者有效控制风险，降低风险的发生概率，减少项目的生产成本。交易成本效应是指如果具有明确的风险分担准则和格局，会避免双方在这个问题上的复杂谈判，减少谈判时间和成本。而风险承担成本效应是指承担风险的一方会要求相应的风险补偿，导致项目成本的增加。"① 因此，有效的风险分担机制

① Oudot JM. Risk - allocation: theoretical and empirical evidences, application to public - private partnerships in the defense sector [C]. The 9th annual conference of the institutions of market exchange, Barcelona, Spain, 2005, June 23 - 25.

应该能促使生产成本效应发挥作用以降低生产成本，交易成本效应发挥作用以降低交易成本，风险承担成本效应发挥作用促使项目 SPV 尽量主张合理的权益和风险补偿。

2. 风险分担的原则

从激励约束及风险管理的角度看，PPP 模式中风险分担的原则应该是：一是风险分担机制的设计应该能够激励合作各方提高项目的经济效率、降低成本。二是风险分担应该能降低项目整体的风险，促进项目的安全性和可行性。

（1）项目的风险分担应符合风险—收益对价的原则。风险与收益的对价是指承担潜在风险较大的一方应该有相应较大的获益空间。风险与收益的对价是项目公平合作并顺利推进的基础。合作项目中，如为了吸引社会资本而设置较高的固定收益率，将很可能导致项目后期的失败。我国在此方面曾有过教训：香港汇津公司曾以 BOT 模式投资建设沈阳第九水厂，当时当地政府给香港汇津公司关于投资回报率的承诺：第2—第4 年，投资回报率为18. 5%；第5—第14年，投资回报率为21%；第15—第20 年，投资回报率为11%。较高且固定的投资回报率将导致后续倒逼较高的供水价格，最后只能靠财政补贴维持政府的承诺，给财政反而造成较大的负担。因当地财政多年没有给予供水企业补贴，这笔费用由沈阳市自来水总公司承担。2000 年，沈阳市自来水总公司亏损达到2 亿元。

（2）分担机制应将风险分配给最有能力控制风险的一方。由最有风险控制能力的一方承担风险，可以降低风险实现的概率，也可以降低风险出现时的实际损失。因此，PPP 项目前期规划时，项目的可行性风险应由政府更多承担；在项目的建设—运营中，更多由社会资本承担相关的风险。但是项目全程中都存在的政治风险等应由政府更多承担，因为项目涉及的相关政策、法规，政府更有能力进行相关的制度建设。

最后，风险分担机制最终的确定以及纳入特许经营协议等相关契约中，需要政府与社会资本在公平协商的基础上最终确定。这体现了市场经济中公平协商为基础的原则。

我国处于经济体制的转型期，市场经济体制仍不完善。PPP 相关法律法规仍处于建设完善阶段。因此，在 PPP 项目的运作中，将会遇到更多的相关风险，这需要政府与社会资本按照公平协商、风险—收益对价、最有能力控制风险的一方控制风险等原则，协商确定具体的风险分担机制。

四、西藏新型城镇化发展规划及融资需求

（一）西藏新型城镇化发展规划

根据《西藏自治区新型城镇化规划（2014—2020 年）》，为到 2020 年有中国特色、西藏特点的新型城镇化道路基本成型，与全国一道全面建成小康社会，提出如下目标：

——城镇化水平显著提高，进入加快发展的新阶段。常住人口城镇化率达到 30%以上，城镇规模和数量不断扩大，城镇常住人口增加 28 万人左右，拉萨市城镇常住人口达到 50 万人以上，常住人口 10 万～50 万人城镇数量达到 3 个，常住人口 5 万～10 万人城镇数量达到 2 个，形成一批特色小镇。

——城镇空间格局明显优化，主体功能布局基本形成。“一圈两翼三点两线”的城镇化空间新格局基本形成，拉萨市核心带动作用进一步提高，日喀则市桑珠孜区、昌都市卡若区和四地区行署所在地为主的区域中心城镇综合承载能力显著增强，各县城为重点的区域节点城镇成为促进区域协调发展的重要支撑，边境沿线、交通沿线和其他各类小镇服务功能提升，功能互补、层次分明的城镇体系不断完善。

——城镇产业支撑不断强化，就业吸纳能力明显增强。特色优势产业不断壮大，工业增加值所占比重达到 15%以上，城镇就业吸纳能力明显增强，非农产业从业人员比重达到 70%，新增城镇就业累计达到 24.5 万人，城镇经济基础更加扎实。

——城镇功能不断增强，生活环境更加宜居。综合交通网络不断完善，城镇能源、通信、供排水、防洪等基础设施显著改善，城镇服务功能显著提升，义务教育、就业服务、基本养老、基本医疗卫生、保障性住房、公共文化、商业服务等城镇基本公共服务覆盖全部常住人口，城镇管理更加人性化、智能化，城镇的民族文化时代特色更加鲜明，城镇生态环境进一步改善，空气质量继续保持良好，生活环境更加适宜。

——城镇发展模式科学合理，发展质量显著提高。密度较高、功能混用的集约紧凑型开发模式成为主导，人均城镇建设用地严格控制在 163 平方米以内，建成区人口密度逐步提高。绿色生产、绿色消费成为城镇经济活动的主流，节能节水产品、再生利用产品和绿色建筑比例大幅提高。城镇地下管网覆盖率明

显提高。

——城镇化发展体制机制更加完善，发展环境更加优化。创新体制机制，初步建立政府引导、市场主导、社会参与的城镇开发模式，户籍管理、人口管理、社会保障、财税金融、行政管理、生态环境等方面的体制机制改革取得显著进展，城镇化健康发展的体制机制障碍逐渐弱化或基本消除，城镇化发展环境更加优化。

（二）西藏新型城镇化的融资需求

新型城镇化的建设包括小城镇基础设施建设、住房建设、配套市政基础设施建设、综合交通运输体系建设、城镇支撑产业建设、产业园区建设、文化旅游景区建设等，涵盖经济社会发展的各方面项目建设。初步估计，西藏新型城镇化到2020年的总投资约2万亿元，融资需求约1万亿元。

五、西藏新型城镇化中融资保障中的PPP模式研究

（一）PPP模式实施的条件

1. 公共部门的作用

PPP本身就是政府与社会资本之间的合作，是一种连接政府部门、企业主体、市场中介和广大居民消费者之间的优化准公共品供给的制度安排。在对该项制度进行建立和实施时一定要相关的辅助制度作为保障，其主要管理者为政府。政府等公共部门应该为PPP模式创造全面的制度，这些制度应该包括法律、部门规章、地方法规等一系列制度。目前，我国财政部、发展改革委已经制定并颁发了《财政部关于推广运用政府和社会资本合作模式有关问题的通知》（财金〔2014〕76号）、《财政部关于印发政府和社会资本合作模式操作指南（试行）的通知》（财金〔2014〕113号）《国家发展改革委关于开展政府和社会资本合作的指导意见》（发改投资〔2014〕2724号）等部委规章，对政府与社会资本开展PPP合作进行了规范，明确了流程与职责，对推动我国各地PPP模式的深入开展提供了制度保障。下一步，国家需要在PPP模式制度供给方面提供更全面的制度保障，并且随着实践不断完善后，进一步上升并颁发国家法律，固化相关制度安排。如此一来，我国相关政府部门可以根据其当地的实际情况，并在依照法律的前提下建立起合适的地方性规定。除此之外，在PPP推

进不断深入的情况下，一些城市中公用事业及其相关的准则制定也需要政府部门的支持和帮助建立。

2. 市场主体的作用

要想保证PPP项目的正常及成功运作，建立起一定的运营企业等对其是首要保障。该类企业的产权清晰、权责明确，具有丰富的城市公用事业项目运作经验，并积极参与PPP项目的设计、投标等，通过市场竞争，可以确定最具有经济效率的企业。而PPP模式运作中涉及大量的设计、招投标、合同签订等工作，需要大量、专业的市场中介组织提供相关法律、会计、行业咨询等服务。此外，投融资的保障也是PPP模式成功运作的保障，相关金融业主体提供的金融服务也是PPP顺利推进的重要保障。

3. 相关投融资保障

PPP项目可以按照后期现金流对前期投入的覆盖程度分为三类：准经营性项目、经营性项目以及非经营性项目。准经营性项目是指项目自身产生一定的现金流，但项目的自由现金流折算后不能覆盖项目前期投入的项目。经营性项目是指项目自身产生现金流，且项目的自由现金流折算后可以覆盖项目前期投入的项目。非经营性项目是指本身不可完成现金流通的项目。

由于非经营性项目的本身无法产生现金流，这就可以采取代建的模式来完成对其的建设。而对于经营性项目而言，其主要包括污水处理、自来水、高速路等相关的项目，本身能够产生一定的现金流，可以采用BOT模式进行。对于已建成的项目，可以采用TOT模式进行，也可以采用特许经营加一定补贴或回购条款的BOT模式进行。

（二）西藏新型城镇化建设中的PPP操作

1. 尽快完善PPP操作的相关管理办法。我国于2004年颁发实施了《市政公用事业特许经营管理办法》。该办法是推进城市公用事业改革的一个重要规定，但是该办法规定的内容与目前财政部、发展改革的PPP模式有很大重复，且不完整、可行性较低。因此，建议国家住建部、财政部、发展改革城市公用事业PPP改革的相关规章进行统一和完善。此外，西藏还需要结合实际，推动出台西藏地区PPP业务的具体管理办法。

2. 准确定位政府与市场的关系。将市场在资源配置中所起的作用发挥到最大限度，同时尽可能地将政府等相关部门对资源的直接配备进行减少，并根据实际发展按照市场的价格、规格以及竞争等，其资源配置达到最优。这是保证社会主义市场经济完善的主要保障。党的十八大报告中指出：“更大程度更广范围发挥市场在资源配置中的基础性作用”。我国政府对市场以及政府关系的认识，主要就是要使得市场在对资源进行配置过程中也发挥好政府的作用。公用市场的改革主要依照 PPP 模式，且其正符合我国经济转型的特点，但是总体而言，PPP 模式主要需要准确地发挥政府职能。

3. 准确定位政府与社会关系。随着经济社会的不断发展，社会结构逐渐转型、社会更加分化，市场主体、社会组织日益增加，对经济政治的诉求逐渐增强，使社会问题比以前更加复杂。国家治理的现代化一个重要的方面就是为了满足市场主体、居民大众、社会组织的政治经济诉求，引导社会各方面的力量投入社会主义市场经济的建设中来。

新常态下西藏商业银行经营转型及创新研究

——以农行西藏分行为例

中国农业银行西藏分行课题组
课题组组长：朱学彬
课题组成员：曾丽婷　俞永勤　米玛次仁

摘要： 2015 年中国经济发展步入新常态，金融改革加剧与同业竞争升级使得商业银行业务拓展困难，利润增长进入个位数时代。同时，利率市场化、金融脱媒化和金融互联网化，这三股力量将改变金融业务的运行模式，冲击商业银行的传统优势领域。特别是西藏地区商业银行，在传统金融还没有充分发展的同时，还要面对新业态的竞争挑战。如何积极应对新常态和西藏特殊金融环境的挑战，加快经营转型和业务创新，成为我们必须面对的课题和亟待解决的问题。

关键词： 新常态　经营转型　创新研究

一、新常态对银行业务的影响

2015 年，经济增速下行，利率市场化持续推进、金融脱媒化发展迅速和互联网金融持续冲击等因素持续发酵，作用相互交织，影响日益扩大，对商业银行的业务经营产生了全面冲击和深远影响。

（一）负债业务增长受到的冲击

受利率市场化加快及监管政策约束，商业银行的负债增速放缓。从 2001 年到 2013 年，商业银行各项存款占资金来源的比重在 13 年间呈下降趋势（从 2001 年的 93.54% 降低到 2013 年的 8.86%）。自 2013 年以来，以余额宝为代表的互联网金融迅速发展，银行类存款大量流向基金市场、股票市场、保险市场和民间借贷市场，呈现出明显的“负债脱媒化”。以 2015 年上半年的情况看，我国金融机构人民币存款增加 11.09 万亿元，同比少增 3756 亿元。从 2009 年至 2014 年全国本外币各项存款同比增速看，我国本外币各项存款同比增速一直处于下滑态势。

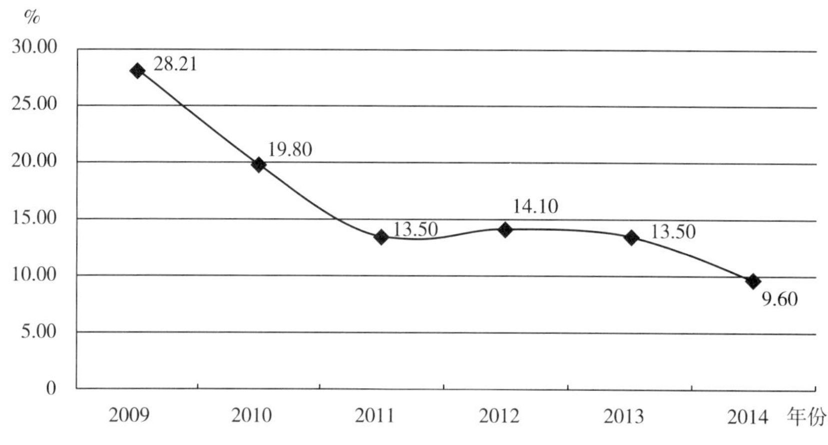

图 1　2009—2014 年全国本外币各项存款同比增速图

此外，2014 年 9 月 11 日，央行联合银监会、财政部推出的存款偏离度新规约束了银行冲时点行为。当年 9 月末，大多数商业银行已开始考核存款偏离度。主要金融机构存款偏离度仅为 0.9%，而 2013 年同期则高达 2.4%，“冲时点”行为明显得到控制。2014 年第三季度末，商业银行各项存款总量较第二季度末出现了净减少，为多年来首次，甚至部分商业银行下滑幅度还相当大。这说明存款偏离度考核已经对银行存款产生了较严厉的约束。

（二）资产业务面临结构性调整

商业银行信贷规模受到央行管控，社会融资规模逐年下降。根据央行数据，2015 年全年社会融资规模为 16.46 万亿元，比上年少 8598 亿元。从 2009 年到 2014 年全国各项本外币贷款同比增速情况看，各项本外币贷款增长速度呈现明显下滑态势。

一方面，在商业银行信贷规模受限情况下，越来越多的优质客户更倾向于选择直接融资方式获得资金，银行客户群体质量呈下滑态势。另一方面，为维持较高盈利水平，商业银行不得不提高风险偏好，将稀缺的信贷资源投向低信用、高风险行业，导致了银行风险防控压力增大。

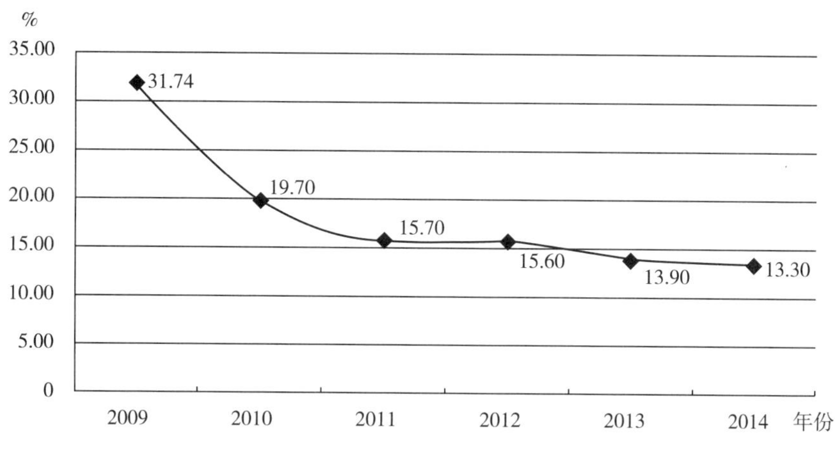

图 2　2009—2014 年全国本外币各项贷款同比增速

（三）信贷风险防控压力只增不减

新常态下，经济下行与结构调整等因素的共振效应，致使部分行业、企业的经营困难加剧；一些资源性行业占比高、产业结构相对单一的省份经济增速放慢。这些问题反映到商业银行经营领域，主要表现是不良贷款反弹压力增大，并且在行业、地区和客户分布上有逐步蔓延的势头。同时，境内外、表内外各类风险多点多发、相互传染扩散的特征也较明显，对商业银行加强全面风险管理形成新的考验。从地区来看，各家商业银行不良贷款继续延续上年东部、长三角增加较多的态势，并向中西部地区有所蔓延。

同时，随着资金成本的上升，银行为转移成本压力，加强资产负债错配管理，主动选择将信贷资源投向收益高、风险高的行业或企业，而偏好稳健、低风险的客户将可能被放弃。这在一定程度上导致银行资产质量继续下降，信用风险不断增加。优质客户的流失和风险偏好的改变使得贷款业务变得愈加艰难，如何平衡好收益和风险的关系成为银行信贷投放面临的主要问题。2014 年底，全国商业银行不良贷款余额已达 8426 亿元，比年初增加了 2506 亿元；不良贷款率为 1.25%，比年初上升 0.25 个百分点。2015 年上半年，全国商业银行不良贷款新增 3222 亿元，超上年全年增量；不良贷款率也升至 1.82% 的水平，较上年同期增长 22 个基点。从 2009 年至 2014 年全国商业银行不良贷款率看，从 2012 年开始，不良贷款率反弹趋势明显。

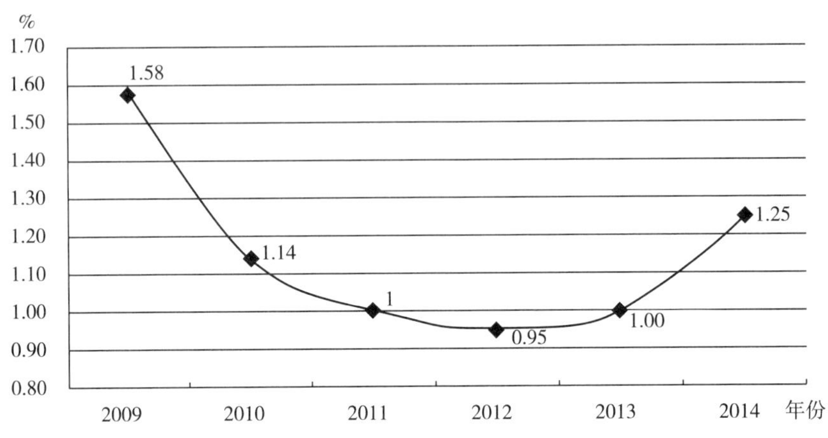

图3 2009—2014年全国商业银行不良贷款率

（四）金融渠道多样化

商业银行传统的支付结算方式主要有现金支付、银行卡支付、票据支付以及转账汇兑等，这些传统的支付方式都是通过现金、票据及银行汇兑等物理实体的流转和信息交换来完成的。近年来，互联网公司纷纷进入金融业，资金的融通、支付等金融业务越来越多地通过非银行系统进行，社会直接融资比例逐步提高，渠道脱媒和融资脱媒的步伐逐步加快，商业银行已经不是人们选择金融服务的唯一媒体。而随着市场准入的门槛降低，2013年底，国内银行业已有法人机构3949家，民营银行、地方性银行、外资银行等金融机构陆续涌现；随着金融改制深入，金融混业经营进程的推进，各类金融和非金融机构纷纷进军银行业务。商业银行竞争对手和竞争格局已经发生极大的变化，虽然还谈不上生死存亡，但可谓是内外交困。

（五）盈利方式发生改变

根据西藏银监局数据，2014年，商业银行全年净利润增速较2013年下降4.8个百分点；平均资产利润率为1.23%，同比下降0.04个百分点；平均资本利润率为17.59%，同比下降1.58个百分点。从收入结构上看，2014年净利息收入占总收入的78.53%，较上年下降0.51个百分点；非利息收入占比为21.47%，较上年上升0.51个百分点。数据显示，利差收益仍然是当前国内商业银行最重要的利润来源，约占总利润的70%以上；但随着资金成本上升，利润增速大幅放缓，银行业高利差盈利模式已难以为继。同时，随着利率市场化和监管趋严，商业银行的中间业务增长势头减弱，发展压力增大。一是来自监管层及银行去杠杆政策影响；二是在经济下行、资产规模扩张放缓的情况下，靠资产驱动的增长模式也已难以支撑中间业务继续保持高速增长。

二、新常态下西藏银行业将面临极大的考验

西藏自治区是地广人稀、地理气候条件复杂、民族及政治敏感性极高的少数民族聚居区。全区面积 120 万平方千米，平均海拔 4000 米以上。西藏生态环境脆弱，市场发育迟缓，基础设施建设落后，产业建设发展缓慢，特别是现代工业规模很小，自我发展能力弱，对中央政府的依赖性较大，总体上还是投资拉动型经济。2014 年末，西藏自治区生产总值（GDP）为 920. 85 亿元，为全国最低；人均 GDP 为 29897. 73 元，低于全国平均水平。同时，西藏农牧民人口比重高，仍然是特殊集中连片贫困区域。为扶持西藏经济建设，中央政府一直以来赋予西藏自治区特殊金融优惠政策，而特殊的金融优惠政策也使西藏利率市场游离于全国利率市场。因此，在西藏特殊的经济金融环境下，在藏商业银行要深化金融改革、推进利率市场化发展需要面临诸多约束和考验。

（一）金融市场体系发育不完善

自 1996 年以来，我国利率市场化改革稳步推进，利率体系建设逐步深化，实现了“贷款利率管下限、存款利率管上限”的阶段性目标。在此背景下，由于经济发展的特殊性，西藏至今仍执行有管制的优惠贷款利率政策，游离于全国利率市场化进程之外。中央特殊优惠利率政策中，规定了在西藏发放的贷款执行比全国同期各档次贷款基准利率水平低 2 个百分点，与国内其他省市贷款利率存在 2% 的利差。

随着西藏金融改革的不断深入，对利率市场化改革提出客观要求。2012 年以后，西藏地区开始尝试利率市场化改革。2012 年，西藏地区金融机构与全国同步将存款利率浮动区间的上限调整为基准利率的 1. 1 倍。2013 年 7 月，人民银行拉萨中心支行取消贷款利率下限，执行下浮利率的贷款是无法享受到中央补贴政策的。由于西藏贷款利率本身已经低于国内贷款利率 2%，贷款利率再向下浮动，会造成西藏商业银行的恶性竞争。尽管人民银行拉萨中心支行实行了存贷款利率浮动区间政策，但是商业银行在西藏地区经营存贷款业务成本远

高于内地同业，且贷款利率低于国内其他省市贷款利率2个百分点，未经历过真正的利率市场化改革过程。因此，西藏要真正达到利率市场化的目标仍需经历一段艰辛的改革探索之路。

（二）金融市场达不到充分竞争

西藏金融市场存在两个弊端：一是业务同质化现象突出；二是市场竞争不充分。具体表现为：（1）在藏商业银行业务经营范围同质化现象突出，主要依赖存贷款业务，金融工具少，金融细分化、专业化程度不高，特别是能满足小微企业需要、发展特色产业和绿色经济的金融产品和服务不发达，难以满足西藏实体经济多样化、多层次的需求。（2）在藏商业银行机构数量较少，由于西藏金融体系先天不足，在藏商业银行严重依赖于中央政府补贴政策和地方政府扶持政策，难以形成充分的市场竞争。尽管随着市场准入的不断放松，截至2014年底，西藏商业银行已达到10家，但是新入藏的商业银行仍摆脱不了对政府的依赖。

（三）单一的客户结构制约发展

西藏银行业业务模式简单，客户结构单一，主要依赖对公业务，零售业务发展不足，业务结构严重失衡。业务上以存贷款业务为主；客户结构上，以大中企业、政府机构、事业单位和部队等大客户为主；收入结构上，以利息收入为主。特别是在藏四大国有商业银行的对公类负债和资产业务，分别占总负债和总资产业务的80%以上。西藏农业银行虽然网点多、分布广，零售业务非常大，但产品单一、服务简单；西藏银行、民生银行和中信银行等商业银行进入西藏市场后，选择了零售业务作为发展重点，同样存在产品和服务同质化明显的问题。尽管近年来部分银行有所重视，但西藏零售银行业务总体上发展水平仍然较低、发展速度缓慢。过分依赖对公业务，零售业务先天不足，已经成为制约西藏商业银行发展的瓶颈。

（四）收窄的存贷利差对成本影响大

在藏商业银行经营模式简单，存贷款业务分别占负债资产业务的90%以上。在藏商业银行主要依靠大量吸收低成本存款、发放贷款，挣取存贷款利差作为主要利润点。因此，在藏商业银行对存贷利差收窄敏感度较高，存贷利差进一步收窄，将对在藏商业银行形成较大的财务压力。以农行西藏分行为例，2014 年，农行县及县以下三农机构保本点为 12%，县及县以下三农机构资产利润率仅为 0.41%，远远低于全行综合水平 0.8 个百分点。2013 年 7 月，人民银行拉萨中心支行取消贷款利率下限，允许贷款利率向下浮动，即西藏贷款利率可以向下浮动，但不能向上浮动；同时规定实施利率向下浮动的贷款将无法享受中央财政利差补贴。如利率市场化改革启动，议价能力较强的优质客户要求贷款利率向下浮动，当存贷利差收窄到商业银行觉得无利可图甚至亏本经营时，会产生退出机制，将不利于西藏金融市场的健康发展。

（五）资产负债错配风险影响大

西藏经济发展大部分依靠中央政府巨额的财政拨款和全国援助，尚未形成强有力的“造血”机制。提高西藏“造血”机制，就需要大力扶持本地中小微企业和特色产业，使其成为支持西藏经济发展主要力量。目前，在利率市场化改革过程中，内地商业银行为获取合理的存贷利差，会加大风险资产的配置。各商业银行根据市场供给、结构期限、风险状况等因素确定客户贷款利率。资产负债错配风险为：一是商业银行贷款投放偏向高收益、低风险的大项目贷款，将减少对地方中小企业贷款投放。二是商业银行追求高存贷利差，贷款投放偏向高收益、高风险行业，将导致大量不良贷款产生。如“一刀切”地实行利率市场化，让价格决定利率，资产负债错配风险将给西藏经济发展带来极大的风险。西藏本地中小微企业与大型国有企业相比属于“弱势群体”，议价能力低，将导致中小微企业很难得到金融支持，不利于西藏经济发展。

三、西藏商业银行产品创新方向

当前中国经济正经历经济结构调整和经济发展方式的转变，在新常态的冲击下，全国各地经济发展速度普遍下降，而 2014 年，西藏经济一枝独秀，GDP 保持了 12% 的增长速度。随着西藏经济快速发展，实体经济对金融服务需求趋于多元化、个性化和综合化。而在内外环境发生显著变化和日趋激烈的竞争下，加快经营转型，积极产品创新是在藏商业银行改革发展的必然要求。

（一）强化负债主动管理，积极创新产品稳定存款来源

当前，社会资金的多样化需求，商业银行必须立足客户需要，找准客户的

差异性和类似性，创新产品，主动调整经营策略，实现负债业务“反脱媒”发展。一是大力发展理财产品。理财产品是银行维护高端客户、吸引存款回流银行体系的主要工具。二是创新利率优惠型产品。通过将期限、利率、给付标准、起存金额等进行合理组合，增加产品要素，向客户提供最具优惠的存款利率政策，满足客户逐利性需要。三是创新账户增值型产品。将存款产品直接与直接融资工具的收益挂钩，既保障了账户的对外支付功能，也确保了账户的预期收益高过了普通存款账户。四是平衡存款量价关系。要区分不同地域、不同群体客户、不同期限、不同业务量，对市场变化保持高度敏感，紧盯同业，考虑机会成本和收益实行差异化定价。

（二）大力发展资产业务，提高资产盈利水平

一是大力发展优质中小微企业客户。相比大型客户，中小微企业客户具有更高的利差收益，资本占用小，经营机制灵活，对贷款需求旺盛，特别是小企业简式贷和小微企业贷款，具有明显可投放价值。二是大力发展零售业务。零售业务是商业银行重要的支柱业务之一，具有资本占用少、风险低、收益高等特征，是商业银行战略转型的重中之重。三是要采取灵活定价方式，对大型优质客户，商业银行应主动顺应金融形势变化，增强定价的灵活性和前瞻性，提高客户长远价值在定价中的评价权重，将客户历史价值创造和未来价值创造纳入综合定价考量范围。四是大力发展同业合作型业务。通过金融同业间的合作，实现了银行间优势互补和资源共享，代表了银行业务未来发展趋势。

（三）以客户体验为中心，加大电子渠道、互联网金融等渠道创新力度

随着金融技术和网络技术的进步，互联网金融应运而生，唯技术和成本的经营思路将彻底改变。以客户体验为中心，提供贴近客户需求的多渠道服务成为商业银行创新和转型发展的主要方向。一是加快互联网金融平台建设。加强与电信运营商、第三方支付机构以及金融同业合作，推进与战略伙伴的深度合作与业务联盟关系，聚合信息服务提供商、支付服务提供商、电子商务企业等多方资源，打造线上线下一体化金融服务平台，满足客户多样化金融需求。二是加快个性化金融服务创新。加快推进微信银行、手机银行特色功能服务，加快支付结算类产品的个性化创新与功能升级，加快推进智能银行建设。

（四）加快中间业务产品创新步伐，逐步形成自身独特优势和品牌效应

利率市场化后，存贷利差将缩窄，中间业务的重要性将凸显。为此，加快中间业务发展，促进经营战略转型，成为当前商业银行重要战略任务。中间业务产品创新思路是：（1）“规范”与“发展”并重。抓好服务价格执行，不能违规收费，要推动中间业务走上有“量质兼备”的健康发展之路。（2）走差异化、特色化的发展之路。基于西藏区域经济发展现状和客户特色化金融需求，进行科学的市场细分和定位，实现中间业务的突破性发展。（3）传统业务与新兴业务齐头并进，积极培育中收新增长点。

参考文献

［1］王力，黄育华．中国金融中心发展报告（2013—2014）——中国金融中心城市金融竞争力评价［M］．北京：社会科学文献出版社，2014.

［2］李扬，王国刚．中国金融发展报告（2015）［M］．北京：社会科学文献出版社，2014.

［3］程炼，王国刚．中国金融发展与改革（2015）［M］．北京：社会科学文献出版社，2015.

［4］王树同．资本市场结构调整与商业银行经营转型［J］．金融理论与实践，2006（3）．

［5］李仁杰．资本监管约束下的银行经营转型［J］．银行家，2005（8）．

［6］葛兆强．管理能力、战略转型与商业银行成长［J］．金融论坛，2005（5）．

［7］朱红．我国银行业资本监管亲周期效应研究［J］．财会月刊，2011（18）．

［8］郭文伟，陈妍玲．双重资本约束下我国商业银行的盈利能力分析［J］．金融与经济，2011（5）．

［9］闫培雄．论资本约束下商业银行如何实施战略转型［J］．内蒙古财经学院学报（综合版），2011（1）．

［10］齐艳明，李强，马春梅，苏里，王飞．资本约束下国内商业银行经营行为研究［J］．华北金融，2011（1）．

［11］韩龙，包勇恩．巴塞尔 III 对规制资本规则的修订与影响［J］．江西

社会科学，2011（1）.

[12] 解光明．商业银行资本约束困境及改进路径分析［J］．特区经济，2011（1）.

[13] 许友传．资本约束下的银行资本调整与风险行为［J］．经济评论，2011（1）.

[14] 陈小宪．资本约束下的银行战略转型［J］．今日财富（金融发展与监管），2011（1）.

[15] 吴俊，张宗益，邓宏辉．商业银行资本、风险与效率的关系：中国经济转型期的经验研究［J］．财经论丛．2011（1）.

[16] 范沁荔，李双健．资本约束背景下商业银行经营管理方式的转变［J］．经济研究导刊，2011（1）.

对外开放篇

Duiwai Kaifang Pian

西藏金融业融入“一带一路”战略规划研究

中国人民银行拉萨中心支行统计研究处课题组
课题组组长：俞永勤
课题组成员：田春苗 程王林

摘要：“一带一路”战略规划，是中国区域经济合作的重要战略构想，也为西藏经济金融发展带来了重要机遇。本文立足西藏经济社会发展背景，在解读“一带一路”战略规划内涵基础上，对西藏金融业融入“一带一路”战略规划面临的机遇和挑战进行了深刻分析，并就如何享受政策红利，促进和推动西藏经济跨越式发展提出了相关政策建议。

关键词：金融业“一带一路”研究

“一带一路”是中国在区域经济一体化和经济全球化大背景下，结合当前国内、国外新形势提出的跨区域经济合作的重要战略构想。西藏地处中国西南边陲，对内北与新疆、青海毗邻，东与四川、云南相连；对外与缅甸、印度、不丹、尼泊尔等国家接壤，自古便是南方丝绸之路、唐番古道、茶马古道段的重要参与者，是我国与南亚国家交往的重要门户。在“一带一路”战略规划下，西藏是我国西南地区深入实现对外开放的依托带及边陲稳定与发展的联动区。西藏的对外开放是我国对外开放格局的重要一环，更是我国深化与南亚的经贸合作、建设孟中印缅经济走廊、推动环喜马拉雅经济合作带建设的重要参与者。换言之，“一带一路”战略规划为西藏经济社会的发展带来了重要的发展机遇，相应的金融业如何融入“一带一路”战略规划，面对经济环境新变化和金融发展新任务、新要求，实现“金融撬动”就显得尤为重要。

一、“一带一路”战略规划内涵及对西藏经济社会发展的意义

（一）“一带一路”战略规划的内涵

“一带一路”是“丝绸之路经济带”和“21 世纪海上丝绸之路”的简称，由习近平总书记先后于 2013 年 9 月和 10 月提出。“一带一路”不是实体、机制，而是一项合作发展的理念和倡议，标志着我国对外开放实现战略转变，实质是惠及各个参与国经济社会发展的共建项目，既涉及相关国家间的双边合作，更关乎区域协调健康发展。它以“弘扬和平合作、开放包容、互学互鉴、互利共赢”的古丝绸之路精神为基础，彰显现代丝绸之路“开放、包容、互利、共营”的核心内涵。

第一，开放。这是古丝绸之路的基本精神，也是现代丝绸之路建设的核心理念。其意味着，现代丝绸之路建设，应对世界上所有国家或经济体、国际组织、区域合作机制和民间机构开放，尤其要推动各参与方努力提高投资和贸易便利化水平，降低贸易和投资成本，在相互开放中培育可持续增长的市场。

第二，包容。这是区别于国际其他合作组织或机制的典型特征。一方面，它意味着现代丝绸之路参与方的多元化，只要是有意愿参与的国家或地区均没有门槛要求，皆可自愿成为参与者、建设者和受益者；另一方面，体现合作方式的多样化，现代丝绸之路建设没有严格统一的参与规则，各方围绕扩大经贸合作、促进共同发展的需要，可采用双边或多边、本区域或跨区域、金融或贸易等多样化、多领域、多层次的合作方式。

第三，互利。这是推进现代丝绸之路建设的根本动力。在全球化时代，任何一项区域合作构想，只有真正实现互利共赢才具有持久活力和广阔前景，互利性是一切合作得以实现和延续的动力。推进现代丝绸之路建设，各参与方之间需立足优势互补，实现利益共享、共同发展。

第四，共营。这是保障现代丝绸之路可持续发展的基础。从历史上看，古丝绸之路精神本身蕴含共同营建、共同受益的内涵特征。现代丝绸之路是对古丝绸之路精神的传承和发扬，实质上惠及各个参与方共商、共营、共建、共享的项目。无论是政策沟通、设施连通、贸易畅通、资金融通、民心相通等互连互通的具体机制化安排，还是实现方式、合作内容、阶段目标等操作性路径，都需要各方共同商议、共同参与、共同营建、共同受益，从而使参与各方成

为“利益共同体”、“发展共同体”，乃至“命运共同体”。

（二）“一带一路”战略规划对西藏经济社会发展的重要意义

“一带一路”战略构想覆盖欧、亚、非60多个国家，主要立足于经贸合作和人文交流，而经济文化交流又将推动各国民间交往，促进各个民族间的团结互信，从而为营造和平、稳定的周边环境作出贡献。同时，“一带一路”战略构想也将有助于促进中国中西部地区的发展，改善边疆地区人民生活条件。为此，“一带一路”战略构想显然将对西藏经济社会的跨越式发展带来重要机遇。

1. 建设“一带一路”有利于西藏与周边国家优势互补和互利共赢。西藏周边国家的要素、禀赋各异，发展水平不一，比较优势差异明显，互补性很强。由于西藏陆路边境线较长，与印度、尼泊尔等多个国家和地区接壤，具有独特的区位优势和地缘优势，是中国与南亚国家之间的通商要道。在当前西藏正加快建设南亚陆路大通道，以及拉日铁路（拉萨—日喀则）、拉林铁路（拉萨—林芝）为代表的重点基础设施项目的背景下，建设“一带一路”将有利于西藏利用周边国家比较优势，创造新的比较优势和竞争优势，有利于西藏深度融入周边国家的经贸合作，而逐步打造为中国陆路通往南亚国家的贸易和物流中心。

2. 建设“一带一路”有利于西藏打造区域“利益共同体”和“命运共同体”。西藏对内毗邻新疆、青海、四川、云南等省份，对外接壤印度、尼泊尔、缅甸、不丹等南亚国家，是联系内外的重要枢纽，战略位置突出而重要。立足“一带一路”战略契机，西藏有条件实现内外联动，促进全区交通、贸易、金融、旅游、能源、物流等领域的跨越式升级，提升区域内基础设施建设等级、贸易投资自由化及便利化水平，增进区域内外的供应链、产业链、价值链融合度，使区域经济、人文等合作迈上新台阶。

3. 建设“一带一路”有利于促进西藏与周边国家的深度交流合作。西藏面临的反分裂斗争形势复杂，建设“一带一路”为宣传党中央民族政策，增进西藏与周边国家理解互信提供了桥梁纽带，为各国各方携手维护区域稳定创造了有利条件，开辟了促进周边国家和平发展、区域和谐稳定的新对话合作平台。

二、西藏金融业融入“一带一路”战略规划面临的机遇和挑战

综前所述，“一带一路”战略规划为西藏经济社会发展带来了重要的发展机遇。抓住这个前所未有的机遇，使西藏发展融入“一带一路”战略规划中，

是实现西藏经济跨越式发展、确保西藏到2020年与全国一道步入小康社会的关键。经济是金融赖以生存的基础，“一带一路”战略规划为西藏经济发展带来了重要机遇，也必将为西藏金融业的发展提供广阔的平台。与此同时应看到，金融是现代经济的核心，如何发挥金融的“撬动作用”，支持西藏经济充分享受“一带一路”战略规划的丰厚红利，推动经济跨越式发展，是西藏金融业发展面临的一道难题。

（一）面临的机遇

1. 利用区位优势，提升西藏金融业对内、对外开放程度，发挥金融互连互通作用

中央第五次西藏工作座谈会对西藏经济发展提出“支持南亚贸易陆路大通道建设”的指示精神，在此背景下，西藏确定了“建设吉隆口岸，稳步提升樟木口岸，积极恢复亚东口岸，加快发展普兰及日屋口岸”的建设思路。据了解，目前西藏经贸合作对象主要是尼泊尔，而以樟木口岸为例，近年来通过该口岸输入尼泊尔的商品中，5%销往孟加拉国，20%留在尼国内，另有75%实际销往印度，显见尼泊尔已成为西藏商品销往南亚的重要跳板。[①]

为推动西藏与周边国家经贸合作，逐步将西藏打造为中国陆路通往南亚国家的贸易和物流中心，在当下建设“一带一路”背景下，全区金融业应及时把握政策机遇，加大中尼边境金融合作力度，探索与印度、不丹、巴基斯坦等国家的金融合作的有效方式，积极参与和介入孟中印缅经济走廊建设中的系列金融配套政策、金融服务合作工作等，全面提升西藏金融业对内对外开放程度。

2. 以金融支持西藏重点领域建设为导向，提升西藏金融业发展水平，促进金融业做大做强

“一带一路”战略规划的提出，为西藏深入推进区域内以及区际交通、贸易、旅游、能源、物流工作赋予了新的政策红利。经济发展，金融为先。当下，如何抓住用好各项优惠政策，切实加大全区基础设施建设力度，拓展对外贸易广度，用好特色资源，促进西藏产业结构调整、升级，成为全区金融提速改革和进一步做大做强金融业的新动力。

---

① 引自《关于促进西藏自治区对尼泊尔开放型经济发展的调研报告》（藏商发〔2015〕59号）。

（二）面临的挑战

1. 加强金融监管，守牢不发生区域性金融风险的底线

步入2015年开始，随着利率市场化改革深入推进、《存款保险条例》发布出台等系列金融业深水区改革的探索前进，西藏同样面临严守安全底线、防范区域性金融风险的考验。同时，在西藏融入“一带一路”战略规划背景下，加速推进与南亚周边国家、内部相连省份金融合作等，将同样令西藏深度承受金融业自然、地理环境制约，经济、金融业发展相对滞后，金融生态环境比较脆弱等客观困难。上述双重金融风险冲击，一方面对不发生区域性金融风险的底线目标带来巨大挑战，另一方面也对地方政府和金融监管部门提出更高的要求，需要我们从政策约束、监管方式等方面统筹考虑，构筑防范和化解金融风险的安全屏障。

2. 协调各方矛盾，实现对有限金融资源的合理配置

林毅夫指出，“与实体经济对金融服务的需求相适应的金融结构才是最优金融结构”。在最优金融结构下，金融才能有效地发挥动员资金、配置资金和降低系统性风险的功能，实现对经济发展的撬动作用。当前，西藏金融资源总量规模小，虽然近年来全区经济金融发展较快，吸引了部分金融资源的流入，但客观来说，金融资源总量在较长时期内不会有突破性进展。立足金融资源有限的实际情况，融入“一带一路”战略规划，势必要求全区金融资源优先倾向于以口岸支撑为主的金融基础设施建设、边贸合作金融服务，以及以电力、网络、交通运输、物流等为主的大型基建项目等。同时，基于西藏特有的农牧业为主的产业结构，金融业应发挥对弱势产业和主体人群的支持作用，积极推进普惠金融和扶贫开发金融建设等，促进金融公共服务均等化，带动产业结构调整、升级，进而优化经济结构。为此，如何合理配置有限金融资源，使金融结构呈现最优状态，成为西藏金融业融入“一带一路”战略规划的重要任务。

三、西藏金融业融入“一带一路”战略规划的发展路径

西藏金融业要融入“一带一路”战略规划，谋求更好的发展，发挥对西藏实体经济的撬动作用，不仅要做好金融对规划中重点领域的支持、实现金融的互连互通，而且要结合西藏金融业的实际，综合考虑西藏金融改革、扶贫开发金融和普惠金融的建设，寻找这几者之间的最优平衡点，促进西藏金融业自身

的发展壮大。同时，提升金融业对内对外开放程度，坚持对内发展和对外开放两者并重，探索建立“一带一路”战略规划下适应西藏经济发展结构的金融结构。

（一）政府主导，推动实现全区经济、金融部门良性互动

立足西藏经济发展的客观环境，金融虽是经济工作核心，但却不能孤立存在。资金只有投向实体经济，才能真正发挥金融撬动经济作用。为此，只有在政府部门主导和推动下，金融才能切实担当起服务经济的职能。一方面，各级政府部门应积极主动同相关上级部门沟通，做到准确了解国家层面经济发展战略，有效融入国家相关方针政策，为“一带一路”战略规划的落地实施铺好路、奠好基，合理科学设定西藏区域经济发展思路和措施，为金融业发展提供正确导向；另一方面，各级政府部门应主导建立西藏经济、金融部门的良性互动机制，从而有利于科学规划适应区域经济发展的金融业改革发展战略，有效关注与把握经济金融运行中存在的问题，及时有针对性地做好对全区实体经济的服务支持。

（二）部门跟进，有序做好地方政策与“一带一路”战略规划的制度衔接

西藏金融部门，特别是“一行三局”，应主动加强与上级主管部门的政策沟通，及时了解中央第六次西藏工作座谈会赋予西藏的特殊优惠金融政策以及“一带一路”战略规划中国家级金融政策，特别是有关西藏周边南亚国家金融合作方面的政策，积极争取西藏边贸差异化、便利化的金融政策。同时，西藏金融部门应结合区域实际，加强调查研究，探索建立与环喜马拉雅经济带相适应的区域性金融合作中心，重点做好南亚陆路通道贸易往来和对孟中印缅经济走廊建设金融支持工作；完善和细化南亚周边国家和内地省份的金融合作方案、机制等。同时，努力推动财政政策、金融政策、产业政策、海关优惠政策等相互配合，形成政策合力，为经济发展提供保障。

（三）夯实基础，配强金融基础设施与服务环境

一是丰富完善西藏金融机构组织体系和要素市场。具体包括：充分利用放宽金融主体市场准入门槛契机，增加西藏金融市场的金融主体数量，鼓励民间

资本出资组建新型金融市场主体；引导和鼓励民间融资向正规化方向发展，成为正规金融的有益补充；积极培育法律、会计、审计、投资咨询、规划设计、信息服务、资产评估等各类中介机构，丰富和完善金融要素市场等。二是加强支付结算渠道建设，构建互连互通的支付结算网络。具体手段是：积极完善西藏支付结算网络建设，重视在农牧区普及推广助农取款服务点、手机银行等现代化支付手段；重视配强服务于“对内连接、对外贸易”的支付结算网络。

（四）创新手段，重在支持西藏重点领域建设

西藏发展融入“一带一路”战略规划，需围绕交通、贸易、旅游、能源、物流等重点领域开展工作。金融作为现代经济的核心，应做好对重点领域的资金和服务等方面支持。一是通过与亚投行合作、吸收民间资本等方式，创新资金来源渠道和方式，支持西藏大型基础设施建设，特别是与南亚周边国家的公路、铁路、航运等交通网络建设。二是继续加大对西藏旅游业、绿色能源、民族手工业等行业的支持力度，如支持西藏旅游业的发展壮大，发展高品质的旅游精品路线和产品，扩大西藏旅游规模及和周边国家旅游项目、旅游文化的深度合作等；在支持西藏货物贸易基础上，探索旅游服务贸易。三是创新金融服务和产品，加大对我区贸易产品和内地可出口贸易产品的支持，推进外贸转型和升级，提升对外贸易对西藏经济贡献度。

（五）完善机制，积极做好各项配套运行保障

一是加强信用体系建设，为金融资源有效配置提供基础。扩大行业信息共享与信息服务范围，积累筹建交通运输、贸易出口企业的信用数据资料，建立全区信用信息数据共享平台及农牧区经济主体信用信息基础数据库。二是加强金融消费者权益保护工作，推进金融法制建设。人民银行应发挥主导作用，加强“窗口指导”，探索建立金融消费权益保护的评估体系和监督检查机制。三是积极发展农牧区保险市场，构建风险保障网络。重点建立金融机构小额贷款与农牧区保险业务的互动合作机制，降低农村信贷风险，提升农牧业抵御自然灾害的风险能力。四是加大金融人才培育和引进的力度。加大对西藏金融系统人员在金融政策、金融创新等方面的培训，同时利用对口援藏机制引进优秀的金融人才，相互合作，结合西藏金融发展实际，抓住“一带一路”战略规划的机遇，促进西藏金融业的快速发展。

参考文献

[1] 张军．我国西南地区在“一带一路”开放战略中的优势及定位［J］．经济纵横，2014（11）．

[2] 安宇宏．“一带一路”战略［J］．宏观经济管理，2015（1）．

[3] 杨思灵．“一带一路”：印度的回应及对策［J］．亚非纵横，2014（6）．

[4] 申现杰，肖金成．国际区域经济合作新形势与我国“一带一路”合作战略［J］．宏观经济研究，2014（11）．

“一带一路”战略背景下
金融支持西藏南亚陆路贸易通道建设研究

中国人民银行拉萨中心支行课题组
课题组组长：周　颖
课题组成员：杨　润　申　霞

摘要：当下，国家正在实施“一带一路”和“三圈三带”新格局建设。本文通过梳理总结先进国家及国内对外开放、交流合作的经验，以Beck计量模型为基础，选取我国2003—2013年31个省级行政区，对“一带一路”战略规划下我国金融支持对外贸易发展存在的影响做了研究，重点分析了西藏对外经济发展现状、金融支持情况、面临的挑战，结合经济金融发展实际，提出相关建议。

本文的新颖之处在于大处入手、小处着眼，既讲大局，也看区情，最终落脚于从政府、金融两个层次相结合，构筑西藏南亚陆路贸易通道。整个调研涉面广、内容多、跨度长，力求突出借鉴意义和可操作性。

关键词：南亚陆路贸易大通道　构建　金融支持　建议

西藏地处祖国西部边陲，北邻新疆，东靠青海、四川和云南，南接尼泊尔、印度、不丹、缅甸等国，与南亚国家经贸往来密切。抓住“一带一路”的战略机遇，实施多层次、宽领域、全方位的对外开放和对内交流合作，可大大提升我区在国家对外开放新格局中的战略地位。金融必须牢牢把握支持经济发展的主线，充分发挥金融在支持西藏南亚陆路贸易通道建设中的重要作用。

一、金融支持西藏自治区对外发展经验的域外考察

从各国经验看，发达国家政府都建立了一整套政策支持体系及相关服务机构，尽管管理上存在一定差异，但政府均起到十分关键的作用。

（一）国家层面：国际战略先行，为本国企业创造相对有利的投资环境

1948 年，美国开始实施“马歇尔计划”，并与此同时创立了海外投资保证制度，即对美国海外投资者实行以事后弥补政治风险为目的的保证制度，弥补仅该投资企业因自然灾害、战乱等不可抗力造成的损失。这种制度与投资国实行的境外投资鼓励政策相辅相成，往往以双边投资条约为先行，构成发展境外直接投资的政策支持系统。不同国家有一定的差异，在美国、芬兰、荷兰及瑞士等国，此制度仅适用于对发展中国家的直接投资，奥地利、英国、瑞典等国则适用于本国企业对一切国家的直接投资。

（二）支持主体：资金来源有多样性，政策性机构服务起到重要作用

发达国家企业“走出去”的资金主要来源有商业性金融机构、资本市场和自有资金，但政策性机构的资金支持和服务起到重要作用，如美国海外私人投资公司、日本海外经济协力基金等。这些金融机构提供的贷款具有期限长、利率低等特点，甚至可以无息，成为投资者充分利用国家资本进行境外投资和获取高额利润的多样化选择。如美国“走出去”企业可以从美国海外私人投资公司、美国国际发展局基金、美国进出口银行、国际金融公司基金、小企业投资公司等获得支持；在日本，除了日本国际协力银行的国际融资账户和海外经济合作账户提供“走出去”融资之外，还有中小企业金融公库、国民金融公库、工商组合中央金库等官方机构向企业开展海外投资提供资金支持；在德国，投资金融公司为德国企业在发展中国家的初始投资、扩张和收购提供贷款，德国开发公司为企业对外直接投资提供金融与咨询服务等，为企业“走出去”发挥了有效的引导和推动作用。

（三）支持对象：重点加强对中小投资企业的倾斜

鉴于中小企业在经济发展中的重要性，多数国家对中小企业“走出去”实施了特殊的支持政策。如美国于 1958 年根据《中小企业法》成立了中小企业管理局，提供对外直接投资贷款和保险等鼓励中小企业“走出去”。其中，直接投资贷款的主要用途是促进中小企业向海外发展中国家投资，对象是未进入《财富》杂志评选的 1000 家企业外的中小企业，额度从 90 万美元到 600 万美元不等，平均每笔约 300 万美元。美国还设立小企业投资公司，专门向具有较高

风险而难以从一般渠道得到投资支持的小企业提供贷款和投资。同时，美国进出口银行对中小企业的出口也给予特殊扶持，通过优惠的融资条件提高了中小企业参与出口贸易的能力。韩国进出口银行的“海外投资基金”和“海外资源开发基金”，向境外投资企业提供优惠利率贷款，其数额可高达境外项目投资总额的90%，其主要贷款对象是投资于劳动密集型产业的境外中小型企业和在境外开发重要资源或开拓市场的大型企业。

（四）金融管理：重在推动资本和外汇流动的自由化

从各国情况来看，均经历了一个渐进自由化的过程。在20世纪50年代中期以前，为了解决国际收支平衡的问题，许多发达国家还是采取外汇或资本流动控制制度来限制资本流出。此后，由于货物贸易与服务贸易的发展，对外贸易融资需求的扩大，全球资本的加速流动以及新型金融工具（包括衍生工具）的出现，使政府控制外汇和资本流出的能力大为降低。20世纪80年代中期以后，一些新兴工业化国家出于扩大国外市场、获得国外资源、调整经济结构等因素的考虑，也改变了对本国的资本控制政策，采取渐进式的自由化改革。

（五）配套服务：重点强化对企业的投资信息支持

为了使境外投资者全面了解东道国投资环境并正确决策，投资国政府都很重视为其提供东道国的经济信息和投资机会等情报。这项工作有一部分是通过专门的海外投资公司、政策性金融机构进行的。从美国来看，这部分职责由美国海外私人投资公司提供，该公司定期出版有关刊物提供境外投资情况，交流境外投资经验，协助境外投资者进行项目可行性研究，协助或组织美国投资者代表团到境外考察。从日本来看，主要通过通商产业省所属的亚洲经济研究所和日本输出入银行的海外投资研究所进行，不仅为境外投资者提供从项目考察论证、施工组织设计到组织实施全过程的信息咨询和操作服务，而且还提供项目投产后所需最新、最可靠的市场动态信息和产品销售网络渠道等。从韩国来看，韩国进出口银行设立了“海外投资调查部”、“海外投资洽谈中心”等专门机构，负责整理和收集有关各国的经济、政治信息，并及时向本国企业提供咨询服务。

二、我国金融支持地区发展的基本做法

从我国几个对外贸易发展较为繁荣的地区来看，当地金融管理部门围绕国

家战略部署，不断简政放权，鼓励和引导金融机构加大支持力度，对企业的海外拓展和跨国经营提供了良好的金融服务。

（一）发展对外经济——开放政策先行

稳步推进资本项目可兑换，推进金融简政放权，促进对外投资便利化。同时健全政策体系，帮助企业拓宽融资渠道。

1. 稳步推进资本项目可兑换

上海自贸区成立后，我国进一步加快了资本项目可兑换进程。自2015年2月起，允许自贸区企业直接到银行办理直接投资外汇登记手续，实行外资企业外汇资本金意愿结汇，进一步便利了企业跨境直接投资，率先实现跨境直接投资的全面可兑换。自2015年6月1日起，直接投资外汇登记和外汇资本金意愿结汇改革推广至全国。上海自贸区率先建立了以资本约束机制为核心的宏观审慎和本外币一体化的境外融资制度，打通了企业境外融资的通道。在外汇领域尝试负面清单管理，大力简政放权，放宽对外债权债务行政审批，允许开展跨境的本外币资金集中运营业务，这些措施都已在全国复制推广，有利于企业跨境资金运营和管理。

2. 健全政策支持和引导

推进外汇储备多元化运用，发挥政策性银行等金融机构作用，吸收社会资本参与，采取债权、基金等形式，为“走出去”企业提供长期外汇资金支持。2013年，外汇局成立了外汇储备委托贷款办公室（SAFECo - Financing），负责创新外汇储备运用这项新工作，对于创新外汇储备运用、支持金融机构服务实体经济发展和助推企业“走出去”战略都将起到积极的推动作用。外汇局将外汇储备委托给政策性银行、商业银行，向境内外企业发放贷款，对于外汇局来说，可以发挥银行在贷款风险控制和尽职调查上的优势，让投资更加专业化；对于银行来说，外汇储备贷款可以降低银行的外汇头寸，减少汇率风险。完善人民币跨境支付和清算体系。稳步放开短期出口信用保险市场，增加经营主体。创新出口信用保险产品，大力发展海外投资险，合理降低保险费率，扩大政策性保险覆盖面。对大型成套设备出口融资应保尽保，鼓励商业银行加大对重大装备设计、制造等全产业链的金融支持。

（二）调动积极性——优惠政策落地

从各地经验来看，如何切实降低融资成本无疑是各方面最为关心的问题。

为充分调动企业对外贸易积极性，消除其融资成本贵的顾虑，中国进出口银行、中国银行等国有银行对重要海外收购或投资项目提供低息贷款支持。一是国家发展改革委和中国进出口银行在 2004 年设立了特别贷款项目，以支持中国企业“走出去”。二是中国银行利用海外成本相对较低的资金，通过叙做境内外币公司贷款，为不少企业“走出去”提供了有力的支持。截至 2014 年底，中国银行为企业“走出去”贷款授信已提款金额达 1011 亿美元，较上年增长 40%；贷款余额达 675 亿美元，较上年增长了 11%。三是建设银行则通过“海外融资宝”等产品为数千家企业“走出去”提供了境外投标、低息融资等金融服务的支持，区域覆盖全球 100 多个国家和地区。

（三）连片贸易——推进金融业海外业务布局

我国国有银行海外经营网络及资产的迅速扩张为我国企业跨境结算和海外运营提供了有力的金融支撑。1985 年，中国银行业海外资产仅 90 余亿美元；到 2013 年底，18 家中资银行业金融机构在海外 51 个国家和地区开设了 1127 家分支机构，总资产超过 1.2 万亿美元。在各国有商业银行中，中行的海外业务依然保持了独领风骚的局面：截至 2014 年末，中行的海外资产总额为 7450.7 亿美元，比上年末增长 18.11%，实现税前利润 86.6 亿美元，同比增长 29.9%，占集团资产总额和税前利润的比重分别为 27.4% 和 23.0%。截至 2014 年末，中行拥有的海外机构为 628 家。

中国工商银行则通过机构申设和并购等方式积极推进国际化经营战略，加快境外机构布局。截至 2014 年底，工行已经在全球 41 个国家和地区设立了 330 余家海外机构，并通过参股南非标准银行间接延伸至 20 个非洲国家，形成了横跨亚、非、拉、欧、美、澳的全球服务网络。

根据交通银行 2014 年年报显示，交行已在中国香港、纽约、东京、新加坡、首尔、法兰克福、胡志明、伦敦、悉尼、旧金山，以及多伦多设立了 13 家境外机构。截至 2014 年 9 月末，交行境外银行机构实现净利润 33.6 亿元人民币，同比增长 51.8%，占集团净利润比重至 6.4%。

国家开发银行作为政策性银行之一，利用市场化手段开展国际业务，积极参与“一带一路”战略规划，为实现我国与合作国多方共赢发挥了重要的作用。截至 2014 年底，其国际业务贷款达 3198 亿美元，外汇贷款余额占全国金融机构外汇贷款余额的 29%，除内地以外设有香港分行，海外则设有开罗、莫斯科、里约热内卢、加拉加斯 4 家代表处，国开行继续保持中国最大的对外投融资银行的地位。

作为国家出口信用机构，中国进出口银行在支持“走出去”战略过程中发挥了重要作用。该行积极支持装备制造业转型升级，以此带动装备制造业技术、服务、标准进入国际市场。截至 2014 年末，其对装备制造业贷款余额已近 8000 亿元人民币。目前，进出口银行在境外设有东非代表处和圣彼得堡代表处，并于 2013 年 10 月在法国巴黎成立首家海外分行。

在保险业方面，中国出口信用保险公司是目前我国唯一承办出口信用保险业务的政策性保险公司。该公司于 2001 年正式挂牌成立，现已形成覆盖全国的服务网络，并在英国伦敦设有代表处，并向俄罗斯、巴西、南非和迪拜派遣了工作组。

证券业方面，一些证券公司也积极开拓香港等地的国际业务。如海通证券在香港的业务快速发展，2014 年上半年实现收入 6.88 亿港元，其中投行业务完成新股发行 6 个，承销家数排名第四位；完成债券发行项目 5 个，在中资券商中承销金额排名第二位；资产管理规模较年初增长 24%；成功完成首支由中资券商在海外发行的 RQFII300ETF 指数基金，境外业务实现利润总额 2.1 亿元，占比 5.5%。

三、“一带一路”战略规划下我国金融支持对外贸易发展的影响分析

在金融发展与对外贸易的关系中，国内外学者积累了大量的研究成果。国外研究中，Kletezer 和 Bardhan（1987）从资金配置功能角度指出：金融发展是出口的原因，信贷优势的差别会影响各国的国际贸易比较优势。Beck（2002）从金融市场视角，通过对 65 个国家 1966—1995 年数据实证研究发现，金融发展水平与反映贸易结构的比率之间呈现显著正相关。Feeney Hillman（2001）从管理角度提出一国的金融发展主要体现在金融市场的多样性上，国内金融市场风险分散机制的发展将会减少贸易障碍。

以下基于 2003—2013 年我国省际面板数据，从金融市场和外部融资两个角度，对我国金融支持与对外贸易发展二者之间的关系展开研究。

（一）模型设定、变量选取与样本说明：我国31个省级行政区的对外贸易发展和金融支持

本文以Beck（2002）的计量模型为基础，选取我国2003—2013年31个省级行政区的对外贸易发展、金融支持及其他经济变量指标，对我国金融支持与对外贸易的关系进行实证检验，基于双对数模型构建计量模型如下：

$$\mathrm{In}FTD_{it} = C + \beta\mathrm{In}FINACE_{it} + \lambda CV_{it} + \mu_{it} \quad (1)$$

式中，FTD_{it}表示第t省份的对外贸易发展规模，选取对外贸易依存度，即进出口贸易额之和占GDP的比值，衡量各地区贸易发展状况；$FINANCE_{it}$表示第t年i省份的金融发展水平指标；CV_{it}表示控制变量；C为截距项；μ_{it}为残差项。

基于数据的可得性和我国金融市场发展现状，分别从金融市场和外部融资两个不同层面研究“一带一路”规划下我国金融支持与对外贸易的关系。

首先，从金融市场发展视角研究金融支持对对外贸易的影响，选取以下三个指标来衡量金融市场发展：（1）金融相关比率（*FIR*），以各地区金融机构存贷款余额占GDP的比重衡量，该指标反映金融规模的增长情况，取值越大，意味着金融市场化程度越高；（2）金融系统效率（*FE*），又称信贷转换率，采用我国各地区金融机构贷款额与存款额的比值来衡量信贷转换率，其反映出储蓄与投资之间的转换效率，取值越大，说明资金的转换效率越高；（3）金融发展结构（*FS*），以各地区股票总市值和保费收入之和占金融总资产的比值衡量，该指标反映了各地区金融体系结构。为考察金融市场与对外贸易的关系，构建计量模型如下：

$$\ln FTD_{it} = c + \beta 1\ln FIR_{it} + \beta 2\ln FE_{it} + \beta 3\ln FS_{it} + \varphi CV_{it} + \mu_{it} \quad (2)$$

式中，C为截距项；μ_{it}为残差项；βK（$K=1$，2，3）为相应变量的弹性系数；φ为控制变量的弹性系数。

其次，从三个方面基于外部融资视角考察金融支持与对外贸易的关系：（1）信贷密度（*LOAN*），即各地区金融机构贷款额占当地GDP的比重，信贷密度越高，说明金融机构贷款量投入越大，企业获得外部资金的能力越强；（2）外资密度（*FDI*），用外商直接投资额占当地GDP的比重表示，外资密度越高，说明外资流入量越大；（3）股票市场交易效率（*STRAD*），用各地区股票市场的总成交金额占GDP的比值来衡量。考察外部融资与对外贸易发展的计量模型如下：

$$\ln FTD_{it} = C + \alpha 1 \ln LOAN_{it} + \alpha 2 \ln STRAD_{it} + \alpha 3 \ln FDI_{it} + \lambda CV_{it} + \mu_{it} \quad (3)$$

式中，C 为截距项；μ_{it}为残差项；αK（$K=1$，2，3）为相应变量的弹性系数；λ 为控制变量的弹性系数。

此外，在模型控制变量选择中，重点考察了三个方面：（1）交通设施（*TRAF*），选用各地区的铁路与公路里程与地面面积之比来衡量；（2）财政支出（*GOV*），即地区财政支出占各地区当年 GDP 的比重，用来衡量各地区地方政府对经济活动的参与程度；（3）研发支出（*R&D*），选用各地区科研投入费用来衡量。

选用2003—2013 年全国 31 个省（自治区、直辖市）的面板数据。其中，各地区 GDP、进口贸易额、出口贸易额、铁路里程、公路里程、地面面积、政府财政支出数据均来自历年《中国统计年鉴》，R&D 科研费用来自历年《中国科技统计年鉴》，各地区股票交易额、股票总市值、保费收入及金融机构存贷款余额来自 Wind 数据库，各地区外商直接投资额来自 ACMR 数据中心。

（二）实证结果：良好的金融体系有利于形成比较优势

1. 平稳性检验

为避免“伪回归”现象的出现，分别采用 LLC 和 PP - Fisher 两种不同的检验方法检验数据的平稳性。“一带一路”圈定 18 省份和全国地区样本群下，被解释变量 *FTD* 和解释变量（包含 *FIR*、*FE*、*FS*、*LOAN*、*FDI*、*STRAD* 在内的 6 个金融发展指标）均在 1% 的显著性条件下拒绝原假设，序列是平稳的。控制变量 *TRAF*、*GOV* 在两种平稳性检验方法均能在 5% 的显著性条件下拒绝原假设，R&D 的 PP - Fisher 检验显示不能拒绝原假设，而 LLC 检验结果显示其在 1% 显著性水平下拒绝原假设，故可认为数据是平稳的。综合来看，本文建立计量模型时选用的数据平稳，计量回归时不会存在“伪回归”现象。

2. 金融市场发展对对外贸易的影响估计

运用“一带一路”规划版图下国内圈定的 18 个省份与全国 31 个省份两个样本群在观察期 2003—2013 年间的省级面板数据，利用 Eviews7 实证研究金融市场对对外贸易的影响。同时，为避免金融相关变量之间可能存在自相关影响估计结果的稳健性，故首先分别对金融相关比率（*FIR*）、金融系统效率（*FD*）、金融发展结构（*FS*）进行逐一引入，回归结果如表 1 中模型（1）、（2）、（3）所示。其次，对上文设定的方程（2）进行回归，考察金融市场多因素对对外贸易发展的协同作用，回归结果如表1中模型（4）所示。

表1 金融市场发展对对外贸易的影响实证

变量	①		②		③		④	
	一带一路	全国	一带一路	全国	一带一路	全国	一带一路	全国
ln *FIR*	1.774 *** (7.983)	2.035 *** (15.363)					1.794 *** (10.24)	1.894 *** (14.489)
ln *FE*			-1.621 *** (-6.865)	-1.138 *** (-4.611)			-1.628 *** (-9.292)	-0.931 *** (-4.961)
ln *FS*					0.595 *** (6.491)	0.554 *** (6.580)	0.432 *** (6.371)	0.216 *** (3.146)
ln *TRAFF*	0.076 (1.009)	-0.016 (-0.270)	0.384 *** (5.667)	0.223 *** (3.028)	0.337 *** (4.890)	0.141 * (1.937)	0.056 (0.966)	-0.041 (-0.713)
ln *R&D*	0.088 ** (2.078)	0.123 *** (3.262)	0.101 ** (2.300)	0.157 *** (3.316)	0.124 *** (2.800)	0.173 *** (3.758)	0.104 *** (3.223)	0.124 *** (3.486)
ln *GOV*	-0.790 *** (-5.421)	-0.865 *** (-7.836)	-0.600 *** (-4.206)	-0.371 *** (2.744)	-0.369 *** (-2.725)	-0.376 *** (-2.945)	-1.249 *** (-10.51)	-1.078 *** (-9.802)
c	-4.894 *** (-11.69)	-5.613 *** (-20.139)	-3.188 *** (-11.25)	-3.288 *** (-11.18)	-1.036 *** (-3.654)	-1.760 *** (-6.605)	-5.224 *** (-13.48)	-5.705 *** (-16.960)
N	198	341	198	341	198	341	198	341
Adj · R^2	0.558	0.561	0.527	0.297	0.518	0.338	0.746	0.607
F	63.293	109.679	56.085	36.965	53.914	44.429	97.336	88.580

注：*、**、*** 分别表示在10%、5%、1%显著性水平下显著，（）内为t值。

由表1可知，对金融市场发展相关解释变量单独引入与同时引入时弹性系数符号稳定，显著性一致，同时注意到同时引入金融市场发展3变量时，模型修正的可决系数Adj. R^2 明显改善，因此，可认为模型（4）是稳健的，能够较好地解释各金融市场发展变量及其协同作用对对外贸易发展的影响。具体来看，根据模型（4）分析结果如下：

金融相关效率（*FIR*）系数均在1%水平上显著为正，说明金融市场化程度在促进对外贸易发展过程中具有明显且稳定的促进作用。其中"一带一路"规划内省份金融相关效率弹性系数为1.749，略低于全国地区的1.894水平，可见"一带一路"规划省份在过去十年表现中，金融市场促进对外贸易发展成效有待提高，其金融相关效率每提升1%，可带动对外贸易发展提升1.749%，低于全国地区1%金融相关效率的提升带动对外贸易扩大1.894%的水平。大量研究成果表明，良好的金融体系有利于企业创新能力的提升，促进内生技术进步，进而影响一国与他国的技术差异，形成技术密集型产品上的比较优势。控制变量研发支出（*R&D*）对对外贸易的提升具有显著的正向作用也支持了这一论点。

金融系统效率（*FE*）系数在1%水平下，不论是全国区域还是仅“一带一路”划定省份，均显著为负，这意味着金融机构资金转换率越高，反而不利于对外贸易水平的提升。这与学者们基于AK模型认为“金融发展提升了储蓄向投资的转化率，从而增加投资，扩大生产，进而有利于促进外贸的增长”这一论点是不一致的。然而，我国金融系统效率对对外贸易存在的反向作用并不难解释。我国金融体系具有明显的制度偏向特征，而金融系统大量资金集中于国有商业银行，近年中国银行业改革，为控制不良资产的增加，惜贷、不贷现象显著，银行往往倾向于选择国有企业，但全国出口额多数由非国有经济贡献；同时信贷转换率仅能体现金融机构信贷转换能力，对款项贷出用途不予统计，事实上金融系统效率的提高形成的信贷扩大部分并未流向外贸行业。控制变量政府支出（*GOV*）也支持了这一论断，政府行为不利于对外贸易水平的提升，关键在于政府支出主要投向国有经济，其带来的乘数效应更多体现于国内基础设施相关行业的增长，并未显著作用于对外经济贸易。

金融发展结构（*FDI*）系数在1%水平下，对对外贸易的发展存在显著的正向影响，“一带一路”规划圈定18个省份和全国地区两个样本群下的弹性系数分别为0.432、0.216。这意味着随着证券市场和保险市场的蓬勃发展，我国金融市场体系日益完善，多样化的金融产品大大改善了企业的投融资环境，有利于对外贸易企业的发展和扩大。其中“一带一路”规划省份金融发展结构每提升1%，即可促进该地区对外贸易发展增加0.432%，其金融发展结构对对外贸易水平的促进作用高于全国地区，呈现出金融支持对外贸易发展的良好成效。

控制变量中科研支出（*R&D*）显著为正，即科研投入有利于扩大企业的创新技术能力，从而提升企业在技术方面的比较优势，增强对外贸易竞争力；政府支出（*GOV*）显著为负，这意味着政府行为对对外贸易发展存在着显著的负向作用；而交通状况（*TRAF*）的弹性系数并不显著。

3. 外部融资对对外贸易的影响估计

同样，为避免金融发展变量之间可能存在的自相关，首先，分别考察信贷密度（*LOAN*）、外资密度（*FDI*）、股票市场交易效率（*STRAD*）对对外贸易发展的影响，如表2中模型（5）、（6）、（7）所示，其次，再同时引入各外部融资变量进行回归，计量结果详见表2中的模型（8）。

表2 外部融资水平对对外贸易的影响实证

ln *LOAN*	0.530** (2.540)	1.472*** (10.51)					0.691*** (3.572)	1.389*** (11.413)
ln *FDI*			0.209*** (3.604)	0.309**** (7.474)			0.176*** (3.208)	0.305*** (7.038)
ln *STRAD*					0.237*** (4.657)	0.313*** (6.811)	0.231*** (4.670)	0.239*** (6.323)
ln *TRAF*	0.287*** (3.476)	0.058 (0.853)	0.271*** (3.427)	0.058 (0.782)	0.259*** (3.404)	0.063 (0.831)	0.052 (0.608)	−0.169*** (−3.090)
ln *R&D*	0.096** (2.000)	0.135*** (3.184)	0.113** (2.378)	0.151*** (3.338)	0.084* (1.813)	0.128*** (2.783)	0.087* (1.964)	0.101*** (2.717)
ln *GOV*	−0.322** (−2.155)	−0.490*** (−4.154)	−0.125 (−0.857)	−0.006 (−0.045)	−0.560*** (−3.579)	−0.662*** (−4.614)	−0.577*** (−3.620)	−0.739*** (−6.070)
c	−2.322*** (−8.507)	−3.154*** (−13.87)	−1.133*** (−3.133)	−0.697** (−2.048)	−2.558*** (−9.593)	−3.235*** (−12.52)	−2.080*** (−5.501)	−2.203*** (−7.113)
N	198	341	198	341	198	341	198	341
Adj · R^2	0.432	0.438	0.450	0.359	0.472	0.343	0.522	0.577
F	38.409	67.120	41.250	48.683	45.027	45.473	36.809	78.379

注：*、**、*** 分别表示在10%、5%、1%显著性水平下显著，（）内为t值。

由表2可知，对外部融资相关解释变量单独引入时，其弹性系数符号与显著性与同时引入各外部融资变量时完全一致，但同时引入外部融资3变量时，模型修正的可决系数Adj. R^2 得到了明显改善，因此，可认为模型（8）是合理且稳健的，能够较好地解释各外部融资变量及其协同作用对对外贸易发展的影响。根据模型（8）实证结果做如下拓展分析：

整体来看，信贷密度（*LOAN*）对金融发展具有显著正向影响，国家进出口金融体制下，出口信贷、对外优惠贷款以及保险政策业务的开展，提升了银行信贷规模与对外贸易匹配性，推动了对外贸易的健康发展。比较来看，“一带一路”规划省份外贸企业在享受信贷资金予以支持其对外贸易发展上的正向效应远小于全国地区，其弹性系数（0.691）约为全国地区（1.389）的一半。换言之，可见信贷密度每提升1%，全国对外贸易将提升1.389%，而“一带一路”规划省份对外贸易仅能提升0.691%。

外资密度（*FDI*）在1%水平上对对外贸易有着显著的正向促进作用，其中，全国地区外资密度对对外贸易的影响弹性（0.305）略高于“一带一路”圈定省份（0.176），说明“一带一路”圈定省份在发挥外商直接投资对地区对外贸易的带动效应方面仍存在较大空间。外商直接投资是外贸企业获得外部融资的一个重要来源，其主要通过资本积累效应和技术溢出效应影响一国对外贸易水平，增强其外贸竞争力，进而扩大进出口额。

由表1可知，股票市场交易效率（*STRAD*）对对外贸易的发展在1%水平下具有显著的正向促进作用，其中“一带一路”规划省份弹性系数为0.231，全国地区弹性系数为0.239，略高于前者。这意味着股票市场交易效率每提升1%，“一带一路”规划省份对外贸易规模将提升0.231%，全国地区对外贸易规模将提升0.239%。考虑到证券市场是企业获得直接融资的一个重要渠道，同时我国上市公司也存在着较为强烈的股权融资偏好，因而高效的股票市场交易效率对提升企业内源融资能力有着重要作用，为上市外贸企业扩张生产规模、推进技术创新、提升产品竞争力提供了重要的资本支持。

在外部融资影响对外贸易研究框架下，控制变量研发支出（*R&D*）、政府行为（*GOV*）在模型（5）~模型（8）中弹性系数符号非常稳健，显示了较强的解释作用，说明从外部融资角度来看，交通设施覆盖率和研发支出均有利于对外贸易水平的提升，而政府干预行为不利于外贸规模的扩大。此外，“一带一路”规划省份交通设施（*TRA*）对对外贸易的影响并不显著，而全国地区交通设施的发展则显著不利于对外贸易的扩大。

（三）结论与启示：金融发展优化有利于促进对外贸易的发展

研究表明，金融相关比率的提升和金融发展结构的优化均有利于促进对外贸易的发展，而金融信贷转换率的扩大对对外贸易存在显著的负向影响。这说明随着金融市场的完善，良好的金融体系一方面可以提升外贸企业参与金融市场的能力，获得资本积累；另一方面能够帮助企业提升科技创新能力，提升外贸比较优势。然而，在目前我国以国有银行为主导的融资体系下，其制度性特征致使金融系统效率对外贸发展的促进作用并未显现，相反，信贷资金转换率的提高会抑制对外贸易的发展。因此，应加速利率市场化改革，完善银行系统征信体系与企业信用制度建设，增强金融机构信贷甄别能力；同时规范并适当引导民间金融的发展，调动金融发展活力，助力“一带一路”规划下对外贸易的发展。

研究同时表明，外部融资条件的优化对对外贸易的发展存在显著的正向影响。间接融资指标信贷深度对对外贸易存在显著正向作用，说明外贸企业从金融机构获得贷款能力的提升有助于其在国际贸易市场上比较优势的形成，但“一带一路”规划省份对外贸行业的信贷配置力度略逊于全国水平。直接融资从资金来源可以分为国内股市融资和国外外商直接投资，本文研究发现，外资密度的扩大对外贸企业提升创新技术、扩大资源禀赋具有显著的正向作用，股市融资效率的提升对对外贸易水平的提升也存在显著的正向效应。因此，“一带一路”规划下，应积极为我国外贸企业创造条件引进外商投资，并引导外商投资的产业投向结构；同时，构建多层次的资本市场，完善创业投资体系，扩大中小企业融资渠道，并提升其融资能力。

四、金融支持西藏开放型经济发展情况

（一）西藏开放型经济发展情况：“请进来”“走出去”并举，增速位居全国前列

近几年，西藏坚持“请进来”“走出去”并举，进一步推进开放型经济加快发展。2014 年，西藏外贸进出口总值达 138.48 亿元，较 2010 年增长 1.45 倍，年平均增长 36.25%，增长速度位居全国前列。

1. 国内贸易方面

把扩大消费作为首要任务，进一步增强消费对经济增长的拉动作用。积极落实中央和自治区扩内需、促消费、惠民生政策措施，加快城乡网点规划编制和农牧区市场体系建设，大力发展电子商务，借助展会平台促销等抓手，搞活流通，扩大消费。2014 年，全区社会消费品零售总额实现 364.51 亿元人民币，增幅位居全国前列，较 2010 年末增长 1.66 倍。大力发展旅游等消费热点，保持增长态势，打响“人间圣地·天上西藏”旅游品牌。2014 年，接待游客 1553 万人次，实现旅游总收入 204 亿元，比起点时的 1980 年增长 20400 倍。建设藏青工业园区，融入西北经济园。建设西藏（成都）科技孵化器，融入成渝经济圈。

2. 对外贸易方面

贯彻“兴边富民”政策，实施出台相关外贸促进政策。坚持以口岸为依托，大力推进口岸基础设施建设，改善口岸通关条件，扩大沿边开放。建设吉隆、樟木、亚东、普兰和日屋口岸，大力发展边境贸易，升级 26 个边贸市场。2014 年，西藏口岸出口总值达 125.4 亿元，比 2010 年增长 2.44 倍。积极扩大

边境贸易和自产产品出口。2010—2014 年，拉萨海关依法对相关项目给予减免税 4.1 亿元。2014 年 8 月，海关总署和自治区人民政府签署支持西藏经济社会跨越式发展合作备忘录，截至 2014 年末，西藏进出口总额达 22.55 亿美元，较“十一五”末增长了 1.69 倍。“十二五”时期以来，西藏边境贸易实现了快速发展。边境小额贸易由 2010 年的 5.01 亿美元提高至 2014 年的 19.83 亿美元，较“十一五”末增长 2.96 倍；西藏航空有限公司与尼泊尔合作成立了“喜马拉雅航空公司”，为西藏航空业进入国际市场开辟了广阔空间；日喀则、阿里、山南、林芝地区的边境贸易设施基本齐备，边境贸易市场和边民互市贸易点基本满足边民交易需要，有西藏特点的边境贸易发展和促进体系已经初步形成。积极调整利用外资结构，狠抓项目落实。2014 年，实际使用外资新增 1.6 亿美元，增长 57%，利用外资实现新突破。

（二）金融支持开放型经济发展情况：优化内外并举，形成金融支持新格局

1. 强化内因——是促进经济社会发展的根本

全面贯彻中央赋予西藏的特殊优惠货币信贷政策，提升与开放型经济相关的金融服务质量，打牢西藏经济发展的基础。2014 年，西藏金融业增加值为 55.6 亿元，较 2010 年增长 74.9%，年均增长 15.0%，高于同期 GDP 年均增长率 3.2 个百分点；增加值占当年 GDP 的比重为 6.0%，较 2010 年上升了 0.7 个百分点。金融业对经济增长直接贡献率达到 13.17%，较 2010 年提高 4.26 个百分点。2014 年，西藏社会融资规模（增量指标）较 2010 年增长 5.23 倍，年均增长 84.03%；社会融资规模（增量指标）与 GDP 的比重为 80.28%，较同期全国平均水平高 54.36 个百分点。

一是金融体系不断丰富。银行业金融机构不断丰富。截至 2014 年末，全区共有 8 家大型商业银行省级分行，1 家地方性商业银行，1 家村镇银行，银行业金融机构营业网点 670 个。“十二五”以来，西藏银行股份有限公司及其分支机构、林芝民生村镇银行及民生银行拉萨分行、农发行西藏分行及部分国有商业银行分支机构相继开业，国开行西藏代表处升格为分行，中信银行拉萨分行入驻西藏。证券业金融机构发展迅速。西藏辖区有证券分支机构 9 家，其中，同信证券设立证券营业部 5 家、中投证券 1 家、广发证券 1 家、银河证券 1 家，银河证券设立分公司 1 家。其中，广发证券与银河证券分别于 2014 年 4 月、8

月在拉萨设立。保险业机构持续增加。截至2014年末，西藏共有各级保险机构47家，省级分公司7家，其中，财产险公司5家，人身险公司2家。各级保险分支机构40家，其中，中心支公司18家，支公司2家，营业部2家，营销服务部18家。“十二五”以来，太平洋保险西藏分公司、阳光财险西藏分公司、众安财产西藏分公司（虚拟）三家产险公司和人保寿险西藏分公司、国寿存续西藏分公司（虚拟）两家寿险公司相继投入营业。同时，新型金融机构纷纷进藏设立分支机构。截至2014年末，西藏辖区共有担保公司15家，小额贷款公司42家，典当行6家。辖区金融体系不断完善，基本满足全区金融服务需求。

二是信贷支持力度前所未有地增强。2013年、2014年，全区金融机构本外币各项存款余额相继突破2500亿元、3000亿元，人民币各项贷款余额突破1000亿元、1600亿元大关。截至2015年10月末，全区金融机构本外币各项存款余额3575.96亿元，较2010年末增长1.76倍；各项贷款余额突破2000亿元，达2004.57亿元（含小贷公司），较2010年末增长5.64倍。加大对中小微企业的融资支持。有关金融机构成立中小企业金融服务部门，落实差异化的信贷管理办法，积极引导金融资源向中小微企业倾斜。截至2015年10月末，西藏银行业金融机构中小微企业贷款较2010年末增长6.09倍，占全区信贷总量的36.13%，有力地支持了我区中小微企业发展。支持重点建设项目和特色优势产业发展。截至2015年10月末，重点项目建设贷款余额较2010年末增长9.06倍，占全区信贷总量的21.74%，重点保障了拉林公（铁）路、棚户区改造、农村公路项目、水电能源项目等西藏基础设施在建、续建工程的资金需求。大力扶持我区特色优势产业发展。截至2015年10月末，西藏银行业金融机构特色经济贷款余额较2010年末增长3.53倍，占全区信贷总量的7.56%，重点加大了对旅游业、文化产业、特色农牧业、藏医藏药业、优势矿产业、民族手工业、高端饮水业、清洁能源业、生态林果业等产业项目的信贷支持力度。

三是资本市场快速发展。“十二五”期间，西藏资本市场得到了长足发展，多层次资本市场体系初步形成。截至2015年10月末，西藏A股上市公司总股本达75.58亿股，较2010年增长1.91倍。“十二五”期间，西藏新增A股上市公司2家，达到11家；新增H股上市公司1家；在全国中小企业股份转让系统挂牌1家公司；在川藏股权交易中心挂牌11家公司。“十二五”期间，西藏上市公司共完成4个再融资项目，共融资55.67亿元。积极培育上市后备企业，“十二五”期间新增上市后备企业15家。

四是保险业服务水平显著提升。“十二五”期间，西藏保险业逐步建立了涵盖城镇职工、城镇居民、农牧民的大病补充医疗保险体系和覆盖所有西藏户籍人员和援藏干部的人身意外伤害保险体系以及覆盖全区的政策性农业保险体系，保障了群众的生活水平，充分发挥了保险业的社会稳定器、经济助推器作用。截至2015年10月末，全区保费收入较2010年增长近2倍；保险业累计赔付较2010年增长1.76倍。截至2014年末，西藏保险深度1.39%，较2010年末提高0.4个百分点；保险密度401.69元/人，较2010年末提高233.20元/人。2011—2014年，西藏保险业累计为社会提供风险保障2.92万亿元。

五是配套政策措施不断完善。我区各银行业金融机构竞争有序，2015年5月实施存款保险制度，存款波动率均保持在5%上下，未出现存款“搬家”现象。国有大型银行备付金充足，地方法人金融机构按时足额交纳法定存款准备金，超额备付率、流动性比率等指标良好。社会信用体系建设不断深入，依托农行网点建立了具有西藏特色的农牧区信用体系建设模式，启动农村信用体系试验区建设工作，企业和个人征信系统在西藏辖区的影响力日益扩大。

六是金融产品日益丰富。辖区银行业金融机构的金融产品从改革开放之初的传统人民币存贷款、外币兑换业务发展到目前的本外币存贷款、人民币结算、贸易和非贸易国际结算、代理客户买卖外汇、进出口押汇、外汇担保、信贷登记咨询、小额质押贷款、支付结算、个人消费信贷、金融超市、银行理财产品、信托理财产品等业务。2015年第三季度，我区支付系统资金量往来数据显示，与拉萨市往来密切的省市为北京、四川、重庆、深圳和上海。其中，樟木的区内往来资金流入流出最大，与其往来较为密切的省市为云南和四川，佐证了我区对外开放向着发达地区延伸，并初步与周边城市建立了密切的经济往来。资本市场方面，支持西藏企业通过多层次股权市场发展壮大。近几年，我区实施西藏企业到“新三板”挂牌即报即审、减免挂牌初费和年费政策。研究制定区域性股权市场发展指导意见，支持川藏股权交易中心加快发展，提高服务区内小微企业的能力。支持西藏企业发行债券融资，提高直接融资规模。保险产品与服务方面，推行监管政策差异化，争取费率优惠政策，从2012年起，在藏产险公司开展商业车险、企财险和工程险等业务统一享受优惠费率财政补贴。开展保险实验区试点工作，开展巨灾保险和信用保险试点。结合西藏需求开展品种创新。先后开展了具有西藏特点的农房保险、孕产妇保险、高原特定疾病紧急救援医疗保险。政策性农业保险开办7年来，已累计支付赔款超过7亿元。

2. 优化外因——是保障经济社会发展的关键

近年来，为优化我区外部投资环境，人行拉萨中支、外汇管理局西藏分局等金融主管部门出台并落实支持我区对外贸易发展的意见，加大管理与服务，成效显著。

一是大力营造宽松的涉外经济发展政策环境。为改善西藏涉外企业普遍存在的资金实力较弱、国际竞争能力较差、企业生存和发展在一定程度上有赖于政策扶持的状况，外汇局西藏分局密切跟踪外汇管理形势变化，向人民银行和外管总局争取到西藏特殊优惠外汇管理政策10余项，涉及一般贸易、边境小额贸易、外汇账户和跨境投资等领域，为西藏涉外经济发展营造出了更加宽松的政策环境。截至2014年末，西藏进出口总额较“十一五”末增长1.69倍，其中边境小额贸易总额较“十一五”末增长2.96倍。2011—2014年，西藏年均新增进出口企业家数近30家。企业违规情况大幅减少，目前，全区95%以上外贸企业为A类企业，企业市场竞争力有所提升。截至2014年末，西藏外商投资企业达100家。2014年，实际利用外资1.34亿美元，较“十一五”末增长4.58倍。“十二五”期间，特殊优惠外汇管理政策在促进西藏涉外经济蓬勃发展的同时，也推动了西藏外汇市场的繁荣丰富。2014年，西藏涉外收支总额较“十一五”末增长11.2倍，银行结售汇总额较“十一五”末增长64.19%。

二是积极拓宽外贸企业融资渠道。鼓励银行业金融机构积极创新金融产品和服务。2014年以来，各银行业金融机构梳理传统贸易融资渠道，加大对外贸企业的支持力度。如中行西藏分行累计办理表内外贸易融资同比增长142.72%；建行西藏分行累计办理境内贸易融资同比增长311%。积极支持我区实施园区化建设。截至2015年6月末，辖区银行机构向藏青工业园区企业发放贷款9.6亿元。

三是大力实施人民币“走出去”战略。简化跨境贸易和投资人民币结算业务流程，允许跨国企业集团开展跨境人民币资金集中运营业务，允许开展个人跨境货物贸易和服务贸易人民币结算业务，支持银行业金融机构与支付机构合作开展跨境人民币结算业务。2014年，辖区银行业金融机构累计办理经常项下跨境人民币结算业务97.16亿元，同比增长9.2%，其中货物贸易结算金额95.84亿元，同比增长8%。与此同时，传统的国际结算业务稳步发展。如2014年，中行西藏分行累计办理国际结算同比增长163.24%，其中贸易结算量同比增长166.59%。“走出去”战略扎实推进，2014年，境外投资企业增至11家，较“十一五”末增长3倍多。

四是创新金融产品支持外贸发展。出台金融支持涉外经济发展的意见，明确“加大外汇产品创新力度，增加外汇市场交易品种，研究外汇期权组合产品和期货业务创新，形成即期、远期、期货、期权等多种产品结合，汇率产品和利率产品结合的产品体系”。如中行西藏分行加大国际业务产品创新力度，研发推出人民币对外汇期权和组合期权、人民币外汇货币掉期等产品，帮助企业应对汇率走势不明朗、远期结售汇价格难预期的不利形势。

五是大力发展适合我区涉外经济的外汇管理与服务新格局。为服务西藏对外开放的发展，外汇局在西藏先后设立日喀则、樟木、阿里、林芝、山南中心支局。参与外汇业务的银行机构家数迅速增加，银行外汇业务品种不断丰富。“十二五”以来，全区新增开办外汇业务的银行机构13家，外币代理兑换机构7家；目前，全区办理外汇业务的银行机构网点已达44家。业务范围由对私结售汇扩展至对公结售汇的银行机构10家，办理远期结售汇业务的银行机构1家。截至2014年末，外汇业务已覆盖至除那曲外所有地区。2014年，成功促成吉隆农行营业所升格为县级支行，确保口岸开放进程中外汇服务及时到位。

六是大力推进跨境电子商务结算业务。在边境口岸地区推行“刷卡无障碍示范区”活动。深化与尼泊尔金融合作平台建设，推进双边本币结算，拓展边贸结算渠道。通过多方努力，2014年，中行在樟木口岸开展尼币挂牌兑换交易；中国银联公司在尼泊尔成功发行银联标识卡，对中尼双边贸易实现本币结算迈出了历史性的一步。

（三）金融支持我区开发型经济的机遇及挑战

在青藏铁路延伸线拉萨至日喀则铁路通车运营、昔日对尼泊尔最大贸易口岸吉隆口岸扩大开放、第二条进藏铁路川藏铁路正式开工、西藏提出构建环喜马拉雅经济带等诸多有利因素影响下，未来西藏对外贸易潜力巨大，将成为拉动西藏经济增长的“新引擎”。西藏自治区政府规划，到2020年，边境小额贸易和边民互市贸易额总计50亿美元左右，年均增幅约15%，带动西藏边境贸易加快出口，带动自南亚国家的商品进口，初步建成具备西藏特点、面向南亚的边贸市场和商贸物流体系。到21世纪中叶，在国家“一带一路”两翼齐飞、安全高效的陆海空战略通道网络全面形成时，将西藏建设成为我国“一带一路”战略规划南亚经济走廊的通道枢纽，成为依托内地、面向南亚的开放前沿。

同时，区内外贸易与对外经济合作工作中也面临一些突出问题。从经济发展看，保持消费持续大幅增长的难度较大，城乡消费水平存在较大差距，且短期内难以消除，消费对经济增长的拉动作用亟待加强。对外贸易总量小、产业基础薄弱，缺乏具有国际竞争力的龙头企业和拳头产品，结构不尽合理，发展后劲不足。口岸建设滞后，管理方式和水平较为落后。从金融发展看，西藏多数外贸企业规模偏小，征信信息不足，信用评级一般不高，且缺乏抵押物，影响了银行业金融机构风险评估、风险定价以及对外贸企业的授信，金融供给有较多制约。

五、西藏建设南亚贸易陆路通道的相关建议

综上所述，笔者认为，应当把发展开放型经济上升为全区经济发展战略，采取有力措施，把“引进来”和“走出去”更好地结合起来，更好地发挥西藏在我国与南亚国家经贸合作中的作用，使西藏尽快成为内地面向南亚的加工中心、贸易中心、物流中心、展销中心。

（一）政府层面：打牢发展基础，营造良好的软硬环境

政府一方面要发挥“润滑器”、“助推器”作用，另一方面要当好“娘家人”，从国内、国外两方面为通道建设打好基础、营造良好环境。

1. 不断建立和健全政策体系

完善政策支撑体系是西藏融入国家“一带一路”战略目标的重要保障，要统筹区内各种资源，强化政策措施支持，加大对内开发合作和对外开放力度。

按照国家外贸政策导向，全面完善我区现有外贸政策，研究制定符合国家和自治区产业发展定位的外贸经济发展特殊优惠政策，打造“人无我有、人有我优”的政策环境梯度差，吸引国内外客商来藏投资兴业。

一是完善招商引资政策，鼓励和支持区外优势企业，采取独资、合资合作、参股改制等市场运作方式，进藏投资兴业；引进有实力的企业参与旅游、水电、太阳能、矿产等资源的开发，鼓励引导区外资金投入现代农牧业、商贸流通、高新技术、节能环保、清洁能源等产业发展。

二是落实相关优惠政策。积极探索和争取有利于边贸发展的差异化优惠措施，贯彻执行现行边贸互市每人每日 8000 元进口免税额度，不限定单日交易次数和方式。出台西藏自用物资进口关税返还管理办法及企业所得税政策实施办

法，降低外贸企业成本，给予边贸经营者税收优惠，加强出口退税服务。落实中央外经贸发展专项资金和西藏现有的口岸发展资金、贸易促进奖励资金、商贸流动业发展资金等专项扶持政策，积极探索建设资金多渠道筹措方式。

三是优化市场竞争环境。加快转变政府职能，强化政府服务职能，逐步建立权力清单制度；加强对重大工程项目的规划和指导，提高项目的有效性、针对性和经济性，并加强与银行业信息共享的时效性。加快推进信用制度体系建设，完善信用监管制度规范，营造公平、透明、诚信的营商环境；强化涉外法律服务，维护我区公民、法人在海外及外国公民、法人在我区的正当经济权益；加强与驻外使领馆交流与合作，为企业提供海外投资咨询、法律咨询等服务。

四是放宽政策限制，扩大对外开放领域。按照《外商投资产业指导目录》，积极吸引境外资金。发挥行业协会商会作用，提高我区协会商会组织协调、行业自律能力，支持协会商会加强与境外行业组织交流合作，搭建为企业、行业、市场服务的平台。

2. 夯实发展基础

（1）加快促进基础设施互连互通

一是加强基础设施建设是自治区扩大有效需求、稳定经济增长的重要手段和现实途径，也是突破瓶颈制约、推动转型升级、打基础利长远的战略需要，对于西藏融入“一带一路”新局面具有重要意义。

二是构建西藏与周边国家地区立体交通网络体系。坚持内外连通、适度超前，加强与周边省（区）的统筹协调，以国家高速公路、国省道公路、沿喜马拉雅山边境横向国防战略通道、铁路和民航为重点，加快建设国家西南、西北经西藏通往南亚、西亚的陆路通道和空中走廊，北连丝绸之路经济带和陕甘宁青新经济区，东连川渝经济圈和香格里拉经济圈，南连孟中印缅经济走廊，促进互连互通。加快中尼公路的升级改造，规划建设中尼高等级公路，提升西藏在西部地区的交通枢纽地位，构建形成以西藏为核心的国家西北、西南面向南亚开放的战略大通道。

三是构建和完善综合能源体系。坚持开发利用当地优势资源与输入外地优质能源并举，优化能源发展布局，加快形成以水电为主，太阳能、风能、地热能、燃气发电等多措并举、互联互通的稳定、清洁、经济、可持续发展的绿色化综合能源体系。加快西藏电网建设，实现电网覆盖全区 74 个县（区），有序扩大对外联网。

四是构建和完善综合物流体系。加强物流基础设施网络建设，构建布局合理、技术先进、节能环保、便捷高效和安全有序的全区现代物流服务网络体系，重点打造拉萨物流中枢和日喀则、那曲、昌都区域性物流中心，大力提升物流社会化和专业化水平。

五是加强通信和信息化保障。加快推进国民经济和社会信息化，完善综合信息网络设施，提高通信和信息保障水平，提升公共管理、社会服务的质量和效率。

六是实施口岸能力建设工程。全面改善口岸及口岸地区基础设施条件，构筑“面向南亚开放的重要通道”的前沿窗口，重点建设吉隆口岸，加快发展普兰口岸，稳步提升樟木口岸，建立樟木、吉隆、普兰等国际商贸物流中心。以增开经乃堆拉山口的朝圣路线为契机，加快推动恢复亚东边境口岸，逐步加强日屋口岸、陈塘口岸、里孜口岸的基础设施建设，由目前的双边性口岸提升为国际性口岸。以“4·25”地震灾后重建为契机，加大沿边地区水、电、路、气、讯等基础设施建设力度。

（2）壮大开发开放产业支撑

一是实施“一产上水平、二产抓重点、三产大发展”的经济发展战略，立足资源优势和产业基础，着眼国内外市场需求，培育、发展和壮大具有西藏特色、高原特色和比较优势的战略性支撑产业。

二是推进以旅游业为龙头的服务业大发展。加大旅游业发展对外开放力度，大力实施以特色鲜明、功能完备、国际标准、融合发展为主要内涵的旅游转型升级工程。强化旅游业龙头带动作用，促进旅游业与文化产业、民族手工业、高原特色农牧业、生态环保业、食饮品业、体育产业等融合发展。

三是创新发展民族手工业。发挥各地（市）传统技艺优势，突出特色，大力发展唐卡、藏香、藏毯、金属制品加工等民族手工业，鼓励民族手工业企业向园区集聚发展。

四是大力发展文化产业。推进特色文化产业园区和产业群建设，大力推进藏羌彝文化产业项目建设，打造国家级唐卡文化中心、藏医药研发中心和民俗特色手工产品中心等特色文化基地，建设一批国家级和自治区级文化产业示范基地。

五是大力发展特色农牧业及加工业。加快农牧业产业化基地建设，增强农牧业综合生产能力、抗风险能力、市场竞争能力。构建新型农牧业经营体系，提升农牧业组织化程度，健全社会化服务体系，加快传统农牧业向现代农牧业转变。

3. 建立完善政府对话机制

建设环喜马拉雅次区域交流平台。深入探讨、共同协商制定环喜马拉雅次区域合作机制建设发展规划，筹建西藏“环喜马拉雅合作论坛”，作为推动与南亚合作的开放型综合交流平台。充分运用与尼泊尔经贸协调委员会机制，拓展与尼泊尔经贸合作空间。探索与印度锡金邦建立官方对话机制，建立健全贸易摩擦预警和应对机制。建立与毗邻国家地方政府的定期会晤机制，建立与毗邻国家行业商协会之间的交流与合作机制。积极争取派员参加商务部与毗邻我区周边国家特别是尼泊尔、印度年度经贸联合小组会议。充分发挥自治区口岸建设和边贸发展领导小组作用。

4. 深化内外开放合作

加强与国内周边省区的合作。进一步推动横向经济联合，建设异地特色产业和企业孵化基地、物流基地和营销平台，夯实区域合作基础。加强与青海省合作，做大做强藏青工业园区，发挥青藏铁路辐射作用；加强与云南、四川在基础设施建设、旅游业发展等方面的合作，打造318旅游景观大道、大香格里拉旅游圈。加强与东部地区合作，充分发挥对口支援平台作用，鼓励东部地区在我区产业发展基础好、资源要素丰富的城镇建立生产基地，在东部地区设立对外“窗口”，构建“东店—西厂”合作关系，逐步形成一种新型的东西部之间“农工贸”一体化、“技工贸”一体化的特色产业开发新格局。鼓励东部地区在我区市场、技术和管理条件相对较好的城镇建立园区，打造“飞地经济圈”，实现互利共赢。推动浙江义乌国际商贸城等内地交易市场、商贸城在我区设立分中心。

加快建设环喜马拉雅国际经济合作带。坚持开放助开发、开发促开放，加强与尼泊尔、印度、不丹、缅甸的经贸往来，积极参与孟中印缅经济走廊建设，增强拉萨、日喀则等面向南亚开放重要枢纽功能，打造面向尼泊尔、印度、不丹、缅甸对外开放的前哨。酌情设立边境加工贸易承接试点。在充分考虑环境承载力的前提下，积极支持吉隆、亚东、日屋等边境县，发挥区位优势和基础设施优势，适度培育边境加工贸易承接试点，发展优势外向型产业。鼓励承接试点地区与沿海发达地区开展加工贸易对口合作，通过资源整合、项目共建、税收共享等方式，尝试承接农畜林产品加工、轻纺和民族手工业等环境友好型、资源节约型加工产业。支持区内企业发挥自身优势到境外投资合作，赴尼泊尔等周边国家承揽工程和参与资源能源开发、产业建设，鼓励引导我区企业积极参与国家对尼援助项目、震后重建。进一步加强边境贸易进口。积极扩大尼泊尔等国手工艺品、农产品、食品进口。发挥尼泊尔等南亚国家的转口平台作用，扩大消费品、先进技术设备和关键零部件进口。

（二）金融方面：构建符合区情的金融体系，从融资、保险等多方面给予有力支撑

为西藏南亚陆路贸易通道建设提供金融支撑，是金融业服务实体经济的社会责任。结合国内外相关经验，笔者认为，可以从如下方面切入，强化金融支持。

1. 加快构建政策性金融与商业性金融相结合、开放、多层次的金融体系

构建政策性金融和商业性金融有机结合的支持体系。成熟的国内外金融支持体系有以下共同点：不同性质和类型的金融机构参与、高度市场化的运作机制和有效的政策支持。即依靠多类型、多层次的融资渠道和市场化的运作平台，有政府背景的机构主要起扶持和引导作用，吸引各种商业资金参与并使之成为发挥作用的主力，形成政策性金融和商业性有机结合的服务支持体系。从发达国家的经验看，在战略发展初期，由政府提供后盾支持的政策性金融是金融支持的主导力量。由于我区与周边国家经济合作还处于探索阶段，商业性金融机构不愿承担发展初期的风险，难以满足企业的金融服务需求，因此政策性机构在现阶段还须承担较多的金融支持职责。依靠国家财政和国家信用支持，政策性金融通过提供融资支持与风险保障，使企业“走出去”的起步风险降低，从而逐步吸引商业性资金介入。当海外投资企业逐步发展壮大，商业性金融进入的深度和广度足以支撑企业发展时，政策性金融再逐步淡出，从而形成政策性金融与商业性金融相互补充、相互促进的良性互动。

搭建开放型、多层次金融体系。从国内外经验来看，成功的关键，是建立一个开放型、多层次的金融支持体系。该种体系依托发达的金融市场，由数量众多、不同层次和类型的国内外金融机构组成，在支持企业国际化经营方面产生聚集效应和规模效应，还可引导涉外企业融入全球金融体系，同时对提高本国金融服务业的国际竞争力产生促进作用。因此，我区金融应配合“一带一路”战略，通过政策引导和市场竞争相结合，实现金融市场的层次化、金融机

构经营的特色化、金融产品的多样化和金融服务的精细化。根据企业的需求，积极拓展海外市场，优化海外分支机构的地区布局，尤其是要在西藏“走出去”企业相对集中、发展潜力大的周边国家适当增设机构，加大沿线金融网点建设力度。加大与国际多边金融组织、国际金融机构的交流合作力度，借鉴彼此经验，融合多方优势。这方面，国家开发银行要充分发挥引领和带动作用。

2. 深入进行金融综合改革及业务发展创新

为配合“一带一路”战略的实施，各有关省市都在进行积极试点并推行金融综合改革（见表3），以提升贸易投资便利化程度和对外开放水平，有的已取得突出成效，对于西藏很有借鉴价值。

表3 国内主要金融综合改革试验区简介

所在地区	改革方向
深圳前海金融综合改革试验区	支持前海在金融改革创新方面先行先试，建设我国金融业对外开放试验示范窗口。探索拓宽境外人民币资金回流渠道，配合支持香港人民币离岸业务发展，构建跨境人民币业务创新试验区；支持设立在前海的银行机构发放境外项目人民币贷款；支持在前海注册、符合条件的企业和金融机构在国务院批准的额度范围内在香港发行人民币债券，用于支持前海开发建设。支持包括香港在内的外资股权投资基金在前海创新发展，积极探索外资股权投资企业在资本金结汇、投资、基金管理等方面的新模式
浙江温州金融综合改革试验区	涉及规范发展民间融资、加快发展新型金融组织等十二项主要任务，包括建立民间融资备案管理制度，鼓励和支持民间资金参与地方金融机构改革，依法发起设立或参股村镇银行、贷款公司、农村资金互助社等新型金融组织以及研究开展个人境外直接投资试点等创新内容
福建泉州金融综合改革试验区	巩固实体经济发达优势，打通金融资本与产业对接通道，建设实体金融试验区；有效利用民间资本，引导规范民间资本发展，建设民间金融创新试验区；加强诚信体系建设，营造和谐的金融发展环境，建设金融生态试验区；积极拓展海峡两岸暨香港、澳门金融合作，促进金融资源集聚和利用，建设台港澳侨金融合作试验区
天津滨海新区	深化投融资体制改革，开展综合经营试点，通过在金融企业、金融业务、金融市场和金融开放等方面的先行先试，努力建设与北方经济中心相适应的现代金融体系和全国金融改革创新基地，为全国提供借鉴和示范
上海浦东新区	加速金融市场尤其是股票、债券、期货等市场的基础建设和创新建设。推动资本市场、货币市场、产权市场、信贷市场建设，开拓外资金融机构业务范围，建立和完善全国性的支付清算体系

从金融管理部门方面来看，应当以融入“一带一路”建设为契机，确定并全面落实“铺一条支付清算路，搭一个金融合作平台，建一个资金循环圈”的改革战略

构想，不断提升对外开放水平和贸易投资便利化程度，深化与周边国家金融合作。

一是构建跨境人民币资金“高速路”，提供更为高效安全的结算环境。进一步完善人民币跨境支付和清算体系，搭建金融电子结算中心综合业务系统，整合商业银行跨境人民币支付系统及其境外代理行资源，鼓励第三方支付机构参与市场环境建设，搭建区域性跨境人民币业务平台，形成以拉萨为枢纽的跨境人民币资金“高速路”，为支持我区对外贸易提供更为高效安全的结算环境，推动境内企业用人民币对外直接投资。

二是尝试搭建人民币与周边南亚国家银行间市场区域交易平台，降低“走出去”企业汇兑成本。争取外汇局总局支持，在边贸口岸开展人民币与尼泊尔币、印度卢比特许兑换试点，并指导银行机构在口岸和边贸点开展对周边国家货币的挂牌交易，引导边境地区货币有序流通。在边境地区的酒店、商场、旅行社等同时标识人民币和尼泊尔卢比、印度卢比商品牌价，扩大周边国家货币在西藏边境地区的流通和使用范围。进一步推进跨境人民币业务，扩大人民币在南亚国家的使用。

三是开办跨境投融资业务，拓宽企业融资渠道。组织金融机构和企业启动跨境人民币贷款试点业务；开展跨境双向人民币资金池业务，支持西藏援建尼泊尔项目从境外融入人民币资金；指导银行机构筹备设立人民币境外投贷基金，支持涉外经济发展。鼓励金融机构开展对边贸企业的信贷业务，支持边贸企业融资担保业务，适度放宽担保条件，扩大担保范围。

四是深化国际金融合作、金融监管协调机制建设，加强金融创新的功能性监管，有效防范金融风险，维护金融稳定。加强国别风险研究，丰富风险管理手段，利用多种避险工具和手段控制授信风险。完善海外风险管理机制，形成专门的风险管理流程和制度。

五是进一步改革外汇管理，为对外贸易提供更多便利。继续简化涉汇审批，促进跨境贸易和投资便利。深入落实外汇总局2014年6月1日起取消内保外贷数量控制、大部分资格条件限制和担保履约核准，将跨境担保业务办理权限下放至县（市）一级外汇局的部署，以大幅提高业务效率。试行外汇资本金结汇管理改革试点，为下一步自治区设立重点边贸产业园区争取资本金意愿结汇资格，提高企业贸易投资便利化。探索利用外汇储备设立对外投资基金，向涉外企业注资、向商业银行拆借等。进一步放松外汇管制，满足企业保留和灵活使用外汇的需求。出台允许境内银行直接向境外主体发放外汇及人民币贷款的实施细则，取消对银行对外融资性保函履约率的考核，解放银行内保外贷业务。认真落实 2015 年 6 月 1 日国家外汇管理局关于进一步简化和改进直接投资外汇管理政策的通知精神，将直接投资外汇登记改由银行按照外汇管理相关规定直接审核办理，进一步简化部分直接投资外汇业务办理手续，进一步提升境内外相关市场主体办理跨境直接投资业务便利化程度。

从银行业金融机构方面来看，随着“走出去”企业的不断发展，银行机构顺应国际金融形势和客户需求的变化，采取“追随客户”的策略，实行专业管理，积极开展产品创新，为企业提供境内外一体化的金融服务。

融资支持。伴随着我区经济跨越式发展，商业银行的业务日益成熟，可规划逐步搭建起传统的国际贸易融资产品体系，针对企业融资需求，通过采取多种方式支持企业融资。融资业务模式主要包括出口信贷、对外承包工程贷款、境外投资贷款、并购贷款、内保外贷、贸易融资、工程 + 金融、投行 + 贷款、国际银团贷款等，解决企业资金难题。同时，还可对通过进出口押汇、外汇票据贴现、授信开证等支持企业贸易融资。引导和鼓励商业银行创新边贸金融服务，发展“边贸通”等金融产品。开展出口信用保险保单融资，加大对有订单、有效益边贸企业的金融支持。

金融配套服务支持。大力建立代理行关系。深化与境外银行的互助合作，通过建立代理行关系，互设同业往来账户，为企业提供资金清算服务。建立“走出去”企业名单及“走出去”项目库，对于有“走出去”需求的企业实施境内外联动，给予境外开户、融资的一体化服务，并在信贷规模紧张的情况下，根据项目规模、层级和重要性程度，优先配置给“走出去”重点项目。对于产能过剩行业的“走出去”企业给予信贷准入支持，大力支持企业“活下去”。研究推动出口信用保险业务，合理降低保险费率，扩大保险覆盖面，加大对边境贸易企业的支持力度。

3. 突出金融工作重点

搭建对接服务平台。建立基金、信托、保险、政策性银行、商业银行等多类型金融机构的协同机制，通过股权、债权等多层次融资服务涉外企业，并实现不同类型金融机构间风险共担，降低单一机构融资风险。建立境外投资目的地金融风险评估机制和金融风险预警体系，及时调研和发布周边国家和地区的实时金融风险和风险预警。做好信息、法律、领事等服务，提供国别、行业以及境外项目的政策、税收、贸易、法律、环境、劳工、社区关系等方面的技术和信息支持。

加大对外开放基础设施建设支持力度。加强项目融资对接。继续加强与有关部门的沟通协作，建立银政、银企定期磋商和融资对接机制，搭建完善重点项目融资信息共享和融资对接的平台。建立完善自治区、地市、边境县三级融资项目数据库，实现三级互通、信息共享。引导金融机构完善工作机制和信贷政策，加强信贷管理和金融创新，以重点领域重大工程为核心，积极创新融资方式、拓宽融资渠道，加大重点项目金融支持力度，支持我区经济结构调整和转型升级。密切跟踪各金融机构落实银监会、发展改革委联合印发的《关于银行业支持重点领域重大工程建设的指导意见》（银监发〔2015〕43 号）。各金融机构要主动对接项目单位，对于重大工程项目建设的信贷政策，综合考虑项目特点，实施精细化、差别化的分类管理。根据自身定位和优势特点，有区别、有侧重地通过总行直投、银团贷款、异地金融机构联合贷款、重大基础设施项目单列信贷计划、转让信贷资产增加规模等方式，加大对重大工程项目建设的信贷支持力度。鼓励各金融机构为重点工作、重点项目融资建立“绿色通道”，提供一站式、高效率服务，使支持重点项目建设的金融措施形成实效。

持续有力支持我区产业结构调整和升级。实行差别化定价机制。在风险可控的基础上，针对特色优势产业融资设定优惠的贷款条件和贷款利率，降低准入门槛，放宽增信要求，灵活授信管理，科学确定贷款期限和利率浮动区间，建立差别化定价机制。对投资大、建设周期长的重点项目，根据项目建设周期和还贷能力，适当延长贷款期限。争取保险资金投资。加强保险资金运用的政策研究，主动与保险投资管理机构进行沟通合作，发挥保险资金规模大、期限长、稳定性强、融资成本相对合理的优势。按照保险资金投资的特点和要求，做好项目包装，落实还款来源、增信条件等事项，支持保险资金以股权、债权、不动产投资等多种方式服务自治区产业升级重点项目建设。

加快重点经济合作区建设。边境经济合作区建设有利于充分利用境内外两种资源、两个市场，发展有比较优势和竞争能力的特色经济，增进与周边国家合作交流，发挥兴边富民、睦邻安邦的面向南亚辐射中心作用。培育重点经济合作区金融功能区。在拉萨经济技术开发区、藏青工业园区、日喀则综合物流园区、吉隆边境经济合作区等特色优势产业集中区域探索建立金融示范区，充分发挥功能优势，开展投融资体制改革试点工作，提高金融对重点产业集群发展的服务能力。支持自治区通过 10 年左右的努力，使西藏成为我国南亚经济走廊的通道枢纽，成为依托内地、面向南亚的开放前沿，逐步把拉萨建设成西藏集聚国际贸易、跨境金融和旅游服务的区域开放中心，逐步把日喀则建设成为西藏商贸物流的区域开放次中心，逐步把吉隆、樟木等打造成为与南亚国家合作的重要口岸支点。支持吉隆加快国际性综合口岸建设，积极支持吉隆“边境经济合作区”、“跨境经济合作区”、“边境自由贸易区”三区共建、顺序开发的发展模式，形成对南亚开放的前沿地带。强化对拉萨国家级经济技术开发区加工制造、仓储物流功能建设的支持。加快推进日喀则综合物流园区建设，打造面向南亚的国际物流枢纽中心、外向型产业发展核心区。支持藏青工业园发展壮大，吸引内地省市区在藏设立经济合作区。

参考文献

[1] 中国人民银行国际司.2014 年国际金融重要观点集.

[2] 西藏经济体制改革和对外开放 30 周年回顾与展望.

[3] 张军. 我国西南地区在“一带一路”开放战略中的优势及定位[J]. 经济纵横，2014（11）。

[4] 袁新涛.“一带一路”建设的国家战略分析[J]. 理论月刊，2014.

[5] 王义桅.“一带一路”：机遇与挑战[J]. 北京：人民出版社，2014.

[6] 周雪晴，孙权.“一带一路”规划视角下我国金融支持与对外贸易的关系研究[J]. 海南金融，2015.

[7] 陈朴. 西藏开放型经济发展水平研究[J]. 西藏民族学院学报（哲学社会科学版），2015.

[8] 骆海燕，李颖. 西藏与南亚边境贸易问题研究[J]. 商业故事，2015.

[9] 马全平. 西藏保险业市场拓展问题研究[J]. 金融支持西藏经济发展实证研究，2015.

[10] 赵德胜. 健全西藏多层次资本市场体系研究[J]. 金融支持西藏经济发展实证研究，2015.

[11] Letzer K, Bardhan P. Credit markets and patterns of international trade [J]. Journal of Development Economics, 1987, 27: 57-70.

[12] Beck T. Financial Development and International Trade Journal of International Economics, 2002 , 57 (1): 107-131.

[13] Fenny J, Hillman A. Trade Liberalization and Asset Market [J]. University of Albany Woking Paper, 2001.

“一带一路”背景下西藏与周边国家金融合作研究

——基于跨境人民币业务视角

中国人民银行拉萨中心支行货币信贷处课题组
课题组组长：何俊斌
课题组成员：贾蜀苇　达瓦萨珍

摘要：基于跨境人民币业务视角，本文分析研究了“一带一路”背景下西藏与周边国家金融合作的现状、问题，并针对西藏跨境人民币业务和涉外经济发展实际，就进出口总额与跨境人民币业务进行了实证分析，最后提出推进与周边国家金融合作、加大人民币跨境使用的措施和建议。实证研究表明，半年之前全区进出口总额增加一个百分点，当期跨境人民币业务结算量增加约0.11个百分点，由于特殊的地域环境和边贸条件制约，跨境人民币业务还有巨大的拓展空间，加强与周边国家金融合作，还需从货币互换协定、加强金融合作、基础设施完善等多个方面进行努力。

关键词：周边国家　金融合作　跨境人民币业务

一、引言

中央第五次西藏工作座谈会作出了建设南亚贸易陆路大通道的重要战略部署。西藏毗邻“一带一路”战略带上的新疆、青海、四川、云南等省份，西北方与“丝绸之路经济带”对接，又与印度、尼泊尔、缅甸、不丹等南亚国家接壤，正南方与“21 世纪海上丝绸之路”在南亚沿海地带交汇，是联系内外的重要枢纽。

同时，西藏边境线长，漫长的边境线和口岸的发展为边贸发展提供了地域条件和区位优势。西藏与周边国家间的贸易往来愈来愈密切，人民币在西藏边境贸易结算中呈现出强劲的发展势头。加强与周边国家金融合作和经贸合作交流，推动环喜马拉雅经济合作带建设，将西藏经济发展有机融入“一带一路”、南亚陆路大通道建设战略，对推动西藏经济社会发展显得尤为紧迫和重要。本文拟从跨境人民币业务视角对西藏与周边国家金融合作问题进行实证研究。

二、文献综述

（一）关于国际金融合作的文献综述

国外关于国际金融合作的文献很多，大致可以追溯到20世纪60年代，主要的观点如下：蒙代尔（1961）最早提出与国际金融合作直接相关的理论，即最优货币区理论，该理论阐明了一个最优货币区应具备的条件，当要素在某几个地区内能够自由流动而在其他地区之间不能流动时，具有要素流动性的几个地区就可以构成“最佳货币区”。20世纪70年代，该理论从最优货币区的形成条件研究转向货币联盟的成本—收益分析。进入20世纪80年代，经济学家对最优货币区的相关问题进行了实证分析。格鲁夫认为，在理性预期及政府政策存在随意性的前提下，一国货币政策的有效性可以借助同另一个货币政策声誉比本国更好的国家结成货币联盟来部分或全部实现。

国内关于国际金融合作的研究越来越多，分析的维度有以下几类：

1. 基于国际金融合作历史特点的考察。具有代表性的观点有：赵长峰、薛亚梅（2006）认为，以第二次世界大战结束、1973年布雷顿森林体系崩溃和20世纪90年代初苏东解体为界，将国际金融合作的历史划分为四个阶段。第一阶段的特点是没有明确的国际金融合作理论，国际金融合作基本上属于双边合作；第二阶段的特点是国际金融合作大多是在IMF框架下进行的，西方发达国家掌握着国际货币合作的游戏规则制定权，国际合作主要集中在货币汇率方面；第三阶段的特点是国际金融合作形式更加多样化，内容更加丰富，从传统的汇率监督与汇率制度安排，逐渐发展到银行业活动、证券交易等重要领域；第四阶段的主要特点是欧元区成功实施，为全球其他地区金融合作奠定了坚实的理论和实践基石。

2. 基于具体区域内与周边国家金融合作的研究。代表性的观点有：苏阳（2012）等考察了广西、云南与东盟国家及周边国家间的人民币流通使用情况、区域化进程，认为由于周边国家金融体系相对脆弱、“贸易结算＋离岸市场”模式的缺陷、人民币境外投资渠道投资回流途径狭窄、政策干预等因素制约人民币在周边国家的区域化进程，提出了如何实现人民币区域化协调发展的对策建议。

3. 对金融合作整体发展的研究。代表性的观点有：郑长德（2005）根据国内外有关区域金融的研究，将其主要研究内容概括为金融结构与金融发展的区域差异研究；区域间金融流动和区际金融联系研究；区域金融成长研究；区域金融市场和区域融资问题研究；宏观金融政策的区域影响和区域金融政策研究；区域金融合作和金融区研究；金融中心的区位选择和演进规律研究；区域金融风险研究；区域经济主体的微观金融行为研究。

4. 对金融合作的动因的探讨。代表性的观点有：朱孟（2001）认为，经贸优势的互补和经贸交流的密切增长是推动区域金融合作的内在原因；越来越大的外来竞争压力是推动区域金融合作的外部因素。王书恒（2001）认为，我国金融合作的必要性来自于金融业提高综合竞争能力的必然选择、客户对金融服务的要求、银行自身发展的需要。王子先（2000）认为，在全球性金融协调体制无法应对各种金融风险和危机冲击的情况下，区域性金融合作安排必将受到各方面的重视。

5. 对金融合作的意义的阐述。主要观点有：盛松成（1997）认为，强化地区间的金融合作，对维护金融市场环境的稳定具有十分重要的意义；黄道平（2002）认为，金融合作有助于推动合作区域的贸易和经济发展，对促进经济共同繁荣具有重要作用和意义；王欣欣（1997）认为，通过金融合作能够更好地利用当前资金资源，把有限的资金用在“刀口”上，集中优势兵力，实现经济的突破。

6. 对金融活动的空间规律研究。主要观点有：张军洲（1995）认为，金融系统是一国国民经济体系的重要组成部分，我国人口多、地域广、市场化程度不一、经济金融资源配置不平衡，经济金融运行和发展呈现出明显的区域性特征。张凤超（2003）研究了金融地域运动的生成机理，认为金融地域运动是地理环境等诸多因素综合作用的结果，其内容和方式主要包括货币资金的地域运动和金融工具的地域运动。

7. 对金融合作的聚集与扩散效应的研究。代表性的观点有：黄解宇、杨再斌（2006）认为，金融集聚可以被看做是产业集聚的伴随物，从产业集聚、金融自身的流动性、空间的外在性、规模经济、信息不对称及默示信息等方面出发，对金融集聚的基本动因进行了分析，并对金融集聚与扩散的过程进行了详细的论述。

（二）跨境人民币业务实践

1. 跨境贸易人民币结算。2008 年 9 月以来，为积极应对国际金融危机、保持我国经济贸易平稳发展，国务院作出了一系列关于加快推进跨境贸易人民币结算的战略部署。2009年7月，中国人民银行等六部委发布了《跨境贸易人民币结算试点管理办法》，上海和广东省的广州、深圳、珠海、东莞正式开始跨境贸易人民币结算试点，人民币跨境收付信息管理系统（RCPMIS）同日正式上线运行，跨境贸易人民币结算试点正式启动。2011年8月，跨境贸易人民币结算境内地域扩大至全国。

2. 跨境直接投资人民币结算。一是对外直接投资人民币结算。2011年1月，中国人民银行发布《境外直接投资人民币结算试点管理办法》（中国人民银行公告〔2011〕第1号），允许境内机构以人民币进行境外直接投资。二是外商直接投资人民币结算。2011年10月，中国人民银行和商务部分别发布《外商直接投资人民币结算业务管理办法》、《关于跨境人民币直接投资有关问题的通知》，允许境外投资者使用人民币来华投资。

3. 人民币跨境融资。随着跨境贸易和直接投资人民币结算业务的深入开展，相关的人民币融资需求日益强烈。一是人民币贸易融资。2009年启动跨境贸易人民币结算试点时，即在试点管理办法和实施细则中明确，境内结算银行可以向境外企业提供人民币贸易融资。二是境外项目人民币贷款。中国人民银行从2009年下半年开始境外项目人民币贷款个案试点。2011年1月，《境外直接投资人民币结算试点管理办法》明确境内银行可以向境内机构在境外投资的企业或项目发放人民币贷款。三是人民币跨境担保。2011年6月，中国人民银行发布的《关于明确跨境人民币业务相关问题的通知》明确银行为客户办理的境外工程承包、境外项目建设和跨境融资等人民币保函业务不实行规模管理。

4. 人民币证券投融资。2005年，中国人民银行等四部委联合发布《国际开发机构人民币债券发行管理暂行办法》（公告〔2005〕第5号），允许国际开发机构在境内发行人民币债券。自2007年起，按照《境内金融机构赴香港特别行政区发行人民币债券管理暂行办法》，境内银行可赴香港发行人民币债券，并将人民币资金调回境内使用。2010年8月，中国人民银行允许境外中央银行（或货币当局）、港澳人民币业务清算行和境外参加行三类境外机构经批准可在一定额度内，运用通过货币合作、跨境贸易和投资人民币业务获得的人民币资金投资银行间债券市场。2011年下半年开始，允许境内非金融企业赴香港发行人民币债券。2011年12月，中国证监会、中国人民银行和国家外汇局联合发布《基金管理公司、证券公司人民币合格境外机构投资者境内证券投资试点办法》，首期在200亿元额度内，允许境外机构以人民币合格境外机构投资者（RQFII）形式投资境内股票和债券市场。

5. 其他配套制度安排。在清算渠道方面，代理行、清算行渠道日益顺畅，为跨境结算提供了良好的基础设施保障，人民币跨境支付系统（CIPS）将进一步整合现有跨境支付结算渠道和资源，提高跨境清算效率。在中央银行合作方面，中国人民银行与三十三个国家中央银行（货币当局）以货币互换或双边本币结算协议形式开展了合作。中国人民银行还积极推动了人民币兑非主要国际储备货币的直接挂牌工作。对离岸市场发展，明确了“只要人民币资金不跨境，离岸的金融机构可以按照本地法规和市场因素开展人民币业务”的原则。

六年多来，我国先后开展跨境贸易、投融资人民币结算等工作，跨境人民币业务范围和品种稳步拓展、跨境人民币结算规模显著扩大，跨境人民币流动机制逐步建立，人民币在跨境贸易和投资中的作用显著增强，有力支持了实体经济发展，促进了贸易和投融资自由化、便利化。2015 年1—6 月，全国银行累计办理跨境人民币结算业务 56701. 7 亿元，同比增长 18%。其中，经常项目下人民币收付金额 33711 亿元，同比增长 3%；资本项目下人民币收付金额 22990. 8 亿元，同比增长 50%。截至 2015 年 6 月末，境外主体持有人民币金融资产金额合计 44220 亿元，其中股票市值 6133. 6 亿元，债券余额 7640. 8 亿元，贷款余额 9242. 1 亿元，存款余额 21203. 5 亿元。

三、西藏与周边国家金融合作概述

西藏自治区与尼泊尔、印度、不丹、缅甸等国及克什米尔地区接壤，边境线长达 4000 多千米，占我国路疆里程的 17%，是中国陆路通往南亚的重要门户。受国际政治环境的影响，西藏主要同尼泊尔王国进行贸易往来，金融合作领域也主要涉及对尼泊尔的跨境合作。

（一）现状

2002 年 6 月 17 日，中国和尼泊尔两国央行签署了《中国人民银行和尼泊尔银行双边结算与合作协议》。2014 年 12 月 23 日，中国人民银行行长周小川会见尼泊尔央行行长卡蒂瓦达，双方签署了《中国人民银行和尼泊尔国家银行双边结算与合作协议补充协议》，并签署了《中国反洗钱监测分析中心与尼泊尔金融信息中心关于反洗钱和反恐怖融资金融情报交流合作谅解备忘录》。《中国人民银行和尼泊尔国家银行双边结算与合作协议补充协议》将中尼两国人民币结算范围从“边境贸易”扩大到了“一般贸易”，并将尼泊尔商业银行在中国商业银行开立人民币账户的范围从“在中国樟木的商业银行”扩大到“在中国设立的符合条件的商业银行”，有效促进了中尼两国间跨境人民币业务和经济贸易的发展。上述一系列国际金融合作文件的签署，为中尼双方金融机构跨境合作的开展提供了重要的基础和平台。

1. 中尼边境金融机构设置情况。日益蓬勃的边境贸易的发展给金融的发展带来了机遇。为促进中尼双方经贸发展，中尼双方都在口岸两边设立了金融机构，从机构数量上来看，尼泊尔占据了优势。中国在樟木口岸的樟木镇设立了三家金融机构，分别是中行樟木支行、农行樟木支行、樟木邮政储蓄所。尼泊尔在对面桥头设立了四家金融机构，分别是：尼泊尔加德满都银行、尼泊尔孟加拉银行、尼泊尔珠穆朗玛峰银行、尼泊尔全球（IME）银行。

2. 中尼边境金融机构开展跨境人民币业务情况。中行樟木支行、农行樟木支行可以提供跨境人民币结算服务，从其业务量与口岸经贸发展的总体情况的比较来看，基本能满足经贸发展的需要。就贸易结算量而言，樟木口岸2014年贸易规模达20.67亿美元，通过中行樟木、农行樟木支行进行跨境人民币结算金额为95.81亿元，占75.75%[①]；就小币种现钞兑换业务而言，中行于2015年4月中旬开办了人民币兑尼泊尔卢比现钞兑换业务，截至2015年6月末，中行西藏分行累计兑换2450.62万尼泊尔卢比；就账户开立情况而言，中行樟木支行、农行樟木支行无法开立尼币账户；而对岸的四家尼泊尔商业银行明确表示无法开立人民币账户，也不提供人民币兑换服务。

3. 中尼边境金融机构合作情况。中行西藏分行于2002年与尼泊尔孟加拉银行、加德满都银行开始合作，签证了合作协议。协议规定，尼泊尔银行可以在中行樟木支行开立美元和人民币账户。农行西藏分行于2013年与尼泊尔全球（IME）银行、2015年与尼泊尔JANATA银行签订了合作协议。截至2015年6月底，分别有尼泊尔加德满都银行、尼泊尔孟加拉银行、尼泊尔全球（IME）银行在口岸银行开立了3个人民币同业往来账户，账户余额0.0179亿元。

（二）问题

尼泊尔从地理位置上看，为南亚国家，北临中国，其余三面与印度接壤。尼泊尔与印度因人种以及文化接近，关系特殊，在政治、经济、文化等方面深受印

---

① 此处以2014年12月31日汇率中间价进行折算1美元=6.1190元人民币。

度影响，更为重要的是印度卢比在尼泊尔境内可以流通。加之从国家层面上看，尼泊尔政府对人民币“走出去”战略积极性还不高，导致了人民币流入尼泊尔存在困难，也给境内企业“走出去”带来困难。

1. 中尼两国未签署货币互换协议，导致双方银行无法正常开立对方币种账户。由于没有货币互换机制，银行保有的对方币种的现金无法消化，特别是对中方银行是一个巨大的难题。据中国银行总行从香港了解的情况看，由于尼泊尔卢比现钞市场需求较小，在香港交易时，仅接收 2008 年版、2014 年版面额 500 元和 1000 元尼泊尔卢比，并以交易当日牌价为准，手续费约为 12% ~ 15%，以美元结算（且限制尼泊尔卢比每次交易额仅为等值 4000 美元）。缺乏货币互换机制，尼方银行无人民币账户，中方银行无尼币账户，银行保有的对方币种的现金无法消化，在很大程度上制约了人民币“走出去”步伐，也成为制约中尼双方经贸正常结算的瓶颈。

2. 尼币币值不稳定限制了双方银行合作的积极性。目前，人民币同尼币的汇率机制尚未形成，双方的汇率计算需要通过美元作为中介，受美元影响极大。加之尼泊尔国内通货膨胀严重，尼币贬值迅速。2007 年以来，尼泊尔全国消费物价指数年增长率最高达到 12.6%，通货膨胀严重。2014 年，尼泊尔 CPI 指数同比增长 9.1%。在这种情况下，中方银行出于自身效益考虑，忌惮于双方间的合作。

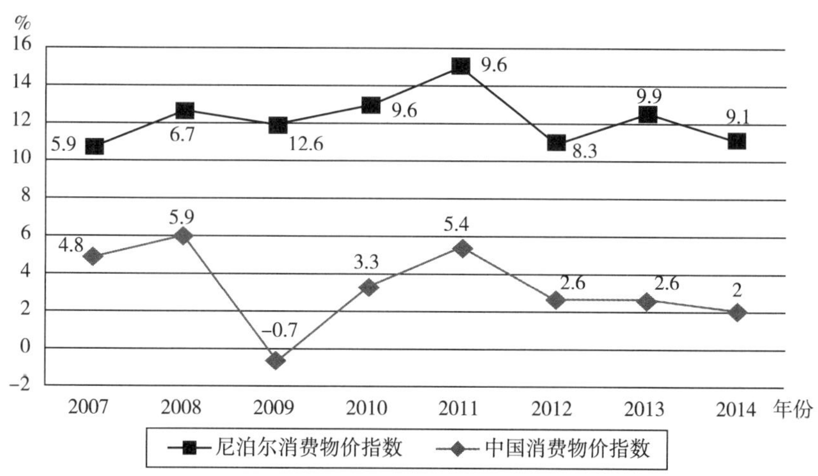

图 1　2007—2014 年中尼两国 CPI 指数趋势图

3. 尼泊尔严格的金融管理政策制约了中尼双方银行的跨境合作。根据尼泊尔相关法律，在尼泊尔境内银行仅能开设美元、英镑等 11 种外币账户，且其外币现金存入银行需收取 1% 的手续费。根据《中国人民银行和尼泊尔银行双边结算与合作协议》，尼泊尔商业银行是可以开办人民币业务、收取人民币现金的。但由于尼泊尔金融管理的不规范以及相关结算规则不完善，尼方银行因惧于监管当局的不当处罚，而不能明确开展相关人民币业务。尼泊尔境内无法开立人民币账户，导致尼泊尔企业、个人缺乏合法渠道办理人民币业务。目前，在尼境内设有多处人民币兑换点，各商业银行、大商场和星级酒店均可兑换人民币，但只允许中国公民在尼境内兑换和使用人民币，人民币主要来源于对中国的出口贸易、中国留学生以及中国游客三个渠道。人民币现金存量较小，如孟加拉商业银行人民币现金收入年均只有100万元左右。

4. 中尼边贸特有的交易模式阻碍了中尼银行深度合作。对尼巨大的贸易顺差，制约了人民币流出途径，致使尼泊尔人民币储备缺乏，推行人民币结算面临着贸易伙伴缺乏人民币的瓶颈。中国向尼泊尔出口的货物多来自内地，但在贸易形式上又采取边境小额贸易的形式，在内地完成相关资金结算后，将货物运至樟木，再由樟木口岸进出口企业代理出口货物的报关、通关等事宜。由于产地和出口地不同、采购地和交易地不同等原因，使得从樟木口岸出关的货物其货物流与资金流无法匹配，加上联合采购分散销售、赊销等原因，双边银行对货物流无法掌控。因此，信用证、保函、贸易信贷等一些常规业务，在樟木口岸无法开展，双方银行的金融合作也受到很大程度的制约。

5. “背包商”等地下渠道结算使大量资金游离于金融体系之外，严重挤压了双方金融机构的合作空间。樟木口岸90%以上的货物贸易结算都是通过“背包商”等地下渠道进行结算，加上旅游等外币现金兑换均通过“背包商”进行，形成了樟木特色的专门提供外币兑换的“背包商”市场。尼泊尔进口商将现金付给“背包商”，“背包商”再通过一定的途径用人民币来支付出口商货款。而樟木口岸进出口代理公司为了享受到西藏自治区政府的出口奖励（一般为当年代理出口总额的千分之一至千分之三），往往利用自有资金，在自己掌握的尼方进口商在农行、中行樟木支行开立的人民币NRA账户与自己在同一家银行开立的人民币账户进出，以获取银行进账单等相关凭证，从而形成了金额巨大的、虚拟的跨境人民币结算量。截至2015年6月末，境外企业在我区共开立人民币结算账户28个，账户余额15.3755亿元。

6. 相关配套设施滞后，配套政策尚不完善。一是近年来，随着边境贸易的持续增长，作为西藏边境贸易主要出口口岸的樟木口岸物流繁忙，交通堵塞严重，基础设施配套严重滞后。而吉隆双边性口岸2014年底刚启动，暂未形成气候。加之“4·25”尼泊尔地震使樟木、吉隆口岸受灾严重，口岸重建工作任重道远。而其他两个口岸的业务主要停留在小额边贸互市阶段。二是人民币现钞出入限额低，弱化了边境贸易中人民币的支付职能。按照目前规定每人每次2万元人民币现钞出入境携带的限额，难以满足中尼贸易的实际需要。同时，现有的人民币现钞跨境调运业务政策上非常严格，调运手续复杂，影响了商业银行办理人民币现钞跨境调运业务的积极性。三是尼泊尔高额的进口关税制约了人民币“走出去”步伐。从西藏向尼泊尔出口商品分类来看，基本以关税为25%的家电类产品、轻纺产品等为主。高额的关税压缩了尼泊尔进口商利润空间，因此为了规避关税，尼泊尔进口商采取只对进口商品价值的10%进行正常申报，其余货款以卢比或美元等其他货币形式通过地下渠道流入我国。这不仅导致了我区边贸货物流与资金流严重不匹配，同时也造成跨境贸易人民币结算的流出流入渠道不畅。

四、西藏与周边国家跨境人民币业务的实证分析

（一）西藏涉外经济发展情况

近年来，我区坚持以口岸为依托，大力推进口岸基础设施建设，改善口岸通关条件，积极扩大沿边开放。大力建设边贸市场和出口商品基地，活跃传统边贸市场，积极扩大边境贸易和自产产品出口。进出口贸易结构得到优化，规模不断扩大。2015年1—6月，全区进出口贸易总额达5.45亿美元，同比下降35%。其中贸易出口额为4.07亿美元，同比下降50%；贸易进口额为1.38亿美元，同比增长4.7倍。2015年上半年，辖内银行累计办理跨境人民币业务结算总额40.58亿元，同比下降31.24%。其中，货物贸易出口结算金额36.44亿元，占结算总量的89.79%；货物贸易进口结算金额0.04亿元；服务贸易及其他经常项目进出口业务结算金额为3.78亿元；资本项下结算金额0.32亿元。2015年1—6月，全区涉外收支总额达10.61亿美元，跨境人民币结算总量占全区涉外收支总额62.56%[①]。我区对外贸易主要呈现以下特点：

1. 西藏边境贸易在西藏对外贸易中占据重要位置，且增长势头强势。近十年来，边境贸易在西藏对外贸易中一直占据非常重要的位置，边贸总额在对外

① 此处以2015年6月30日汇率中间价进行折算，1美元=6.1136元人民币。

贸易总额中年平均占比达 60. 32% 。不同于一般贸易波动时增长趋势，除 2008 年因特殊原因同比有所下降外，边境贸易一直保持着平稳快速增长趋势。受“4 · 25”尼泊尔地震影响，2015 年 1—6 月，边境贸易进出口总额达到 3. 92 亿美元，同比下降 37. 57% ，占进出口总额的 74. 80% 。

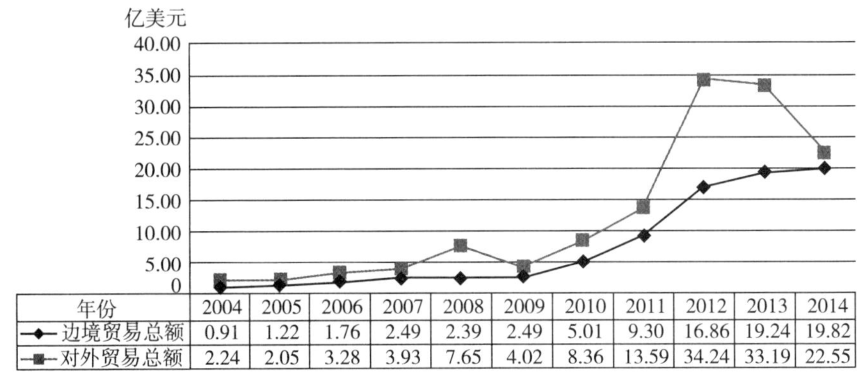

年份	2004	2005	2006	2007	2008	2009	2010	2011	2012	2013	2014
边境贸易总额	0.91	1.22	1.76	2.49	2.39	2.49	5.01	9.30	16.86	19.24	19.82
对外贸易总额	2.24	2.05	3.28	3.93	7.65	4.02	8.36	13.59	34.24	33.19	22.55

图 2 近十年西藏对外贸易及边境贸易发展趋势图

2. 边境贸易中出口占绝对比重，长期保持高额顺差态势。尼泊尔作为西藏边境贸易主要对象，与中方贸易互补性不强，使得边境贸易长期处于高额顺差态势，且顺差额快速增长。近十年来，西藏边境贸易进口年均总额仅为 0. 064 亿美元，在 2014 年突破的最高峰值也仅为 0. 17 亿美元；边境贸易出口年均总额则达到 7. 34 亿美元，出口在边境贸易中的年均占比高达 99. 13% 。2015 年 1—6 月，边境贸易出口总额达到 3. 87 亿美元，同比增长 14. 43% ，占边境贸易进出口总额的 98. 74% 。

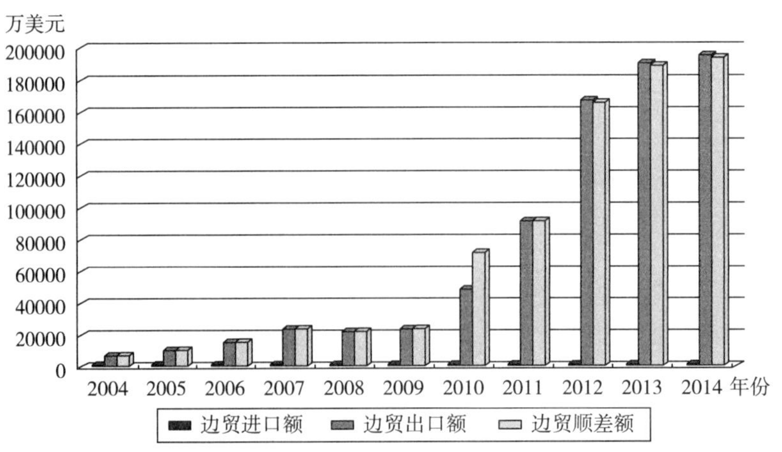

图 3 近十年边境贸易进口、出口及顺差趋势图

3. 中尼两国商业银行在边境贸易结算中合作进一步扩大，边境小额贸易结算方式以人民币银行结算为主。十年前，仅有一家尼泊尔商业银行在樟木口岸开立了人民币结算账户，无尼泊尔商户开立边贸结算账户。而目前，已有3家尼泊尔商业银行在口岸中、农两行开立了3个人民币同业往来账户，而开立NRA账户的尼泊尔商户已达28家。西藏边境小额贸易结算方式包括银行结算及现钞结算，以银行结算为主。2004年，边境小额贸易通过银行结算占比仅为7.82%，而2014年边境小额贸易通过银行结算占比已达81.63%。

4. 以展会为平台的贸易促进和经贸交流扎实有效。两年一届的中国西藏—尼泊尔经贸洽谈会始办于1985年，是西藏与尼泊尔之间最重要的经贸交往活动之一。2013年，洽谈会商品销售额约1000万元人民币，较2009年实现净增长300%，达成进出口贸易合同和意向性协议达3893万美元，较2009年实现净增长86.54%，其中正式签约16份、签约金额2800万美元，较2009年净增长75.99%。签约项目涉及轻纺、机电和农畜产品等多个领域。2014年，中国西藏—尼泊尔经贸洽谈会升格为国家级。以展会为平台的经贸交流机制，极大地促进了双边经济贸易往来关系，拓宽了贸易领域，为双方经济发展和市场繁荣起到了积极的作用。

（二）跨境人民币业务与西藏外贸进出口总额的实证研究

西藏开展跨境人民币业务的时间较晚，业务量小，对外贸易以出口为主，进出口对地方GDP的贡献率较低，加之数据的可获得性和样本数据少，基于地区GDP、汇率、进出口总额等方面的系统性实证研究受到制约，本文仅从进出口总额与跨境人民币业务量的影响进行实证分析。

1. 模型与数据

我们用自回归分布滞后模型考察进出口总额变化对跨境贸易人民币结算量的影响，构建模型如下：

$$RCP_t = C + \sum_{i=1}^{p} RCP_{t-i} + \sum_{k=0}^{q} TFTV_{t-k} + \delta_t \quad (1)$$

式中，RCP_t 表示t时期全区跨境人民币业务（RMB CrossBorder Payment）结算量；$TFTV_t$ 表示t时期全区外贸进出口总额（Total Foreign Trade Value）。我们选取2010年第一季度至2015年第二季度的季度数据，跨境人民币业务结算量数据来自RCPMIS系统，进出口总额数据来自国家外汇管理局西藏分局。

2. 实证结果

我们首先选择滞后三期(即 $p = q = 3$)来估计(1)式，结果如表1所示，跨境人民币业务结算量的一期滞后值RCP_{t-1}和全区进出口总额的二期滞后值$TFTV_{t-2}$对当期跨境人民业务结算量有显著影响，其余变量在统计上均不显著。

表1　　滞后三期模型估计结果

变量	系数	标准误差	t统计量	相伴概率
C	1.893377	0.645529	2.933064	0.0046
RCP_{t-1}	0.950538	0.125407	7.579604	0.0000
RCP_{t-2}	-0.085340	0.176385	-0.483830	0.6301
RCP_{t-3}	-0.208408	0.128807	-1.617979	0.1105
$TFTV_t$	-0.002728	0.046678	-0.058436	0.9536
$TFTV_{t-1}$	-0.003969	0.066818	-0.059407	0.9528
$TFTV_{t-2}$	0.130905	0.064849	2.018602	0.0477
$TFTV_{t-3}$	0.035942	0.050811	0.707360	0.4819
Adjusted R - squared：0.836630				
F - statistic：53.67373				

将不显著变量剔除后重新估计模型，结果如表2所示，变量均通过1%的显著性检验。

表2　　剔除不显著变量后的估计结果

变量	系数	标准误差	T统计量	相伴概率
C	1.604101	0.589961	2.718995	0.0082
RCP_{t-1}	0.735521	0.063005	11.54079	0.0000
$TFTV_{t-2}$	0.108211	0.026154	4.134388	0.0001
Adjusted R - squared：0.833260				
F - statistic：185.9024				

实证研究表明，变量$TFTV_{t-2}$系数为0.108211，说明半年之前全区进出口总额增加一个百分点，当期跨境人民币业务结算量增加约0.11个百分点。模型拟合程度较高，调整R^2达到0.833260。由于特殊的地域环境和边贸条件制约，跨境人民币业务还有巨大的拓展空间，加强与周边国家金融合作，还需从货币互换协定、加强金融合作、基础设施完善等多个方面进行努力。

五、推进与周边国家金融合作，加强人民币跨境使用的措施和建议

（一）在国家层面上，加强双边政治、经济合作，推进签订货币互换协议签订，推进跨境人民币结算业务合作

进一步加强两国政治外交层面的交流与沟通，推进两国央行之间的合作，加紧推进签订货币互换协议，直至签订本币结算协议。建立与尼泊尔推进跨境人民币结算业务的商洽谈判机制，推进中尼跨境人民币结算业务走上规范化渠道。督促尼泊尔央行执行双方已经签订的双边结算及合作协议，放开对银行开办人民币账户及相关业务的限制，及时制定规范的交易规则，促成相关银行早日开办相关业务。鼓励中国金融机构在尼泊尔设立分支机构，为中尼经济贸易提供投资、贸易结算等方面的人民币业务服务。在对尼投资、援助、贷款方面，要求以人民币形式进行计价结算，向尼泊尔注入相应的人民币资金，在一定程度上提供其进口所需的人民币资金。

（二）在地方政府层面上，要为中尼金融机构跨境合作提供相应的便利，利用财政资金推动口岸金融机构跨境合作

针对境内银行开立尼币账户、开办尼币兑换业务可能出现的风险和损失，建议由西藏自治区政府采取财政风险补贴等形式，建立对商业银行的成本补偿机制与风险分担机制。政府财政部门、商务部门针对出口企业的奖励资金，要求与企业的实际跨境结算量相挂钩。改变现有的对跨境人民币业务的考核机制，严缩跨境人民币业务量中的泡沫成分，以货真价实的跨境人民币结算量为考核依据。对于境内金融机构、尼泊尔金融机构在口岸新设分支机构的，给予政策方面的倾斜和优惠。

（三）在人民银行层面上，当好两国金融机构的“媒人”，加强中尼金融监管协作，促成两国金融机构深度合作

完善人民币同尼泊尔卢比的汇率形成机制，疏通尼泊尔卢比现钞库存清算渠道。鼓励两国银行在对方互设分支机构，推进两国银行实现“跨国婚姻”共同出资成立双边银行。借鉴“云南模式”中的与老挝合作的“老中银行”模

式，探索成立“中尼银行”。可以采取双方互派工作人员的形式，着力解决金融机构跨境合作中存在的问题。人民银行相关分支机构要创造更多的机会，通过举办合作交流会、洽谈会等形式加强边境金融机构之间的沟通与交流。

（四）在金融机构层面上，要抓住机遇主动作为，加强金融产品创新，提供优质高效的金融服务

要利用好中尼两国签订双边结算与合作补充协议的契机，主动与尼方金融机构接触与沟通，破解当前中尼经贸中存在的资金结算难题，寻找新的利润增长点。在目前已开办人民币兑尼泊尔卢比现钞业务的基础上，要力争早日开办尼币账户。要认真研究在尼方设立分支机构，或与尼方金融机构合作组建新机构的可行性。要不断加强业务产品创新，结合中尼经贸现状，推出一系列切实可用的金融产品或服务。要积极与尼方金融机构商洽，探索开办信用证、保函等国际业务。要及时介入尼方金融机构已经开办的金融产品之中去，力争创造双方金融机构、进出口双方等各方面多赢的局面。

（五）在海关层面上，要加强与尼方海关的沟通与合作，在保证货物流通畅的同时，协助解决好后续结算问题

要加强两国海关之间的对进出口货物的监管合作，积极与尼泊尔海关协商签订相关协议，统一双方单证，避免出现我方出口货物与对方进口货物不一致现象。统一价格标准，避免出现对方进口货物价格远低于西藏出口货物价格的现象，从而导致进口企业无法正常付汇。要进一步规范进出口企业的代理行为，着力打击出口企业为赚取出口奖励而高报出口价格行为。

（六）在多部门协作层面上，建立多部门协作机制，为中尼金融机构跨境合作创造良好的条件

要建立外交、商务、人民银行、商检、海关、税务等部门合作机制，系统性解决当前中尼经贸结算存在的实际问题和困难。针对尼泊尔商家直接在内地采购的实际情况，探索推行市场采购贸易方式，在其市场采购完成后直接报关通关，为中尼经贸打通一条更为快捷便利的渠道。在确保交易真实性的基础上，为中尼边境贸易结算提供安全通畅的结算服务。多部门联合加强中尼双方反洗钱合作，谨防涉恐等非法资金借助中尼金融机构跨境合作之际乘虚而入。

（七）完善跨境人民币业务基础设施建设

抓好金融支持与自治区政府关于口岸灾后重建安排部署的无缝对接，推进口岸地区基础设施建设，改善交通状况，增强西藏出口产品的市场竞争力；按照重点建设吉隆口岸，稳步提升樟木口岸，积极恢复亚东口岸，逐步发展普兰、日屋口岸的西藏口岸发展思路，加快边境口岸的配套设施建设，建立健全边境口岸的边检、海关、银行、联检、公安等管理机构，完善边境口岸的能源、通信、教育、卫生等配套设施，为拓展边境跨境人民币业务提供基础条件。

参考文献

[1] 新华网. 中国和尼泊尔两国央行签署双边结算与合作协议. [2002 - 06 - 07].

[2] 蔡强. 信用货币、金融危机与国际金融合作 [J]. 财经问题研究，2010 (1).

[3] 胡晓炼. 跨境贸易人民币结算试点政策与实务 [J]. 北京：中国金融出版社，2010.

[4] 胡晓炼. 跨境投融资人民币业务：政策与实务 [J]. 北京：中国金融出版社，2013.

[5] 刁云涛，刘文杰，刘春波. 我国与周边国家货币合作的现状、前景及对策 [J]. 金融发展研究，2013.

[6] 人民网. 云南跨境金融合作要破解“三道难题. [2014 - 06 - 06].

[7] 腾讯财经. 中国央行和尼泊尔央行签署双边结算与合作协议补充协议. [2014 - 12 - 23].

[8] 王海蕴. “一带一路”打造对外开放新格局 [J]. 财经界，2014 年 12 月.

[9] 2015 年西藏政府工作报告.

[10] 全球化 4.0 时代的环喜马拉雅经济带：西藏的新机遇，东方证券. [2015 - 03 - 16].

基于次区域经济合作视角下西藏与尼泊尔合作战略研究

中国人民银行拉萨中心支行统计研究处课题组
课题组组长：熊正良
课题组成员：吴 玲 刘雨琪

摘要：次区域经济合作是区域经济一体化的一种形式，相对于区域而言，次区域的构成单位是一国内部的一部分地区，特别是边境地区。2015 年西藏政府工作报告明确提出，要扩大对内对外开放，推动环喜马拉雅经济合作带建设。环喜马拉雅经济合作带构想使西藏从一个内陆省份变成对外开放的前沿，成为对南亚国家开放的桥头堡。尼泊尔地处中印两国之间，在中国与南亚的合作交往中起到重要作用。因此，在国家大力实施“一带一路”战略、加快推进我国中西部地区和沿边地区对外开放的新格局下，在中央第六次西藏工作座谈会刚刚召开和即将步入十三五发展时期的重要节点，借鉴国内边境省份参与次区域合作的成功经验，探讨和构建西藏、尼泊尔合作机制具有非常重要的战略意义。这也是西藏抢抓机遇、打造开放型经济、融入国家“一带一路”发展战略的现实选择，更是推进环喜马拉雅经济带战略构想落地的重要一步。

关键词：次区域经济合作 西藏 尼泊尔

一、引言

近年来，区域经济迅猛发展，在全球范围内出现了大量的一体化区域经济和区域经济合作组织。各国纷纷加入各种区域经济合作组织，加强经济合作，力求风险成本和机会成本最小化、利益最大化，通过区域经济合作维护本国、本地区利益。

在区域经济一体化的浪潮下，中国加快了与世界各国的交流合作。2001 年中国提出组建中国—东盟自由贸易区，开始实施区域经济一体化战略，并加强与东盟成员国之间的经济合作，2002 年，正式签署《中国—东盟全面经济合作框架协议》，随后根据该《框架协议》，中国和泰国对 180 种农产品实现零关税自由贸易，推动中国—东盟自由贸易实质性进步。2001 年，上海合作组织成立，到 2015 年上海合作组织有 8 个成员国、4 个观察员国、6 个对话国，在安全、经济、文化、军事等领域相继开展各层次合作，极大地促进了中国经济、政治、安全等方面的发展，并带动了东部沿海省份和新疆、青海等西部省份的快速发展。在继续扩大开放程度、积极参与区域合作的大环境下，云南、广西、新疆、内蒙古、黑龙江等省份抓住机遇，纷纷与周边国家建立大湄公河、环阿尔泰山、图们江等次区域经济合作。

西藏自治区位于我国西南边疆，毗邻南亚地区，在与南亚的次区域合作上占据有利条件。随着经济新常态下中国对外开放战略的升级和走出去步伐的加快，西藏与南亚各国合作的愿望逐渐增强，合作需求进一步扩大。在此背景下，西藏在 2015 年的政府工作报告中提出，将加快建设南亚大通道，对接“一带一路”和孟中印缅经济走廊，推动环喜马拉雅经济合作带建设。环喜马拉雅经济合作带构想是以西藏作为中国对南亚国家开放的桥头堡，以樟木、吉隆、普兰、亚东等口岸为窗口，以拉萨、日喀则等城市和内地援藏省市为腹地支撑，推进中国与尼泊尔、印度、不丹等南亚国家的经贸、物流、投融资等合作与发展。由于不丹与我国迄今未建交，且贸易额较小，2013 年双边贸易额仅 1741.4 万美元，影响较弱；加上尼泊尔被中国和印度两个大国所环绕，是中印之间重要的缓冲地带，因此，深化中国与尼泊尔的密切合作是推进环喜马拉雅经济合作带的首要任务，而西藏在中尼合作中具有独特的地缘优势，是深化中尼合作的主要窗口。推进西藏与尼泊尔的合作，有利于实现尼藏双方经济金融发展共赢，为西藏与南亚各国的次区域经济合作提供样板和推动力，对打通南亚大通道、对接“一带一路”和孟中印缅经济走廊、推动环喜马拉雅经济合作带建设具有重大意义。

目前，国内对环喜马拉雅经济带的研究还较少，对西藏与南亚各国合作的研究大多集中在与南亚的贸易合作方面，主要有：《西藏开拓南亚市场及其特殊性研究》（陈继东），《四川—西藏与南亚边贸问题探讨》（戴永红），《中国西藏与印度边境贸易发展及其前景》（张婷婷）等。对西藏与尼泊尔的经济合作研究也较少，因此，本文在次区域经济合作视角下，研究西藏与尼泊尔的经济金融合作，对尼藏合作的已有条件作了具体细致的分析，并总结合作现状及存在问题，最后提出符合西藏与尼泊尔次区域合作实际情况的针对性建议。

二、西藏与尼泊尔的合作基础与现状分析

（一）地理位置

西藏自治区位于我国西南边陲，远离内地，内与新疆、青海、四川、云南四个省份相邻，外与印度、尼泊尔、不丹、缅甸、克什米尔等5个国家和地区山水相连。边境线长达4000多千米，其中，中尼边境线长1111.47千米。西藏地区形成对外通道312条，常年性通道有44条，季节性通道为268条，其中，对尼通道184条。

尼泊尔为南亚山区内陆国家，地处中国与印度之间，北临中国西藏，与中国西藏自治区仅有喜马拉雅山一山之隔，尼泊尔除北方与中国西藏接壤外，西、南、东三面均与印度接壤。尼泊尔境内地区大部分为丘陵地形，海拔1千米以上的土地占全国总面积的一半，境内河流多发源于中国西藏，多而湍急，向南注入印度恒河。

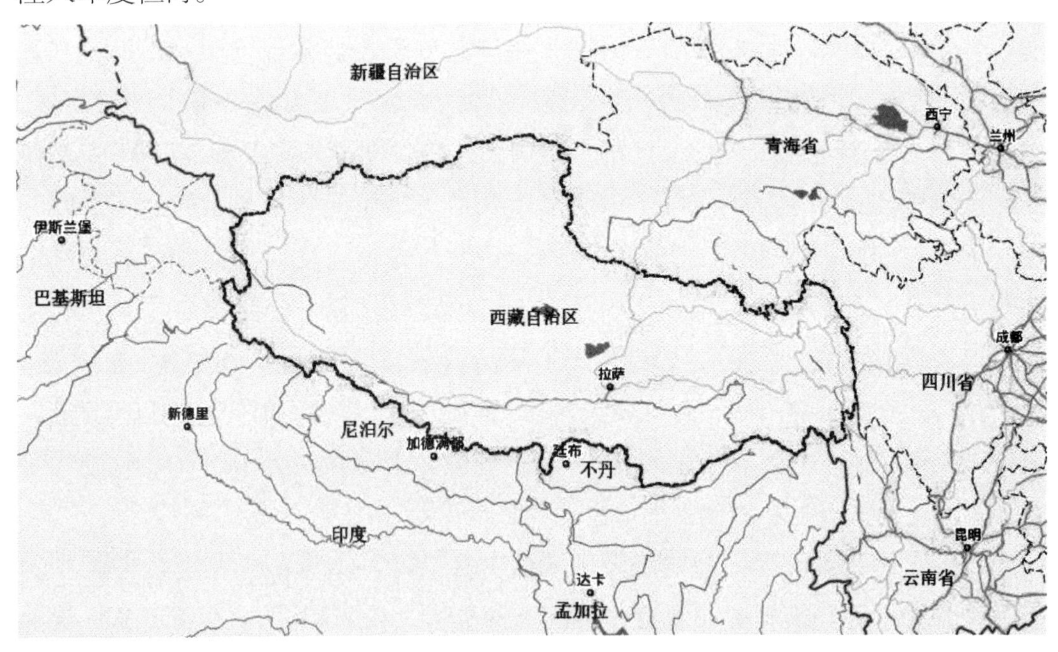

图1 （中国）西藏区位图

目前，西藏内有青藏、川藏铁路连通内地，外有中尼公路直至尼泊尔首都加德满都，途经日喀则、定日、聂拉木、樟木等重要地区及口岸。2003年，中

尼公路进行全面整治改建，中尼公路的不断改善，极大地促进了西藏边贸的繁荣。西藏位于南亚陆路大通道的重要位置，是中国与南亚陆路大通道的重要口岸，在与南亚的合作中占有重要战略地位。同时，尼泊尔与西藏之间口岸、通道，是尼泊尔与西藏开展经济金融合作、推动环喜马拉雅经济合作区发展的重要基础，也是中国与南亚各国合作的一个重要平台。

（二）资源禀赋

资源禀赋对各国经济发展有着重大影响。由于各国地理位置、气候条件、资源蕴藏等方面的不同会导致的各国专门从事不同部门产品生产的格局，资源的“有与无”、“多与少”决定着一个国家是否能生产某种产品，是否依赖进口等。充分认识本国、本地区的资源禀赋对于有针对性地发展相关特色产业，扬长避短，促进经济发展有着重要意义。

西藏自治区自然资源十分丰富。在矿产资源上，据西藏自治区国土资源厅统计，西藏境内有 11 种矿产的储量分别名列中国的前 5 位，矿产资源总量潜在价值达 6000 亿元，具有优越的成矿条件和较低的开发度。在能源资源上，西藏能源资源主要是水能、太阳能、地热能、风能等可再生能源。西藏的水能资源天然蕴藏量约为 2 亿千瓦，其中可供开发利用的水能资源约为 5600 万千瓦，约占全国的 17.1%。

尼泊尔自然资源各有特点。总体上讲，尼泊尔矿产资源具有几方面特点：一是资源总量小，矿种不齐全；二是人均资源量少；三是优劣矿并存，贫矿多，难选矿多；四是有经济利用价值矿少，缺乏明显优势矿藏；五是成矿条件较差，寻矿潜力较小。能源资源上，尼泊尔以水能资源为主，境内水电蕴藏量为 8300 万千瓦。但由于多年内战和财力不足等原因，目前尼泊尔水电行业开发严重滞后，发电能力无法满足国内需要，电力供需矛盾非常突出。

综上，西藏与尼泊尔在自然资源上可以利用共有优势、共同开发，加强在水电开发方面的基础设施共建、技术分享交流等，在有各自特点的资源上，可以互相取长补短，依靠西藏独特的生物资源发展藏药产业，丰富的矿产资源发展采矿加工产业等，既能充分利用西藏的自然资源，又能弥补尼泊尔在矿产资源上的缺口。

除丰富的自然资源外，西藏与尼泊尔还拥有独特的旅游资源。西藏和尼泊尔分别位于喜马拉雅山南北两侧，旅游资源各有特点、相互补充。一是西藏平均海拔较高，景观多为冰川、湖泊，并有多个世界级旅游景观；尼泊尔从北部海拔8844米的世界最高峰到南部海拔仅70米的平原，风景变化大。二是西藏旅游的黄金时期是每年的4月至11月，尼泊尔旅游的黄金时期是每年的11月至次年的3月。两者恰好在资源和时间上形成互补。2014年，西藏旅游收入占GDP比重达到22%，旅游从业人员达到30万人，人均收入8076元，其中，西藏农牧民从事旅游接待服务人数为8.2万人，同比增长41%，收入达到6.64亿元，同比增长了62%。2014年，旅游业为尼泊尔吸引外资157亿卢比，创造国民生产总值1716亿卢比，占到GDP的8.9%。西藏、尼泊尔要充分利用本国的旅游资源，发展第三产业，尼藏双方可合作开展“高山雪地湖泊之旅、朝圣之旅和喜马拉雅之旅”等，进一步促进双方旅游业的发展。

（三）文化交流

西藏虽然地处青藏高原，众多高山大川使西藏自治区与周边地区交通不便，形成相对封闭的状态，但在西藏与南亚之间的高原、大山中，却有许多可以通行的山口与河谷，形成了西藏通往南亚地区的自然通道。西藏和尼泊尔人民不畏天险，跨越喜马拉雅山的中尼友好往来和文化交流有史以来一直存在。

尼泊尔本土民族和西藏各民族之间在语言、宗教、文化等方面有着极其密切的关系。根据《新唐书·西戎传》及《敦煌本吐蕃历史文书》记载，早在7世纪前后，就有尼泊尔商人在西藏定居，多从事于绘画、雕塑及建筑行业。7世纪时，西藏、尼泊尔官方开始亲密接触，尼泊尔的赤尊公主入藏，极大地促进了西藏与尼泊尔在文化、宗教方面的交流。尼泊尔的民间工艺品、宗教艺术品逐渐流传到西藏，与当地工艺品融为一体，难分彼此，成为藏族人民生活中的一部分，仍占有西藏工艺品和旅游纪念品的广大市场。西藏的宗教艺术和建筑名胜、人文风俗也深受尼泊尔人民的关注和向往。在尼泊尔，中国的各种工业产品深受民众喜爱和必需，其中一部分是经西藏运输，经双方居民边境贸易而流通到尼泊尔各地。

近年来，中国对尼泊尔的经济援助更加强了两国两地的联系与友谊。2009年12月，尼泊尔总理尼帕尔访华，两国关系提升为“世代友好的全面合作伙伴关系”。2012年1月，温家宝总理成功访问尼泊尔，两国关系进入新的历史发展阶段。西藏与尼泊尔的文化交流必然加强两地人民的友谊，为西藏与尼泊尔加深合作奠定良好基础，对于巩固边境、安定边民，具有长远的利益和深远的意义。

（四）经济金融

自和平解放以来，西藏经济快速发展。2001 年，西藏 GDP 总值为 139. 16 亿元，2014 年西藏 GDP 总值为 920. 83 亿元，是 2001 年的 6. 6 倍，其中第一产业（农业）占全自治区 GDP 的 9. 9%左右，第二产业（工业和建筑业）占全省 GDP 的 36. 6%左右，第三产业（服务业）占全省 GDP 的 53. 5%左右[①]。西藏传统经济以畜牧业和民族手工业为主。近年来西藏工业体系不断完善，工业总产值不断增加，包括能源、轻工、纺织、制药、食品加工等多个门类的西藏特色现代工业体系逐步建立。随着青藏铁路建成通车，以旅游业为首的第三产业在西藏繁荣发展，对西藏经济产生越来越大的贡献。三产比重由 1965 年的 70. 9∶6. 8∶22. 3 调整到 2014 年的 9. 9∶36. 6∶53. 5，经济结构不断优化。但西藏经济仍存在不少问题。一是与内地省份相比，西藏经济总体规模小；二是经济结构“伪合理”，虽然从 1965 年到 2014 年间，西藏三产占比不断优化，表面上看西藏经济结构日趋合理，但实际上，西藏第三产业主要为旅游业和与旅游业相关的服务业，缺少高新技术产业的支撑，以旅游业为主的第三产业产值难以再投入生产，不能形成经济结构的循环升级，同时给西藏自然环境保护工作带来挑战。

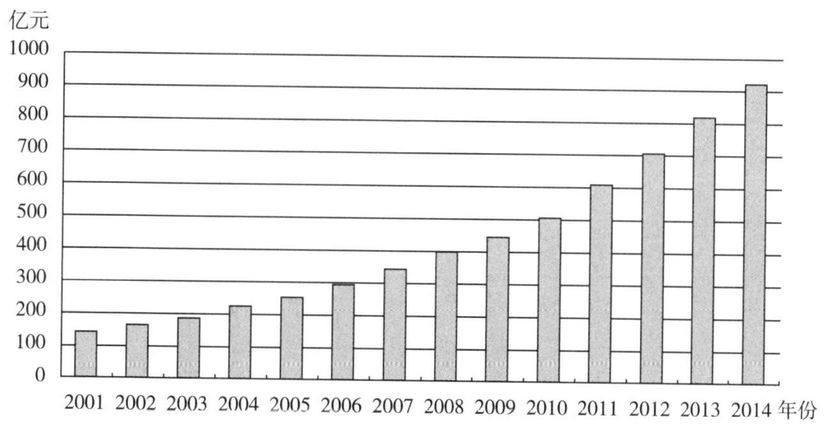

图 2　2001—2014 西藏 GDP 增长图

1965 年，西藏自治区成立，西藏建立以人民银行为主体、农牧区信用社为基础的社会主义金融体系。随着西藏经济社会的跨越式发展，西藏多层次金融

---

① 数据来源：《2015 西藏统计年鉴》。

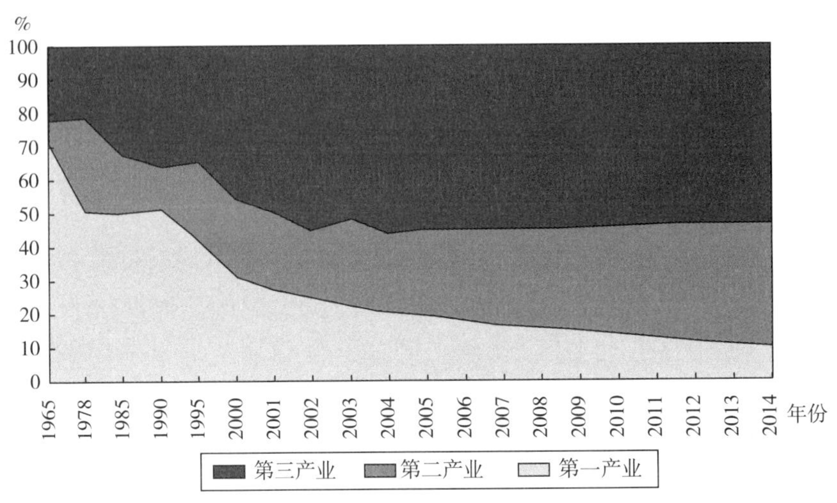

图 3 1965—2014 年西藏产业结构变化图

组织体系逐步建立，金融业整体实力大幅增强，金融服务水平不断提升。截至 2014 年末，西藏银行业金融机构营业网点覆盖了全区 400 余个乡镇；保险业金融机构 48 家；证券业金融机构 11 家，此外还有多家信用担保机构、小额贷款公司、典当公司等金融机构。金融服务通过基层网点、助农取款服务点以及网银、电话银行等实现了所有村镇全覆盖，基本形成与内地金融体系相互衔接，与全区经济发展相适应的金融服务体系的格局。全区银行业金融机构总资产、总负债以及利润等总体指标快速增长，风险抵补能力不断增强。截至 2014 年末，西藏 10 家 A 股上市公司总市值达到 835. 33 亿元。

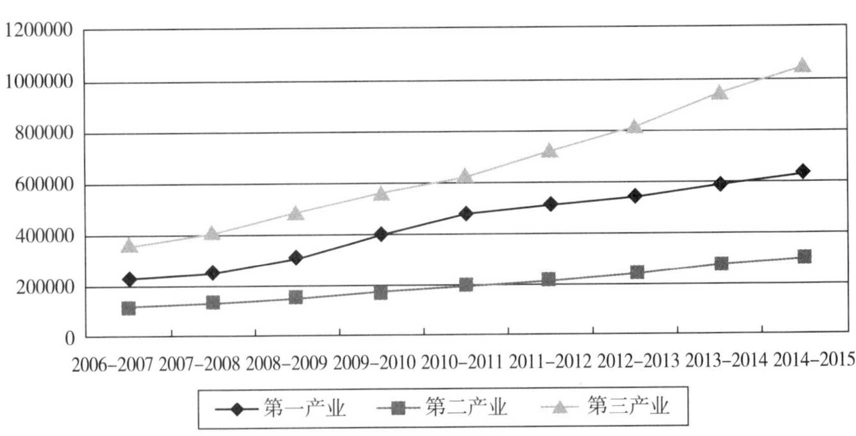

图 4 2006—2014 财年尼泊尔各产业生产值

尼泊尔自从加入世界贸易组织后，经济不断发展，尼泊尔政府出台许多政策促进经济发展，维护与周边国家的友好关系，加强合作交流，但尼泊尔因历史原因，经济方面仍较落后，严重依赖外援。2014 年，尼泊尔因人均收入低、人力资产差、经济较脆弱等问题被联合国定为“最不发达国家”之一，这些问题是尼泊尔改革和发展中长期存在、亟待解决的问题。2014/2015 财年，尼泊尔的 GDP 约为 19588 亿卢比（按当年价格计算），其中第一产业占全国 GDP 的 31.7% 左右，第二产业占全国 GDP 的 15% 左右，第三产业占全国 GDP 的 53% 左右。根据尼泊尔央行官网历年发布的数据来看，农业是尼泊尔的重要产业；尼泊尔工业基础薄弱，机械化水平低，规模较小，发展缓慢；第三产业蓬勃发展，是尼泊尔支柱产业，带动尼泊尔经济不断发展。在全球经济开放竞争和区域合作日益密切的大环境下，尼泊尔更要积极参与次区域经济合作，利用地缘优势，扩大与中国西藏的边境贸易规模，充分利用中国巨大的市场，扩大开放程度、优化贸易结构、提高产品国际竞争力、加强经济稳健性。

虽然尼泊尔经济发展较为落后，但金融体系日趋完善，金融市场环境日益改善。近年来，尼泊尔金融行业在机构数量、产品种类、交易量、信息技术的应用以及与国际金融市场和体系接轨等各方面都取得了长足的进步。尼泊尔金融机构迅速增加，截至 2014 年 7 月，尼泊尔共有 30 家 A 类机构——商业银行，84 家 B 类机构——发展银行，53 家 C 类机构——融资公司，37 家 D 类机构——小微金融发展银行。[①] 尼泊尔金融体系日益健全，近年来，尼泊尔颁布了《尼泊尔央行法》《收入税法》《银行与金融机构法》《破产法》《银行犯罪与处罚法》《反洗钱法》等多项法律法规，为金融市场的发展提供良好环境。

（五）合作现状

20 世纪 90 年代以来，在经济全球化、区域经济一体化推动下，（中国）西藏与尼泊尔加快了区域化经贸合作步伐，合作领域不断拓宽，合作关系提到较大发展。

一是加大对尼泊尔援助。2014 年 11 月 20 日，中国和尼泊尔政府在尼泊尔首都加德满都签署备忘录，援助尼泊尔发展与西藏相临的北部地区。根据备忘录，西藏自治区人民政府将在 2014 年到 2018 年，每年捐资 1000 万元人民币，

---

① 数据来源：尼泊尔央行官网。

用于帮助尼泊尔发展北部的15个贫困县。这些资金将用在健康卫生、教育和道路修建等小型项目上，以提高当地百姓的生活水平。

二是深化经济合作。西藏与尼泊尔的经济合作从贸易领域逐渐拓展到贸易领域、投资领域、农业领域、基础设施领域、科技领域、互连互通领域、旅游领域、人文领域等。2004年4月，尼泊尔加入世界贸易组织后，撤销了禁止中国产品经尼泊尔转口到印度的指令，制定了转口贸易经济战略，不仅有利于尼泊尔国家贸易的发展，还将进一步扩大中国产品进入印度市场以及南亚各国市场。2013年7月1日，中国对尼泊尔正式实施95%零关税优惠政策，涵盖7831个税目商品。2014年西藏开放合作打开新局面，两国签署中国对尼泊尔97%税目产品输华零关税待遇的换文，涵盖8030个税目商品；吉隆口岸实现中尼双边开放；中国西藏—尼泊尔经贸洽谈会升格为国家级；西藏自治区政府代表团成功出访尼泊尔，签约项目资金5亿美元。此外，西藏与尼泊尔合作成立喜马拉雅航空公司，为西藏航空进入国际市场开辟了广阔空间。在随后的首届中国西藏旅游文化国际博览会上，西藏与尼泊尔达成了整合资源、推动旅游文化产业发展的共识。

三是加强金融体系建设。区域金融合作在区域经济合作中有着重要作用，要想提升西藏与尼泊尔的合作水平，加强双方的金融合作是必要条件，可以引导金融资源在次区域内的自由流动和优化配置，给予经济发展有力的金融支持，最终实现区域内经济与金融共同发展。2002年，中国和尼泊尔两国央行签署了《中国人民银行和尼泊尔银行双边结算与合作协议》。2014年12月23日，中国和尼泊尔两国央行签署了《中国人民银行和尼泊尔国家银行双边结算与合作协议补充协议》和《中国反洗钱监测分析中心与尼泊尔金融信息中心关于反洗钱和反恐怖融资金融情报交流合作谅解备忘录》，双方金融合作体系建设进一步加强。

（六）合作面临的困难与挑战

尽管近年来，西藏与尼泊尔的合作逐渐增多、双边经贸合作日趋健康发展，目前西藏与尼泊尔开展合作仍面临着许多困难与挑战。

一是自然灾害频发影响大。西藏与尼泊尔的口岸、道路夏季受塌方、泥石流等自然灾害影响，冬季易发生雪灾等灾害，且受地质灾害影响大，稳定性较差。2015年，尼泊尔发生“4·25”特大地震后，西藏樟木和吉隆两大对尼口岸边境贸易基本处于停顿状态，对西藏对尼泊尔的双边贸易影响巨大，进口和出口双双下降三成以上。1—5 月西藏自治区对尼贸易进出口总值 24.18 亿元人民币，同比减少 37.39%，其中 5 月西藏对尼贸易额仅为 107.1 万元人民币，同比减少 99.9%，为正常时期的千分之一。

二是口岸通道基础设施建设不完善。西藏与尼泊尔相对应的口岸基础设施建设非常落后，水、电、路等方面存在很大问题。电力供应不足，难以实现口岸电子化运作。道路通行条件恶劣。以樟木口岸和普兰口岸交通为例，樟木口岸的主要交通要道——中尼公路不少地段地质情况复杂、路况不佳，不利于西藏、尼泊尔双方间的大规模物流运输和游客往来。普兰口岸的新藏公路、拉普公路路况更为艰险，新藏公路先至南疆、再到乌鲁木齐、通往内地，公路两旁为一望无际的隔壁沙漠和冰雪覆盖的崇山峻岭，路途遥远艰险。拉普公路为季节性公路，冬季大雪封山，只能夏秋通行，对普兰口岸的边贸影响巨大。

三是区位优势正逐渐丧失。从外部环境来看，中国、印度都与尼泊尔毗邻，中印两国都有独特的地理优势，政治、经济、宗教、文化上都有深厚渊源，两国的产业结构、进出口商品结构较为相似，在尼泊尔市场上一直处于激烈的竞争关系。据尼泊尔央行网站数据显示，尼泊尔 2014/2015 财年，尼泊尔对中国出口总额约 0.22 亿卢比，占尼泊尔出口总额的 2.6%，从中国进口总额约为 10 亿卢比，占尼泊尔进口总额的 12.9%；尼泊尔对印度出口总额 5.58 亿卢比，占尼泊尔出口总额的 65.5%，从印度进口总额为 49.1 亿卢比，占尼泊尔进口总额的 63.5%。从数据上看，中国虽是尼泊尔的第二大贸易伙伴，但与印度之间还有很大差距。从内部环境来看，2014 年 12 月，中尼双方签署的《中国人民银行和尼泊尔国家银行双边结算与合作协议补充协议》使中尼人民币结算从边境贸易扩大到一般贸易，地域范围扩大，尼商可直接在内地开设人民币账户，一般贸易项下的签约、报关、结算均可在内地完成，仅在西藏口岸通关，西藏对尼泊尔经济合作的区位优势再次减弱。

四是经济合作层面低。目前，西藏和尼泊尔的经济合作多集中在边境贸易方面，很少共同打造经济开发项目，且双边贸易中存在贸易结构层次低、中方贸易顺差过大等问题。尼泊尔经济以农业为主，工业基础薄弱，中国从尼泊尔进口的产品仅限于皮革、面粉、手工艺品铜器制品等，规模小。中国出口的产品主要为服装等日用品，此外还有低端通信产品及机械设备。进出口产品技术含量均不高，附加值较低。由于中尼两国经济差异较大，一直以来中国对尼泊尔出口总量远大于进口总量。

五是金融合作需继续完善。近几年来，中国与尼泊尔不断深化金融领域中的合作，先后签署《双边结算与合作协议》及其《补充协议》、《中国反洗钱检测分析中心与尼泊尔金融信息中心关于反洗钱和反恐怖融资金融情报交流合作谅解备忘录》等协议。但西藏与尼泊尔的金融合作方面还存在金融机构数量少，金融产品结构不健全，金融市场容量较小，社会信用体系不完善等问题。目前，仅有4家尼泊尔商业银行——尼泊尔加德满都银行、尼泊尔孟加拉银行、尼泊尔珠穆朗玛峰银行、尼泊尔全球银行，在口岸的中行、农行开立了4个美元结算账户及3个人民币账户，且中行、农行不提供尼币兑换业务。口岸贸易中大量资金未通过金融系统进行结算，从事外汇黑市买卖的“背包商”盛行，对管理部门掌握口岸地区人民币、尼币的流通情况、有效控制“洗钱”等非法金融风险的工作加大难度。

三、次区域经济金融合作的经验借鉴

我国在次区域合作方面取得了重要进展，已形成了面向东南亚、南亚，面向中亚和面向东北亚的次区域合作格局。从我国边境重点地区的次区域合作实践来看，主要是包括大湄公河次区域经济合作和东盟自贸区、中亚次区域经济合作和图们江次区域合作等三大领域，这些合作都已经颇具规模并形成了自身的特点，值得西藏借鉴。

（一）大湄公河次区域经济合作

大湄公河次区域经济合作（Great Mekong Subregion Cooperation，GMS）于1992年由亚洲开发银行发起，是中国参与最早、成效最为显著的次区域合作机制，涉及湄公河流域老挝、缅甸、柬埔寨、泰国、越南五国和中国（云南和广西），旨在通过加强各成员国间的经济联系，促进次区域的经济和社会发展。合作注重以项目为主导，确定了交通、能源、电信、环境、旅游、农业、人力资源开发、贸易便利化与投资九个重点领域。近年来，从政府主导到企业参与，GMS合作不断深化，逐步从学者层面、高官层面走向了操作层面、企业层面，对促进次区域内互连互通、加快经济发展和经济一体化、改善民生等起到显著作用，已经成为发展中国家经济转型与整合最成功的范例之一。2013年，中国与 GMS 五国间的贸易量继续增长，总额达 1318.08 亿美元①，另在能源方面、非传统安全领域、农业和旅游领域、交通与环境合作领域等多个层面的相互合作也取得重大进展。

总结 GMS 合作特点及主要经验，大致如下：

一是建立健全了多层次的组织体系和运行机制。GMS 合作的最高决策机构是领导人会议，每三年召开一次，由各成员国轮流主办。领导人会议主要讨论和决定 GMS 合作的宏观政策和基本方针，拥有最高决策权。至今为止，已召开了五次领导人会议，取得了明显成果。其次是部长级会议。它是 GMS 合作的常设磋商、协调和决策机制，每年举行一次。再次是高官会议。每年定期召开，是 GMS 合作的议事机制，主要是商讨有关合作的政策和业务，并为部长级会议做准备。最后还有各领域的论坛和工作组会议，这是 GMS 合作的常设专业机制，目前下设了 9 个专题论坛和工作组，分别负责各领域内对具体项目进行研究、设计和实施。除此之外，在亚洲开发银行总部还设立了 GMS 秘书处，负责 GMS 的日常事务。

二是鼓励多元化的参与主体。GMS 合作秉承“政府推动、市场牵动、企业运作、社会参与”的发展模式，构建了多元参与主体“大合作”格局。亚洲开发银行是 GMS 合作项目的发起和主导机构，也是项目的协调方和出资方。次区域六国中央与地方政府、私营部门和非营利组织、其他国际组织和国家都是合作的参与主体，形成了多元主体共同治理区域公共事务的网络格局。

三是合作进程逐步深入。从合作脉络来看，GMS 沿着交通走廊—物流走廊—经济走廊—全面合作的循序渐进的进程。从合作领域看，实现了从原来的六个领域扩展到九个领域，合作范围逐步扩宽。从合作阶段来看，经历了营造互信阶段（1992—1994 年）—建立合作框架阶段（1994—1996 年）—项目准备阶段（1996—2000 年）—全面实施阶段（2000 年至今）。

四是发展策略多样有效。GMS 合作既实施大经贸战略，努力扩大商品和服务领域的出口规模；又实施发展特色经济战略，突出重点，发展本区域内有比较优势和特色的产业；还实施内外合作战略，实行全方位开放，不仅是着眼于大西南各省区市与次区域国家之间的合作，还积极与国内其他省市以及次区域外的其他国家开展多渠道的双边或多边合作。

① 数据来源于《大湄公河次区域蓝皮书》（2014）。

五是合作手段多管齐下。一是具有完备的法制手段，GMS 建立了一系列法律法规文件，以促进 GMS 贸易和投资增长；二是以项目为依托。本着“以项目引导资金，以资金带动项目”的原则，以亚行为主导，联合合作方各国政府，其他国际机构或财团筹集资金，对合作的重点领域和项目进行投资。三是规范的行政程序。如决策程序科学化，项目报批流程严格化等。

（二）图们江次区域经济合作

图们江区域位于中、俄、朝三国交界地带，在东北亚地区中占有重要的位置。1991 年，联合国开发计划署正式提出图们江开发项目，东北亚各国对合作开发项目达成基本共识。1994 年，联合国开发计划署对图们江开发区域进行了界定；1995 年，中俄朝三国签署了《关于建立图们江地区开发协调委员会的协定》，中、俄、朝、蒙、韩五国签署了《关于建立图们江经济开发区及东北亚协调委员会的协定》和《关于建立图们江经济开发区及东北亚环境准则谅解备忘录》，同时界定图们江经济开发区包括中国的延边朝鲜族自治州的延吉—珲春经济区、俄罗斯的符拉迪沃斯托克－纳霍德卡自由经济区及朝鲜的罗津—先锋自由经济贸易区。2005 年，“图们江区域开发”更名为“大图们倡议”，合作区域扩大到中国的东北和内蒙古、朝鲜罗津经济贸易区、蒙古的东部省份、韩国的东部沿海城市和俄罗斯滨海边疆区的部分地区。

经过 20 多年的合作开发，图们江次区域经济合作日益紧密，政治高度互信，经贸往来不断加深，次区域内铁路、公路、港口等基础设施得到较大改善，贸易、旅游及物流产业快速发展，经济社会发展取得较大成就，成为东北亚区域重要的经济增长极和中国东北地区国际合作发展的窗口。总结图们江次区域经济合作发展经验及特点，主要如下：

一是构建了有效的合作机制。由联合国开发计划署主导，中、俄、朝、韩、蒙等国家共同参与，制定了一系列相关协定，构建、完善了一系列双多边合作机制，形成了区域内相关国家合力推进开发的整体格局。第一，联合国开发计划署在北京设立了图们江区域开发项目秘书处，负责各成员国的总体协调工作；第二，两个协定、一个备忘录为图们江区域国际合作开发提供了合作框架；第三，建立完善了一系列双多边合作机制，双边合作机制包括中俄总理定期会晤委员会及下设的各分委会机制、中朝科技经贸联委会机制、中俄吉林省与滨海边疆区混合工作组会议机制等，多边合作机制主要有东北亚博览会、东北亚经济合作论坛、东北亚地方政府首脑会议机制等。第四，中国政府成立了以国家发改委为组长单位，外交部、商务部、科技部、财政部和吉林省政府为副组长单位，由国务院20个部委、省、区组成的中国图们江地区开发项目协调小组，吉林省和延边州、珲春市政府都相应成立了图们江地区开发领导小组，从而搭建起比较完整的组织支撑体系。

二是政府高度重视。1992年以来，国务院先后批准珲春市为沿边对外开放城市，设立了珲春边境合作区、吉林珲春出口加工区和珲春中俄互市贸易区，作为我国参与图们江区域合作的重要区域。先后批准珲春实施我国沿海开放地区相关政策措施，赋予其享受国家西部大开发和东北老工业基地振兴、出口加工区和珲春中俄互市贸易区相关政策，为加大投资合作创造了良好的政策环境。制定了图们江区域合作开发规划，2009年发布的《中国图们江区域合作开发规划纲要——以长吉图[①]为开发开放先导区》，为图们江国际区域合作开发提出了清晰的目标定位，明确了我国参与此区域开发的战略方向。颁布实施《珲春边境经济合作区管理条例》，赋予珲春相应的省级经济管理权限和优惠政策，为企业的生产运营创造了良好的市场环境。

三是合作内容日益丰富。经过多年的发展，图们江次区域合作开发的重心已从最初的开辟出海口转变为在畅通的跨国通道基础上积极发展多国间的经济合作关系。合作开发内容更加丰富，包括加强通道建设；联合开发区内的自然资源；在边境口岸或港口建立跨国经济区、保税仓储区或物流园区；开展跨境旅游业务；促进区内软环境建设等，以开边通海为突破口，带动区内相关区域商贸、工农业等全面开发开放，从而实现图们江区域各国共赢的综合性开发格局。

（三）环阿尔泰山次区域经济合作

环阿尔泰山次区域是指中国、俄罗斯、哈萨克斯坦、蒙古四国在阿尔泰山脉的结合部，主要包括中国的新疆维吾尔自治区阿勒泰地区、俄罗斯联邦的阿尔泰共和国和阿尔泰边疆区、哈萨克斯坦共和国的东哈萨克斯坦州、蒙古国的巴彦乌列盖省和科布多省，简称“四国六方”。环阿尔泰山次区域经济合作是新疆区域开放的重要体现，是中国与中亚区域合作的重要组成部分，是四国六方

① 长吉图是指吉林省的长春市、吉林市部分区域和延边州，简称长吉图，是中国图们江区域的核心地区。

政府谋求合作的重大行动。

2000 年，国家科技部批准新疆阿勒泰市举办首次中俄哈蒙阿尔泰区域科技合作与经济发展国际研讨会，会上四国六方代表签署了《阿尔泰区域合作倡议》，并确定今后每两年举办一次研讨会。2003 年 4 月，中俄哈蒙阿尔泰区域合作国际协调委员会正式成立，阿尔泰区域合作机制开始建立。近年来，在区域各方高层推动下，已成功举办了七届中俄哈蒙四国环阿尔泰山区域科技合作与经济发展国际研讨会，召开了 12 次中俄哈蒙阿尔泰区域合作国际协调委员会工作会议，先后举办了草原丝绸之路和环阿尔泰国际经济合作区前景国际学术研讨会等一系列活动。2013 年，阿勒泰市成功举办了首届环阿尔泰区域经济圈经贸合作论坛，标志着“四国六方”合作机制正式由“科技合作”向”经贸合作“拓展。2015 年此论坛升格成丝绸之路经济带环阿尔泰山次区域经济合作国际论坛。随着交往日益密切和合作的加深，区域内各方在经贸、科技、文化、旅游等领域达成了诸多共识，形成了广泛合作，取得了共赢成果。经贸合作不断加强，阿勒泰国际商会分别与四国相邻省区签订了合作协议，积极组织企业参加中俄哈蒙四国及毗邻地区举办的各类商品展洽会、招商推介会、境外考察等活动，相关项目合作进展顺利。分别与周边国家及毗邻地区政府间建立了口岸管理定期会晤、跨境消费维权、跨境旅游、人才交流、医药开发、文化交流等一系列合作机制，各项合作活动顺利推进。

环阿尔泰山次区域经济合作的深入推进，有利于四国六方在该区域共同营造互利、互惠、共赢的经济环境，发展睦邻友好关系，促进区域内各国经济的发展与繁荣。

（四）西藏与国内参与次区域合作省份的共同点

上述三个次区域合作的实例虽各有特点，但其基本情况与西藏的实际情况多有类似。独特的地缘关系、相融的民族文化及资源的互补，是国内边境省份参与次区域合作的共性。正因为西藏也具有这些特征，所以可借鉴国内次区域合作的成功经验，积极扩大对外开放。

一是国内参与次区域合作的省份，其经济发展水平大都相对滞后，经济基础总体薄弱，发展水平参差不齐，这与西藏的经济基础类似。如 2014 年，云南、广西、新疆的人均 GDP 分别相当于我国人均 GDP 的 58.45%、70.89% 和 86.48%，都低于国内平均水平。对于这些省区来说，大力推进区域开发开放，是其立足区域优势、发展地方经济的重要抓手。

二是次区域合作一般都发生在战略地位十分重要、地缘政治因素影响较大的跨边界地区。国际形势的复杂敏感，直接影响次区域经济合作的成效和进程。西藏毗邻印度和尼泊尔等，是我国西南方向的重要屏障，战略地位也非常重要，印度和西方因素是其对外开放的重要影响变量。大力推进这些区域的跨界合作，有利于以经贸关系和文化往来为纽带，增进敏感区域的政治互信和友好和睦，符合我国的政治、外交、安全等方面的利益。

三是国内参与主体大都是少数民族集中的地区，跨境民族在语言、文化、风俗等方面相似，有利于边界两国进行经济往来。例如，吉林的延边州是朝鲜族聚居区，同朝鲜、韩国、俄罗斯境内朝鲜族有着浓厚的历史渊源，因此吸引了大量的韩国企业投资，也使得大量的朝鲜族劳工到韩国务工，促进了区域内相邻国家的经济合作交流。尼泊尔本土民族中，居住在喜马拉雅山脉南脊高海拔地带的诸多民族在族源和文化上与藏民族有着密切联系和相似性。尼泊尔的所有多人口民族，都是佛教的拥护者，许多民族使用藏文作为书面语言。相似的文化和风俗，为西藏和尼泊尔加强合作创造了条件。

四是国内次区域合作主体省份与邻国贸易在其对外贸易中占据重要地位。2010 年，新疆与周边 10 国、黑龙江与俄罗斯、云南与东盟和南亚贸易额占对外贸易总额的比重分别达 86. 11%、29. 30%、40. 22%，且呈现持续上升态势，沿边省份在两国贸易中比重，多在 1/4 ~ 1/3，贡献较大。西藏情况类似，据拉萨海关统计，至 2014 年，尼泊尔连续九年保持西藏最大贸易伙伴关系，西藏 2014 年对外贸易总额的 75% 以上都来自尼泊尔。

五是相邻区域经济互补、互惠互利。次区域合作主体经济结构的互补性，有利于次区域合作深入推进、互利共赢。如中国与中亚的次区域经济合作中，中国在设备、技术、管理、资金等方面具有优势，而中亚国家拥有极为丰富的石油、天然气等战略资源，产业结构存在较大互补性，为各方在资源开发、贸易发展等方面提供了合作空间。中国与尼泊尔也有很多可以加强合作的领域。尼泊尔拥有丰富的旅游资源和水力资源，另外，自 2006 年内战结束以来，尼泊尔政府致力于发展国内经济，加强基础设施建设，健全金融机构体系和功能，但薄弱的经济基础、落后的基础设施等问题严重影响其经济发展，迫切需要改变国内社会政治经济情况的现状。可把中国经验和尼泊尔需求有机结合，拓展双方在经贸合作、旅游合作、基础设施建设等方面的合作空间。

四、推进西藏与尼泊尔合作的战略建议

基于前文中对西藏参与跨境合作的共性分析，建议借鉴国内次区域合作经验，逐步建立起西藏与尼泊尔次区域合作机制，深化双方在贸易、投资、互连互通、旅游文化等多领域的务实合作，促进中尼两国友好相处、互利合作、共赢发展，把西藏打造成为我国面向南亚开放的重要通道，为推进环喜马拉雅经济带建设奠定基础。

（一）明确合作目标与战略定位

推进西藏与尼泊尔合作的主要目标是增进共同体意识、构建合作新机制、推进西藏与尼泊尔多领域的务实合作，实现双方互连互通、合作共赢、共同发展，以加快环喜马拉雅经济带建设进程，提高区域发展的开放联动水平，维护区域和平与稳定。

西藏作为中国与尼泊尔加强合作的主要区域，应明确其战略定位：第一，打造我国西南部沿边开放开发的重要区域。发挥西藏同尼泊尔贸易的地缘优势，联动内陆腹地尤其是相邻的青海、四川、重庆等省市，打造西部省区加快对外贸易的新平台。第二，贯通南亚陆路贸易的重要通道。深化基础设施建设，大力发展口岸，夯实西藏与尼泊尔及其他相邻国家贸易发展、互连互通的基础，加快南亚贸易陆路大通道建设进程。第三，形成环喜马拉雅经济带的重要枢纽。尼泊尔是西藏最大的贸易伙伴，以加强西藏与尼泊尔区域合作为出发点，全面提升西藏对外开放开发水平，推进环喜马拉雅经济带构想尽快落地。第四，维护区域和平与稳定的重要阵地。西藏地处中国西南边疆，长期处于反分裂斗争的前沿。“治国必治边，治边先稳藏”，除了要发展地方经济，还承担着维护稳定、巩固边疆的重任。因此，有序扩大对外开放应以维护区域的和平与稳定为前提。

（二）制定全方位合作战略，双方达成共识

从 GMS 合作和图们江次区域合作经验看，国家的大力推动和高度参与是边境省份加强同周边国家区域合作的重要基础。2014 年，中国西藏—尼泊尔经贸洽谈会升格为国家级，释放出双方合作加深的信号。下一步，可在中尼两国已建立全面合作伙伴关系的基础上，制定西藏与尼泊尔全方位合作战略框架，提

升双方区域合作的重要性，并就战略层面扩大西藏与尼泊尔合作范围达成共识。及时研究制定具有前瞻性和可操作性的西藏与尼泊尔合作规划纲要，从中央层面的战略高度明确西藏参与次区域合作的目标、原则及主要措施，为深化西藏与尼泊尔的合作提供战略支撑。

（三）构建多层次合作运行机制，推进合作取得实效

层次分明、运行有效的合作机制是次区域合作取得实效的基础和平台。首先，建议成立中央层面的西藏—尼泊尔合作领导小组（也可拓展成环喜马拉雅经济带合作领导小组），各大职能部门为小组成员，全权负责区域重大事项的决策、协调与部署；西藏地方层面成立合作推进小组，具体落实合作项目的推进与实施；由发起金融机构或双方委派相关人员设立合作秘书处，负责会议的召集与日常沟通协调。其次，建立双方领导人定期或不定期协商会谈机制，就合作的重大事项达成一致意见并签订协议。再次，继续完善现有的中国西藏—尼泊尔经贸洽谈会机制，扩大社会影响力，将其发展成为西藏与尼泊尔合作的最具综合性和代表性的高层次合作交流平台。最后，设立专业的论坛或工作组，定期或不定期举办各特定领域的合作商谈，拟定合作项目计划，商洽合作的具体细节。

（四）拓宽资金来源渠道，提供资金保障

一是争取多边国际金融机构的资金支持。最近成立的金砖国家开发银行、亚投行、丝路基金都旨在向“一带一路”沿线国家以及其他面临基础设施瓶颈的发展中国家进行投资，促进区域互联互通，推动地区经济一体化。为此，可协调某一机构作为西藏与尼泊尔乃至参与环喜马拉雅经济带的倡导者和出资方，为加强这一地区的区域合作提供资金保障。如 GMS 合作中，亚洲开发银行就是其出资方，负责组织召开各类会议，并为合作项目提供资金和技术支持。二是扩大区域内金融机构的资金支持。鼓励进出口银行和国开行等外向型金融机构参与西藏与邻国的经济合作，支持国内企业或产品通过西藏口岸走出去。如，2009 年中国进出口银行发起设立了“中国—东盟投资合作基金”，主要支持区域内的基础项目建设。三是积极支持民间资本参与西藏与尼泊尔等邻国的合作、交流。借助民间资本雄厚优势，有效对接次区域优秀合作项目，促进中尼合作从高层合作逐步走向企业合作，激发次区域合作活力。

（五）加快国际通道建设，奠定合作基础

次区域国际通道建设，是次区域经济合作顺利推进的现实基础，有利于促进区域内资源要素的自由流动。发展西藏尼泊尔次区域经济合作，最为紧迫地就是建设连接中国内地城市、尼泊尔及南亚其他国家的国际大通道，逐步完善区内外陆路和航空立体交通网络，形成以国际大通道为轴线，沿边口岸和区域性交通枢纽为依托，国际国内双向畅通的区域性现代交通网络。要加快建设川藏铁路、日喀则—吉隆铁路、日喀则—亚东铁路，依靠青藏铁路、川藏铁路的延伸，使印度、孟加拉国以及其他南亚国家和地区铁路系统通过尼泊尔与中国相连，促进南亚陆路大通道的顺利建成。积极支持和参与尼泊尔灾后道路重建，加快中尼公路的升级改造，规划建设西藏区内和连接相邻省市的高等级公路，提升交通便捷化。借助西藏航空与尼泊尔企业合资建立喜马拉雅航空的契机，促进中尼及周边地区建立起更多的空中桥梁；推进拉萨机场扩容改造，逐步开通拉萨至国内主要城市的直飞航线。

（六）推进口岸建设，加快设立跨境经济合作区

从理论角度看，根据生产要素的流动程度级别，经济一体化有以下六种等级递增的状态：特惠关税区、自由贸易区、关税同盟、共同市场、经济同盟、完全经济一体化。借鉴内地沿边省份经验，结合西藏实际，我们可以口岸为依托，设立跨境经济合作区①，最终探索建成自由贸易区。因此，一是按照自治区“重点建设吉隆口岸，稳步提升樟木口岸，积极恢复亚东口岸，加快发展普兰和日屋口岸”的口岸建设思路，大力推进西藏与周边国家的经贸合作，逐步将西藏打造成为中国陆路通往南亚国家的贸易和物流中心。二是强化口岸基础设施建设，加强边境口岸改造及查验设施建设，改善边境口岸通行条件。三是帮助、支持尼泊尔建设与西藏相邻的口岸，实现西藏与尼泊尔的互连互通。四是加快建设中尼吉隆口岸跨境经济合作区，打造中国内地联系南亚国家市场的纽带。吉隆口岸历史上曾是西藏与尼泊尔最大的陆路通商口岸，要充分利用吉隆口岸恢复开放的后发优势，推进吉隆口岸边境经济合作区的建设进程，吸纳更多物流、人流、资金流，为腹地之间的交流合作提供平台，提升口岸贸易水平。五

---

① 跨境经济合作区是中国沿边开放城市发展边境贸易和加工出口的区域，是沿边地区各种资源和要素相对富集的地区。

是樟木口岸作为西藏唯一的国家一类陆路通商口岸，在樟木口岸灾后重建工作中，要科学规划口岸布局、全面提升口岸功能，并探索推进樟木口岸边境经济合作区建设。六是待吉隆、樟木边境经济合作区运行成熟之后，可研究建设西藏—尼泊尔自由贸易区的可行性。

（七）以发展特色产业和优势项目为支撑，深化合作内容

跨境通道、经济合作区的建设为次区域合作搭建平台；利用资源比较优势、深化产业和项目合作则是西藏、尼泊尔次区域合作的重要内容。目前，西藏正面临着培育新的增长极、促进经济跨越式发展的战略选择，而尼泊尔在资源开采开发方面能力较差，交通基础设施建设面临资金短缺，迫切需要外国投资者提供技术和资金支持。双方都存有加强对外交流与合作的内生动力，需以产业和项目为支撑，全面深化和拓展合作内容。从发展战略来看，西藏仍要加快转变经济发展方式和提高自我发展能力，大力培育特色优势产业，重点支持旅游业、藏医药业、民族手工业、特色农牧业、绿色食（饮）品业等发展壮大，改进公司治理，提高产品质量，扩大品牌影响力，推动双边贸易对象由层次较低的原材料和初级产品向深加工的、高附加值的产品形式拓展。从具体形式来看，双方应以经济合作区为载体，出台优惠政策，吸引外来投资，扶持本地优势产业发展壮大；设立一些具有地方特色的精品项目，吸引要素资源向区内聚集，增强西藏与尼泊尔次区域合作的吸引力和凝聚力。从产业结构来看，第一，尼泊尔是农业国家，西藏的农牧业也是区域特色产业，但双方农（牧）业发展水平都很薄弱，因此，可以借助中国腹地城市的技术和资金优势，提升农产品的深加工水平，促进双方的第一产业稳步发展。第二，西藏和尼泊尔的民族手工业都极具特色，双方可以加强合作，打造区域品牌，共同提升本区域民族手工产品的竞争优势，营造共同发展和共赢的良好局面。第三，西藏是世界旅游目的地，旅游业是当前西藏与尼泊尔的重点合作领域，也是最具得天独厚的合作条件和广阔前景的产业。双方应尽快消除旅游障碍，加大双方旅游资源的宣传，合力打造精品旅游项目，如开通边境一日游、穿越喜马拉雅之旅或是宗教文化之旅等，提升旅游的便捷性，以旅游带动人员流动、资金流动、商品流动，增进了解和友谊，巩固合作基础。第四，西藏与尼泊尔具有源远流长的文化交流历史。要加强文化交流，完善文化交流平台，丰富交流形式，突出思想上的交流相融、文化上的交流互鉴，从而消弭地缘政治因素带来的不确信，在多样中

求同一，在差异中求和谐，夯实区域合作可持续和深入推进的基础。第五，西藏可充分利用资源比较优势和连接国内腹地的优势，积极承接东部发达地区的产业转移，延伸产业链，促进对外贸易增长。

（八）加强金融合作，促进双方合作走向深入

金融合作是次区域合作的重要基础和核心环节，而次区域的全方位合作又为金融业提供了较大的发展空间。相关机构应抓住契机，深入研究中尼金融合作事宜，在机构互设、国际结算、项目融资、贸易融资等业务领域开展深度合作和创新，服务于次区域的全面合作。一是加强两国中央银行的交流与合作，奠定双方金融合作基础。推进货币互换协议、本币结算协议的签订，促成放开对尼泊尔银行开办人民币账户及相关业务的限制，推进中尼跨境人民币结算业务日益规范。鼓励两国金融机构在对方设立分支机构，为中尼经济贸易提供投资、结算便利。在对尼投资、对尼援助、对尼贷款方面，以人民币形式进行计价结算，支持人民币走出去。以举办合作交流会、洽谈会等形式加强边境金融机构之间的沟通与交流。二是发挥政府主导作用，改善金融合作外部环境。由政府主导和推动，促进双边金融机构达成合作共识、商研合作计划并尽快付诸行动。设立专项资金用于补贴商业银行因开办尼币等兑换业务而产生的汇率损失，建立对商业银行的相关成本补偿机制与风险分担机制。赋予税收、土地、补贴等优惠政策，鼓励和支持设立边境金融机构。三是积极适应人民币国际化的新形势，优化外汇管理。针对当前中尼边境贸易业务特点，制定差异化管理措施。实行优惠外汇管理政策，提升贸易便利化。减少进出口企业利用自有资金通过 NRA 账户空转的现象，进一步降低企业经营成本。在建立通畅的贸易结算的前提下，加大对口岸外汇黑市的打击力度，规范背包商经营行为。四是发挥商业银行的主力军作用，促进金融合作取得实效。境内金融机构尽快开办尼币账户和尼币兑换业务。积极开展和创新国际业务，满足国际贸易、投资的金融需求。加强与尼泊尔主要商业银行的金融合作，熟悉当地政策和市场现状，拓展业务发展空间。

参考文献

［1］余昺雕，蔡旭阳，卢丽：成长三角：理论与现实——图们江与湄公河地区成长三角开发实践的比较．东北亚论坛，1999（4）．

［2］王荣成，陈霞：东北亚与东南亚地区次区域国际合作对比研究［J］．世界地理研究，2001（4）．

［3］郭晓合：中国—东盟双边贸易、次区域经济一体化问题研究［M］．中国时代经济出版社，2002.

［4］刘保奎：加快国际次区域产业合作的思路与对策［J］．宏观经济管理，2013（6）．

［5］张杰：次区域经济合作研究——以大图们江次区域经济合作为中心［D］．吉林大学，2009.

西藏对外贸易发展金融支持力度量化分析与对策

中国农业银行西藏分行课题组
课题组组长：闫　军
课题组成员：王　岩　陈　霞

摘要：本文以西藏作为分析对象，运用 OLS 线性回归分析方法，采用 Eviews 5.0 统计软件，对西藏自治区国民经济和社会发展统计公报公布的 2005—2014 年的经济数据进行计量分析。力图在揭示西藏对外进出口贸易和金融机构贷款、经济增长之间数量关系的基础上，探究西藏金融机构贷款对对外进出口贸易发展的促进作用，并针对当前西藏进出口贸易发展状况，提出促进西藏对外贸易发展的对策建议。

关键词：西藏对外贸易　金融支持力度　量化分析对策

一、经济计量分析

（一）模型建立

将西藏对外进出口贸易总额对金融机构贷款的影响分解为两部分：一是 GDP 增长对金融机构贷款的影响，分析金融机构贷款与 GDP 变动的关系；二是对外贸易发展对 GDP 的贡献，主要分析 GDP 与对外贸易的关系。在此基础上，推导出金融机构贷款与对外进出口贸易发展相互变动量化规律。用 d（*loan*）/d（*export*）表示对外进出口贸易变动引起贷款变动的数量关系、d（*loan*）/d（*gdp*）表示对 GDP 变动引起贷款变动的数量关系，d（*gdp*）/d（*export*）表示对外进出口贸易变动引起 GDP 的数量关系。建立模型方程为：

$$d(export)/d(loan) = d(export)/d(gdp) \times d(gdp)/d(loan)$$

（二）数据选择与来源

本文以季度为周期统计数据。采用的数据是 2005—2014 年的季度数据，40

个样本数量，数据来源于西藏自治区国民经济和社会发展统计公报（2005—2014）。

（三）回归分析

1. 根据西藏自治区国民经济和社会发展统计公报2005—2014年数据，运用统计软件Eviews 5.0对GDP和贷款余额进行OLS线性回归分析。回归分析结果显示，贷款与GDP显著正相关，说明GDP和贷款余额变动方向是一致的。银行贷款增加越多，经济增长就越快，金融机构对经济增长的拉动力就越强劲。具体结果为：西藏自治区金融机构的贷款增加1亿元，西藏自治区的GDP增加1.1632亿元。

2. 运用统计软件Eviews 5.0对西藏自治区进出口额和西藏自治区GDP进行OLS线性回归分析。回归分析显示，进出口总额与国内生产总值正相关。具体结果为：西藏自治区国内生产总值增加1亿元，进出口增长0.02145亿美元。

3. 计算得出西藏自治区对外贸易发展金融支持力度。根据以上回归分析，计算得出2005—2014年西藏自治区对外贸易发展金融支持力度。西藏自治区2005—2014年对外进出口贸易商品总额与金融机构贷款总额正相关，金融机构贷款增加1亿元，对外进出口贸易总额约增加249.5万美元。

（四）结论的局限性及启示

1. 局限性。由于西藏独特的地理环境，在樟木、普兰、吉隆、日屋和亚东口岸的对外边贸中，存在一定比例的“易货”方式的对外贸易方式。这种方式没有货币收支，无法在西藏自治区国民经济和社会发展统计公报中体现，影响了对结果可靠性的判断，计量结果并不是很准确，仅仅具有一定的可说明性。

2. 启示。目前，西藏经济正处在一个深层次的调整期，经济下行压力进一步加大，辖区内进出口贸易深受影响。根据国家商务部统计，2015年1~7月份，自治区进出口总额为6.33亿美元，同比下降36.9%。面对如此严峻形势，运用OLS线性回归分析方法，采用Eviews 5.0统计软件，揭示西藏对外进出口贸易和金融机构贷款之间数量关系，对央行如何运用金融机构贷款这一经济杠杆，撬动对外贸易的平稳、健康发展；对金融机构贷款进行结构性调整，重点加大中小企业及民营出口企业的金融支持力度，有效控制经济运行下行风险，促进西藏对外贸易发展具有一定的现实意义。

二、西藏自治区金融支持力度现状及存在的问题

（一）现状

1. 中央政府特殊优惠金融政策。实行优惠贷款利率政策，一般类贷款执行比全国各档次基准利率低2个百分点，扶贫贴息贷款执行1.08%的优惠贷款利率政策，直接降低了借款人的融资成本；实行利差补贴和综合费用补贴政策，切实增强了银行业自身发展能力；实行扶贫贴息贷款政策，有力支持了全区农牧民增收致富；实行优惠的外汇管理政策，拓宽了企业融资渠道，改善了外商投资环境，也推动了辖区银行外汇业务的快速发展。近三年间，西藏年均新增进出口企业近30家；新增开办外汇业务的银行机构12家、42个网点，外币代理兑换机构6家。

2. 西藏自治区对外贸易发展态势。2014年全年进出口总额138.48亿元，比上年下降33%。其中：出口总额129亿元，下降36.6%；进口总额9.48亿元，增长2.1倍。全年，尼泊尔联邦民主共和国为最主要贸易伙伴。2014年，自治区与99个国家和地区开展双边贸易，其中与尼泊尔的贸易总值为122.09亿元，增长1.5%，占外贸进出口总值的91.2%。除尼泊尔外，西藏外贸前三位伙伴国分别为德国、美国和比利时。全年实际利用外商直接投资15854.62万美元，审批利用外商直接投资项目12家。

3. 金融支持外贸企业发展。截至2014年末，西藏自治区本外币贷款余额1619.46亿元、比年初增长50.2%。信贷投向重点突出、结构进一步优化，中小微企业贷款余额608.92亿元、比年初增长44.72%，涉农贷款余额297.26亿元、比年初增长98.09%，扶贫贴息贷款余额214.56亿元、比年初增长近两倍。中国银行西藏分行发挥国际业务优势，助力外贸企业发展。从1985年至今，已累计发放外贸企业贷款9.76亿元，办理跨境人民币业务29.36亿元，占全区的95.26%；从2010年至今，向特色民族手工业企业发放贷款超过1.3亿元，用于扶持编织、藏药等特色产业发展。农业银行西藏分行努力提升金融服务水平，大力拓展国际业务经营范围与品种，陆续开展了包括汇款、进出口信用证以及进口代收、出口跟单托收业务、国际贸易融资等，截至2014年末，完成国际结算量2167万美元，市场份额上升3.39%；跨境人民币结算业务量达到17.79亿元，增幅193.31%，办理西联汇款为13.94万美元。

（二）存在的问题

1. 西藏特色产业没有形成外贸支柱产业。特色产业的发展，一直没有走出“大资源、小作坊、低效益”的发展困境。特色产品的科技含量低及粗加工，是制约西藏特色产业发展壮大的一个主要因素。目前，西藏特色产业布局的重点地区是拉萨、林芝、日喀则和山南一市三地区，重点特色产业是农牧业及其加工业、旅游业、藏医药业和民族手工业、民族文化产业和特色建筑业。生产的特色产品主要有虫草、羊毛、羊绒、核桃、畜牧产品等。这些产品的生产属于初级产品加工，生产企业规模小、生产方式粗放，自我发展能力弱，产品科技含量偏低，缺少产品的精细加工，产品缺乏市场竞争力。西藏旅游业已成为西藏的支柱产业之一，但因其存在规模较小、基础较薄弱、设施不完善和自然生态环境的脆弱性等不利因素，在一定程度上制约了旅游业的可持续性发展。

2. 西藏金融机构贷款支持倾斜于大企业。国有大型企业和上市公司是金融机构的首选优质客户，也是各家银行高层营销竞争的首选。这样，就形成了国有大型企业和上市公司的金融支持力度和资金满足程度相对较高，而其他小微企业的金融支持力度和资金满足程度相对较低的局面。其后果是：一是影响贷款效益的提高。由于国有大型企业和上市公司融资渠道相对较多，对银行资金的依赖程度相对较弱，直接融资和间接融资成本相对较低。二是金融机构同业之间过度竞争减弱了贷款的安全性。由于金融机构之间经营具有同质性，都偏好将信贷资金投放到国有大型企业和上市公司，激烈的同业竞争将导致放松企业融资条件，容易导致银行的信用风险和操作风险的发生，影响银行的贷款安全。三是小微企业尤其是民营企业的成长受资金制约的问题日益突出，弱化了金融对对外贸易的支持力度。

3. 西藏金融机构信贷操作流程内部时滞较长。目前，金融机构贷款审批实行授权制，对于大型进出口企业贸易融资，银行信贷操作流程内部时滞较短，但贷款需求量较少，甚至无需银行信贷支持。对于小微外贸企业及民营外贸企业贸易融资需求旺盛，但金融机构信贷操作流程内部时滞较长。其一般流程是：一是国际业务部门技术审查后报送信贷部门；二是信贷部门实行贷前调查，然后报送二级分行审批；三是再送区分行审批。特别是对于小微外贸企业及民营外贸企业押汇业务，易出现银行审批流程未结束，回款已到账，这样就会减弱对外贸易金融支持的力度。

4. 西藏金融业产品创新能力不足。目前，西藏金融业虽然引进了许多内地优秀人才，带来内地先进发展理念和金融创新产品，为西藏金融业的发展作出了一定的贡献。但由于引进的人才轮换频繁，缺乏长期业务发展思路，各家银行的信贷管理重风险管理、轻产品创新机制。特别体现在银行信贷业务和产品创新方面，信贷产品创新能力不足，即使已推出的创新业务和新产品，也大多处于浅表层次，也只是在原有产品的基础上简单的微调，没有实质性的产品创新，缺乏面向自治区“三农”客户个性化、差异化服务品种，这样就减弱了对外贸易金融支持力度。

三、对策与建议

（一）用好用足用活中央政府赋予西藏特殊优惠金融政策

中央政府赋予西藏一系列特殊优惠金融政策，需要我们正确理解和把握政策的基本内涵和政策要义。一是在政策细化上下功夫。把政策的对象、主体、手段、目标、要求、时间、步骤等要素进行合理的细分，使之更加具体、明确，更具有可操作性。二是在政策衔接上下功夫。积极主动争取和利用政策、项目、资金支持，确保贯彻落实中央赋予西藏一系列特殊优惠金融政策取得实际成效。三是在政策落实上下功夫。抓住机遇，充分释放政策效应，把各项支持政策落到实处；建议将财政各种补贴资金转化为小型外贸企业发展基金或担保基金，有效解决小型外贸企业融资难的问题。四是在政策创新上下功夫。从西藏地区对外贸易发展的实际出发，因时因地因企而异，创造性地贯彻落实中央政府赋予西藏一系列特殊优惠金融政策；充分利用政府招商引资平台和物交会平台，扩大西藏特色产品的知名度及品牌的影响力，使西藏特色产品走出西藏、走向世界。

（二）依托外贸企业发展带动藏区农牧业发展

按照中央“实事求是、因地制宜、突出特色、精准扶贫”的精神要求，审时度势，破除思维定式，辩证看待藏区自身基础条件。重新审视“腹地”的独特区位优势，树立“农牧业特色产业是外贸企业发展的源头，是帮助农牧民脱贫致富的重要渠道”的理念，依托区域经济优势，为外贸企业发展注入资金活力。大力发展藏区特色产业和优势产品，不断增强农牧业发展的内动力，不断提升农牧业生产链条的创新发展能力，使其得到延长拓展，使这些特色优势产业逐步成为藏区经济发展新引擎。通过藏区外贸企业的发展，带动农牧民经济收入的增加，从而实现藏区农牧民经济利益的最大化。

（三）加大对西藏小型外贸企业的信贷支持力度

改进银行信贷管理制度，合理下放贷款权限，确保小型外贸企业贷款增速适度合理增长。在风险可控的前提下，对基本面较好、信用记录较好、有竞争力、有市场，但暂时出现经营或者财务困难的小型外贸企业给予信贷倾斜。对经贷款审查、评估，确认资信良好、确能偿还贷款的小型外贸企业，尤其是对被银行业协会评定为“诚信企业”和评定为本行优质客户的小型外贸企业，发放信用贷款予以支持。

（四）加快金融创新步伐，全力满足外贸企业多元化融资需求

通过“海外代付”、“外保内贷”和“信托收据贷款”等国际贸易融资产品，加大对西藏中小型外贸企业的支持力度，满足其合理融资需求。借鉴内地发达城市国际贸易融资业务的先进理念和经验，积极探索开展“担保基金+银行信贷+政府风险补偿”、“信贷+保险”等模式的小型中外贸企业贷款，探索开展应收账款质押贷款、仓单质押贷款、法人代表个人财产担保贷款、联保贷款、进出口退税账户托管贷款等融资方式。同时，也要强化政府政策，引导各家商业银行拓宽融资抵押担保范围，完善信用担保体系，加大金融支持外贸企业发展力度，有效解决西藏中小出口企业融资难的问题。

参考文献

西藏自治区国民经济和社会发展统计公报（2005—2014）.

西藏自治区边境贸易人民币结算的法律机制研究

——以中尼边境贸易为例

何 尧 曾 懿

摘要：自20世纪90年代以来，西藏自治区的边境贸易得到了快速发展，同时，随着人民币国际化进程的加快，人民币逐渐被周边国家所接受，由此对西藏自治区边境贸易人民币结算提出了更高的挑战。西藏自治区边境贸易人民币结算业务的发展，促进了西藏自治区与邻国关系的和睦友好，同时对西藏自治区经济的发展以及社会的稳定都具有重要意义。

西藏自治区边境贸易人民币结算法律机制仍然存在一些问题，例如，对“背包商”监管制度的缺失；与邻国间缺乏交流与合作且未签订货币互换协议；边境贸易参与者法制意识淡薄，加大了执法难度等问题，严重制约了西藏自治区边境贸易的发展。为此，笔者主要从立法角度提出了制定监管“背包商”的地方性法规以及与邻国签订货币互换协议等建议，同时还从执法角度提出了笔者的看法，以此希望能解决西藏自治区边境贸易人民币结算法律机制上的问题，从而促进西藏自治区边境贸易的发展。

关键词：边境贸易 人民币结算 法律机制

一、绪论

（一）选题背景与意义

随着中国经济的快速发展，经济实力的增强，对外开放程度的扩大，国际地位的不断提高，人民币在邻国的使用越来越广泛，人民币区域化、国际化进程逐步加快。同时随着国家“一带一路”战略的不断推进，将促进西藏自治区与南亚各国的交流沟通，增进理解互信，拉紧友谊纽带，特别是在双边贸易人民币结算方面加强合作，为各国经济贸易的发展和维护地区稳定创造有利条件，促进西藏自治区和周边国家和平发展、区域和谐稳定。西藏自治区将以此为契机，实现多领域的跨越式发展，建立更加完善的金融服务体系，促进西藏自治区边境贸易、人民币结算业务以及社会经济的稳步、快速发展。

西藏自治区与南亚各国都有接壤，开展边境贸易的地理条件优越。西藏自治区相比于内地其他省份，经济发展较为落后，其边境贸易在西藏对外贸易中一直占据着重要位置，且增长势头强劲，边境贸易总额在对外贸易总额中年平均占比达 50.09%，2014 年第一季度，边境贸易进出口总额达到 2.63 亿美元，占进出口总额的 86.8%。[①] 若能充分发挥西藏自治区的地缘优势，加大西藏自治区的对外开放力度，大力发展边境贸易，必将提高西藏自治区的经济发展水平，促进西藏自治区经济的繁荣和社会的稳定，提高我国在南亚的国际经济地位，促进国内沿边开放战略的实施和国内整体对外开放格局的形成。

西藏自治区是全国五大少数民族自治区之一，国家主席习近平曾提出“治国必先治边、治边必先稳藏”的方针政策，由此可以看出西藏自治区具有不同于其他自治区的特殊性，区情较为复杂，自治区政府在发展经济的同时，更要维护社会稳定、反对分裂。西藏自治区的边境贸易主要是同南亚国家开展，在其特殊复杂的区情下，边境贸易人民币结算也具有不同于其他边境地区的特点。因此，西藏自治区政府需要结合本地区实际，充分运用宪法赋予民族区域自治地方的经济自治权，制定适合我区与南亚国家边境贸易发展的法律法规和政策，以促进西藏自治区与南亚国家边境贸易人民币结算业务的发展。

二、文献综述

从笔者收集的资料来看，关于跨境贸易人民币结算方面的研究颇多，且都取得了很有意义的研究成果。本文将在对前人的研究成果进行分析总结的基础上，开展进一步的研究。下面将从边境贸易发展以及人民币结算法律机制等方面进行文献综述。

一、关于我国边境贸易发展的研究成果。毕治、李清（2008）在详细介绍边境贸易的方式及管理、一般程序、保险、结算以及运输等边境贸易实际操作的全流程，同时，对边境贸易的索赔和争议解决，以及我国目前边境贸易存在的问题进行了分析讨论。该书是对中国边境地区进行深入实际调研后形成的，

---

① 数据来源于中国人民银行拉萨中心支行：《西藏跨境贸易人民币结算工作情况汇报暨与南亚国家开展货币合作和跨境人民币业务的建议》，2014 年 5 月.

同时结合了对外贸易和边境贸易的理论和法规，因此对于笔者了解掌握边境贸易操作流程提供了帮助。那颖（2010）讨论了在经济全球化和西部大开发战略实施的新形势下，西部地区要如何利用地缘优势、人缘优势、资源优势推动边境贸易进一步发展的问题。阿木尔吉力根（2010）对我国边境贸易的起源及历史演变、我国边境省区边境贸易发展的概括、我国边境贸易的现状分析、发展边境贸易的软硬件环境、边境贸易民族地区经济发展、构建我国边境贸易自由贸易区的战略构想以及我国边境贸易未来的发展等方面做了深刻的研究。

二、关于边境贸易人民币结算法律机制方面的研究成果。我国的陆地边境线有2万多千米，与15个国家相邻，并与其开展了一般贸易和边境贸易，因此，国内学者对我国与周边国家开展跨境贸易人民币结算做了大量的研究，并提出了大量的法律政策建议。张利俊（2012）提出中俄两国央行应加强沟通合作，设立边贸银行清算中心，双方银行在对方银行设立双本币账户，畅通人民币结算渠道，制定人民币与卢布直接汇率，简化核销监管手续，实行人民币出口退税政策，并加快边境贸易金融服务体系法制创新，为实现人民币区域化奠定基础。乔兆容（2011）认为我国人民币跨境贸易中在汇率风险控制方面、监管方面、立法层级方面以及对非法结算方面都存在着法律机制上的缺失。因此，需要完善立法，加强监管，加大查处力度。李倩（2012）在对新疆人民币跨境结算存在的风险和问题进行分析的基础上，提出在外汇管理上应合理放权、对出口退税加强监督管理、提高跨境贸易人民币结算比例以及完善能源贸易结算体系等政策建议。冯宇（2013）提出要推进中越边境贸易人民币直接结算，需要完善银行直接汇率报价支持性体系和人民币回流机制，规范“地摊银行”，提高人民币结算比例和加强两国官方机构的合作。朱泓瑾（2014）对中哈两国人民币结算存在的问题进行了分析，提出在跨境结算中应提高企业的话语权和金融支持的力度，政府应加大对跨境贸易人民币结算的政策支持和监督力度。张风科（2012）从非正规金融的视角，对中越边境贸易的重要参与者“地摊银行”进行了详细的研究，指出“地摊银行”在边境贸易中存在的必要性，提出需要让“地摊银行”阳光化，并对其加强监督，规范发展，完善边境贸易金融服务支持体系。陶雯婷（2013）从经济学的角度，介绍了人民币跨境贸易的现状，对影响跨境贸易人民币结算的因素进行了实证分析，提出要优化人民币结算的宏观环境，加强银行的结算服务能力。李隆仕（2006）在介绍了西藏边境贸易的基本情况和主要特点的基础上，指出西藏边境贸易在结算上存在结算体系不完善、汇率问题、账户问题以及清算问题等，提出了应引导规范“地摊银行”发展，由政府部门、各商业银行共同推进边境贸易发展的政策措施。常晓明（2014）提出中俄两国应加强沟通协调，创造良好的结算环境；中国应加强人民币结算制度的宣传，倡导边贸企业用人民币进行结算。米玛旺堆（2014）从商业银行的角度，提出应建立西藏自治区内外人民币循环机制，从政府层面与尼泊尔完善相关政策配套措施。

三、对文献的评述。一是国内学者对中国边境贸易的发展作了大量全面、系统的研究，为笔者了解我国边境贸易的历史发展、现状、边境贸易业务的交易、结算流程、以及未来发展的方向等提供了帮助。二是我国陆地边境与多个国家相邻，并与其开展了跨境贸易。国内学者对中越、中缅以及中国与中亚等国家的跨境贸易人民币结算法律机制进行了大量的研究，并提出了一系列的政策法律建议，但是都没有针对西藏自治区的内容，因此对于西藏自治区边境贸易人民币结算法律机制研究还是一个空白，但其经验和启示对本文研究西藏自治区边境贸易人民币结算法律机制提供了参考和帮助。三是在边境贸易中实现人民币结算是人民币区域化的体现，是实现人民币国际化的基础和前提，国内学者也对我国边境贸易人民币结算进行了大量的研究，其成果对促进我国边境贸易人民币结算的发展具有重要意义，因此，笔者在借鉴其成果的同时，结合西藏自治区的特殊区情来研究西藏自治区边境贸易人民币结算法律机制，具有一定的意义。

三、边境贸易人民币结算法律机制概述

（一）边境贸易人民币结算的概念

跨境贸易是指国与国之间进行的商品和劳务交换[①]，边境贸易属于跨境贸易的一种，边境贸易是指在国家边境地区的一定范围内的边民或企业与邻国边境地区的边民或企业所开展的货物贸易。具体存在两种贸易形式，第一种是边民互市贸易，即两国边境地区的边民进行的货物贸易；第二种为边境小额贸易，即两国边境地区的企业所进行的小额贸易[②]。

边境贸易人民币结算是指在边境贸易中，把人民币作为贸易进出口双方的

① 跨境贸易的概念摘录自百度百科对跨境贸易的解释.

② 边境贸易的基本概念摘录自百度百科对边境贸易的解释.

主要计价货币，人民币承担了计价和结算两种货币职能①。在边境贸易中使用人民币进行结算，可以促进人民币的区域化，贸易双方还能享受税收上的优惠，同时有利于外汇管理部门加强对人民币的流通监测。

（二）边境贸易人民币结算现行法律机制内容

20 世纪 90 年代以来，国家批准了多个边境城市从事边境贸易试点，同时，在 1994 年的《对外贸易法》中从法律上对边境贸易进行界定，对于边境贸易实施中的具体内容则由国务院相关部委来制定实施。对于边境贸易人民币结算，中国人民银行、财政部、税务总局、海关总署等部委自 2003 年以来相继出台了多部关于边境贸易人民币结算的政策法规，从而从制度上对边境贸易人民币结算进行了规范管理，促进了边境贸易人民币结算业务的快速发展。

中国人民银行是边境贸易人民币结算的相关政策法规的主要制定者，人民币结算涉及贸易双方在商业银行开立和使用结算账户、涉及人民币在国外的流通与回笼、涉及人民币的收付信息监测、国际收支统计等内容，而这些内容都与中国人民银行息息相关。因此，中国人民银行于 2003 年、2005 年、2010 年对人民币结算过程中存在的结算账户管理、人民币的流通与回笼以及人民币的收付信息监测等问题制定了相关政策法规，从制度上加强了对人民币和人民币结算账户的管理，为边境贸易的顺利开展提供了便利。

在边境贸易中，国家对使用人民币结算的贸易给予了税收方面的优惠，财政部、税务总局于 2009 年和 2010 年制定了相关政策法规，对在边境贸易使用人民币结算的进出口贸易的税收优惠进行了相关解释和说明，同时，在人民币结算退免税政策中，对相关企业是否能享有退（免）税政策以及应该走什么程序进行了详细规定，还披露了相关边境省份（自治区）的试点口岸，其中就包括西藏自治区的四个口岸（普兰、吉隆、樟木、日屋），从而在很大程度上促进了西藏自治区边境贸易人民币结算业务的发展。

在边境贸易中不可避免的会涉及贸易货物的进出关，因此，海关总署于 2009 年对以人民币申报贸易货物进出关的通过管理措施进行了明确，以此保证了边境贸易人民币结算业务工作的顺利进行。

对于各省（自治区）而言，中国人民银行的各分支机构、地方财政厅、税

---

① 边境贸易人民币结算的基本概念摘录自百度百科对边境贸易人民币结算的解释.

务局、海关等单位则是边境贸易人民币结算相关政策法规的具体执行者和指导者。中国人民银行的分支机构按照中国人民银行总行的相关政策规定，负责管理和指导所辖地方边境贸易人民币结算所涉及的结算账户管理、人民币的流通和回笼、人民币收付信息监测以及边境贸易国际收支统计的工作；地方财政厅、税务总局按照国家财政部政策要求，对边境贸易人民币结算的企业是否能享有退（免）税政策以及应该走什么程序进行了详细规定，同时执行相关政策；海关按照国家海关总署政策要求，执行人民币申报货物进出关的通关工作。

（三）边境贸易人民币结算法律机制的西藏适用

国务院相关部委制定了多部关于边境贸易人民币结算方面的政策，西藏自治区相关部门根据相关部门规章精神和要求，印发了人民币结算相关业务的操作指引实施细则和通知，使边境贸易人民币结算相关政策法规在西藏自治区边境地区的边境贸易中得到了落实。

一是2010年9月，为保障西藏自治区人民币结算业务工作的顺利开展，西藏自治区成立了自治区跨境贸易人民币结算试点工作领导小组，并规定了领导小组的相关职责。同时，领导小组下设办公室，办公室设在中国人民银行拉萨中心支行，由中国人民银行拉萨中心支行负责西藏自治区边境贸易人民币结算的统筹管理和指导工作。同年，中国人民银行拉萨中心支行出台了《西藏自治区跨境贸易人民币结算试点操作指引》，指导企业和商业银行机构正确办理跨境贸易人民币结算业务，促进了西藏自治区跨境贸易人民币结算试点工作的有序开展。

二是2010年9月，西藏自治区财政厅和西藏自治区国家税务局联合下发了《关于边境地区试行一般贸易和边境小额贸易出口货物以人民币结算准予退（免）税政策的通知》，对实行边境贸易人民币结算的企业是否能享有退（免）税政策以及应该走什么程序进行了详细规定。

四、西藏自治区边境贸易人民币结算的法律机制问题分析——以中尼边境贸易为例

（一）对背包商的法律监管制度缺失

背包商也称地摊银行，是指在边境地区从事双边货币兑换的经营者，也从

事一些借贷业务，广泛存在于中国边境地区，是当前中国边境贸易结算不可或缺的一部分。在西藏自治区樟木口岸，很多的货物贸易结算都是通过背包商等地下渠道进行结算，加上旅游等外币现金兑换均通过背包商进行，形成了樟木特色的专门提供外币兑换的背包商市场。据个别进出口企业介绍，有的贸易结算大量使用现金，甚至出现一次性几百万元的现金用于贸易结算。尼泊尔进口商将现金付给背包商，背包商再通过一定的途径用人民币来支付出口商货款。

背包商的存在，具有其必然性。由于存在双边本币结算业务的空白，因此，背包商为需要进行双边本币结算的贸易方提供了便利，间接的促进了边境贸易的发展和人民币的区域化和国际化。同时，由于向背包商贷款具有贷款容易、时间快、手续简单、利息由双方协商决定等特点，对一些通过正常渠道难以融资的企业或个人有很大的吸引力。

但是，在其存在的必然性背后，最大的问题就是背包商缺乏法律制度上的监管。在西藏自治区，对于背包商还没有相关法律制度将其纳入金融监管体系，甚至对于其是否应该允许其存在也没有定论，据笔者了解，还没有学者对西藏自治区的背包商进行专门的研究。在我国的其他边境地区，特别是中越边境，地摊银行得到了越南政府的承认，但中国政府没有承认其合法性。由于地摊银行在边境贸易结算中存在不可或缺的作用，中国政府采用的是默认其发展的态度。因此，在这种情况下，必然会产生很多问题：首先是背包商手里有大量的现金，且游离于银行体系之外，金融监管机构很难对该部分人民币进行管理。同时，一些犯罪分子制造的假钞广泛存在于背包商的现金之中，假钞在给贸易企业带来损失的同时，也损害了人民币在国外的形象，不利于人民币国际化的发展。其次背包商进行双边货币兑换工作影响了我国的汇兑政策和外汇管理工作的开展。背包商汇兑的利率是在当天两国央行公布的本币兑美元利率的基础上进行换算而成，且没有上浮限制，因此严重影响了我国的汇兑政策。同时，背包商的汇兑会促生严重的非法外汇交易，影响外汇管理工作的开展，而且，不利于管理部门掌握口岸地区人民币、尼币等币种的流通情况，给金融管理和研究部门扩大了统计误差[①]，同时增加了研究难度。再次，背包商的存在容易导致洗钱等金融犯罪，加大国家反洗钱工作的难度。背包商的交易方式决定了背包商对于前来兑换的货币不会追问货币的来源，一些通过贩毒、受贿以及支持

① 此处的统计误差是指国家对边境贸易额，人民币结算额的统计误差.

分裂势力的资金可以很容易通过背包商进行跨境流通，但由于现今还没有法律制度对其交易进行监管，从而加大了国家反洗钱工作的难度，进而威胁到西藏自治区经济的发展和社会的稳定。最后，背包商的存在严重挤压了两国金融机构进行合作的空间，跨境贸易结算需要两国金融机构开展广泛的金融合作，但是由于缺乏相关法律法规对其进行监管的背包商的存在，使得两国金融机构的合作意愿不强，合作的范围有限，从而限制了正规金融在边境贸易人民币结算中的作用。

（二）中尼两国未签署货币互换协议，导致人民币结算渠道梗阻

货币互换协议是两国央行通过协商达成的在一定的期限内，将一定数量的货币同一定数量的另一种货币进行交换的协议，从而达到规避中长期汇率风险和促进双边贸易结算便利的目的①。在货币互换机制下，两国央行都持有对方一定数量的货币，并将其投放至本国金融系统的外币账户，当双边贸易发生时，贸易企业可以直接从银行兑换贸易对象的本币进行交易，而不需要兑换成美元，从而推动双边贸易的发展。但是由于中尼两国没有签署货币互换协议，给两国边境贸易人民币结算造成了无可避免的难题。

一是在边贸结算中，尼泊尔商人用尼币在中方银行兑换成美元、人民币或者在中方直接使用尼币交易，从而导致中方银行存在大量尼币。但是由于中国央行和尼泊尔央行还没有签署货币互换协议，中尼双方没有对方货币账户，因此，中方银行保有的尼币现钞无从消化，这对中方银行来说是个很头疼的问题。中方银行的尼币现在主要通过香港外汇交易市场来消化，但由于尼泊尔是小币种国家，香港外汇交易市场对尼币交易条件较为严格，仅接收2008年版、2014年版面额500元和1000元尼币，并以交易当日牌价为准，手续费很高，约为15%，日交易限额很低，每次交易额仅为等值4000美元。在此情况下，对银行来说，接收尼币的风险很高，汇率风险很大，银行只能通过提高尼币交易成本转嫁风险。

二是尼泊尔作为西藏自治区边境贸易的主要对象，与中方贸易互补性不强，使得西藏自治区边境贸易长期处于高额顺差态势，且顺差额增长快速。在这种巨大的贸易顺差情况下，产生的最大问题就是导致了尼泊尔境内人民币存量严

---

① 货币互换协议概念摘录自百度百科对货币互换协议的解释.

重不足。虽然从中国到尼泊尔旅游的人数越来越多，带到尼泊尔的人民币也越来越多，但这远远不能满足尼泊尔从中国进口货物所产生的人民币需求。尼泊尔商人只能将尼币兑换成美元或者通过在中方银行开立的 NRA 账户[①]进行进口贸易结算，但是这两种方式所带来的问题就是手续复杂、兑换成本高或者是代理费高、交易程序繁琐，最终导致企业成本上升。

以上两种难题的出现，是中尼两国没有签署货币互换协议所导致的，由此造成了边境贸易人民币结算渠道的梗阻，同时，非正规结算渠道的背包商也由此应运而生。人民币结算渠道的梗阻已经成为了中尼两国经贸发展的瓶颈，亟需予以解决。

（三）中尼两国在金融合作上不够深入，人民币结算业务相关协议未能实现在国内的法制化

一是两国货币直接挂牌交易制度未得到建立。货币直接挂牌交易是指两种非国际货币国家通过协商，制订出不通过国际货币的货币汇率，从而实现两者货币直接进行交换的目的。中尼两国的货币目前为止都还不是国际货币，其货币互换需通过各自对美元的汇率进行换算而成，这种交易方式不仅程序繁琐，更大的问题是汇率波动频繁，使得外贸企业和银行遭受汇率波动损失。中尼两国在金融领域缺乏深层次的交流和合作，双方的金融机构特别是央行，也就没有机会对两种货币直接挂牌交易汇率进行协商确定。同时，目前我国对小币种（如尼币）直接挂牌交易实行商业银行自行挂牌、自担风险的政策，由于中尼两国的商业银行没有进行沟通交流，商业银行只能根据两种货币兑美元的汇率进行换算，从而得到直接挂牌汇率。但由于尼泊尔经济不发达，尼币兑美元汇率波动大，国家对此也没有优惠政策支持，所以商业银行开办中尼挂牌交易的风险较高，影响了商业银行的积极性，也制约了边境贸易人民币结算的推进和边境贸易的发展。

二是尼泊尔的金融监管政策严格，关税税率高，在中尼两国金融机构缺乏交流与合作的现实下，制约了边境贸易的发展。2012 年 6 月，中尼两国央行签署了《中国人民银行和尼泊尔银行双边结算与合作协议》，协议规定：尼方商业银行可以开设人民币账户，中国公民到尼泊尔观光旅游可以到当地商业银行

① NRA 账户是指境外机构在境内金融机构开立的外汇或人民币结算账户.

用人民币直接兑换尼币；中尼双方间的贸易往来可以直接用人民币结算。但是尼泊尔的相关法律却规定商业银行只能开设美元、英镑等11种外币账户，不能开设人民币账户。在尼泊尔不规范的金融监管以及不完善的结算规则下，尼方商业银行因惧怕监管当局的不当处罚，而不敢明确开展人民币直接交易业务。由此，由于中尼两国在金融合作与监管上缺乏必要的沟通与协调，导致中尼两国央行签署的《中国人民银行和尼泊尔银行双边结算与合作协议》名存实亡，从而阻碍了边境贸易人民币结算业务的发展。

（四）对人民币结算相关法律法规学习、宣传和培训力度不够

自国务院对边境省区进行边境贸易人民币结算试点以来，国务院多部委，如中国人民银行、外汇管理局、财政部、国家税务总局、海关总署、银监会等都从各自部委职能、职责的角度出台了关于边境贸易人民币结算方面的部门规章，对人民币结算账户的开立、人民币结算的方式、出口退税的条件和程序、货物出关入关的条件等都做出了明确的规定，这些部门规章的出台，极大地促进了我国同周边国家边境贸易人民币结算业务的发展。但从另一方面来讲，多部委出台的政策导致了现在边境贸易人民币结算法律法规政策细小、繁多，要了解这些法律法规政策存在着一定的难度，要想精通边境贸易人民币结算方面的所有法律法规更是难上加难。

一是与边境贸易人民币结算法律法规密切相关的首当其冲是参与边境贸易的企业和个人。企业和个人在边境贸易中不可避免的要与银行、外管局、海关、税务等部门办理相关业务，因此就需要了解相关的法律法规政策。但是熟悉如此繁多的法律法规政策下，对边境贸易的参与者来说难度很大，而且，也没有那么大的动力促使去精通所有的政策。从理论上来讲，边境贸易的参与者确实不需要去精通所有的政策，因为相关政策自有相关部门去掌握执行。例如，边境贸易参与者需要到银行开立边境贸易人民币结算账户，银行就需要掌握边境贸易人民币结算账户的相关政策，哪些可以开、哪些不可以开、开什么类型的账户、怎么开、需要什么材料等等相关问题明确后，边境贸易参与者只需要按照银行要求提供相关材料即可完成账户的开立。又如，边境贸易参与者的货物需出关或者要入关，海关就需要掌握出入关货物需要什么条件、需达到什么水平等政策，然后严格按照政策执行，边境贸易参与者也只需按照海关要求提供相关证明，去除不符合条件的货物，即可实现出入关。其他业务诸如办税、货

物贸易结算等等，边境贸易参与者都可以不需要掌握其政策。但是在这种情况下却存在很多问题，比如可能影响到边境贸易参与者贸易的实现，比如，边贸企业已经和国外企业签订了货物合同，要求在某一天之前将货物送达至国外企业。但由于不熟悉海关货物出关相关政策，在海关人员不是很负责的情况下，企业可能一次又一次地为提供相关材料、证明等而耽误合同约定时间，从而导致交易失败而支付巨额补偿金。另一方面，不熟悉政策还可能遭遇相关部门的惩罚，提高了企业的经营成本，或者是企业在法律维权上存在困难。

二是商业银行对边境贸易人民币结算相关政策不熟悉。边境贸易人民币结算的相关法律法规政策绝大多数是由中国人民银行、外汇管理局和银监局制定的，各商业银行很难做到精通相关法律法规政策，从而可能面临监管机构的巨额处罚。比如对于边境贸易人民币结算账户的开立问题，如果商业银行不精通相关账户开立的法规和政策，而开立了一些不符合规定的账户，在中国人民银行分支机构对其进行执法检查的时候查出来属于违规，那么商业银行将面临相关法律法规所规定的处罚。又或者商业银行在处理边境贸易人民币结算业务过程中，没有按照《反洗钱法》以及其他反洗钱法规的规定进行反洗钱监测等程序时，很可能将面临执法机关的责任追究，从而提高了商业银行的经营成本。

三是行政执法机关对相关法规政策了解不全面。现在的边境贸易人民币结算法律法规，都是各个职能部门根据自身实际情况和职责范围制定的自己权责范围内的政策规定，因此，行政执法机关就会出现对本部门的法律法规很熟悉，但对其他部门的政策法规不甚了解的情况。这种情况的出现就可能导致部门间的相互推诿、办事效率不高等问题，欠缺为人民服务的意识，影响了执法的权威性。

五、西藏自治区边境贸易人民币结算的法律机制建议

针对第三章对边境贸易人民币结算法律机制存在的问题所做的分析，笔者从立法和执法的角度对完善西藏自治区边境贸易人民币结算法律机制提出了建议。

（一）制定加强背包商监管的地方性法规

背包商主要存在于发生边境贸易的边境地区，主要从事货币兑换，还有部

分货币借贷业务。从其经营的业务来看，张风科[①]将其归为非正规金融机构一类，类似于民间金融。本文也认为虽然背包商没有发生正规金融机构所有的最基本的存贷业务，但涉及了正规金融机构的部分业务，如货币兑换和货币借贷，因此，可以将其视为金融机构纳入监管体系。对于金融机构的监管，现今有如下机构参与其中：中国人民银行、银监会、外汇管理局、地方政府的金融办，这些机构根据其自身职责对金融机构进行监管。虽然有如此众多的部门对金融机构开展监管，但仍然存在监管效率低下问题。陈蓉[②]认为对于金融机构监管的效率低下主要原因一是监管主体太多、职能相互冲突，监管措施单一以及监管规则供给缺乏法律上的支持；二是金融监管具有滞后性，监管措施和理念过于缺乏效率且忽视公平；三是政府出于对某些利益的需求，监管者被市场是某些利益集团所要挟，制订或实施不公平的监管措施。从以上原因分析，笔者认为众多的监管主体对背包商进行监管，由于存在监管重叠、管制措施落后于市场变化、管制理念注重于服务政府发展理念等问题，反而导致了对背包商监管的缺失。

因此，为充分发挥背包商的作用，从而促进边境贸易的发展和西藏自治区经济的发展，本文将就协调监管机构监管职能，构建背包商监管制度体系提出建议。一是监管主体上建议由自治区金融办组织，由中国人民银行拉萨中心支行、西藏银监局、外汇管理局西藏分局、拉萨海关、西藏自治区出入境检验检疫局、西藏国税等相关单位为成员，组建西藏自治区边境贸易背包商管理办公室，其职责为构建背包商管理的相关制度，对各边境出现的背包商管理的新问题开展研究并予以解决。各边境口岸下设管理办公室，负责按照制度要求，从事背包商管理的具体工作。二是监管制度上建议从法律制度上承认背包商的合法性，自治区政府可以出台相关地方性法规，允许背包商设立边境贸易货币兑换公司，将背包商由地下转为地上，并对反洗钱、外汇管理、汇率的制定、国际收支统计以及货币兑换及借贷业务中存在的违法违规问题的处罚等方面加以规定，从根本上解决背包商由于缺乏制度监管所带来的问题。同时，加强对非法经营背包商的打击力度，保护货币兑换公司的合法权益。三是设立背包商行业协会。张风科[③]认为可以采取地摊银行行业协会作为自律性监管机构成为正规

① 张风科．非正规金融视角下的地摊银行问题研究［D］．西南财经大学，2012.

② 陈蓉．论我国民间金融管制的重构［D］．西南政法大学，2008.

③ 张风科．非正规金融视角下的地摊银行问题研究［D］．西南财经大学，2012 年．

监管途径的补充，通过其自律性监管措施以及对风险的监管等职能，可以加强客户对货币兑换公司的信赖度，促进货币兑换公司业务的发展。笔者也认为将背包商行业协会作为监管辅助部门有其设立的必要性，应从制度上加以构建，使其充分发挥监管作用。

（二）同南亚国家签署货币互换协议，打通人民币结算渠道

国家协议和行政协议属于法律渊源的一种，通过国际协议可以深化西藏自治区与南亚国家在边境贸易人民币结算上的合作，同时加强沟通协调，促使相关国家履行国际协议，促进人民币结算渠道的畅通。货币互换协议是国家间经济金融领域合作深化的表现，有利于便利双方贸易投资中使用本币，规避汇率风险。央行间本币互换也在维护金融市场稳定，为金融市场提供紧急流动性支持方面发挥了重要作用。现以国外央行发起互换人民币为例，其货币互换流程如下：

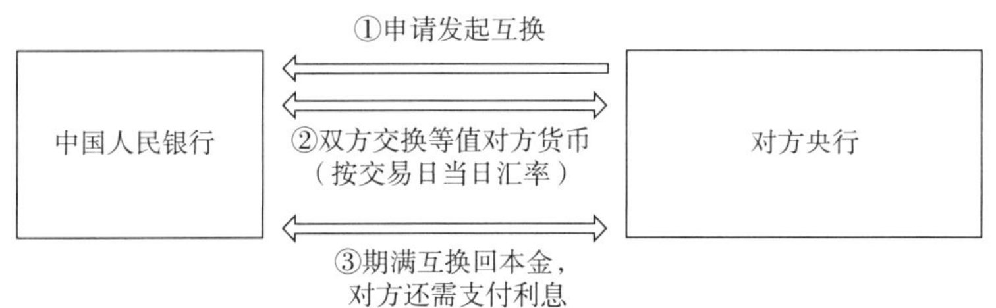

首先是对方央行向中国人民银行发出货币互换申请，中国人民银行审核同意后，双方交换等值对方货币，其换算汇率按照交易日当日汇率为准，最后待期满，双方用对方货币互换回本金，同时发起互换方还需支付利息。互换的两国央行还可以根据最新两国货币汇率调整互换本币金额，从而减少因汇率波动引起的抵押物减值风险①。我国通过与其他国家和地区的中央银行或货币当局签订货币互换协议，在有力的促进双边贸易发展的同时，将人民币推广到了其他国家，促进人民币广泛行使其支付和结算功能，极大地推进了人民币国际化的步伐。

1. 我国货币互换合作的基本情况。2008 年以来，我国不断推动对外货币合作，与境外央行或货币当局的货币互换合作成效显著。截止到 2015 年，我国已与中国香港、韩国、马来西亚、欧央行、瑞士、俄罗斯等 32 个国家和地区的中

① 该部分对于央行间的本币互换协议内容摘录自 www. pbc. gov. cn（中国人民银行官网）. 2015. 12.

央银行或货币当局签署了双边货币互换协议，总金额超过3.1万亿元人民币[①]。

2. 中国和尼泊尔签订货币互换协议有利于解决双边贸易中存在的人民币结算渠道问题。中尼边境贸易的结算渠道问题体现在中方所持有的尼币无处消化和尼方存在人民币存量不足这两个方面，如果中尼两国签署货币互换协议，对尼方来说，就能获得大量的人民币存量，从而有效地缓解因大量进口所导致的人民币不足的问题；对中方来说，大量的尼币存量可以通过协议到期后按照协议规定的返还尼币以及支付的利息金额将尼币换至尼方，从而有效解决尼币难以消化的问题。

3. 货币互换协议内容的确定。双边货币互换协议的内容主要由双方根据双边贸易额进行协商确定，中尼两国双边贸易在2013年达到22.5亿美元[②]，兑换为人民币约为150亿元人民币，因此建议中国人民银行与尼泊尔央行签订金额为450亿元、为期3年的中尼货币互换协议。

（三）加强同南亚国家金融合作，完善相关法律制度，扫清人民币结算业务障碍

西藏自治区应加强同南亚国家在金融合作和金融监管等方面的深入交流与合作，建立跨境经济合作区，在金融管制和关税政策上加强沟通协调，实现货币直接挂牌交易和税收优惠。

一是2010年8月，中国银行间外汇市场开办了中国人民币和马来西亚林吉特的直接挂牌交易，同年11月，还开办中国人民币兑俄罗斯卢布的直接挂牌交易，由此推进了人民币走出去的步伐，并促进了跨境贸易的发展。人民币兑外币的直接挂牌交易使得双边贸易结算脱离了美元，由原来的人民币兑美元兑外币模式转变成了人民币兑外币模式，特别是中俄两国货币的直接挂牌交易，不仅方便了双边贸易和投资活动，降低交易成本和汇兑风险，同时向美元的国际货币霸权发起了挑战，促进了国际货币格局的转变，推进了人民币国际化的步伐。因此，建议由中国人民银行拉萨中心支行在得到中国人民银行总行的授权下，牵头组织西藏自治区区内各商业银行，加强与南亚国家金融机构的沟通和协调，在借鉴人民币与林吉特、卢比直接挂牌交易的先进经验基础上，探索建立双边货币汇率形成机制，推动形成双边货币直接挂牌交易制度，促进双边商

---

① 我国本币互换合作的基本情况源于www.pbc.gov.cn（中国人民银行官网）.2015.12.

② 数据来源于www.stats.gov.cn（中华人民共和国国家统计局网站）.2015.12.

业银行开办人民币兑外币的直接挂牌交易业务，支持和协调双边货币现钞调运，支持直接挂牌业务的发展。同时，中国人民银行和外汇管理局在政策上应放宽人民币购售的条件，逐步放开人民币资本项目的可兑换，加快人民币跨境支付结算系统的建设，对商业银行开展非国际储备货币业务加强指导，为人民币和南亚国家货币开展直接挂牌交易提供条件。

二是与南亚国家签署最惠国待遇条约，在金融管制和关税政策等方面享受优惠待遇。在南亚国家中，印度、巴基斯坦和孟加拉国同中国已经是世贸组织的成员，双方之间已经无条件地享受最惠国待遇，在关税政策等方面享受最惠国待遇。但其在金融管制方面还需要加强沟通协调，在世贸组织成员之间享受最惠国待遇条款的基础上，增加放松双边金融管制的条款，使得国家间签署的双边结算与合作协议能得到真正落实，并研究建立因放松金融管制所可能产生的金融风险的规避机制。其他南亚国家如尼泊尔等，由于还没有加入世贸组织，要在双边经贸上享受最惠国待遇，需要双方加强沟通协调，签署最惠国待遇条约，在条约条款中加入放松金融管制和降低关税等协议，使其尽量达到世贸组织成员最惠国待遇的水平。由此为中国和南亚国家在双边经贸上扫清障碍，从而推进人民币结算的步伐，在南亚次大陆充分发挥人民币的结算和计价功能，促进人民币的区域化和国际化。

（四）加大对相关机构人民币结算法律法规的宣传、学习培训力度

首先是对行政执法机关而言，西藏自治区政府应成立边境贸易人民币结算政策研究办公室，促使各个行政执法部门加强合作和沟通，互相对对方部门的相关人员进行本部门法律法规的培训。如召集公安机关、中国人民银行、海关、税务、财政等部门相关人员统一集中培训，学习边境贸易人民币结算的相关法律法规，同时，还需要召集商业银行相关从业人员，参与边境贸易的企业和个人以及从事人民币兑换的“背包商”进行相关法律法规政策的培训。同时，召集各行政执法部门相关人员，组织编写边境贸易人民币结算法律法规合集，并将其发放给边境贸易的参与者，从而提高边境贸易参与者的法制意识。

其次是对商业银行而言，各个参与边境贸易人民币结算的银行应主动请相关的行政执法机关到单位授课，授课内容可以包括：人民币结算最新的政策解释、执法机关执法过程中的检查重点、如何提高反洗钱监测水平、人民币结算账户开立的关键环节等，从而降低商业银行经营成本。同时，商业银行应组织

专门人员从事边境贸易人民币结算业务，在提供更好专业服务的同时，提高办事效率。

最后是对于参与边境贸易的企业和个人来说，应该做到了解边境贸易人民币结算的相关法律法规，对自身所可能涉及的相关政策更应当做到精通，在降低经营成本的同时，维护自身合法权益。

参考文献

[1] 杨清震. 中国边境贸易概论. 中国对外经济贸易出版社，2005-07.

[2] 毕冶，李清. 中国边境贸易实务. 中国商务出版社，2008-01.

[3] 那颖. 西部地区边境贸易研究. 兰州：甘肃人民出版社，2010-12.

学术论文类：

[1] 张利俊. 内蒙古边境贸易法律保障研究. 中央民族大学，博士学位论文，2012.

[2] 张杰. 中国和尼泊尔贸易现状、问题及对策研究. 河北经贸大学，硕士学位论文，2014.

[3] 乔兆容. 人民币跨境结算的法律保障研究. 重庆大学，硕士学位论文，2011.

[4] 陈青松. 推进新疆跨境贸易人民币结算的问题研究. 新疆财经大学硕士论文，2012.

[5] 仓拉姆. 西藏边境贸易发展中的地方政府行为研究. 吉林大学硕士论文，2013.

[6] 李倩. 新疆人民币跨境结算的实践研究. 新疆大学硕士论文，2012.

[7] 陈辉. 人民币国际化法律问题研究. 湖南大学硕士论文，2014.

[8] 曹振园. 人民币结算对人民币区域国际化的推动分析. 云南大学硕士论文，2011.

[9] 于贺. 东北亚区域人民币跨境贸易结算问题研究. 广西大学硕士论文，2013.

[10] 周艳玲. 中俄边境贸易结算问题研究. 黑龙江大学硕士论文，2010.

[11] 冯宇. 中越贸易人民币直接结算问题研究. 广西大学硕士论文，2013.

[12] 朱泓瑾. 中哈跨境贸易人民币结算问题与对策研究. 新疆财经大学硕

士论文，2014.

［13］张风科．非正规金融视角下的地摊银行问题研究．西南财经大学博士论文，2012.

［14］戴光耀．跨境贸易人民币结算对人民币国际化的影响研究．安徽财经大学硕士论文，2014.

编 后 语

加强西藏金融学术交流，充分发挥金融促进地方经济发展的作用，西藏金融学会继2014年尝试开展“金融支持西藏经济发展实证研究”之后，2015年再次组织开展了大型的系列课题研究——西藏经济金融发展研究。本次研究以经济新常态背景下西藏经济金融发展为主线，立意深远、着眼未来，对新形势下西藏经济金融发展路径进行了有益的探索。在编审过程中，学会秘书处的田春苗、程王林、于伟、刘雨琪、何勇、方霞、旦增普赤、西绕甲措、唐光明、香桂英、佟亮等同志付出巨大努力，总结了前一次专项研究的经验，扬长避短，采取措施确保了此次课题研究参与范围更加广泛、研究评审更加客观严谨、研究成果更具参考价值。如：在课题申报阶段，鼓励各课题组围绕自身研究专长，积极在既定参考方向中申报相关课题；在课题评审阶段，邀请区内相关经济金融专家开展了三次匿名评审，并将专家意见向课题组进行反馈并督促修改，最终评选出优秀、合格和不合格三个等次；在课题成果转化方面，对课题进行重复率检测，并通过汇编出版课题集、内部刊发等多种渠道促进研究成果共享。

《西藏经济金融发展研究》一书择优收编了2015年度“西藏经济金融发展研究”结项课题40篇。其中，有关金融政策与监管研究7篇，经济金融协调研究9篇，金融业务研究7篇，普惠金融与农牧金融研究6篇，金融创新研究5篇，对外开放研究6篇。本书内容丰富，含金量高，汇集了当前西藏经济金融发展的最新研究成果，可为西藏经济金融从业人员提供详实可信的第一手资料，为西藏政府、经济金融部门领导决策提供有价值的参考。同时，希望能够引发广大同仁对西藏经济金融发展的关心和思考，共同为西藏经济社会发展贡献力量。

编撰此书得到了中国人民银行拉萨中心支行领导的关心支持和各会员单位的大力协助，更是各课题组精心调研、博采众长、通力协作的产物。在此向为《西藏经济金融发展研究》付梓提供帮助的各位领导、同事和朋友表示由衷的感谢。

值得强调的是，多位评审专家对此次课题评审付出了大量的精力和智慧，尤其是谢尔京、黄忠、金泳龙、吕垒、张长伟、李云、傅长虹、卢星等同志在课题评审过程中，以“结合西藏实际、提升金融研究水平”为出发点，从课题规范性、实践性、创新性、严谨性等多个角度提出了宝贵意见，有力地推进了西藏经济金融发展研究做深、做透、做出实效，在此谨向他们表示诚挚的谢意！

由于水平有限，在编辑过程中难免疏漏，恳请读者指正和理解。我们也将继续努力，为西藏经济金融发展研究尽微薄之力，并诚挚期盼各方师友的指点及帮助。